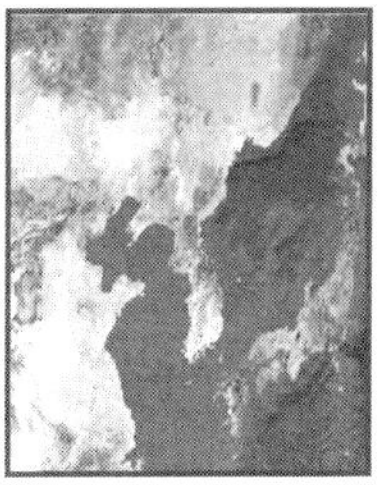

THE ERA OF NORTHEAST ASIA
& THE KOREAN CHINESE

동북아시대와 조선족

이승률 지음

傳英社

"1990년 10월 이후 지금까지 만 16년이 넘는 세월 동안 '연변' 땅을 드나들면서, 그동안 함께 동고동락했던 연변과학기술대학의 동역자들과 사랑하는 조선동족들에게 이 책을 드리고 싶다. 저자는 감히 이들을 '역사의 새벽을 깨우는 선구자들'이라고 부른다."

추 천 사

내가 이승률 회장을 처음 만난 것은, 북경 아시안게임 직전인 1990년 10월 초순이었다. 당시 나는 조선족 자치주의 중심도시인 연길에 중국 젊은이들을 위한 과학기술대학을 설립하고자 동분서주하고 있던 때였다. 국가지도자의 아들을 만나 대학 설립에 필요한 조언을 구하고자 갔던 자리에서 우연히 그를 만났다. 그는 한국에서 조경·토목 및 골프장 건설사업을 주로 해 온 기업인으로, 얼마 있지 않아 한·중 수교가 이루어질 것을 알고 산둥성 칭다오에 국제골프장 프로젝트를 추진하려고 왔던 참이었다. 약속이 중첩된 것을 알자 그는 내게 먼저 대화하도록 자리를 양보해 주었다.

나는 국가지도자의 아들에게 앞으로 중국이 발전하려면 과학기술 부문에 주력해야 될 것이며 국제화 교육을 통해 인재를 배양하는 일이 무엇보다 시급한 과제임을 강조하고, 이를 위해 대학을 세우려고 하니 당신이 좀 나서서 도와달라고 부탁을 했다.

이승률 회장은 나의 이런 말을 옆에서 경청하면서 내심 무엇인가 크게 느낀 바가 있었던 것 같다. 회의가 끝나고 헤어질 무렵에 그는 내게 다가와서, 추진하고 계시는 일이 너무 귀하다고 격려하면서 서울에 나가게 되면 꼭 찾아 뵙겠다고 인사를 나누었다. 나는 그의 말을 단순한 인사말 정도로 듣고 잊어버렸으나, 그 후 열흘쯤 지나 내가 서울 사무실(연변과기대 후원회)에 볼 일이 있어 갔을 때, 그는 나를 다시 찾아와 대학설립에 동참하고 싶다는 뜻을 밝혀 왔다. 그 후 그는 중국에서 개인사업을 하려고 했던 계획을 접고, 오직 한마음으로 중국의 개혁개방에 필요한 인재양성과 지역사회 발전을 위한 교육 사업에 투신하여 지금까지 만 16년이 넘는 세월 동안 나와 더불어 함께 일하고 있다.

그는 내게 가끔 이렇게 말한다.

> "그 때 김 총장님과의 만남이 제 인생을 변화시키고 거듭나게 하는 계기가 되었습니다. 학교를 통해 자라나는 중국의 젊은이들과 그들을 위해 헌신·봉사하는 총장님과 교수님들을 보면서 저는 많은 것을 다시 배우게 되었습니다. 인간이 무엇을 위해 사는 것이 가장 고귀한 일인가 하는 것을 깨닫게 된 저는, 섬김과 나눔의 가치를 실천하면서 한걸음씩 정진해 나가는 것이 진정한 삶의 보람인 것을 알게 된 것입니다. 그렇게 살아 온 나날이 오늘의 저를 이루었다고 해도 과언이 아니겠지요. 부족한 사람을 총장님께서 잘 이끌어 주셔서 늦은 나이이지만 중국에서 학위를 하게 된 것도 다 이와 같은 섭리의 결과가 아닐까요? 민족을 사랑하고, 연변과기대를 섬기고, 지역 사회를 위해 무엇인가 도와 보겠다고 애쓴 노력과 신념이 오늘 이렇게 행복한 인생을 살 수 있도록 저를 이끌어 준 힘이었다고 믿습니다."

그렇다. 그는 참으로 순수하고 강인한 심령으로 끊임없이 새로운 세계를 향해 나아가는 개척자와도 같은 인물이다. 그런 성품과 가치관이 없었다면, 오늘 어떻게 이와 같은 저작이 가능했겠는가? 나는 실로 기쁜 마음으로 이 책을 추천코자 한다. 무엇보다 이 책이 박사학위 논문을 보강하여 완성도가 높은 전문서적으로 출간하게 되었다는 점이 가상스럽다. 그리고 조선족 사회에 대한 깊은 관심과 경륜을 갖고 한·중 관계의 발전뿐만 아니라 '동북아'라는 큰 틀을 통해서 조선족들이 국제사회에 나가 실력 있는 중개자 역할을 해 낼 수 있도록 현황을 분석하고 체계적인 방안을 제시한 점을 무엇보다 높이 평가할 만하다. 또한 이 책은 본교의 대외 부총장으로 재직하면서 산학협력과 대학발전을 위해 봉사하는 가운데, 바쁜 시간의 틈을 내어 오랫동안 성실히 모으고 정리한 자료들을 바탕으로 집필된 저서로서, 그의 노력과 결실이 더욱 값지게 여겨지는 대목이다. 그런 뜻에서 이 책은, 올해 개교 15주년을 맞이하는 우리 학교에 주어진 귀한 영예이며, 나아가 동북아 국제협력의 수준을 향상시키고자 노력하는 많은 중국 지식인들과 한국의 전문분야 관계자들에게 주어지는 큰 선물이 되리라고 믿는다.

이승률 부총장과 함께 해 온 지난 16년 간의 시간은 한마디로 선한 목적이 이끄는 삶을 살아 온 시간이었다. 그리고 믿음과 우정의 결합을 통해 드러나는 참된 소망의 세월이었다. 앞으로도 이와 같은 길을 계속 함께 걸어 나갈 수 있게 되기를 바라며, 다시 한번 「동북아시대와 조선족」의 출간을 진심으로 기쁘게 생각하고 강호제현에 추천하는 바이다.

2007년 여름, 총장실에서

김 진 경

서 문

20세기가 이념의 장벽으로 가로막힌 폐쇄적인 시대였다면 21세기는 그 벽을 허무는 통합의 시대이다. 세계를 가로막던 수많은 이념의 장벽들이 허물어지면서 이제 지구촌은 새로운 경제 전쟁시대를 예고하고 있다. 21세기는 개방의 시대이며 또한 변혁의 시대다. 그 속에서 세계 역사의 여러 지표는 유럽과 미국을 중심으로 했던 대서양 시대에서 바야흐로 태평양 시대, 나아가서 일본, 한국, 중국을 중심으로 하는 동아시아 시대가 열리고 있음을 증명하고 있다.[1] 세계화와 지역화가 빠르게 진행되면서 동북아지역도 바야흐로 국제협력의 시대에 접어들고 있으며 한반도의 남북한, 중국, 일본, 러시아, 몽골 등 동북아 각 국은 서로 긴밀히 협력해야 할 당위성과 긴박감을 느끼고 있는 것이다.

그러나 복잡한 국제관계 속에서 각국의 이익구도가 다르고 그들이 구상하고 있는 동북아지역 전략이 다르며 서로 상충하는 측면도 뚜렷하기 때문에 동북아국가 다자 간의 상호신뢰, 나아가서 동북아 국제협력을 제도적으로 발전시키기 위해서는 아직도 넘어야 할 수많은 산들이 가로막혀 있다. 때문에 단순한 무역교류를 넘어선 고차원의 협력은 아직 담론의 단계에도 진입하지 못하고 있는 형편이다. 하지만 동북아 국제협력은 이제 세계정치의 자연스런 한 흐름이며 국가경제 발전을 위한 시대적 요구이기도 하다. 이는 또한 발전의 한계에 부딪친 유럽과 미국 경제에 새로운 활로를 열어 주는 역동적인 대안이 될 수도 있다. 이처럼 동서양의 공통된 이해와 요구가 부합되는 동북아 국제협력은 이제 더 이상 미룰 수 없는 필연적인 사안이라 할 것이다. 이러한 국제 정세 속에서 우

1) (미) 김진경, "동북아시아 연합의 꿈과 주변국가의 역할," 연변과학기술대학 국제학술회의, 2006년 7월, 1쪽.

리는 중국 땅에 뿌리를 내려 살고 있는 우리 민족의 일부인 조선족을 새롭게 주목해야 할 이유를 발견한다.

중국의 조선족 사회는 지정학적으로 동북아의 중심에 위치해 있고 한반도와 중국의 변연에 위치해 있다. 조선족 문화는 한반도 문화와 중국 문화의 융합으로 형성된 이중문화구조로서 한중 관계 발전에 독특한 역할을 하고 있다. 평화와 발전을 기반으로 하여 조화로운 세계를 건설하는 것을 국가정책의 최우선 목표로 삼고 있는 중국에서 조선족 사회는 앞으로 전개될 21세기 동북아 국제협력시대의 중요한 매개적 역할을 기대하게 한다.

이 책은 그러한 관점에서 조선족 사회가 보유하고 있는 변연복합문화구역으로서의 매력적인 특질을 연구하고 이를 중국과 한국 사회발전의 현실적인 대안으로 활용하는 것에 최고의 목적을 두고 있다. 변연복합문화구역이라는 특수한 문화적 요소와 중국 내에서 영향력을 지닌 소수 민족이라는 그들의 신분을 존중함으로써 최대한의 협조를 받아 상호 발전의 계기로 삼고자 한다. 한국의 각계 분야에서 조선족 사회의 현재 상황을 정확히 분석·진단하고 오랫동안 지켜 온 조선족 특유의 문화를 계승·발전시켜 나갈 수 있도록 도움을 주는 것은 조선족과 한국 그리고 중국 모두에게 의미 있는 작업이다. 이를 토대로 조선족과 한국 및 중국, 더 나아가 동북아 국제협력과 세계 평화발전을 위한 연구에 미미하게나마 기여할 수 있다면 이는 오랜 기간 동안 어려운 자료들을 모아 정리하고 공들여 분석한 저자의 노력에 가장 큰 보답이라 할 것이다.

다만 이 책을 쓰면서 저자의 입장에서 몇 가지 기준을 세운 것이 있다. 우선 가능한 대로 중국 측 문헌자료를 많이 이용하려고 애썼다는 점이다. 이는 '동북아'라는 객관적인 틀을 분석하는 데 있어서 중국의 내부문건을 최대한 관찰해 보고자 했던 의도이다. 중국식 용어 표현을 그대로 사용하는 것이 이해를 돕는 데 효과적이라고 판단될 때는 그리하였다. 예를 들면 지연(地緣), 우세, 이익구도, 집거지(집단거주지), 부동(不同)

등과 같은 우리에게 익숙하지 않은 용어의 사용이 그것이다. 또 통계수치 및 국제정세의 변화기류에 대한 분석은 최근 동향을 파악하기 위해 2006년까지의 자료를 수집·정리해 보려고 애썼다. 시사적인 항목들은 예측과 판단을 최대한 억제하였다. 예를 들면 동북아 FTA의 성사 여부에 대한 전망이라든가 북핵 관련 6자회담의 진로 등이 그것이다.

이 책을 쓰면서 가장 주의하였던 것은 조선족 사회라는 한 특수집단을 학문적 지식의 대상으로 국한하려 하지 않았다는 점이다. 저자의 집필의도 가운데 가장 우선하는 것은 그들의 삶과 역사 속에 내재되어 있는 독창적인 문화기능을 체계화하여 실사구시적인 실용성을 높이고 국제화시대를 향해 창의적 대안을 세우는 일에 조금이나마 도움을 주고자 하는 것이었음을 이 자리에서 밝혀 둔다.

개인적으로 저자는 조선족 연구에 대한 전문연구자가 아닌 입장에서 조선족 사회에 대한 심층적인 연구가 부족하고, 조선족 문화에 대해서 체계 있는 이론을 제시하기 어렵다는 한계를 스스로 깨닫고 있다. 다만, 그 옛날 나라를 잃고 어쩔 수 없이 남의 땅에 이주해 온갖 고생을 하며 살았던 그들이 고난의 과정을 통해 터득한 이중언어문화와 개척정신으로 지금과 같은 국제협력시대를 맞아 다른 어떤 나라 사람들도 흉내내기 어려운, 더할 나위 없이 강인한 자질과 능력으로 거듭나고 있다는 사실을 조선족 지성인들과 청년들에게 알려 주는 일이 필요하다는 사명감을 갖게 되었다. 이것이 저자가 바쁜 시간을 틈내어 성숙치 못한 책을 쓰게 된 동기인 것이다.

1990년 10월 이후, 지금까지 만 16년이 넘는 세월 동안 '연변' 땅을 드나들면서, 그동안 함께 동고동락했던 연변과학기술대학의 동역자들과 사랑하는 조선동족들에게 이 책을 드리고 싶다. 저자는 감히 이들을 "역사의 새벽을 깨우는 선구자들"이라고 부른다. 중국 땅에는 지금도 부모가 해외로 돈 벌러 떠난 뒤 할머니와 함께 외롭게 살고 있는 많은 조선족 아이들이 있다. 이들을 위로하고 또한 미래에 대한 꿈을 잃지 않도록 깨우쳐 주고 싶은 마음 또한 이 책을 쓰게 된 이유의 하나이다.

저자는 이 과제를 연구하고 책을 쓰는 과정에서 여러 지성인들의 지지와 도움을 받았다. 누구보다도 먼저 연변과학기술대학 김진경 총장님께 감사의 말씀을 드리고 싶다. 그는 내게 새로운 꿈과 용기를 갖도록 부추기면서 나를 면학의 길로 인도해 주신 장본인이시다. 또한 온갖 성의를 다하여 박사학위 과정을 지도해 주셨던 중앙민족대학교의 황유복 교수님께도 깊은 감사를 드린다. 베이징(北京)대학교 동북아연구소 소장 쑹청유(宋成有) 교수께서는 친히 나의 목차 제강(提綱)을 고쳐 주셨고, 중국사회과학원 아태연구소 주임 리원(李文) 박사님, 연변대학교 동북아연구원의 김강일 원장님과 민족연구원의 전신자 교수께서도 우정 어린 성원을 보내 주셨으며, 특히 연변대학교의 최후택 교수님은 중국 진출 한국 기업의 조선족 취업실태조사를 위해 여러 지역을 다니며 수고해 주셨을 뿐만 아니라, 저자가 연길을 갈 때마다 요구하는 중문자료들을 한국어로 꼼꼼히 번역해 주시는 등 아낌 없는 협조를 해 주셨다. 그리고 대한상공회의소 구성진 본부장, 동춘항운(주) 백성호 사장, 중국 조선족 글로벌 네트워크('조글로') 김삼 대표, 연변조선족자치주 상무국 이용남 실장, 연변정보산업협회 김창율 비서장, 국제상회연변상회 이명숙 부회장 등 여러분께서도 국내외 자료수집에 많은 도움을 주셨다.

또한 이 책이 발간되기까지 수고해 주신 분들께 감사드리고 싶다. 아낌 없는 성원으로 책을 출판할 수 있도록 지원해 주신 박영사의 안종만 회장님과 실무진 여러분께 심심한 사의를 표한다. 그리고 책을 기획, 편집, 교정하는 데 있어서 최선을 다하여 협력해 주신 '플랜필드'의 최지현 대표와 이재효 작가, 원고정리를 도와 준 비서실의 안희정 과장에게 깊이 감사드린다.

그리고 지금껏 저자와 함께 인생의 고락을 같이 해 온 아내 박재숙에게 사랑의 선물로 이 책을 보내고 싶다. 아내는 16년간의 연변과기대 사역을 위해 헌신적으로 동역해 주었을 뿐만 아니라 중앙민족대학을 통해 만학의 길을 걸어갈 수 있도록 뒷바라지해 준 아름다운 믿음의 여인이다. 이 모든 분들께 다시 한 번 감사의 인사를 드리며, 중국과 동북아의 대지를 힘차게 달려 나갈 조선족 사회의 미래와 한민족 역사의 발전 위에 하나님의 가호가 있기를 간절히 기원한다.

서울 우면동 서재에서
2007년 9월 1일
이 승 률

차　　례

제 3 장 조선족 사회의 형성과 민족 특징

제5장 개혁개방 후의 조선족 사회

제 6 장 한중 경제협력과 조선족 사회 및 문화

제 7 장 조선족의 주변국가 진출

제8장 동북아 국제협력과 조선족 사회

제9장 조선족 사회의 진로

제 1 장
동북아시대 조선족 연구의 배경

5월 단오절의 옌지(延吉)공원

제 1 절　왜 동북아시대의 조선족인가

제 2 절　동북아시대 조선족 연구의 이론적 근거

제 3 절　기존 연구의 문제점과 연구방안

제 1 절 

왜 동북아시대의 조선족인가

Ⅰ. 연구의 목적

1. 조선족 문화의 고유한 가치

이 연구는 세계정세의 발전 추세를 포착하고 조선족 사회에 대한 분석, 특히 조선족 사회가 구비한 변연복합문화의 특질 및 그 기능에 대한 분석을 통하여 조선족 사회가 동북아 국제협력의 형성에 기여할 매체 기능에 대해 밝히는 것을 내용으로 하고 있다.

동북아지역에는 아직도 한반도의 분열을 기본 전제로 하는 냉전구도가 잔재해 있으며, 강대국 간의 힘의 대결이 팽팽하게 이루어지고 있다. 한반도를 둘러싸고 미국, 러시아, 중국, 일본 등 여러 강대국 간의 이익은 복잡하게 얽혀 있다. 그러나 동북아지역 여러 국가들의 최대의 이익이 상호 협력에서 올 것임에는 의심할 여지가 없으며 국제적 협력이 이루어질 추세는 명백하다.

동북아지역에서 국제적인 협력체를 형성하는 관건은 이 지역 국가 간의 윈-윈 구도(Win-Win Paradigm)[1]를 마련할 수 있는가의 문제로 귀결된다. 각 나라들이 본국의 발전을 목적으로 하여 상호간에 정치·경제적으로 상대적인 형평을 유지하면서 서로의 협력을 시도하는 것이 가장 중요한 과제라 할 것이다.

---

1) 저자 주: 중국에서는 雙贏結構 라고 한다. 「윈-윈 패러다임」은 저자의 저서명이기도 하다.

동북아 국제협력을 이룩하려면 각 국가를 이어 줄 수 있는 유력한 매개자가 필수적이다. 그리고 우리에게 가장 중요한 매개자 중 하나의 집단이 바로 중국의 조선족 사회이다. 그 이유는 지정학적 이론으로 볼 때 조선족 사회가 매개적인 연결고리 역할을 할 수 있는 적합한 위치에 놓여 있으며, 문화적으로도 변연복합문화로서 매체적인 기능과 조해(調解)작용을 할 수 있는 중간자적 여건을 충분히 구비하였기 때문이다.

중국이 개혁개방정책을 실행한 이래,[2] 조선족 사회는 특수한 지리적·문화적인 기능으로 한국과 중국뿐만 아니라 주변 국가들과의 관계에서도 상당한 수준의 중계 역할을 과시하여 왔다. 그들은 중국 내륙, 한반도, 일본, 러시아 등 동북아 국가의 여러 지역에 진출하기 시작하였다. 이러한 과정에서 조선족 사회는 점차 동북아 국제협력 사안 가운데 중요한 지위를 확립하고 있으며, 앞으로 더욱 발전할 가능성을 지니고 있다. 동북아지역 조선족 사회의 중요한 좌표가 차츰 그 가치를 드러내고 있는 것이다.

2. 조선족 사회의 향후 발전방향

조선족 사회에 대한 연구는 한중 관계의 발전을 떠나서는 생각하기 어렵다. 1992년 한중 수교는 냉전시대 분규의 매듭을 풀고 새로운 관계 발전의 시대를 열었다. 한중 관계의 발전은 동북아지역에 엄청난 영향력을 미치고 있다. 그러나 한중 관계의 발전에는 아직도 크나큰 틈이 있어 두 나라 간의 윈-윈 구도를 위해 조선족 사회가 참여할 수 있는 여지를 남기기도 한다. 한중 두 나라의 합작관계를 발전시키는 것은 두 나라의 경제발전뿐만 아니라 동북아지역 경제발전의 필수적인 요소이며 이 때문에 동북아 국제협력을 이룩하는 전제로 작용할 것이다.

---

2) 저자 주: 중국은 1978년에 공산당 11기 3차 전체회의를 열어 '문화대혁명'을 전면적으로 부정하고 개혁개방의 정책을 실시하기로 하였다. 중국의 전면적인 개혁개방은 1980년부터 시작되었다.

따라서 중국 조선족 사회를 한반도와 중국을 연결하는 창의적인 문화구역으로 건설하고 동북아 각 국가를 연결하는 화해의 고리가 되게 함으로써 그들이 조화로운 동북아 발전을 위해 공헌하도록 만드는 것이 곧 중국 조선족 사회의 발전방향이기도 하다.

Ⅱ. 연구의 의의

1. 조선족 사회의 문화기능

점차 세분되고 더욱 심화되는 한중 관계의 발전과정에서 조선족 사회의 발전추세를 밝히는 것은 한반도 및 중국의 평화와 안정에 유리할 뿐만 아니라 동북아의 평화와 안정에도 유리한 일이다. 왜냐면 조선족 사회는 한중 관계의 발전과 동북아 국제협력의 형성에 중요한 매체역할을 담당할 것이기 때문이다. 조선족 사회가 매체 역할을 제대로 수행하려면 조선족 사회의 기본 토대가 더욱더 견실해야 한다. 이를 위해서는 냉전시대의 편협한 민족주의의 덫에서 벗어나 더 넓은 시야로 조선족 사회를 바라보는 자세가 필요하다. 이처럼 조선족 사회에 대한 감성적인 인식에서 한 단계 발전하여 이성적인 인식으로 고도를 높이는 것은 이제까지 이루어진 조선족 연구에서 진일보하는 것을 의미하며 중국 조선족 연구의 실제적인 성과 면에서도 큰 의의를 지닌다.

2. 동북아 국제협력의 독창적인 문화구역

계통이론의 견지에서 볼 때 조선족 사회가 처해 있는 지정학적 지위와 문화특징은 시대가 변화·발전함에 따라 그 가치가 더욱더 높아질 것이다. 동북아지역발전의 관점에서 볼 때 한반도와 중국을 연결하는 연변 조선족 사회는 동북아지역 문화 중심이 될 만한 중요한 사회적 가치를 지니고 있다. 이러한 의미에서 볼 때 연변 조선족 사회 문화체계의 특질과 작용을 연구하고 그것을 기초로 하여 조선족 사회를 동북아 국제협력의 특수한 문화구역으로 건설코자 연구하는 것은 문화사적인 가치실현을 위해 중대한 현실적 의의를 가진 연구 과제라고 할 수 있다.

3. 동북아 국제협력의 화해자

지구촌의 역사는 수많은 세월 동안 모순과 투쟁으로 얼룩져 왔다. 그러나 이제 세계 각국은 자국의 평화와 발전을 위해 최선을 다하는 것만이 최고의 가치임을 깨닫게 되었다. 그 결과 대립과 충돌을 피하고 평화의 분위기를 조성해 자국에 필요한 경제건설을 이룩하고자 노력하고 있다. 어느 나라든지 고립되어 살 수 없다는 것을 알기 때문에 결과적으로 지구촌은 화해를 위한 세계로 나아갈 것이다. 조선족 사회를 동북아 국제협력의 문화중심구역으로 건설하기 위한 방안으로 조선족 사회와 조선족 변연복합문화의 매체작용을 연구하는 것은 이제까지 미흡했던 연구 분야의 개척이라는 점에서 커다란 의미를 지닌다. 또한 이것은 조선족 사회가 풀어나가야 할 당면 과제를 모색하고 그들의 발전 방향을 제시하는 학문적 토대로 작용할 수 있을 것이다.

제 2 절 동북아시대 조선족 연구의 이론적 근거

Ⅰ. 신 현실주의 이론

본 연구는 신 현실주의이론을 바탕으로 한반도와 중국, 중국 조선족 사회와 동북아지역 국가들의 관계를 분석하고 그들의 객관적인 이익구도를 제시함으로써 한중 간 윈-윈 구도 형성의 가능성을 타진하고자 한다.

신 현실주의이론은, 인간의 본성은 권력을 갈망하는 것이라고 규정하면서 이것이 바로 국가 간에 분규가 생기는 원인이라고 본다. 이 이론은 권력기관인 국가 간의 이익구도가 국제정치와 국가 간의 모든 관계를 결정한다고 인정하는바, 정치행위에 있어서의 도덕은 특수한 것이라고 간주한다.[3] 또한 그들은 국제평화는 권력의 균형(Balance of Power)에 있다고 믿고 있다.

신 현실주의는 경제학적 합리성으로부터 출발하여 국가의 행위를 해석하고, 또한 강국을 중심으로 하는 국가와 국가 간의 분규에 관심을 기울인다. 그들은 국제합작의 가능성을 인정하면서도 그것은 자국의 이익 범위 내에서 벌어지는 완화와 억제의 결과라고 본다. 신 현실주의는 국가와 국가가 빈번한 외교활동과 상호 간에 동맹을 맺거나 합작하는 것으로 세력균형을 이루며, 국제적인 평화기제(平和機制)의 안전을 유지해 나가야 한다고 주장한다.

한중 관계의 발전과정에서 조선족 사회의 변연문화기능을 연구하려

3) (한) 김학성, 「한반도 평화기제이론의 적용」, 통일연구원, 2000년, 45쪽.

면 국제정치에 대한 신 현실주의의 이론이 반드시 필요하다. 왜냐하면 한중 관계의 발전은 국제정세의 발전과정에서 벗어날 수 없고, 한반도 남과 북의 관계와 동북아 정세의 발전에서 분리해 생각할 수 없기 때문이다. 냉전체제의 해체와 함께 국제정세는 정치적 긴장완화를 추구하는 방향으로 발전하고 있다. 서로 다른 정치체제의 국가들 간에도 합작과 협력을 진행하고 있으나 오직 한반도만이 아시아의 마지막 빙하로 남아 있다.[4] 이러한 상황에서 한중 관계의 발전과 향후 형성될 동북아국제합작을 연구하고 그 과정에서 조선족 사회가 일으킬 문화기능을 연구하려면 정치 사안 분석의 이론적 근거로 신 현실주의의 국제정치이론이 요구된다.

Ⅱ. 상호의존 이론

국제 상호의존(Dependency Theory)의 이론은 신 마르크스주의와 라틴아메리카 사회발전 역사실천의 총화이다.[5] 산토스(T. Dos Santos)에 의하면, 의존이란 일부 나라의 경제가 그가 의존하는 다른 나라 경제의 발전과 확장으로부터 영향을 받는 상태를 말한다. 두 개 또는 여러 국가는 경제와 세계무역에서 상호 의존의 관계가 존재한다. 즉 국가 간에 서로 기대는 관계는 의존의 형식을 띠며, 경제적인 의존은 문화적인 의존까지도 가능케 한다는 것이다.[6]

과학기술의 발전으로 현시대는 급속한 지역화와 세계화의 소용돌이에 휘말려 들고 있다. 시대의 발전은 사람들에게 과거의 협소한 민족관념, 국가관념, 국토관념, 국경관념, 인종관념 등에서 벗어나 시대의 조류에 맞는 새로운 의존관념을 정립할 것을 요구한다. 경제발전과 문화발전

---

4) (영) Baker, BBC-Monitoring Service, 1993, 10쪽.

5) (중) 오충민 · 유조운, 「발전사회학」, 고등교육출판사, 2003년, 379쪽.

6) (중) 오충민 · 유조운, 「발전사회학」, 고등교육출판사, 2003년, 384쪽.

도 마찬가지로 상호 침투하고 상호 수용하는 의존관계에서 벗어날 수 없다. 경제적인 이익과 발전을 모든 것보다 우선시하는 현시점에서 국가나 민족 간의 상호의존은 현실적인 이익을 바탕으로 하고 있다. 많은 국가들은 그들의 이익과 국제사회에서의 권리 확보를 우선순위에 두고 있다. 그러므로 현시대는 현실주의와 상호의존이론이 교차상태를 이루고 있는 시대라고 할 수 있을 것이다.

동북아 여러 나라들이 윈-윈 구도를 수립할 수 있도록 그 가능성을 알아보려면 반드시 상호의존의 이론이 있어야 한다. 경제 분업화시대에서 국가 간의 경제관계는 이미 국내의 경계를 벗어나 서로 의존하고 서로 침투하며 서로 합작하고 서로 조정하는 관계를 이루고 있다. 현실의 세계는 어떠한 국가나 민족을 망라하고 다른 국가나 민족으로부터 따로 떨어져 생존할 수 없게 되었다. 한 나라가 발전하려면 전략적 동반자가 있어야 하며, 다른 나라와의 합작이 성공적으로 이루어져야 한다. 문제는 서로의 연계와 합작이 적극적인가 아니면 소극적인가 하는 것뿐이다.

이 책은 상호의존의 이론을 채택하여 평등을 기초로 하는 의존관계로 한중 관계나 한국과 조선족 사회, 그리고 중국과 조선족 사회관계를 파악하고자 한다. 한반도와 조선족 교류의 기본적인 조건은 혈연적이고 동일민족적인 관계이다. 그러나 중국의 소수 민족이며 공민집단인 조선족 사회와 한반도 간의 관계는 단순히 혈연적인 관계로만 해석할 수는 없다. 오히려 많은 경우 그들의 상호의존은 경제적인 이익관계로 연결되어 있기 때문에 이것이 그들의 교류 규모를 규정하고 있다고 보는 것이 더욱 객관적일 것이다.

Ⅲ. 열린 민족주의 이론

열린 민족주의란 개방적인 민족관념 및 다른 민족들과 더불어 살아야 한다는 화합주의를 기반으로 한 이론이다. 개방적인 민족관념이란 자기들의 민족의식을 단순히 민족, 혈통 및 전통적인 문화에만 집착하는 것이 아니라 현시대의 보편적인 국민의식을 기반으로 하여 평등한 민족관계를 지향하고자 하는 것이다. 하나의 사회를 묶는 주된 힘은 평등한 민주의식과 국민의식에서 오는 것이며, 닫힌 사고방식의 민족주의 의식에서 오는 것이 결코 아니다. 따라서 문화적이고 혈연적으로 구별되는 각 민족은 국민의식으로 통합되는 의존적인 유대관계 속에서 새로운 생존 방향을 모색하게 된다. 때문에 단순한 민족주의적 혹은 혈연주의적인 시각은 조선족 연구에서 배제되어야 할 것이다.

결과적으로 열린 민족주의 이론은 편협한 민족주의를 반대한다. 냉전 체제와 남북대결의 구조 속에서 남북한은 각각 재외동포를 자기편으로 끌어들이기 위해 싸워 왔을 뿐, 그들을 배려해 줄 여유는 전혀 없었다.[7] 이 때문에 지정학적으로 한반도와 강 하나를 사이에 두고 있는 조선족은 냉전시기 동안 중국과 남한, 북한 그 어느 쪽에서도 신임을 받지 못하고 의심을 받는 고통스런 경계인(境界人)의 존재가 되었다. 이 모든 것들이 편협한 민족주의와 국가주의의 결과라 할 것이다.

열린 민족주의 이론의 시각으로 역사를 돌이켜 보면 순수한 민족이란 없다. 인류의 역사는 이민의 역사이며 타 민족과의 융합의 역사이다. 조선족은 한민족과 혈연을 같이 한 한국인의 동포인 동시에 중화인민공화국의 공민이다. 이것이 바로 조선족 사회에 대한 정확한 정의이며 또한 한중 관계 발전에서 그들의 적극적인 역할을 기대할 수 있는 이론적인 전제이다.[8]

중국 국경 내에서 민족문제의 가장 큰 쟁점은 한족과 소수 민족과의 관계라고 말할 수 있다.[9] 열린 민족주의적인 시각에서 본다면 200여

7) (한) 최우길, 「중국 조선족 연구」, 선문대학교 중한 번역문헌연구소, 2005년, 251쪽.
8) (한) 최우길, 「중국 조선족 연구」, 선문대학교 중한 번역문헌연구소, 2005년, 274-275쪽.
9) (한) 최우길, 「중국 조선족 연구」, 선문대학교 중한 번역문헌연구소, 2005년, 172쪽.

만의 조선족이 중국 56개 중화민족 가운데 하나의 일원으로서 중국국민의 위치를 확보하고 있다는 자체가 극히 자랑스러운 일이다. 그들이 중국 사회의 모범적인 일원으로 등장하고 국가의 발전에 이바지하는 동시에 중국과 한반도 간 관계의 발전에 도움을 줄 수 있다면 이보다 더 긍정적인 일은 없을 것이다.[10]

열린 민족주의는 세계의 주류문화와 융합할 줄 알며, 여타의 다른 국가나 민족과도 더불어 살아갈 것을 주장하는 민족주의이다.[11] 1980년대 이후로부터 세계는 급속히 하나의 지구촌을 지향하면서 동일한 영토 안에서 거주하고 활동함을 원칙으로 하는 전통적 민족의식, 국가의식이 수정되어야 할 시대를 맞이하였다. 조선족에게도 당당한 지구촌의 일원으로서 거주국인 중국과 고국인 한국, 그리고 국제사회에 함께 기여하는 적극적인 자세로 활동할 수 있는 시대가 도래한 것이다.

조선족은 중국과 한국 두 나라 국민과 민족 간의 미묘한 경계선상에서 살아가는 사람들이다.[12] 조선족 문제는 역사・영토・국가・민족 등 다양한 국면 속에 놓여 있기 때문에 한국과 중국, 한국과 조선족, 중국과 조선족 상호관계의 측면에서 풀어나가야 한다. 즉 열린 민족주의의 시각에서 조선족을 바라보고 그의 발전방향을 모색하여야 한다.[13] 그런 연구과정 속에서 조선족은 민족의 유대관계를 기반으로 한국의 중국 진출에 상당한 기여를 할 것이며, 다른 한 편으로는 중국의 동북아협력과 평화발전을 위한 또 하나의 문화적인 거점으로 활용될 수 있을 것이다.[14]

10) (한) 유명기, "한국 체류 조선족들의 정체성 인식에 관하여," 한국문화인류학 35-1: 73-100. 2002년, 78쪽.

11) (중) 김관웅, "중국 조선족 문학의 역사적 사명과 당면한 문제 및 그 해결책," 중국조선족연우포럼. 2005년.

12) (한) 유명기, "한국체류 조선족들의 정체성 인식에 관하여," 한국문화인류학 35-1: 73-100. 2002년, 75쪽.

13) (한) 최우길, 「남북관계와 중국 조선족」, 재외한인연구, 2001년, 7쪽.

14) (한) 유명기, "한국체류 조선족들의 정체성 인식에 관하여," 한국문화인류학 35-1: 73-100. 2002년, 77쪽.

제 3 절 기존 연구의 문제점과 연구방안

Ⅰ. 선행 연구의 진단

1980년대부터 조선족 사회는 다른 민족사회보다 더욱 일찍이 개혁과 개방의 소용돌이 속에 뛰어들었다. 선조들이 가꿔 왔던 땅을 버리고 국내의 대도시와 국외 진출을 시작하였다. 한국은 조선족이 해외진출을 시도하는 첫 관문 지역인 동시에 일본, 미국 등 세계시장으로 나아가는 국외 노무진출의 통로가 되고 있다. 조선족의 폭발적인 인구 유동은 경제적인 면에서 상당한 성취를 거두었으며 조선족 사회에 주는 문화적인 충격도 컸다.

인구 이동으로 인한 조선족 집거지의 해체는 조선족이 과연 조선족으로 중국에서 존속할 수 있겠는가 하는 근본적인 문제점을 불러일으키고 있다. 21세기의 문턱을 넘어선 중국의 조선족 사회는 기회와 위기가 공존하는 역사적인 전환기에 처해 있다고 할 수 있을 것이다.

새로운 시기에 접어들면서 조선족 사회의 석학, 간부, 과학기술자 그리고 경제인들은 한자리에 모여 조선족 발전을 위한 학술심포지엄을 개최해 왔다. 그들은 조선족 공동체가 당면한 문제점들을 냉엄하게 지적, 분석하였으며 조선족 사회 존속의 당위성을 주장하면서 문제의 해법을 찾고 지속적인 발전을 이끌어 내기 위한 대안들을 모색하였다. 그 결과 조선족의 민족정체성에 대한 연구, 중국 내에서의 조선족의 위치에 대한 연구, 한중 관계에서 조선족 사회의 위치와 역할에 대한 연구, 조선족 사회발전의 문화전략연구, 조선족 사회 인구이동에 대한 연구, 한반도 평화와 통일에 미치는 조선족 사회의 영향 연구, 조선족 사회 교육 현황과 대안에 관한 연구, 중국의 동북아지역 발전 전략에서 조선족 사회의 역할에 관한 연구 등이 진행되었으며, 조선족 사회의 발전에 유익한 학술적 관점들이 제기되었다. 이러한 성과들은 조선족 사회에 대한 연구의 기본적인 틀을 형성하였다.

1. 조선족 사회 연구의 발전 단계

중국의 개혁개방 초기부터 1990년대 말까지를 조선족 연구의 첫 단계라 할 수 있을 것이다. 이 단계에서 조선족에 대한 연구는 민족의 정체성, 문화정체성에 대한 확인 작업이 주류를 이루었다. 이 시기 발표된 김경일 교수의 「조선족 문화론」, 정판룡 교수의 「중국 조선족과 21세기」, 김종국 연구원의 「세기교체의 시각에서 본 중국 조선족」 등 저작들은 모두 조선족의 민족정체성과 문화정체성 탐구에 초점을 맞추었다. 이 시기의 연구에는 조선족 사회에 대한 위기감이 고조되었고 위기론과 더불어 발전론을 제기하는 학자들도 상당수 있었다. 조선족 사회의 위기에 대한 연구는 그 민족정체성의 존속에 대한 분석이 주류를 이루었고 조선족 사회와 한국 간의 관계에 대한 연구는 주로 조선족의 한국 진출, 한국인의 중국 진출에서 나타난 문제점들을 다루었다.

2000년부터 현재까지는 조선족 연구의 둘째 단계라 할 수 있다. 21세기에 들어서면서 조선족 사회에 대한 연구는 시각의 새로운 전환을 이루고 있다. 즉 개혁개방 초기부터 진행되었던 문제의식 연구가 대안의식 연구로 전환하고 있다고 할 것이다. 황유복 교수의 「중국 조선족 사회와 문화의 재조명」, 김강일 교수의 「중국 조선족 사회의 문화우세와 발전전략」, 반용해 교수의 「21세기로 매진하는 중국 조선족 발전방략연구」, 허명철 교수의 「전환기의 연변조선족」, 임계순 교수의 「우리에게 다가온 조선족은 누구인가」 등 저서들은 모두 조선족 사회 문제점 해결의 대안 모색에 주력하였을 뿐만 아니라 조선족 사회를 한반도와 중국 간의 관계라는 틀 속에서 이해하고 그것을 발판으로 하여 조선족 사회의 발전방향을 제시하였다.

그들의 연구에서 각별히 주목되는 점은 조선족 사회의 문제를 더 이상 단순한 민족사회의 문제로만 국한하는 것이 아니라 중국과 한반도, 나아가서 동북아 지역의 국제협력이라는 큰 틀에서 이해하고 있다는 점이다.

한국학계에서도 한중 관계의 발전이 동북아 협력시대의 중요한 틀을 형성하고 있다고 인정하고 있다. 한국과 중국 간에는 윈-윈 구도를 형성할 수 있는 이익관계가 존재하며, 앞으로 많은 영역에서 상호 협력이 진행될 것이라고 전망하는 것이다.

이 시기의 연구는 특히 조선족 사회의 미래 발전의 기반을 그 문화체계의 기능에 두고 그것의 위치를 한국과 중국 간의 협력관계, 나아가 동북아지역의 국제협력 차원에서 설정하고자 하였다.

2. 한중 관계에서 조선족 사회 역할의 연구 상황

김경일 교수는 조선족 사회의 발전은 결국 한반도와 중국 간의 관계라는 틀 속에서 이루어질 수밖에 없다고 하였다. 그는 조선족은 한중 관계의 발전에 이미 많은 기여를 해 왔고 또 향후 더욱 큰 역할을 감당할 수 있으므로 조선족 사회의 발전에 대한 비관적인 논조는 경계해야 한다고 주장하였다.

김강일 교수는 중국의 대(對) 한반도정책과 한반도 통일문제에 관계할 조선족 사회의 적극적인 역할을 분석하고 나서, 미래 동북아지역의 정치구도를 중국에게 유리한 측면으로 바꿀 수 있는 유일한 길은 한반도의 평화통일을 이룩하는 데 있다고 주장하였다. 그는 한반도 통일에서의 중국 조선족의 역할은 중국의 동북아지역에서 추구하고 있는 전략적인 목표, 즉 평화발전정책과 일치하므로, 이는 조선족 사회의 전략적인 가치를 한층 더 부각시키고 있다고 지적하였다.

허명철 교수도 조선족 사회의 특수한 지리적인 위치와 문화적인 배경 그리고 중국의 대 한반도정책, 더욱이 중국의 개혁개방으로 인해 사회주의 문화와 자본주의 문화에 익숙한 중국의 조선족은 북한의 개혁개방에 상당한 영향력을 끼칠 것이며, 이러한 역할은 한반도의 평화적인 통일에도 많은 기여를 할 것이라고 전망하였다.

3. 조선족 문화기능에 대한 연구 상황

정판룡 교수는 이중적 성격을 지닌 중국 조선족 문화를 '며느리론'으로 표현하면서 조선족은 한반도에서 중국에 시집온 며느리와 같기에 한반도에서 익힌 문화도 갖고 있고 그와 동시에 중국에 와서 배운 문화도 갖고 있다고 하였다. 그는 조선족은 조선족 문화와 한국 문화의 동질성을 확인하고 강화하는 작업을 진행함으로써 조선족 문화의 발전을 시도해야 한다[15]고 지적하였다.

김강일 교수는 현재 많은 조선족들이 해외와 중국내륙으로 이동하고 있는 원인은 조선족 사회 복합적인 문화기능의 확장에 근거하고 있다고 밝혔다. 그는 만일 한반도가 평화적으로 통일되거나 혹은 북한이 개혁개방을 실시한다면 조선족 사회의 문화기능은 제2차 확장단계로 진입할 수 있는바, 앞으로 조선족들이 쌍방향적인 인구유동구도를 형성할 가능성이 많다고 하였다.[16]

15) (중) 정판룡, 「중국 조선족과 21세기」, 흑룡강 조선민족출판사, 1999년, 317쪽.
16) (중) 김강일, "조선족 사회 인구유동과 집거지공동화의 대책연구," 동강학간, 2004년, 3기.

4. 조선족 문제의 해결책 연구 상황

황유복 교수는 조선족 사회는 다른 어느 소수 민족사회나 중국의 평균 수준보다도 훨씬 높은 도시화를 이룩하였다고 분석하였다. 그는 도시화 과정에서 돈은 벌었지만 조상들이 개척한 농촌의 땅을 버린다거나, 조선족 사회가 무너진다면 그 어느 하나도 결코 바람직한 일이 아니라고 강조하였다.[17] 그는 조선족 사회는 도시와 농촌의 균형적 발전 및 경제와 사회의 균형적 발전이라는 두 개의 핵심적 문제를 동시에 해결해야 한다고 주장하였다.

김강일 교수는 중국 조선족 사회의 발전은 마땅히 그 기반을 중국의 동북아지역 발전전략과의 일치성에 두어야 한다고 주장하였다. 조선족 사회는 문화적으로 동북아지역을 이어줄 수 있는 자원을 지니고 있으며 또 지정학적으로도 동북아지역의 핵심적인 위치에 있으므로 중국과 한반도, 중국과 일본 등 나라들을 연계할 수 있는 매개적인 중심지역으로 부상할 가능성을 지니고 있다. 만일 중국 조선족 사회가 이러한 국제관계 속에서 정확히 자리매김을 할 수 있다면 조선족 사회의 발전은 물론 이 지역 경제협력체의 형성에서도 상당한 역할을 감당할 것이라 지적하였다.

안태상[18] 교수는 중국 조선족이 살아 남으려면 우선 연변이라는 조선족 최대의 집거지구에 주의를 기울여야 한다고 의미심장한 유언을 남긴 바 있다. 이홍우 교수도 민족 집거지구는 민족의 존속과 발전의 기반이라고 강조했고, 김종국 연구원은 조선족의 인구, 교육, 언어, 인재, 이미지의 위기를 제기하면서 그 대안으로 조선족 사회의 재건을 호소하고 있다.

박금해 교수는 조선족이 과거에도 중국의 조선족이고 지금도 중국의 조선족이며 장래에도 중국의 조선족이라는 정체성의 좌표를 설정해야

17) (중) 황유복, "도시화와 조선족 경제문화발전전략," 중국 조선족 연우포럼사이트.
18) 저자 주: 중국 조선족의 저명한 고생물학자이다.

한다고 주장하였다. 그는 조선족이 중국 공민으로서의 권리와 의무를 다하면서 중국의 발전에 기여하는 한편 자신의 정체성을 지켜나가는 것이 가장 바람직한 미래상이라고 생각하였다. 그는 당면 위기의 타개책으로 농공상(農工商) 일체화의 새로운 집거구 형성, 문화공동체의 의미 부각과 네트워크 구축, 민족 교육의 강화와 민족 자질의 제고, 거주국 내 권력신장을 뒷받침해 줄 수 있는 한국 정부의 신중한 재외동포정책 등을 제기하고 있다.[19)]

한국 두레공동체운동 동북아 본부의 일부 학회에서는 조선족들이 수전(벼농사)민족의 전통을 되살려 친환경유기농업과 생태마을 공동체운동을 통하여 중국의 환경문제와 삼농[20)]문제 해결에 앞장서는 동시에 21세기 초록 문명의 동북아시대를 열어나가는 데 일조하여야 한다고 지적하였다. 그들은 농촌형, 도시형의 조선족 사회공동체들을 연계 통합하는 지속적 과정을 통하여 민족공동체의 재정착, 재조합의 시대를 열어 나가야 하며, 조선족은 중국 소수민족 사회의 모범일 뿐만 아니라 중국 시장경제 속의 대안사회공동체 모델을 창출해 나가야 한다고 주장하였다.

Ⅱ. 선행 연구의 문제점

조선족 사회와 조선족 문화체계의 성격, 기능, 역할 등에 대한 연구는 이미 상당한 성과를 이루어 왔으나 아직도 많은 과제들이 남아 있다. 중요한 것은 이러한 과제들이 아직 현상분석 상태에 머물러 있거나 문제해결을 위한 대안 구성 능력이 결핍되어 있다는 점이다.

19) (중) 박금해, "중국의 민족정책과 조선족사회현황", 차이나 코리안 닷컴.
20) 저자 주: 중국에서 농업, 농촌, 농민을 3농이라 한다.

1. 현상적인 차원의 논의

조선족 사회는 중국의 개혁개방정책의 돌풍에 떠밀려 도시화·산업화라는 물결 속에서 전통적인 사회주의 계획경제체제하의 농촌공동체중심사회로부터 도시와 농촌통합형으로 전환하면서 민족공동체의 재편성시대를 맞이하고 있다. 갑작스런 산업사회로의 진출로 인해 조선족 사회는 수많은 갈등과 혼란을 겪어 왔다. 그런 과정에서 조선족 사회는 전에 없던 많은 문제들이 발생하였다. 적지 않은 학자들은 이러한 현상을 문제의 본질로 보면서 조선족 사회가 해체되는 과정에 있다고 주장하였다. 그러나 이러한 문제들은 사회변혁과정에서 필연적으로 발생하는 문제라고 할 수 있다.

2. 조선족 사회의 변동에 대한 부정적 시각

조선족 사회에 위기적인 현상이 많이 나타난 것은 사실이지만, 그것을 과대포장해서 위기국면으로 판단하는 것은 곤란하다. 조선족 사회 위기론의 가장 주목되는 핵심문제는 민족문화의 상실문제라고 할 수 있다. 어떠한 의미에서 보면 조선족 사회에 나타난 문제들은 위기가 아니라 조선족 사회 미래발전에 있어서의 귀중한 문화자원과 문화구조를 재구성하는 수습과정에서 일어나는 필연적인 현상이라고 이해할 수 있다. 그러나 많은 연구 성과들이 조선족 사회의 위기를 민족적 동화의 위기로 잘못 판단하여 해석하고 있다. 그들은 위기의 해소대책을 현실성이 거의 없는 민족주의적인 노력에 맞추고 있다. 일부 사람들은 순수한 조선 문화를 고취하는 한편 집거지 해체 위기의 해결책으로 인위적인 집거지 구축을 호소하고 있다. 편협한 민족주의적인 시각에서 민족문화의 고수를 호소하는 것은 현실성이 결여되어 있는 것이다. 또 현시대의 특징은 경제적인 유동성에 있는데, 이러한 경제물류의 흐름과 효율을 무시한 채 인위적인 집거지의 구축을 호소하는 것은 사실상 현실성이 없다고 보아야 한다. 그것을 한반도와 중국, 중국과 동북아지역이라는 보다 넓은 틀에서 이해하고 연구하려는 노력 역시 부족한 실정이다.

3. 이론적 좌표계의 부재

또 다른 문제점으로는 조선족 사회와 문화에서 나타난 현상들의 정도를 측정할 수 있는 이론적인 좌표계[21]가 부재하다는 것이다. 중국에 살고 있는 조선족들이 중국 문화를 습득하고 중국의 주류사회에 진입하는 것은 당연하나 어느 정도를 유지하면 합리적인 수준이 되고 또한 어느 정도로 낮아지면 민족문화의 상실인지, 또한 조선민족으로서 한반도에서 갖고 온 문화를 이어가야 할 것은 당연하나 중국에서 그대로 지켜나간다는 것이 불가능한 것이라면 어느 정도로 민족문화를 지켜야 민족정체성을 보존할 수 있는지 등 민족문화의 합리성에 관한 좌표를 설정해야 할 것이다.[22]

4. 현실적인 대안의 부재

조선족문제를 해결하기 위하여 제출된 대안들은 현실성과 실천성이 결여되어 있다. 어떤 학자들은 중국 문화를 습득하는 것은 곧바로 동화를 의미하는 것이며 민족문화의 순수성을 지켜야만 민족정체성을 보존할 수 있다고 주장한다. 이러한 관점들은 대체로 민족공동체의 변두리에서 일어나고 있는 동화현상에 대해 지나치게 민감한 반응을 보이고 있으며 조선족 사회 일부 지역에서 형성된 중국 문화 일변도의 문화현상에 커다

21) (중) 김강일, 「조선족 사회 문화성격과 민족정체성」, 문학과 예술, 2004년, 제6기, 18쪽.

22) (중) 김강일, "변연문화의 문화적 기능과 중국 조선족 사회의 문화적 우세," 「중국 조선족 사회의 문화우세와 발전전략」, 연변인민출판사, 2000년, 197-199쪽.

란 위기를 느끼고 있다. 사실 중국이라는 거대한 문화배경 속에서 일정한 범위에서의 동화는 정상적인 현상이라고 보아야 한다. 이를 과대평가하고 그에 대한 해결책으로 민족문화 순수성의 구축만 제시하는 것은 시대의 변화를 정확히 파악하지 못한 현실성이 없는 논의인 것이다.

5. 인구 유동에 대한 전략적 시각의 부재

조선족 인구유동에 대한 전략적 시각의 부재 역시 현단계 조선족 사회 연구의 커다란 문제점이라 할 수 있다. 40-50여만 명을 헤아리는 조선족 인구가 원래의 집거지를 떠나 중국의 내지와 한국, 일본 등 여러 나라에 진출하고 있기에 많은 문제점들을 초래하고 있다. 그러나 이러한 문제점들을 극복하기 위한 전략적인 시각이 부족하고 현실적인 대안 마련이 부진하다는 것이다. 물론 이 문제는 경제적인 수요공급의 흐름으로 인해 생겨난 현상으로 그 해결책을 구하기가 쉽지 않겠지만 객관적이고 현실성이 있는 대안에 대한 연구가 필수적이다.

6. 차원 높은 문제해결책의 필요

조선족 사회 연구의 경우, 보다 높은 차원에서 조선족 사회와 문화의 문제해결책을 제시한 것이 적다. 민족성의 존속과 민족사회 발전의 결정적인 행로는 조선족 사회를 한반도와 중국 간의 관계 발전과 동북아 국제협력에 큰 영향력을 끼칠 수 있는 문화구역으로 건설하는 일일 것이다. 이를 위해서는 중국 조선족 사회가 동북아지역에서 차지하는 중심적인 위치를 재확인하고 그에 따라 발전 방향의 가닥을 잡아야 한다. 한국의 이종훈 연구원은 연변지역의 재중동포사회는 한반도와 근접해 있고 동북아 경제권의 핵심지역에 자리하고 있다는 점에서 매우 중요하다고 주장하였다. 또한 재중동포는 이미 중국경제와 한국경제를 연결시키는 고리 역할을 수행하고 있으며, 주변 4대국 간의 경제교류에도 일부 기여하고 있는데 이러한 역할은 앞으로 동북아 경제권 형성이 본격화되면서 더욱 활발해질 것이라 전망하였다. 한국의 입장에서 재중동포를 포함한 재외동포 사회의 한민족경제공동체를 형성할 수 있다면 동북아경제권 형성에서 유리한 고지를 점할 수 있을 것이다.[23)]

Ⅲ. 연구의 범위와 방법

1. 연구의 범위

이 책은 중국의 개혁개방으로부터 현재까지의 조선족 사회와 문화체계의 변화 및 향후 발전방향을 연구범위로 한정한다. 본문은 특히 1992년 한중 수교 이후 한중 관계의 정립과 발전을 전제로 서술되었다. 냉전시대 한중 관계와 중국의 개혁개방 이전의 조선족 사회 문화체계의 비교분석도 진행할 것이나 논의의 중심은 아니라 할 것이다.

주요 내용으로 중국의 개혁개방 후 조선족 사회와 문화의 변화 및 그 원인을 밝히려 한다. 개혁개방 후 조선족 사회는 천지개벽의 변화를 일으켰다. 그 원인은 바로 그들이 특수한 지정학적인 위치와 문화성격을 소유하고 있기 때문이다. 그들은 한중관계의 발전에 커다란 기여를 하였고 앞으로도 동북아지역 경제협력체의 형성에 상당히 중요한 역할을 할 수 있는 가능성을 지니고 있다. 조선족 사회는 동북아지역에서의 경제, 문화의 중심지역으로 등장할 가능성이 있으며, 또한 이런 부각으로 인해 더욱 빠른 사회발전을 이룩할 수 있을 것이다.

23) (한) 이종훈, "재중동포 정책의 현황과 향후 방향," 대한민국 국회 21세기 동북아연구회, 1996년.

2. 연구방법

첫째, 본문은 조선족 사회의 현실에 알맞은 독립적인 분석의 기틀을 세우려 한다. 이런 기틀 위에서 한반도와 중국이 윈-윈 구도를 형성할 수 있도록 그 필연성을 논증하고 또한 동북아 국제협력이 실현될 가능성을 토론 연구하며 그것을 기반으로 하여 조선족 사회가 한중 관계 발전 나아가 동북아 국제협력의 과정에 (특히 문화체계의 복합기능을 발휘함으로써) 자체의 더욱 큰 발전을 도모할 길을 밝힐 것이다.

둘째, 이상주의 이론에서는 완전히 벗어나도록 한다. 시장경제 시대에 있어서 국가와 국가 간의 관계는 우선 국가의 경제이익과 안전이익을 전제로 하고 있다. 때문에 본 연구는 신 현실주의적인 차원에 입각하여 이익관계의 분석으로 그 틀을 형성함으로써 이상주의가 흔히 범하는 오류를 극복하려 한다. 그리고 조선족 사회의 문화체계에 대한 문화철학적인 분석과 연구를 통해 조선족 사회가 한중 관계 발전에서 지니고 있는 중요한 전략적인 위치를 논증하려 한다.

셋째, 보다 역사적인 시각에서 문제를 고찰하고자 한다. 조선족 사회에 대한 연구는 조선족의 정체성과 조선족 문화의 이중성을 떠날 수 없다. 조선족과 조선족 문화체계의 형성은 원론적으로는 한민족 이민의 중국유입과 함께 시작되었다고 할 수 있다. 그러나 보다 구체적으로는 법적으로 중국의 공민이 된 1950년대부터 시작되었다. 이처럼 중국 조선족이 가지고 있는 역사를 존중하고 그들이 보유하고 있는 자료와 역사사실에 근거하여 이 책의 주요 논리를 전개하고자 한다.

넷째, 객관적인 분석방법론을 이용하고자 한다. 본 연구는 미래예측의 불확실성이라는 한계를 지니고 있다. 조선족 사회의 미래 발전이 한반도와 중국의 관계에서 어떠한 형태로 자신의 위치를 설정할 것인지 우리는 확신할 수 없다. 또한 한반도와 중국 간의 갈등이나 동북아 국제정치구도의 변화 또는 조선족 사회 자체 내의 문제점과 같은 변수에 대한 객관적인 분석이 결여된다면 예상했던 연구결과를 구하는 것도 어려워진다. 때문에 방법론적으로 상기의 변수들을 충분히 고려하고 객관적인 변화를 진단하여 미래 예측에서 오는 불확실성을 극복하고 오차의 범위를 최대한 줄이고자 한다.

다섯째, 문헌의 비교분석 연구방법을 운용하고자 한다. 현재까지 발간된 연구 성과와 문헌들을 세 개 부분으로 나누어 상세히 검토하여 비교·분석코자 한다. 우선 조선족 사회의 형성과정에 대한 연구 문헌들을 비교·분석·연구한 후에 조선족 사회의 민족정체성과 문화정체성에 대한 문헌들을 비교·분석·연구할 것이다. 그 이후에 조선족 사회의 문제의식과 대안에 대한 연구 문헌, 중국의 동북3성 노(老)공업기지 진흥 프로젝트의 실행과 조선족 사회의 역할관계에 대한 연구 등의 성과들을 비교하고 분석하고자 한다.

끝으로, 자료 수집과정에서 실태조사연구의 방법을 최대한 활용하였다. 당대의 현실을 냉정하게 판단할 수 있는 사실자료만큼 설득력을 지닌 것은 없을 것이다. 때문에 연변과 동북지구 조선족 집거지구에 대한 조사연구와 동시에 산둥(山東)·베이징(北京)·상하이(上海) 등 조선족들의 새로운 집거지구에 대한 실제적인 조사를 진행하였다. 필요한 상황에서는 좌담회의 형식을 취하여 실제자료를 취하는 방법도 참고하였음을 밝혀 둔다.

제 2 장

동북아 국제협력시대의 도래

맞물려 돌아가는 역사의 맷돌

동북아란 한반도 및 그 주변의 광범한 지역을 포함해 일컫는 말이다. 각국의 지리적 개념, 가까운 국가 간의 경제 문화교류, 지구 경제일체화[1] 조건, 본국이 세계경제활동에 참가하는 전략과 대외경제를 발전시키는 계획전망에 따라 그 범위는 조금씩 차이를 보인다. 지역별로는 러시아와 중국의 어느 지구가 포함되느냐 아니냐 하는 문제가 쟁점이 되기도 한다.

한국의 학자들은 대체로 일본・한국・북한・중국의 동북지구와 수도권, 산둥반도(山東半島)・상하이(上海)・광저우(廣州)・홍콩(香港)・대만(臺灣) 지구 및 몽골과 러시아의 극동지구, 시베리아 일부지구 등이 동북아 안에 포함된다고 주장한다. 그러나 지엽적인 범위의 논쟁과는 상관없이 동북아의 문제는 정치・군사・안보 등 측면으로 볼 때 그 구역 내의 일일 뿐만 아니라 지역한계를 벗어난 아시아태평양지역문제이며 심지어는 세계적 문제이기도 하다. 미국은 위치상 동북아국가는 아니지만 한국전쟁시기부터 동북아지역에 지대한 영향력을 미치고 있으며, 또한 동북아 지구의 복잡한 문제들은 지구촌 사회의 모든 민감한 문제들과 함께 연계되어 세계정세에 큰 변화를 일으

1) 저자 주: 중국 학계에서는 경제일체화 또는 전구화(全球化)라는 용어를 범 세계화(Globalization)의 개념으로 사용하고 있다.

키고 있다. 따라서 넓은 의미에서의 동북아에는 미국도 포함된다고 할 수 있다.

동북아 국제협력이란 동북아 각 국 간의 경제 합작을 중심으로 하는 다국적, 다방면의 협력을 뜻한다. 오늘날 아시아지역에서는 시장주도형의 경제통합이 급속히 진행되고 있으며, 중국의 경우 국지적 경제협력지대가 국경지대를 중심으로 폭넓게 형성되고 있다.[2)] 아세안국가들을 중심으로 하는 아태경제협력체(APEC)가 역내 시장자유화를 목표로 활성화되어가고 있으며, 동북아지역 국가 간의 관계도 냉전적 제도와 사회주의 이념의 낡은 틀에서 벗어나 서로 간에 시장경제체제의 협력을 모색하는 방향으로 나아가고 있다. 극단적인 예로 장기간 대립해 왔던 한반도의 남북이 대화와 협력을 통해 정치·군사·경제 부문의 교류를 증진시키고 있으며, 주변 동북아 국가들과 다방면에 걸쳐 동반자 관계를 모색하고 있다.

물론 동북아 국가들 간에는 지역협력을 저해하는 영토문제, 민족주의문제, 역사문제, 북핵문제 등 불리한 요소들이 많이 작용하고 있다. 그러나 동북아 국제 협력의 형성은 역사발전의 필연적인 추세로서 관련 국가들이 역내시장자유화를 통하여 계속 상호 호혜적인 경제협력을 추진하면 멀지 않은 미래에 동북아 FTA와 같은 제도권적 경제공동체가 성립될 것으로 전망된다. 이 경우, 동북아 국제 협력의 협력범위는 명실 공히 아시아, 태평양지역을 포함하는 거대시장을 형성할 수 있을 것이며, 나아가 세계경제의 흐름을 유도하는 성장 동력의 핵심지역으로 새롭게 부상할 가능성이 높다.

---

2) (한) 박태규 외, 「동북아의 경제협력과 질서」, 도서출판 오름, 2004년, 14쪽.

제 1 절 동북아 국제협력의 필연성

Ⅰ. 국제관계 발전의 추세

1. 동북아 국제합작을 위한 전제 조건

세계 정치·경제조류의 변화는 동북아 국제합작을 위하여 유리한 조건을 만들어 주고 있다. 세계화와 정보화의 물결을 타며 21세기는 이미 전 지구가 하나로 연결된 단일 지구촌을 이루고 있다. 첨단 과학기술을 동원한 통신 및 교통수단의 발달은 지역 간의 물리적 거리와 장벽을 제거했으며, WTO와 같은 기구를 통하여 관세와 무역의 경제장벽은 점점 더 낮아지고 있다. 과거에는 도저히 섞일 수 없었던 적대적인 이념과 종교와 민족의 장벽들이 급물살을 타고 허물어져 내리고 있는 실정이다. 그 속에서 세계는 무제한적인 경쟁시대를 예고하며 새로운 경제전쟁의 시대를 암시하고 있다. 이념의 벽들이 무너진 세계에 남아 있는 이데올로기는 오직 경제 이데올로기밖에 없다고 해도 과언이 아닐 것이다. 이제 바야흐로 세계는 자국의 이익을 위해 과거의 모든 이념과 종교와 민족을 초월하여 경제복합체를 이루며 이합집산하고 있다. 그 과정에서 나타난 것이 실리 중심의 지역화 블록현상이다.[3]

과거 동북아 지역에서 각국의 교류와 경제 합작을 가로 막았던 적대의식형태의 차별과 군사대립이 점차 대화와 타협, 협상과 완화의 방향

3) (미) 김진경, "동북아시아 연합의 꿈과 주변국가의 역할," 연변과학기술대학 국제학술회의, 2006년 7월, 4쪽.

으로 나아가고 있다. 무엇보다도 세계경제질서는 선진국들에 의해 크게 재편되고 있다. 세계정세의 정치상에서의 변화는 동북아 국가 간의 관계 개선과 결속에 가능성을 제공하였으며 국제합작을 위하여 건설적인 분위기를 일깨워 주고 있다.

냉전 구도가 붕괴된 후 세계정세는 경제 우선주의를 중심으로 하는 새로운 질서가 형성되고 있으며[4] 블록(bloc)화와 경제공동체 방향으로 발전하고 있다. 세계경제가 다국가체제인 WTO를 중심으로 통합되어 가는 추세임에도 불구하고 지역 블록화와 자유무역협정(FTA)은 시대적 조류가 되고 있으며 지역 경제협력의 확산과 심화추세가 일어나고 있다.

유럽경제공동체(EEC)가 유럽자유연합과 통합하여 유럽연합(EU)으로 새로운 출발을 하였고, 미국이 중심이 되어 캐나다, 멕시코와 연합한 북미자유무역협정(NAFTA)이 형성되었다. 동남아시아국가연합(ASEAN)과 미주자유무역지대(FTAA), 남미공동시장(MERCOSUR) 등도 가입국을 확대하여 지역 내의 경제통합을 가속화하고 있다. 1980년대 이전까지 27개에 불과하던 자유무역협정은 1990년대에 64개, 2000년도 이후에는 102개로 급증하였으며, 2005년 세계 교역량의 50% 이상이 자유무역협정 내에 포함되는 것으로 추정되고 있다.[5] 이러한 국제환경변화 가운데 21세기 세계의 초점은 아시아태평양지역으로 이전되고 있으며 동북아시아가 그 중심으로 부상하고 있다.

동북아는 협의의 개념으로 보아도 2,000여 만 헥타르의 면적을 차지한 광범한 지역일 뿐만 아니라 4억여 명 이상의 인구를 가지고 있으며 국민총생산량이 전체 아시아의 70% 이상을 차지한다. 동북아는 아시아태평양지구의 최다 자원과 문화의 교차점이며 세력의 교차지이다.[6] 그러나

4) (중) 김세영, “동북아지역의 경제협력제안,” 「중국의 개혁개방과 동북아경제연구」, 연변대학출판사, 2000년, 115쪽.

5) (한) 이봉조 전 통일부 차관, “중국의 대한반도 정책과 주변국가의 협력,” 2006년 한중국제학술회의 논문집, 2006년 8월, 중국 연길.

6) (중) 궈리(郭力), 「러시아의 동북아전략」, 중국사회과학문헌출판사, 2006년, 12쪽.

동북아는 아직도 다자 간 경제합작 조약이 없으며 다국적 경제조직이 없는 유일한 지역이다. 남북한 대치의 상황으로 인하여 정치·외교상 세계의 이목이 집중되는 곳이기도 하다.[7)]

동북아 경제는 그 발전 단계에 따라 크게 일본, 한국, 그리고 기타 지역으로 분류된다. 첫째는 고도로 발달한 일본 경제이다. 일본 경제의 강점은 국제경영능력이 강할 뿐만 아니라 자본과 물류의 유통이 원활하며 과학기술의 신보가 빠르고 산업구조가 현대화되어 있다는 점이다. 그러나 자연자원이 부족한 것과 내수시장이 협소하다는 약점도 동시에 지니고 있다.

둘째는 비약적인 발전을 거듭하고 있는 한국 경제이다. 한국 경제는 대기업 위주의 집중력과 순발력이 뛰어나고, 지정학적으로 국제물류의 중심축을 이루고 있으며, IT를 기반으로 하는 응용기술능력이 강하다. 그러나 한국 역시 일본과 비슷한 문제점을 지니고 있다.

셋째는 발전 단계에 있는 나라와 지역이다. 연안지역의 경제발전에 힘입어 재기를 꿈꾸고 있는 중국의 동북지구, 그리고 러시아의 극동지구 및 몽골, 북한 등의 나라들이다. 러시아 동부지구의 풍부한 수력자원, 삼림자원, 금속자원, 석유자원과 가스자원은 아직도 개발을 기다리고 있다. 북한의 유색금속, 어업자원, 몽골의 축산 자원, 광산자원, 중국의 드넓은 시장과 풍부한 노동력은 동북아 국제협력을 기다리고 있다.

이와 같이 격차를 보이고는 있으나 전체적으로 동북아지역은 세계에서 경제적 활력이 가장 왕성하고 경제성장비율도 제일 높은 지역으로서 경제잠재력이 매우 크다. 1997년 금융위기 전만 해도 동아시아 구역의 무역은 전 세계의 40%를 차지하였다. 지금 동북아는 세계화와 블록화 과정에서 주요한 경제권으로 부상되고 있다. EU의 성공은 네트워크를 강화하려는 다른 경제블록, 특히 동북아지역의 자극제가 되고 있다.

7) (중) 김세영, "동북아지역의 경제협력제안," 「중국의 개혁개방과 동북아경제연구」, 연변대학출판사, 2000년, 128쪽.

그러나 냉전시대의 유산으로 동북아지역은 아직까지도 복잡한 국제 정치의 알력이 존재하고 있어 대규모의 경제협력을 이루어내지 못하고 있는 실정이다. 북미자유무역협정과 유럽공동체에 대응할 수 있는 유일한 방안이 동북아지역에서의 국제적인 경제협력인 만큼 동북아지역 국가들도 그에 대해 상당한 관심을 쏟고 있다. 한국이나 일본의 밀집된 자본과 기술, 중국의 풍부한 노동력 그리고 러시아의 풍부한 자원 등이 결합하면 세계에서 으뜸가는 경제발달지역을 형성할 수 있을 것이기 때문이다.

미래학자 존 나이스비트(John Naisbitt)는 21세기 메가트랜드의 하나는 아시아시대의 열림이며, 세계 경제와 문화의 중심이 서양에서 아시아로 이동하고 있다고 지적한 적이 있다. 아시아지역에서의 경제적 협력에 대한 논의와 노력에 비추어 볼 때 아시아지역이 불화와 대립이라는 기존의 갈등구조에서 벗어나 화해와 협력을 통해 새로운 지역질서를 만들어 나가기만 한다면 이러한 전망은 결코 불가능한 일이 아니다.[8] 이처럼 동북아지역의 각국들도 세계정세의 흐름에 발맞춰 동북아지역에서 새로운 질서를 창출하고 구체화하는 데 필요한 정책 즉, 시장주도형의 국제 협력체 구축의 필요성과 절박성을 심각하게 이해하여야 하며 그것을 부단히 추진해야 할 것이다.

2. 동북아 각국의 다양한 협력과 교류

동북아 각국은 여러 방면의 협력을 추진하고 있다. 세계경제의 집단화 흐름에 이끌려 동북아지역 국가들의 협력의식은 과거보다 강해졌다. 동북아 각국은 블록화로 발전하는 것이 세계경제 발전의 추세라는 것을 공감하면서 이 조류에 순응하고 있다. 그들은 본국의 우세한 장점을 살려 국가 간과 지역 간의 국제 협력을 통하여 새로운 경제발전을 촉진시키고 있다.

8) (한) 박태규 외, 「동북아의 경제협력과 질서」, 도서출판 오름, 2004년, 14쪽.

또한 동아시아 금융위기 여파로 인한 한국, 일본의 경기침체와 중국의 부상에 따른 세계적인 무역경쟁 등은 동북아시아 3국의 경제협력의 필요성과 당위성을 부각시키는 계기가 되었다.9) 최근 동북아시아 국가들은 빠른 속도로 도약하고 있으며, 이 지역에서 상호 번영의 시대를 가져오고 있다. 일본은 철강 및 전자 등에서 세계 최고의 경쟁력을 보유하고 있고 명실 공히 세계 제1의 채권국이다. 한국은 기술수준 등이 일본에 다소 뒤지고 있지만 반도체, 조선(造船), IT 응용기술 등에서 세계 제1의 경쟁력을 자랑하고 있다. 1997년의 금융위기를 겪었음에도 불구하고 금융 산업의 구조조정, 대기업의 빅딜(Big Deal) 및 정부의 각종 규제개혁 등이 잘 진행되어 재성장의 궤도에 진입하고 있다.

중국은 개혁개방의 힘을 입어 매년 8% 이상의 경제성장을 이루어 왔다. 앞으로 정부부문 구조조정과 국영기업의 민영화 등 개혁이 성공적으로 추진될 경우 저임금의 노동력과 풍부한 천연자원, 그리고 거대한 내수시장에 힘입어 미국, 일본에 버금가는 경제대국으로 발전할 전망이다.

탈냉전 이후 중국의 지속적인 개혁과 발전은 동북아지역에서의 국제적인 협력의 중요한 계기를 마련해 주고 있다. 중국은 대(對)동남아전략을 실시하는 과정에 화상(華商)기업인들을 중심으로 하는 거대한 세계경제 블록화를 이루어냈다. 그에 이어 중국은 연해지역과 내륙지역 간의 경제적인 격차로 인한 구조적인 모순을 해결하기 위하여 대(對) 동북아 발전전략과 서부개발 발전전략을 펴나가고 있다. 중국의 대(對) 동북아 경제발전전략은 주로 동북삼성(東北三省)과 내몽골지역의 경제 활성화를 목표로 하고 있으며, 한반도 · 일본 · 러시아와의 경제블록의 형성을 기대하고 있다. 다시 말하자면 일본, 한국과 중국의 경제적인 발전은 동북아지역에서의 국제적인 협력의 기본적인 틀을 마련해 주고 있는 것이다. 그럼에도 불구하고 동북아지역에서의 국제적 협력체계의 구축은 아직까

9) (중) 김세영, "동북아지역의 경제협력제안," 「중국의 개혁개방과 동북아경제연구」, 연변대학출판사, 2000년, 132쪽.

지 구상 단계에 머물러 있다. 이는 유럽과 북미의 경제적인 협력체와는 대조적인 현상이라 하겠다.

세계화 추세에 힘입어 각 국가 간의 다자합작이 발전하면서 동북아 국제합작의 조건 역시 진일보하고 있다. 1990년대 중기부터 동북아 여러 나라들은 정치적 제도와 이념의 한계를 벗어나 상당한 수준의 전략적 동반자관계를 성립하였다. 1994년 미국과 러시아는 성숙한 전략적 동반자관계를 수립하였고, 1996년 중국과 러시아는 평등, 신임의 21세기 전략적 합작동반자관계를 정립하였으며, 1997년 미국과 중국도 21세기 건설적인 전략적 동반자관계를 이루었다. 한중, 한러의 국교정상화 및 교류증진은 이미 상당한 수준에 이르렀고 북한의 미국, 일본과의 관계 정상화도 추진되고 있다. 이러한 과정에서 동북아 각국은 상호의존의 증대를 보이고 있다.

세계문화발전의 추세도 동북아 국제협력의 형성에 중대한 영향을 일으키고 있다. 각 국마다 가치관의 차이는 있지만 문화방면의 상호융합과 합작은 계속 추진되고 있다. 문화방면의 교류와 협력은 세계정세로 하여금 점점 더 친밀도를 높이는 작용을 하고 있다. 세계 각국은 활발한 문화교류를 앞세워 경제방면의 교류와 협력을 이끌어 내고 있다.

국제관계의 변화에 따라 각국의 군사, 정치의 대립현상은 점차적으로 감퇴되고 경제와 과학기술의 상호작용이 날마다 증강되고 있다. 각국은 경제, 외교 전략을 조정하여 경제력을 쌓고 이를 토대로 국제무대에서 자기나라의 위치를 새롭게 자리매김하려 한다. 때문에 동북아 국가들 간의 국제 협력은 가까운 시일 내에 체계를 갖추게 될 것이다. 한국이 제기한 환황해경제권, 러시아가 기대하는 동해공동시장 혹은 다자 간 협력사업으로 추진해 왔던 두만강지구개발계획(TRAPD)과 한반도 에너지 개발기구(KEDO) 등은 모두 동북아 국제협력을 제도적으로 이끌어 가기 위한 방안들이다.

Ⅱ. 지역 내 국가 발전전략의 수요

1. 한 국

한국은 현재, 국가의 안전과 지속적인 경제발전을 기반으로 하여 멀지않은 장래에 3만불 소득 이상의 선진 국가가 되기 위한 노력을 맹렬히 추진하고 있다. 균형적이고 실무적인 외교정책을 통하여 국제화 교류업무를 가속화하고 있으며, 기술합작형의 자주국방정책과 평화번영을 위한 자유시장경제체제의 활성화를 위해 그 구체적인 성과를 추구하고 있다. 때문에 동북아 국제 협력을 필수적인 요건으로 인식하고 있을 뿐만 아니라 나아가 이를 위해 다방면에 걸쳐 적극적인 정치·경제·외교력을 펼쳐나가고 있다.

또한 남북 경제합작을 통하여 한반도의 화해 분위기를 조성하고 이를 계기로 통일을 앞당겨 안정된 한반도를 기반으로 동북아 경제교류합작체제를 수립함으로써 한국을 동북아 경제중심국가로 건설하려는 의지를 나타내고 있다. 다시 말해 한국의 국가발전 주요 전략 목표는 한반도를 중심으로 자유무역경제구역을 조성하여 금융국제화를 실현하며, 정보기술 첨단산업과 물류기반 서비스산업을 발전시켜 한국을 명실공히 동북아 국제무역 중심국가로 브랜딩하는 것을 일차적인 목표로 삼고 있다. 이를 토대로 행정규제완화 및 기술이전과 국제투자 유치를 위한 투자환경 여건을 쇄신하여 한반도를 동북아 경제협력의 중추지역(HUB)으로 건설하고자 하는 것이다.

한국은 또 미국, 일본 등 국가에 대한 의존과 무역마찰을 감소하기 위해서도 동북아에서 구역경제 합작체제를 형성할 것을 요청한다. 그리고 최근에 들어와 한·중·일 3국 간에도 자유무역지대(FTA)와 같은 구역경제 합작체제를 건립할 것을 희망하는 경향이 늘어나고 있다. 이 세

나라는 지리상 가까이 위치해 있고 문화적 동질성이 있으며, 경제면에서도 상호보완성이 있는바, 3국 간의 장점을 시너지화하는 일에 높은 관심을 보이고 있다. 다시 말해 한국은 생산기술과 개발경험이 있고 일본은 첨단기술과 자본이 있으며, 중국은 풍부한 노동력과 잠재된 시장이 있다. 한국은 이 세 나라의 경제 합작체제를 확대·발전시켜 나가는 과정에 자연스럽게 한국을 동아시아의 물류중심지역으로 부각시킬 계획을 갖고 있는 것이다.[10]

2. 중　국

냉전 후 중국의 국제적 지위는 크게 제고되었다. 오늘날 어떤 중대한 국제문제라도 중국의 참여가 없이는 해결하기 어렵다.[11] 동북아문제에서도 중국의 지위와 영향력은 막대하다. 최근 중국은 국제환경을 수호하며 경제와 안보를 균형적으로 발전시키는 동북아 전략을 확정하였다.[12] 동북아지구의 군사대립상태를 완화시키고 각국의 상호신임을 증진시키는 것을 기본으로 하여 동북아에서 새로운 평화적 국제환경을 건립할 것을 주장하고 있다.[13] 중국은 동북아 새 질서의 건립에 적극 참가하며 동북아에서 정치·경제·군사방면의 영향력을 확대하기 위해 노력하고 있다.[14]

중국은 동북아 국제협력을 형성하려면 우선 한반도문제를 해결해야 한다고 주장한다. 한국전쟁의 참가국이며 정전협정의 조인국인 중국은

---

10) (한) 안충영·이창재 엮음, 「동북아 경제협력: 통합의 첫걸음」, 박영사, 2003년, 1-9쪽.

11) (미) 키신저, "세계의 신질서를 어떻게 실현할 것인가," 시대주간, 1994년 3월 14일.

12) (중) 루소우화(盧少華), 「동북아형세의 신특점」, 국제문제연구, 1999년 3기, 37쪽.

13) (한) 황병덕 외 2인, 「미중 패권쟁탈과 동북아지역 패권변화연구」, 통일연구원, 2004년, 146쪽.

14) (한) 민족통일연구원, 「동북아국제질서하의 한반도 통일 기초 조성 방안」, 민족통일연구원, 1992년, 159쪽.

한반도문제에서 특수한 지위를 차지하고 있으며 따라서 독특한 작용을 할 수 있다. 중국은 한반도의 문제는 한국, 북한, 중국과 미국이 협상하여 해결해야 한다고 주장하고 있다. 중국은 북한과의 전통적인 우의를 공고히 하고 발전시키며, 한국과는 정치 · 경제 · 문화 등 각 방면에서 교류와 합작을 강화하여 우호적인 국가관계를 건립하기 위해 노력하고 있다.

중국은 본국의 경제발전을 이룩하고 국제정세의 안정을 강조하며 발전도상의 국가들과 연합하여 동북아에서 미국을 견제하는 전략을 취하고 있다. 동시에 중국은 경제발전을 도모하려면 반드시 미국과의 관계를 잘 처리해야 한다고 인정하고 있다. 때문에 중국은 미국과의 관계에서 싸우면 둘 다 망하고 화평을 하면 둘 다 흥성해진다는 원칙을 견지하고 있다. 이와 같이 한중관계와 중일관계에 있어서도 중국은 정치와 경제를 분리시켜 경제협력우선주의를 실행하고 있다.

3. 일 본

냉전 후 동북아의 중요한 일원으로 재등장한 일본의 지위는 전보다 훨씬 더 높아졌다. 일본은 동북아의 버팀목으로 한반도의 평화와 안전을 유지함으로써 자국의 안전과 발전을 도모하려 한다. 일본의 동북아전략은 미국을 최우선 우방국가로 삼아, 중국과 러시아를 견제하는 한편 남북한의 관계를 저울질하며 반사이익을 얻으려는 전략이다. 한반도에서의 발언권을 증대하여 경제대국 다음으로 하루빨리 정치외교대국 및 군사대국으로까지 발전하고자 하는 것이다.

또한 정치우경화가 엄중해지면서 일본의 '보통국가'가 되려는 목적은 이미 세계에 잘 알려진 '비밀'이 되었다. 자위대와 연계되는 일련의 법제가 제정된 것은 일본의 군사대국화 경향을 노골적으로 보여 주는 사례이기도 하다. 이는 동북아 정치와 안전구도로 놓고 볼 때 매우 불안한 요인을 촉발하고 있는 것이다. 거기에다 신사참배, 역사교과서문제 및 독도, 조어도(釣魚島) 등의 영토 문제를 야기하여 주변 국가들로 하여금 긴장과 경계심과 반감을 불러일으키고 있다.

일본의 경제 전략은 세계경제가 구역화로 향하는 추세에 따르기 위하여 동북아에서 전면적 경제외교 전략을 펼치는 것이다. 일본은 수출을 확대하고 첨단산업의 우세를 발휘하여 경제력 신장과 함께 정부의 원조개발계획(Official Development Assistance ; ODA)을 앞세워 발전도상 국가들에 대한 경제지원을 강화함으로써 일본을 중심으로 하는 동북아 경제권을 건립하려 한다.[15)]

4. 러 시 아

러시아는 냉전 후 변화된 동북아정세에 근거하여 북한보다 한국을 중시하는 정책을 실시하였다. 그러다가 1993년부터 어느 쪽에도 기울지 않는 남북등거리(等距離)외교를 유지하며 소강상태를 보이고 있다. 러시아의 동북아전략은 아시아에서 대국의 지위를 확립하고 다극세계 중의 독립된 일극을 실현하려는 것이다. 러시아는 한반도에서 자기의 대국위세를 수립하기 위하여 북한을 이용, 미국과 일본의 세력을 견제하려 한다.

푸틴 정권 이후부터 러시아는 북한과의 관계정상화를 추진하여 북한과 새로운 선린우호조약을 결성하고 관계개선에 성공하였다. 한반도 평화와 안전문제에 대하여 러시아는 미·일 미사일 방어 전략의 군사배치를 반대하고 동북아지구가 어느 한 나라, 특히 미국의 세력범위로 귀속되어 자기들이 동북아 판도에서 빠지는 것을 경계한다. 러시아는 자기를 포함한 다자대화로 한반도의 안전문제를 해결할 것을 주장한다.

러시아는 동북아 각 국과 자본합작, 과학기술합작, 노무합작을 진행하는데 필요한 정책을 제정하였다. 그들은 몇 개의 동북아 국가를 끌어

15) (한) 민족통일연구원, 「동북아 국제질서하의 한반도 통일 기초 조성 방안」, 민족통일연구원, 1992년, 14쪽.

들여 극동(연해주)지구를 개발하여 그곳의 경제발전을 추진하고 있다. 러시아는 에너지 자원우세를 이용하여 동북아에서 에너지 외교를 펼치고 있다. 그들은 한편으로는 동북아 각국에게 에너지 합작항목에 참가할 것을 요청하고 다른 한편으로는 이 항목의 진행절차를 장악하면서 더 큰 이익을 추구하고 있다. 극동 석유관로 문제에서 러시아는 질질 끄는 방법으로 경제상에서 권력균형의 목적에 도달하며 미국이 러시아를 견제하는 것을 방지하는 목직에 도달하려 한다.[16)]

5. 북　　한

동북아에서 위치상 가장 중심지에 놓여 있는 북한은 동북아 국제협력을 매우 중요시하고 있다. 북한의 동북아 전략은 고도로 집중된 계획경제체제를 실시하고 자기의 역량과 국내자원에 의거하여 자립을 실행함으로써 정치자주와 군사자위의 원칙을 견지하려 한다. 동시에 러시아, 중국과의 관계를 발전시키고 한국과의 남북관계를 개선하며 일본과의 관계도 국가정상화단계로 회복시키려는 목표를 갖고 있다. 그리하여 국가의 체제유지 및 안전을 담보하는 기반에서 동북아국가와의 대외무역을 추진하되 주로 중국·한국·일본과의 대외무역을 촉진하고자 하는 것이다.

사회주의 이념과 정치형태를 표준으로 하였던 북한의 국제관계는 냉전의 종식과 함께 무너져 버렸다. 1992년 북한은 한국과 더불어 국제연합(UN)에 가입하였다. 김일성 주석이 사망하고 북한의 핵개발, 미사일 등 문제들이 국제 이슈화되면서 호주 등 친미국가들이 북한과의 외교관계를 단절하였다. 서방국가들은 북한을 더욱 고립시켰고 북한도 서방국가들의 서방화와 분화(分化)를 방지하기 위하여 대외관계를 축소하였다.

북한은 전방위적으로 다극적인 실무외교 공세를 펼쳤다. 1999년 9월,

16) (중) 천평쥔·왕촨쥔(陳峰君·王傳君), 「아태대국과 조선반도」, 북경대학출판사, 2002년, 265쪽.

북한은 7년 만에 처음으로 국제연합(UN)총회에 출석하여 전방위 외교의 서막을 열었다. 그 대회에서 북한은 미국·일본·한국과의 관계를 개선할 의향을 밝혔으며, 아시아·아프리카와 유럽 일부 국가의 외교부 장관들을 회견하였다. 2000년 1월 4일 북한은 우선 이탈리아와 대사급 수교를 실현하였다. 이는 북한이 오스트리아·핀란드·덴마크·스웨덴 등 국가와 수교를 한 후 6번째로 유럽연맹 성원국가인 이탈리아와 수교를 한 외교성과이다.

2000년 5월 8일 북한은 호주와 25년간이나 끊어졌던 대사급 외교관계를 회복하였고 7월에는 필리핀과 외교관계를 수립하였다. 이와 같은 북한의 외교노력은 전후(前後) 23개 국가와 수교를 하는 성과를 달성하였다. 북한의 전방위외교정책의 실시는 북한과 세계 각국의 교류와 합작을 추진하였을 뿐만 아니라 북한의 활동공간을 넓히고 한반도의 긴장국면을 완화시키고 경제 원조와 더불어 국제자금을 유입하여 경제를 발전시키려는 노력을 보여 주었다. 그러나 체제상의 문제로 개방이 지연되면서 그 경제적, 산업적 효과는 미미한 실정에 그치고 있다.

6. 몽　골

몽골은 인구가 240만 명 정도밖에 안 되는 국가이지만 국토면적은 156.65평방킬로미터로서 그 전략적 위치와 풍부한 자원으로 인하여 동북아 각국으로부터 주목받고 있다. 몽골은 러시아가 아시아지구에서 안전병풍이 되어 주고 있고 미국의 입장에서 볼 때 중러 결속관계를 약화시키는 쐐기가 되기도 하며 또한 일본 대국화 영향을 확대하는 실험장소가 되어 주기도 했다. 몽골에는 각종 자원, 특히 광물자원이 풍부한데 동·금강석·금 등 80가지 광물자원이 있다. 몽골의 광산 개발은 그 투자규모가 크지 않은데다가 교통 및 물류설비가 부족하여, 개발한 업종이 영세한 편이지만 장기적으로 볼 때 개발 잠재력이 아주 크다.

몽골의 국제정책은 동북아의 지연(地緣)과 중·러·몽 3국 간의 균형을 중히 여기면서 이 3국의 동태와 발전추세를 시시각각 주의하고 있는 것이다. 이와 동시에 자원외교를 활용, 주변 국가들의 경쟁관계를 이용하여 중국과 러시아를 견제함으로써 균형을 유지하려 한다. 몽골은 균형자로서 균형정치의 수단과 방법으로 자국의 지위를 제고하고 독립과 안전을 도모하려 한다.[17]

때문에 몽골은 동북아를 지정학적인 지렛대(地緣支点)로 삼아 다원화 대외전략과 경제 정책을 앞세워 일본·중국·한국 및 러시아와는 밀접한 협력동반자 관계를 유지하되, 경제무역은 중국에, 자금과 기술은 일본 및 한국에 편중하고 전략적 영향은 미국에 편중하며, 잠재적인 무력위협은 러시아에 편중한다는 동북아 전략을 제정하였다. 몽골은 동북아지역에서 다각적 경제협력의 적극적인 창도자이자 추동자로서 동북아지역에서 몽골을 수요하지 않을지라도 몽골은 지역협력을 요구한다고 주장하였다. 때문에 몽골은 동북아 경제 합작에 참가하는 것을 정부행동강령의 주요한 내용으로 하여 국내에 7개의 경제 특구를 세우고 '경제특별구법' 등 정책과 법규를 정비하였다.

7. 미 국

미국은 엄밀히 말해 동북아 국가가 아니다. 그러나 역사적 과정으로 미루어 볼 때 미국이 동북아 국가들에게 끼치는 영향력은 막대하다. 이제 동북아 문제의 해결은 미국을 떠나서는 생각하기 어렵게 되었다. 이처럼 냉전 후의 동북아에는 '1초 3강'(一超三強)의 전략적 구도가 형성되었다. 그 가운데서 한반도는 대국의 이익이 교차되는 가장 민감한 지역으로 등장했다. 미국과 주변국들은 한반도에서 경제상의 의존성과 안보

17) (중) 장리쥔(張利軍), 「몽고국의 균세이론과 지연안전정책」, 국제정치연구, 1997년, 제 1 기.

상의 공통된 수요를 갖게 되었다. 때문에 그들은 모두 한반도의 평화발전을 요구하였으며, 신 현실주의적 방법을 취하여 자기 나라의 경제이익과 안전을 지키려고 노력한다. 미국과 주변국들 사이의 상호 협력과 견제는 향후 그들이 한반도와 동북아에서 합작도 있고 충돌도 있으며 우호적인 결속도 있고 동요도 있는 복잡한 국면을 이룰 것으로 판단된다.

미국은 태평양공동체 정책의 일환으로 미일동맹을 21세기 전략중점으로 삼고 이를 기본적인 축으로 하여 한국·동유럽·호주와의 양자관계를 강화하고, 중국·러시아를 유인하여 자기들의 공동체에 접근시키려는 구상을 하였다. 미국은 동북아전략을 확대·조정하여 대 러시아협력과 대 중국협력을 광범위하게 펼쳐나가고 있다. 미국은 남북한의 분규를 평화적으로 해결하며 한반도의 비핵화를 실현하고 민주화 통일을 주장하고 있다. 미국은 북핵문제를 해결함에 있어서 제재가 무력하다는 것을 알고 있다. 때문에 중국을 교량으로 삼아 북한의 핵문제를 해결하려는 의도를 가지고 있다.

Ⅲ. 각 국의 국제협력 추진

1990년대 이래 세계 경제 지역화와 집단화의 발걸음이 빨라지면서 동북아 각국은 공동발전의 염원을 가지고 서로 간의 교류를 증진하고 있다. 그리하여 동북아지역에는 국제협력을 형성하는 새로운 현상이 나타나고 있다. 특히 새로운 세기로 접어들어선 후 지역 내 국가들의 정부간 대화가 촉진되면서 동북아 국제협력의 추세는 더욱 활발해지고 있다.

1. 한국의 계획

한국은 국제협력을 바탕으로 동북아경제권의 중심국가로 발전할 계획을 추진하고 있다. 한국은 동북아 경제협력체제의 구축을 위하여 줄곧 탐색을 계속해 왔으며 주도적인 역할을 담당하였다. 1970년 이후 개발도상국으로서는 보기 드물게 급속한 성장을 이룩해 왔던 한국은 1986년 세계가 아직도 냉전의 갈등으로 혼란스러울 때 벌써 앞으로 다가올 한중 관계의 개선과 교류 및 동북아 국제협력을 내다보고 '국토종합개발계획'과 '산업 분포 재 배분 계획'을 세웠다. 이 두 계획의 내용은 그동안 서울-대전-대구-부산 지역으로 편중되어 왔던 경제건설의 중점을 서울-대전-전주-광주를 축으로 하는 서남부 연해지구로 확장해 나간다는 것이다. 여러 차례의 검토를 거쳐 1989년 10월 한국은 이 계획을 '서해안 개발계획'으로 명하고 1990년대부터 착공하기 시작하였다.

도합 126개 항목에 300여 억 달러가 투자되는 이 계획에는 제조업산업기지, 지방공업기지 등 43개 사업항목이 있으며, 상·하수도 등 26개 생활개선사업이 있고, 관광 문화시설 등 26개 항목이 있다. 그 외 경-인 고속 전철화 사업 등 11개 항목, 수도권건설 등 16개 항목이 있다. 이 계획에 따라 서해안 아산만(牙山灣)개발권이 완성되면 평택항구의 화물 적재량은 4,000만 톤을 넘어 부산을 초과하는 한국 최대의 무역항으로 발전할 전망이다.

평택부두는 중국의 웨이하이(威海), 옌타이(煙臺), 칭다오(青島)와 240 해리의 거리밖에 안 되어 한중 교류에서 중대한 역할을 할 수 있다. 한국은 또 40억 달러를 투자하여 광주 부근에 첨단과학기술개발구를 건설하여 반도체, 컴퓨터, 생물화공 등 첨단기술 연구와 생산을 병행하기로 하였다.

한국의 서해안 개발계획은 중국 산둥반도(山東半島), 랴오둥반도(遼東半島), 톈진(天津), 상하이(上海), 광저우(廣州) 등 동해 연안 대도시와의 경제무역을 겨냥하여 한국 서해의 황금시대를 열기 위한 것이다. 한국은 이 경제권을 동으로는 일본까지 확대시키고, 북으로는 러시아 극동 지구까지 확장시키며, 남으로는 대만(臺灣)지구와 동남아지역까지 확장시켜 동북아경제권의 중추적인 역할을 감당하고자 한다. 이와 같이 한국은 국가의 장기 목표, 즉 그동안 경부고속도로를 중심으로 발전시켜 온 경제 개발 구도를 지역균형발전정책으로 전환하면서, 국토종합개발 및 관리능력을 대폭 신장시키려는 계획을 달성하기 위하여 줄곧 노력해 왔다.

한편 국제관계에 있어서 한국은 동북아 자유무역 경제구를 신설하여 자신을 21세기의 동북아물류산업 및 국제금융의 축으로 건설함으로써 금융국제화와 서비스산업 간의 상승효과를 실현하려고 노력하고 있다. 한국은 또 인천공항, 부산항, 광양항을 동북아중심공항과 중심항구로 건설하고 인천공항과 인천항을 수도권의 물류중심으로 건설하며 경의선 철도와 동해선 철도를 연결하여 대륙철도(TCR, TSR, TMGR)교통망을 확충하고 2015년에는 공항과 항구를 입체적으로 연결하는 종합물류정보망을 건설함으로써 한국을 동북아 물류중심국가로 자리매김하려 하고 있다.

한국은 자국을 정보기술 중심국가로 발전시켜 국제 첨단산업의 역량을 강화함으로써 동북아경제협력체 방안을 일신하려 한다. 또한 한국은 관광산업을 진일보 발전시켜 자국을 동북아 나아가서는 아시아의 관광중심지역으로 건설하려 한다.[18)]

2003년 한국은 인천국제공항이 있는 서해안의 영종도와 송도, 청라지구를 묶어 인천경제자유구역(IFEZ)을 지정했으며, 연이어 남해안의 부산항 및 광양항 일대를 포함하는 두 개의 경제특구를 추가로 건설하는 방안을 내 놓았다. 한국은 또 한·중·일 위주로 동북아 3국 간에 FTA 수준에 버금가는 자유무역구를 건설할 구상을 제안하여 동북아 국제협력의 발전을 촉진하고 있다.

---

18) (중) 자오촨쥔(趙傳君), 「동북아 3대 관계 연구」, 중국사회과학문헌출판사, 2006년, 87-88쪽.

2. 경제특구 건설을 추진중인 북한

북한은 1990년부터 연속 9년간 마이너스 성장을 기록하였다. 1999년부터 경제가 호전되기 시작하였으나 국내총생산액의 증가율은 높지 않았다. 2000년에는 1.3 %, 2001년에는 3.7 %, 2002년에는 1.2 %, 2003년에는 1.8 % 증가했을 뿐이다.[19] 현재 북한은 세계 100여개 나라 및 지구와 무역관계를 성립하고 상호 간 무역과 합작을 점진석으로 확대시키기 위해 노력하고 있다.

2000년 북한의 대외무역액은 20억 달러에 이르렀다. 21세기에 들어서면서 북한의 대외경제관계는 지난 시기에 비교하여 다소 활기를 띠기 시작하였다. 2001년의 대외무역총액은 26.7억 달러로 크게 상승하였다가 2002년에는 22.3억 달러, 2003년에는 23.9억 달러로 하락하였으나 2004년에는 31.41억 달러로 전해보다 5.8 % 증가하였다.[20] 북한의 대외무역대상은 주로 중국, 한국, 일본인데 그 중 한국과의 무역이 가장 빠른 발전을 가져왔으며 태국과의 무역도 상당한 발전을 가져왔다.

아래의 도표에서 보듯이 북한과 중국의 무역이 대외무역에서 가장 주요한 자리를 차지하였으며 해마다 증가세를 보였다. 한국과의 무역은 2002년 6억 4천 1백만 달러, 2003년에는 7억 2천 4백만 달러로 오름세를 보이다가 2005년에 들어와 1천만 달러로 급하강하였다. 총체적으로 북한과 주변국가들과의 무역은 중국을 제외하고 하강하는 추세에 직면하였는데, 이는 북한이 고립을 자초하고 심한 경제난에 빠졌다는 것을 의미한다.

북한은 외국기업과의 합작도 부단히 장려하고 있다. 직접 투자 국가들은 주요하게 한국, 중국, 일본이다. 외국기업들과의 합작은 광산업, 전자공업, 화학공업, 농업과 환경보호 등 영역에서 진행되었다. 북한과 국제사회의 관계가 다소 개선되면서 국제사회도 북한에 대해 인도주의적

19) (한) 한국은행, 북한 GDP 통계결과.
20) (한) 대한무역진흥공사, 「북한 대외무역동향」, 2004년.

[표 2-1] 북한의 대외무역 교역 상황(단위: 백만 달러)[21]

년 도	2000	2001	2002	2003	2004	2005
중 국	488	373.5	738.2	1,022.9	1,385.2	1581.3
한 국	425	403	641	724	697	10.56
일 본	463.7	474.7	369.5	265.3	252.6	1.94
러시아	46.3	68.3	80.7	118.4	213.4	2.32
태 국	207.8	130.1	216.6	254.3	329.9	3.29

차원의 원조를 진행하고 있다. 관계부서의 통계에 의하면 1995년부터 2003년까지 북한은 도합 29.96억 달러의 국제원조를 받았고 2004년에는 1.27억 달러의 원조를 받았다.[22]

동북아 국제협력의 추세에 대비하고 남북 관계를 개선하며 경제 합작을 강화하기 위하여 북한은 경제특구를 건립하여 경제를 발전시키려고 노력해왔다. 1984년 북한은 '합자경영 기업법'을 반포한 이래 1992년부터 '외국인 투자법' 등 13개 법령과 규정을 반포하여 외국기업과의 협력 및 합작경영을 적극 시도하고 있으며 국제원조도 적극 유치하고 있다. 1991년 12월, 북한은 중국, 한반도, 러시아 3국 변경지구에 있는 나진(羅津)-선봉(先鋒) 지역을 자유경제무역구로 지정하고 나진부두, 선봉부두와 청진(清津)부두를 자유무역항으로 만들어 동북아 국가들을 중심으로 한 외국의 직접적인 투자를 유입하기 위해 노력하고 있다.

1996년 2월, 나선(羅先) 자유경제무역특구는 국가광역시로 승급하였으며, 1996년 1년 동안에만 21개의 우대법률과 법규가 제정되었다. 일본 금삼(金森)위원회 2000년 7월의 자료에 의하면 2000년 7월까지 나선자유무역구에는 2.2억 달러의 실제투자가 들어왔다. 2002년 9월 12일 북한은 '신의주특별행정구기본법'을 통과하여 중국 변경인 신의주에다 중국식 경

21) (한) 한국무역협회 북-중교역통계자료, 중한국제학술회의 논문집, 2006년 2월 40쪽.

22) (중) 자오촨쥔(趙傳君), 「동북아 3대 관계 연구」, 중국사회과학문헌출판사, 2006년, 145쪽.

제특구를 건설하려 하였는데 이는 북한이 1991년 나선 경제특별구를 선포한 이래 처음으로 시도한 경제특별구인 것이다. 그러나 이 사업은 2007년 현재 중국의 견제로 중단된 상태로 남아 있다. 북한은 대외경제관계에서 평등하고 상호 이익을 보는 기본원칙에 따라 각 국과 무역왕래와 경제협력을 진행하고 있다.

개성공업단지는 2000년 8월 9일에 결정한 남북한 경제협력 건설항목이다. 2004년 12월 4일 한국의 현대아산(주)은 북한정부에 의하여 개성공업단지개발대상으로 비준되었다. 개성공업단지는 서울에서 60킬로미터, 평양에서 170킬로미터, 비 군사구역(DMZ)에서 8킬로미터 떨어진 곳에 위치해 있는데 부지면적이 6,700만 평방킬로미터나 된다. 한국은행에 따르면 2012년까지 한국은 해마다 1억 달러, 그 후 2020년까지 해마다 20억 달러를 투자하기로 하였다. 2004년부터 본격적으로 추진된 이 거대한 공정은 이미 상당한 수준의 생산성과를 보이며 세계의 주목을 받고 있다.

3. 중국의 역할

중국은 동북아 국제 협력의 중추적인 역할을 감당하고 있다. 두만강지구개발계획(TRADP)을 제출하고 동북아의 합작을 추진하는 등 경제발전과 사회 기간산업의 발전을 위해 발 빠르게 움직이고 있다. 1991년 국제연합개발계획(UNDP)에서 국제합작으로 두만강지구개발계획을 선포한 후 1992년 10월 북경에서 열린 제2차 두만강지구 개발항목관리위원회 회의에서 A방안과 B방안이 나왔는데, 후에 B방안을 실시하기로 하였다가 1993년 말부터 두만강개발개발이 저조한 실적으로 중단상태에 들어갔다. UNDP는 재차 두만강지구개발계획(TRADP)을 수정하고 1994년 9월 두만강경제개발구와 동북아 발전의 추진전략연구보고를 제정하였다. 1995년 5월 29일부터 6월 2일 PMC 제 5 차 회의와 당년 12월 4일부터 7일까지의 제 6 차 회의를 거쳐 두만강지구국제개발은 실시단계에 들어갔다. 그러나 여러 가지 원인으로 현재 두만강지구의 국제개발은 성과를 이루지 못하고 있다.

중국은 세계무역기구(WTO)에 가입함으로써 동북아 국제합작을 추진하였다. 2001년 12월 11일 중국은 세계 제143번째 회원국으로 세계무역기구에 참가하여 더욱 개방적이고 역동적인 모습을 보이고 있다. 이로 인하여 중국은 동북아 국제협력을 위한 내재적 동력을 갖추게 되었다. 동북아 국제합작에 대한 중국 정부의 중시와 참여도 큰 동력이 되었다. 2002년 4월 중국의 하이난(海南)성에서 아시아 경제 합작을 주제로 하는 보아오(博鼇)[23]아시아논단 첫 기 연회(年会)가 열렸고, 그 해 5월에는 산둥(山東)성 웨이하이(威海)시에서 동북아 경제논단이 열렸으며, 이때 주룽지(朱鎔基)총리, 리란칭(李嵐清)부총리 등이 출석하였다.

중국은 동북아구역 경제협력에 적극적으로 참가하였으며, 일본・한국과 함께 3국 간의 제도적 경제협력연구를 시작하였다. 중국은 또 2000년 4월에 방콕협정에 가입하였고 '아세안+3(한・중・일)' 국제경제협력기구를 만드는 일에도 적극 개입하고 있다. 중국은 또 동북아국가 간의 경제무역합작을 보강하였다.

또한 중국은 동북노(老)공업기지 진흥전략으로 동북아 국제협력을 추진하고 있다. 이 전략은 중・한・일 3국의 합작을 위하여, 나아가 동북아 각 국의 교류협력을 위하여 새로운 기회를 마련하였다. 2003년 10월 중・한・일 3국은 '중-한-일 3방 협력추진 공동성명'을 발표하여 경제합작을 추진하기로 하였다. 중국은 동북노(老)공업기지 진흥의 전략에 따라 중국과 북한, 중국과 러시아 변경지구에 있는 통상구를 거점으로 하여 변경무역을 추진할 것이며 동북아 각 국과 금융, 에너지 영역의 합작을 추구할 것이다.

23) 저자 주: 중국 하이난(海南)성의 작은 도시.

4. 동북아 국제협력에 적극적인 일본

일본은 동북아 국제협력에 누구보다 적극성을 보이고 있다. 냉전 구도중이었던 1987년 일본은 '동북아 경제권의 현 상태와 발전 방향'이란 연구보고서를 펴 내어 동해를 둘러싼 경제권 활성화방안을 제출하였다. 일본의 목적은 기타 구역 집단의 무역보호주의를 반대하고 미국과 동북아의 경제주도권을 장악하며 안정된 해외시장을 개척하는 한편 밀집된 일본의 자본과 기술우세와 중・북・러시아의 자원, 에너지, 노동력 우세를 결합시키려는 것이다.

일본은 동북아지역의 합작을 강화하여 통합시장 형태의 경제권을 구성할 것을 주장하였다. 일본은 소련(후에는 러시아)과의 관계를 개선하였고 중일 관계를 발전시켰다. 일본은 한국, 북한과의 관계를 개선하기 위하여 노력하였으며 몽골과의 관계도 보강하고 있다. 이러한 노력들은 동북아 국제 협력을 위하여 일정한 기반을 닦아 놓았다. 특히 일본은 북한과의 관계를 개선함으로써 동북아 국제합작의 실현성을 높이고 있다.

2002년 9월 17일 일본 고이즈미 총리는 평양을 방문하고 '조・일평양선언'을 체결하여 두 나라 간의 역사문제와 현실 문제를 긴밀히 상의하는 방법으로 관계정상화를 위해 노력하기로 하였다. 이러한 노력은 납치사건으로 말미암아 중단된 상태이기는 하나 언젠가 다시 재개될 전망이며, 일본과 북한의 관계개선을 위한 노력은 한반도와 동북아정세에 적극적인 반응을 일으킬 뿐만 아니라 금후의 동북아 국제 협력을 위하여 좋은 여건을 마련해 줄 것이다.

정부뿐만 아니라 일본의 지방자치단체와 상사(商社)도 동북아 여러 나라와의 합작을 추진하고 있다. 일본의 니가타(新潟)현은 러시아의 하바롭스크, 이르쿠츠크와 한국의 서울 간에 정기적으로 항공여객기 운행을 하고 있으며, 부산과 정기적인 해상운수를 하고 있다. 그들은 또 러시아의 블라디보스토크, 중국의 헤이룽장(黑龍江)성과 경제・인력교류를 강화하고 있다. 1990년 그들은 한국에 사무소까지 세웠다. 그 외 큐슈(九州)와 야마구치(山口)지구에서는 한국의 서해연해, 중국의 랴오닝성(遼寧省), 산둥성(山東省)과 협의하여 황해를 둘러 싼 경제권(環黃海經濟圈)을 건설하고 교량작용을 함으로써 서로의 무역을 촉진시키고 있다.

1991년 11월 일본의 기타큐슈(北九州), 야마구치(山口)의 시모노세키(下關), 한국의 인천·부산, 중국의 다롄(大連)·칭다오(青島) 등 6개 도시에서는 기타큐슈(北九州)에서 '동아시아 6성시 경제회의'를 열어 협력관계를 발전시키고 21세기를 향하여 조류를 형성하자는 제의를 하였다. 1990년 일본의 홋카이도는 러시아와 경제교류를 추진하는 데 필요한 협정을 체결하였고, 1991년 10월에는 중국의 동북 3성에 와서 목재가공과 의복생산 기술인원을 파견하는 업무 협의를 달성하였다.

5. 러시아의 참여

러시아 정부는 독자적으로 극동지구를 개발할 능력이 모자라는 상황에서 적극적으로 동북아지역의 여러 나라들과의 합작을 강화함으로써 '동방전략'을 실시하려 하고 있다. 러시아의 동부지구는 동북아 각 국의 소비품시장으로 되어 그들의 러시아로의 진출을 촉진하고 있다. 러시아 동부지구는 50%의 채소, 70%의 과일, 70%의 육류가 수입을 통하여 해결된다. 거기에다 일용 경공업품은 60% 수입에 의존하고 있다. 이러한 국면은 동북아 각 국의 수출과 협력을 촉진시키고 있다.

러시아는 풍부한 전력을 소유하고 있으나 동북아 국가들은 전력이 부족하다. 때문에 러시아는 동북아 다국적 전력망을 건립할 조건을 갖추고 있다. 러시아는 20여 지역으로 전력 수출 방안을 연구하였는데 우선 변경지구의 전력수송선을 이용하여 중국과 몽골에 전력을 수출하는 것이다. 다음은 러시아의 사할린과 일본 사이에 전력교(電力橋)를 세우는 것이다. 그 다음은 러시아 남부의 알단, 우춭 등 3개의 지류에 수력발전소를 세워 동부에서 생산되는 전력과 함께 일본에 수출하는 것이다.

동북아의 9개 교통운수 부문에서 8개의 통로가 러시아와 연접되어 있다. 러시아는 적극적인 노력으로 국제운송통로의 건설을 추진해 왔다. 2년간의 노력으로 시베리아와 북한의 철도를 연결하는 준비를 끝냈으며 2002년 말에 시베리아 철도의 전철화를 실현하였다. 한국·중국·일본과 북한은 이제 이 철도를 이용하여 화물운송을 할 수 있게 되었다. 러시아의 노력으로 러시아철도를 접속로로 하는 동북아 운송통로가 개설되게 되었다. 이 철도통로는 동북아 국가들을 연결시키며 경제일체화를 실현하는 데 중대한 역할을 할 것이다.

러시아는 동북아 국가들과 경제 무역을 강화하여 협력을 이끌고 있다. 극동지구의 개발은 러시아 경제발전에 커다란 의의가 있다. 러시아는 독자적으로 극동지구를 개발하기에는 여러 가지 어려움이 있는 상황에서 동북아 국가들의 자본과 기술을 끌어 들이려고 노력하였다. 1996년 러시아는 극동지구 경제발전 전문항목기획을 비준하여 자원 우세로 아시아 태평양 지역, 특히 동북아 국가들과의 경제협력을 이끌어 내려 했다. 한국·북한·중국의 철도와 러시아철도를 연결시키기 위한 노력이 그 대표적인 예라고 할 수 있다.

6. 구역 협력을 중시하는 몽골

1992년 국제연합개발계획(UNDP)에서 조직한 제1차 동북아지구 기획회의는 몽골의 수도 울란바토르에서 열렸다. 몽골은 동북아의 협력과 개발에 적극 참여할 의사를 표시하였으며 동북아지역의 협력에서 자기의 책임을 다 할 것을 천명했다.

몽골은 불개방(不開放), 불결맹(不結盟), 다지점(多支點) 화평외교정책을 실시하면서도 중국, 러시아와의 경제무역협력을 강화하고 있다. 2002년 1월과 3월, 몽골의 총리는 중국과 러시아를 각 각 방문하여 이 두 나라와 경제무역, 문화, 과학기술, 체육 등 여러 방면의 교류와 합작을 진행할 것에 대하여 협의를 체결하였다. 몽골은 동북아지역 경제 합작에 참여하기 위하여 일찍부터 '두만강 유역 경제개발구 및 동북아 개발협상 위원회의 건립에 관한 협정'과 '두만강개발구 및 동북아 환경준칙 양해에 관한 비망록'에 서명한 바가 있다.

또한 몽골은 동북아 국제협력의 도래를 맞이할 준비로 자유무역구의 건설을 추진하고 있다. 2002년 7월 몽골은 '몽골국가 자유무역구법'을 제정하였으며 몽골과 러시아의 변경도시를 선택하여 제 1 자유무역구를 건립하기로 결정하였다. 몽골은 7개의 경제특별구로 정하고 '외상투자법,' '경제특별구법'을 제정하였다. 몽골의 경제협력과 자유무역구에 대한 결정은 동북아 국제합작의 형성을 촉진시키는 계기로 작용할 것이다.

제 2 절 동북아 국제협력의 가능성

Ⅰ. 한반도 남북 관계의 개선

한반도는 아시아 대륙과 일본 열도를 이어 주는 천연 통로로서 대륙세력과 해양세력이 합쳐지는 완충지구이다. 한반도는 또 미국, 일본, 중국, 러시아 등 4강국의 교차점과 이익의 집중점에 위치해 있음으로 인하여 여러 면에서 주변 4국에 영향력을 미치는 중요한 요인으로 작용하고 있다. 동북아에서 갈등처리의 실패는 곧바로 한반도의 갈등으로 이어진다.[24] 남북 관계의 개선은 동북아지구의 국제 협력에 유리한 조건을 제공하는 것이다.

1. 국제형세의 변화가 한반도에 미친 영향

제2차 세계대전이 끝나자마자 한민족은 민족독립의 기쁨도 나눌 사이도 없이 미·소 강대국에 의해 두 개의 나라로 갈라지고 말았다. 그 때부터 38도선은 남북 두 개 독립된 정치실체의 분계선이 되었고 한반도는 아시아지역에서 동방과 서방 세력 충돌의 최전방진지로 되었다.[25] 남과 북은 상대방을 제압하고 한반도를 통일하는 것을 자기의 사명으로 여겼으며, 그 결과 아시아지역에는 심각한 냉전의 기류가 싹트기 시작하였

24) (한) 이석수, "한반도평화체제의 연계구조 갈등관리의 다차원적 분석," 「국제관계연구」(제 7 집), 1994년, 17-18쪽.
25) (한) 신기섭, 「지금은 미국이 대답해야 한다」, 서울 당대도서출판사, 2000년, 17쪽.

다.[26] 1950년 6월 25일, 북한의 무력도발은 끝내 대규모의 내전으로 확산되어 한민족은 서로 동족을 살해하는 비극을 낳게 되었다. 그로부터 남북은 적대적인 관계가 되었다.

1970년대 동북아 형세는 국제정세의 변화에 따라 미묘한 변화를 가져오기 시작하였다. 미소 두 강대국이 여전히 동북아 국제관계에 영향을 미치는 주요한 요소로 남아 있었으나 중일의 국제지위의 제고에 따라 이 두 나라는 동북아에 대한 영향력을 재점검하는 입장에 서게 되었다. 당시 한반도에서는 과거의 미일 안보동맹과 중소가 전면적으로 대항하는 냉전국면을 형성하고 있었다.[27] 1972년부터 미국은 20여 년간 지속되어 왔던 적대적인 대 중국 정책을 변화시켜 두 나라 간의 직접적인 관계개선에 나섰다. 미국의 변화는 한반도와 동북아 정세에 근본적인 영향을 주었다. 1972년 일본의 다나카 수상이 중국을 방문하여 과거의 침략문제에 대하여 '심각한 반성'을 하였으며 중화인민공화국을 유일합법화한 정부라고 승인하였다. 이어 두 나라는 외교관계를 성립시켰다.

미중 관계와 일중 관계의 개선은 북한으로 하여금 중국과 소련의 관계에서 등거리 외교정책을 취하게 하였으며 주변 국가들과의 관계개선에 적극 노력하게 하였다. 특히 한국과의 대화의 길에 들어서게 하였다. 1972년 5월 3일 김일성 주석은 자주, 평화, 민족단결로 한반도를 통일하자는 3대 원칙을 제기하여 남북대화의 기반을 마련하였다. 그 해 6월 23일 한국도 '평화통일 외교정책에 관한 특별선언'을 발표하여 북한의 실체를 인정하면서 함께 국제사무에 참여할 것을 희망하였다. 이는 남북의 대화와 교류의 기반을 닦아 주었다.

26) (중) 중국군사과학원 군사역사연구소, 「항미원조 전쟁사」, 북경 군사과학출판사, 2000년, 24-25쪽.
27) (한) 이기택, "주변형세의 변화와 평화공존," 「월간북한」, 1979년, 5기, 177쪽.

2. 남북 대화의 시작

1972년 7월 4일, 남북은 처음으로 역사적 의의를 가진 '7·4남북공동성명'을 발표하여 향후 남북대화와 관계의 발전에 기초를 마련하였다.[28] 이 성명은 남과 북이 분열된 후 처음으로 달성한 역사적 문건이었다. 성명은 남과 북이 자주·평화와 민족단결로 통일을 실현할 원칙과 방침을 확립하고 금후의 관계를 개선한다고 밝혔다. 그로부터 남과 북은 대화가 없던 대치상태로부터 대화가 있는 대치상태로 들어갔는데[29] 그 후부터 남북 간의 대화는 정치적으로 민감한 사안에 따라 단절되기도 하고 새롭게 이어지기도 하였다.

1990년부터 시작된 북한의 핵개발문제는 한반도로 하여금 새로운 도전에 직면하게 하였다. 3월 19일 남북은 핵 공제 연합위원회를 성립하고 5월에는 정치·군사·교류협력 등 3개 위원회를 구성하였다. 그로부터 남북은 빈번한 대화를 시작하였다. 그 해 9월 5일부터 남과 북은 전후하여 8차의 총리급 회담을 개최하여 '남, 북 화해, 상호 불가침 및 합작 교류에 관한 의정서,' '한반도 비핵화에 관한 공동성명,' '남북 화해공동위원회 조성에 관한 협의서' 등 문건을 채택하였다. 그러나 1992년 10월 한미 양국이 '팀 스피리트' 연합군사연습을 재개하자 북한은 한국과의 대화를 단절하였다.

1993년 3월 12일 북한은 돌연히 '핵 확산 금지조약(NPT)'에서 퇴출한다고 선포하였다. 북한은 이로써 북·미 직접 대화의 기회를 만들고자 하였다. 그 후 어렵사리 1994년 6월 28일 남북은 부총리급 회담을 통하여 7월에 평양에서 정상회담을 진행할 절차문제까지 확정하였으나 7월 4일 김일성 주석의 돌연한 사망으로 인하여 역사적 유감을 남기고 말았

---

28) (중) 천펑쥔·왕촨쥔(陳峰君·王傳君), 「아태 대국과 조선반도」, 북경대학출판사, 2002년, 360쪽.

29) (한) 박건영 외, "제 3 공화국시기의 국제정치와 남북 관계," 「세종연구소 국가전략」(제 9 권) 4번, 2003년, 83쪽.

다. 그 후 남북관계는 빈번한 대화를 견지하여 왔다. 1997년 12월 9일 제네바에서는 남북한, 미국, 중국의 4자회담이 열렸으며 1998년까지 모두 6차례나 진행되었다.

3. 남북 교류와 협력의 발전

김대중 정부의 햇볕 정책이 실시된 후 남북은 정치·안보·경제·문화 등 여러 영역에서 공식·비공식 경로를 통하여 전면적인 접촉과 대화를 진행하였다. 1999년 6월 22일부터 7월 2일까지 쌍방은 북경에서 장관급회담을 진행하였다. 그리하여 쌍방의 무역은 빠른 속도로 발전하였는데 1998년 남북의 무역액은 2.22억 달러에 도달하였고 1999년 1월부터 9월까지는 2.58억 달러에 도달하였다.[30)]

2000년 6월 13일부터 15일까지 김대중 대통령과 김정일 국방위원장은 평양에서 정상회담을 가지고 '남북공동선언'을 발표하였다. 이는 남북관계에서의 새로운 이정표로서 남북관계 교류협력 및 역사발전에 돌파구를 열어 놓았다. 정상회담 후 남북관계는 여러 차례의 기복이 있었으나 세인들도 놀랄만한 발전을 가져왔다. 빈번한 대화 교류와 합작이 계속 이루어졌고 무역도 크게 늘어났다. 그해의 무역액만 해도 4억 달러를 초과하였다.[31)]

북한의 7·1 경제개선조치(2002.7.1)의 후속타로 2002년 9월 18일 남과 북은 경의선, 동해선 철도 도로연접의식을 거행하였다. 이는 한반도가 분열된 지 57년 만에 처음으로 38도선을 열고 남북대동맥을 잇는 행사였다. 9월 23일에는 북한체육대표단이 처음으로 제22회 부산아시안게임 참가를 위해 한국의 부산에 도착하였다. 같은 해 10월, 북핵문제가 다시 수면에 떠오르면서 남북의 교류와 합작은 또다시 시련을 맞이하게 되었다.

30) (한) 한국현대경제연구원, 「통일경제」, 1999년 9월호.

31) (중) 정위제(鄭玉杰), 「한반도의 화평진전」, 중국현대국제관계연구소편, 2002년, 23쪽.

그러나 남북 당사국 간의 계속적인 노력으로 2002년 11월 13일 북한은 「금강산 관광지구법」을 제정하였으며 연이어 「개성공업지구법(2002.11.20)」을 제정·공포한 후 2003년 6월 30일 개성공단 착공식을 가졌다. 또한 2003년 5월까지 한국정부는 금강산관광지구의 부두, 숙박시설, 부대시설 등 항목의 건설에 14,300만 불의 투자를 하였으며 관광사업 대가로 4억 불 이상을 지원했다.

2003년 2월 25일 출범한 노무현 정부가 화평번영정책[32]으로 햇볕정책을 대체한 후 남북은 중국의 베이징에서 수차례 6자회담을 거행하였다. 2005년 7월과 9월 제 4 차 회담에서 '공동성명'을 발표했고 그해 11월

[표 2-2] 1989-2003년 남북교역 상황(단위: 천 달러)[33]

년 도	반 입		반 출		합 계	
	건 수	금 액	건 수	금 액	건 수	금 액
1989	66	18,655	1	69	67	18,724
1990	79	12,278	4	1,188	83	13,466
1991	300	105,719	–	5,547	300	111,266
1992	510	162,863	62	10,563	572	173,426
1993	601	178,167	97	8,425	698	186,592
1994	708	176,298	267	18,425	795	194,547
1995	976	222,855	1,668	64,436	2,644	287,291
1996	1,475	182,400	1,908	69,639	3,383	252,039
1997	1,806	193,069	2,185	115,270	3,991	308,339
1998	1,963	92,264	2,847	129,679	4,810	221,943
1999	3,089	121,604	3,421	211,832	6,510	333,437
2000	3,952	152,373	3,442	272,775	7,394	425,148
2001	4,720	176,170	3,034	226,787	7,754	402,957
2002	5,023	271,575	3,773	370,155	8,796	641,730
2003	6,356	289,252	4,853	434,965	11,209	724,217
합 계	31,624	2,355,544	27,562	1939,578	59,186	4,295,122

32) (한) 노무현 대통령 취임연설, "화평번영과 비약의 새 시대를 맞이하자," 2002년 2월 25일.

33) (한) 통일부, 「통일백서」, 2004년, 170쪽.

9일부터 11일까지의 제 5 차 제 1 회 회담에서는 '주석 성명'을 통과시켰다. 남과 북의 부단한 노력으로 2003년까지 쌍방은 모두 38차나 되는 회담을 진행하였다. 그 중 장관급 회담은 4차, 군사실무 회담은 8차, 경제 합작위원회 회의가 4차, 각종 실무회의 13차, 그 밖의 기타 회담이 9차례 실시되었다. 그 결과 개성공업단지가 본격적으로 건설되기 시작하였으며 금강산 육로관광이 시작되었다. 사회문화교류도 빈번하게 진행되었는데 북한을 방문한 한국인은 15,280명, 한국을 방문한 북한인은 1,023명이었다. 이산가족도 2,619명이 상봉하였다.

남북의 무역액은 1989년에 1,872만 달러였고 1995년에는 2.87억 달러로서 1989년보다 15배나 증가하였다. 2000년에는 4.25억 달러로 1995년보다 48% 증가되었고, 2003년 남북의 무역액은 7.24억 달러로서 2000년보다 70% 이상 증가되었으며 전년도보다 13% 가량 늘어났다.

2004년 남북의 무역액은 6.97억 달러로서 2003년보다 3.8% 감소되었다. 그 해 한국은 북한에 2.58억 달러의 물품을 원조하였으며, 2003년보다 4.5% 감소되었다.[34] 2004년 10월 20일, 「개성공업지구관리위원회」가 등록・설립되어 운영됨으로써 개성공단사업이 본 궤도에 오르게 되었다. 2005년까지 개성공단 시범단지에 입주한 한국기업은 15개 업체로, 그 중 11개 업체가 이미 생산에 투입되었다.[35]

2005년 2월 4일 한국국방부는 '2004년 국방 문서'를 발표하면서 북한에 대해 '주적(主敵)' 개념을 취소하였다. 같은 해 5월 22부터 23일까지 남북은 제 15차 장관급회담을 열어 12개의 협의에 달성하였다. 그 후부터 쌍방은 경제무역협력을 추진하였다. 그 결과 2005년 쌍방의 무역액은 10.55억 달러로 2004년보다 51.5%증가하였다.[36] 2005년 북한을 방문한 한

---

34) (중) 중국상무부, http://news.tom.com 2006년 2월 17일.

35) 저자 주: 북한의 「개성공업지구법」 제21조에 의거 설립된 「개성공업지구관리위원회」에서는 중소기업의 개성지구 조기입주 요구를 충족하고 본 공업지구 가동시의 법・제도・투자환경 등을 사전에 점검하는 pilot project로 개성공단 1단계 부지 내에 시범단지를 조성하였다. 단지면적은 3,500평이며, 입주업체는 (주)신원, 로만손 협동화 공장, (주)태성산업 등 도합 15개업체이다.

국인은 87,028명이나 되고, 금강산을 방문한 한국유람객은 연인원수로 30만 명이 되었다.[37] 한국은 금강산에 남북이산가족면회소를 건립하였다. 그러나 2006년 7월 북한의 미사일문제로 인하여 한국의 건설노동자들은 현장에서 철수하였다.

Ⅱ. 남북한과 주변국가 관계의 진전

1. 21세기를 준비하는 한국과 중국의 협력 동반자 관계

한국과 중국의 관계는 21세기를 향한 협력 동반자 관계라고 정의할 수 있다. 냉전체제가 해소된 후 양국은 정치·경제·문화적으로 급속한 관계진전을 이루어 왔다. 1992년 한중 수교가 있은 후 9월 27일, 노태우 대통령은 중국을 방문하고 9월 30일 '한중무역협정' 등 4개 협정을 체결하였다. 1994년에는 3월 26일부터 3월 30일까지 김영삼 대통령이 중국을 방문하고 '한중문화합작협정'을 체결하여 문화영역에서 많은 합작을 하였다.[38] 중국 측에서도 1994년 10월 31일부터 11월 4일까지 리펑(李鵬) 총리가 한국을 방문하고 '한중 두 나라 정부 핵 기능을 평화적으로 이용하는 데 대한 협정' 등 3개 문건에 조인하였다.

1995년 11월 13일부터 장쩌민(江澤民) 주석이 한국을 방문하고 두 나라의 경제무역관계를 발전시키는 데 동의하였으며, 1998년 11월에는 김대중 대통령이 중국을 방문하고 21세기를 향한 한중합작 동반자관계를 천명하였다. 2000년 10월 17일부터 22일까지 주룽지(朱鎔基)총리는 한국을 방문하고 21세기 중한 경제 합작 연구회 성립과 중국이 한국에 문화

---

36) http://www.idprkorea.com 2006년 2월 16일.
37) http://www.idprkorea.com 2006년 2월 13일.
38) (중) 자오촨쥔(趙傳君), 「동북아 3대 관계 연구」, 중국사회과학문헌출판사, 2006년, 105쪽.

센터를 세우고자 하는 데 대한 협의를 달성하였다. 2002년까지 중국의 베이징(北京), 상하이(上海), 텐진(天津) 등 시(市)와 랴오닝(遼寧) 등 성(省)은 한국의 서울, 부산, 인천, 경기도 등 69개 시, 도와 우호관계를 맺었다.[39] 2003년 7월 7일부터 10일까지 노무현 대통령이 중국을 방문하여 7월 8일 한중 공동성명을 발표하고 '한중 민사와 상사 사법협조조약' 등 세 개 조약과 협정을 체결하였다.

이와 함께 한중 경제 합작은 신속한 발전을 가져왔다. 1992년 한중 무역액은 50.3억 달러였는데 2003년에는 900.68억 달러로 17배나 증가하였다. 그해부터 중국은 한국의 제1 수출국이 되었으며 2005년 무역액은 1,119억 달러에 이르렀다. 한국의 LG연구원의 보고에 따르면 한국의 2,250만 취업 인구 중 6.5%에 달하는 150여 만 명이 대 중국 수출입사업에 종사하고 있다.[40] 2005년 11월, 후진타오(胡錦濤)주석은 한국을 방문하면서 두 나라는 한중 수교 20돌을 맞이하는 해에 무역액을 2,000억 위안으로 끌어 올릴 것이라고 말했다.

1988년 한국의 대 중국 투자는 2개 항목에 투자액 300만 달러에 불과했으나 1994년에는 1,067개 항목에 투자액은 8.25억 달러에 이를 만큼 발전하였다. 2003년부터 중국은 한국의 제1투자국이 되었으며 그 해 한국의 대 중국 투자액은 24.9억 달러에 이르렀다. 2004년 중국은 32,753개에 달하는 한국의 투자항목을 비준하였는데 실제로 이용한 자금이 259.33억 달러였다.

한중 수교 후 양국은 매주 850여 편의 항공편이 운항되고 있으며, 2005년 중국을 방문한 한국인은 354만 여명으로 세계 중국 방문객의 1위를 차지하였고, 2001년부터 한국인의 해외여행 방문지 중에서 중국은 부동의 1위를 유지하고 있다.[41] 문화교류도 광범하게 이루어지고 있어서

39) (중) 자오촨쥔(趙傳君), 「동북아 3대 관계 연구」, 중국사회과학문헌출판사, 2006년, 107쪽.

40) (중) 선린(沈林), "중국경제가 한국인에게 준 기회," 「지구시보」, 2005년 1월 31일.

41) (한) 이봉조 전 통일부 차관, "중국의 대한반도 정책과 주변국가의 협력," 「중-

2007년 봄을 기준으로 한국에 있는 중국 유학생이 1만 여명, 중국에 있는 한국유학생이 4.3만 여명에 도달한다.[42] 지난 2년간 중국 각지의 TV 방송국에서 방영한 한국의 드라마와 영화만 하여도 395편에 달하여 전체 외국 영상물의 25.4%에 달했다.[43]

1988년 한중 수교 전부터 시작된 한국의 대(對)중국투자 규모는 해마다 크게 늘어났다. 중국 주재 한국대사관의 홍보에 따르면 1988년부터 2002년까지 한국은 중국에 도합 18,925개 항목, 총 169.2억 달러의 자금을 투자하였다. 2003년 한국은 중국에 24.9억 달러를 투자하였으며 2004년에는 62.48억 달러에 달했다. 그리하여 1988년부터 2004년까지 한국에서 실제로 중국에 투자한 총자금은 259.33억 달러, 항목은 도합 32,753개가 되었다.[44] 아래의 도표에서 보는 바와 같이 21세기에 들어선 후의 한중 교역상황을 살펴보면 해마다 큰 폭으로 증가된 것을 알 수 있다. 2003년에는 2001년보다 교역총액이 81% 증가되었고 2005년에는 2003년보다 76% 증가되었다. 그리하여 현재 중국은 한국의 최대 무역파트너, 최대 수출시장, 최대 투자대상국으로 되었고, 한국도 중국의 4번째 무역파트너, 4번째 수출시장, 3번째 수입시장이 되었다.

[표 2-3] 21세기 초 한중 교역 상황(단위: 억 달러)[45]

구 분	2001년	2002년	2003년	2004년	2005년
교역총액	314.9	411.4	570.0	793.4	1,006
대중수출	181.9	237.5	351.0	497.6	620
대중수입	133.0	173.9	295.8	295.8	386
무역지수	48.9	63.5	132.0	186.6	234

한 국제학술회의논문집」, 2006년 8월.

42) (중) 주챵(祖强) · 쇠쥔챵(중 薛俊强), "중한경제협력이 창장 3각주에 대한 계시 및 대책연구," 「세계경제와 정치논단」, 2004년, 37-38쪽.

43) (한) 김성윤, "한-중 · 북-중관계발전과 전망," 「중국 연길 국제학술회의논문집」, 2006년 8월, 23쪽.

44) (한) 주중 한국대사관 홍보처, 「매주한국」, 2005년, 제24기 8쪽.

45) (한) 한국무역협회 통계, 「중한 국제학술회의 논문집」, 2006년 2월, 21쪽.

2. 한국과 일본의 미래를 향한 신 동반자 관계

한국과 일본의 관계는 21세기를 향한 새로운 동반자 관계를 모색하고 있다고 정의할 수 있을 것이다. 1990년 5월 노태우 대통령이 일본을 방문하였고, 1991년 1월에는 가이후 도시키(海部俊樹) 수상이 한국을 방문하여 '일한 관계 3원칙'에 합의를 하였다.[46] 이는 한일관계가 각 영역에 걸쳐 다차원적이고 전면적 선린 우호관계의 새 시대를 맞이했다는 것을 설명한다.[47] 1992년 1월과 11월 미야자와 기이치(宮澤喜一) 수상과 노태우 대통령은 상호방문을 통하여 두 나라의 관계를 새로운 발전단계로 추진시켰다. 1993년11월 호소카와 모리히로(細川護熙) 수상이 한국을 방문했고, 1994년 3월에 김영삼 대통령이 일본을 방문했으며, 그 해 7월에 무라야마 도미이치(村山富市) 수상이 한국을 방문하였는데 일본은 한반도에 끼친 상해에 대해 깊은 유감을 표시하였다.

1998년 10월 김대중 대통령이 일본을 방문하고 과거사를 뛰어넘는 미래지향적인 동반자관계를 위한 공동성명과 행동지침의 보조문건을 발표하였다. 2001년 4월, 일본 우익문인들이 역사교과서 문제를 일으키자 10월 상순 고이즈미 수상이 시급히 한국을 방문하여 두 나라 관계 개선을 촉구하였다.[48] 2003년 6월 6일, 노무현 대통령이 일본을 방문하였고 2004년 7월 21일부터 고이즈미 수상이 한국을 재차 방문하여 양국 간 전략적 협력문제를 상의해 한일 자유무역협정을 체결하는 데 대해 협상하였으나 2005년 3월 16일, 일본의 시마네현(島根縣)에서 '죽도의 날'을 강행통과하면서 두 나라의 관계는 또다시 악화되었다.

두 나라 관계의 발전에 따라 경제 합작도 발전하였다. 1998년 한국

---

46) 저자 주: "일한관계3원칙"이란 즉 동반자관계를 강화하고 아-태 지구 평화와 발전에 공헌을 하며 세계문제의 해결에 노력을 한다는 것이다.

47) (일) 공동사, 1991년 1월 10일.

48) (중) 왕산(王珊), "일본의 대한외교와 일한관계," 「현대국제관계」, 2004년, 제8기, 7쪽.

은 일본에서 30억 달러의 대부금을 얻어 1997년부터 한국을 휩쓴 금융위기를 해결하는 데 큰 도움을 받았다. 2002년 한일 두 나라는 공동으로 월드컵경기를 개최하였으며 그 때로부터 두 나라의 관계는 진일보하였다.

일본은 줄곧 한국의 제2의 무역국이었는데 2000년 이래 한일무역은 한국대외무역의 15%를 차지하였으며, 그 해 수출입 총액은 523억 달러에 도달하였다. 2001년부터 한국의 일본에 대한 수출입총액은 감소세를 보였다. 그해 수출입총액은 431.4억 달러, 2002년은 440억 달러, 2003년에는 525.2억 달러로 2000년도의 수준에 도달하였다.49)

한일 군사 방면의 교류도 발전하였다. 1994년 4월 한국 이병태 국방부장관이 일본을 방문하여 한일 군사교류에 대한 협의를 달성하였다. 그 해 9월 일본의 미야후지 세이시로(官藤征士郞) 국방장관이 한국을 방문하고 군사교류와 UN 평화수호 행동방면의 협조와 합작을 강화하는 데 대해 합의하였다. 이후 1997년 4월 일본 규마 후미오(久間章生) 국방장관이 한국을 방문하여 군사교류를 강화하는 데 대한 협정을 체결하였다. 1998년 9월 한국 천용택 국방장관이 일본을 방문하고 양국 간 안보대화와 국방협력을 강화하는 데 대한 인식을 같이하였다.

한국은 일본에 문화시장을 개방하였다. 2004년 1월 한국은 제 4 차로 문화시장을 개방하여 전자문화상품을 둘러싼 협의를 달성하였다. 이후 일본의 전자문화상품이 직접 한국에 들어 왔다. 한일 민간차원의 문화교류도 빈번해졌다. 2005년 한일 수교 40 돌을 맞이하면서 두 나라는 2005년을 '한일 우호의 해'로 정하였다.

3. 한국과 러시아의 건설적인 상호보충 협력 관계

1954년 제네바회의에서 한국과 구 소련과의 접촉이 있은 후 1970년

49) (중) 자오촨쥔(趙傳君), 「동북아 3대 관계연구」, 중국사회과학문헌출판사, 2006년, 120쪽.

대 초반까지 아무런 관계진전이 없었다. 1970년대 중반부터 동서관계가 완화되면서 두 나라는 민간교류와 외교관들의 접촉이 있었다. 1990년 6월 4일 노태우 대통령이 고르바초프 총비서와 만남이 있은 후 8월 23일 한국정부 고급대표단이 소련을 방문하였고, 1990 년 9월 30일 두 나라는 수교를 하였다. 그해 12월 13일 노태우 대통령이 소련을 방문하여 두 나라는 '모스크바선언'을 채택하였다. 1991년 4월 20일 고르바초프가 한국을 방문하여 합작문제를 협상하였다.

수교와 함께 쌍방 간의 인원교류와 무역이 신속하게 발전하였다. 1986년 두 나라의 인원교류 숫자는 72명 뿐이었으나 1991에는 19,229명이 되었다. 1986 년 두 나라의 무역액은 2억 달러 정도였는데 1991년에 9.9억 달러로 늘어났다.[50)]

두 나라 군사교류와 합작도 새로운 진전을 가져왔다. 1992년부터 1996년까지 러시아 국방부 장관이 두 차례나 한국을 방문하였고 차관과 공군사령관이 각각 한 차례씩 한국을 방문하였다. 한국 국방부 장관도 러시아를 두 번 방문하였고 총참모장이 두 번, 해군총참모장이 한번 러시아를 방문하였다. 1993년 8월부터 1996년 사이 양국 간에 14척의 함대가 서로 방문하였다.[51)]

1992년 11월, 러시아의 옐친 대통령은 아시아지역 방문의 첫 나라로 한국을 선택해 '한러 기본관계조약'을 체결하고 두 나라의 정치·경제·과학기술·문화의 협력을 위한 법률적 기초를 마련하였다. 1994년 6월, 김영삼 대통령이 러시아를 방문하여 '한러 공동성명'을 발표하여 두 나라 간의 상호 보충적 협력관계를 확립하였다. 옐친은 회견 당시 한국에 200여 본의 한국전쟁복사자료를 한국에 넘겨 주어 두 나라가 우호적 관계임을 입증하였다.

---

50) (중) 천펑쥔·왕촨쥔(陳峰君·王傳君), 「아태대국과 조선반도」, 북경대학출판사, 2002년, 238쪽.

51) (중) 천펑쥔·왕촨쥔(陳峰君·王傳君), 「아태대국과 조선반도」, 북경대학출판사, 2002년, 249쪽.

그 후부터 한러 두 나라의 관계는 정상적인 단계의 발전을 가져왔다. 1994년 한러의 무역총액은 23억 달러에 이르렀고 한국이 러시아에 대한 투자도 2,600만 달러에 도달하였다.[52] 1997년 7월 한국의 대 러시아 투자액은 1.14억 달러에 달했다.[53] 푸틴이 대통령이 된 후, 러시아는 동북아지구에 대한 영향력을 강화하였다. 푸틴은 2001년 2월 26일부터 28일까지 3일간 한국을 방문하여 '한러 공동성명'을 발표한 동시에 많은 정치, 경제협의를 달성하였다. 한러 경제협력은 비교적 큰 성과를 가져 왔다. 1988년부터 무역을 시작한 이래 2000년까지 한러 두 나라의 무역액은 3억 달러에서 28.46억 달러로 증가하였다. 1989년부터 시작된 한국의 러시아에 대한 투자는 그 해에 48만 달러에 불과하였으나 2001년 1.56억불로 한국 대외 총 투자액의 0.55%를 차지하였다.[54]

4. 한국과 몽골의 전면적인 우호관계

1990년 한몽 수교가 이룩된 후 두 나라는 경제, 과학기술, 문화교육 등 여러 방면에서 전면적인 합작을 이루었다. 한국은 줄곧 일정한 규모로 몽골에 대한 경제적 원조를 하였다. 1999년에는 김대중 대통령이 몽골을 방문하여 두 나라의 경제협력을 추진하였다. 2002년 2월, 몽골의 바가반디 대통령이 한국을 방문하여 양국 간의 우호적인 협력관계를 수립하였고 한국은 전문가 그룹을 몽골에 파견하여 자문을 제공하였다. 두 나라는 함께 주변국가의 지지를 받아 러시아 시베리아 이르쿠츠크지구 천연가스 개발을 추진하며 한국과 몽골의 철도를 연결시켜 동북아와 유럽의 강철 비단의 길, 일명 철의 실크로드라 불리는 공사의 일부분을 건

52) (중) 천펑쥔 · 왕촨쥔(陳峰君 · 王傳君), 「아태대국과 조선반도」, 북경대학출판사, 2002년, 242쪽.

53) (중) 천펑쥔 · 왕촨쥔(陳峰君 · 王傳君), 「아태대국과 조선반도」, 북경대학출판사, 2002년, 249쪽.

54) (중) 자오촨쥔(趙傳君), 「동북아 3대 관계연구」, 중국 사회과학문헌출판사, 129-130쪽.

설하기로 하였다.

두 나라 관계의 발전에 따라 경제무역협력도 새로운 발전을 이룩하였다. 현재 한국은 이미 몽골의 제5무역파트너, 제3투자국이 되었다. 1999년 두 나라의 무역액은 3,500만 달러, 2000년에는 4,600만 달러로 증가하였다. 한국기업은 몽골에 3,350만 달러를 투자하였으며, 앞으로 더 많은 투자를 할 예정이다. 2001년 6월 몽골의 총리가 한국을 방문하여 수교 10여 년 동안 거둔 성과를 평가하였다. 이후 두 나라는 주요한 친선국가임을 확인하고 21세기 상호 보충적 동반자관계를 건립하기 위해 노력할 것을 다짐하였다.

5. 북한과 미국의 관계개선 및 6자회담 주요 당사자 관계

냉전이 종식된 후 미국을 중심으로 하는 서방국가들은 북한의 '인권,' '핵무기개발,' '미사일확산' 등을 가지고 정상적인 외교 접촉을 거절하였다. 1999년 후반기부터 북한은 외교정책을 조정하여 전면적 외교정책을 실시하였다. 우선 러시아와 중국 간의 전통적 관계를 강화하는 동시에 한국과의 관계개선을 주력하였다. 동시에 미국과의 관계개선을 중시하면서 경제방면과 식량방면의 원조를 이끌어 내기 위해 노력하였다.

2000년 1월 4일, 북한은 이탈리아와 외교관계를 수립하였고 계속하여 캐나다와도 외교관계를 성립시켰으며, 5월 8일에는 25년간 중단되었던 호주와의 외교관계를 회복하였다. 그 해 7월에는 또 필리핀과 외교관계를 수립하였다. 이 시기 북한은 제도가 다른 국제사회의 여러 나라들과 연계를 보강하여 전후로 23개 국가와 외교관계를 수립하였다. 그 결과 2004년부터 러시아, 몽골 등 3개 나라의 대표단이 북한을 방문하였고, 북한의 전면적 외교는 한반도의 긴장을 완화시키고 북한이 국제자금을 끌어 들이고 경제 합작을 확대하는 데 중요한 작용을 일으켰다.

냉전시기의 미국은 북한과의 접촉을 거절하였다. 그러나 1996년부터

2000년 11월까지 미국과 북한은 베를린에서 미사일 문제를 둘러싸고 6차에 달하는 회담을 하였다. 2000년 10월에는 김정일 국방위원장의 특사 조명록이 미국을 방문하고 공동성명을 발표하였다. 이 공동성명에서 양국은 서로에게 필요한 조치를 취하여 근본적으로 관계를 개선한다고 천명하였다. 그해 10월 말, 미국의 올 브라이트 국무장관이 북한을 방문하고 두 차례나 김정일 국방위원장과 회담을 진행하였다. 중국의 협조 밑에서 2003년 4월 23일부터 25일까지 미국, 북한과 중국은 베이징에서 북핵문제를 해결하는 3자회담을 열었다. 물론 이 회담에서 미국과 북한이 아무런 협의도 이루지 못했지만 이후의 접촉을 위한 발판을 마련하였다.

2003년 8월 27일부터 28일까지 베이징에서 북핵문제를 해결하는 6자회담이 처음 열렸고 2004년 2월 25일부터 28일까지 제2차 6자회담, 그해 6월 23일부터 26일까지 제3차 6자회담이 열렸다. 세 차례의 회담이 성과를 이루지는 못했지만 미국과 북한의 접촉을 추진하는 계기가 되었다. 2005년 7월 26부터 8월 7일까지 북한이 핵무기를 보유하고 있다고 선포한 상황에서 제4차 제1단계 6자회담이 베이징에서 열렸으며, 2005년 9월 13일부터 19일까지 열린 제4차 제2단계 6자회담도 예정된 성과를 취득하지 못했으나 미국과 북한의 단독 접촉은 이루어졌다. 11월 9일부터 11일까지 베이징에서 제5차 제1단계 6자회담에서는 제4차 회담에서 통과된 공동성명을 행동에 옮기는 데 대한 방법과 조치를 토론하였다. 그러나 회담 후 북한이 '달러를 위조하였다'는 이유로 미국이 북한에 금융제재를 실시함으로써 북한과 미국의 관계는 다시 악화되었다. 2006년 7월 6일 북한은 마침내 몇 대의 미사일을 발사하였고 유엔안보리 15개 회원국에서는 전원일치로 1695항 결의를 통과하여 북한을 질책하였다.

6. 전통우호를 기반으로 하는 북한과 중국의 21세기 신 협력관계

1990년대 초 냉전이 해체되면서 북한과 중국 간의 관계는 한때 교류협력이 상당히 저조해졌다. 중국은 북한에 대한 무상지원을 대폭 감소하면서 과거의 지원정책을 시정하고 미국, 일본, 러시아, 한국과의 관계개선에 나섰다. 그러나 기본적으로 중국과 북한은 빈번한 정상급 방문을 진행하여 우의를 확인하고 발전과 합작을 진행하는 전략목표를 실현하였다.

1990년 3월 장쩌민(江澤民) 주석이 북한을 방문하고 그해 11월에 연형묵 총리가 중국을 방문하였으며, 1991년 5월 리펑(李鵬) 총리가 북한을 방문하였다. 1991년 10월 김일성 주석이 39회째 중국을 방문하여 10월 6일에 두 나라 관계가 전통적인 우호적 관계임을 선언하였다. 그러나 중국이 북한의 지원요구사항을 거절하는 일이 발생하자 두 나라의 관계는 교착상태에 빠졌다. 1992년 한중수교 후 북한과 중국 두 나라는 전통적인 혈맹관계로부터 불결맹(不結盟) 불대항(不對抗)의 선린우호 관계로 변화되었다.

1993년 3월 북한의 핵 위기가 발생한 후 중국은 북한의 핵개발을 반대하는 동시에 국제사회가 대화와 협상을 통하여 해결할 것을 주장하여 북한에 성공적인 외교성원을 하였다. 이로부터 두 나라의 냉각상태는 일단 풀렸다. 1995년부터 1999년 10월까지 중국은 북한에 3,000만 위안에 달하는 무상원조를 제공하였고 52만 톤의 식량, 8만 톤의 중유, 2만 톤의 화학비료와 40만 톤의 콕스를 무상으로 지원하였다.

2000년 5월 29일부터 31일까지 김정일 국방위원장이 중국을 방문하였고 중국은 북한에 식량과 기타 물자를 추가 원조한다고 답변하였다. 2001년 1월 김정일 국방위원장이 비공식적으로 중국을 방문하여 개혁 개방을 추진할 것이라고 말하였으며, 2001년 9월 3일부터 5일까지 장쩌민 주석이 북한을 방문하여 두 나라 관계를 전통적인 우호관계의 기반에서 21세기를 향하는 신형의 관계, 즉 전통을 계승하고 미래를 내다보며 선린 우호 협력을 촉진하는 관계로 확정하였다. 그 후 후진타오 주석이 북한을 방문하여 두 나라의 관계는 더욱 밀접하게 발전하였다.

중국과 북한의 관계개선은 북한에 대한 중국의 투자와 상호간 무역의 발전을 촉진하였다. 1991년부터 1997년까지 두 나라 무역총액은 기본상 5.49억 달러에서 8.99억 달러까지 올라갔으나 1998년부터 2000년까지는 4.88억 달러를 넘지 못하다가 2001년 7.4억 달러로 증가했다. 그 후 중국의 대 북한 무역은 빠른 속도로 증가되었는데 2003년에는 10.3억 달러, 2005년에는 15.8억 달러로 발전했다.[55] 중국이 북한에 투자한 기업 수는 120개, 투자액은 1억 7,350만 달러이다.

[표 2-4] 중국의 대 북한 수출입상황(단위: 억 달러)[56]

년 도	2002년	2003년	2004년	2005년
수 출	4.7	6.3	7.9	10.8
수 입	2.7	4.0	5.8	5.0

7. 북한과 일본의 수교를 위해 노력하는 관계

냉전시기 북한과 일본의 관계는 적대관계였다. 1980년대까지 두 나라는 경제 문화와 체육면에서만 간단한 교류를 진행했었다. 그러나 냉전이 종식되면서 두 나라는 차츰 접촉을 시작하였다. 1990년 9월 일본 자민당과 사회당 대표단이 북한을 방문하고 노동당과 3당 공동성명을 발표하였는데 이것은 45년 이래 두 나라 정당이 처음 가진 만남이었다.[57] 1991년 4월 1일 일본은 여권에 표기되어 있는 '북한을 제외'라는 단서를 취소하였다. 1991년 7월 노동당중앙 김용순 비서가 일본을 방문하면서 두 나라의 대화가 이루어졌다. 북·일 관계 정상화를 위하여 1991년부터 1992년 사이에 북한은 일본과 8차례의 담판을 하였으나 큰 진전이 없었다. 1995년 3월 와타나베 미치오(渡邊美智雄) 부수상을 단장으로 하는 3개 여당 대표단이 북한을 방문하여 수교담판을 회복하는 데 대한 협의를

55) (한) 대한무역진흥공사, 「북한 대외무역 동향」, 2005년.

56) (중) 중국해관 2006년 통계표.

57) (중) 천펑쥔·왕촨쥔(陣峰君·王傳君), 「아태대국과 조선반도」, 북경대학출판사, 2002년, 182쪽.

채택하면서 50만 달러의 수재지원금을 제공하였다. 그리하여 1997년 8월 21일부터 5년간 중단되었던 관계정상화 담판이 재개되어 북한에 거주하고 있는 일본인 배우자를 일본에 반송하는 문제에서 일정한 합의를 보았다. 1995년부터 1997년까지 노동당과 일본 여당도 두 차례의 회담을 추진하였으며 양국 간 정상화 문제에서 같은 인식을 보였다.

1998년 8월, 북한이 '대포동 1호' 미사일을 시험 발사한다고 선포한 후 일본은 두 나라 관계정상화 담판을 정지하고 식량지원 중단 등 4개 방면에서 북한에 대한 제재조치를 실시하였다. 1999년 12월 초 일본 초당파의원대표단이 북한을 방문하여 노동당과 일본의 식량지원 재차 가동 문제와 관계개선 담판을 회복하는 문제에 대해 협의를 이루었다. 2000년 5월 9일 일본은 2000년 외교문서를 공포하여 동북아 평화와 안정에 유리한 상황을 이끌어 내기 위해 북한과의 관계정상화를 추진하며 대화와 억제를 통한 균형정책을 실시할 것이라고 천명하였다.[58)]

2000년 7월 북일 관계는 중대한 진전을 가져왔다. 7월26일 일본 고노 요헤이(河野洋平) 외무상과 북한 백남순 외무상이 방콕에서 회담을 하고 공동성명을 발표하여 관계정상화 담판을 한다고 선언하였다. 2000년부터 두 나라는 관계정상화 교섭을 회복하였고 2002년 9월 17일 드디어 고이즈미 수상이 전격적으로 북한을 방문한 후 '조일평양선언'을 채택하였다. 이 정상회담은 두 나라의 교착된 국면을 깨뜨리고 금후의 관계개선을 위하여 기반을 닦아 놓았다.[59)] 그러나 북한의 납치문제, 미사일 문제 등 여러 가지 악재가 등장하면서 두 나라의 관계개선은 계속해서 좌절되었다. 2004년 5월, 고이즈미 수상이 재차 북한을 방문하고 납치문제를 해결하려고 노력하였다. 그러나 북한이 사망자의 유골을 일본에 돌려 주는 과정에서 분규가 생기면서 두 나라의 관계정상화 담판은 또다시 중지되고 말았다.

---

58) (중) 신화사 동경소식, 2000년 5월 10일.
59) (중) 강용범, "고이즈미 조선방문 후 조일관계," 연변대학학보, 2003년, 2기, 16쪽.

1990년 이래, 일본은 북한의 제2의 무역대국으로 되었다. 1991년에 두 나라의 무역액은 5.08억 달러, 1995년에는 5.95억 달러에 달하였으나, 1999년에는 3.5억 달러, 2003년에는 2.64억 달러로 내려 갔다.[60] 북한에 대한 일본의 투자는 대부분 일본에 있는 '조총련'에 의해 진행되었다. 1992년 '조총련'은 북한에 약 1억 달러 정도의 투자를 실행하였다. 두 나라의 경제 합작 과정에서 일본은 북한에 적지 않은 경제 원조를 하였다. 1995년 15만 톤의 쌀을 무상 원조하였고 3.5만 톤의 쌀을 유상 원조하였다. 1999년에는 1.5만 톤, 2000년에는 10만 톤, 2001년에는 50만 톤의 쌀을 무상 원조하였다.[61]

8. 북한과 러시아의 전략적인 우호 선린 협력관계

냉전시기 북한과 소련은 밀접한 선린 우호합작관계를 유지하였다. 북한은 동북아에서 소련의 견실한 맹방이었고 소련은 북한의 최대 무역동반자였다. 그러나 1985년에 고르바초프가 정권을 잡으면서 두 나라의 관계에 금이 가기 시작하였다. 1988년 소련이 북한의 반대를 불구하고 서울올림픽에 참가하면서 두 나라의 관계는 전면적으로 악화되었다. 1990년 9월 소련이 한국과 수교하고 소련이 붕괴된 후에도 한국과의 관계를 중시하여 발전시키면서 북러 두 나라의 관계는 정지 상태에 들어갔다.[62] 1995년 러시아는 과거에 맺었던 우호 합작조약을 철회하고 새로운 조약을 체결하자고 제안하여 북러 양국 관계는 완전히 악화되었다. 그 후 두 나라의 무역도 크게 위축되었는데 그 전의 23억 달러로부터 1990년대 말에는 1억 달러로 감소되었다.[63]

60) (한) 대한무역진흥공사, 「북한 대외무역동향」, 1991-1999년.
61) (일) 일본 동아무역 연우회, 「동아경제정황」, 2002년 3월호, 4~5쪽.
62) (중) 고우커(高科), "러시아 대외정책에서의 조선과 한국," 「동북아연구」, 1998년, 제 3 기.
63) (중) 둥쇼우밍(董曉明), "러시아와 조선의 관계 발전 및 원인," 「동북아 연구」, 2001년, 제 4 기.

이후 러시아는 외교 전략을 조정하여 북한과의 경제 합작을 유도하였다. 1996년 4월 러시아는 평양에서 무역, 광산개발 등 8가지 영역에서 두 나라의 원칙적인 협의를 달성하였다. 11월, 두 나라는 '상호 투자촉진 및 보호협정'에 서명하였고 1997년 상반기에는 '과학기술협의서'를 조인하였다. 두 나라 간의 협의사항에 비해 실행된 합작은 비교적 적었는데 주요하게는 노무합작, 어업합작이 이루어졌다. 2000년까지 북한의 3만 여 명이 러시아에 가서 삼림채벌과 목재가공 등 업종에 종사하였다.

2000년 푸틴이 집정하면서 두 나라의 관계는 새로운 진전을 가져왔다. 2000년 2월 두 나라는 평양에서 우호 선린조약을 체결하여 정치·경제·무역·군사영역에서 평등하고 상호이익을 추구하는 협력단계로 진입하였다.[64] 그해 7월 푸틴 대통령이 러시아(구 소련을 포함) 국가수뇌로서 15년 만에 북한을 방문하여 공동성명을 발표하였는데, 특히 러시아와 북한이 미사일 방어 체계를 발전시키는 문제에서 공동입장이라고 밝히었다. 푸틴 대통령의 북한 방문은 두 나라로 하여금 냉전시대의 이념, 사회제도, 의식형태와 가치관의 틀에서 벗어나 새로운 형태의 국가관계를 추구하는 새로운 발전단계로 나아간다는 점에서 특기할 만하다.

북러의 군사기술 합작도 새로운 단계에 올라섰다. 2001년 4월, 인민혁명무장 김일철 장관이 러시아를 방문하여 러시아 이완노브 국방장관과 회담을 하고 2001년 군사협력협정과 방어 산업 및 군사장비협력협정을 체결하였다. 러시아는 북한에 레이다, 소형해군순양함, SU-27 및 MIG-29형 전투기와 PCHELA-1형 정찰기 등 방어용 무기를 제공하기로 하였다.

2001년 7월 26부터 8월 8일까지 김정일 국방위원장이 처음으로 러시아를 방문하였다. 8월 4일 두 나라 정상은 '모스크바선언'을 발표하여 북한의 미사일 개발이 평화적 성격을 띤다는 주장에 이해를 표시한다고 밝혔다. 이 선언은 또 미국과 협상하는 전략적 협력을 강화하며 두 나라가

---

64) (러) "모스크바와 평양의 조약이 조선반도에서 러시아의 지위를 높이다," 러시아 통신, 2000년 2월 12일.

모두 한국, 일본 및 서방국가와 대화 협력을 하는 것을 지지하며 북한이 미국, 일본과의 회담에서 성과를 이루어 낼 것을 희망한다고 밝혔다.[65)]

러시아는 한반도의 비핵화를 주장하는 원칙에서 핵 문제를 해결하기 위해 북한이 직접 미국과 대화할 것을 주장하고 있으며, 미국이 제출한 5+5(유엔 상임이사국과 호주, EU, 북한, 한국, 일본)형식과 일본이 제출한 5+2(유엔 상임이사국과 한국, 일본)형식으로 북한 문제를 해결하는 것을 반대하는 입장이다.

9. 북한과 몽골의 전통적인 우호관계

1948년 북한은 몽골과 수교를 한 후 전통적인 경제 문화협력을 진행해 왔다. 1986년 두 나라는 '우호합작조약'을 체결하였으며 냉전이 종식된 후에도 우호관계를 계속 유지해 나갔다. 그러나 1999년 북한은 재정부족으로 말미암아 몽골 주재 북한대사관을 폐쇄하였고 이후 몽골과 북한은 경제위기와 경기침체로 인해 무역액이 많이 하강하였다. 이러한 국면을 극복하기 위하여 두 나라는 많은 노력을 기울였다.

2002년 8월, 몽골의 바가반디 대통령은 몽골을 방문한 백남순 외무상을 회견하고 양국 간 우호관계를 회복하며 발전시킬 문제를 상의하였다. 두 나라는 '양국우호관계와 협력조약'을 수정하고 조인하였다. 이로써 두 나라는 경제협력관계를 수립하였으며 새로운 시기에 양국의 협력관계를 발전시키기 위한 법률적 기반을 닦아 놓았다. 방문기간중 두 나라의 외교장관들은 또 '우호관계와 협력조약 및 기타협의에 대하여 정돈과 개편을 진행하는 데 대한 의정서'에 조인하였다. 2004년 8월 30일 재몽 북한대사 박수도가 몽골국에 국서를 전달했을 때 바가반디 대통령은 몽고와 북한 두 나라가 새로운 시기에서 문화교육 영역의 전통합작을 견지하고 경제무역, 공업, 농업, 축산업, 상업 등 다방면에서 합작할 것을 제의

65) (한) 연합신문, 2001년 8월 4일.

하였다. 북한과 몽골 관계의 개선과 발전은 장기적인 전망의 동북아국제협력 형성에 도움이 된다.

Ⅲ. 지역 내 국가 간의 새로운 협력 관계

탈냉전 후 동북아 각국은 새로운 형세에 직면하여 상호 간의 관계를 개선하고 경제 문화방면에서 협력을 추진하고 있다.

1. 중국과 러시아의 전략적 동반자 협력관계

중국과 러시아는 4,300 킬로미터의 국경선을 가진 국가로서 경제협력도 활발하게 진행하고 있다. 냉전체제가 해체된 후 중국과 러시아는 상호의존, 상호협조, 상호지지, 상호평화와 발전을 추구하는 관계를 견지하는 전략적인 동반자 협력관계를 수립하였다. 러시아는 미국 및 북대서양협약국과 새로운 전략적 협력관계를 수립하는 등 서방국가들과의 관계개선에서 커다란 진전을 가져오는 한편, 중국과의 협력도 변함없이 추진함으로써 중국을 러시아의 관건적인 동반자라고 주장하였다. 2001년 중·러 두 나라는 '중러 우호협력조약'을 체결한 이래 세계의 전략적 안정을 유지하고 지구의 핫이슈 문제를 해결하며 유엔 안보리 권위를 수호하는 방면에서 유효한 협력을 하여 왔다. 2002년 5월, 푸틴 대통령은 러중 협력관계는 우선적인 임무라고 말했다.

정치적 관계의 발전에 따라 두 나라의 무역합작도 빠른 발전을 가져왔다. 1995년부터 두 나라의 무역관계는 정상적인 궤도에 들어서기 시작하였는데 1999년에는 무역액이 57.2억 달러, 2000년에는 80.3억 달러로 전해보다 40% 성장하였다. 2001년에는 106.7억 달러, 2002년에는 120억 달러, 2003년에는 157.6억 달러, 2004년에는 212.3억 달러로 전해보다

34.7% 의 성장세를 보였다.66)

2. 중국과 일본의 경제 우선 협력 관계

중일 관계는 시종 기복을 이루며 발전하고 있다. 일본의 역사문제, 대만문제, 조어도(釣魚島) 귀속문제 등은 중일관계발전의 발목을 잡고 있는 첨예한 사안들이다. 그러나 일본은 중국의 제일 큰 무역통상국가이고 중국 또한 일본의 제2 무역통상국가이다. 일본의 대 중국 투자는 세계 제1위이며 중일 두 나라는 동북아지구에서 경제연계가 제일 밀접한 나라로서 구역다자합작에서 중요한 작용을 일으키고 있다. 두 나라의 무역관계는 해마다 커지고 있는데 1991년 무역액은 202.5억 달러, 1995년에는 578억 달러, 1999년에는 662억 달러, 2001년에는 877억 달러, 2002년에는 1,091억 달러가 되었다.67)

일본의 대 중국 투자는 시작이 늦었으나 증폭이 비교적 빠르게 발전하였다. 1992년 일본의 대 중국 실제투자는 7.1억 달러였다. 그때부터 1995년까지 일본은 실제로 89.17억 달러에 달하는 투자를 하였다.68) 1997년부터 동남아금융위기의 영향으로 일본의 경제발전이 장기적으로 위축되면서 대 중국 투자액은 축소되었다. 1999년 일본의 실제투자액은 246.6억 달러, 2002년 실제투자액은 363.7억 달러였다.69) 중일우호관계발전의 중요한 고리는 중국에 대한 일본의 개발원조(ODA)이다. 1979년부터 2003년 3월까지 일본은 중국에 17,440억 엔의 대부금을 제공하였다.

---

66) (중) 자오촨쥔(趙傳君), 「동북아 3대 관계 연구」, 중국사회과학문헌출판사, 2006년, 10쪽.

67) (중) 췬중칭 · 리홍(全鐘卿 · 李洪), “중일경제관계의 현 상태와 전망,” 「현대일본경제」, 2003년 제 4 기.

68) (중) 지청장(冀成長), 「중국의 국제환경과 세계 약간 국가들이 과세기 발전전략」, 당대세계출판사, 1996년, 46쪽.

69) (한) 국제경제무역소식, 「공공서비스 정보보도」, 2003년 6월 16일.

3. 중국과 몽골의 서로 믿는 동반자 관계

중국과 몽골의 국경선은 4,600㎞이다. 몽골과 중국, 대만의 관계가 비교적 친밀하고 범 몽골주의[70]의 여론이 아직도 사라지지 않은 정황에서 중국은 두 나라의 정상적인 외교관계와 경제 합작을 보강하기 위해 노력하고 있다. 1989년 중국과 몽골 두 나라는 관계 정상화를 회복하였고 그 후부터 정부의 높은 차원에서의 방문과 대화는 계속 이루어지고 있다. 1994년 두 나라는 1960년에 체결한 우호합작조약을 수정하였다.

2003년 6월 4일부터 5일까지 후진타오 주석이 몽골을 방문한 후 두 나라는 서로 믿는 동반자 관계를 정립하였다. 1995년부터 정상회복에 들어선 경제 합작은 진일보 발전하여 1999년부터 중국은 연속 5년 동안 몽골의 제1무역대국으로 되었다. 2000년 두 나라의 무역액은 4억 달러, 2001년에는 3.623억 달러, 2002년에는 3.417억 달러로 몽골 대외무역총액의 29.5%를 차지하였다. 투자방면에서 1990년부터 2002년 10월까지 세계 72개 나라가 7.171억 달러를 몽골에 투자하였는데 그 중 중국이 2.645억 달러를 투자하였고 10억 위안의 경제 원조를 제공하였다.[71]

4. 러시아와 몽골의 전통적인 동반자 관계

몽골과 러시아도 3,485㎞의 국경선을 가지고 있다. 냉전의 해소와 함께 전 소련군이 몽골에서 철수하면서 몽러 관계는 냉담해졌다. 1999년부터 두 나라의 고급관리들이 서로 방문하기 시작하였는데. 2000년 11월에 푸틴이 몽골을 방문하고 '울란바토르 선언'을 채택하여 우호협력을 하기로 결정하였다. 2002년 3월 25일 러시아 카시아노프 총리의 몽골 방문은

70) 저자 주: 소수의 몽골지식인들이 세계의 몽골인과 함께 통일된 국가를 건립해야 한다는 주장을 이른다.

71) (중) 자오촨쥔(趙傳君), 「동북아 3대 경제관계연구」, 중국사회과학문헌출판사, 2006년, 62-63쪽.

두 나라가 많은 영역에서 합작과 교류를 강화할 것을 결정하였으며, '몽러 영사공약'을 체결하고, 그 외에도 변경쟁점문제, 경제 합작 의정서 등 5개 문건에 조인하였다. 그 후 몽골 총리가 러시아를 방문하여 두 나라의 관계를 전통적인 동반자관계로 상승시키는 등 7개 문건에 조인하였다.

5. 일본과 몽골의 전면적 협력 관계

몽골과 일본 두 나라 정상과 각계 인사들의 빈번한 방문은 두 나라의 관계를 더욱 밀접하게 하였다. 1991년 8월, 일본 가이후 도시키(海部俊樹) 수상이 몽골을 방문해 '몽일 공동성명'을 발표하여 21세기를 향하는 양국 간 발전관계를 확정하였으며 30억 엔(약 2,100만 달러)에 달하는 무상원조를 제공하였다. 1992년 3월에는 몽골의 총리가 일본을 방문하였다. 1993년 11월과 1994년 10월, 몽골의 정상급 인사들이 연속 일본을 방문하였으며 1995년 2월에는 몽골 국방장관이 군사대표단을 인솔하여 일본을 방문하였다. 두 나라 정부 간 상응한 부문의 관원과 민간조직들의 방문과 교류도 많이 이루어졌다. 그로부터 몽일 관계는 일본이 몽골에 원조를 제공하던 관계로부터 경제, 정치, 안보, 국제사무 등 전면적인 합작으로 발전하였다.

6. 일본과 러시아의 선택적 교류 증진 관계

일러 관계는 동북아지역의 쟁점문제로서 두 나라 뿐만 아니라 아시아의 평화와 발전에 영향을 미치고 있다. 1956년 구 소련과 일본은 외교관계를 회복하였다. 그러나 이는 명맥상의 외교관계에 불과해서 실질적인 교류는 그다지 크지 않은 형편이었다.

1990년대부터 두 나라는 북방 4도를 둘러싸고 비교적 큰 분쟁거리가 발생하였다. 소련이 해체된 후에도 두 나라의 관계는 크게 개선되지 않았다. 러시아가 국외 무역에 대한 국가 독점을 취소한 후 일러의 무역은 급격히 하강하였다. 1991년부터 1992년의 두 나라 무역액은 20억 달러에 그쳤고 1996년부터 일러 관계는 완화되기 시작하였다. 그런 와중에 일본은 다차원 접촉의 방침을 제안하였고 러시아도 전방위적으로 일본과 합작할 것을 표시하였다. 1998년 11월 11일, 일본 오부치 게이조(小淵惠三) 수상이 러시아를 방문하고 '모스크바 선언'을 체결하여 두 나라 관계를 선택적 교류증진 관계로 발전시켰다. 이를 계기로 두 나라의 무역은 새로운 단계로 발전하였다. 1999년과 2000년 두 나라의 무역총액은 40억 달러에 도달하였고 2001년에는 그보다 더 많아졌다.72)

2000년 푸틴 대통령이 일본을 방문한 후 두 나라는 영토문제 외 경제협력 등 많은 방면에서 일치된 견해를 보였다. 그 후부터 두 나라 관계는 실제적인 관계개선에 들어갔다. 2003년 고이즈미 수상이 러시아를 방문하여 푸틴 대통령과 두 나라 관계를 심화시키는 일러 행동계획을 체결하였다. 2003년 일본의 대 러시아 수출은 2,038억 엔에 이르러 전해보다 두 배 가까이 늘었다. 세계적으로 100여개의 국가가 러시아에 투자를 하고 있는데 그 중 일본의 러시아에 대한 투자액은 매년 2.2억 달러 정도로서 일본 대외투자액의 1.3% 정도이다.

이상으로 열거한 동북아 각 국 관계의 특징을 요약해 보면 다음과 같다.

1. 한국-북한: 남북관계개선과 교류 협력 관계
2. 한국-중국: 21세기를 준비하는 협력 동반자 관계
3. 한국-일본: 미래를 향한 신 동반자 관계
4. 한국-러시아: 건설적인 상호보충 협력 관계
5. 한국-몽골: 전면적인 우호 관계
6. 북한-중국: 전통기반 위의 21세기 신 협력 관계

---

72) (중) 자오촨쥔(趙傳君), 「동북아 3대관계연구」, 중국사회과학문헌출판사, 2006년, 214-216쪽.

7. 북한-러시아: 전략적인 우호선린 협력 관계
8. 북한-몽골: 전통적인 우호 관계
9. 북한-일본: 수교를 위해 노력하는 관계
10. 북한-미국: 관계개선 및 6자회담 주요 당사자 관계
11. 중국-몽골: 서로 믿는 동반자 협력 관계
12. 중국-러시아: 전략적 동반자 관계
13. 일본-중국: 경제 우선 협력 관계
14. 일본-러시아: 선택적 교류증진 관계
15. 몽골-일본: 전면적 협력 관계
16. 몽골-러시아: 전통적인 동반자 관계

제 3 절 동북아 국제협력의 장애와 전망

Ⅰ. 국제협력 형성의 장벽

1. 한반도의 분단

한반도의 분단은 동북아 국제협력의 가장 큰 장애로 작용하고 있다. 한반도는 동북아의 온도계와 같다. 한반도 남북의 관계가 개선되면 동북아의 정세가 안정되고 남북의 관계가 긴장되면 동북아의 정세도 따라서 긴장된다. 오늘날, 한반도의 문제는 대체로 평화기제(平和機制)가 정립되지 못한 문제로서 동북아 각국의 관계에 적지 않은 영향을 일으키고 있다. 한반도를 둘러싼 각 국 간의 전략적 이해관계가 복잡하고 그들의 추구하는 바 국가목표와 이익이 서로 다르기 때문에 한반도에서 새로운 문제들이 발생할 때마다 각국 간에는 이익충돌이 생기게 된다. 이러한 이익충돌은 동북아국제 협력의 형성에 적지 않은 장애를 조성하고 있다.

현재 한반도에는 많은 문제들이 중첩되어 있는데 특히 주요하게는 아래의 몇 가지 문제로 정리해 볼 수 있다.

첫째, 우선 한반도평화에 대한 남북의 견해가 서로 같지 않다. 북한은 주한미군이 한반도의 평화를 위협하는 존재이므로 미군이 한반도에 주둔하고 있는 한 한반도의 평화는 있을 수 없다고 주장한다. 반면에 한국은 주한미군이 없으면 당장 현재의 평화수준도 유지할 수 없다고 말한다. 또한 남북의 평화기제 수립의 방법상에서의 차이가 크다. 한국은 반드시 정전협정을 준수해야 한다고 주장하나 북한은 정전협정은 무효한 협정이라고 고집한다. 북핵문제와 미사일문제는 남북이 가장 큰 견해 차이를 보이고 있는 부분이다. 장기간의 6자회담에서 해결하지 못한 이 문제를 둘러싸고 남북관계는 늘 팽팽한 긴장감을 보이고 있다. 그리고 또 이 문제를 둘러싸고 남북의 경제협력과 각종 교류가 진행되다가도 불시에 끊기고 있다.

둘째, 남북의 문제를 둘러싸고 동북아 각 국가 간에도 이익충돌이 생기고 있다. 특히 북핵문제와 미사일문제를 둘러싸고 갈등이 생기는데 중국, 러시아는 북핵문제나 미사일문제가 자국의 안전에 직접적인 위협을 준다고 느끼지는 않는다. 그러나 일본이 북핵문제와 미사일문제를 구실로 하여 군사력을 강화하고 국방범위를 넓히며 '보통국가'가 되려 하는데 대해서는 긴장을 늦추지 않고 있다. 이 두 나라는 특히 충분한 자본과 과학기술을 소유하고 있는 일본과 한국이 북한의 핵위협에 대응하여 자체적으로 핵개발을 하지 않을까 두려워하고 있다.

셋째, 북한은 핵개발과 미사일을 쟁점으로 내세워 미국과 직접적인 접촉을 시도하려 하고 있다. 북한의 주장은 한반도 문제의 해결은 반드시 북한과 미국이라는 두 주요 당사자들 끼리 협상해야 한다는 것으로 식량문제 등 몹시 어려운 문제에 봉착할 때마다 핵카드 아니면 미사일을 발사하여 미국과의 직접적인 담판을 시도하는 동시에 주변국들의 원조를 얻으려 한다. 당면하고 있는 북한의 미사일이나 핵문제는 자기의 국제지위를 높이고 국제적인 주의력을 환기시키며 주변국들 지원의 대가를 높이려는 한낱 외교술수에 지나지 않는다. 더욱이 북한과 인접해 있는 한국은 직접적으로 안전의 위협을 받기 때문에 모든 문제를 평화적으로 해결하기 위해 많은 노력을 기울이고 있다. 한국은 햇볕정책을 통하여 대북 지원을 강화하는 방법으로 북한의 미사일과 핵문제를 해결하려 하였으나 큰 성과를 거두지 못했다.

이와 같이 동북아지역의 경제적 협력에 걸림돌이 되는 정치적인 핵심문제도 결국 한반도 분단에 있다. 한반도의 분단상태는 이 지역 정치적 분쟁의 빌미를 제공해 주고 있으며, 경제교류와 협력에 큰 장애를 이루고 있다. 미국의 북핵 위기 대응책과 미사일방어전략(MD), 날로 팽창되고 있는 일본의 우경화 정책, 유럽 측으로 편향되고 있는 러시아의 전략적 목표 등이 바로 한반도 분단을 자국의 정치에 반영한 결과이다. 동북아지역에서의 고차적 경제협력을 이룩하려면 이와 같은 걸림돌을 제거하기 위한 다방면의 노력이 필요하다.

2. 동북아 국제관계의 긴장요인

동북아 국제관계의 긴장 상태는 국제협력의 커다란 장애로 상존하고 있다. 국제관계에서 정치, 안보 및 경제관계는 상호 영향을 주고받는 작용을 일으키며 진행된다. 국제정치관계는 주로 외교관계에서 체현되고 안보문제는 군사안전관계 및 경제안보측면에서 체현되는데 군사위협, 대규모 살상무기의 위협, 국내의 테러의 위협, 전략자원의 위협, 금융위기의 위협, 경제위기의 위협 등으로 나타난다. 정치관계, 안보관계와 경제관계는 서로 뗄래야 뗄 수 없는 관계를 이루며 서로 추진하고 서로 제약하며 서로 침투되고 서로 융합하면서 긍정적인 작용과 부정적인 작용을 일으키게 된다. 국가 간에 정상적인 정치관계와 안보관계가 이루어지면 보다 발전된 경제협력구조를 이룰 수 있어 경제, 문화방면의 교류가 활발해지고 무역과 투자가 증가하는 것은 지극히 상식적인 일이다. 그러나 국가 간의 정치, 안보관계가 정상적으로 형성되지 못하게 되면 결과적으로 경제협력이 이루어지지 못할 뿐만 아니라 경제제재, 무역봉쇄가 생기게 되며 심각한 경우 전쟁이 발발하게 되는 것이다.

동북아 각 국의 정치 구도와 국가 안전의 문제는 특수한 복잡성을 보이고 있다. 동북아 각 국은 정치제도와 경제구조 등 체제 면에서 모두 상이한 환경을 가지고 있다. 한국은 자본주의 국가이지만 사회관리 차원에서 분단국가로서의 특수환경에 놓여 있어 일반적인 서방의 자본주의와는 구별된다. 같은 자본주의인 일본은 서방사회의 자본주의 체제를 실시하지만 보수적이고도 고립주의적인 민족적 특색을 견지하고 있음으로 인하여 서방자본주의와도 구별되고 한국과도 크게 구별된다.

중국과 북한은 모두 다 같은 사회주의 국가이지만 중국이 개혁개방을 실시한 후 북한의 정치체제와 경제구조와는 완전히 달라졌다. 러시아는 사회주의 제도를 포기하였으나 일본, 한국 및 서방 자본주의 국가와 서로 다른 정치, 경제체제를 실시하고 있다. 몽골은 서방식의 다당제(多黨制)와 사유제를 기반으로 하고 있으나 자본주의제도와는 약간의 차이가 있는 정치체제를 가지고 있다. 때문에 동북아 각 국가 간의 정치관계와 안보관계는 비교적 복잡한 양상을 보이고 있다.

첫째, 한일 관계를 보면 1965년 두 나라가 「한일 기본조약」을 체결한 이래 계속 배회(排徊)의 굽은 길을 걷고 있다. 그 주요한 원인으로 독도주권문제에서 두 나라가 갈등을 겪고 있으며 일본 우익세력의 부활이 한국에 불안한 그림자를 드리우고 있고 일본 수상의 신사참배 역시 한국 국민들의 불만을 일으키는 요인 가운데 하나이다. 그 외 북한과 일본의 관계정상화 문제가 한일 관계에도 영향을 주고 있다. 일본의 관점에서 보면 통일된 후의 한반도는 일본의 안전과 경제에 위협이 될 수도 있다. 때문에 일본은 현재 분단된 한반도 상태가 일본에게 매우 유리하다고 판단하고 있는 것 같다. 한일 정치관계와 안보관계문제는 특별히 독도(일본에서는 죽도라고 함)영토 문제, 일본의 침략역사왜곡문제, 종군위안부문제, 한일 간 무역역조 및 특허분쟁 등에서 자주 쟁점이 되고 있다.

둘째, 중국과 일본의 정치관계는 일본 우익세력의 대두와 역사교과서문제, 고이즈미 총리의 신사참배문제, 일본자위대의 방어범위확대 문제, 그리고 동해 가스자원개발문제, 러시아 송유관의 부설방향 등 여러 방면에서 분쟁이 생기고 있어 중일 안전관계와 전략관계에서 새로운 문제에 부딪치고 있다. 일본은 대만카드로 중국을 견제하려 한다. 대만은 일본의 안전 방위 벨트로서 주요 대상이 되고 있다. 1998년 이래 일본이 전쟁구역 미사일 방어계통문제 상에서 미국과의 협력을 강화하면서 대만을 이 계통에 끌어넣고 있음은 자명한 일이다. 이런 문제들은 중일 경제협력의 큰 장애가 될 수밖에 없다.

조어도(釣魚島)문제로 중국과 일본 사이에 큰 분쟁이 생겼다. 일본은 그곳에다 국기를 올리고 신사를 구축한 외 조우도 상륙연습까지 진행하여 중국의 여론을 들끓게 했다. 1990년대로부터 일본에서는 '중국 위협론'이 생기면서 '방어계획대강,' '일・미 안전보장공동선언' 등이 출범하였는데 이는 중국의 국가안전을 위협하는 행동이다. 일본국 내 정치우경화가 바로 중일 관계의 발전을 제약하고 있다.

셋째, 북한과 일본의 안전이익도 충돌되고 있다. 1990년대 이래 북일 두 나라는 과거의 국면을 타파하고 11차에 달하는 관계정상화 담판을 진행하였다. 그러나 2001년부터 두 나라는 소위 이상한 선박문제, 실종, 납치된 일본인 문제, 북한의 미사일 문제, 핵개발 문제들로 인해서 계속 긴장 상태에 처해 있었다. 그러다가 두 나라는 '북・일 평양선언'을 통하여 새로운 돌파구를 여는 성과를 거두었으나 아직도 북한의 미사일 문제와 핵개발 문제를 놓고 해결할 문제들이 많이 존재한다. 특히 2006년 북한이 여러 차례 미사일을 발사한 후 일본은 안전문제에서 커다란 위협을 느끼게 되었으며 이로 인해 두 나라의 관계는 새로운 긴장국면에 놓여 있다.

넷째, 미국은 동북아 국가가 아니지만 동북아의 안전과 전략관계에서 매우 중요한 작용을 일으키고 있다. 미국의 군사전략 중심은 이미 아태지구와 동북아지역에 옮겨져 있다. 미국의 전략 의도는 북핵위기에 대응하기 위함이 분명하다. 미국은 북한의 핵 확산이 미국의 테러반대전쟁에 곤란을 조성할까봐 우려하고 있고, 한국과 일본 등 동맹국이 북핵과 미사일의 위협을 받고 있는 데 대해 깊은 우려를 표시하고 있다. 때문에 미국은 한편으로 평화적인 방식으로 담판을 통하여 북핵문제를 해결하려고 노력함과 동시에 다른 한편 군사적 압력 등 소위 '기타방식'으로 북핵 문제를 해결하려고 한다.

미국의 또 다른 전략 의도는 대만 해협위기를 대응하기 위한 것이다. 미국은 대만에서 전쟁이 일어나는 것을 원치 않으며, 자기들이 거기에 끼여 들어가는 것을 꺼리고 있다. 중국의 국력이 해마다 강해짐에 따라 양안의 군사실력이 평형을 이룰 수 없으므로 미국은 한편으로 '하나의 중국'이라는 원칙을 외치는 동시에 다른 한편으로는 대만에 현대화무기를 팔면서 동북아에 군사배치를 하고 있다. 이와 함께 미국이 꾀하는 또 다른 하나의 전략 의도는 중국을 억제하고 러시아에 대해 전면적인 포위권을 형성하는 것이다.

미국은 중국의 군사역량이 태평양에 진입하여 미국의 군사역량에 도전할 것을 두려워한다. 때문에 미국은 일본, 한국, 대만지구에 군사역량을 보유하여 계속 중국에 대한 억제를 실시하는 동시에 발트 해로부터 중앙아시아, 동쪽으로는 동북아의 일본으로부터 한국, 대만을 통하여 3개 방면으로 러시아를 포위하려 한다. 미국의 군사전략은 동북아 국가들 간의 정치관계와 안보문제에 아주 큰 영향을 주고 있다.

다섯째, 북핵 위기는 동북아지역 안전관계의 핵심적인 문제로 부상되고 있다. 북핵문제는 북미의 정치관계와 안전관계에 악영향을 미칠 뿐만 아니라 한국, 중국, 일본, 러시아의 안전관계에 엄중한 문제점을 일으키고 있다. 한국과 일본은 북핵위기가 두 나라의 안전을 위협한다고 경계하고 있으며, 중국과 러시아는 북핵문제가 일본, 대만을 위주로 하는 동북아국가들의 핵 경쟁을 일으켜 전체 동북아를 위협할까봐 근심하고 있다. 때문에 동북아의 정치관계와 안보문제를 해결하려면 북핵위기 문제를 평화적으로 해결해야 한다.

3. 지역내 특정 국가 간의 이익충돌

동북아 지역내 특정 국가 간의 이익 충돌이 동북아 국제 협력의 장벽이 되고 있다.

첫째, 소련 해체 후 러시아는 서부지역에서 대량의 국토를 잃었다. 또한 러시아의 지연(地緣) 중심이 동쪽으로 이전되면서 동북아지역과 직접적인 이익관계를 형성하게 되었다. 최근 국력이 아직 최강상태에 이르지 못했다고 스스로 판단하고 있는 러시아는 동북아지역에서 각국의 협력에 적극 참여하여 새로운 형태의 국가이익을 탐색하면서 자기의 대국 지위와 국제적인 영향력을 확대하려 한다. 러시아는 시베리아와 극동지구의 경제잠재력을 개발하여 나라의 종합국력을 높이려 하고 있다. 이를 위해서 러시아는 동북아 각 국의 지지와 협력이 요구된다. 특히 중국・일본・한국과의 협력이 요구되는데 경제적인 이익을 중시하는 과정에 러시아 극동지구의 석유개발부문에서 석유관로가 연해지구 어디로 연결되는가 하는 문제를 둘러싸고 중・일・한 세 나라의 각축과 모순을 야기시켰다.

러일의 건설적 동반자 관계의 발전에도 많은 제약들이 있다. 우선 전략이익이 다르다. 자원이 부족한 일본의 안전문제는 국토분단문제 뿐만 아니라 국제해상항로와 공중항로, 에너지와 광물자원 공급, 상품과 금융시장 등 해외 경제망과의 연계 등 안전문제가 있다. 그러나 경제체제 전환기에 놓인 러시아국가안전의 착안점은 국내 민족모순의 해결과 주변 환경의 안정에 있다. 일본은 경제대국으로부터 정치대국과 군사대국으로 나가려 하나 러시아는 핵 군사대국으로부터 과거의 정치, 군사, 경제대국의 지위를 회복하려 한다. 두 나라의 전략노선은 확연하게 상이하여 러시아는 불결맹(不結盟) 원칙을 견지하면서 외계의 힘에 의해 발전하려 하나 일본은 미국을 등에 업고 미일 정치동맹에 의거하면서 자체 역량으로 안보문제를 해결하려 한다. 러일 두 나라 간에는 당장 현안 문제로 북방4도[73]영토문제가 있다. 이 문제는 근본적인 악성고리가 되어 현실적으로 경제협력을 제한하고 있을 뿐만 아니라 금후의 러일 두 나라 관계 진로를 결정할 것으로 보인다.

둘째, 몽골은 동북아지역 대국이 서로 각축하고 있는 전략요충지로서 동북아지역에 잠재해 있는 자연보물고이다. 그러나 몽골이 동북아 경제협력에 참여하는 데는 적지 않은 문제점이 존재한다. 몽골은 채무부담으로 인하여 경제력이 약하다. 때문에 동북아국가들과 평등한 경제무역 관계와 협력을 진행할 능력이 모자란다. 때문에 중몽 두 나라 무역에서도 저질 상품과 부실(不實)원자재를 공급함으로써 두 나라 모두 경제손실을 입고 있는 실정이다. 이러한 원인으로 인하여 몽골은 중국 등 국가들과 경제무역을 하면서도 언제든지 의심과 두려움이 함께 존재한다.

몽골의 작은 규모의 시장과 열악한 대외교통노선도 몽골과 동북아 국가들 간의 경제협력을 크게 제약하고 있다. 현재 몽골의 주요한 운송노선은 러시아의 시베리아철도와 나훗카부두 및 울란바토르-훅호트-베이징철도-톈진항구뿐이다. 장거리운송으로 생기는 높은 가격의 운송비는 동북아 각국과 몽골의 경제협력을 방해할 수밖에 없는 환경이다.

또한 몽골은 중국의 비약적인 발전에 경계심을 가지고 있다. 그들은 중국이 상당한 정도로 발전하게 되면 예전에 중국에 속하였던 몽골이 다시 중국에 회수될 것을 두려워하고 있다. 때문에 몽골은 중국을 비켜 제3국을 통한 외교 전략을 취하였는데 미국과 일본의 지지를 빌어 중국을 방비하려는 것이다.

한편 '범몽골주의'(泛蒙古主義)맹아의 형성은 중국의 안전문제에 일정한 영향을 끼칠 것이다. 1993년 몽골에서 열린 제1기 몽골인 세계대회에서는 몽골인이 거주하고 있는 국가와 지구(地區)에 세계몽골협회지부를 세운다고 규정하였다. 몽골의 민족주의자들은 통일된 대몽골국을 세운다고 떠들고 있는데 이는 당연히 중국의 반대를 받게 되었다. 몽골과 대만의 정부고위급관원들의 상호방문 및 공식·비공식 교류기구의 성

73) 저자 주: 일명 남천도군도(南千島群島)라 부르기도 한다.

립은 중국정부의 중시를 불러 일으켰다. 2002년 6월 울란바토르에 '대만경제무역센타'와 '대만문화센타'가 설립된 후 9월에 울란바토르에 대만대표처가 서고 11월에 '노무합작협의'가 조인되고 12월에 대만에 몽골경제무역대표처가 문을 열었다 이러한 문제들은 중국에서 용납할 수 없는 일들로서 중몽의 경제적 협력에 직접적인 영향을 줄 수 있다.

셋째, 중국의 한반도에 대한 영향력의 증대와 경제무역방면에서의 증가세는 동북아지역에서 새로운 문제를 일으키고 있다. 한중 수교가 이루어진 후 중국은 한국과의 경제무역에서 계속 상승무드를 타고 있어 어떤 사람들은 한국에 대하여 극단적인 경고까지 하고 있다. 즉 "한국은 중국 수중에 떨어지길 기다리는 잘 익은 사과" 라는 것이다.[74]

북한에 대한 중국의 경제협력은 북한, 중국과 한국, 일본, 러시아 상호 간에 큰 갈등을 불러일으키고 있다. 한국은 대북 경제개발주도권 상실을 두려워하며 금후 통일 후의 북한에 대한 종합개발에 심각한 영향을 줄 수 있다고 판단하고 중국과 경제주권 분쟁이 생길까봐 우려하고 있는 실정이다. 일본은 북한의 미사일 발사문제를 빌미로 삼아 군사력을 강화하면서 대북 송금금지, 북한선박의 입항금지 등 경제적 조치를 취하고 있다. 이런 상황에서 일본은 계속 북한에서의 지위와 영향력을 높이려 하고 있기 때문에 중국의 대북 침투에 대해 위협을 느끼지 않을 수 없다.

러시아는 본국의 이익으로부터 출발하여 중국의 대북경제협력에 불안을 느끼며 될수록 북한과의 경제협력을 강화하려 하고 있다. 북한은 한·중 양국의 대북접근과 지원을 충분히 활용하면서 두 나라 간의 경쟁을 부추겨 더 큰 실리를 얻으려 한다. 동시에 일본과 러시아나 중국 간의 북한 문제를 둘러싼 우려와 모순도 이용하여 일본과 러시아의 지원과 경제협력을 유도하려 한다. 북한은 그들의 모순을 계속 확대시켜 북한에 대한 경제투자경쟁을 일으켜 신의주 및 압록강 하류는 중국에, 개성과

74) (한) 우경식, "남·북·중 경제협력의 특성과 그것이 남북에 미치는 영향," 「중국의 대 한반도 정책과 주변국가의 역할 세미나 논문집」, 2006년 9월, 36쪽.

금강산접경지대는 한국에, 동해지구는 일본에서 개발하는 구상을 실현하려 한다.[75)]

끝으로, 불평등한 경제방면의 요인도 동북아 국제 협력을 제한하고 있다. 경제 협력에서 한 가지 중요한 전제조건은 '예산이윤'이다. 각 국의 경제협력에서 예산에 따른 이윤을 성취하려면 결국 시장구조의 근사성, 밀집성, 경제 경합성, 상호보충성, 경제기구 등 필요한 제도적인 요소가 구비되어야 한다. 물론 한일자유무역협정이 1억 7천만 인구의 거대한 시장을 창출할 수 있지만 산업체제와 무역관망의 차이로 인하여 두 나라는 이윤분배의 불평등을 초래하고 있다. 또한 일본과 한국의 기술수준의 차이로 인해 산업구조와 생산의 다양화 및 분업영역에서 일본이 유리하게 되어 있다. 이와 같이 한·중·일 3국은 경제역량 및 국력의 차별로 인하여 경제협력의 기초가 취약하게 되어 있다. 이 3국의 경제관습, 정치체제, 행정법규, 사회간접자본 등 기초역량의 차별은 동북아 국제협력을 위한 경제합작을 제한하고 있다.[76)]

Ⅱ. 지정학 및 지연적 우세

1. 지리적 여건의 특징

동북아 국제협력은 지정학적인 지연(地緣)우세에 많이 힘입고 있다. 동북아 각 국은 한반도를 중심으로 하여 서로 가까운 위치에 처해 있으며 현대 교통의 도움으로 나라들 간의 거리를 더욱 단축시킬 수 있다.

---

75) (한) 우경식, "남·북·중 경제협력의 특성과 그것이 남북관계에 미치는 영향," 「중국의 대 한반도 정책과 주변국가의 역할」, 세미나 논문집, 2006년 9월, 51쪽.

76) (한) 김경태, "동북아지구 경제공동체 합작방안연구," 「동북아 경제협력 연구문선」, 경제과학출판사, 2005년, 32쪽.

기술적으로는 이미 남북 간 철도연결과 도로연계망이 구축되어 있는 실정이므로 정치적 타결만 보면 언제든지 통행할 준비가 되어 있다. 그리고 또한 남북은 서로 동해바다와 서해바다를 끼고 있는데다가 인천·평택·군산·광양·부산과 남포·함흥·청진 등 여러 개의 큰 부두를 가지고 있어 일단 대규모적인 교류와 무역을 한다 해도 아무런 곤란이 있을 수 없다. 일단 남북의 철도가 연결되어 통행하게 되면 아시아와 유럽의 대륙교통로를 이용하여 한국으로부터 중국, 러시아를 거쳐 직접 유럽으로 갈 수 있다. 이렇게 되면 일본을 제외한 동북아 국가들은 하나로 연결될 수 있으며 언젠가 일본도 한일 간 해저터널의 연결로 대륙교통로의 신세를 질 수 있게 될 것이다.

러시아와 북한도 두만강을 사이에 두고 연접되어 있으며 북한과 일본도 동해를 사이에 두고 마주하고 있다. 러시아도 일본과 바다를 사이에 두고 연접해 있다.

한국과 중국은 육지로 직접 연계되지 않았지만 지척에 있다. 한국의 인천, 평택, 군산항구 등 여러 개의 항구들은 직접 중국의 옌타이(煙臺), 웨이하이(威海), 칭다오(青島), 롄윈강(連雲港), 상하이(上海), 광저우(廣州) 등 항구들과 서로 마주 놓여 있는데다가 거리가 가깝다. 한국의 부산항은 중국의 동북지구와 가까워서 북한의 청진항 또는 나진항, 러시아의 자루비노항, 블라디보스토크 부근의 항구들을 통하여 직접 중국의 연변(延邊)지구[77]까지 통상하고 있다.

중국과 북한은 두만강과 압록강을 사이에 두고 연접한 나라이다. 또한 두 나라는 같은 사회주의 제도를 실행하는 나라이다. 두만강 유역에는 투먼(圖們), 취안허(圈河), 싼허(三合), 난핑(南坪), 사퉈즈(沙坨子) 카이산툰(開山屯) 등 여러 개의 통상구가 있고 압록강 유역에도 지안(集安), 단둥(丹東)등 여러 개의 통상구가 있는데 투먼, 단둥은 직접 철도로 북한

77) 저자 주: 본 저서를 읽는 한국인 독자들에게 편의를 제공하기 위해 이 지명에 한하여 늘 익숙하게 통용되고 있는 한국식 발음인 '연변'으로 표기하고자 한다.

과 연계 되어 있다. 그 외에도 중국과 북한은 서해를 끼고 마주하고 있으며 동해의 청진, 나진 등 항구들은 직접 훈춘(琿春)을 잇고 있어 교통이 매우 편리하다.

한국과 일본은 아시아지역과 동북아의 경제 강국이라 할 수 있다. 한국은 동해바다를 사이에 두고 일본과 마주하고 있으며, 두 나라는 모두 현대화된 항구를 가지고 있어서 여러 방면의 물류교통이 극히 편리하다.

중국과 러시아의 지연우세는 특별히 뚜렷하다. 긴 국경선을 가지고 있는 두 나라의 변경에는 통상구가 밀집해 있고 철도, 도로, 하류로 연결되어 있어 교통이 매우 편리하다. 동북아구역에 위치해 있는 러시아의 극동지구는 인구가 많지 않지만 621km^2에 달하는 넓은 면적을 차지하고 있으며, 각종 자원이 풍부하여 동북아 국제합작에 유리한 조건을 지어주고 있다.

몽골은 러시아와 중국의 중간에 끼어 있어 동북아에서 유일하게 바다가 없는 나라이다. 최근 몽골의 경제개혁과 발전은 몽・중, 몽・러의 경제협력에 유리한 조건을 만들었을 뿐만 아니라 동북아 국제 협력에도 유리하게 작용하고 있다. 몽골은 중국과의 변경선 근처에 10개의 통상구를 가지고 있는데 그 중 5개는 일류 통상구이다. 이는 몽골과 중국의 연해도시를 연결하고 중국을 통하여 바다로 나가는 큰 작용을 한다.

2. 지연(地緣)우세를 이용한 중요 합작 사례

동북아 지연우세는 각 국으로 하여금 몇 가지 중요한 영역에서 합작이 이루어지게 하였다.

첫째, 에너지 방면의 새로운 협력이 진행되고 있다. 1999년 10월 한국의 과학기술부와 중국의 원자력 기구는 평화적으로 핵을 이용하는 데 대한 MOU를 체결하고 그 해 각각 에너지와 환경보호협력팀을 만들어 연구를 시작하였다. 한국과 중국은 또 자원탐측과 석탄무역에서 협력을 하고 있다. 환발해만 개발에서도 한국은 중국과의 협력을 적극 추진하고 있다.

1992년 러시아의 3개 석유, 가스회사는 러시아의 26개 천연가스 생산지를 개발하고 그곳으로부터 북한 또는 동해안을 거쳐 서울까지 들어오는 가스송수관을 부설할 사할린천연가스방안을 제시하였으며 개발을 추진하고 있다.

1985년 중국과 러시아는 에너지 항목건설의 경제기술 협의를 달성하였는데, 이 때 러시아는 3개의 화력발전소를 포함해 5개 항목의 기술협력을 제공하였다. 1996년 두 나라는 핵 평화적 이용 협정(核逆用協定)[78]을 체결하고 중국의 톈만(田灣), 롄윈강(連雲港), 랴오닝(遼寧)성 등지에 핵발전소를 세우며 농축우라늄 가공공장 건설에 자본과 기술협력을 제공하기로 하였다. 2001년 9월 중국 석유가스회사와 러시아 국가송유관로(管道)회사는 두 나라 정부의 지지를 받고 러시아 원동지구로부터 중국의 다칭(大慶)에 이르는 송유관부설협력에 관한 협의를 달성하였다. 일본은 중국과 러시아가 석유관로를 부설한다는 소식에 놀라 아주 큰 대가를 치르고 러시아로 하여금 석유관로의 부설방향을 바꾸게 하였다.

둘째, 철도 및 기타 교통 방면의 새로운 협력도 진행되고 있다. 한국의 서울로부터 북한의 신의주에 이르는 경의선 철도가 이미 38도선에서 연접되었고 한국과 북한을 잇는 동해선 철도도 이미 연결되어 러시아, 중국, 일본의 기대를 기다리고 있다.

한중 두 나라 간에도 교통 운수방면의 협력이 추진되고 있다. 인천-웨이하이의 통항을 이어 2003년에는 군산-칭다오의 항선이 개통되었다. 2001년 러시아는 수 십 명 전문가를 북한에 파견하여 북한에서 두만강을 넘어 러시아로 가는 철도건설 상황을 고찰하고 넓은 철로(광궤)와 복선철도로 개설하는 문제를 연구하였다. 2002년 2월 러시아는 북한의 나진

78) 저자 주: 핵을 무기로 사용하지 않고 평화적인 용도로 쓰는 데 대한 협의를 말한다.

항 부두의 기초시설을 개조하는 방안에 동의하였고 2002년 11월 러시아 연방변방국과 극동철로의 전문가들이 북한에 가서 평양-하산(哈桑, 러시아 극동지구 블라디보스토크 남쪽에 위치한 작은 도시)두 곳을 연결하는 신 철도 부설에 대하여 검토하였다. 러시아 교통부는 시베리아 철도의 동부구간은 북한의 철도와 연결되기 전에 철저한 개조를 한다고 선포하였다.

일본은 우선 200만 달러를 투자하여 러시아 시베리아 대철도 제1기 개조공정에 필요한 기초조사에 참여한다고 하였다.[79] 러시아와 일본은 러시아 극동지구, 사할린도 및 일본의 홋카이도 간에 국제운수현관을 건설하여 시베리아 철도와 연결시킴으로써 직접 유럽까지 운수선로를 확장할 계획을 토론하고 있다. 일본은 또 중국과 함께 러시아 변강지구 남부의 자루비노항구의 개조와 확대건설에 참가하고 있다.

이와 같이 목전에 벌어지고 있는 항공운수 방면의 협력은 동북아 각 국에 많은 편의와 이익을 제공해 주고 있다. 러시아로부터 중국에 통하는 항선은 모스크바-베이징-블라디보스토크-하얼빈 등 9개 항선이 있고 한국에서 러시아로 통하는 항선은 서울-남사할린(유즈노사할린스크), 부산-블라디보스토크 등 4개의 항선이 있다.

러시아와 북한의 항선은 모스크바-평양, 러시아와 몽골의 항공노선은 모스크바-울란바토르 등이 있다. 한·중 항공선로는 서울-베이징(北京), 부산-다롄(大連)등 10여개도 넘고, 북한과 중국은 평양-베이징, 평양-선양(沈陽)노선이 열려 있다. 한국과 일본 간에도 인천-도쿄 등 여러 개의 항선이 있다. 동북아 각 국의 항선은 실제적으로 공중과 바다의 항로를 통하여 동북아를 하나의 거대한 그물망으로 만든 셈이다.

셋째, 과학기술영역에서도 다양한 협력이 이루어지고 있다. 1994년 한국과 중국은 해양과학기술항해 MOU를 체결하고 해양생물 자원보호

---

79) (중) 자오촨쥔(趙傳君), 「동북아 3대관계연구」, 중국사회과학문헌출판사, 2006년, 352쪽.

등 10개 영역에서의 협력을 추진하였다. 1995년 칭다오에 건립된 한중 해양공동연구센터는 20여개의 연구항목을 완성하였으며 한중 두 나라는 자동차, 석유화학 등 4개의 과학 산업화 팀을 구성하였다.

중국과 북한 두 나라는 과학기술연합위원회를 설립하고 해양, 미생물, 자동화 등 여러 영역의 협력과 교류를 추진하고 있으며 여러 방면에서의 합작연구를 병행하고 있다.

1995년 러시아는 중국과 함께 과학 및 첨단기술 중심협력회를 세웠으며 21세기 초에는 또 모스크바에 러중 과학기술원을 세우고 첨단기술 영역의 협력연구와 개발을 진행하고 있다. 러중의 기술협력은 이론연구 합작과 학술부문의 협력으로부터 개발합작과 기업합작의 방면으로 발전하고 있다. 중국 우시(無錫)중국항공동력 공제유한회사 등 회사와 모스크바연구소의 소속회사는 군사부문과 민용화 협력연구에서 좋은 성과를 이루고 있으며 장쑤성(江蘇省)에서는 러시아와 독립국가연합(CIS) 기타 나라들이 첨단기술협력을 할 수 있는 시범기지까지 건립하였다. 지금 러시아와 중국의 과학기술협력은 주요하게 기계, 에너지기술, 건축기술 등 50여개 영역에서 폭넓게 진행되고 있다.

중일의 과학기술협력도 농업, 임업, 환경보호 등 10여개 영역에서 진행되고 있으며, 그 중 중국 주요 양식자원의 지속적인 생산 등 협력연구항목, 제2차 칭짱고원(青藏高原)대기과학실험, 황허중유(黃河中遊) 방호수림건설계획 등 여러 가지 항목들이 진행중에 있다. 앞으로도 이 두 나라의 과학기술 협력이 계속 폭 넓게 진행될 전망이다.

Ⅲ. 전방위적 상호보충 협력

1. 전방위적 관계구조의 국제협력

동북아 국제협력은 한 나라와 지역 간의 협력일 뿐만 아니라 동북아지역 전체의 협력이 가능하다. 그리고 또 고립된 동북아지역 내의 협력인 동시에 세계 다른 지구의 협력과 연계도 있고 경쟁도 있는 협력구조이다. 동북아 국제협력 속에는 부지 면적이 거대한 러시아와 중국이 있고 부지면적이 적은 한국과 북한이 있으며, 중국의 대만지구와 홍콩지구도 참여한다. 또한 세계에서 인구가 제일 많은 중국이 있으며 인구밀도가 높은 일본과 한국이 있을 뿐만 아니라 동북아에서 인구가 제일 적은 몽골도 포함된다.

한편 동북아 국제협력은 경제 수준이 각기 다른 나라들 간의 협력이다. 동북아 국제협력에는 세계경제에서 제 2 위를 차지하는 일본이 있고 일본 다음으로 버금가는 한국이 있으며, 발전중에 있는 중국과 기타 나라들이 있다. 또한 사회주의체제인 중국과 북한이 있고, 자본주의체제인 한국과 일본이 있으며, 과거 사회주의제도를 실행하였으나 아직까지 국가 사회제도가 명확하지 않는 러시아와 몽골이 있다. 동북아 국제협력에는 또 냉전으로 인하여 아직까지 분단된 한반도의 남북이 있으며, 대만 독립 문제로 완전한 통일을 이루지 못한 중국도 있다. 중국과 북한은 같은 사회주의 국가에 속하지만 북한은 계획경제제도를 실시하고 있고 중국은 시장경제제도를 실행한다. 이렇듯 다종다양한 차원의 국가들의 모임이 바로 동북아 국제협력의 새로운 특징이다.

동북아 국제협력은 경제 협력을 주요 요소로 하면서 정치, 경제, 문화, 안보 등 전방위적 관계구조의 협력으로 발전할 것이다. 각국은 자원, 자금, 기술, 시장 등의 우위를 활용하여 상호 보완하면서 자국의 경제를 발전시킬 것이다. 발전 중에 있는 나라들은 풍부한 자원과 인력으로 자국을 선진국의 상품제조 기지와 상품시장으로 건설하는 과정에서 나라의 발전을 추진할 것이며 경제가 발달한 나라들은 자국의 풍부한 자금과 높은 기술을 우세로 하여 발전중에 있는 나라들과 선별적 경제 협력을 할 것이다. 동북아 국제협력이 현실화되면 여러 나라들은 상호 간에 사회제도 및 국가정치제도의 영향을 훨씬 더 적게 받을 수 있다.

동북아지역은 정치적으로 첨예한 문제를 안고 있는 지역인 탓에 향후 해결해 나가야 할 문제들이 산적해 있다. 냉전이 종식된 후 동북아 각국들은 냉전으로 인해 발생한 대립을 해제하였다. 중국과 한국·일본, 러시아와 한국·일본, 한국과 몽고 등 과거에 정치제도적 차원에서 생겼던 갈등을 해결하면서 탈 이념적 경제 협력을 추진하고 있다. 특히 냉전의 종식과 함께 한반도 남북의 대립이 완화되고 경제 합작을 주요소로 하는 각 방면의 교류가 활발해지면서 동북아 국제정세를 호전시켰다.

동북아 각 국은 의식형태 면에서 낡은 틀을 벗어나 상호 간에 서로 믿는 동반자관계를 수립해 가고 있다. 21세기에 들어서면서 각 나라의 정상들이 상호 방문을 하면서 정치적인 관계를 더욱 밀접히 하고 있다. 그러나 동북아 각 국가 간에는 아직도 정치상에서 해결해야 할 문제점들이 많이 남아 있다. 이런 문제들을 해결하는 과정에서 각 국의 정치관계가 더욱 개선되어 경제 협력을 촉진할 것이고, 경제 협력의 성과는 또 정치방면의 개선을 추진할 것이다. 한국과 일본 간의 영토문제, 일본과 러시아의 북방 4도(四島)문제, 중국과 일본 사이의 조어도(釣魚島)문제 등은 금후 동북아 국제협력에서 꼭 해결해야 할 문제들이다. 그 외에도 일본과 한국·북한·중국 간의 역사문제, 특히 한중 간의 동북공정문제 등과 북한의 핵개발 및 미사일문제 등은 반드시 풀어 나가야 할 난제들이다. 이처럼 동북아 국제협력은 경제, 문화를 넘어서 정치방면의 협력을 포괄하는 넓은 범위의 협력인 것이다.

동북아 국제협력이 추구하는 최고의 목표는 바로 경제 협력이다. 경제 협력은 주로 상호무역합작, 투자합작과 경제원조 등 다양한 방법으로 이루어지고 있다. 무역 협력의 영역은 지극히 포괄적이어서 국가 간의 무역과 지방무역을 포함한 수백 가지 영역에 달한다. 투자 협력의 영역 역시 광범위해서 기초시설, 통신, 제품생산, 과학기술, 주택, 부동산, 녹색식품, 환경보호 등을 망라한 수십 가지 업종이다. 경제원조는 주요하게 무상원조, 특혜대부금 등으로 이루어진다.

2. 국제협력 추진을 위한 동북아 공동문화권

동북아 국제협력에 유리한 조건이 있다면 그것은 기본적으로 같은 문화권에 속해 있다는 점이다. 고대로부터 중국의 문화는 한반도로 전해졌고 그 곳에서 다시 일본으로 전해졌다. 동북아지역의 주요한 6개 나라 가운데서 4개 나라가 같은 유교문화권에 속해 있으며 모두 한자문화의 영향을 받았다. 이러한 문화적 배경은 동북아 지역의 교류와 협력을 더욱 광범위하게 진행시킬 수 있는 토대가 되어 줄 것이다.

조선족 사회는 한반도 문화의 계승자로서 그들의 문화는 한반도 문화와 중국문화가 복합적으로 이루어진 변연문화이고 중국북부에 있는 내몽골의 문화도 몽골국의 문화와 비슷한 변연문화이다.[80] 이러한 변연문화는 한반도와 중국, 중국과 몽골의 문화교류에 유리한 조건을 갖추고

80) 저자 주: 김강일 교수(연변대학교 동북아연구원 원장)는 자연과학에서 자주 쓰이는 변연(邊緣)이라는 개념을 문화철학적인 시각에서 문화체계의 성격과 기능 분석에 도입하였다. 그에 따르면 과학철학에서의 변연이란 개념은 교착상태에 처해 있는 두 개 계통의 교차부분을 가리키는데, 이러한 부분은 두 개 계통의 성격과 특징을 동시에 나타내면서 또한 새로운 기능까지 형성하고 있다고 한다. 예를 들면 물리화학, 생물화학 등 과학체계가 바로 그것인 것이다. 문화철학의 의미에서 김강일 교수는, 변연문화란 두 개 이상의 문화계통의 기본적인 특징을 동시에 지니고 있고 전형적인 다중성을 지녔으며 또 여러 방향으로 개방적인 성격을 지닌 문화계통이라고 지적한다. 이러한 개념으로 보면 조선족 사회의 문화는 한반도문화와 중국문화의 특징을 구도적으로 융합한 상태를 나타내고 있고 또 그것으로 인한 새로운 문화기능을 지니고 있는 전형적인 변연문화체계이다(참조: 김강일 "변연문화의 문화기능과 중국조선족사회의 문화적 우세," 東疆學刊, 2002. 1).

있으며, 경제와 기타 방면의 교류와 협력에도 긍정적인 영향을 끼치고 있다. 동북아지역의 공통적인 문화양식은 이후 동북아 국제협력에서 더 큰 매개적 작용을 일으킬 것이 분명하다.

3. 상호보완적인 시장경제권 형성

동북아 국제협력은 각 국에 많은 이익을 가져다 줄 수 있기 때문에 그 전망은 매우 밝다고 할 수 있다. 동북아 각국은 문화적으로나 정치적으로 각자의 특성이 매우 강한 나라들이다. 서로의 우위가 다르며 부족한 점들을 상호보완 해 줄 수 있는 능력을 갖추고 있다. 일본과 한국은 자금이 풍부하고 기술방면의 우세가 크나 자원이 부족한 반면 중국은 인력이 풍부하고 소비시장이 매우 큰 대신 경제 발전이 아직 미흡한 단계에 있다. 러시아, 몽골, 북한은 자원이 풍부하나 자금과 기술이 부족한 형편이다. 이처럼 동북아 국제합작은 서로의 부족함을 상호보충하는 방식으로 자기 나라의 장점을 더욱 개발하고 부족한 점은 극복하여 더욱 큰 발전을 도모할 수 있는 특징이 있다.

일본과 한국은 국토개발을 위해 막대한 자금을 필요로 하는 중국과 러시아에 적극 투자할 수 있다. 일본의 선진기술과 한국의 응용기술은 총체적으로 개발수준이 낮고 과학기술 상업화 진전이 늦은 중국, 러시아, 몽골 등의 나라에서 영향력을 발휘할 수 있다. 인력 부문의 상호 보완도 이 지역 경제협력에서 기대할 수 있는 좋은 성과이다. 중국의 값 싼 노동력은 일본, 한국 등의 나라가 이용할 수 있는 유용한 자원이다.

동북아 각 국은 시장방면에서도 상호보완이 가능하다. 광대한 중국과 러시아는 기계설비, 전자상품, 특종강재(鋼材)의 소비시장일 뿐만 아니라 화공산품 수출시장이다. 일본과 한국은 에너지, 광산자원, 농산품, 식량, 노동력의 소비시장이고 중국과 러시아 등 국가들은 식량농축산품 분야의 수출국이다.

자원방면에서도 러시아의 천연가스, 지하자원, 목재 및 몽골과 북한의 광석자원들은 모두가 동북아 국제협력에서 개발될 풍부한 자원들이다. 그 밖에 중국의 10대 명승지, 러시아의 바이칼 호수, 몽골의 대초원, 그리고 북한의 금강산, 묘향산 등 국제적으로 유명한 명승지들도 이 지역의 주요한 관광자원이라 할 수 있다. 러시아의 풍부한 천연가스는 한국, 일본과 중국의 투자를 받아 공급될 것으로 전망된다.

현재 진행되고 있는 동북아 각 국의 협력은 이처럼 그 규모가 확대됨에 따라 더욱더 효율적으로 동북아지역의 경제 발전에 도움을 줄 것이다. 문화적, 지리적 근접성을 기초로 하여 각자의 장점을 살리고 약점을 보완하는 방법으로 전방위적인 국제협력체제를 구축해 나갈 전망이다. 이러한 전망이 바로 동북아 국제협력에 대한 기대를 더욱 크게 만드는 요소라 하겠다.

4. 부문별 협력방안 전망

중국과 한국의 경제무역협력은 전망이 매우 밝다. 중국이 WTO에 가입한 것은 한국으로 보면 기회인 동시에 도전이라 할 수 있다. 중국은 한국 상품의 주요한 생산기지이며 동시에 판매기지이다. 한국의 반도체, 자동차, 컴퓨터, 조선(造船) 분야 등은 기술적인 면에서 중국보다 우위에 있기 때문에 중국 현지에서 생산기지와 시장 네트워크를 건설하는 데 유리하다. 이러한 여건을 바탕으로 한국은 제조업 외에 금융, IT, 물류, 전자, 건축업 등 많은 분야에서 중국에 대한 투자를 계속할 예정이다.

한국의 기업들은 다롄, 칭다오, 옌타이, 웨이하이, 상하이, 광저우, 선전(深圳) 등 연해도시에 집중되고 있는데 그 분포 역시 점차 중국 내륙 지역으로 진출할 것이 예상된다. 현재 현대자동차는 베이징, 대우조선은 중국 옌타이에 건립되어 맹위를 떨치고 있다.

중국과 일본은 영토 문제, 역사 문제, 군사력 증강 문제 등으로 인해 여러 방면에서 상호 간 제약을 받고 있지만 지리적 여건과 세계 경제의 흐름을 감안해 볼 때 지금까지 있었던 경제교류보다 훨씬 더 큰 규모의 협력을 이룩하게 될 것이다. 두 나라는 기술부문, 노동력, 시장 등에서 서로 협력하여 보충할 것이며, 특히 과학기술, 농업과 임업 부문에서 대규모의 합작이 예상된다. 또한 중일 무역투자에서 자동차업종은 가장 우세한 영역으로 작용할 것으로 전망되고 있다.

중국과 몽골의 경제무역 협력도 전망이 밝다. 몽골은 계속해서 중국의 식량·천·비단·차·의복·농기구·의료기재·일용백화 등 상품 등을 필요로 하고 있으며, 중국은 몽골의 동분(銅粉)·양털·목재·시멘트 등의 자재를 수입할 것이다. 이러한 이해관계가 맞물려 두 나라는 자유무역구의 건설속도를 서두를 것이며 변경무역은 한층 더 발전할 것이다. 이를 바탕으로 두 나라는 투자협력을 강화하여 기초시설 영역의 협력을 더욱 보강하고 관광업의 발전을 촉진할 것이다.

한국과 일본의 경제무역 전망을 보면 앞으로도 계속 일본의 정밀기계, 기초소재 및 부품 등이 한국에 수출될 것이고, 또한 한국의 반도체, 가전제품, 화학원료, 의류 및 농수산물, PVC합성제품 등이 일본과 무역의 주류를 이룰 것이다. 또한 일본에서 큰 인기를 끌고 있는 '한류문화'의 여파는 기술, 산업, 무역 등의 범위를 뛰어넘어 한일 간 경제협력과 문화교류의 새로운 가능성을 열어 주고 있다.

한국, 일본과 몽골 간에는 자원과 경제 상호보충성이 존재하고 있다. 몽골의 목축업, 동(銅), 몰리브덴(鉬), 금광 등 광산업과 제련은 한국과 일본이라는 큰 시장을 기대할 수 있다. 동시에 몽골의 목축업생산품 가공기술과 금속제련 기술 등은 한국과 일본의 진출에 창의적인 조건을 제공하고 있다. 이 방면의 투자협력 또한 전망이 밝다고 할 것이다.

북한은 외자기업(外資企業)의 투자를 고무하고 있으며 외상(外商)이 북한에서 합작기업과 공동경영 기업을 건립할 경우, 투자자에게 50년이라는 긴 시간을 주어 토지를 임대할 수 있도록 조치해 주고 있다. 북한의 관광업은 중국과의 개발협력에 유리한 조건을 제공하고 있으며 중국의 가전제품은 북한의 시장을 충분히 이용할 수 있다. 중국은 북한에 지속적으로 식량을 수출할 것이며 농업부문의 협력 역시 더욱 강화할 것이다.

또한 북한은 러시아와 경제무역 협력을 강화할 수 있는 조건을 구비하였다. 앞으로 러시아(특히 극동지역)와 북한의 경제무역발전규모는 한반도 남북을 이은 철도가 러시아의 시베리아철도와 연결될 수 있는가에 달려 있다. 앞으로 두 나라의 경제협력무역은 러시아가 북한에 원조하여 세운 낡은 기업의 현대화 개조를 촉진하고 러시아의 목재채벌과 관광자원 개발 등 다양한 면에서 진행될 것으로 보인다.

한반도의 북한 핵문제가 해소된다면 앞으로의 경제무역은 남북을 이어주는 철도와 도로의 사용으로 크게 발전할 것이다. 한국의 지원물자들은 대부분 육로로 북한에 전달될 것이며, 이와 동시에 한국은 북한에 대한 투자 규모를 점차 확대해 나갈 것이다. 한국 제조분야의 사양산업(斜陽産業)이 선별적으로 북한에 갈 수 있으며, 생산기지를 설립하여 큰 범위의 시장을 형성할 수 있을 뿐만 아니라 북한의 기지를 통하여 중국과 러시아로 진출하여 더욱 큰 시장을 점할 수 있을 것이다. 한국의 자본과 기술, 북한의 토지와 자원, 그리고 노동력이 결합하게 되면 제품의 생산원가는 크게 낮아질 것이며 경쟁력은 더욱 높아질 것이다. 이를 통해 남북 간의 균형 있는 발전을 기대할 수 있다. 그리고 남북 정상회담의 성과로 2000년 8월「개성지역 공업단지 조성에 관한 합의서」체결 이후 추진되어 왔던 개성공단 건설사업과, 그동안 막대한 자금을 투입하여 조성한 금강산 관광지구를 위시하여 앞으로 (주)현대아산이 계속 추진할 뜻을 보이고 있는 원산-금강산관광지구 확대개발사업, 개성, 묘향산 및 백두산 등의 북한 관광지 추가개발 사업은 한국과의 교류와 왕래를 촉진하며 북한의 경제수입을 더욱 크게 늘려 줄 것이다[*표 2-5~8 참조].

[표 2-5] 개성공단사업 단계별 경제적 효과(현대경제연구원 분석, 2005.1, 단위: US $)

구 분	1 단계	2 단계	3 단계	누 계
남 한	58억	130억	656억	844억
북 한	13억	33억	103억	149억

* 개성공단 완공 후 매년 남한은 198억 US $, 북한은 14억 US $ 의 경제효과 예상 (자료출처: 한국 통일부 개성공단 사업지원단).

[표 2-6] 개성공단사업 단계별 개발 계획

구 분	1 단계	2 단계	3 단계
개발 면적	공단: 100만평	공단: 150만평 배후도시: 100만평	공단: 350만평 배후도시: 200만평
기 간	2002년-2007년	2006년-2009년	2008년-2012년
사업 내용	봉제, 신발, 가방 등 노동집약적 중소기업공단	전기, 전자, 기계 등 기술집약적 공단	IT, 바이오 등 첨단산업 분야의 복합공업단지
시행 방법	중소기업 우선분양, 중소기업 활로개척	산업구조 조정, 수도권 연계개발	해외 유망기업 및 대기업 유치
개발 목표	남북경협 기반구축	세계적 수출기지 육성	동북아 거점개발

* 시행자는 한국토지공사(자금, 설계, 분양 담당), (주)현대아산(시공 담당)이며, 1단계 건설비용은 2,205억원(기반시설: 1,095억원)으로 책정되어 있다.(자료출처: 개성공업지구관리위원회).

[표 2-7] 금강산 관광지구 연도별 관광객 현황(단위: 명)

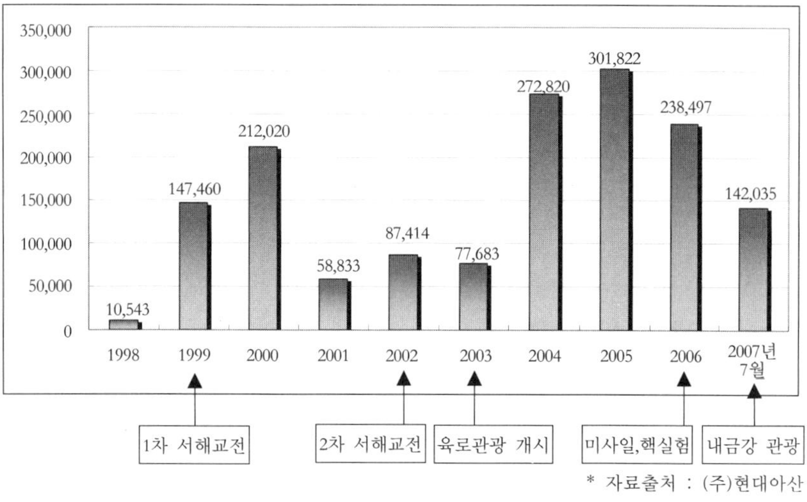

* 자료출처 : (주)현대아산

[표 2-8] 금강산 관광지구 시설별 투자규모 현황

시설 구분	투자액	비 고
부두시설	975억원	부두, (구)출입국사무소
숙박시설	450억원	금강산호텔, 해금강호텔, 외금강호텔 등
부대시설	264억원	직원숙소, 전력시설 등
판매시설	187억원	온정각 동관 · 서관, 옥류관
안내시설	149억원	관광도로, 차량 관련 시설
기 타	131억원	차량, 공기구 비품
합 계	2,156억원	관광사업 대가 4억 6천만불 별도

* 이 자료는 (주)현대아산에서 제공한 직접투자규모이다.

제 3 장

조선족 사회의 형성과 민족 특징

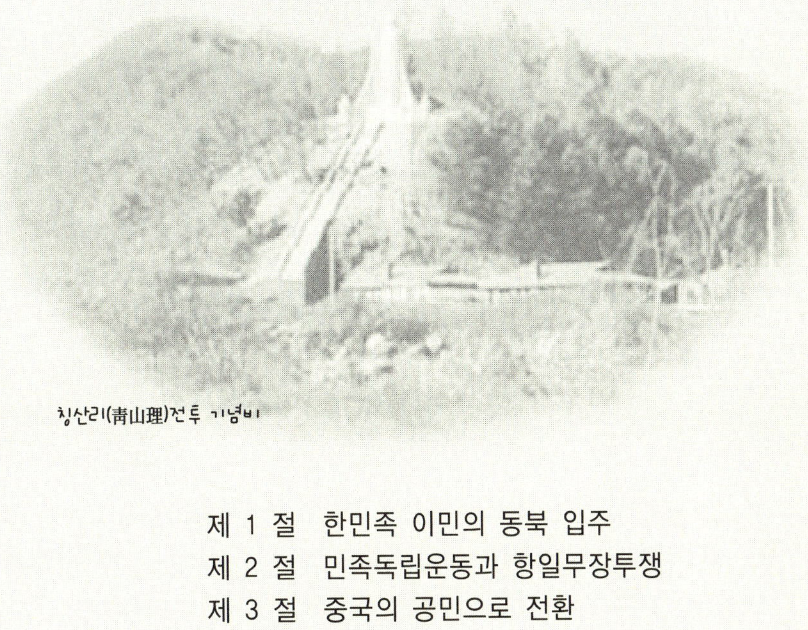

칭산리(靑山理)전투 기념비

중국의 조선족은 한반도에서 이주해 온 한민족 이민이다. 처음 한민족 이민들은 생활난으로 한반도에서 중국 동북으로 자원 입주하였다. 한반도가 일본의 식민지로 전락하면서 한민족의 반일지사들 또한 민족독립 투쟁을 전개하기 위하여 동북지역으로 몰려 들었다. 그 후 일본이 중국 동북을 강점하면서 대량의 한민족을 한반도에서 동북으로 강제 이주시켰다. 그들의 유입역사는 고향을 등지고 낯선 고장으로 실려 가는 피와 눈물의 역사였다. 온갖 어려움 속에서도 그들은 동북 지역에 자신들만의 집거지구를 형성하여 한반도의 문화를 계승하였으며 민족교육을 발전시켰고 한민족 공동체를 형성하였다.

한민족 이민들은 동북에 와서 중국 청(淸)정부, 중화민국(中華民國) 및 국민당정부(國民黨政府) 등 역대(歷代) 통치계급의 민족동화정책의 억압을 받았으며 그들의 가혹한 압박과 착취에 시달렸다. 근면하고 용감한 한민족 이민들은 동북이라는 이국땅에서 맨주먹 두 손으로 자연과 싸우고 중국의 착취자들과 싸우면서 황무지를 일구어 밭을 개간하고 수전(水田, 논)을 풀어 벼농사를 하였다. 이렇게 생활 문제를 해결하면서 동시에 한민족 이민 집거지구를 이용하여 학교를 세우고 민족교육을 진행하였다. 그들은 학교를 반일 민족독립운동의 기지로 건설하면서 중국에서 한반도의 독립과 한민족의 해방을 위하여 투쟁하였다. 그들은 점차 자기들의 역사적인 사명을 인식하면서 중국혁명의 투쟁 속에 뛰어 들어 중국의 한족 및 기타 민족과 함께 피와 생명으로 중국혁명의 승리를 쟁취하였다. 중국 조선족 사회의 형성과정은 동북에 건너 온 한민족 이민들이 한반도 이민으로부터 중국 소수 민족의 하나인 조선족으로 성장하기까지 한 세기 반의 여정을 일컫는 것이다.

중국의 조선족은 소수 민족 가운데서도 자기 정체성이 뚜렷한 민족의 하나이다. 그들은 한반도라는 고국과 중국이라는 조국을 동시에 가지고 있는 민족이다. 선조의 고향은 한반도지만 조선족 자신들의 고향은 중국으로 한민족과 동일한 혈연관계가 있으면서도 한반도국가의 한민족이 아닌 중국 공민에 소속되어 있다. 이처럼 조선족은 한반도 독립과 중국혁명이란 두 가지 역사사명을 지닌 민족이었다. 중국과 한반도의 변연에 있는 조선족은 한민족 문화와 중국 문화에 모두 익숙한 특징을 가지고 있으며, 이러한 이중문화적 특성 때문에 한중 관계 발전에 중개자 역할을 할 수 있는 장점을 지니고 있다. 바로 이것이 중국 내의 한인 조선족들이 지닌 중요한 특징이라 할 것이다.

제1절 한민족 이민의 동북 입주

Ⅰ. 피눈물의 한민족 이민사

중국과 한반도는 두만강과 압록강을 사이에 두고 있다. 예로부터 두 나라의 국민들은 경제·무역·문화 등 모든 방면에서 밀접한 관계를 맺으며 성장하였고 서로 간의 빈번한 왕래가 있었다. 1677년 청나라 정부는 압록강, 두만강 이북 500여리 상백산지구를 청조의 발상지로 삼고 개간과 경작을 금하는 봉금구역(封禁區域)으로 정했으며, 다른 민족의 거주를 엄금하였다. 오랜 기간 동안 중국과 한반도의 통치자들이 변강을 통제하고 나라를 봉쇄하였지만 두 나라 인민들은 봉금령을 무릅쓰고 왕래하였는데, 특히 한반도 북부의 변민(邊民)들은 해마다 봄이면 변경을 넘어와 밭을 일구고 씨를 뿌렸고 가을이면 와서 수확해 갔다.

1840년 아편전쟁 후 중국은 점차 반식민지 반봉건사회로 전락하였다. 짜르 러시아가 1860년 '중·러 아이훈조약(中-俄瑷琿條約)'과 '베이징조약(北京條約)'을 통하여 헤이룽장(黑龍江)성 이북과 우쑤리장(烏蘇裏江) 이동의 동북 영토를 강점하면서 동북지구는 세계 자본주의 열강의 상품시장과 원료시장이 되었다. 같은 시기에 한반도도 러시아, 미국, 영국 등 자본주의 열강의 침투를 받아 국가 기강이 흔들리고 진로가 혼란스러워졌다. 그런 가운데 1860년부터 1870년까지 한반도 북부지구에는 역사상 전례가 없던 큰 수재, 한재와 충재가 들었다. 기아에 허덕이던 한민족 백성들은 금지령을 무릅쓰고 월경하였다. 이처럼 한민족 이민들이 동북 지구에 입주한 역사는 대략 다음의 세 시기로 나눌 수 있다.

1. 한민족의 이주

(1) 자유이주 시기(1875년부터 1910년까지)

1875년 청나라 정부는 변방 지역의 경계를 강화하고 재정수입을 높이기 위하여 봉금령을 취소하고 이민실변정책(移民實邊政策)을 실행하였다. 또한 무민국(撫民局)을 설치하여 한민족 이민들이 두만강을 넘어와 밭을 개간하는 것을 허용하였다. 1883년 3월, 청나라 정부는 조선정부와 '펑톈여 변민교역장정(奉天與邊民交易章程)'을 체결하여 한반도 이민들이 중국동북에 입주할 수 있도록 여건을 마련해 주었다. 1885년, 청나라 정부는 두만강 북쪽에 길이 350㎞, 폭 20-25㎞ 되는 백두산지역을 전문개간지역으로 책정하였다. 그 결과, 1904년 5만여 명에 불과하던 연변 지역의 한민족 이민은 1909년에는 184,867명에 달할 만큼 늘어났다.[1] 당시의 문헌자료에 따르면 1905년 둥볜다오(東邊道), 퉁화(通化), 환런(桓仁), 콴뎬(寬甸), 신빈(新賓) 등의 현에 한민족 이민이 8,722호 37,000여 명 가량 입주하였고 창바이(長白), 린장(臨江), 지안(集安) 등의 현에 8,750여 호 39,440여 명이 입주하였으며 단둥(丹東), 펑청(風城) 등의 현에 1,190여 호 52,100여 명이 입주하였다.

(2) 대량 유입 시기(1910년부터 1930년까지)

1910년 일본은 한반도를 병탄하고 식민통치를 감행하면서 대량의 토지를 박탈하였다. 파산된 농민들은 노인을 모시고 어린애들의 손목을 잡고 두만강과 압록강을 건너 중국의 동북지구로 건너왔다. 많은 애국지사들과 반일의병들도 일본침략자들의 탄압을 피해 뿔뿔이 중국 동북으로 건너와 반일투쟁을 견지하였다. 그 당시 광경은 그야말로 '눈물 젖은 두

1) (중) 조선족간사 편찬조, 「조선족간사」, 연변인민출판사, 1986년, 4-8쪽.

만강'이었다. 일본의 통계에 의하면 1915년 동북에 입주한 한민족 이민이 18여만 명이었는데 1918년에는 40여만 명으로 증가되었다. 1919년 한반도에서 3·1만세운동이 일어난 후 일본은 반일운동에 대한 탄압을 강화하였다. 그 결과 수많은 반일지사들과 독립군들이 동북으로 망명하면서 1919년에는 한민족 이민이 43여만 명에 달했다.2)

일본의 식민통치의 강화와 함께 도탄에 빠진 한민족은 계속 중국의 동북과 러시아 연해주 등지로 이주하였다. 「조선족간사」 등의 책에서는, 1925년 동북에 한민족 이민들이 53만여 명이 있었고, 1930년에는 607,119명에 달했다고 한다. 그러나 자료마다 한민족 이민의 숫자가 모두 다르다. 연변대학 심혜숙 교수에 의하면, 그 중 약 64%에 달하는 한민족 이민이 연변지구에 거주하여 룽징(龍井)을 중심으로 집거지구를 형성하였으며, 당시 룽징은 동북의 한민족 이민과 한반도 및 연해주 한민족 이민의 문화교류 중심으로 부상하였다고 한다.3)

[표 3-1] 1916-1930년 연변 한민족 이민 대비표(단위: 명)4)

년 도	룽 징	허 룽	왕 칭	훈 춘	안 투	둔 화
1916	79,486	22,782	25,965	불명	2,915	55
1917	105,027	66,063	22,709	26,322	3,597	불명
1929	194,031	불명	불명	불명	불명	불명
1930	불명	100,344	38,074	49,952	4,296	7,864

지린성(吉林省) 동부지구에도 수많은 한민족 이민이 입주하였다. 당시 지린(吉林)시 부근의 화뎬(樺甸)현에 한민족 이민이 제일 많았고 그 다음으로 판스(磐石), 융지(永吉), 창춘(長春)시 등에 많이 거주하였다. 압록강유역과 랴오닝(遼寧)성에 입주한 한민족 이민도 아주 많았는데 1만명 이상 집거한 현은 지안(集安), 싱칭(興慶), 신빈(新賓), 환런(桓仁), 콴

2) (중) 최후택, 「영명한 정책 휘황한 여정」, 흑룡강조선민족출판사, 1997년, 7쪽.
3) (중) 황룡국, 「조선족혁명투쟁사」, 연변인민출판사, 1992년, 35쪽.
4) (중) 심혜숙, 「중국조선족취락지명과 인구분포」, 연변대학출판사·서울대학교출판부, 1994년, 49쪽.

뎬(寬甸) 등이다. 헤이룽장(黑龍江)성에도 많은 한민족 이민이 입주하였다. 그 중 제일 많이 집거한 현은 빈장(濱江)현이고 제일 적게 집거한 현은 수이둥(綏東)현으로 알려져 있다.

(3) 일제의 강제이주 시기(1931년부터 1945년까지)

1931년 9월 18일, 일본은 '동북사변'을 일으켜 동북지구를 강점하였다.[5] 그때로부터 동북의 3,000여만 중국인들은 일제의 망국노(亡國奴) 생활을 하게 되었으며 60여만 명에 이르는 한민족 이민들도 재차 일본의 망국노가 되었다. 일제는 동북을 중국대륙을 침략하는 병참기지로 만들기 위하여 강제이민정책을 실행하여 한민족 이민을 강압적으로 동북에 이주시켜 침략전쟁에 소요되는 군량을 생산하게 하였다. 그 중 연변지구로 강제이주 당한 한민족 이민이 가장 많은 숫자를 차지하였다. 1929-1930년 연변의 한민족 이민은 39.4만 명이었으나 1936년에는 45.8만 명으로 늘어났고, 일제가 투항하기 전 해인 1944년에는 64.1만 명으로 되

[표 3-2] 1930-1936년 연변 한민족 인구통계표(단위: 만명)[6]

1929-1930년	1936년	1944년
39.4	45.8	64.1

5) 저자 주: 1931년 9월 18일 일본제국주의가 발동한 무장으로 중국의 동북지구를 침략한 사건이다. 당시 동북을 만주라 불렀기 때문에 만주사변이라고도 한다. 19세기 말, 일본은 중국의 대만지구를 점령하였고 20세기 초기에는 중국정부를 핍박하여 동북의 남만지구에서 각종 특권을 탈취하였다. 1927년 일본은 만주와 몽골을 먼저 점령하고 드디어 중국을 점령하며 최후에 전 세계를 점령한다는 침략계획을 세웠다. 1931년 7월 일본침략자들은 창춘(長春)일대에서 한족(漢族)과 한민족 이민 간의 갈등을 도발하는 완보우산(萬寶山) 사건을 조작하였으며 한반도에서 중국을 배척하는 선풍을 일으켰다. 1931년 8월 일본침략자들은 일본참모본부 군관 나카무라가 동북지구에서 간첩행위를 하다가 중국군에게 처형당한 일을 빌미로 삼아 국내에서 중국을 침략하는 데 대한 분위기를 선동하였다. 일본제국주의는 동북지구 군대가 중원전투에 참가함으로써 동북의 군사방비가 허술하며 유럽과 미주의 나라들이 경제위기에 빠져들어 아시아주를 돌아 볼 겨를이 없는 틈을 타서 중국을 침략하는 동북사변을 일으켰다.

6) (중) 심혜숙, 「중국조선족취락지명과 인구분포」, 연변대학출판사 · 서울대학교출판부, 1994년(표 3-2, 3-3, 3-4 포함).

[표 3-3] 1930-1936년 지린, 창춘 등 일부 현 한민족이민 증가상황(단위: 명)

년 도	창 춘	융 지	판 스	수 란	조 난	화이더
1930	1,379	1,856	2,361	562	509	256
1936	20,332	31,031	10,468	3,302	1,314	5,176
증가배수	14.74	16.72	4.43	5.81	2.58	20.22

[표 3-4] 1930년-1936년 압록강유역과 랴오닝성 주요 현 시 한민족 이민증가 상황(단위: 명)

년 도	선 양	신 민	랴오중	하이청	푸 순
1930	8,033	207	34	11	4,373
1936	22,298	2,824	529	2,098	16,036
증가배수	2.78	1.36	1.6	19.07	3.67

년 도	칭위안	번 시	환 런	시 펑	지 안
1930	1,202	474	불 명	204	16,082
1936	4,436	1,745	10,348	2,733	15,032
증가배수	3.69	3.68	-0.6	0.74	-1.07

년 도	류 허	후이난	통 화	하이룽	린 장	둥 펑
1930	8,098	981	13,980	2,459	1,295	55
1936	6,879	1,775	9,029	5,737	3,170	1,011
증가배수	-1.18	1.81	1.55	2.34	1.91	18.4

어 강제이주를 하기 직전인 1930년에 비하여 24.7만 명이 증가하였다.

같은 시기에 지린(吉林), 창춘(長春) 등 일부의 현에도 한민족 이민이 많이 이주하였는데 화이더(懷德), 융지(永吉) 현에는 16배 이상으로 주민이 증가하였다.

'9.18 만주사변' 이후 압록강 유역과 랴오닝(遼寧)성의 한민족 이민 수도 크게 늘어나 선양(沈陽), 푸순(撫順), 환런(桓仁), 지안(集安)에는 1만 명 이상이 집거하였다.

헤이룽장(黑龍江)성의 한민족 이민 수도 크게 불어났다. 원래 한민족이민이 적었던 하이룬(海倫)현은 45배 넘게 증가되었고 닝안(寧安)현은

[표 3-5] 1930년-1936년 헤이룽장성 주요 현 시 한민족 이민 증가 상황(단위: 명)[7]

년 도	하얼빈	아 청	타이라이	닝 안	무 링
1930	1,980	2,011	766	5,359	1,534
1936	7,092	2,874	862	32,056	4,647
증가배수	3.58	1.49	1.13	5.98	3.03

년 도	둥 닝	미 산	후 린	이 란	화 촨
1930	2,875	4,207	302	834	140
1936	8,001	11,906	1,295	4,151	1,324
증가배수	2.78	1.36	4.29	4.98	9.46

년 도	탕위안	라오허	보 리	우 창	옌 슈	하이룬
1930	895	2,350	599	1,235	1,722	34
1936	1,265	5,779	2,790	2,856	3,111	1,539
증가배수	1.40	2.45	4.66	2.31	1.81	45.26

근 6배나 늘어났다.

1937년 7월 7일, 일본 침략군은 베이징(北京)시교에서 '루거우차오(盧溝橋) 사건'을 일으키고 중국에 대한 전면적인 침략을 감행하였다.[8] 일본 침략자들은 침략전쟁에 소요되는 대량의 군량을 마련하기 위하여 '선농처리강요(鮮農處理綱要)'를 제정하고 집단이민, 집합이민, 분산이민 등 여러 가지 형식으로 한민족을 강압하여 한반도로부터 중국의 동북에 유입시켰다. 그리하여 1939년 12월부터 1941년까지 일본 침략자들에 의해 강압적으로 동북에 이주한 한민족 이민은 24,468호 103,361명이나 되었다. 1942년부터 일본 침략자들은 또다시 한반도의 파산농민들을 강압적으로 이민단에 편입시켜 동북의 북만(北滿)과 내몽골지구에 입주시키고 농사

7) (중) 심혜숙, 「중국조선족취락지명과 인구분포」, 연변대학출판사 · 서울대학교 출판부, 1994년, 53-54쪽.

8) 저자 주: 9 · 18 동북사변(만주사변)을 일으킨 후 일본제국주의는 중국을 멸망시키기 위해 계속 화베이(華北)지구로 확장하였다. 루거우차오(盧溝橋) 사건 후 일본제국주의는 중국을 전면적으로 진공하였다. 중국은 그 때로부터 시작하여 일본침략자를 반격하는 전면항일전쟁 단계로 넘어 갔다.

를 짓게 하였다. 1996년 일본 명석서방(明石書房)에서 출판한 「중국 조선족 역사, 생활, 문화, 민족교육」이란 책은 당시 동북에 1912년 238,403명, 1931년 630,982명, 1937년 931,620명, 1942년 1,511,570명, 1945년 2,163,115명 한민족 이민이 살고 있었다고 발표하고 있다.[9] 위의 사실은 한민족의 동북 유입역사가 피눈물의 이민사라는 것을 증명하는 자료라 할 것이다.

2. 한민족 이민 집거지구의 형성

한민족 이민 집거지구의 형성은 200여만 명밖에 안 되는 그들이 동북에서 3,000여 만 명에 달하는 한족에게 동화되지 않은 중요한 요인이 되었다. 그들은 집거지구를 중심으로 한민족의 문화전통을 함께 계승하였으며 이를 기반으로 하여 중국의 문화를 받아들이면서도 고유의 독특한 문화를 창조하고 발전시켜 왔다. 한민족 이민의 집거지구는 그들이 동북에 이주한 순서에 따라 크게 몇 개 지구로 나누어 볼 수 있다.

(1) 남만(南滿)에 형성된 집거지구

1893년 창바이(長白), 린장(臨江) 등 몇 개의 현에는 이미 37개 한민족촌락이 생겼고 45,593명 한민족 이민이 살고 있었다. 구체적으로는 창바이(長白) 2,450, 린장(臨江) 11,290, 지안(集安) 10,278, 환런(桓仁) 7,634, 콴뎬(寬甸) 7,803, 안둥(安東,현재 단동)에 1,417명, 하이룽(海龍), 펑청(風城) 등 12개현에 집거하였는데 집거지구가 압록강 연안보다 점점 더 확대되었다. 그 중 1930년 지안(集安)현의 한민족 이민은 1916년보다 1.4배 늘어났고, 퉁화(通花)에는 1.36배 늘어났으며, 내지인 류허(柳河)현은 1.51배, 펑청(風城)은 5.5배, 선양(沈陽)은 96.5배나 늘어났다.

1911년 한민족 이민의 집거지구는 푸쑹(撫松), 류허(柳河), 퉁화(通花), 환런(桓仁), 콴뎬(寬甸), 펑청(風城)을 이어 서쪽방향으로 집중하다가

---

9) (중) 손춘일, 「만주국시기 조선개척민 연구」, 연변대학출판사, 2003년, 298쪽.

1930년에 와서는 하이룽(海龍), 카이위안(開原), 선양(沈陽)방면으로 옮겨졌다. 1930년에는 싱칭(興慶)현에 2만 명이 넘어 있었고 환런(桓仁), 지안(集安), 퉁화(通花), 콴뎬(寬甸), 창바이(長白)현에 1만 명 넘어 있었다.[10]

(2) 동만(東滿)에 형성된 집거지구

동만(연변)지구에도 수많은 한민족 이민들이 유입하였는데 1907년에는 약 71,000여 명에 달했다. 그들은 주로 두만강 중하류와 그 지류에 분포되었는데 허룽(和龍), 룽징(龍井) 등 해란강유역(海蘭江流域)에 약 147개 마을 32,000여 명이 있었고 싼허(三合), 카이산툰(開山屯), 투먼(圖們), 훈춘(琿春) 등지에 약 29,920여 명이 있었으며 왕칭(汪清) 등 가야하 유역(嘎呀河流域) 9개 마을에 수천 명 있었다. 연변지구의 광산이 개발되면서 1893년 2도구(지금의 8도구)에 2,000여 명의 채금노동자, 3도구에 1,000여 명의 채금노동자가 있었으며, 톈바오산은광(天寶山銀礦)에 500여 명의 노동자가 있었는데 그들 중 절반 이상이 한민족 이민이었다.[11]

(3) 북만(北滿)에 형성된 집거지구

1930년에는 아청(啊城) 2,011, 하얼빈(哈而滨) 1,980, 닝안(寧安) 5,359, 무링(穆棱) 1,534, 둥닝(東寧) 2,875, 미산(密山)에 4,207명으로 불어났다. 그 외 천명 이상이 넘는 현은 20여 개로 빈장(濱江) 10,015, 라오허(饒河) 2,350, 워이허(謂河) 1,265, 주허(珠河) 5,200, 우창(五常) 1,235, 우란(烏蘭) 1,010, 쑤이웬(綏願) 2,997, 옌슈(延壽) 1,722, 우윈(烏雲) 1,000, 둥빈(東賓) 1,665여 명이 있었다. 타이라이(泰來), 이란(依蘭), 탕위안(湯源), 바오리(寶力), 빈센(賓縣), 솽청(雙城), 시둥(溪東), 뤄베이(羅北), 헤이허(黑河) 등 15개 이상의 현에는 500명 이상 1천명 이하의 이주민이 있었던 것으로 보

10) (중) 심혜숙, 「중국조선족취락지명과 인구분포」, 연변대학출판사 · 서울대학교 출판부, 1994년, 46-47쪽.

11) (중) 심혜숙, 「중국 조선족 취락지명과 인구분포」, 연변대학출판사 · 서울대학교 출판부, 1994년, 44쪽.

고되고 있다.

(4) 지린성(吉林省) 중부지구에 형성된 집거지구

1930년 지린성 중부지구(동변도) 한민족 이민은 주로 16개 현시(縣市)에 집거하였고 그 숫자도 16,637명으로 늘어났다. 화뎬(樺甸) 3,122, 판스(磐石) 2,361, 창춘(長春) 1,397 ,융지(永吉) 1,856, 만장(滿江) 1,301, 류수(柳樹) 1,012, 리센(梨縣) 986, 후이난(輝南) 981명, 그 외 수란(舒蘭), 솽양(雙陽) 등 7개 현에 100-500여 명이 있었다.[12)]

(5) 관내(關內)에 형성된 소규모 집거지구

중국에서는 허베이(河北)성과 랴오닝(遼寧)성의 변계에 있는 산하이관(山海關) 이남을 관내라 하는데, 1925년의 일제의 통계에 따르면 산하이관 내의 한민족 이민은 1,625명으로 줄었다.[13)] 그 밖에 국공합작이 시작된 후 광둥(廣東)성의 황푸(黃埔)군관학교, 중산대학과 국민혁명군에 약 800여 명 있었던 것으로 알려지고 있다.[14)]

(6) 일본 강제이민에 의한 새로운 집거지구 형성

1931년 '9 · 18 사변' 이후 동북은 완전히 일본의 식민지가 되었다. 일본은 전 중국을 침략하기 위하여 강압적으로 한민족인을 동북에 이주시켰다. 그 당시에는 한반도로부터 동북까지의 철도가 발달되어 한반도의 한민족을 동북에 강압적으로 이주시키는 데 매우 편리하였다. 때문에 동북으로 이주해 간 이민의 숫자도 많을 수밖에 없었다. 이 시기 한민족 이민들이 형성한 집거지구의 특징을 보면 두만강 유역에 이주한 사람이

12) (중) 심혜숙, 「중국 조선족 취락지명과 인구분포」, 연변대학출판사 · 서울대학교출판부, 1994년, 49쪽.

13) (중) 심혜숙, 「중국 조선족 취락지명과 인구분포」, 연변대학출판사 · 서울대학교출판부, 1994년, 50쪽.

14) (중) 김 양 · 복찬웅 · 김우안, 「광주봉기와 조선용사들」, 흑룡강조선민족출판사, 1988년, 제 3 쪽.

제일 많았고, 압록강을 건넌 사람들은 카이위안(開原), 톄링(鐵嶺), 선양(沈陽), 푸순(撫順) 등 철도연변에 많이 집중되었는데 잉커우(營口)를 중심으로 새로운 집거지구가 형성되었다. 헤이룽장(黑龍江)성에는 주로 산장(三江)평원, 쑹화장(松華江), 무단장(牡丹江) 유역에 집중되었으며, 그 외에 내몽골, 화베이(華北)와 중난(中南)에 소수의 한민족 이민의 집거지구가 생겼다.

이 시기의 한민족 이민 집거지구 분포상황을 보면 서북쪽과 북쪽인 지린(吉林)성 수란(舒蘭), 주타이(九台), 조난(兆南), 화이더(懷德) 등 현에 새로운 집거지구가 생겼고, 남만지구에서는 개간지가 적거나 땅이 비옥하지 못한 퉁화(通化), 지안(集安), 류허(柳河), 싱칭(興慶), 콴뎬(寬甸) 등지의 한민족 이민들의 집거지구는 감소되었다. 반면 톄링(鐵嶺), 카이위안(開原), 안산(鞍山), 푸순(撫順) 등 현들의 집거지구는 확대되었다. 이 시기 동만의 한민족 인구도 과거보다 많이 증가되었는데 1936년에 45.8만, 1944년에는 64.1만 명으로 늘어났다.[15)]

산하이관(山海關) 이남의 이주상황은 1939년 베이징(北京)에 8,516명, 톈진(天津)에 7,833명, 스자좡(石家莊)에 2,260명, 타이위안(太原)에 1,334명, 지난(濟南)에 1,398명, 칭다오(青島)에 1,882명(1937년 통계), 장자커우(張家口)에 464명, 다퉁(大同)에 2,453명, 상하이(上海)에 3,138명, 그 외 광저우(廣州), 우한(武漢), 난징(南京)에 일부 한민족 이민이 살고 있었다 한다.[16)]

(7) 일본의 집단부락 정책에 의한 집거지구의 확대

일본은 한민족 이민들을 항일무장투쟁의 주요 일원으로 보고 산간지구에 있는 한민족의 작은 마을을 항일유격대의 근거지로 간주하면서 무자비한 소탕을 감행하였다. 그리하여 일제는 항일유격대와 군중의 연

15) (중) 심혜숙, 「중국 조선족 취락지명과 인구분포」, 연변대학출판사 · 서울대학교출판부, 1994년, 48-54쪽.

16) (중) 심혜숙, 「중국 조선족 취락지명과 인구분포」, 연변대학출판사 · 서울대학교출판부, 1994년, 55쪽.

결고리를 차단하고 항일무장군을 굶겨 죽이기 위하여 참혹한 집단부락 정책을 실시하였다. 일제의 집단부락정책은 수많은 한민족 이민을 살해하였으며, 그들이 살던 가옥을 잿더미로 만들었다. 1933년 일본 침략자들은 연변의 옌지(延吉), 허룽(和龍), 왕칭(汪淸), 훈춘(琿春) 4개 현에서 3차례의 단계를 걸쳐 총 92개의 집단부락을 설치하여 9,396호를 수용하려 하였으나 항일유격대의 교란과 한민족 이민들의 반발 등 여러 가지 원인으로 1934년 10월말까지 연변에 겨우 14개의 집단부락을 준공하였을 뿐이다.

일제는 1935년 5월 20일까지 연변의 4개현에서 두 단계에 걸쳐 56개 집단부락에 6,394호의 인구를 수용할 계획을 세웠다. 그러나 실제로는 5,540호를 수용하는 데 그쳤으며 인구는 28,040명밖에 안 되었다. 1936년 11월 14일까지 둔화(敦化)현에는 3개의 큰 집단부락을 조성하였는데 매 집단부락에 150-200호 가량이 입주하였다.[17]

[표 3-6] 연변지구 집단부락계획과 완성 상황(단위: 명)

단계	현	설치 개수	수용호수 계획	수용한 호수	입주한 인구
1	옌지	6	610	645	3421
	허룽	5	458	568	3,043
	왕칭	6	786	625	3,577
	훈춘	8	650	696	3,521
2	옌지	14	1,560	981	5,263
	허룽	6	550	708	3,635
	왕칭	3	880	443	1,380
	훈춘	8	700	864	4,140
합 계		56	6,394	5,540	28,040

일본 침략자들은 1938년까지 동북지구에 집단부락을 설치할 계획을 세웠다. 당시의 지린성(吉林省) 12개현에 1,817개, 연변 5개현에 115개, 평

17) (중) 손춘일, 「해방 전 동북조선족 토지관계사 연구」, 길림인민출판사, 2001년, 322쪽.

톈성(奉天省,현재 랴오닝성) 13개현에 216개, 안둥성(安東省, 현재 랴오닝성) 8개현에 215개, 헤이룽장(黑龍江)성 6개 현에 751개, 싱안난성(興安南省, 현재 헤이룽장성에 속함) 8개현에 341개, 상장성(三江省, 현재 헤이룽장성에 속함) 13개 현에 83개, 진저우성(錦州省, 현재 랴오닝성에 속함) 6개현에 23개를 세움으로써 전 동북 92개현에 4,230개 집단부락을 건설할 계획을 세웠다.[18] 1937년 가을부터 1938년 봄까지 일본침략자들은 모조리 불사르고 모조리 죽이고 모조리 약탈하는 '3광정책(三光政策)'을 실행하여 허다한 산촌을 폐허와 무인 촌으로 만들었고 그 곳의 백성들을 강제로 집단부락에 수용시켰다. 일제 침략자들은 산골을 떠나기 싫어서 반항하는 무고한 한민족 이민들을 대량으로 학살하였는데 푸쑹(撫松) 하나의 현에서만 6,000여 명이 학살당하였다. 1939년까지 모두 13,451개에 이르렀던 동북의 한민족 이민 집단부락은 그 형성과정 또한 한민족 이민의 피와 눈물의 역사라 할 것이다.

Ⅱ. 동북 토지와 수전 개척사

한민족 이민들은 동북에 입주한 후 대부분이 농업노동에 종사하였다. 후에 동북이 제국주의의 상품시장과 원료시장으로 전환되면서 일부의 사람들은 상업이나 광산업 등에 종사하게 되었다. 1926년 6월, 간도(間島) 일본 총영사관의 조사 자료에 따르면 당해에 연변에 있는 한민족 이민은 도합 351,727명이었는데 그 중 90% 이상을 차지하는 31.5만에 달하는 인구가 농업에 종사하였고 7.1%를 차지하는 2.1만 명에 달하는 인구가 상업에 종사하였으며, 4.4%를 차지하는 1.5만여 명의 인구가 광산, 공장 등지에서 잡공으로 있었다.[19]

18) (중) 손춘일, 「해방 전 동북조선족 토지관계사 연구」, 길림인민출판사, 2001년, 333쪽.
19) (일) 재만 조선인 개황, 「일본간도영사관 조사자료」, 63-93쪽.

1. 한민족 이민들의 토지 개척사

한민족 이민들은 지린(吉林)성과 헤이룽장(黑龍江)성의 토지를 개척한 주력이라 할 수 있다. 동북의 랴오닝(遼寧)성은 관내와 비교적 가까워 많은 한민족 이민들이 이주해 와서 토지를 개간하였으나 지린성과 헤이룽장성은 황무지가 많고 인구가 희소하였다. 19세기 후반기부터 한민족 이민들이 동북 각지에 유입해 황무지를 개간하고 농업에 종사하여 동북지구 개발의 주력이 되었다. 리훈구가 1927년에 집계한 바에 따르면 한반도의 이민들이 그전까지 개간한 토지면적은 수전이 151,238헥타르이고 한전이 492,541헥타르로서 총 643,242헥타르에 달한다. 그 중 수전(水田, 논)은 23.5 %이고 한전(旱田, 밭)은 76.5 %이다.[20)]

이와 같이 그들은 동북에 건너온 그날부터 피땀으로 황무지를 개간하여 밭을 일구었으며 버린 습지를 개량하여 수전을 풀었다. 그들은 부지런한 노동력으로 생활을 개척하였다. 때문에 그들은 당당히 중국의 국민으로 인정받았다. 1930년대의 불완전한 통계에 따르면 동북 총인구의 2.7%를 차지하는 한민족 이민들이 개간한 토지면적은 동북 총경작지의 6%나 된다.[21)]

그 당시 한민족 이민들이 개간한 토지는 상당히 많았으나 실제로 그들이 소유한 토지는 많지 않았고 대부분은 소작농으로 있었다. 그 원인은 주로 한민족 이민들이 들어 온 시간이 한족들보다 늦었으며 이동이 빈번한 것도 있었지만 그들이 귀화입적하지 않으면 토지소유권을 가지지 못한 데 있었다. 연변지구에서는 그래도 한민족 이민이 획득한 토지소유권이 비교적 많았으나 지린(吉林)성, 랴오닝(遼寧)성 내에 있는 한민족이민들이 획득한 토지소유권은 많지 않았다. 특히 선양(沈陽) 부근의 현들은 봉계군벌(奉系軍閥)의 통치중심지여서 한민족 이민이 귀화입적(歸化入

20) (중) 손춘일, 「해방 전 동북조선족 토지관계사 연구」, 길림인민출판사, 2001년, 134-135쪽.

21) (중) 최후택, 「영명한 정책 휘황한 여정」, 흑룡강조선민족출판사, 1997년, 12쪽.

籍) 이후에도 토지소유권을 획득하기가 힘들었다.

그러나 헤이룽장(黑龍江)성의 경우는 형편이 조금 유리하였다. 그곳에는 황무지가 많았기 때문에 귀화 입적하는 한민족 이민들이 관청에 신청한 후 토지를 개간하여 소유할 수 있었다. 게다가 한민족 이민들이 소유한 토지 면적이 많아서 다른 소작인에게 소작을 주기도 하였다. 중화민국 시기[22] 한민족 이민들이 개간한 토지는 한족보다 훨씬 더 많았으나 소유한 토지면적은 너무나도 적었다.

연변의 상황은 헤이룽장(黑龍江)성과 같지 않았다. 1926년 연변지구의 한민족 이민과 중국인의 토지소유관계를 보면 총 경작지는 190,110 정보(헥타르에 근사함), 한민족 이민의 경작지는 89,351.7 정보로 47%이다. 옌지(延吉)현 경작지 110,425 정보 가운데 한민족 이민 경작지는 56,316.7 정보로 전체 경작지의 51%를 차지하였고, 허룽(和龍)현 32,666 정보 가운데 한민족 이민 경작지는 22,539.5 정보로 69% 가량을 차지하였다. 왕칭(汪清)현 31,220 정보 가운데 한민족 이민 경작지는 5,931.8 정보로 19%를 차지하였으며, 훈춘(琿春)현 15,799 정보 중에서 한민족 이민 경작지는 5,687.6 정보로 36%를 차지하였다.[23]

[표 3-7] 연변지구 민족별 토지소유 비율(단위: 정보, %)

현 별	경작지 면적	한민족이민 소유	중국인 소유
옌 지	110,425	51	49
허 룽	32,666	69	31
왕 칭	31,220	19	81
훈 춘	15,799	36	64
합 계	190,110	47	53

22) 저자 주: 1912년 중화민국의 성립부터 1927년 장제스(蔣介石) 신군벌정권이 성립되기 전 시기를 말한다.

23) (중) 손춘일, 「해방 전 동북조선족 토지관계사 연구」, 길림인민출판사, 2001년, 137쪽.

2. 수전 개발의 공신 한민족 이민

한민족 이민들이 동북에 와서 수많은 토지를 개간하는 공적을 세웠다면 이와 함께 수전을 개발하여 벼농사를 보급한 것도 또다른 공적의 하나라 할 수 있다. 「조선인회 회보」의 자료에 따르면 한민족 이민들이 제일 먼저 수전을 가꾼 곳은 남만지구였다. 1846년 훈장유역(渾江流域)의 한민족 이민들은 수전을 풀어 벼농사를 지었고, 1861년 안둥(安東,현재 단둥) 산다오량터우(三道良頭)의 이민들이 수전을 개발하였다. 1880년 안둥 탕산청(湯山城)과 펑청(鳳城)현 사리자이(沙裏寨)의 한민족 이민들도 수전 농사를 지었으며, 1883년에는 퉁화(通化)현 샤오만거우(小灣溝)의 한민족 이민들 역시 류허(柳河)현의 강가부근에서 수전 농사를 하였다. 북만에서는 한민족 이민들이 1860년대말부터 벼농사를 지었다.

「청대 헤이룽장(淸代黑龍江)유역 경제발전」의 자료에 의하면 1867년 일부 한민족 이민들이 러시아 연해주로부터 헤이룽장(黑龍江)지류인 파베라허(法別拉河), 다궁허(大公河), 우윈(烏雲), 손우(孙吴), 아이훈(瑷珲)등지에서 수전을 풀었다. 1887년 소쟈허(小佳河)에 8명의 한민족 이민들이 습지를 개간하여 벼농사를 지었다. 1910년 둥닝(東寧)현 쇼우수분허(小綏芬河)의 한민족 이민들이 15헥타르의 수전을 풀었고 하이린(海臨), 지둥(雞東), 의란(依蘭)현과, 화난(樺南), 보우칭(寶淸), 푸진(富錦)등지에 빠르게 보급되었다.

1895년 우창(五常)현 사허즈(沙河子) 일대의 한민족 이민들이 벼농사를 지었고 1903년 하얼빈(哈爾濱), 아청(阿城), 솽청(雙城), 상즈(尙志), 옌슈(延壽), 팡정(方正), 우란(烏蘭), 쑤이화(綏化), 칭안(慶安), 톄리(鐵力), 치치하얼(齊齊哈爾), 넌장(嫩江)유역의 일부 지방에서도 벼농사를 지었다.[24]

연변지방에서는 1900년부터 벼농사를 지었는데 룽징(龍井) 동쪽의 서전(瑞甸)과 지신(智新)부근의 한민족 이민들이 수전을 개발하였다. 1906

24) (중) 최후택, 「영명한 정책 휘황한 여정」, 흑룡강조선민족출판사, 1997년, 10-11쪽.

년부터 옌지(延吉)현 수이난(水南)촌과 판스(磐石)촌, 허룽(和龍)현 핑장(坪江)의 한민족 이민들이 벼농사를 시작하였으며, 그 후 두만강 북안, 해란강 양안, 부얼하퉁허 하류(布爾哈通河下流), 가야허 하류(嘎呀河下流)의 한민족 이민들이 수전을 풀고 농사를 지었다. 일본의 불완전한 통계에 의하면 1921년 동북 3성에 한민족 이민들이 푼 수전면적은 도합 48,911 정보에 달하며 벼의 생산량은 61,700 톤에 달했다.

한민족 이민들은 벼농사 기술을 주위의 한족과 만족에게도 보급시켰다.[25] 1920년대 초, 랴오둥(遼東)의 푸저우허(複州河), 다사허(大沙河)와 좡허(庄河)유역의 한족과 만족농민들이 수전을 짓기 시작하였다. 그들은 봄부터 가을까지 한민족 이민들에게 배우면서 벼농사를 지었는데 수전생산기술을 교류하는 가운데서 여러 민족 인민들은 갈라질 수 없는 형제관계를 형성하였다.

한민족 이민의 수전개발 상황을 보면 먼저 동부의 산간에서 수전농사를 시작하여 점차 서부로 발전하였으며, 그 후 랴오닝(遼寧)성 일대와 북부로 확대되었다. 간도(間島)일대 한민족 이민 대부분이 한전(旱田, 밭) 농사를 지었고, 펑톈(奉天)성과 압록강 이북의 한민족 이민은 구릉지대의 낮은 지역과 산간지대에서만 수전 농사를 지었으며 헤이룽장(黑龍江)성의 한민족이민들 중 수전 농사를 하는 사람은 거의 절반가량이었다.

1927년 일본 영사관의 집계에 따르면 당시 동북의 한민족 이민은 약 75만여 명이었으며 그 가운데 한전경작자는 약 48.33만 여명, 수전경작자는 약 25.30만 명이었다. 그 중 동만(東滿) 지역에는 한전경작자가 37.1만, 수전경작자 3.0만 명이고, 동만 외 지린(吉林)성의 한전경작자는

---

25) 저자 주: 연변의 흰쌀은 동북 여느 지구와 마찬가지로 한민족 이민들이 개간한 땅에서 생산되고 있다. 지금 연변의 조선족들은 과학적으로 농사를 지어 과거보다 더 큰 수확을 얻고 있다. 과거에도 연변의 입쌀은 일반백성에게 돌아가기 힘들었다. 전하는 바에 의하면 해방 전 룽징시 둥성진 세전(龍井市東盛鎭細田)벌, 허룽시 둥청진 핑장(和龍市東城平江)벌, 왕칭현 가야허(汪清縣嘎呀河)벌의 입쌀은 동북지구의 집권자들만이 먹는 쌀로 지정되었다고 한다. 특히 만주국시기 허룽시 핑장벌 입쌀은 푸이(溥儀)황제의 황궁에서만 먹도록 지정될 정도로 품질이 우수했다.

4.08만 명, 수전경작자는 10.03만 명이며, 랴오닝(遼寧)성의 한전경작자는 6.50만 명에 수전경작자는 11.67만 명, 헤이룽장(黑龍江)성의 한전경작자는 0.67만 명이며 수전경작자는 0.6만 명 정도인 것으로 파악되었다.[26)]

위와 같이 한민족 이민들은 동북에 이주한 후 자기들의 힘든 노동으로 대량의 토지를 개간하였으며 수전을 풀어 농업을 발전시켰다. 그들은 동북의 경제발전에 많은 공헌을 하였으며 동북지역의 개척자이자 주인이었다.

Ⅲ. 민족 압박과 착취에 의한 고난사

동북에서 한민족이민들의 처지는 참으로 처참하였다. 그들은 한반도에서 동북으로 건너와 중국이 해방될 때까지 줄곧 반동통치자들의 민족압박과 민족동화정책의 고난을 받았고 가혹한 착취를 면치 못하였다.

1. 청나라 정부의 민족동화정책

청나라 정부는 한민족 이민으로 변강의 인구를 증가하여 러시아의 침입을 막으려 하였으면서도 타민족에 대한 압박과 민족동화(同化)정책은 완고하게 진행하였다. 1890년 3월 8일, 청나라 정부는 한반도 이민들에게 일률적으로 치발역복(剃發易服)하여 귀화입적(歸化入籍)하도록 하는 민족동화정책을 제정하였다. 이후부터 1894년까지 청나라 정부는 한민족 이민들이 개간한 토지를 먼저 접수하고 돌려준다는 미명으로 돈을 내고 치발역복하고 만족으로 된 사람들에게만 토지허가증서를 내 주었다. 대다수 한민족 이민들은 돈도 없고 선조들을 배반하는 치발역복을 할 수

26) (중) 손춘일, 「해방 전 동북조선족 토지관계사 연구」, 길림인민출판사, 2001년, 226쪽.

없어, 만족인(滿族旗人) 혹은 한족지주의 소작농이나 고용농의 신분으로 살 수밖에 없었다. 1899년 9월 11일 청 정부는 조선 정부와 '광서 25년 중한조약'을 체결하고 조선 정부로 하여금 법률상에서 동북 연변 전문개간구(專墾區) 한민족 이민들이 중국 만족적(滿族旗籍) 취득을 승인하도록 하였다.[27)]

1907년 8월 19일 일본침략자들은 한민족 이민을 보호한다는 구실로 '간도사건'을 조작하였다. 청 정부 당국은 한민족 이민들이 입적하는 '7개 조례원칙'과 '4개 조례 예외'를 제정하여 그들이 쉽게 중국 국적에 가입할 수 있도록 하였다. 1897년 둥볜다오(東邊道)에는 한민족 이민들이 37,000명 가량 살고 있었는데 그 지역의 토지는 산하이관(山海關) 이내에서 온 한족들이 개간한 것이어서 그들은 대부분 한족 지주의 소작농으로 있었다. 청 정부는 처음에 한민족이민들을 '교민(僑民)'으로 취급하다가 나중에는 모두 귀화 입적하도록 강요하였다. 청정부가 귀화입적정책을 실행한 후에도 대다수 한민족 이민들은 귀화입적을 반대하면서 싸웠고 소작농생활을 하는 그들은 한족지주와 만족지주의 가혹한 착취를 받아 처참한 생활을 할 수밖에 없었다.

가혹한 민족동화 정책 속에서 한민족 이민들은 자신들의 민족적 기질, 성격 등 자연요소와 언어, 문화, 음식, 풍속 습관, 사회의식 등의 고유한 특징들을 의연히 보존하였다. 때문에 그들은 생존투쟁을 하는 동시에 청정부와 봉건군벌정부의 민족압박정책과 민족동화정책을 반대하며 일제의 '보호'를 반대하는 투쟁을 진행하였다. 많은 한민족 이민들은 치발역복을 반대하고 귀화입적을 저지시키는 운동에 동참하였다. 어쩔 수 없이 귀화입적한 사람들도 한복을 입고 머리를 길러 상투를 쪽지는 것으로 반항의 의지를 표현하였다.

한민족 이민들은 또 여러 가지 형식으로 착취를 반대하는 투쟁을 전개하였다. 1899년에 연변 톈바오산(天寶山) 은광의 한민족 이민 광부

27) (중) 최후택, 「영명한 정책 휘황한 여정」, 흑룡강조선민족출판사, 1997년, 15쪽.

200여 명은 파업을 일으켜 광산주의 공관을 소각하고 국외에서 수입한 용광로를 부셔 버렸으며 창고까지 불태워 넉달이나 월급을 주지 않는 광산주에게 항의하였다. 1914년 1월 7일 쥐즈제(句子街)[28]서교 상파웬(祥發源) 농민계(農民契)의 한민족 이민들은 자발적으로 조직을 세우고 관부가 터무니 없는 구실로 농민들의 피땀을 착취해 가는 것에 반대하여 싸웠다.

군벌 당국의 무장 진압 앞에서도 그들은 관부에 가서 일주일간 계속 투쟁하고 끝내 체포된 사람들을 구해냈다. 한민족 이빈들은 향약(鄕約)과 패두(牌頭)들이 구실을 대고 농민의 피땀을 착취한 죄행에 반대하여 투쟁하였는데 관부를 압박한 끝에 그들의 직무를 철수하게 하였다.

2. 일제의 통제정책

1907년 일제가 간도사변을 일으킨 후 그 이듬해에 14개 헌병분견소(分遣所)를 세우고 도사장(都社長)행정관리기구를 세워 한민족 이민들을 통제하고 '보호'하기 시작한 이래 연변 각지의 한민족 이민들은 대표를 파견하여 지린(吉林)과 연변(延邊)의 중국 당국에 가서 강하게 항의하였다. 도처에서 도사장 제도를 파괴하였고 일제가 임명한 도사장, 사장, 촌장들을 압박하여 사직하게 하였다. 1909년 9월 '간도협약'이 체결된 후, 옌지(延吉)의 한민족 이민들은 옌지변무공서에 찾아가서 일제가 강요한 영사재판권을 강력하게 반대한다는 입장을 밝혔다.

1908년부터 일제침략자들은 연변을 중국을 침략하는 발판으로 삼았다. 일제는 연변의 한민족집거지구에 도사장 제도를 세우고 중국 당국과 대립하여 한민족 이민을 압제하였다. 1909년 일제는 청정부와 '간도협약'을 체결하고 훈춘(琿春), 바이초거우(百草溝), 터우다오거우(頭道溝), 룽징(龍井) 등지를 일본의 상부지(商埠地)로 만들었으며 한민족 이민에 대한 영사재판권을 획득하였다. 일제는 룽징(龍井)에 있는 조선통감부 간도파출

28) 저자 주: 현재의 연길시를 말한다.

소를 간도일본총영사관으로 승격시키고 쥐즈제(句子街), 바이초거우(百草溝), 터우다오거우(頭道溝), 훈춘(琿春) 등지에 영사분관을 세웠을 뿐만 아니라 연변의 4개 현에 18개 경찰분서까지 세워 한민족 이민을 통제하였다. 청나라와 일제의 쟁탈전에서 한민족 이민들은 어쩔 수 없이 국적이 없는 이중국적 위치에 놓이게 되었는데 중국과 일본은 한민족 이민에게 치외법권을 실시하였다. 결과적으로 한민족 이민들은 이중 제재와 이중 착취를 받았다.[29]

1915년 일제는 중국 북양군벌정부(北洋軍閥政府)를 핍박하여 '21개 조약'을 체결하여 중국의 주권을 짓밟으면서 한민족 이민들이 중국 국적 가입 여부에 상관 없이 모두 일본 신민이라 선포하였다. 그때부터 한민족 이민들은 일제의 통제(統制)와 '보호' 속에 갇히게 되었으며 가혹한 경제적 착취를 당하게 되었다. 일제는 '이한치한(以韓治韓)'[30]의 정책 실시를 이유로 친일조직과 무력을 앞세워 한민족 이민의 반항투쟁을 진압하였다. 그 후 다시 '이화치한(以華治韓)'의 정책을 실행하여 한민족 이민은 일본의 '신민(臣民)'이기에 일본 정부의 보호를 받아야 하며 일본의 영사재판권을 따라야 한다고 하면서 한족, 만족과 한민족 이민들 간의 모순을 야기시켰다. 그리하여 봉건군벌정부는 한민족 이민을 증오하게 되었으며 군경을 동원하여 그들의 반일활동을 진압하였을 뿐만 아니라 그들을 박해하였다. 많은 한민족 이민들은 일제의 침략야심과 중국 군벌정부의 구축정책에 반대하여 입적운동을 일으켰다. 1915년 연변의 한민족 이민들은 반일단체의 지도 밑에서 군경들의 저지를 무릅쓰고 '21개 조약'을 반대하는 집회를 거행하였다.

29) (중) 최후택, 「영명한 정책 휘황한 여정」, 흑룡강 조선민족출판사, 1997년, 18쪽.
30) 저자 주: 한민족의 친일파로 한민족을 다스린다는 것이다.

3. 봉건군벌정부의 탄압

1912년 청 정부는 신해혁명(辛亥革命)에 의해 전복되고 봉건군벌정부가 건립되었다. 봉건군벌정부 역시 청 정부의 민족동화정책을 계승하여 한민족 이민들에게 귀화입적을 강요하였다. 많은 한민족 이민들은 일제의 통제를 받는 동시에 봉건군벌당국의 박해를 받아 생존의 위험에 봉착하였다. 이러한 여건 속에서 한민족 이민들은 힘을 보아 단합하여 반구축 투쟁을 전개하였다. 지린(吉林)의 한민족 이민들은 대회를 열고 '구축문제대책연구회'를 결성한 후 지린(吉林)성 정부에 청원서를 제출하여 당국으로 하여금 한민족의 입적을 허락하여 기타 민족과 동등한 정치대우와 징수대우를 받을 수 있도록 하는 5개의 조건을 제출하였다.

한민족 이민들은 입적운동으로 봉건군벌 당국의 박해와 구축을 반대하여 투쟁하였다. 북만과 남만지구의 한민족 이민들도 함께 반 구축 투쟁을 전개하였다. 1927년 12월 4일, 뤼순(旅順)과 다롄(大連) 지구의 한민족이민들은 '다롄(大連)고려인회'를 중심으로 임시위원회를 조직하고 봉건군벌정부에서 한민족에 대한 박해와 구축을 취소할 것을 요구하였다. 잉커우(營口), 안산(鞍山), 톄링(鐵嶺), 카이위안(開原), 창춘(長春), 푸순(撫順), 싱칭(興慶), 신빈(新賓) 등 여러 곳의 한민족 이민들도 대회를 소집하여 봉건군벌 당국의 박해와 구축정책에 강열한 항의를 표시하였다. 1928년 1월 29일, 동북 각지 23개 한민족군중단체는 선양(沈陽)에서 협의회의를 열고 무조건적인 귀화입적을 반대한다는 원칙에서 일제의 반동음모를 분쇄하고 봉건군벌 당국의 박해와 구축정책에 반항하기로 결정하였다. 많은 한민족 이민들의 압력을 받은 펑톈(奉天) 당국은 부득불 구축령을 취소하고 한민족 이민 관리에 대한 조례와 결정을 다시 반포하였다.

일본 침략자들은 동북의 봉계군벌에 압력을 가하여 토지상조권(商租權)을 강요하는 동시에 한민족 이민과 한족의 갈등을 조작하였다. 봉계군벌은 한민족 이민들을 일본이 동북을 침략하는 '향도'로 간주하고 경찰과 보위단 무장을 동원하여 그들의 행동자유와 왕래를 금지시켰다. 1927년 가을부터 1928년 3월 사이 동북의 각 민족 인민들과 한민족 이민들이 북벌전쟁의 승리에 고무되어 일본 제국주의의 침략을 반대하는 투쟁을 벌이고 있을 때 봉계군벌 당국은 한민족 이민의 자유와 행동을 제한하는 48개 훈령과 비밀명령을 내려 170여개의 박해, 구축사건을 조작하였다. 1930년 봉계군벌 당국은 랴오닝성 푸진(遼寧省富錦)에서 한민족 이민 130여 명을 살해하였으며 헤이룽장성 둥닝현(黑龍江省東寧縣)에서 30여 명을 살해하였다.

1910년 일제가 한반도를 병탄하자 동북의 한민족 이민들은 일제를 반대하는 운동을 일으켰다. 수많은 독립군이 동북에 유입되면서 동북지구 곳곳에서 일본 침략자를 쳐부수자는 운동이 전개되었다. 한민족 이민들은 일본 상품을 배격하는 운동을 벌이는 동시에 일제간첩과 주구들을 공격하였다. 1915년 왕칭현 뤄즈거우(汪淸縣羅子溝)학교의 교원 김광은 몇 명의 학생들을 거느리고 한 명의 일본 간첩과 세 명의 주구를 제거하였으며, 허룽현 밍옌촌푸진(和龍縣明岩村普進)학교 몇 명의 학생들은 해란강 부근에서 두 명의 일본 경찰과 한 명의 주구를 처단하였다. 이 시기 북만에서도 한민족 이민들이 일제침략자를 타격하는 운동을 일으켰다.

반일민족단체가 이끄는 반일투쟁이 조금씩 기운을 잃어갈 무렵 일부 반일민족단체들은 한민족 이민들을 지도하여 '민족자치'운동을 전개함으로써 일제의 통제와 '보호'에서 벗어나려 하였다. 1924년 10월 후 남만의 류허(柳河), 싱칭(興慶) 등 현의 집거지구의 한민족 이민단체는 '사법조례(司法條例)'를 규정하고 세금을 징수하며 무장인원을 모집하였다. 정의부(正義府)는 자치과(自治科)까지 세워 '자치'운동을 지도하였다. 그러나 일제와 중국봉건군벌정부는 한민족 이민들의 '자치'를 동의하지 않았다.

그리하여 한민족 이민들은 일제의 통제정책과 투쟁하는 동시에 다른 한편으로 봉건군벌정부의 민족 압박과 민족동화정책을 반대하여 빛나는 투쟁을 전개하였다. 1925년 6월 11일, 조선총독부와 펑톈(奉天)당국은 한민족이민들의 반일운동을 제압하는 협정을 맺었다. 그 후부터 펑톈(奉天)당국은 한민족 이민을 '교민'으로 간주하면서 '교민증서'와 '이전증서(移轉證書)'를 발급하고 '한교민관리장정(韓僑民管理章程)'까지 반포하여 그들의 자유이동과 여행을 엄격히 제한하였다. 펑톈(奉天)당국은 또 그들의 토지 경작권(耕作權)과 토지조세권(地租權)마저 빼앗았으며 어떤 지방에서는 거주권(居住權)마저 박탈하였다. 한민족 이민들을 강제로 고용하여 수전을 경작시키는 외의 일체 영업을 금지한다고 결정하였다.[31] 한민족 이민들은 굳게 뭉쳐 펑톈(奉天)당국과 맞서 싸우면서 자기의 생존권을 지켰다.

4. 일제의 식민화통치와 이중국적의 고통

1927년 6월 27일, 일본은 '동방회의'를 열고 '중국에 대한 정책강령'을 제정하였다. 이 강령은 "지나(支那, 즉 중국)를 정복하려면 반드시 먼저 만몽(滿蒙)을 정복해야 하고 세계를 정복하려면 반드시 먼저 지나를 정복해야 한다"는 구호를 내 놓았다. 1931년 일제는 9월 18일에 선양(沈陽)에서 사변을 일으켜 동북을 강점한 후 계속하여 한민족 이민들에게 '만주국[32]신민'이라는 국적을 강요하여 분리통치의 목적에 도달하는 동시에 한민족 이민들에게 노역시키려 하였다. 일제는 또 한민족 이민을 '제국신민'이라고 떠들면서 그들을 영원히 노예로 만들고 식량생산의 공구, 근로봉사와 징병의 원천으로 만들려 시도하였다.

일본 침략자들은 한민족 이민들에게 이중국적을 강요하면서 그들의 민족정신을 철저히 없애버리고, 자기들의 노예로 만들기 위하여 한민족

31) (중) 조선족간사 편찬조, 「조선족간사」, 연변인민출판사, 1986년, 68쪽.

32) 저자 주: '9 · 18' 만주사변 후 일본제국주의는 동북을 강점하고 1932년 3월 1일 창춘(長春)을 신경(新京)으로 고치고 일본의 괴뢰정권인 만주국을 세웠다. 일본은 청나라의 마지막 황제였던 푸이(溥儀)를 데려다 집정시켰다. 1934년 3월 1일 일본은 만주국을 만주제국이라 고치고 푸이를 만주제국의 황제로 삼았다. 그때부터 원래의 동북군은 일본군대의 괴뢰군으로 전락되었다.

문화의 뿌리를 뽑는 목적으로 식민주의의 노화교육(奴化教育)을 실시하였다. 1938년 일제는 조선교육령을 반포하여 한민족 학생들이 일률적으로 민족 언어와 민족 문자를 쓰지 못하고 일어와 일문만 쓰도록 강요하였다. 1939년부터 일제는 '창씨개명'이라는 악법을 정해 한민족 이민들의 성명권마저 박탈하였다. 1942년 일제는 한민족 이민들에게 징병제도를 강요하여 한민족 이민들을 자기들의 총알받이로 만들려고 시도하였다.

많은 한민족 이민들은 중국공산당의 지도하에 항일무장투쟁을 전개하여 일제의 이중국적 음모를 부셔 버렸다. 한민족 이민들의 피 끓는 청년들은 동북에서 제일 먼저 항일 유격대를 창설하였으며 항일연군에 참가하여 14년이나 되는 긴긴 세월동안 목숨을 다 바쳐 일제와 싸웠다. 많은 조선족 이민들은 가난에 찌들려 굶는 생활 속에서도 식량을 아껴 항일무장부대에 보내는 등 지원을 아끼지 않았다.

5. 국민당 반동파의 민족배척정책

국민당 반동파는 한족 이외의 모든 소수 민족을 깔보고 압박하였다. 그들은 청나라, 북양군벌(北洋軍閥) 및 일본 제국주의와 마찬가지로 민족압박과 민족 동화정책을 완고하게 실행하면서 소수 민족의 정치 권리를 박탈하고 생활조건을 제한하였다. 그들은 한민족 이민이 힘들여 개간한 토지와 생명을 걸고 싸운 역사를 말살하고 중국에서의 당당한 위치를 부정하면서 '한국교민'으로 취급하였다.

항일 전쟁이 끝난 후 국민당은 동북에 들어와 한민족 이민에게 일제의 앞잡이를 하다가 '공산비적'과 내통한 민족이라 모욕하면서 한간(漢奸), 주구(走狗), 토비(土匪)들과 결탁하여 한민족항일가속(抗日家屬)을 살해하고 재산을 약탈하였다. 1947년의 통계에 따르면 동북 국민당 통치구역에서 한민족 대중 8,468명이 체포되고 2,042명이 살해되었다. 1946년 4월부터 9월까지 반 년 사이에 국민당반동파가 차압하였거나 몰수한 조선족 기업이 1,516개였고 당지의 한족지주들과 결탁하여 빼앗은 한민족 이민의 토지도 69,730헥타르나 되었다.[33] 국민당의 반동통치로 인하여 동북의 한민족 이민들은 발전과 번영의 기회를 잃고 또다시 침체의 늪으로 빠져 들었다. 1947년 국민당동북지구 관계부문의 통계에 의하면 그때 동북국민당 통치구역에서는 기아에 허덕이는 한민족 이민이 114,645명 가량으로 전체 동북 한민족 이민의 54.3%나 되었다.[34]

한민족 이민들은 항일무장투쟁의 전통을 발휘하여 국민당반동통치를 뒤엎는 전투에 뛰어 들었다. 그들은 수시로 담가대(擔架隊),[35] 군수물자 운송부대를 조직하여 전선에 나가 싸웠으며 더 많은 쌀과 우마차 등 군수물자를 전선에 보내기 위하여 노력하였다. 그들은 중국의 그 어느 민족보다도 더 많이 참군하였고 더 많이 참전하였으며 더 많이 희생되었다.

33) (중) 황룡국, 「조선족 혁명투쟁사」, [M] 1988년, 560-561쪽.
34) (중) 최후택, 「영명한 정책 휘황한 여정」, 흑룡강 조선민족출판사, 1997년, 336쪽.
35) 저자 주: 들것으로 사람이나 물건을 나르기 위하여 편성한 조직이다.

제 2 절 민족독립운동과 항일무장투쟁

Ⅰ. 항일민족독립운동

한민족 이민들은 한반도에서 중국으로 건너 온 후 한시도 고향을 잊은 적이 없었다. 한민족의 전통적인 민족의식과 문화는 그들로 하여금 한반도와 한마음이 되게 하였다. 그들은 언제든지 고향의 사정이 좋아지면 돌아가려고 하였으나 한반도의 정세는 날마다 험악해지기만 하였다. 그들은 동북에 기다리고만 있을 것이 아니라 보다 적극적인 투쟁으로 한반도의 평화와 안정을 되찾으려 하였다.

1. 민족단체를 통한 항일운동

20세기 초기 한반도 이민들은 동북 각지의 집거지구에 학교를 세우고 민족계몽교육운동을 시작하였다. 애국지사들은 또 간민교육회(墾民教育會), 대동혁신회(大同革新會) 등의 민족단체를 조직하고 「월보(月報)」, 「청년」, 「대진(大震)」 등의 간행물과 소책자들을 발간하여 민족의식 교육을 전개하였다. 한민족 이민들의 계몽교육과 민족교육은 처음부터 반일의 기치를 높이 치켜들었다. 민중의 반일투쟁 정서와 민족의식의 제고는 이후의 반일독립투쟁을 위한 사상적 기반이 되었다.

1910년 한일 병합 이후 수많은 항일 애국지사들이 일제의 탄압에 목숨을 잃고 더이상 한반도에서는 반일독립운동을 진행할 수 없게 되었다. 그리하여 많은 독립 운동가들이 뿔뿔이 동북으로 망명하여 반일투쟁을 계속하였다. 그들은 동북에 있는 반일지사들과 함께 민족주의반일단체를 설립하고 많은 대중을 이끌어 한반도의 민족해방을 위하여 투쟁하였다.

동만에서는 1912년부터 1914년까지 왕칭(汪淸)의 중광단(重光團)에 뒤이어 허룽(和龍)현의 간도국민회, 옌지(延吉)현의 간민회, 청년친목회 등 반일민족주의의 단체가 만들어졌다. 남만에서는 1910년 4월부터 1914년간 류허현 산위엔푸(柳河縣三源浦)에 경학사(耕學社)가 설립되었고, 1912년에는 경학사를 기반으로 하여 부민단(扶民團)이 조직되었다. 1913년 일부 반일지사들은 신흥(新興)학교 학생들을 중심으로 하여 신흥학우단(新興校友團)을 건립하였다. 1914년 부민단과 신흥학우단은 통화현 빠리쇼베이차(通化縣八裏哨北岔)에다 농장을 만들어 무장부대를 설립하고 군사훈련을 진행하였다. 하이룽(海龍), 통화(通化), 린장(臨江), 지안(集安), 환런(桓仁) 등 현의 반일지사들도 부민단을 만들었다. 의병장령 유린석은 보약사(保約社), 농무계(農務契), 향약단(鄕約團)과 포수단(炮手團)을 조직하였는데 군사훈련을 활동의 주요한 내용으로 하였다. 같은 시기 북만에서도 반일군중단체가 속속 설립되어 반일민족 교육활동을 전개하였다.

반일교육과 투쟁의 수요로부터 출발하여 반일민족단체들은 점차 합병하기 시작하였다. 동만에는 사우계(社友契)가 의군부(義軍社)로, 중광단(重光團)이 정의단(正義團)으로 발전하였다가 1919년에 북로군정서(北路軍政署)로 개칭하였다. 동만에는 또 국민의사부(國民義事部), 신민단(新民團), 의민단(義民團), 광복단(光復團) 등 반일민족단체가 있었다. 남만에는 향약계(鄕約契), 보약사(保約社), 농무계(農務契) 등 반일민족단체가 연합하여 대한독립단(大韓獨立團)을 설립하였으나, 나중에 일부 사람들이 분열되어 나가 보합단(普合團), 청년연합회(青年聯合會) 등 조직을 만들었다가 연합하여 광복군사령부(光復軍司令部)를 창설하였다. 경학사(耕學社)는 부민단(扶民團)으로 개칭하였다가 1920년에 서로군정서(西路軍政署)로 고쳤다. 남만에는 또 광한단(光韓團), 정의군정서(正義軍政署), 대한군비단(大韓軍備團) 등이 있었고, 북만에는 혈성단(血城團)등 반일민족조직이 있었다. 동북의 각 반일민족단체들은 한반도의 독립과 한민족의 해방을 위하여 항일투쟁을 벌였다.

1919년 3월 1일 서울에서 대규모 독립만세운동이 일어났다. 이 운동은 전 한반도에 파급되었으며 신속하게 동북 한민족 이민 집거지구에도 파급되었다. 일제는 한반도에서 피비린 탄압을 진행하였는데 3월부터 5월 사이에 34,670여 명의 반일애국지사들을 체포하였다. 이 사건 덕분에 수많은 애국지사들이 동북으로 망명하였다. 3월 6일, 남만의 환런(桓仁)현에서 7,000여 명의 한민족 이민들이 집회를 하여 3·1운동을 성원하였다. 반일단체들의 연락을 통하여 3월 13일 동만지구의 한민족 이민들은 2만여 명이 대규모집회를 열고 반일대회를 열었다. 3월 13일은 룽징(龍井)의 장날이었다. 옌지(延吉), 허룽(和龍), 터우다오거우(頭道溝) 등 외지의 학생들이 새벽부터 룽징(龍井)상부지에 모이기 시작하였다. 점심 전에 천주교회의 종소리가 울리자마자 한민족 이민들은 반일대회를 열었다. 대회에서는 17명 한민족 반일지사들이 연명으로 쓴 '독립선언포고문'과 반일공약 3장(公約三章)을 선포하였다. 대회가 끝난 후 대규모 시위가 시작되었다. 시위대가 일본영사관방향으로 전진하고 있을 때 군벌군대는 일제의 압력과 재촉 밑에서 피비린내 나는 무장탄압을 감행하였다. 13명의 청년이 살해당하고 6명의 청년이 총탄에 맞아 병원으로 옮겨졌으나 결국 희생되었으며 30여 명의 청년이 부상당했다.

룽징(龍井)의 3·13운동은 연변과 동북지구 한민족 이민들의 강렬한 호응을 일으켰다. 그날부터 5월 1일까지 연변에서만 30여개 지방에서 54차례에 이르는 크고 작은 독립만세 반일시위가 진행되었고 참가한 사람만 하여도 연인원 8만여 명에 달하였다.[36] 3월 중순부터 4월말까지 류허(柳河), 퉁화(通化), 창바이(長白), 지안(集安), 신빈(新賓), 환런(桓仁), 관덴

36) (중) 조선족간사 편찬조, 「조선족 간사」, 연변인민출판사, 1986년, 32쪽.

(寬甸) 등 여러 현의 한민족 이민들이 군중집회를 열고 일제의 만행을 규탄하였으며 한반도의 3·1운동과 룽징(龍井)의 3·13운동을 성원하였는데 그 횟수는 31차나 되었고 참가한 군중은 약 8,000여 명이 되었다.[37] 이 반일투쟁운동은 전 동북지역의 15개현에 파급 되었는바, 반일투쟁에 참가한 사람은 도합 105,850명이었다.[38] 이는 동북지구 한민족 이민들이 일제의 침략에 반대하고 한반도의 독립을 쟁취하기 위한 투쟁으로써 동북지구에 반일운동의 불길을 지펴 놓았으며 한민족 이민들의 반일의지와 힘을 과시하였다. 악에 바친 일제는 피비린 탄압을 감행하였다. 그 결과 한민족 이민들은 무장투쟁의 필요성을 절실히 느끼게 되었다.

2. 항일독립군의 무장

3·13항일독립시위운동이 실패한 후 한민족 항일단체들은 대중을 동원하여 무장부대를 조직하고 무기를 사 들였다. 당시 동만에는 7개의 독립군부대가 있었는데 대원은 약 2,900여 명이 있었고 각종 무기는 엽총까지 합쳐서 약 3만 자루가 있었다. 훈춘현의 국민회(國民會)는 북로군정서(北路軍政署)로, 중광단(重光團)은 정의단(正義團)으로 고쳤다가 1920년 8월에 군정서로 고쳤는데 후에 또다시 북로군정서로 변경되었다. 북로군정서에는 1,600여 명의 무장인원이 있었으며 대원마다 거의 무기가 있었고 7정의 기관총까지 있었다. 그들은 왕칭(汪清)현 시다퍼구(西大坡溝)에다 무관학교까지 세웠는데 6개월을 학제로 한 제1기 학생은 298명이었다. 광복단(光復團)에는 300여 명의 무장인원이 있었으며 그 세력이 왕칭(汪清)현 서부지구와 옌지(延吉)현 중부지구까지 미쳤다. 옌지(延吉)현에 있던 의민단(義民團)에는 300여 명의 무장인원이 있었다. 옌지(延吉)현 밍웨거우(明月溝)에는 홍범도가 이끄는 대한독립군과 300여 명의 무

37) (중) 길장일보(吉長日報), 1919년 3월 21, 25, 27, 28일.
38) (한) 「독립운동사재조명」, 42쪽.

장인원이 있었다. 그 후 대한독립군은 국민회와 연합하여 밍웨거우(明月溝)에 무관학교를 설립하고 군사인재를 양성하였다. 신민단(新民團)은 왕칭현 춘화향(汪清縣春化鄕)과 스셴(石峴), 현재 도문시에 속함)을 근거지로 삼고 있었는데 200여 명의 무장인원이 있었다. 왕칭현 춘화향 펑우둥(風梧洞, 현재 도문시에 속함)을 근거지로 한 군무도독부(軍務都督府)는 600여 명의 무장인원과 기관총 2정을 보유하고 있었다. 1920년 대한독립군, 국민회, 국무독군부 등 연변의 반일민족단체들은 연합하여 북로독군부(北路督軍府)를 건립하였다.

3·13 운동 후 남만지구의 보약사, 향약계, 농무계, 포수단 등의 대표들은 회의를 열고 류허현 산위안푸시구(柳河縣三源埔西區)에서 대한독립단을 창설하였는데 무장인원은 총 1,500명 가량이었다. 그들은 정기적으로 두만강을 넘어 한반도변경지구에서 일본군주둔지를 습격하였다. 1920년 대한독립단은 내부 모순으로 하여 기원독립단(紀元獨立團)과 민국독립단(民國獨立團)으로 분열되었다. 무민단(撫民團)은 후에 한족회(韓族會)로 고쳤다가 서로군정서(西路軍政署)로 고치고 통화현 하니허(通化縣哈呢河)에서 활동하였다. 1919년 11월에 결성된 대한독립군비단(大韓獨立軍備團)에는 300여 명의 병사들이 있었으며 창바이(長白)현 17도구에 근거지가 있었다. 그 외 푸쑹현 화카이산(撫松縣花開山)에도 무사단(武士團) 등이 있었다. 둥볜다오(東邊道) 지린(吉林)시에는 1919년 11월 9일 창립한 의렬단(義烈團)이 있었으며, 후에 한민족혁명당(韓民族革命黨)으로 고쳤다. 1920년 7월 콴뎬현 안즈허(寬甸縣安子河)에서 광복군사령부가 건립되었는데 3,000여 명의 병사들이 있었다.

각 독립군무장들은 자주 한반도로 건너가 일제침략군을 공격하였다. 1919년 겨울, 홍범도가 이끄는 독립군은 다른 독립군부대와 합작하여 한반도 북부의 회녕(會寧), 종성(鐘城), 온성(穩城) 등지에서 여러 차례 일체침략군을 타격하였다. 1920년 3월 독립군부대는 함경북도 여러 지방에서 10여 차례 기습을 발동하여 일부 일제침략자를 소탕하고 무기와 탄약을 탈취하였다. 일본탁식국의 기록에 따르면 1920년 1월부터 9월까지 독립군부대는 1,651차례나 변경을 넘어 일본군경을 습격하였다.[39] 그들은 동북각지에서 일제주구를 처단하였는데 동만지구에서도 40여 명을 처단하였다.

1920년 6월 동북의 한민족 이민 반일무장을 진압하기 위하여 일본제국주의는 국제법을 무시하고 함경북도 라남(羅南) 주재 일본 제19사단의 일부 부대와 남양(南陽)수비대를 파견하여 두만강을 건너 동만에 와서 독립군을 진압하였다. 그해 6월 4일, 군무독군부, 신민단, 광복단, 의군부, 국민회 등 여섯 갈래의 독립군은 펑우둥(枫梧洞)에서 적들을 매복지까지 유인하여 밀집 사격으로 일부의 일본침략군을 무찌르고 승리를 거두었다. 6월 7일, 일제침략군은 온성의 부대를 증파하였다. 300여 명 적들이 펑우둥(枫梧洞) 상촌에 이르렀을 때 독립군부대는 일본침략군을 매복권내에 유인하였다. 4시간의 전투를 걸쳐 독립군부대는 서산고지와 서산골짜기 안에서 일부의 일본침략군을 소멸하고 또 남산에서 적의 퇴로를 끊어버렸다. 독립군부대는 일본침략군 150여 명을 소탕하고 수십 명을 부상시켰으며 3정의 기관총, 60여 자루의 보총과 몇 자루의 권총을 노획하였다.[40] 1920년 8월 8일, 홍범도의 주력부대는 로터우거우(老頭溝) 서북쪽에서 룽징(龍井) 일본영사관의 30여 명의 경찰부대를 기습하여 22명을 살상하였다.

1920년 9월 20일, 일제침략자들은 중국에 출병할 구실을 찾기 위해 완순(万順), 전중화(鎮中華), 전둥(鎮東) 등의 이름을 가진 토비[41]부대를 수매하여 훈춘의 황구(荒溝) 군벌당국 주둔부대를 기습해서 20여 명의 병사들을 살상하였다. 그들은 계속 토비부대를 수매하여 대포까지 쏘면서 훈춘(琿春)을 진공하고 일본영사관과 6개의 상점을 털어갔으며 11명의 일본인과 일부 한민족 이민 집을 습격하여 '훈춘사건'을 일으켰다. 일

39) (일) 일본외무성 당안, 1920년 10월 21일.
40) (중) 길장일보, 1920년 6월 22일.
41) 저자 주: 지방산속에 숨어서 백성들의 물품을 빼앗아 가는 비적무리들을 칭한다.

제침략군은 독립군부대가 토비들과 규합해 벌인 일이라고 잡아떼면서 일본인을 보위한다는 구실을 대고 동북지구에 군대를 파견하였다. 10월 7일부터 일제는 제19사단 37, 38여단의 주력부대를 월경시켜 러시아에 주둔하다가 동북에 파견된 제11, 13, 14사단 및 일부 관동군부대와 연합하여 동북에 있는 독립군부대를 토벌하였다. 일제침략군은 동만에서 4,000여 명의 병력을 동원하여 세 갈래의 전쟁구역을 나누어 전면적인 토벌을 감행하였다.

1920년 10월 13일, 동만의 독립군, 국민회, 신민단, 의민단, 한민회 등 반일독립군부대는 도합 1,400여 명 되었다. 10월 20일부터 26일까지 반일독립군부대는 허룽현 칭산리 백운평(和龍縣青山裏白雲坪), 위랑촌(漁浪村)과 구둥허(古洞河) 등지에서 10여차의 전투를 걸쳐 도합 150여 명의 일본침략군을 무찔렀다. 이것이 바로 칭산리(青山裏) 전투이다. 펑우둥(楓梧洞) 전투와 칭산리(青山裏) 전투의 승리는 독립군과 한민족 이민들의 반일사기를 돋구어 주었으며 적들의 사기를 크게 꺾어 놓았다.

1920년 10월 23일부터 12월 5일까지 동부전선의 독립군부대는 왕칭현 스리핑(十裏坪), 하마탕(蛤螞塘), 훈춘현 싼다오거우(三道溝) 등지에서 몇 차례의 전투에 걸쳐 수십 명의 적군을 소탕하였다. 그들은 도처에서 적군을 기습함으로써 대량의 적군을 견제하고 주력부대를 보호하였다.

칭산리(青山裏)전투에서 실패한 일제는 계속 피비린내 나는 대토벌을 전개하였다. 일제는 칭산리(青山裏) 부근에서만 1,000여 호의 한민족 이민의 농가를 소각하였으며 동만지구에서 3,500여 명 한민족 이민을 살해하고 3,100여 호의 집과 50여 개소의 학교를 불태워 버렸으며, 2,250톤의 식량을 태워버렸다.[42] 이것이 바로 '경신년 대토벌'(庚申年大討伐)이다. 독립군부대는 도처에서 일본침략군을 습격하였다. 일제의 통계에 의하면 1922년 독립군부대는 2,127번이나 출동하여 일본군에게 378 차례의 습격을 가하였고 1923년에는 2,797번 출동하여 131차례의 전투를 하였는

42) (중) 길장일보, 1920년 11월 10일.

데, 그 중 40여차는 한반도 두만강 유역에서 전투를 하였다.[43)]

1925년 동북의 항일민족부대들은 협상을 거쳐 조직의 체계를 갖추고 구조적인 통일을 실현하였다. 퉁화(通化) 이남에 있는 지안(集安), 환런(桓仁), 린장(臨江), 창바이(長白) 등 현의 부대들은 참의부(參義府)로, 지린(吉林), 창춘(長春), 퉁화(通化), 화뎬(樺甸), 판스(磐石), 콴뎬(寬甸), 둔화(敦化), 어무(額穆) 일대의 부대들은 정의부(正義府)로, 헤이룽장성(黑龍江省) 닝안(寧安), 하이린(海林), 무링(穆陵), 우창(五常), 주허(珠河) 일대의 부대들은 신민부(新民府)로 통일되었다. 그리하여 독립군부대의 활동 중심은 동만지구로부터 남만지구로 옮겨졌다. 그러나 동북지구의 한민족 이민들 속에 소련 10월 혁명 승리의 영향이 확대되고 독립군과 동북에 있는 한민족 공산당조직 간의 모순이 확대되는데다가 독립군내부에서도 계속 파벌투쟁이 생기면서 1925년 후부터 독립군부대는 날로 쇠퇴해졌다.

1930년에는 일부 독립군부대만 반일투쟁을 견지하였을 뿐, 대부분 부대들은 해체되었다. 독립군의 지도 아래 계속되었던 한민족 이민들의 독립운동은 이로써 막을 내리게 되었다. 그러나 그들의 투쟁은 중국인민의 반제투쟁을 지원하는 방향으로 선회하였다.

3. 공산주의운동

1917년 러시아의 10월 혁명의 승리는 노농정권을 탄생시켰다. 10월 혁명의 소식은 연해주의 한민족 이민들을 통하여 신속하게 동북지구의 한민족 이민들에게 전해졌다. 수많은 민족독립 운동가들은 민족주의자에서 공산주의자로 전환하였으며 러시아 10월 혁명을 선전하였고 차츰 공산당 조직을 설립하였다. 1920년 초, 반일민족단체의 창시자였던 이동휘 등은 코민테른(Komintern, 제 3 인터내셔널)의 한국인 대표 박진순과 함께

43) (한) 조선총독부경무국, 대정(大正) 9년부터 소화(紹和)7년까지 국경 3도 비적 출몰 연년상황표(國境三道匪徒出沒連年狀況表).

베이징(北京), 상하이(上海) 등지로 다니며 10월 혁명을 선전하였다. 1921년 1월 이동휘는 김립 등 여러 사람과 함께 고려공산당을 건립하고 동북에서 기층조직을 구축하기 시작하였다. 그들은 상하이에다 인쇄공장을 만들고 한국어로 '공산당선언'을 번역 출판하여 동북의 기층조직에 보냈다. 소련 극동지구에 흩어져 활동하던 원 독립군 전사들도 속속 동북에 돌아와 공산주의 활동에 참가하기 시작하였다.

그 시기 소련, 상하이(上海), 베이징(北京) 등지로부터 동만과 북만의 닝안(寧安) 등지에 들어 온 한국어로 된 신문은 「자유신문(自由報)」, 「신세계(新世界)」 등 20여 가지나 되었고 간행물들은 「서광(曙光)」, 「선구(先驅)」 등 20여 가지였다. 그 외에도 「신청년(新青年)」, 「매주평론(每週評論)」 등 영향력이 큰 간행물들이 중국어 그대로 청년들에게 애독되었다. 이렇게 되어 사회주의 사조가 동만을 중심으로 한 한민족 이민 집거지구에 전파되면서 신문화운동의 주류를 이루었다.

고려공산당은 도처에서 기층조직을 발전시켰는데 1921년 12월 7일 원 국민회 성원들이 집단적으로 고려공산당에 가입하였다. 1923년 3월 고려공산청년회의 김은국이 소련 연해주로부터 룽징(龍井)에 와서 김홍선, 노창율 등과 함께 간도공산당을 수립하였다. 1923년 9월에는 박윤세, 한빈 등이 소련 연해주로부터 룽징(龍井)에 와서 임민호 등과 함께 만주고려청년회를 세웠다. 그리하여 그 시기 동만에만 해도 100여개의 공산당조직과 공산청년조직이 생기게 되었다. 남만에도 류허현(柳河縣)의 신진청년회(新進青年會), 판스(磐石)현의 신흥청년회(新興青年會) 등 공산당조직과 공산청년조직이 설립되었고 동변도의 지린(吉林), 자오허(蛟河), 퉁화(通华)에도 청년회 등이 있었다. 북만에서는 1925년 11월에 결성된 북만 청년총동맹, 아청청년회(阿城青年會) 등 9개의 공산주의 청년조직이 구성되었다

1926년 5월 16일, 헤이룽장(黑龍江)성 주허(珠河)현 이멘퍼(一面坡)에서 공산당만주총국과 고려 공산청년 만주총국이 창립되어 각 지역에 구

역국(區域局)을 건립할 것을 결정하였다. 얼마 후 공산당 북만 구역국(北滿區域局)이 성립되어 북만의 공산조직을 5개의 지부로 통합·정리하였으며, 1926년 10월 28일에 동만 구역국(區域局)이 성립되어 동만의 공산조직을 17개지부와 당소조로 새롭게 통합하였다. 1927년 8월 성립된 남만 구역국(區域局)은 지린(吉林), 통화(通化), 선양(沈陽) 등 8개 지방에서 기층조직을 확대하였다.

동북지구 한민족 공산당조직과 단체들은 당시의 대중을 지도하여 일본제국주의를 반대하는 투쟁을 전개하였다. 룽징(龍井)을 중심으로 동만의 한민족 이민들은 종교미신을 반대하고 일제의 노예화교육(奴化教育)을 반대하는 운동을 전개하였다. 1925년 6월 18일, 옌지(延吉)학생연합회는 집회를 가지고 상하이(上海) 5·30 반제투쟁을 성원하고 영국제국주의의 죄행을 성토하였다. 1927년 2월 14일, 지린(吉林)시의 군벌당국은 수백 명 경찰을 동원하여 200여 명의 한민족 이민청년들을 체포하였다. 2월 17일 지린(吉林)시 공산당조직은 군중을 발동하여 대규모 시위를 단행하여 체포된 청년을 구해냈다.

1927년 10월, 일본제국주의는 지방당국과 결탁하여 동만 각지의 한민족공산당 활동장소를 기습하여 29명의 주요 간부들을 체포하고 사형과 유기도형에 처하였으며 계속하여 100여 명의 간부와 군중을 체포하였다. 이것이 제 1 차 '간도공산당체포사건'이다. 1928년 5월부터 9월까지 일제는 현지 경찰을 동원하여 또다시 72명의 간부와 군중을 체포하여 '제 2 차간도공산당사건'을 조작하였다. 그리하여 동만지구에서는 재차 일제를 반대하는 한민족 이민 대중들의 투쟁이 크게 일어났다.

북만지구의 한민족 공산당은 대중을 이끌고 토지세를 삭감하고 이자를 감소시킬 것을 요구하는 감조감식(減租減食)투쟁을 전개하였다. 1928년 초, 통허현(通河縣)의 수많은 농민군중이 대규모 시위를 단행하여 "4·6제를 실행하자"는 구호를 외치면서 지주의 장원에 돌입하여 지주를 죽이고 그의 재산을 나누어 가졌다. 남만지구의 한민족 공산당조직과 단체들도 군중들이 봉기하여 감조감식(減租減息)을 중심으로 하는 투쟁을 전개하였다. 남만의 공산당조직은 「청년전위(青年前衛)」 등 간행물을 발간하여 농민들에게 계급교육을 시켰으며 지린(吉林), 화이더(懷德), 둔화(敦化) 등지의 한민족 공산당조직은 「만주 노동신문」을 발간하여 일제의 침략만행을 폭로하였다.

한민족 공산당 만주총국에서는 대중을 선동하여 반제반봉건투쟁을 전개하는 동시에 한민족자치운동을 전개하였다. 동만에서 그들은 향약[44] 운동(鄕約運動)을 발동하여 향약을 개선하는 기회를 이용하여 한민족의 간부로 회장, 사장, 갑장을 세워 그 향의 한민족자치를 실시하려 하였다.

남만에서는 과거 반일독립군조직이 건립한 자치조직을 이용하여 귀화입적 경로를 통하여 집거지구의 한민족자치를 실현하려 하였다. 그들은 귀화입적 동향회(同鄕會)를 자치조직으로 선정하고 국민당정부의 승인을 받으려 하였다. 북만에서는 한민족 이민들이 분산되어 사는 특성에 근거하여 동북 3성 한족(韓族)연합회를 건립하는 방법으로 한민족의 자치 권리를 쟁취하려 하였다.

일제가 동북에서 한민족 이민들에게 통제와 '보호'정책을 실행하고 군벌당국이 한민족을 박해하고 구축하는 상황에서 한민족 공산당만주총국이 추진한 민족 자치운동은 현실을 제대로 파악하지 못한 대응이었다. 그런 와중에 일제는 도사장제를 강행하고 군벌 당국은 한민족 이민이 향약의 책임자가 되는 것을 반대하였기에 향약운동은 실패하였다. 남만에서도 군벌당국에게 거절을 당하여 자치운동은 실패하였으며 북만의 자치운동도 결국 물거품이 되고 말았다.

한민족 공산당 만주총국이 건립된 후 내부에서는 ML파(마르크스-레닌파), 서울파(漢城派), 화요파(火曜派), 상하이파(上海派), 이리쿠스파(伊爾庫茨克派) 등 여러 개의 파벌이 생겨 영도권 쟁탈전을 하였다. 후에 동북

44) 저자 주: 향약은 당시 지방정부가 관할하는 농촌 기층 조직이다. 하나의 향에는 향약, 그 밑에는 몇 개 사(社), 사 밑에는 몇 개 촌이 있는데 향약에는 정,부회장, 사에는 정,부사장, 촌에는 정,부 갑장을 두었다.

에는 화요파의 만주총국도 있었고 ML파의 만주총국도 있었으며 또 다른 총국도 생겨났다. 1928년 12월, 코민테른(Komintern)은 1국 1당의 원칙에 따라 이와 같은 산발적인 공산당조직을 해산하고 개별적으로 심사를 거쳐 중국공산당에 가입하도록 지시하였다. 1929년 1월부터 1930년 4월까지 공산당 각파 만주총국은 해산선언을 발표하고 정식 해산을 선고하였다. 이로써 1920년대 초기부터 1930년까지 한민족 이민들이 한민족 공산당의 지휘 아래 진행한 한반도혁명연장주의 투쟁은 막을 내리게 되었다. 이처럼 큰 재난을 겪은 한민족 이민들의 민족독립과 해방을 쟁취하는 투쟁은 여러 차례 실패를 겪게 되었다. 그들은 투쟁을 통하여 중국에서 한반도 독립을 쟁취한다는 것이 불가능한 일이라는 것을 알게 되었으며 오직 중국의 혁명투쟁에 뛰어 들어 함께 중화민족의 해방을 쟁취해야 한다는 현실을 점차 깨닫게 되었다.

Ⅱ. 중국의 반제반봉건혁명에 투신

1. 중국 국민혁명[45]에 참가

한민족 이민들은 일찌감치 중국혁명에 참가하였다. 그들은 한반도의 독립과 민족해방을 중국혁명의 승리와 연결시켰다. 항일민족단체와 조기(早期) 공산주의 조직의 소개로 중국 국민혁명의 요람인 광둥(廣東)에 가서 기세가 드높던 북벌전쟁에 참가하였으나 북벌전쟁이 실패하자 국민당신 군벌을 반대하는 투쟁에 헌신하였다.

1924년 국공합작이 이루어진 후 광둥(廣東)의 혁명정세는 급속한 발전을 가져왔다. 소련과 중국공산당의 지원으로 쑨중산(孫中山)은 광저우

45) 저자 주: 중국 공산당 당원 전체가 중국 국민당에 참가하여 국민당을 조직형식으로 하여 노동자, 농민, 소자산계급, 민족자산계급을 단결하여 북양군벌정부를 뒤엎는 것을 목표로 한 혁명을 가리킨다.

(廣州)에 황푸(黃埔)군관학교를 건립하였다. 동북, 한반도와 소련의 연해주에서 수많은 한민족 청년들이 광저우(廣州)로 모여들었는데 1925년의 60여 명을 시작으로 1928년에는 800여 명이나 되었다. 그 중 일본에서 20여명, 소련 연해주에서 100여 명, 모스크바에서 30여 명, 한반도에서 100여 명이 참여하였고 나머지 400여 명은 동북에서 왔다.[46] 그들의 일부는 황푸(黃埔)군관학교에서 교관을 담당하였거나 학생으로 있었고, 일부는 중산대학에 있었으며 일부는 국민혁명군에 있었다.

황푸군관학교에는 군사교관 양림[47]이 있었는데 그는 펑우둥(楓梧洞) 전투 때 독군부 참모장으로 있었다. 독립군 참모장이었던 박영은 소련에 가서 극동 민족 소비에트[48]위원, 주석직무를 맡고 있다가 부인과 동생 박근만, 박근수를 데리고 황푸군관학교에 와서 훈련교관을 담당하였고 동생들은 그 학교에서 공부를 하였다.[49] 그 외에도 황푸군관학교에는 김산,[50] 이추악[51] 등 우수한 한민족 청년들이 많이 있었다.

1925년 2월 국민혁명(國民革命)정부가 제 1 차 동정(東征)을 할 때 양림, 이추악 등 한민족 이민출신들이 전투에 대거 참가하였다. 그해 6월 진계군벌 양시민(滇系軍閥楊希閔)과 계계군벌 유전환(桂系軍閥劉震寰)이 반란을 일으킨 후 황푸군관학교 양림 등은 또다시 전투에 나가 싸웠다.

1926년 7월 9일 북벌군은 광저우(廣州)에서 북벌선서대회를 열고 북벌전쟁을 시작하였다. 북벌군대에는 200여 명의 한민족 이민이 있었는데 제 6 군 포병대대장 이검운, 부 대대장 권준, 부 대대장 안동만, 제 2 군 포병 대대장 강파제, 제 6 군 55연대 기관총중대 소령교관 김준섭 등 수 명의 군관이 있었다. 8월 27일, 북벌군 제 4 군이 후베이(湖北)성 딩스쵸(汀泗橋)를 진공할 때 김준섭은 기관총중대를 지휘하여 군벌군의 화력을

46) (중) 이광인, "북벌전쟁과 조선족 청년," 연변일보, 1988년 3월 1일.
47) 저자 주: 양림(楊林), 원명은 김훈(金勳), 楊州平, 楊甯(畢士弟).
48) 저자 주: 소비에트란 노동자 농민정권이란 뜻이다.
49) (중) 박창욱, 「조선족혁명열사전」, 요녕민족출판사, 1983년, 41-44쪽.
50) 저자 주: 원명 張志樂, 張明, 寒山이라고도 부른다.
51) 저자 주: 여자, 원명 金錦珠, 張一志라고도 부른다.

제압하여 부대의 돌격을 엄호하였다. 제 6 군이 난창(南昌)에서 철수할 때 김준섭은 또 기관총중대를 거느리고 한 갈래의 혈로를 뚫어 놓았다.

1926년 11월, 제 6 군이 주장(九江)을 공격할 때 포병연장 이검운은 포병을 지휘하여 군벌군의 사령부를 명중하였다. 전투가 끝난 후 그는 포병영장으로 승급하였다. 같은 달, 북벌군이 난창 악화(嶽華)역을 공격할 때 김준섭은 빗발치는 군벌군들의 탄알을 피하며 유리한 지형을 찾아 사격하다가 아깝게 희생되있다.

1927년 1월, 북벌군은 창장(長江) 이남을 해방하였고 광둥(廣東)혁명정부도 우한(武漢)에 진입하였다. 그러나 4월 12일 장제스(蔣介石)는 국민혁명을 배반하고 상하이(上海)와 광저우(廣州)에서 공산당을 숙청하여 수많은 혁명자들을 살해하였다. 그 때 한민족 혁명자들도 많이 피살되었다. 김규광, 박건웅, 박영, 박진, 박봉(박근수) 삼형제 등 100명의 한민족혁명자들은 부대를 따라 우한(武漢)군사정치학교로 옮겨 갔다. 1927년 5월 17일, 반동군벌 샤더우옌(夏鬥演)이 혁명을 배반하고 우한(武漢)의 혁명인원을 공격하자 우한(武漢) 군사정치학교와 우한(武漢)에 있던 국민혁명군의 한민족 전사들도 부대와 함께 반변군의 진공을 격퇴하였다. 박영 삼형제와 양림 등은 전투에서 늘 앞장에 섰다. 7월 15일, 이번에는 왕징웨이(汪精衛)가 국민혁명을 배반하였다. 반란군은 즉시 총부리를 국민혁명군에 돌렸다. 박영 등 150여 명의 한민족 지휘원과 전투원들은 우한(武漢)에서 용감하게 싸워 반란군의 진공을 분쇄하였다.

1927년 8월 1일, 장타이레이(張太雷), 저우언라이(周恩來), 주더(朱德) 등 중국공산당 주요 지도자들은 난창(南昌)에서 무장봉기를 일으켜 무장투쟁으로 국민당의 탄압에 반항하였다. 1927년 12월 10일 김산, 양달부(楊達夫) 등 20여명 한민족 혁명자들은 광저우(廣州)봉기의 준비를 위하여 긴급회의를 열었다. 150여 명의 한민족 지휘관과 전투원들이 봉기군 교도대에 편입되어 광저우(廣州)봉기에 참가하였다. 그때 김산과 양달부는 봉기군의 책임자인 예팅(葉挺)의 참모로 있었다. 12월 11일 광저우(廣

州)봉기가 폭발하였다. 한민족의 강석필, 홍범기 등 수십 여 명의 전사들은 봉기에 참가하여 목숨을 걸고 공격의 혈로를 열어 놓았다. 한민족 전사 김래준 등은 신군벌 군대 제78연대 부대실에 뛰어 들어 잠자던 적병을 모두 소탕하였다. 한민족 전사 방월성은 돌격대에 가입하여 교회 울타리 안에 있는 신군벌군을 공격함으로써 신군벌군 제57연대를 궤멸시키는 데 큰 공을 세웠다.

12월 12일, 주강 도강작전에서 150여 명 한민족 용사들은 신군벌군대와 막판싸움을 하였다. 관인산(觀音山) 고지를 지키는 전투에는 150여 명의 한민족 용사들이 참가하였으며 박영 등 대다수 용사들이 희생되고 몇 사람만 겨우 살아 남았다. 광저우(廣州)봉기에 참가하였던 다른 부대의 한민족 용사들도 많은 희생을 당했는데 그들은 하이펑, 리우펑(海豐, 陸豐) 근거지를 갔다가 군벌군대가 그곳을 점령하자 갖은 고초를 겪으면서 바다를 통해 상하이(上海)로 갔다. 그들은 상하이(上海)에서 중앙의 파견을 받고 다시 동북에 와서 혁명을 견지하였다. 그들 가운데는 황푸군관학교 출신만 하여도 진공목(원명은 이병희), 박진, 박봉, 마천무, 신춘, 방상범 등 20여 명이 있었다.

2. 동북에서의 반제반봉건투쟁

1927년 10월 24일 중공만주성위(中共滿洲省委)가 하얼빈(哈爾濱)에서 설립되었다. 만주성위는 동북의 한민족 이민들의 민족운동역사와 현실을 분석하고 한민족 이민도 중국인민과 동등한 대우를 받아야 하며 토지소유권을 가질 수 있어야 한다고 주장하였다. 1927년 12월 1일, 만주성위는 '만주 목전공작계획결의안'을 통과하여 한민족 이민들은 "어느 민족보다 더욱 일제와 중국군벌, 지주의 참혹한 압박과 착취를 받은 민족으로서 그들은 만주 혁명 농민의 일부분이며 반일의 우군(友軍)이다"라고 지적하였다. 1930년 1월, 중국공산당중앙에서는 린중단(林忠丹)을 하얼빈(哈爾

濱)에 파견하여 한빈, 이춘산 등과 함께 한민족의 공산당 각파 만주총국 책임자들의 회의를 열고 코민테른(Komintern)의 '일국일당'지시를 전달하였다. 쌍방은 중국공산당의 통일 영도 밑에서 중국혁명에 직접 참가하여 한반도 민족독립을 지원하자고 협의하였다.

한국 공산당당원을 흡수하고 한민족 이민들의 혁명투쟁을 지도하기 위하여 1930년 3월 만주성위는 소수 민족운동위원회를 만들었고, 특히 동만에다 '한국민족위원회'를 건립하였다. 그해 5월 24일, 만주성위는 '성위소수 민족운동위원회'가 만주의 한국 노농운동에 대한 결의안(초안)을 발표하여 한민족 이민들은 반제반봉건투쟁의 주력이며 "만주의 한국 농민들은 혁명 이외에 다른 광명한 도로는 더는 없다"고 지적하였다. 결의는 또 그들이 민족자결을 실현하는 길은 "중국노동계급의 지도 밑에서 일본과 일제 제국주의를 타도하고 중국과 한국의 노농병 소비에트정권을 수립하여 관방에서 소유한 토지 및 일체 지주의 토지를 몰수하여 민족을 불문하고 농민에게 분배하여 주며 민족자결정강을 실현하는 것"이라고 지적하였다.[52] 1931년 5월 26일, 만주성위는 '만주한국민족문제에 관한 결의안'을 발표하여 "응당 완전한 민족자결을 제출하여야 한다. 심지어 한국 사람들이 분리하여 독립 국가를 건립할 권리를 주요한 중심구호로 삼아야 한다"고 지적하였다.[53]

1930년 4월 24일, 만주성위는 5·1 투쟁위원회를 설립하였다. 성위에서는 박윤세를 동만에 파견하여 동만 5·1 투쟁위원회를 조직하고 각종 준비를 추진했다. 5월 1일, 룽징(龍井)의 수공업노동자 등 몇 개 공장의 200여 명 한민족 이민 동맹파업이 일어남과 함께 20여개의 학교가 동맹휴학을 선포하고 거리에 뛰쳐나가 시위를 단행하였다. 이어서 허룽현(和龍縣), 요수이둥(药水洞), 터우도거우(頭道溝), 스먼(石門) 등 여러 곳의 농민과 학생들이 시위를 하면서 지주의 집을 습격하고 고리대 문서를 태워

52) (중)중공만주성위문건 15권 8호.
53) (중)동북지구 조선인 혁명투쟁자료회편, 733쪽.

버렸다. 일부 지방의 농민들은 해당 지역 친일기관의 사무실에 들어가서 책상을 부셔 버렸다. 그날부터 5월 31일까지 동만의 각 현에서 한민족 이민들의 투쟁이 계속되었는데 지주의 집을 19채 소각하고 철도교량 4곳을 파괴하였으며 10여 곳의 전선을 끊어 버렸다.

5월의 투쟁은 그 후에도 계속되었으며 6월만 하여도 동만 지구에서 약 1,000여 명의 한민족 이민들이 투쟁에 참가하였다. 7월에는 허룽현 창린(和龍縣長仁), 터우다오거우(頭道溝) 등 여러 곳의 농민들이 폭동을 일으켰고 왕칭(汪清), 훈춘(琿春)등 여러 집거지구의 한민족 이민들도 폭동을 일으켰다. 8월 1일 둔화(敦化)현의 150여 명 한민족 이민들이 폭동을 일으켜 전화선을 끊어버리고 철도교량을 파괴하였으며 심지어 보위단 병영까지 들이닥쳤다. 8월 한 달 기간만 하여도 옌지(延吉), 허룽(和龍), 안투(安圖), 훈춘(琿春) 등 동만 각 현에서 약 4,473명의 군중이 폭동에 참가하였으며 둔화(敦化)현 등지의 수천 명 군중이 폭동에 참가하였다. 국민당 군벌당국은 피비린내 나는 탄압을 감행하여 140여 명의 군중을 살해하고 62명을 체포하였다. 남만과 북만 각 현의 한민족 이민들도 도처에서 폭동을 일으켰는데 그 중 푸순(撫順), 환런(桓仁)과 헤이룽장(黑龍江)성의 닝안(寧安) 등지의 농민폭동이 비교적 큰 규모를 형성하였다.54)

이런 투쟁을 통하여 한민족 이민들 가운데서 수많은 혁명자들이 중국공산당에 가입하였다. 1928년 10월 중공 동만 특별구위원회(特別區委員會)를 성립할 때 공산당당원은 22명이었으며 1930년 6월에는 480명이 되었다. 그해 9월 25일 만주성위는 동만 특별구위를 동만 특별위원회로 고쳤다. 1931년 4월의 통계에 따르면 동만의 옌지(延吉), 허룽(和龍), 왕칭(汪清), 훈춘(琿春) 등 4개현에 공산당원이 699명이 있었고 공청단원이 1,850명이 있었는데 이 중 대부분이 한민족 이민이었다.55)

남만지구의 한민족 이민들도 중국공산당 지방조직의 지도 밑에서

54) (중) 최후택, 「영명한 정책 휘황한 여정」, 흑룡강조선민족출판사, 1997년, 141쪽.
55) (중) 연변 당사자료 통신, 1986년 제2기, 10쪽.

반제 반봉건 투쟁에 적극 참가하였다. 그 과정에서 수많은 선진인사들이 중국공산당에 가입하였는데 1930년 8월 10일 중공판스(磐石)현위가 성립되었고 80여 명의 당원이 있었다. 1931년 8월, 판스(磐石)현위는 판스(磐石)중심현위로 개칭하였는데 당원 92명이 있었고 그들 대부분이 한민족이었다. 1930년 8월 성립된 류허(柳河)현위에는 40여 명의 당원이 있었고 칭위안(慶源)중심현위에도 당원이 40여 명 있었다.

북만에도 한민족 이민 중 많은 선진인사들이 중국공산당에 가입하였다. 1931년 닝안(寧安) 중심현위가 성립될 때 220명의 당원이 있었고 1932년 중순 탕위안(湯原)중심현위가 성립될 때 당원이 110여 명이 있었으며 같은 해 6월 주허(珠河)중심현위가 성립될 때 당원이 47명 있었다. 각 지역의 당원 중 한민족 이민당원이 절대 다수를 차지하였다. 1930년 11월 중공만주성위의 집계에 따르면 동북지구에 2,000여 명 당원이 있었으며 역시 한민족 당원이 절대 다수였다. 그 외 한민족 이민들은 반제동맹, 농민협회, 부녀회, 아동단 등 군중조직을 건립하였으며 약 1,500여 명이 참가하였다.[56)]

1930년 9월, 중공만주성위는 만주행동위원회로 개칭하고 전 만주 범위에서 추수폭동을 일으킬 것을 지시하였다. 9월 7일 옌지(延吉)현 즈신(智新)향의 한민족 이민들의 폭동을 시작으로 하여 그해 말까지 동만에서 약 15,000여 명의 한민족 대중들이 크고 작은 폭동을 687회나 일으켜 친일주구와 민회참의원 163명을 제거했으며 그들의 가옥 253채를 불태워 버렸다. 폭동군중들은 또 옌지(延吉)현 둥성융(東盛涌)일대의 철도를 파괴하여 십여 대의 화물차량을 전복시켰다. 한민족 이민들의 투쟁은 일제와 국민당 신군벌을 맹렬히 공격하였다.[57)]

56) (중) 최후택, 「영명한 정책 휘황한 여정」, 흑룡강조선민족출판사, 1997년, 129쪽.
57) (중) 최후택, 「영명한 정책 휘황한 여정」, 흑룡강조선민족출판사, 1997년, 131쪽.

Ⅲ. 항일무장조직의 건립과 유격전

1. 항일무장투쟁과 유격전

'9·18 사변'이 일어난 후 동북의 한민족 이민들은 대규모 항일투쟁을 전개하였다. 일제가 경영하는 로터우거우(老頭溝) 탄광 140여명 노동자들이 파업을 단행하였으며 한민족 집거지구의 학생들이 거리에 뛰쳐나와 반일시위를 하였다. 많은 농민들이 대규모 추수투쟁을 벌였으며, 지주의 장원에 돌입하여 감조감식(減租減食) 운동을 전개하였다. 남만에서는 농민들의 시위가 폭동으로 발전해 친일 지주와 주구를 처단하고 지주집의 창고를 털어서 농민들에게 나누어 주었다. 북만에서는 반일선전을 강화하여 반일대동맹 조직을 구성하였다. 일제의 압력과 재촉 밑에서 국민당 신군벌당국은 대량의 군대를 파견하여 한민족 이민들의 집거지구를 토벌하였다. 1930년 5월부터 1932년 2월까지 동북에서는 2,234명의 공산당원과 군중이 일제에 살해되고 체포되었는데 그 중 19명이 중국인이고 나머지는 모두 한민족 이민이었다.58)

1931년 10월 12일, 중국공산당중앙은 유격대를 창건하여 유격전을 시작하도록 지시를 내렸다. 그 때 중공동만특별위원회에는 1,004명의 당원과 1,000여 명의 공산주의청년단원(共青團員)이 있었고, 그 중 95%는 한민족 이민이었다. 그해 12월 6일 특별위원회는 옌지현 밍웨거우(延吉縣明月溝) 부근 윙성라즈(甕聲砬子)에서 각 현 당원과 공청단원 열성분자(熱誠分子) 회의를 열고 항일유격대를 건립하고 유격근거지를 건립하여 유격전을 진행하기로 결정하였다. 한민족 이민들은 이에 적극적으로 호응하여 돈 있는 사람은 돈을 내고 총 있는 사람은 총을 바쳤으며, 골수분자들은 적의 손에서 무기를 탈취하였다.

58) (중) 황룡국, 「조선족혁명투쟁사」, 연변인민출판사, 1992년, 171쪽.

1933년 초 옌지(延吉)현에서는 이란거우(依蘭溝)와 로터우거우(老頭溝) 유격대 등을 합병하여 옌지(延吉)현 유격대를 발족하였는데 총 130여 명의 인원이 활동하였다. 1933년 초 허룽(和龍)현에서는 핑강(坪崗), 카이산툰(開山屯) 등지의 유격대를 합병하여 허룽(和龍)현 유격대를 조직하였으며 이 유격대는 80여 명으로 구성되었다. 1932년 11월, 왕칭(汪淸)현에서는 샤오왕칭(小汪淸) 유격대와 헤이룽장(黑龍江)성 닝안(寧安)과 안투(安圖)현에서 온 유격대를 재편성하여 왕칭(汪淸)유격대를 조직하였으며 대원은 90여 명 정도였다. 1933년 1월, 훈춘(琿春)현에서는 옌취(煙區)와 황거우(荒溝)유격대를 합병하여 훈춘(琿春)현 유격중대를 조직하였으며 병사들은 100여 명이었다. 당시 동만 4개현에 400여 명의 유격대원이 있었는데 그 중 98% 이상이 한민족 이민이었다.

1932년 6월 4일, 판스(磐石)현에서는 산다오장(三道江)에서 판스(磐石)항일 유격대를 기반으로 위만주국(僞滿洲國) 군대 30여 명을 항일의 길에 들어서게 하고 그들과 함께 판스노동자농민(磐石工農)의용군(판스유격대 혹은 남만반일유격대라고도 함)을 창립하였다. 1933년 5월까지 이 유격대는 적들과 60여 차례의 크고 작은 전투를 하면서 230여 명으로 발전하였는 데 그 중 한민족 이민이 80여 명이 있었다. 1932년 8월, 류허(柳河)현위에서는 원 하이룽(海龍), 류허(柳河)노농의용군을 랴오닝(遼寧)민중자위군 제9군에 편입시켰다가 1932년 11월 중국노농홍군 제37군 하이룽(海龍)유격대로 개편시켰다. 이 부대의 중심인물들도 모두 한민족 이민이었다.59)

1934년 5월 20일 헤이룽장(黑龍江)성 수이닝(綏寧)중심현위에서는 한민족 이민 공산당원과 공청단원을 중견요원으로 삼아 수이닝(綏寧)유격대를 조직하였다. 1933년 4월 21일 라오허(饒河)중심현위에서는 라오허농공(饒河農工) 의용군을 세웠으며 40여 명의 대원이 모두 한민족 이민이었다. 1934년 2월, 이 부대는 라오허(饒河)민중반일유격대로 개칭하였다.

59) (중) 최후택, 「영명한 정책 휘황한 여정」, 흑룡강조선민족출판사, 1997년, 190-191쪽.

1933년 10월 4일, 이계동 등 6명의 한민족 청년과 한족 청년 조상즈(趙尚志)는 위만주국군의 손에서 빼앗아 온 기관총 한정과 11자루의 보총으로 주허(珠河)반일유격대를 조직하였다. 계속되는 전투 속에서 이 유격대는 70여명으로 발전하였으며 반 수 이상이 한민족 이민이었다. 1932년 10월 10일 탕위안(湯原)현위에서는 중국 노농홍군 제33군 탕위안(湯原)민중반일유격대를 세웠으며 40여명의 지휘관과 대원이 모두 한민족 이민이었다. 1934년 3월 20일 미산(密山)현위에서는 미산(密山) 유격대를 조직하였는데 이 역시 반 수 이상이 한민족 이민이었다. 그 외에도 닝안(寧安)노농항일의용군 등 반일유격대가 조직되었으며 그들 유격대원의 대부분도 한민족 이민으로 구성되었다.60)

항일유격대의 건립을 동반하여 한민족 이민 집거지구를 중심으로 항일유격근거지가 만들어졌다. 동만의 주요한 항일유격근거지는 왕우거우(王禹溝), 싼다오완(三道灣), 빠다오거우(八道溝), 위랑촌(漁浪村), 다황거우(大荒溝), 옌퉁라즈(煙筒砬子), 야오잉거우(腰營溝), 뤄즈거우(羅子溝), 처창즈(車廠子), 나이터우산(奶頭山) 등이었다. 그러나 적들의 반복되는 토벌작전으로 인하여 1935년 각 지의 유격근거지들은 모두 파괴되고 유격대와 군중들은 1935년 초에 처창즈(車廠子) 유격근거지에 집결하였다가 그 해 10월에 이 근거지가 파괴되면서 동만의 항일유격근거지는 더 이상 존재하지 못하게 되었다. 이후 항일부대만 나이터우산(奶頭山)에 들어가 유격근거지를 세웠다가 1936년 2월에 파괴당하였다. 그 후부터 동만의 항일유격부대는 근거지가 없이 밀림의 숲을 기지삼아 전투에 임하게 되었다.

1932년 여름부터 1938년 봄까지 남만에서는 전후하여 6개의 큰 항일유격근거지를 건립하였는데 주요한 근거지는 판스(磐石), 허리(河裏), 나얼훙(那爾轟), 환런(桓仁), 신빈(新賓), 콴뎬(寬甸) 등 항일유격근거지와 라오링(老嶺), 창바이(長白)항일유격근거지들이다. 1938년 봄 창바이항일유격근거지가 해체되면서 남만의 항일부대도 근거지가 없이 산림 속 비밀

60) (중) 최후택, 「영명한 정책 휘황한 여정」, 흑룡강조선민족출판사, 1997년, 192-194쪽.

기지에 숨어 살면서 일본 침략군과 유격전을 견지하였다.

1933년 말부터 1939년까지 전후하여 북만에도 9개의 항일유격근거지가 있었다. 이들은 빠다오허즈(八道河子), 주허(珠河), 허리(鶴立), 시베이거우(西北溝), 타이핑산(太平山), 다뤄러미(大羅勒密), 탕왕허(湯旺河), 차오양산(朝陽山), 바오마딩즈(暴馬頂子) 등이었다. 1939년 북만의 유격근거지들도 침략자들의 토벌에 몽땅 파괴되면서 항일부대는 산림 속 비밀기지에서 노숙하는 형편이 되었다.

1932년 가을부터 1933년 초까지 일군과 위만주국군은 전후(前後) 동만의 각 유격근거지에 대해 2차례 토벌을 감행하여 이르는 곳마다 몽땅 죽이고 몽땅 빼앗고 몽땅 불살라 버리는 '삼광 정책(三光政策)'을 실시하였다. 제 2 차 반 '포위토벌'투쟁에서 동만의 유격대는 6,129명의 일군, 위만주국군과 150여 차례의 크고 작은 전투를 벌였다. 1933년 초 허룽(和龍)현 유격대는 위랑춘(漁浪村) 근거지에서 250여 명의 일군, 위만주국군과 전투를 하였는데 유격대대장 김세, 황푸군관학교 출신이며 현위서기인 최상동 등 13명이 희생되었다.[61] 1932년 11월부터 1933년 5월까지 일제는 1,000여 명의 일군과 위만주국병사들을 동원하여 남만근거지를 포위토벌하였다. 판스(磐石)유격대는 홍광의 지도 밑에 60여 차례나 용감하게 전투를 하였으나 유격근거지는 파괴되었고 결국 수많은 유격대원과 군중들이 희생되고 말았다.

1933년 여름부터 동북 각지의 유격대는 중국공산당중앙의 항일민족통일전선 결성지시에 따라 중국인으로 구성된 원 동북군 중에서 항일의 기치를 든 구국군[62]과 손잡기 위해 노력하였다. 그들은 구국군과 연합작전으로 일군과 위만주국군의 계속되는 '포위토벌'을 분쇄하였다.

1933년 11월부터 1934년 여름까지 일군과 위만주국군은 6,000여명의 병력을 동원하여 동만 각 유격근거지를 향하여 제 3 차 '포위토벌'을 감행

61) (중) 황룡국, 「조선족혁명투쟁사」, 연변인민출판사, 1988년, 273쪽.

62) 저자 주: 항일과 투항의 길에서 동요하고 있는 원 동북군을 가리킴.

하였다. 1934년 3월 만주성위는 동만 4개현의 유격대를 합병하여 동북인민혁명군 제2군 독립사를 건립하였으며 640여 명의 인원을 보유하고 있었다. 1934년 여름, 이 부대는 '포위토벌'을 분쇄하는 전투 속에서 900여 명으로 확대되었는데 병사들 대부분이 한민족 이민출신들이었다. 동북인민혁명군 제2군 독립사는 구국군, 산림대부대와 연합하여 안투현 다덴즈(安圖縣大甸子), 헤이룽장성 둥닝(黑龍江省東寧)현과 옌지현 빠다오거우(延吉縣八道溝), 왕칭현 바이초거우(汪清縣百草溝) 등지에서 53차례의 전투에 걸쳐 수많은 일군과 위만주국군을 타격하였다. 옌지현(延吉縣), 안투현(安圖縣) 전투에서만 일군 및 위만주국군 200여 명을 살상하고 300여 자루의 무기를 노획하였다.63)

1935년 봄부터 적들은 동만에서 제4차 '포위토벌'을 발동하여 항일부대를 철저히 분쇄하려 하였다. 그러나 동북인민혁명군 제2군 독립사단은 전투 속에서 부단히 성장하였다. 1935년 5월 30일, 이 부대는 4개 연대 1,200여명으로 발전하였는데 800명 이상이 한민족 이민 출신이었다.

1934년 겨울부터 1935년 봄까지 일제는 12,000여 명 병력을 동원하여 남만지구에서 연속 3차례의 대토벌을 감행하여 항일무장군을 소탕하기 위해 안간힘을 썼다. 남만의 항일무장은 판스(磐石), 하이룽(海龍), 싱칭(興慶) 등지에서 당지의 농민자위대 등 반일무장과 손을 잡고 수많은 일군, 위만주국군을 살상하고 많은 무기를 노획하였다. 1935년 11월 7일 남만의 항일유격대는 합병하여 동북인민혁명군 제1군을 조직하였다. 한민족 이민출신 박한종이 참모장, 이홍광이 제1사 사장 겸 정치위원을 맡았으며 400여 명 병사 가운데서 절반이 한민족 이민이었다.

2. 항일무장투쟁의 확산

1934년 11월부터 일제는 3,000여 명의 병력을 동원하여 북만의 항일

63) (일) 간도무장공산비적의 전망.

무장을 토벌하였다. 북만의 항일무장군은 일군, 위만주국군들과 유격전을 벌여 맹렬히 싸웠다. 1935년 1월 28일 만주성위에서는 주허(珠河) 등지의 유격대들을 합병하여 동북인민혁명군 제 3 군을 건립하였는데 한민족이민 이복림이 제 1 연대 정치부주임을 맡았고 허형식(원명 리조산)이 제 2 연대 연대장을 담임하였다. 병사들은 약 200여 명이 있었으며 그 중에서 한민족 이민이 3분의 1을 차지하였다. 같은 해 8월 19일 지둥(吉東)성위에서는 라오허(饒河)민중반일유격대를 확대하여 동북인민혁명군 제 4 연대를 결성하였으며 한민족 이민 이학복이 연대장을 맡았다. 이 부대 250여 명 병사 가운데 한민족 이민이 3분의 1을 차지하였다. 1936년 11월 이 부대는 동북인민혁명군으로 개편되었으며 700여 명의 병력 가운데 절반이 한민족 이민이었다.

1936년 1월, 탕위안(湯原) 반일유격대는 동북인민혁명군 제 6 군으로 개편되었다. 1,000여 명의 대원 중 중견(中堅)인물 대부분이 한민족 이민이었으며, 각 부대들은 북만의 도처에서 유격전쟁으로 수많은 일군과 위만주국군을 타격하여 적들의 토벌을 분쇄함으로써 다른 지역의 항일을 지원하였다.

일본 침략자들의 점령지역에 있는 한민족 이민들도 유격대의 반 '포위토벌'전투에 합류하여 용감하게 투쟁을 진행하였다. 옌지현 빠다오거우(延吉縣八道溝) 금광의 노동자들은 생산 공구를 파괴하는 방법으로 일본 자본가의 재산을 파괴하였으며 비밀리에 유격대에 폭파약을 보내 주기도 하였다. 도시의 많은 대중들은 유격대에게 신발, 의복, 약품과 식량을 보내주었다. 집단부락의 대중들은 자위단군의 감시가 약한 틈을 타서 자위단실을 습격하여 총과 탄약을 빼앗아 유격대에 보냈다. 지린(吉林)성 제 4 감옥(옌지감옥)에 갇힌 혁명자들은 1935년 5월 7일 적들이 단오를 쇠는 기회를 이용해 탈옥투쟁을 벌였는데 50여 명이 희생되고 나머지 사람들은 적의 추격을 벗어나 처창즈(車廠子) 유격근거지에 도착하였다. 남만과 북만의 일제점령지구에 있는 한민족 이민들도 항일유격대에 아들을 입대시키거나 식량을 지원하는 등의 형식으로 항일유격대를 지원하였다.

1936년 2월 이후, 중국공산당중앙은 동북항일연군 통일전선건립선언을 발표하여 공산당이 지도하는 동북인민혁명군이 일체반일부대와 연합하여 항일연군을 건립하도록 지시를 내렸다. 1936년 3월 동북인민혁명군 제2군은 동북항일연군 제2군으로 개편하였다. 그 후 동북인민혁명군부대는 몽땅 동북항일연군으로 개편되었다. 전투력이 강하고 대부분이 한민족 이민인 제2군 제4사단과 전부가 한민족으로 구성된 제6사단은 백두산 일대에서 유격전을 전개하였다. 각 항일연군부대는 동북산야에서 일제의 토벌대와 밤낮 없이 싸웠다. 그들은 일군, 위만주국군의 거점을 진공하여 식량과 무기를 보충하였다.

한반도 인민들의 투쟁을 고무하고 한민족 전투원들의 사기를 돋구어주기 위하여 1937년 6월 어느 날 제2군 제4사단은 두만강을 건너 함경북도 무산군(茂山郡) 일대의 일제의 거점을 여러 차례 기습하고 80여 명의 일군을 소탕하였다. 같은 해 6월 4일에는 제2군 제6사단의 일부 부대도 압록강을 건너 한반도 갑산군보천보(甲山郡普天堡) 경찰서를 습격하였다. 제2군은 동만과 남만의 여러 곳에서 수백차례의 전투를 하여 대량의 일군과 위만주국군대를 궤멸하였다. 항일연군 제1군 각 부대들도 남만지역에서 일군과 560여차의 전투를 걸쳐 대량의 일군을 소탕하였으며 항일연군 제4, 6군부대도 북만에서 대량의 일군을 제거하였다.[64)]

1937년 7월 7일 일제는 루거우차오(蘆溝橋) 사변을 일으켜 중국에 대한 전면공격을 실행하였다. 항일연군 내의 한민족 이민 지휘관과 전사들은 한족 및 기타민족 지휘원, 전투원들과 함께 영하 40도를 오르내리는 동북의 밀림에서 앞을 가로 막고 뒤를 추격하는 일군과 위만주국군의 토벌대와 완강하게 싸웠다. 제2군의 부대는 후이난(輝南), 무단장(牡丹江), 멍장(蒙江), 안투(安圖), 화뎬(樺甸), 푸쑹(撫松), 시펑(西鳳), 칭위안(慶源), 카이위안(開原) 등지에서 일군, 위만주국군에게 큰 타격을 입혔다.

---

64) (중) 최후택, 「영명한 정책 휘황한 여정」, 흑룡강조선민족출판사, 1997년, 276-283쪽.

다른 부대의 전투원들도 용감하게 싸웠다.

일제의 반복되는 토벌로 인하여 동북지구의 항일무장투쟁은 극도로 곤란한 지경에 봉착하였다. 1940년부터 시작하여 동북의 항일연군부대는 상급의 지시에 근거하여 소련 극동지구 블라디보스토크로 철거하여 집중 훈련을 하면서 소 분대를 조직하여 동북에 나와 일제침략자를 타격하였다.

1941년 6월 22일, 일제는 소련에 대한 공격을 발동하고 12월 태평양 전쟁을 개시하였다. 동북을 침략전쟁의 병참기지로 만들기 위하여 일제는 각 민족 인민에 대한 탄압과 착취를 강화하였다. 한민족 이민들은 한족 및 기타 민족과 함께 나무껍질과 풀뿌리로 연명하면서 항일군에게 식량을 보내 주었으며 소금과 약품을 얻어 보냈다. 수많은 열혈 청년들이 항일군에 참가하였고 일제의 노화교육(奴化教育)을 반대하는 투쟁을 전개하였으며 강제징병을 반대하여 투쟁하였다.

한민족 이민들은 중국의 동북항일전쟁에서 많은 희생자를 내었다. 1931년 '9・18 사변'부터 1945년 8월 일제가 무조건 투항할 때까지 동만에서만 2,726명 항일열사가 목숨을 바쳤으며, 그 중 93%가 한민족 이민들이였다. 항일전쟁기에 지린(吉林)성에만 398명의 여성열사가 있었으며, 이 중 한민족 이민 여성열사의 숫자만도 397명에 달했다.[65] 일제의 토벌과 탄압에 희생된 한민족 이민 백성들도 수만 명에 달한다. 반수 이상이 한민족 이민으로 된 동북의 항일부대는 동북에서 수많은 일제침략군을 소탕하였을 뿐만 아니라 대량의 침략군들의 발을 동북에 묶어놓아 전국의 항일투쟁을 크게 지원하였다.[66]

65) (중) 김철수 등 주필, 「중국조선족역사상식」, 연변인민출판사, 1998년, 189쪽.
66) (중) 최후택, 「영명한 정책 휘황한 여정」, 흑룡강조선민족출판사, 1997년, 323쪽.

제 3 절 중국의 공민으로 전환

Ⅰ. 중국의 소수 민족정책 수용

1. 중국공산당의 한민족 이민정책

중국의 토지혁명시기였던 1927년, 중국공산당만주성위(中共滿洲省委)는 성립되자마자 동북에 입주한 한민족 이민들을 중시하면서 그들의 반일정서를 격려하기에 힘썼다. 만주성위는 '만주의 조선농민문제'에서 "조선의 난민들은 조선에서 일본제국주의자들의 무자비한 착취와 학대를 크게 받아 토지를 잃거나 혁명투쟁을 하다가 쫓기여 만주로 왔기 때문에 자연스럽게 반일과 조국광복의 민족혁명사상을 품고 있어 일본제국주의자가 제일 싫어하는 대상으로 되었으며 봉계군벌이 일제와 야합하는 데 있어서 장애가 되었다"라고 지적하였다.

1927년 7월 9일 중국공산당 제6차 대표대회에서 통과한 '민족문제에 관한 결의문'에서도 한민족 이민에 대하여 '한국인,' '고려인,' '조선인' 등 여러 가지 이름으로 묘사하면서 그들을 중국의 소수 민족으로 인정하였다.

항일 전쟁이 끝나자 중국공산당은 '화평건국강령초안'을 발표하여 과거의 민족정책입장을 견지하면서 화베이(華北)에서 항일전쟁에 참가했던 조선의용군을 제외한 동북의 한민족 이민들은 중국 경내의 소수 민족으로 인정한다고 지적하였다. 1946년 산간닝벤구(陝甘寧邊區) 정부는 소수 민족이 집거한 지구에서는 민족자치정권을 조직한다고 선포하였다.

1945년 9월 말부터 중국공산당중앙동북국(中共中央東北局)은 동북의 한민족문제에 대하여 특히 주의를 일으키면서 화베이(華北)의 항일전쟁에 참가한 조선의용군 외 동북에 거주하고 있는 한민족은 일반적으로 중국 경내의 소수 민족으로 본다고 하였다.[67] 1946년 3월 25일 연변전원공서 부전원(延邊專員公署副專員) 둥쿤이(董昆一)는 연변 임시참의원 회의에서 사업보고를 하였다. 그는 '금후의 사업'이란 제목에서 다음과 같이 말하였다. "중국과 한국, 두 민족은 동일한 운명이다. 과거, 현재와 장래도 모두 마찬가지다. 일본제국주의 시대부터 현재의 잔여세력, 예를 들면 전패한 일본병사와 반동분자들은 중・한 인민의 단결을 분열하려고 시도하고 있다. 중・한 두 민족은 긴밀히 손잡고 다 같이 새 사회를 건설해야 한다."[68]

1946년 12월 저우보우중(周保中)은 중국공산당 길림성위원회 군중공작회의에서 '금후연변 조선민족문제(초안)'이란 제목으로 전문 보고를 하였다. 그는 "공산당이 비록 새로운 환경에서 아직 명확하게 조선인의 소수 민족지위를 선포하지 않았지만 실제상에서 조선인에 대한 소수 민족 정책을 집행하고 있으며 장래에 반드시 발전시킬 것이다"라고 말하였다.[69]

1948년 8월 15일 중국공산당 연변지구위원회(中共延邊地委)는 '연변 민족문제에 관하여'에서 두 번째 제목으로 '연변 중・한 민족관계'를 설명하면서 공민(公民)[70]과 교민(僑民)의 구별을 다음과 같이 구체적으로 확정하였다. "무릇 연변에 거주하는 조선인민 가운데 호구를 등기하여

67) (중) 저우보우중(周保中), "연변조선민족문제(초안)" 연변조선족자치주 당안국, 중공연변길동길돈지위 「연변전원공서중요문건 회편 제1집」, 1985년 5월, 327쪽.

68) (중) 둥쿤이(董昆一), "정부사업보고" 연변조선족자치주 당안국, 중공연변길동길돈지위 「연변전원공서중요문건 회편 제1집」, 1985년 5월 312쪽.

69) (중) 저우보우중(周保中), "연변조선민족문제(초안)" 연변조선족자치주 당안국, 중공연변길동길돈지위 「연변전원공서중요문건 회편 제1집」, 1985년 5월, 359쪽.

70) 저자 주: 공민이란 한국에서 말하는 국민이다.

호적이 있는 인민은 공민이고, 잠시 거주하여 호적이 없는 사람은 교민(僑民)이다. 북한에서 중국방면 고급정부의 비준을 경과하지 않은 사람은 모두 교민이다. 무릇 어떤 공민의 가족이 조선에 있으나 가장과 재산이 연변에 있으면 정부의 허가를 거쳐 돌아온 사람은 공민으로 승인할 수 있다. 공민과 교민은 권리 의무상에서 구별해야 한다"라고 규정하였다.[71]

위의 문건에서 보는 바와 같이 먼저 해방된 연변에서도 한민족 이민에 대한 명칭은 통일되지 못하였다. 한 문장 내에서도 한인, 한민족, 한국거류민, 조선민족, 조선인 혹은 조선인민이라 불렀다. 그러나 비교적 명확한 것은 실제상에서 연변의 한민족 이민에 대하여 소수 민족 정책을 실행하였다는 것이다. 그러나 전국이 해방되지 못한 상황에서 한민족 이민들은 법률상 중국공민이 될 수 없었다.

2. 중국에서의 대우

과거 중국국적을 취득한 한민족 이민 외에 동북에 거주하던 다수의 한민족 이민들은 중국에서 정식으로 정치·경제·문화면에서 다른 민족과 평등한 대우를 받게 되었다. 우선 정치상에서 동북의 한민족은 각급 정권에 참가하였다. 1948년 말의 통계에 따르면 연변의 각급 정부기관에 한민족간부가 75.8％를 차지하였는데 현, 구(縣, 區)의 지도간부는 59.3％, 구급간부는 83.9％, 촌 간부는 79.7％를 차지하였다. 1949년 헤이룽장(黑龍江)성에는 900여 명의 한민족이 성급으로부터 촌 급에 이르기까지의 각급 간부로 등용 되었고, 랴오닝(遼寧)성과 연변을 제외한 지린(吉林)성의 한민족 이민 집거구에서도 현, 구, 촌의 간부는 대부분 한민족이 담당하였다. 환런(桓仁), 후이난(輝南) 등 12개현의 각급 영도간부 중 한민족 간부가 75명이 있었다.[72] 간부 민족화를 실현하기 위하여 동북국(東北局)

71) (중) "연변지위 연변민족문제에 관하여," 연변조선족자치주 당안국, 중공연변길동길돈지위, 「연변전원공서중요문건 회편 제1집」, 1985년 5월, 387쪽.

72) (중) 황룡국, 「조선족혁명투쟁사」, 연변인민출판사, 1988년, 584쪽.

에서는 한민족 이민 중에서 우수한 사람을 선발하여 적극 배양하였다. 1946년부터 1949년까지 지린성(吉林)과 남만지구에서는 400여 명, 북만에서는 800여 명 한민족 이민간부를 배양하였다.

경제면으로는 동북의 한민족이 한족 및 기타 민족과 평등하게 토지를 분배받아 땅의 주인이 되었다. 적들의 손에서 해방된 지역에서 공산당조직과 각급 정부는 대중을 발동하여 지주의 토지와 재산을 몰수하여 농민들에게 나누어 주었다. 연변지구는 먼저 해방되었기 때문에 1948년에 토지개혁이 끝났다. 토지개혁을 걸쳐 연변의 옌지(延吉), 허룽(和龍), 훈춘(琿春), 왕칭(汪清), 안투(安圖) 등 5개현의 443,000여 명의 한민족농민이 127,000헥타르의 토지를 분여받았고 당시의 쑹장성(松江省, 현재 헤이룽장성에 속함)의 40,548호 한민족 농민이 53,928헥타르의 토지를 분배받았다. 동북의 한민족 농민들은 해방을 맞는 즉시 토지를 분양받았는데 대부분 수전을 많이 분배받았다. 연변, 헤이룽장(黑龍江)성과 랴오닝(遼寧)성 한민족 이민 농민들이 분배받은 토지면적은 그 지구의 토지면적에 따라 달랐으나 그 지구 다른 민족의 수량과는 같았다.

문화적인 면에 있어서 중국공산당은 한민족 문화를 중심으로 발전시켰다. 한민족의 언어, 문자, 풍속습관과 종교 신앙은 일률적으로 존중을 받아 급속한 발전을 가져왔다. 1949년 3월 동북국의 통계에 따르면 동북 3성의 한민족 중학교는 70여 개소가 있었는데 해방 전 17개보다 4배 이상 늘어났고, 학생은 해방 전의 5,223명으로부터 16,700명으로 늘어났다. 해방 전(前) 전 동북의 한민족 중학생은 평균 434명 인구에 단 한 명뿐이었으나 1949년 3월에는 69명 가운데 중학생 한 명, 초등학교학생은 12명 가운데 한 명으로부터 7명에 한 명씩 있었다.[73] 특히 1949년 4월 1일 연변대학이 설립됨으로써 민족교육은 초등학교로부터 대학교까지 완벽한 체계를 이루었을 뿐만 아니라 자기의 민족인재를 배양하고 민족문화를 발전시킬 수 있는 조건을 구비하였다.

---

73) (중) 박규찬,「중국 조선족 교육사」, 동북조선민족교육출판사, 1988년, 230-231쪽.

3. 한민족 이민들의 중국군대 참여

① 동만지구: 항일 전쟁이 승리한 후인 1945년 11월 23일 옌지(延吉)에서는 동북민주연군 지린(吉林)성 연변 군분구를 설립하였다. 후에 이 부대는 지둥(吉東)경비여단으로 개편되었으며 총 인수는 11,000여 명으로 이 가운데 80% 이상이 한민족 이민이었다. 둔화(敦化)현에서는 한민족 이민청년들이 무장자위대를 조직하여 후에 중국 인민해방군 제156사단 하나의 대대로 편입되었다.

② 남만지구: 1945년 8월 18일 선양(沈陽)에서 조선의용군독립지대를 설립하였으며 얼마 후 1,000여 명으로 발전하였다. 이홍광지대는 완전히 한민족이민으로 구성되었다. 1945년 단둥(丹東), 펑청(鳳城), 관뎬(寬甸) 등지의 700여 명 한민족이 전투부대를 조직하였다. 이 부대는 랴오둥(遼東)군구 제 4 분구 한민족독립대대로 되었다가 이홍광지대에 편입되었다. 1946년 2월 이홍광지대는 동북민주연군 제4독립사단으로 개편되었으며 총병력은 7,000여 명에 달했다.

③ 북만지구: 1945년 하얼빈(哈爾濱)에서는 한민족으로 구성된 하얼빈(哈爾濱)보안총대 조선족 독립대대가 조직되었으며 조직원의 숫자도 600여명으로 발전하였다. 무단장(牡丹江)에서도 1945년 9월 고려경찰대가 조직되었다가 무단장(牡丹江)군구 제14연대 제 3 대대로 개편되었다. 1945년 11월 무단장(牡丹江)보안연대 제 2 대대가 세워졌으며 이들은 전부가 한민족이었다. 닝안(寧安), 보하이(渤海) 등지에서도 한민족무장이 세워졌으며 후에 동북인민자치군 무단장(牡丹江)군구 제 4 연대 제 4 대대로 개편되었다. 그 외 자무쓰(佳木斯) 등 허다한 한민족 집거지구에서도 무장이 조직되었으며 후에 모두 동북민주 연군 부대로 개편되었다. 한민족 무장은 공산당의 지도 아래 해당지역의 토비를 숙청하고 일제와 위만주국(僞滿洲國)의 잔여세력을 소탕하는 투쟁에서 큰 기여를 하였다. 1947년 봄까지 무장한 한민족은 주력부대와 연합하여 동북 각지에서 20여만 명

의 토비를 소탕하고 120개 성시와 농촌마을을 토비들의 손에서 탈취하였다. 그들은 또 내통자나 주구를 청산하고 민주정권을 보위하는 싸움에 앞장섰다.

Ⅱ. 해방전쟁의 참여와 중국국적의 취득

1. 중국 해방전쟁에 참여한 인적 자원

1947년 6월 6일 제정된 '연변군사건설계획'에서는 "본 지구는 중・한 민족이 집거하는 곳으로서 한민족이 전체 인구의 80%를 차지한다. 때문에 민족문제를 정확하게 해결해야 한다. 조선민족을 어떻게 중시하고 그들을 발동하여 적대투쟁과 근거지건설에 적극 참가하도록 만드느냐 하는 것은 극히 중요한 문제이다. 현재나 과거의 사실이 증명하는 바와 같이 조선인민은 혁명투쟁과 혁명군대에 참가하려는 적극성이 아주 높다. 만약 우리가 이 문제를 충분히 인식하지 못 한다면 우리 연변의 군사건설에서 엄중한 과오를 범할 것이다"라고 밝혔다.[74] 그들이 적극적으로 군에 참군한 상황에 대하여 당시의 '연변과 조선민족의 관계'란 문장은 다음과 같이 묘사하였다. "연변에는 80%의 조선인구 수가 있는데 매번마다 군을 확장할 때 언제나 정원의 한 두 배 이상을 초과하였다."[75]

동북을 해방하고 중국을 해방하기 위하여 한민족은 국민당군대에 대항하는 참군참전(參軍參戰)에 뜨거운 열성을 보였다. 연변 6개현에서는 1946년부터 1948년까지 52,051명 청년이 참군하였다. 이는 당시 연변총인구의 5.9%에 해당되며, 그 중 한민족 청년은 80%나 된다. 그 밖에 수많

74) (중) "연변 군사건설 계획," 연변조선족자치주 당안국, 중공연변길동길돈지위, 「연변전원공서중요문건 회편 제 1 집」, 1985년 5월, 362쪽.

75) (중) "연변과 조선민족의 관계," 연변조선족자치주 당안국, 중공연변길동길돈지위, 「연변전원공서중요문건 회편 제 2 집」, 1986년 12월, 16쪽.

은 청년들이 공안부대, 무장민병 등 무장조직에 참가하였는데 모두 합치면 123,351명에 달하였다.[76] 허룽현 더화구 충산촌(和龍縣德化區崇善村)에서는 60여 명의 한민족 청년 중 58명이 참군하였다.

지린(吉林)성, 남만, 북만의 한민족집거지구 청년들도 앞 다투어 참군하였다. 당시 하이룽(海龍)현에는 도합 2,524호의 한민족 인구가 있었는데 760명의 청년이 참군하였고 선양(沈陽)시 교외 20여 호의 한민족마을에서 14명이 참군하였다. 헤이룽장(黑龍江)성 하이린(海林)현에는 2,057명 한민족 청년이 참군하여 평균 2호에서 한 명이 참군한 셈이다. 원 쑹장성(松江省, 현재 헤이룽장성에 속함)에는 187,151명 한민족이 살고 있었다. 그 중 참군한 청년이 12,644명이어서 당지 전체 한민족 인구의 6.8%를 차지하였다.[77] 통계에 따르면 해방전쟁시기 동북에 110여만 명 한민족 인구가 있었는데 참군한 청년이 62,942명으로 전체 한민족 인구의 5% 이상이 되고 남녀 청년인구의 9%가 된다.

해방된 한민족 이민들은 또 담가대, 물자 운송대를 조직하여 전선에 나가 전투에 참가하였다. 1948년 연변지구에서만 1,885개의 담가대와 14,164명의 담가대원이 1,600여 명의 부상자를 구해냈다.[78] 같은 해 연변에서는 120명의 자동차기사에 60대의 자동차를 동원하였고 전후하여 19,200차의 우마차를 전선에 동원하여 탄약과 식량을 전선에 수송하였다.

2. 중국의 해방전쟁에 공헌한 정신적 자원

1946년 4월 14일, 지둥(吉東)경비 제 2 여단 제 1 연대, 제 2 여단 제 5 연대 등 1,200여명의 한민족 지휘원과 전사들은 창춘전역(長春戰役)에 참가하였다. 박락권 연대장은 일부전사들을 거느리고 반러스(般若寺)를 점령하고 100여명의 국민당군을 포로로 잡아들였다. 이 전투에서 제 1 연대

76) (중) 김동화, 「연변청년운동사」, 연변인민출판사, 1994년, 293쪽.
77) (중) 서기술(徐基述)주편, 「흑룡강 조선족」, 흑룡강조선민족출판사, 1988년, 111쪽.
78) (중) 현룡순 등, 「조선족백년사화」(제 3 집), 요녕인민출판사, 1987년, 217쪽.

호리분대장 조영희는 빗발치는 탄우를 무릅쓰고 17명의 부상자를 구하여 영웅의 칭호를 수여받았다. 1946년 2월초, 부대는 주력부대와 연합하여 라파(臘法), 신짠(新站)을 공격하였으며, 국민당 군 1,800여 명을 소탕하였다. 1947년 2월말, 이홍광 지대 주력부대는 후이난진(輝南鎮)과 차오양진(朝陽鎮)의 통로를 차단하여 국민당 군대를 독안에 든 쥐로 만들었다. 3월 2일, 부대가 총 공격을 발동하였는데 이홍광 지대 제3연대는 남산 고지를 점령할 임무를 맡았다. 폭파소조의 조성두는 국민당군의 진지로 공격하다가 두 번이나 중상을 입었지만 강한 의지로 토치카를 폭파시켜 자신의 생명으로 혈로를 뚫어 놓았다. 이 전투에서 이홍광 지대 등은 국민당 군 800여명을 궤멸시켰다.

1947년 4월 3일, 이홍광 지대는 주력부대와 연합하여 류허현 산위안푸에서 제89사단, 제54사단 제162연대를 격멸하였다. 이 전투에서 동북민주연군은 국민당군 700여 명을 소탕하고 8,000여 명을 체포하였다. 1947년 5월 14일, 이홍광 지대는 맹렬한 공격으로 랴오웬(遼原)을 해방하고 다른 부대와 함께 중창셴(中長線) 동쪽 지역을 해방하였다. 50여일의 대규모의 전투를 거쳐 동북민주연군은 80,000여 명의 국민당 군을 소탕하고 42개 도시와 진을 되찾았다.

1947년 12월부터 1948년 3월까지 동북민주연군은 동절기 공세를 감행하여 국민당 군 156,000여 명을 소탕했으며 스핑(四平) 등 18조 도시를 해방하고 600여 명 인구를 해방하였다. 국민당군은 부득불 선양(沈陽), 창춘(長春), 진저우(錦州) 등 몇 개 도시에 고립되었다. 한민족 지휘원과 전투원들은 전투마다 앞장서서 훌륭하게 잘 싸웠다. 1947년 12월 31일 전원이 왕칭(汪清)현 한민족으로 조성된 김성범 중대는 창춘(長春)동쪽 역전을 해방하는 전투에서 8분 만에 국민당군의 마지막 토치카를 부수고 공격의 길을 열어 놓았다. 1948년 2월 15일 구덴즈(孤甸子)를 공격하는 전투에서 이중대의 대부분 전사들은 희생되었다. 온 몸에 부상을 입은 기관총수 정형연은 혼자서 적들의 5차례 공격을 물리치고 국민당 군 50

여 명을 소탕하였다. 전투에서 장렬히 희생된 한민족 전사 정형연, 유철용, 오용진, 신승철, 노철산 등은 모두 전투영웅의 칭호를 받았다.

동만지구의 지방무장부대에는 한민족 지휘원과 전투원들이 절대 다수를 차지하였다. 1947년 1월 7일부터 31일까지 동만의 지방부대는 주력부대와 규합하여 동반서부지구에서 30여 차례의 전투를 거쳐 국민당 군 600명을 소탕하고 514명을 포로로 하였다. 그들은 1,500평방킬로미터의 영토를 되찾고 130여개 마을 6만여 명 백성을 해방하였다.

1948년 9월 12일부터 11월 2일까지 동북인민해방군(원 동북민주연군)은 중국과 외국을 크게 놀라게 했던 료선전역(遼沈戰役)을 발동하였다. 70여 만에 달하는 인민해방군은 문을 닫고 개를 치는 전략을 취하여 동북의 국민당 군 47만 여명을 섬멸하였다. 헤이산(黑山) 저격전시, 국민당 군은 비행기와 대포를 동원하여 인민해방군이 있는 다베이툰(大北屯) 고지를 평지로 만들었다. 제3분대 최성걸은 몸에 세 곳이나 부상을 입고도 진지를 고수하였다. 포탄이 날아와 그의 왼쪽다리를 끊어 놓았으나 그는 여전히 고지를 떠나지 않았다. 이 전투에서 그는 20세의 젊은 청춘을 바쳤다. 전원이 한민족으로 조성된 강철 8중대는 국민당 군 제14사단 사령부를 공격하는 전투에서 또 공을 세웠다. 김재법, 박봉관, 박창근 등은 연속 국민당군의 20개 화력점을 부수고 150여 명 적을 포로하고 경기관총 13점, 보총 80여 자루를 노획하였다. 이번 전투에서 20여 명의 한민족 전투원들이 두 차례나 큰 공을 세웠다.

1948년 11월부터 진행된 핑진전역(平津戰役)에서 특종공병 제1연대 2대대 6중대 의 135명 한민족 전사들은 3시간 내에 톈진시 민취엔문 후청허(天津市民權門護城河)에 임시다리를 놓아 기계화 부대의 진격을 보장하였다. 그들은 성곽에 돌입한 후 하루 사이에 170개의 지뢰를 제거하였으며 전반 전투기간에 국민당군대가 묻어 놓은 지뢰 2,000개를 제거하여 영웅중대 칭호를 받았다.

제40군 118사 경위 2중대는 전부 한민족이었다. 1948년 12월 17일 그들은 베이핑(北平)시 (현재 베이징시) 난위안(南苑)비행장을 점령하고 두 차례나 국민당 군대의 공격을 분쇄하였는데 100여 명 국민당 군과 탱크 5대를 폭파시켰다. 한민족 전사들은 부대를 따라 창장(長江)을 도강하는 작전에 참가하였다. 제34군 156사는 우한(武漢)시 동쪽에서 도강작전에 돌입하였는데 1949년 5월 13일 전부 한민족으로 구성된 제 2 영, 제 3 영과 직속중대는 창장(長江)을 건너 국민당군의 방어선을 부수고 487명을 소탕하였으며 68척의 목선(木船), 18정 기관총 등 많은 군수물자를 노획하였다.

제47군 141사단 422연대는 다수가 한민족이었는데 후베이성 이창(湖北省宜昌)진공전에서 1연대의 국민당 군을 격멸하고 343명을 포로로 하였으며 대량의 무기를 노획하였다. 47군의 강철 8중대도 이창(宜昌)전역에서 큰 전투 공을 세우고 계속하여 충칭(重慶)시를 해방하는 전투에 뛰어들었다. 전원이 연변의 한민족으로 조직된 원 동북 민주연군 제12종대 직속 포병대대는 인민해방군 제40군 직속 포병대대로 개편되어 하이난(海南)성을 해방하는 전역에서 커다란 공훈을 세웠다.

4년간의 해방전쟁에서 한민족 지휘관과 전사들은 지린(吉林)성 창바이산(長白山)에서부터 광둥(廣東)성의 하이난(海南)성으로, 헤이룽장(黑龍江)성의 쑹화장(松花江)에서 쓰촨(四川)성의 어메이산(峨眉山)까지 쳐들어갔다. 그들 중 3,550여 명이 귀중한 생명을 바쳤고 400여 명이 전투영웅 칭호를 수여받았으며, 몇 십 명이 마오쩌둥(毛澤東) 상장과 주더(朱德) 상장을 수여받았다. 한민족부대에서는 모범대대, 모범중대, 강철중대, 모범소대, 모범반이 수두룩하게 생겨났다.[79]

혁명전쟁 시대, 한민족이 제일 많이 집거하고 있던 연변에서는 도합 14,756명 여러 민족 열사가 생명을 바쳤으며 그 가운데 한민족 열사가 93.8%를 차지하였다. 1945년부터 1949년까지의 해방전쟁시기 조선족 15명 가운데서 1명이 참군하였고 전쟁에 참가한 일반 백성들은 전후 30여만

79) (중) 조선족간사 편찬조, 「조선족간사」, 연변인민출판사, 1986년, 189쪽.

명, 동원된 우마차는 3만대나 되었다. 한민족은 중국의 혁명투쟁에서 혁혁한 공로를 세웠는바 중국이라는 나라의 주인이 되기에 손색이 없었다.[80)]

1950년 3월 중앙군사위원회의 명령에 의해 일부 중국인민해방군 제4야전군부대와 각 특종병부대의 일부 조선족전투원과 지휘원들은 허베이성 정저우(鄭州)에서 중국인민해방군 독립 제115사단 성립대회를 열었다. 이 부대는 18,000여 명의 조선족으로 구성되었는데 그 중 전투에서 공을 세운 사람이 2,000여 명, 전투영웅이 100여 명이 있었고 전투원의 85%가 중국공산당 당원이었다. 제4야전군 정치부주임 덩쯔후이(鄧子恢)는 대회의 연설에서 "당신들은 3년 반의 해방전쟁에서 분투하고 영용히 싸운 모범이며 정부를 옹호하고 인민을 사랑하는 모범이며 3대 규율 8항 주의를 준수한 모범이다. 조선족의 아들과 딸들인 당신들은 조선민족의 자랑일 뿐만 아니라 역시 중화민족의 자랑이다"라고 말했다.[81)]

3. 중국 소수 민족으로서의 지위 확보

1949년 10월 1일 베이징 톈안먼광창(天安門廣場)에서 중화인민공화국의 개국 대전이 성황리에 열렸다. 54문의 예포가 28발의 포성을 울려 54개 민족[82)]이 중국공산당의 영도 아래 28년간의 투쟁을 진행하여 민족해방과 국가의 독립을 쟁취하고 새로운 국가를 건립하는 것을 상징하였다. 그 중 한 문의 예포는 중국의 소수 민족인 한민족 이민을 대표하였다. 이것으로 그들은 새 중국의 정식 주인이 되었다.

1950년 12월 6일, 「인민일보」는 '중국동북 경내의 조선민족'이란 제목으로 논설을 발표하였다. 논설은 다음과 같이 썼다. "1949년 9월 중국

80) (중) 최후택, 「영명한 정책 휘황한 여정」, 흑룡강조선민족출판사, 1997년, 396쪽.
81) (중) 중국조선민족발자취, 제5책 「승리」, 693쪽.
82) 저자 주: 당시 중국에서는 54개 소수 민족이 있다고 발표하였다. 후에 두 개 민족이 새로이 발견되면서 56개 민족으로 되었다.

인민정치협상회의의 개막으로부터 동북경내의 조선인민은 중국경내 소수 민족의 자격으로 각 한족 및 기타 민족들과 만나게 되었다. 그때로부터 중화인민공화국 각 한족 및 기타 민족 관념상에서 조선민족은 교민으로 중국에 거류하고 있는 조선인민으로부터 갈라져 나오게 되었다." 이와 같이 건국 초기에도 중국인들은 한민족 이민을 조선족이라 부르지 않았다.

1952년 9월 3일, 옌지(延吉)에서 연변조선족자치구 제1기 각 족 각 계 인민대표회의가 열렸다. 회의는 정식으로 연변조선족자치구인민정부[83]의 성립을 선포하였다. 회의는 연변조선족자치구 각 족 각 계 인민대표회의 조직조례, 자치구인민정부조직조례와 자치구인민정부시정방침을 통과시켰다. 이 회의에서는 인민대표대회의 직권을 대리 행사하여 주덕해를 자치구인민정부 주석으로 둥이쿤(董一昆), 최채를 부주석으로 선출하였으며, 33명 각 민족대표를 협상위원회 위원으로 추대하였다. 과거 중국의 한민족 이민에 대한 통일적인 명칭이 없어 어떤 곳에서는 해방 전 습관대로 한민족 이민, 한인(韓人), 어떤 곳에서는 조선인, 조선민족, 심지어 어떤 곳에서는 고려인이라 부르기도 했으나, 이때부터 중국의 국적을 가진 한민족 이민을 정식으로 조선족이라 부르게 되었다. 마침내 '조선족'이란 이름이 공식적으로 정착하게 된 것이다.

1954년 중화인민공화국 제1차 전국인민대표대회가 베이징(北京)에서 성황리에 열렸다. 이 대회에서 통과한 헌법은 처음 법적으로 중국의 소수 민족을 중국의 공민이라고 명확히 지적하였다. 이는 중국의 조선족이 합법적인 중국의 소수 민족인 조선족으로 되었다는 법률적 근거가 되었다. 그리하여 중국이 조선족의 조국으로 되었다.

중국공산당과 중앙정부는 조선족에게 민족평등과 자결의 정책을 베풀었다. 연변조선족자치주의 건립에 이어 중국정부는 지린성(吉林省) 조선족 집거구에 창바이(長白)조선족 자치현을 건립하였고 7개의 조선족 자치향을 건립하였으며 11개의 조선족, 만족연합 자치향과 진을 건립하

83) 저자 주: 1954년 연변조선족자치구를 연변조선족자치주로 고쳤다.

였다. 헤이룽장(黑龍江)성 조선족 집거구에는 18개의 조선족자치향과 5개의 조선족, 만족연합 자치향과 진을, 랴오닝(遼寧)성에는 5개의 조선족자치향과 12개 조선족, 시버족 연합자치향과 진을 건립하였으며 내몽골자치구에 조선족자치향 1개소를 건립하였다.

Ⅲ. 조선족의 독특한 이중 민족속성

중화민족은 한족을 절대다수(현재 중국의 한족은 93% 이상이고 55개 소수 민족은 7% 이하다)로 하는, 각개 민족마다 독특한 민족속성과 특징을 보유하고 있는 56개 민족의 대 집합체이다. 장기적인 생산투쟁에서 중국의 소수 민족은 한족을 주체로 하여 다른 소수 민족들과 함께 물질과 문화를 창조하면서 서로 믿고 서로 의존하는 민족우애를 형성하여 왔다. 특히 장기적인 반제반봉건 투쟁에서 공동체적 민족의식, 민족정신과 민족감정을 형성하여 왔다. 중국의 여러 민족들이 공동으로 소유하고 있는 심리요소인 민족의식과 민족정신이 바로 중화민족의 민족속성이라 할 수 있다. 이 가운데 조선족은 중국국적을 가지고 있는 중국 국민으로서 중국의 소수 민족 가운데 하나이다. 조선족은 중국으로 이주한 역사가 150년 정도밖에 안 되는 민족으로서 혈통 상으로는 한반도국가에 살고 있는 한민족과 일치한다. 따라서 중화민족인 동시에 한반도 국민들과 같은 혈통이라는 점에서 한민족의 동포인 것이다. 이것이 바로 중국 조선족의 독특한 정체성이다.

1. 조선족의 이중적 사명

1909년 중·일 '간도협약'이 체결된 후 중국 청 정부는 한민족 이민을 '교민'으로 취급하였는데 그 결과 한민족 이민들의 처지는 더욱 처참해지게 되었다. 당시 중국의 청 정부는 한민족 이민들에게 귀화 입적을 강요하였다. 이는 민족동화정책으로서 한민족 이민의 강렬한 반대를 받았다. 결국 청 정부는 일제와 결탁하여 한민족 이민들을 구축하였고 그들의 반일민족운동을 제압하였다. 1910년 한반도가 일본의 식민지로 전락된 후 중국의 한민족 이민들도 한반도의 한민족과 마찬가지로 '제국신민'의 신세가 되어 일제의 통제와 '보호'를 받아야 하였으며, '영사재판권'의 울타리 속에 갇히게 되었다. 즉 동북의 한민족 이민들도 한반도의 동포들과 같이 일제의 식민통치를 받게 되었다. 한민족 이민들은 동북에서 반일민족독립운동을 전개하였으며 무장부대를 조직하여 일제의 침략세력을 공격하였다.

1931년 9월 18일 일본제국주의가 동북을 침략하여 식민지로 만든 후부터 한민족 이민들의 민족속성은 점차 약화되었다. 그것은 한민족 이민들이 동북에서 중국의 여러 민족과 장기적으로 교류를 진행하여 중화민족의 공동성을 형성시킨 데도 원인이 있지만 주요하게는 이중 사명과 직접적인 관계가 있었다. 그들의 투쟁은 한민족의 독립과 해방을 쟁취하는 것이 주요한 목적이었으나 동북에서 생존권을 쟁취하려는 목적도 있었다. 때문에 일제에 항거하는 그들의 투쟁은 수많은 중국인민의 이익과 부합하였다. 또한 일제의 동북침략은 한반도 국민과 한민족 이민들이 한마음으로 반일 민족 해방투쟁에 참여토록 하였다. 한민족 이민들은 투쟁 가운데서 일제의 침략세력뿐만 아니라 중국의 봉건세력도 뒤엎어야만 한민족 이민들의 절실한 해방이 이루어지며, 일제침략세력과 중국의 봉건세력을 타도하려면 중국의 각 민족인민과 함께 투쟁해야 한다는 것을 점차 인식하게 되었다. 즉 한민족 이민들에게는 한반도 독립과 중국혁명이라는 이중사명이 있었던 것이다.

중국공산당은 한민족 이민들의 역사와 동북을 개발한 공적 등 실제 정황으로부터 출발하여 한민족 이민들을 중국의 소수 민족으로 인정하고 중국혁명의 승리로 한국혁명을 추진하자는 구호를 제출하였다.[84] 그처럼 힘들고 어려웠던 항일무장투쟁의 나날에 한민족항일투사들은 한족 및 기타민족 전투부대와 함께 싸웠다. 동북항일연합군은 실제행동으로 한반도의 독립을 지원할 것을 제출하였다. 그로부터 항일연합군의 한민족장병들은 여러 차례 두만강 압록강을 건너가서 한반도 북단지역에서 일본침략자의 부대를 타격함으로써 한민족의 항일투쟁을 고무하였다.

중국의 한민족 이민들의 이중 사명은 특정된 역사 시기에 생겨난 특정한 역사 사명이었다. 일본이 동북을 침략하면서부터 시작된 그들의 이중 사명은 1945년 8월 일본이 무조건 투항하여 중국과 한반도가 광복을 맞이하면서 새로운 국면을 맞았다. 한민족 이민들의 한반도 독립의 역사적 사명은 끝났으나 중국혁명의 역사적 사명은 완성되지 못했던 것이다. 그리하여 일부분 한민족 이민들이 한반도에 돌아간 뒤 대부분의 한민족 이민들은 중국의 한족 및 기타 민족들과 함께 중국의 해방전쟁에 뛰어들어 제국주의 침략자, 봉건주의 및 관료자본주의를 타도함으로써 두 번째 사명을 완성하였다.

2. 조선족의 이중 민족성

한민족 이민들은 중국에서 이중 사명을 완성하는 역사 과정에서 점차 중화민족의 민족 속성, 민족의식과 민족정신을 소유하게 되었으며, 정치·경제·문화 등 모든 분야에서 중국인과 동등한 대우를 받는 중국의 조선족을 형성하였다. 그리하여 그들은 원래의 한민족의 민족 속성과 중화민족의 속성을 함께 지닌 이중 민족 속성을 소유한 민족으로 되었다.

한민족 이민들은 한반도에서 이미 하나의 단일민족으로서의 한민족성과 자체의 한민족문화가 형성된 후 중국으로 건너온 민족이었다. 때문에 유입 초기 그들은 지리환경, 기후조건 등 자연속성이 변한 정황에서도 생활방식, 기질, 풍속습관, 심리의식 등 여러 방면에서 원래 고유한

84) (중) 중공만주성위, "재만한국노농민중운동에 대한 결의초안."

한민족의 민족속성을 견지하였다. 특히 그들은 교육을 중시하는 선조들의 전통을 이어받아 허리띠를 졸라매면서도 수많은 학교를 세워 한민족의 언어와 문자를 후대들에게 전해 주었다. 때문에 중국에서 한족을 위주로 하는 대민족의 포위 속에서도 언어, 문자, 생활습성, 음식문화, 민족감정, 민족의식 등 여러 방면에서 한민족의 민족속성을 지켜 왔다.

한민족 이민들은 중국이라는 새로운 지역에서 한족 및 기타 민족과 같이 변강을 개발하였으며 제국주의와 봉선주의를 반대하여 투쟁하였다. 장기적인 역사과정에서 한민족 이민들은 중국의 문화를 접촉하게 되었다. 그들은 점차 중국의 문화를 습득하고 그것을 한반도에서 가져 온 한민족문화에 융합시키게 되었다. 특히 공동의 적인 일본제국주의 침략을 반대하여 장기간 중화민족과 생사고락을 같이하는 투쟁 속에서 한민족 이민들은 점차 중화민족의 민족속성도 습득하게 되었다. 그리하여 한민족 이민들은 결과적으로 이중 민족 속성을 구비하게 된 것이다. 이 점은 그들이 한반도에 있는 한민족과 구별된다.

중국이 해방된 후에도 그들은 북한의 한민족과 부단한 교류를 지속해 왔고, 특히 중국공산당의 민족정책의 혜택으로 민족자치주를 세우고 민족경제와 민족문화를 발전시켰다. 동시에 한족을 중심으로 하여 한족 및 기타민족과 함께 생활하는 가운데서 이중민족성과 이중문화를 계속 견지하고 발전시켰다.

이중 민족 속성을 지닌 중국 조선족은 중국의 수많은 민족들과 다른 특징이 있다. 한반도의 이민으로부터 중국의 공민으로 된 그들의 선조는 한민족이었으나 그들은 중국인이 되었고, 그들 선조의 고국은 한반도였으나 그들의 조국은 중국이 되었다. 그 결과 그들은 한반도 문화에도 익숙하며 중국의 문화에도 익숙하다.

3. 중국에 뿌리 내린 소수 민족, 조선족

중국의 조선족은 중국에서 생장한 민족이 아니다. 그들은 한민족 이민들이 동북에 이주하여 점차 중국의 소수 민족 가운데 하나인 조선족으로 전환된 민족이다. 그들이 새로운 민족공동체를 이루게 된 것은 원초적인 민족형성에서 볼 수 있는 정치적 공동체의 성격이라기보다 각자의 생계유지를 목표로 하는 생활 공동체적 특성이 일차적이라 할 수 있다.[85] 이처럼 중국조선족은 한반도로부터 국경을 넘어 온 과경(跨境)민족으로서 19세기 중반부터 중국에 유입된 한민족이다. 그들은 생활기반이 되는 중국 이외에 분단된 고국을 갖고 있는 민족이다. 중국의 반제반봉건의 투쟁 가운데서 그들은 점차 한반도의 한민족과 혈통적으로는 같은 민족이나 중국의 공민인 조선족으로 성장해 나갔다.

현재의 중국은 중화민족대가정이라는 일체감과 더불어 한족과 기타 민족을 포함한 총 56개 민족이 평등하게 존재하면서 발전하는 동시에 민족의 차이를 인정하는, 다원일체화(多元一体化)의 국면을 이루고 있다.[86] 조선족 사회의 정체성은 중화민족이라는 커다란 범주 안에 속하는 동시에 56개 민족 가운데 하나의 독특한 정신과 문화를 지닌 소수 민족사회라 규정할 수 있는 것이다.

85) (중) 허명철, 「전환기의 연변조선족」, 요녕민족출판사, 2003년, 3-4쪽.
86) (중) 페이샤오퉁(費曉通), 「중화민족 다원일체국면」, 중앙민족대학출판사, 1999년, 302쪽.

제 4 장
조선족 문화의 형성과 특성

애국시인 윤동주 생가

제 1 절 조선족 문화의 형성과 발전
제 2 절 조선족 문화의 성격과 특징
제 3 절 조선족 교육의 전개와 발전

한민족 이민들은 19세기 중엽부터 중국의 동북지구에 거주하기 시작하였다. 당시의 한반도 문화는 봉건적 잔재가 많이 남아 있는 상태였다. 일반적으로 민족문화의 전통은 그 민족이 자기의 문화가 형성된 고국을 떠났다 하여 쉽게 중단될 수 있는 성격의 것이 아니다. 한민족 이민들 역시 중국과 한반도의 변연지구에서 연변을 중심으로 집거구를 형성하면서 한반도 문화와 중국문화 사이에서 자신들만의 변연문화를 형성하였다. 때문에 조선족은 한반도를 떠난 지 100여 년이 훨씬 넘은 지금까지도 기질, 문화, 풍속, 음식, 생활습관 등 여러 면에서 한민족과 동질감을 유지하고 있다.

조선족은 중국 땅에 적응해 생활하는 동안 필연적으로 주변 중국문화의 영향을 받을 수밖에 없었다. 특히 중국혁명에 참가하는 과정에서 조선족은 중국문화에 많은 부분 동화되었다. 그런 와중에도 한반도의 문화전통을 잃지 않고 이에 중국의 문화를 융합시킨 조선족 특유의 복합문화를 형성하였다.[1] 이는 조선족 특유의 강인한 정신력과 고유문화에 대한 자긍심이 없이는 불가능한 일이라 할 것이다.

조선족 문화는 한민족 이민들이 중국에 건너 온 그 날부터 시작되어

1) 저자 주: 이는 저자가 장기간 조선족의 문화현상을 연구하는 과정에서 얻어낸 결론이다.

1945년 항일전쟁에서 승리할 때까지 조금씩 체계를 갖추며 형성되었고 중화인민공화국의 성립과 더불어 발전의 시기를 맞이하였다. 그 후 문화혁명 시기에 우여곡절을 겪으며 답보상태를 겪다가 개혁개방 후 2차 발전에 해당하는 새로운 시기를 맞게 되었다.

한민족 이민들은 선조의 전통을 이어받아 교육을 특히 중시하였다. 그들은 동북에 이주하여서도 집거지 내에 사립학교를 세워 자녀에게 한민족 문화를 가르쳤다. 한민족 이민들의 초기 교육은 한민족의 문자와 언어를 가리키는 것이었다. 일제가 한반도를 병탄한 후 한민족 이민의 교육은 반일사상의 고취와 민족독립을 쟁취하는 교육으로 전환되었다.

많은 사립학교는 반일활동의 전초기지가 되었고 일부 학교는 반일 무장인재를 배양하는 전초선이 되었다. 한민족 반일지사들의 교육과 노력이 있었기에 한민족 이민들은 일제의 노화교육(奴化教育)이라는 억압 속에서 자신들의 문화를 지킬 수 있었다. 중국의 항일전쟁이 전면적으로 전개되면서 한민족 이민들의 교육은 점차 항일정신을 고취시키는 방향으로 발전하였다.

중국 공산화 이후 한민족 이민들은 중국의 소수민족으로 자리 잡게 되었고 그들의 교육은 중국 소수민족교육의 일부분으로 정착하게 되었다. 중국의 소수민족우대정책에 힘입어 조선족 교육은 빠르게 발전하였으며 개혁개방 이전까지 중국의 소수민족 가운데서 1위를 차지할 만큼 체계를 갖추게 되었다.

제 1 절 조선족 문화의 형성과 발전

Ⅰ. 한민족 문화의 계승과 발전 과정

조선족 문화는 한민족 이민들이 동북에 입주한 후 한민족 문화를 기반으로 하여 형성한 문화다. 그들이 고향을 등지고 동북이라는 생소한 땅에서 한민족 문화를 계승하고 발전시킨 과정은 조선족 문화의 기초를 형성하는 과정이었다.

1. 봉금제도의 해제와 개화기 문화계몽 운동의 발달

한민족 이민들이 중국 동북 지역으로 이주하여 정착한 시기부터 1930년 '붉은 5월 투쟁' 전까지는 전통의 한민족 문화를 계승하고 발전시킨 시기라고 할 수 있다. 조선족의 전통문화는 한민족 5,000여년의 유구한 문화 역사에 그 뿌리를 두고 있다. 한민족의 문화가 봉건사회문화로부터 개화기 문화계몽 운동으로 발전할 즈음 중국의 청나라 정부는 봉금제도를 취소하고 한반도 이민들이 동북에 입주할 수 있도록 허가하였다. 이를 계기로 수많은 한민족 이민들이 중국의 동북지구로 이주하기 시작하였다.

1860년대 한반도 북부지역에서는 계속되는 자연재해로 인해 한민족 이민들이 생계에 어려움을 겪게 되었다. 그 결과 많은 한민족 이민들이 두만강과 압록강을 건너 중국의 동북지구로 이주하였다. 그러나 동북지구는 한반도가 아니라 중국 땅이었다. 그들은 청나라, 낡은 군벌정부, 국민당 신 군벌, 일본의 식민통치, 국민당의 통치를 받아야 했으며 만족과 중국 국민 대다수인 한족의 접촉을 피할 수 없었다. 새로운 지역과 새로운 문화의 포위 속에서 한반도 이민들은 자신들의 본류인 한반도의 문화를 지키며 중국의 문화를 선별적으로 흡수하는 방식으로 고유의 전통을 지켜 나갔다.

청나라 정부가 실시한 치발역복, 귀화입적 등의 동화정책은 한민족 이민들의 복장문화를 강압적으로 변화시켰다. 일부 돈 있는 한민족이민들은 상투를 깎았으며 의복을 바꾸어 입고 청나라에 귀화하여 토지허가를 받았다. 그러나 대부분의 가난한 이민들은 선조를 배반하기가 싫은데다가 돈까지 없어서 만족인(滿族旗人)이거나 한족지주의 소작농(佃農), 또는 고용인으로 전락하였다.[2] 둥벤다오(東邊道)의 토지는 관내에서 나온 한족들이 주로 개간하였기 때문에 한민족이민들은 한족지주의 소작농으로 전락하였다. 많은 한민족 이민들은 생계를 유지하기 위하여 외출 시에는 만족복장을 하고 집에 들어오면 자기들의 민족복장인 하얀 옷을 입는 굴욕적인 생활을 하였다.

남만과 북만 등 산재지구(散在地區)[3]에서 거주하는 이민들의 처지는 더욱 비참하였다. 청나라 당국과 지주들은 그들이 귀화입적하지 않은 것을 빌미로 걸핏하면 구타를 하고 내쫓았으며, 힘들여 개간한 농토를 빼앗아 갔다. 청나라 당국의 민족동화정책은 한민족 전통의 복장문화를 여지없이 짓밟아 놓았으며 그들로 하여금 중국 문화를 받아드리도록 강요하였다.

근대문화의 영향도 한민족 이민으로 하여금 머리모양과 복장문화의 새로운 변화를 일으키게 하였다. 당시 적지 않은 한민족 이민들이 러시아 시베리아 지구로 건너갔다가 다시 중국의 동북지구로 이주하였다.

2) (중) 동3성정략(東三省政略), 변무(邊務), 연변변무보고.

3) 저자 주: 상대적으로 흩어져 있다는 뜻이다. 중국에서는 연변을 조선족의 주요 집거구라 하고 연변을 제외한 지린성, 헤이룽장성과 랴오닝성 및 내몽골지구에 있는 조선족 집거구를 산재지구라 한다.

1907년 일본의 조사에 따르면 당시 연변에 거주하고 있는 한민족 이민 가운데 5분의 1 정도의 사람들이 러시아의 시베리아지구에서 다시 건너온 사람들이었다[4]고 한다. 러시아 근대문화의 영향을 받은 이들은 연변지구에 올 때 이미 상투를 깎아 버리고 짧은 머리를 하였거나 긴 머리를 남기었다. 그들이 입은 복장은 한국복장도 아니고 서양복장도 아닌 반양반한(半洋半韓)의 변화된 복장이었다. 그러나 이는 대다수의 한민족 이민문화에 비하면 소수에 국한된 것으로, 대부분의 한민족 이민들은 자신들의 문화를 소중히 여겼으며 많은 희생을 치루면서도 끝까지 전통을 지키기 위해 노력하였다.

2. 반일사상의 기반이 된 전통문화

한민족 이민들은 자기들만의 학교를 세워 밖으로는 제국주의 침략에 반대하여 한반도 민족독립을 쟁취하고 안으로는 봉건주의에 반대하여 민족평등과 자유를 쟁취하는 문화계몽 운동의 근거지로 삼았다. 그리하여 한민족 이민들의 중국입주초기 문화는 한민족 고유의 전통문화를 바탕으로 서방자산계급의 진화이론과 민권이론을 수용하여 자유, 평등, 민권, 민족독립 등 진보사상을 체현하는 양태를 보였다.

당시 김약연, 이동휘, 마진, 계봉우 등 대부분의 민족 지사들은 민족교육의 조직자이고 담당자였다. 한민족학교들은 단순히 교육의 장을 넘어 사회공동체의 매개체 역할을 하였으며 오랫동안 한민족공동체의 구심점 역할을 하였다. 한민족공동체는 자신들의 2세와 3세를 학교에 보냈으며 학교교육은 민족공동체의 문화소질을 높이고 민족의 응집력을 높이는데 막강한 작용을 하였다.[5] 각종 민간단체의 건립과 활동, 한민족과 중국 해당지역 지방관청과의 교섭, 한민족공동체 내부의 일상사무 관장 및

4) (일) 일본 외교문서, "간도의 유래," 명치41년 7월 17일, 353~354쪽.
5) (중) 박금해, 「중국의 민족정책과 조선족 사회현황」, 차이나 코리안 닷컴.

반일운동의 준비과정과 조직 등 광범위한 업무 전반이 학교를 중심으로 진행되었다.

한민족 이민들은 전통문화를 고수하는 동시에 계몽운동을 통하여 자신들의 전통문화에 시대정신을 부여하였다. 특히 당대의 가장 첨예한 정치문제였던 반일정서를 확산시키는 데 기여하였다. 1913년 쥐즈제(句子街, 현재의 옌지시), 룽징(龍井)의 한민족 이민들은 청년연의회(青年聯誼會), 대동협신회(大同協新會) 등의 문화단체를 세우고 「청년」, 「대진」 등 간행물과 소책자를 출판하여 반일계몽교육을 진행하였다. 그 외에도 청년친목회 등 다수의 문화단체들이 탄생하였다. 그들은 새로운 노래, 시, 소설과 연극을 만들어 백성들에게 계몽교육을 전개하였다. 이러한 교육의 효과 덕분에 한민족 이민들의 예술작품들은 과거 한반도의 낡은 틀에서 벗어나 진보적인 시대사상을 담기 시작하였으며 반제반봉건사상도 반영되었다.

1915년부터 한민족 이민 집거지구에는 그들이 피눈물을 흘리면서 가족과 이별하고 고향을 떠나 동북에서 지내는 비참한 생활을 묘사한 노래들이 많이 보급되었다. 일부의 시가들은 서방의 자본주의와 민주주의에 대한 환상을 반영하여 대중들에게 계몽교육을 하였고, 일부 문예작품들은 일제의 만행을 폭로하였다. 초창기의 현대화극(話劇: 말과 행동으로 표현하는 극)도 나타나기 시작하였다. 1914년 룽징(龍井), 쥐즈제(句子街) 등지에는 한민족 이민들이 창작하고 연출한 '새 가정,' '미신을 타파' 등의 새 화극(話劇)들이 발표되었다. 이 작품들은 서양 화극의 형식을 따서 민권, 자유, 남녀평등 등의 새로운 사상과 내용을 표현한 근대적인 형태를 갖추고 있었다.

유교사상이 근대적 종교사상으로 전환되면서 기독교는 민족의식교육과 구국구민(救國救民)운동 등 반일계몽운동의 중요한 사상적 배경이 되었다.[6] 한반도에서 일어난 반일계몽운동은 연변과 기타 한민족이민 집

6) (중) 허명철, 「21세기로 달리는 중국 조선족」(제 1 집), 연변인민출판사, 1993년, 137-138쪽.

거지구에서도 발생하였는데 많은 애국지사들은 기독교를 통하여 근대 자산계급의 민권사상과 반일민족독립사상을 광범위하게 전파하였다. 그 당시 연변지구에는 장로교회가 절대적인 우세를 차지하였으며 1909년에 정재면이 명동교회를 건립하고 김약연, 정재면 등이 길동박도회(吉東博導會)를 건립한 이후부터 기독교는 신도 수가 급격히 늘고 빠르게 발전하였다. 이를 근거로 교회는 반일민족교육의 중요한 거점으로 이용되었다.

1919년 3월 1일, 서울에서는 기미독립운동이 일어났다. 이 운동은 삽시간에 온 한반도 전체에 파급되었다. 서울의 기미독립운동은 연변까지 확산되어 3월 13일 룽징(龍井)에서는 2만 여명의 한민족 군중이 참가한 반일시위운동이 일어났다. 반일시위운동은 연변 각지와 남만, 북만까지 신속히 확산되었다. 그러나 이 만세운동은 일본침략자들의 공작으로 봉건군벌에 의한 극심한 무장탄압을 받았다. 많은 한민족 이민들이 이 시위운동으로 희생당하였고 이를 계기로 동북의 한민족 반일민족단체들은 무장투쟁의 중요성을 새롭게 인식하게 하였다.

이 시기부터 동북 각지의 반일민족단체들은 어렵게 구입한 무기들과 사설 훈련으로 무장하고 적들과의 투쟁을 전개하였다. 강대한 적을 타격하기 위하여 반일무장단체들은 연합작전을 펼쳤다. 반일민족무장부대는 한민족 이민들의 반일정서를 크게 북돋아 주었고 이들을 하나로 단합시켰다. 한민족 이민의 문화는 반일을 교육의 취지로 삼고 민족독립사상을 고취하는 것을 주요한 임무로 하게 되었다. 한민족의 반일지사와 지식인들은 학교를 반일교육의 기지로 삼고 학생들에게 민족의식을 부여하고 새 지식을 가르쳐 빼앗긴 국권을 되찾으려 하였다. 그리하여 한민족사립학교는 반일민족사상을 교양하는 온상이 되었으며 반일민족운동의 터전과 군사인재 배양의 온상이 되었다. 신학은 구학을 대체하였으며 반일지사와 지식인들은 후대들에게 새 지식을 전수하였다. 민족 언어, 민족문자를 가리켰으며 동시에 민족역사, 자연, 생물, 화학 등의 과학지식이 교육되었고 한민족 이민의 후세를 위한 교과서가 자체제작되었다.

한민족 이민들의 예술작품은 일본의 식민통치 속에서 허덕이는 한반도 백성들의 비참한 생활을 사실적으로 반영하였으며 이를 배경으로 반일을 고취하고 투쟁을 선동하였다. 한민족 이민들은 정규적인 문예단체는 없었으나 학생들로 조직된 과외극단이 있었다. 그들은 스스로 극본을 쓰고 연습하여 작품을 연출하였다. 1925년 룽징(龍井)에는 학생문예사 '문우회'가 있었는데 연극 '파랑새(藍鳥)'를 연출하였다. 후에 그들은 '어디로 가야 하나' 등의 화극을 연출하여 한민족 이민들이 동북에서 비참한 생활을 하고 있는 원인을 밝히면서 일제에 저항할 것을 호소하였다.

3. 신문화운동을 반영한 전통문화

시대가 변화함에 따라 반일민족단체들과 그들의 무장투쟁은 점차 쇠퇴하기 시작하였다. 1920년대 초부터 동북지역에 조선공산당조직이 건립되고 그들의 활동이 한민족 이민 집거지구에서 강화되면서 한민족 이민의 문화는 서방의 마르크스주의를 학습하고 신앙하는 새로운 형태로 변화하였다. 1920년 한민족 이민 가운데 이동휘, 박진순 등의 애국지사들은 베이징(北京), 상하이(上海)로 다니면서 그곳에 있는 애국자들과 민족독립 운동가들에게 러시아의 10월 노동혁명의 경험을 소개하고 노농정권의 이론을 선전하였다. 그들의 노력을 바탕으로 상하이(上海)와 베이징(北京) 등지의 한민족이민들은 '노농동맹연합회,' '사회과학연구회' 등 초창기 공산주의 단체들을 설립하였다. 1921년 5월 이동휘 등은 상하이에 한글로 된 인쇄공장을 세우고 「공산당 선언」, 「노동조합독본」 등의 마르크스주의 서적을 번역 출판하였으며 「서광」, 「공산」, 「신세계」 등 10여 가지 간행물을 출판하였다. 이러한 간행물들은 한민족이민들에게 "러시아의 길을 걸어 제국주의를 박멸하고 사회주의 신형의 국가를 건설하여 전 세계 인류와 함께 영원히 자유, 평등과 진정한 행복을 누리자"[7]고 호

7) (한) 김정명, 「조선독립운동(일문)」(제 5 권), 1996년, 213쪽.

소하였다. 공산주의사상의 빠른 전파에 놀란 일제는 “적색의 조류가 부단히 간도를 적시고 있다.……심지어 다수의 민족주의자들마저 공산주의 쪽으로 쏠렸다”[8] 라고 지적하였다.

이 시기 한민족 이민들의 문화는 백성들에게 한글을 가르치고 혁명가곡을 부르며 신문화운동을 전개하여 강연회를 열거나 쟁론회의를 열어 혁명사상을 부여하는 것이었다. 공산주의사상의 온상이라 불리던 룽징(龍井)의 대성중학교와 동흥중학교 등 수 많은 학교의 선생과 학생들은 농촌에 내려가 식자반(識字班)을 조직하여 농민들에게 한글을 가르쳤으며 혁명가를 소개했다. 학생 과외연극단은 ‘야학으로 가는 도중’ 등의 현대극을 연출하여 한민족 이민들이 민족문화를 배우고 반일투쟁을 전개할 것을 호소하였다. 그 당시 한민족 이민들의 문화는 여러 방면에서 다채롭게 발전하였는데 축구운동도 룽징(龍井)에서 시작하여 각 집거지구에 광범하게 보급되었다.[9] 이후 축구운동은 단오, 추석 같은 큰 명절 때마다 씨름, 그네, 널뛰기와 함께 없어서는 안 되는 운동으로 자리 잡게 되었다. 현재 조선족은 중국 내의 55개 소수민족 가운데 프로 축구팀을 가지고 있는 유일한 민족이다.

한민족 반일애국자들은 여러 종류의 간행물을 출판하여 노동대중들을 단결시키고 그들의 반일감정을 새롭게 하였다. 1928년 룽징(龍井)의 한족과 한민족 이민 가운데 반일애국인사들이 모여 「민성보」를 창간하였다. 그 밖에도 「문예」, 「노동자원지」, 「부녀」, 「아동」 등 다양한 계층을 위한 전문지를 발간하여 신문화와 신사상을 선전하였으며 「철의 흐름」 등 러시아의 새로운 작품을 소개하기도 하였다. 「민성보」의 「문예」란은 혁명가곡을 실어, 열강을 타도하고 군벌을 숙청할 것을 대중들에게 호소하였다. 1930년 「민성보」는 공자의 낡은 예교(禮教)를 반대하고 신문화와 백화문(白話文)을 제창하는 논쟁을 전개하였다.

---

8) (한) 김정명, 「조선독립운동(일문)」(제 5 권), 1996년, 225쪽.

9) (중) 김춘극, “운동건장 리광수-잔디밭의 땅크,” 「일송정」(제 5 기), 연변교육출판사, 2002년, 306쪽.

한민족 이민들 중 많은 선진인사들이 중국의 국민혁명에 참가하였으며 중국의 혁명투쟁 속에서 중국 문화와 직접 접촉하였다. '철혈단' 등 많은 반일민족단체들은 광저우(廣州)나 상하이(上海)에서 활동하면서 동북지구, 러시아 연해주의 한민족 이민 중의 선진 청년들을 황푸(黃埔)군관학교, 북벌군 및 중산(中山)대학에 소개하였다. 그들은 국공합작(國共合作)의 중국혁명 속에서 자신을 연마하여 장래 한반도의 독립을 위한 군사기술을 배우고 익혔다. 800여명에 달하는 열혈 청년들이 광저우(廣州)에 가서 중국혁명에 참가하였다. 1927년 9월 상하이(上海)에는 중국공산당의 지도하에 한민족 성원으로 된 지부가 있었으며 1928년 중국공산당 동만구위에서는 「동만통신」이라는 간행물도 출판하였다. 1927년 12월에 건립된 중국공산당 만주성위(中共滿洲省委)에는 많은 한민족 성원들이 있었고 중국공산당 동만구위의 지도간부도 대부분 한민족 성원들로 구성되었다.

1927년 12월 광저우(廣州)봉기가 실패하면서 황푸(黃埔)군관학교 출신의 한민족 성원들이 동북의 한민족집거구로 돌아왔다. 그 후로부터 동북지구의 혁명투쟁은 더욱 활발하게 진행되었다. 그러는 과정에서 한민족의 선진인사들은 중국문화와 광범한 접촉을 하였고 한족과도 친밀한 관계를 맺기 시작하였다.

이 시기 한민족 이민들의 문화적 자각은 창가, 시, 소설, 산문 및 희곡예술 등의 다양한 장르로 표현되었다. 특히 새로운 혁명가곡이 많이 창작되고 보급되었다. '불평등가,' '현대사회모순가,' '빈농자탄가(貧農自歎歌),' '기민투쟁가' 등 이 시기에 발표된 많은 가곡들은 그들이 한반도에서 가져 온 흘러간 옛 노래와는 다른 형식과 내용을 담고 있었다. 당대의 시대상을 반영해 일제의 침략을 규탄하고 노동인민들의 비참한 생활을 표현하면서 한반도의 민족독립과 해방의 염원을 반영하는 혁명적 색채가 강하였다.

한시(漢詩)와 자유시의 창작도 새롭게 나타난 현상 가운데 하나이다. 김택영의 한시는 일본침략자들의 만행을 폭로하고 반일무장투쟁을 노래하였으며, 신채호의 '새벽별(晨星),' 리욱의 '생명의 예물,' 백악산인(白嶽山人)의 '조선마음(朝鮮心),' 김근타의 '여름의 농촌' 등의 자유시들은 시대의 아픔과 한민족이민들의 고통을 반영하였다.[10] 현대소설로는 주요하게 1927년에 신채호가 발표한 「용과 용의 싸움」이라는 단편소설이 있다. 이 소설은 환상적인 형식과 과장의 수법으로 전형적인 환경과 인물을 설정하여 새로운 현대소설의 품격을 나타내었다.

이 시기에 들어 와서는 희극예술도 새로운 형식을 갖추었는데 1925년 룽징(龍井)에서 만들어진 학생과외문예단들은 많은 화극(話劇)을 창작하고 연출하였다. 이런 연극들은 한민족 이민들이 정든 고향을 등지고 동북에 온 후 여전히 일제의 식민통치 속에서 허덕이는 상황을 반영하였고 작품에서 얻은 감동은 그들을 투쟁의 열기 속으로 뛰어 들도록 격려하였다. 그들이 창작하고 연출한 '경숙이의 죽음,' '어디로 갈 것인가,' '원래는 그랬구나' 등의 무성화극(無聲話劇, 소리가 없는 극)은 모두 노동인민들의 비참한 생활을 사실적으로 묘사하여 지주자본가들에 대한 분노를 표현하였고 항일 투쟁의 의지를 다지기 위한 결의로 가득하였다.[11]

Ⅱ. 한민족 문화와 중국 문화의 융합

중국 역사의 발전은 동북에 건너온 한민족 이민으로 하여금 한반도 전통문화와 중화 문화를 서로 융합하여 한반도의 문화와도 다르고 중국 문화와도 다른 자신들만의 독특한 문화를 형성하게 하였다.

10) (중) 김동훈 · 김창호, 「조선족 문화」, 길림교육출판사, 1990년, 25쪽.
11) (중) 김동훈 · 김창호, 「조선족 문화」, 길림교육출판사, 1990년, 25-26쪽.

1. 한민족 문화와 중국 문화 융합의 첫 단계

동북이 일제의 식민지로 전락하고 일본이 연합군에게 투항할 때까지의 시기는 한민족문화가 중국문화와 융합되는 첫 단계에 해당한다. 1931년 9월 18일, 일본제국주의는 중국의 동북을 침략하고 이듬해 3월 9일 중국의 관료와 매판세력들을 끌어 모아 창춘(長春)에 괴뢰정권인 '만주국'을 세웠다. 동북 3성은 일제의 식민지로 전락하였고 한민족 이민들은 재차 일제의 망국노예 신세가 되었다.

일본제국주의는 통제와 안정의 정책을 제정하여 한민족 이민들의 문화를 뿌리 채 뽑아내고 일본의 '신민(臣民)'으로 동화시키는 반동정책을 감행하였다. 일제침략자들은 한민족 이민들의 민족의식을 말살시키며 그들의 반일정신을 없애려 날뛰면서 한국어 과목을 없애고 오직 일본어만 사용하게 하였다.

일제침략자들은 식민지 노예화정책을 실행하여 한민족 이민들의 정치, 언론, 출판, 결사의 자유를 완전히 박탈하고 심지어 그들의 성과 이름마저 일본어로 고치게 하였다. 한민족의 친일인사들을 모아 '문예협회' 등 반동문인조직을 세우고 「간도 일보」, 「만몽일보」, 「만선일보」 등을 통하여 일제의 왕도락토(王道樂土), 협화정신(協和精神), 일선일체(日鮮一體) 등의 구호를 외치며 '황민화'(皇民化)를 주장하였다.

그러나 동북이 이렇게 일제의 식민지로 전락한 이후에도 한민족 이민들은 자신들의 교육을 포기하지 않았다. 1932년부터 1936년 사이에 동만과 북만의 항일유격근거지에서는 일제의 참혹한 '토벌'을 분쇄하는 유격전쟁을 펴나가는 한편 곤고한 환경에서 산나물과 나무껍질로 연명하면서도 30여개 학교를 세워 자녀들에게 반일교육과 신민주주의 교육을 계속하였다. 일본침략자들은 한민족 사립학교를 폐교, 개편하여 식민지노예교육을 강요하였다. 한민족 이민들은 사립학교의 폐교, 개편에 반대하는 투쟁을 전개하였으며 민족문자와 민족전통문화를 학습하는 투쟁, '신사참배,' '황국신민의 서사' 외우기를 반대하는 투쟁, '근로봉사,' '창씨개명,' '강제징병'을 반대하기 위한 투쟁을 진행하였다.

언어, 문자, 언론자유와 기타 문화자유를 박탈당한 이후 한민족 이민들의 문화는 점차 중국의 항일전쟁문화의 영향을 받게 되었다. 한민족 이민들은 무장으로 적을 소멸하는 동시에 문화방면에서 동맹 휴학, 일본 인교원 구축운동 등의 투쟁으로 적들과 맞대결을 벌였다. 동북 각지의 항일유격대는 항일 군중들과 함께 유격근거지에서 적들의 참혹한 '포위 토벌'을 물리치는 전투를 하면서 밤이면 야학을 꾸려 인근지역 백성들에게 민족문자를 가르쳤고 혁명가곡을 알려 주었다. 소년단은 낮에는 마을 어귀에서 보초를 서고 밤에는 집단적으로 항일가곡을 불러 인근지역 인민들의 항일정서를 불러 일으켰다.

항일유격지가 적들에게 완전히 파괴되면서 일제 점령구에 있는 진보적인 한민족 작가들은 관방에서 발간하는 신문잡지에 암흑을 폭로하고 광명을 희망하는 작품들을 실었다. 김창걸이 발표한 '암야'는 당시의 대표작이었다. 또 1935년부터 1936년 사이에 김창걸, 윤동주, 윤해영, 리욱, 오봉협 등은 「북향」, 「천주소년」 등의 간행물을 만들어 반제 반봉건의 내용을 소설, 시가, 산문, 극본, 만화 등 여러 가지 형식으로 반영하여 한민족 이민들을 계몽하였다. 특히 윤동주 시인은 '선구자의 노래' 등 수많은 우수한 시를 창작하여 한민족 이민들의 반일정서와 애국정서를 고취시켰다.

. 강경애, 안수길, 김조길 등도 많은 현대 소설과 시가를 발표하였다. 이들은 리욱, 김창걸 등 우수한 문화인들과 함께 자금을 모아 「재만 조선인 시집」, 「싹트는 대지」, 「재만 수필선」 등 한국어로 된 작품집을 출판하였다. 희극인, 음악인들도 자발적으로 민족문화를 지키는 운동에 참여하였다. 그들은 '애극사,' '고협좌(高協座),' '청춘좌(靑春座),' '아랑극단' 등의 유동극단을 만들어 현대 민족 연극을 연출하였다. 그들은 전통 민요를 기반으로 삼아 '두만강의 눈물' 등 군중가곡을 창작, 대중들에게 보급하기도 하였다.[12]

1935년 말, 동북 각지의 항일유격근거지는 대부분 적들에게 파괴당하였고 항일무장부대는 밀림을 근거지로 적들과 마지막 전투를 계속하였다. 항일무장투쟁이 심화되면서 이 시기 한민족 이민들의 문화는 항일가요를 중심으로 발전하였다. 한민족의 성원을 기반으로 한 다른 부대의 문인들도 치열한 전투 속에서 '9·18사변가,' '총 동원가,' '항일전선에로 나가자,' '연길 감옥가' 등 수백 곡의 혁명가곡을 창작하였는데 이는 항일무장부대는 물론이고 일제점령구 내의 한민족 이민들 사이에도 널리 알려졌다.

동북항일연합군 내에서는 한반도의 민간무용에 러시아 현대식 군무를 겸한 댄스도 많이 보급되었는데 전투의 승리를 경축할 때마다 혁명가요 '총 동원가' 등의 노래에 맞추어 춤을 추었다. 항일무장부대는 장백산 비밀기지에서 전투의 여가 시간 동안 '피바다,' '밀림의 봉화,' '유지를 계승하여' 등 혁명적인 가극과 화극(話劇)을 창작하고 연출하였다. 그 외에도 풍자극, 가면극, 산문, 시들이 많이 창작되었으며, 이러한 작품들은 항일무장부대에서 만든 「반일보」, 「반일투쟁」 등 여러 가지 등사본으로 된 간행물을 통해 발표되었다.

1937년 7월부터 중국에서 전면적인 항일투쟁의 불씨가 번지면서 일본제국주의는 동북에 대한 탄압을 더욱 강화하였다. 1937년 10월, 일제는 '황국신민의 선서'를 만들어 한민족학생들에게 매일 암송하도록 하였다. 1937년에는 '창씨개명(創氏改名)'이라는 이름하에 한민족 이민 모두가 일본식 성과 이름을 갖도록 강요하였으며 1938년에는 일본어와 일본 문자, 일본 지리와 역사만을 배우도록 협박하였다. 그러나 이러한 환경 속에서도 한민족 이민들은 동북 산야에서 일제침략자들과의 무장투쟁을 계속하였고 적들의 점령지역 내에서 고유의 문화를 고수하였으며 일제의 동화(同化)정책에 반대하는 투쟁을 계속해 나갔다.

화베이(華北) 지구의 산시성(山西省), 산시성(陝西省) 일대에서 활약

---

12) (중) 김동훈·김창호, 「조선족 문화」, 길림교육출판사, 1990년, 28-29쪽.

하던 한민족 의용군부대에서는 「전고」, 「한국청년」, 「광복」 등 10여 가지의 간행물을 만들어 '어둠을 헤치고,' '한 청년의 망명생활수기' 등의 시, 소설과 산문을 발표하였다. 그들은 '싸움터의 공작대' 등 직업적이거나 비직업적인 연출팀을 조직하여 항일연극들을 연출하였으며, '승리,' '황군의 꿈,' '북경의 밤,' '강제징병' 등을 공연하였다. 그들이 서안에서 연출한 '국경의 밤,' '한국의 한 용사' 등의 연극과 '아리랑' 등의 가극들은 주변 주민들을 크게 감동시켰다.13)

중국의 항일전쟁은 한민족 이민 가운데 유명한 문화인들을 키워냈다. 1937년 옌안(延安)의 노신예술학원을 졸업하고 항일 군정대학 음악교원이 된 정률성은 '연안 송,' '유격전을 발동하다' 등 저명한 가곡들을 발표하였다. 그가 쓴 '팔로군 행진곡'은 1988년 7월 25일 중국공산당 중앙군사위 주석이었던 덩샤오핑에 의해 중국 인민해방군 군가로 지정되어 현재까지 중국 군내의 행사나 의식 등에 널리 사용되고 있다. 상하이(上海) 미술단과학교를 졸업하고 프랑스 파리 미술학원을 졸업한 한락연은 시안(西安), 란저우(蘭州) 등지에서 항일구국운동을 전개하면서 개인 미술전람회까지 열어 '중국의 피카소'라고 불릴 만큼 예술성을 인정받기도 하였다.

상하이(上海)에서 영화 황제로 소문난 김염은 1930년대부터 '황금시대,' '여자의 빛' 등의 영화에서 주역을 담당하였다.14) 항일 전쟁이 승리한 후 한민족 이민들 중의 일부는 한반도로 돌아갔으나 대부분은 정치, 경제, 문화 등 모든 방면에서 중국의 한족 및 기타 민족과 동등한 대우를 받으며 당당한 중국 공민으로 뿌리를 내렸다. 100여년의 여정을 거쳐 한민족 이민들은 한반도 전통문화의 기반 위에서 한반도 문화와 중국의 문화를 효과적으로 융합해 냈으며 이를 바탕으로 독창적인 조선족만의 문화를 형성하기 시작하였다.

---

13) (중) 김동훈 · 김창호, 「조선족 문화」, 길림교육출판사, 1990년, 30-31쪽.
14) (중) 김동훈 · 김창호, 「조선족 문화」, 길림교육출판사, 1990년, 31쪽.

2. 한민족 문화와 중국 문화 융합의 두 번째 단계

일본의 투항 이후부터 중화인민공화국이 성립될 때까지의 시기가 이에 해당된다. 항일 전쟁이 끝나면서 한민족 이민이 가장 많이 집거해 있던 연변과 무단장(牡丹江) 등은 제일 먼저 해방지역이 되었고 동북의 기타 지구는 국공(國共)의 전투지로 변질되었다. 연변과 무단장(牡丹江) 등 지역의 한민족 이민들은 정치와 경제면의 안정된 기반을 바탕으로 대중적인 문예활동을 활발히 전개하였다. 도처에 야학과 구락부가 세워졌으며 문화기구가 조직되고 우후죽순처럼 간행물이 쏟아졌다. 옌지(延吉)에서는 「불꽃」, 「연변문화」, 「연변일보」 등의 잡지와 신문이 출판되었고 무단장(牡丹江)에서는 「인민신보」, 하얼빈(哈爾濱)에서는 「민주일보」, 퉁화(通化)에서는 「단결일보」 등의 신문이 출판되었다. '동라문인동맹(銅羅文人同盟),' '동북신흥예술협회(東北新興藝術協會),' '연변문공단(延邊文工團)' 등의 문예단체도 새롭게 조직되었다.

문화면에서 보면 일제 압박으로부터 벗어나려는 해방운동을 통해 수많은 진보문인들이 탄생하였으며 우수한 작품들도 활발히 창작되었다. 채택룡, 김예삼, 김태희, 임효원 등의 문인들은 '봄이 양쯔 강변에 왔네,' '북두성,' '승리의 기쁨,' '나의 땅, 나의 쌀' 등의 노래가사와 곡들을 발표하였고 이는 조선족들 사이에 널리 보급되었다. '승리의 혈사,' '리홍광,' '밀림의 고백,' '폭파영웅 조성두' 등의 연극작품들도 많은 사람들을 감동시켰다. 이러한 작품들은 모두 정치 해방 이후 토지 분배를 받게 된 기쁨과 국민당군대를 용감하게 무찌른 인민군들의 위대한 업적을 노래하였다.

민족어 방송국과 민족글로 된 신문사, 잡지사도 탄생하였다. 신 중국이 성립되기 전의 옌지(延吉)에는 신화방송국이 설립되어 민족어로 방송을 하였고, 1945년 무단장(牡丹江)에는 「사회과학강좌」가 출판되었으며, 1946년 1월 「신 건설」, 1946년 2월 「불꽃」, 같은 해 2월 「신 청년」, 「해방」, 「건설」 잡지가 출판되었다. 1947년 옌지(延吉)에서는 「연변통신」과 「시사

순보(時事旬報)」가 출판되었으며, 1948년 3월 「대중」 잡지가 출판되다가 1948년에 「연변문화」로 이름을 바꾸었다. 1948년 12월 하얼빈(哈爾濱)에서는 「교육통신」을 출간하였고 1949년 7월 옌지(延吉)에서 「민족공작통신」이 출판되었다. 1949년 7월 옌지(延吉)에서는 「농가락(農家樂)」잡지가 출판되었다가 그 해 9월에 정간되었다.

교육출판사의 성립도 민족문화의 형성과 발전에 큰 기여를 하였다. 1949년에 설립된 연변교육출판사는 전국의 조선 중·소학교를 대상으로 민족어로 된 교과서와 과외 독서용 도서들을 출판하였다. 언론에 대한 관심도 점차 높아져서 동북 지역의 해방과 함께 옌지(延吉), 하얼빈(哈爾濱), 통화(通化)의 민족어로 된 신문을 합병하여 「동북조선인민보」로 개칭하여 발간하였다. 민족문화관들이 차례대로 세워졌고 전문적인 문화예술단체들도 계속해서 설립되었다. 그 중 연변가무단, 연변연극단은 중국 전역에 널리 알려질 만큼 실력을 인정받았다. 축구·배구·농구·탁구 등 여러 가지 운동이 대중적으로 보급되었으며, 씨름·그네·널뛰기 등의 민족체육운동은 명절 때마다 큰 인기를 모았다.

이 시기의 민족문화가 빠르게 형성되고 발전할 수 있었던 근본적인 원인은 민족학교를 세워 민족교육의 토대를 마련한 것에 있었다. 항일전쟁 승리 후 연변지구와 무단장 지역이 제일 먼저 민족 교육에 관심을 기울이기 시작하였으며, 1948년 11월부터는 전(全) 동북 지역 곳곳에 학교를 세워 민족교육과 민족문화 발전에 더욱 박차를 가하였다. 이 시기 민족교육은 유아교육, 보통교육, 사범교육, 성인교육 등의 전문교육과 문맹퇴치 등 교육 전 분야의 발전을 가져왔다.

1949년 3월, 연변대학이 설립되면서 민족교육은 새로운 전기를 맞게 되었다. 연변대학의 개교는 조선족사회 문화 발전의 질적인 향상을 가져왔으며 조선족 교육 정책의 새로운 목표를 제시하였다.

오랜 역사 속에서 한민족 이민들은 자신들의 거주지역인 중국의 해방을 위해 기꺼이 혁명에 투신하였으며 이를 통해 자기들이 계승하고 발전시킨 한민족 문화와 중국 문화를 자연스럽게 융합시켰다. 중국공산당의 실용적인 소수민족정책은 한민족 이민들이 중국 공민으로 전환하는 과정에서 고유의 문화를 잃지 않고 계승, 발전시키는 데에 중요한 역할을 하였다. 그 결과 조선족은 한민족의 전통문화를 바탕으로 중국의 문화를 포용, 자기들만의 독창적인 문화를 탄생시키는 위대한 업적을 이루게 된 것이다.

Ⅲ. 해방 후 조선족 문화의 발전

1949년 10월 1일 탄생한 중화인민공화국은 중국조선족의 탄생과 중국조선족전통문화의 계승, 사회주의 신문화의 탄생을 선포하였다. 중국공산당이 내건 민족정책의 깃발은 국가의 암묵적인 지지 아래 조선족 문화의 전면적인 발전을 예고하였다. 조선족은 민족문화유산을 발굴하고 고유의 민족문화를 발전시켜 이제까지 이루어 온 조선족 문화의 체계를 더욱 공고히 하였다.

1. 문화기구의 정비와 문예창작의 번영

해방 후 조선족의 문화기구는 체계적으로 정비되기 시작하였다. 문화예술단체가 많아졌고 민족작가, 예술가들이 늘어났으며 그들의 열정과 노력은 조선족 문화의 추진력을 배가시켰다. 1950년 1월, 옌지(延吉)에서는 연변문예연구회를 설립하여 조선족 문예인력들을 조직하고 창작활동과 연구를 전개하였다. 1953년 7월, 연변에서는 연변문학예술계 연합회를 세워 연변 각 현, 시의 문예 사업을 지도하였는데 회원 수가 1,500여명에 달하였다. 그 산하에는 연변작가협회, 민간문예가협회, 희극가협회, 음악가협회, 곡예가협회(曲藝家協會), 미술협회, 촬영가협회, 서법가협회 등 9

개 협회가 있었으며, 전국 회원만 200여명이나 되어 소수민족 인구비례를 감안하면 제일 많았다.

이 시기 조선족 문화의 특징 가운데 두드러진 것은 어느 때보다도 활발한 문예창작 활동이다. 연변문학예술계연합회는 전후시기에 「연변문예」, 「장백산」, 「아리랑」 등의 문예잡지를 출판하였다. 조선족 문예인들은 시대성과 민족성을 반영한 우수한 문학작품들을 계속해서 발표하였다. 그 중 김학철의 장편 소설 「해란강아 말하라」, 김철의 장편시 「신성전(晨星傳)」, 김성휘의 장편 서사시 「장백산아 말하라」, 임효원의 서정시집 「진달래」, 이근전의 중편 소설 「고난의 년대」, 임원춘의 단편 소설 「친척지간」, 단막극 「장백의 아들」 등은 당시 조선족문화의 발전을 보여주는 예라 할 것이다.

기타 조선족 집거지구의 조선족 문화도 상당한 발전을 가져왔다. 1949년 11월 8일에 건립된 선양(沈陽)시 조선족 문화관은 1950년도에 60여명으로 조직된 문예대가 있었으며 이는 1952년에 100여명으로 발전하였다. 그 외에 지린(吉林), 창춘(長春), 무단장(牡丹江) 시 등 조선족집거구마다 조선족 문화관이 설립되었다. 하얼빈(哈爾濱)시 조선족 문화관은 1950년 1월 2일에 별다른 자본 없이 설립되었으나 이후에 조선족 각계 인사들이 증정한 도서로 열람실을 꾸미는 등 조금씩 체계를 갖추게 되었다. 문화관에서는 정기적으로 작품을 연출하여 공연하였고 문예경연을 조직하는 등 활발한 활동을 펼쳤다.

2. 조선족 문화체계의 성립

옌지(延吉)의 신화방송국 설립 이후 베이징(北京)의 중국국제방송국은 1950년 7월 2일, 조선어방송을 시작하여 조선족 언어가 쓰이고 있는 세계에 첫 전파를 날렸다.[15] 중국국제방송국 조선어방송은 한국, 북한과

15) (중) 이희일, 「중국조선민족발자취」(제 6 책), 창업 630쪽.

일본 등 세계 각지의 한국인들을 대상으로 진행되었는데 조선족의 정치, 경제, 문화 등 다양한 내용을 소개하였다. 1956년 7월 2일, 베이징 중앙인민방송국에서도 조선어 방송이 고고성을 터뜨렸으며, 그날부터 조선어 방송이 전파를 타고 조선족 집거지구와 조선족 산재지구에 전파되었다. 옌지(延吉)신화방송국은 연변인민방송국으로 새롭게 태어났으며, 각 현마다 방송소(廣播站)가 세워져 조선어로 유선방송을 하였다. 그 외 하얼빈(哈爾濱)시에도 헤이룽장(黑龍江)성 조선어방송국이 설립되었다.

조선족들은 또 민족어로 된 신문과 잡지를 가지고 있었다. '연변일보,' '길림조선문보,' '흑룡강 조선족신문,' '요녕 조선족신문,' '중국 조선족소년보' 등의 신문사가 있었으며, 「천지」(현재 「연변문학」으로 개칭), 「장백산」, 「청년생활」, 「대중과학」, 「연변여성」, 「중국조선족교육」, 「예술천지」, 「문학과 예술」, 「송화강」, 「은하수」, 「도라지」, 「압록강」 등 20여개의 조선문 간행물들이 간행되었다. 민족어로 된 신문과 간행물들은 조선족문화의 다양한 성과들을 다루었으며, 그 발전을 촉구하는 등 조선족 문화의 수준을 한층 더 높이는 데 많은 기여를 하였다.

조선족 문자로 된 책을 전문으로 출판하는 출판사로는 연변인민출판사, 연변교육출판사, 헤이룽장 조선민족출판사, 랴오닝 민족출판사 조선문편집부, 베이징 민족출판사 조선문편집부 등이 있었다. 연변인민출판사는 조선족문자로 된 수많은 도서를 출판하여 조선족문화 발전에 큰 기여를 하였으며 연변교육출판사는 조선족문자로 된 교과서를 출판하여 조선족 사회가 민족 언어와 문자를 계승하는 데 이바지하였다.

조선족 문화연구기구가 차례로 설립되면서 조선족 문화는 급속도로 발전하기 시작하였다. 연변역사연구소가 개설된 후 조선언어문학연구소, 베이징대학 조선문화연구소, 연변대학 조선족 고적연구소, 민족연구소, 중앙민족대학에 조선어문연구소 등 문화연구소가 설립되었고 연변도서관, 연변박물관, 군중예술관 등의 문화기구가 세워졌다.

또한 문예창작이 활발하게 진행되면서 전례 없던 번영을 이루었다.

조두현, 최옥주 등 유명한 안무가들이 두각을 나타냈으며 이녹순, 최미선 등의 무용가들과 방초선, 김선옥, 송일, 동희철, 최삼명, 김봉호 등 유명 작곡가들이 활발히 활동하였다. 허동활, 최수봉, 이동범 등 유명희극배우들과 석희만, 김홍태, 김일룡 등 유명화가, 김철, 임효원, 김성휘, 김태갑 등 유명시인들과 김학철, 이근전, 임원춘 등 유명소설가, 황봉룡, 김훈, 이광수 등 극본가, 황구연, 김득순 등 민간이야기 인재, 최형동, 윤정석 등 아동 문학가등 다양한 문화예술 분야의 인재들이 조선족의 이름을 널리 알렸다.

조선족 전문문예단체와 과외문예단체의 활동이 활발해졌으며 그들의 연출은 큰 화제를 불러 일으켰다. 연변가무단의 민간무용 '부채춤'과 대 합창 '장백의 노래'는 제 5 기 세계청년절콩쿨에서 1등상을 받았고 독창 '처녀의 노래'는 제 6 기 세계청년절콩쿨에서 은상을 받는 등 뛰어난 성과를 거두었다. 1956년 조득현이 정리하고 출연을 맡은 '농악무'가 베이징에서 발표되었는데 저우언라이(周恩來) 총리로부터 "창작기교가 높고 민족특색이 아주 농후하다"는 높은 평가를 받았다. 대형 무용극 '춘향전,' 가극 '아리랑'은 중국문화계의 최고영예인 "문화"(文華)상을 수여받았다.[16] 1951년 중국 축구국가대표팀의 3분의 1이 조선족 운동원이었고 해방 후부터 1990년대까지 국가축구대표팀 가운데 무려 35명의 조선족 선수가 포함되었을 만큼 조선족 선수들의 역량 또한 뛰어났다.

미술, 촬영부문에서도 영향력이 있는 작품과 전문가가 배출되었다. 조선족 화가인 석희만과 김태홍, 임천, 임무웅, 이부일, 장홍을 등의 작품은 중국 국가에서 수여하는 우수작품상을 받았다. 수많은 우수한 촬영 작품들이 탄생하여 조선족 문화의 우수성을 중국 내에 알렸으며 50여 년 동안 17여 차례의 촬영 작품 전람회를 하여 국내외 인사들의 절찬을 받았다.

---

16) (중) 반룡해 · 황유복 주필, 『21세기로 들어선 중국 조선족』, 연변대학출판사, 2001년, 110쪽.

3. 고유문화 보존을 위한 노력

조선족 문화는 정치 변화에 따라 극심한 굴곡을 보이며 발전하였다. 신 중국이 성립되자 사회주의 체제인 중국은 소련, 북한 등 사회주의 국가와의 일방적인 수교만을 진행하였을 뿐 자본주의 국가들과의 교류는 적대시하였다. 이를 배경으로 조선족 문화도 중국의 주체문화와 함께 소련을 으뜸으로 하는 사회주의 문화의 바탕 위에서 성립하게 되었다. 조선족의 교육체제 역시 소련의 교육사상을 중심으로 하였고 중소친선의 노래가 유행되었다. 문학방면에서는 소련의 '고요한 돈,' '강철은 어떻게 단련되었는가' 등 소련의 작품들이 조선어로 번역 출판되어 애독되었으며, 조선족 대학교의 외국어로 러시아어가 인기를 끌었다. 소련의 문학가, 교육가, 시인, 예술가들도 조선족들의 관심의 대상이 되었으며 문화 전반에 있어 소련 집중화 현상이 일어났다.

그러다가 중국과 소련이 국제정치문제로 분쟁이 생기면서 중국은 자신들 고유의 문화 발전의 길을 모색하기 시작하였다. 중국에 대한 소련의 경제원조가 끊어지고 소련전문가들까지 철수하면서 중국은 자력갱생의 길을 택하였다. 이후의 중국문화는 정체성을 더욱 강조하였고 조선족 문화도 새로운 양상을 띠게 되어 중국의 건설성과를 찬양하는 내용이 많이 발표되었다. 중국의 우수한 문학작품들이 활발하게 소개되기 시작한 것도 이 시기의 일이다.

조선족들에게는 사회주의 고국인 북한이 있어서 조선족 문화는 북한과의 교류를 활발하게 진행하였다. 1956년 중소관계에 냉각 기류가 흐르기 시작하면서 조선족 문화는 북한과 더욱 친밀한 교류를 갖게 되었다. 북한과의 교류는 조선족 문화의 민족적 색채를 더욱 뚜렷하게 만들었으며 한편으로는 조선족 문화의 정체성에 영향을 주었다. 교과서, 신문, 방송, 잡지 등의 문화매체에서는 평양 말이 기준이 되었으며, 서점에는 북한도서들이 많이 팔렸고 예술분야에서는 북한노래와 무용을 많이 공연하였다.

중국은 폐쇄적인 좌경화 경향에 치우친 지도사상으로 여러 차례 정치운동을 전개하였다. 건국초기의 '민족정풍' 운동은 민족전통문화를 편협한 민족주의의 상징으로 몰아 세웠으며, 이로 인해 민족문화의 전통을 견지해 왔던 조선족 지도간부와 문화인들이 파면당하였다. 그 뒤 1957년에 벌어진 '우파분자를 반대하는 투쟁'은 수많은 조선족 지식인들에게 공산당을 반대하고 사회주의를 반대한다는 억울한 누명을 씌워 농촌으로 축출시켰고 노동개조를 감행하였다. 이 시기부터 조선족 문화는 탄압을 피하기 위한 자구책으로 중국식 민족문화의 성격을 도입하기 시작하였다.

1966년부터 1976년까지 진행된 '문화대혁명'은 중국의 경제발전과 문화 등 모든 방면에서 전례 없던 재난을 초래하였다. 린뱌오(林彪)와 장칭(江青) 등이 주도하는 반혁명집단 '4인방(四人幇)'[17]은 '문화대혁명'의 시기를 틈타 전통적인 것, 부르주아적인 것들을 공격하면서 소수민족 특유의 전통문화를 파괴하였다. 특히 고국이 한반도인 조선족들은 조국관이 확립되지 못하여 수시로 고국으로 도망가려는 분열주의사상이 있는 민족으로 평가하였다. 한국에 친척관계가 있는 조선족은 한국의 간첩으로 몰아 세웠으며 북한에 친척이 있거나 북한과 왕래가 있던 조선족은 북한의 특무로 인정하고 탄압하였다.

조선족 문화는 북한 괴뢰문화의 표현이라는 모욕을 당하기도 하였다. 수많은 조선족 간부와 문화인들이 특무, 간첩, 민족분열주의자 등의 허무맹랑한 감투를 쓰고 비난을 받았다. 조선족 문화기구는 점차 소실되었고 평상시 관방에서 진행하는 중요한 대회에서도 조선어 번역을 취소하였다. 조선족의 전통습관은 없애버려야 할 4가지 낡은 습관에 속하여 강압적으로 취소당했고 조선족 문학예술도 잡귀신들이 책이나 무대에 오르는 것이

17) 저자 주: 4인 무리. 즉 장칭(江青), 왕훙원(王洪文), 장춘차오(張春橋), 야오원위안(姚文元) 등 네 사람을 중심으로 그들을 따르던 무리를 가리킨다. 이 네 사람은 '문화대혁명'을 이용하여 중요한 권력을 장악하였다. 1996년 9월 마오쩌둥(毛澤東)이 사망한 후 중국공산당과 중앙정부의 최고권력을 찬탈하려다가 결국에는 그 음모가 파탄되고 극형의 심판을 받았다.

라 하여 취소되었다. 전국의 소수민족지구를 망라하여 '홍등기(紅燈記),' '사가빈(沙家濱),' '해항(海港),' '위호산을 지혜롭게 탈취(智取威虎山)' 등 '현대 본보기 경극'과 체육형식으로 된 충성무(忠字舞)만이 무대에 오를 수 있었다. 조선족 전통예술은 아예 언급할 수도 없었는데, 예를 들면 상모 춤은 머리를 돌린다 하여 '문화대혁명'을 부정하는 무용이라 금지시켰고 '도라지,' '아리랑,' '노들강변'과 같은 노래는 지방민족주의의 표현이라 하여 금지시켰다. 체육운동은 치열한 계급투쟁 속에서 사회의식의 방향을 혼란시키는 일이라고 금지시켰다.

중국과 소련, 중국과 북한 등 주변 국가들과의 관계가 악화되면서 조선족문화와 북한문화 간의 교류도 끊어졌다. 1970년 저우언라이(周恩來) 총리의 북한 방문을 계기로 인하여 중국과 북한 간의 정상관계가 회복되기는 하였어도 조선족 문화는 기본적으로 북한과의 거래를 끊은 것과 마찬가지였다. 이러한 어려움 속에서도 본연의 민족정신을 잃지 않고 지켜 온 조선족 문화는 훗날 그 가치를 더욱더 인정받게 되었다.

제 2 절 조선족 문화의 성격과 특징

Ⅰ. 한중 문화와 구별되는 정체성

1. 조선족 문화의 정체성

정체성(Ethnic Identity)이란 스스로를 남과 구별하는 의식이다. 하나의 인간집단으로서의 소수 이민사회가 모국이 아닌 타국에 정착하여 살아갈 때에 그들의 미래는 크게 세 가지 경우의 수를 갖는다.

하나는 수적으로나 문화적으로 현지 다수 민족의 우세에 밀려 모국생활의 문화적 특성을 버리고 현지사회의 문화에 스스로 동화되어 가는 것이다. 중앙아시아 고려인 사회가 이러한 성향을 띤 이민사회이며 재일한인사회의 민단(民團)도 이러한 경향이 강하다.

두 번째는 현지주민과는 다른, 하나의 생활공간으로서의 이민사회를 형성하고 그 속에서 모국문화를 고스란히 유지하며 살아가는 것이다. 현지사회와 단절된 이민사회는 문화적으로는 순수성을 유지하면서 살아갈 수 있지만 현지사회가 자국 내에 이러한 이민사회를 그대로 용납하느냐의 문제가 남게 된다. 일본의 조총련계통이 다분히 이러한 성향을 보이고 있으며 중국에서의 조교(북한교민)사회도 이와 비슷한 형편이다.

마지막 하나는 모국으로부터 지니고 온 자신의 기본적인 문화특징들을 대부분 보존하면서도 현지사회의 문화를 수용하고 융합하여 새로운 문화를 형성하는 것이다. 중국의 조선족 문화는 숙명적으로 모국적 요소와 중국적 요소가 혼재한 문화로서 한민족 문화의 일부분인 동시에 중국 문화의 일부분이라고 할 수 있다. 이는 조선족 자체의 특수한 문화인 것이다. 중국 조선족문학을 예로 들면 한반도를 중심으로 하는 7천만 배달민족이 영위하는 세계한글문학이라는 대계통(大系統)속의 하나인 자계통(子系統)으로 존재하고 있을 뿐만 아니라 중국의 주체민족인 한족을 중심으로 하는 56개 민족이 영위하고 있는 중국문학이라는 대계통 속에 또 다른 자계통으로 존재하고 있다. 그러나 조선족문학은 엄연히 조선족만이 소유하고 있는 특수한 문학이다.

이처럼 조선족 문화의 가장 뚜렷한 성격은 그 문화의 정체성(主體性)에 있다. 조선족 문화는 전 세계의 유일한 문화현상이다. 존재하고 있다는 사실만으로도 그 문화의 정체성과 기능을 확인할 수 있다.[18]

한민족이민들은 동북에 진입하여 한민족의 문화전통을 이어온 동시에 그것을 중국 동북이라는 문화공간에 이식하였다. 때문에 이민 초기의 문화는 한반도문화의 연장선에 가까운 형태였다. 그들은 100여 년이라는 세월에 걸쳐 중국의 일원으로 흡수되는 과정에서도 한반도문화와의 혈연적 유대관계를 견지하였다. 그러나 그들은 새로운 문화공간에서 중국 지방문화와의 접촉을 피할 수 없었으며 자연지리환경과 중국사회의 성격에 따른 폐쇄성, 보수성 및 시대성에 따른 문화의 변화 등등 현실적인 요소들을 벗어나서는 존재할 수 없다. 특히 1930년부터 중국의 반제반봉건투쟁에 참가하면서 중국의 사회 환경과 문화 환경에 직접 적응해야 하는 새로운 상황 하에서 중국문화도 적극적으로 받아들여 중국문화와 융합을 이룩하는 외에 다른 길이 없었다.

그 결과 조선족 문화는 새로운 물질문화체계, 사회관계체계, 교육문화체계, 정신문화체계, 예술문화체계, 풍속습관체계 등으로 자기의 독특한 문화체계를 이루게 되었다. 이러한 문화 환경에서 이루어진 변이와

18) (중) 김강일, "한민족공동체 형성을 위한 중국 조선족의 역할," 「지방행정연구」 (제15권 제 1 호), 18-23쪽.

타민족 문화와의 접촉, 충돌, 적응에서 나타난 변화, 자신들을 규정하고 있는 이질적인 제도문화에 의해 오늘날의 중국 조선족 문화는 한반도문화와 중국 문화의 융합상태, 즉 한반도 문화와 공통점이 있으면서도 구별되며 중국 문화와도 공통점이 있으면서도 구별되는 독특한 특징들을 지니게 되었다.

조선족 문화는 한민족 문화와 다른 점이 많다. 그들의 언어와 문자도 한반도와는 전혀 다른 성격을 띠고 있다. 경제생활과 지연관계도 한반도와는 구별된다. 그렇기 때문에 조선족 문화는 한민족의 문화와 동일한 원류를 갖고 있으나 근대에 와서 흐름을 달리한 동원이류의 문화라 표현되는 것이다.[19)]

조선족 문화가 자체의 정체성을 확립할 수 있게 된 원인의 하나는 조선족 문화 형성 시기의 중국 사회 환경에 기인한다. 과거 반식민지 반봉건의 중국사회에서 자급자족의 농경생활을 기반으로 하였던 조선족은 경제적·문화적·정치적 활동을 매개로 하나의 새로운 공동체를 형성하였으나, 중국 본토의 문화에서는 폐쇄된 형태로 생활해 왔다.[20)] 해방 후 중국이 실시한 장기간의 봉쇄정책 역시 조선족 문화의 순수성과 정체성을 잃지 않게 해 주는 역할을 하였다.

조선족 문화의 정체성 확립에 대한 또 다른 요인으로는 중국의 소수민족정책을 들 수 있다. 1927년 7월, 중국공산당은 성립된 그날부터 민족자결과 민족평등의 정책을 주장하여 왔다. 해방 후에도 중국공산당과 중국정부는 조선족과 기타 소수민족의 문화발전을 적극 지지하였으며, 1952년 조선족자치주 설립을 도와 조선족 문화 발전의 새로운 계기를 맞이하게 하였다. 중국은 헌법에 소수민족자치문제를 수록하였을 뿐만 아니라 각 지방 소수민족구역 자치단위에서도 민족구역 자치법을 제정하여 법적인 보호를 하고 있다. 그 외에도 중국은 조선족어문사업조례 등 조

19) (중) 김경일, 「중국 조선족 문화론」, 요녕민족출판사, 1994년, 2-4쪽.
20) (중) 박금해, 「중국의 민족정책과 조선족 사회 현황」, 차이나 코리안 닷컴.

선족교육과 문화의 정체성을 보호하고 발전시키는 데 관한 제도적 장치들을 적극적으로 도입, 소수민족문화 발전에 큰 기여를 하고 있다.

조선족 문화는 독립적인 정체성을 지닌 문화로 한반도 문화와 구별되는 자체의 민족의식을 가지고 있다. 조선족의 민족의식은 공동체의식으로 민족속성의식, 민족교섭의식, 민족발전의식 등이 포함된다. 민족속성은 해당 민족의 역사, 전통, 언어문자, 풍속습관, 경제생활, 지연관계 등에서 나타난다.[21)]

개혁 개방 후 수많은 조선족들이 한국을 방문하였고 한국의 노무에 종사하면서 문화교류를 진행하였다. 그 결과 비록 한국인과 조선족 모두 같은 고국을 지닌 한민족 문화의 후손이지만 현실의 차이는 엄청난 것임을 확인하게 되었다. 중국의 토양에서 자라난 조선족 문화가 한반도의 문화와는 큰 차이를 보인 것이다. 조선족들은 이에 조선족 문화의 정체성을 인식하고 그것을 소중히 여기며 발전시켜 나갈 필요성을 깨닫게 되었다.

2. 조선족 문화의 민족의식

조선족 문화는 중국의 어느 민족문화보다 특별한 성격을 지니고 있다. 고유한 색채가 강하게 표현된다는 것이다. 한민족의 동북 이주역사는 다른 민족의 유입역사와는 사뭇 다르다. 그들이 동북으로 건너온 후 정착한 곳은 원주민의 거주가 희소한 편벽지구여서 이질문화와 큰 충돌을 겪지 않았다. 그 당시 한민족 이민들이 봉착한 주요문제는 자연지리환경에 적응하여 생존을 이어가는 것이었기 때문에 이질문화에 적응하는 것은 크게 문제되지 않았다.

한민족 이민들이 접촉하게 된 중국인 대부분도 산둥(山東)성, 허베

21) (중) 김병호 · 강기주, "중국의 소수민족정책과 조선족 사회의 정치의식 및 민족의식," 「중국 조선족 사회의 문화우세와 발전전략」, 연변인민출판사, 2001년, 125쪽.

이(河北)성 등 외지에서 들어 온 사람들이었기 때문에 일상적으로 접촉한 문화도 중국의 주류문화가 아닌 이민문화였다. 이들 모두는 각자가 자기들의 의식주 해결이 선결 과제였으므로 성격이 다른 문화와는 서로 영향력이 적었으며 다투거나 충돌하는 경우가 드물고 문화융합은 더욱 어려웠다. 게다가 한민족 이민들은 조선반도와의 빈번한 왕래를 통하여 계속해서 본토문화의 영향을 받고 있었으며 한민족 이민들 대부분이 변연지구에서 생활하였기 때문에 한민족 문화의 민족특색을 지킬 수 있었다. 조선족이 계승하고 발전시킨 한반도의 전통문화는 조선족의 관념, 행위, 신앙, 관습, 사유방식, 감정에 침투되어 공동적인 심리상태와 성격을 구성하게 되었다.

조선족으로 전환되는 과정에서 한민족 이민들의 주체의식은 주로 애국주의 정신으로 표현되었다. 한반도는 과거에 중국과 일본의 침략을 많이 받았다. 한민족은 줄곧 자기보다 더 크고 강대한 외적의 침략을 반대하여 싸우는 과정에서 민족자주의 주체의식을 다져왔다. 한민족 이민들도 바로 이러한 민족자주의 주체의식이 있었기에 1920년대에 동북에서 반일민족독립투쟁을 전개하였으며 청(淸) 정부, 봉건군벌, 일본침략자, 국민당 신 군벌 등 반동통치자들의 민족동화정책과 구축정책을 이겨낼 수 있었던 것이다.

한민족 이민들은 선조들의 애국주의 정신을 이어받아 중국에서 반일무장단체를 조직하였으며 이를 진압하러 온 일본 침략자들에게 큰 타격을 가하였다. 동북항일연합군 중에는 수 천 명의 한민족 이민이 포함되어 있었는데 그들은 일제침략자를 중국과 한반도에서 몰아내기 위해 열악한 환경과 추위 속에서 끝까지 싸웠다. 항일 전쟁이 승리한 후 그들은 애국주의 문화전통을 발휘하여 중국 해방전쟁에 큰 기여를 하였다. 신 중국이 건립된 후 그들은 법률적으로 국가의 주인이 되었고 중국 소수민족공동체의 일원이 되었다. 1952년에는 연변조선족자치주의 성립과 함께 자치 권리까지 행사하게 되었다.

한민족은 5,000년의 유구한 역사와 찬란한 문화를 가지고 있는 민족으로 예로부터 예의지국(禮義之國)이라 불렸고 백의동포(白衣同胞)로 널리 알려졌다. 한민족 문화가 형성된 후 동북으로 건너온 한민족 이민들은 조선족으로 정착하는 과정에서 줄곧 한민족과 동일한 민족의식을 소유하고 있었다. 때문에 그들은 한국이 거둔 성과에 대하여 긍지를 느끼고 북한의 경제 곤란에 대해 동정하면서 여러 방면에서 지원을 추진하였다. 분열된 한반도의 상황을 지켜보며 우려하는 반면 한국에도 갈 수 있고 북한에도 갈수 있는 자신들의 위치에 만족감을 느끼기도 하였다.[22] 그와 동시에 조국인 중국이 세계의 정치, 경제무대에서 활약하는 것을 보며 또 다른 종류의 우월감을 느끼기도 하였다. 이처럼 복잡다기한 성격의 문화가 바로 조선족 정체성의 본질이라 할 것이다.

조선족 문화가 한민족 문화의 성격을 보유하고 있다는 증거는 풍속습관에서도 확인할 수 있다. 조선족은 청명이나 추석이면 온 가족과 친척이 산소에 모여 음식을 차려놓고 제사를 지내며 선조들의 공덕을 찬양하고 덕담을 나눈다. 양력설이나 음력설이면 일가친척이 모여 서로 세배를 하며 즐긴다. 온돌방을 즐기며 다층집에서도 될 수 있으면 온돌방을 원한다. 농민들 대부분은 다층집을 싫어하고 텃밭을 가진 단독 주택을 원한다.

음식 면에서도 예외는 아니다. 한민족 특유의 된장국, 고추장과 김치를 즐겨 먹으며 술을 즐기고 술을 마신 후에는 노래 부르기를 좋아한다. 개고기, 쇠고기를 먹고 인절미 등 여러 종류의 떡을 좋아한다. 냉면, 냉수 등 찬 음식과 매운 음식도 많이 먹는다.

복장 면에서 조선족 여성은 한복 입기를 즐기며. 명절이나 결혼, 생일, 회갑 등의 행사에 여성들은 대부분 한복차림을 한다. 복장의 색상에 대해서는 연한 색을 좋아하고 몸 화장이나 소지품의 취향도 한국인과 비

22) (중) 김종국, "중외 조선민족 이동론," 「중국 조선족 우월성 연구」, 연변인민출판사, 1994년, 69쪽.

슷하다. 전통적인 민속놀이를 즐기는데 화투, 장기, 바둑, 윷놀이 등 놀음이 가장 많고 그네, 널뛰기, 씨름, 축구 등 운동은 어느 체육대회에서도 빠지지 않는 운동항목이다. 그 외 한국의 전통명절, 결혼식, 장례식 등의 진행방식 역시 한국, 북한과 비슷한 형식을 띤다.

한민족의 특징은 교육을 중시하는 면에서도 나타난다. 한민족은 예로부터 문화를 숭상하고 자녀교육에 많은 관심을 기울였다. 동북에서 그들은 오직 교육의 길만이 한반도의 독립을 쟁취할 수 있다는 민족선각자들의 호소에 호응하여 어렵게 생계를 이어가는 형편 속에서도 서슴없이 의연금, 의연곡식을 바쳐 사립학교를 세웠다. 그들은 동북에서 민족교육으로 반일민족정신을 고취하였으며 민족교육으로 공동체를 형성하였다. 해방 후 부모들은 자식들의 교육을 위해 모든 것을 희생했는데 심지어 집까지 파는 사람도 있었다. 현재 한국 등 해외 진출을 했거나 국내 도시로 진출한 조선족들은 자식 교육을 위한 목적이 대부분이다.

효도정신이 강한 것도 또 다른 특징의 하나이다. 예로부터 한민족은 효성이 많은 민족으로 알려져 있다. 「산해경(山海經)」에서는 고조선을 동방군자지국(東方君子之國)이라 했고, 「신이경(神異經)」에서는 한민족은 언제나 서로 공경하여 범하지 않고 남을 칭찬하여 헐뜯지 않으며 남이 어려운 일을 당하는 것을 보면 죽음을 무릅쓰고 구해 주는 민족이라 하였다. 이처럼 한민족은 인의(仁義)와 충효(忠孝)를 소중히 여겨 부모와 윗사람을 존경하고 형제지간에 화목하며 이웃과 사이좋게 지낼 뿐 아니라 예절이 바르고 품성이 훌륭한 민족이었다. 중국의 조선족은 한민족 특유의 훌륭한 문화전통을 계승하여 아름다운 윤리도덕을 구비하였다. 조선족 가정 윤리의 핵심은 효(孝)이며 그 속에는 부모에 대한 자식의 효성 외에 자식에 대한 부모의 사랑도 포함되어 있다.

3. 중국 문화와 조선족 문화의 상관관계

조선족은 중국의 공민집단이고 조선족 문화는 중국 문화의 일부분이다. 조선족의 전신은 한민족 이민으로 그들은 중국이라는 새로운 거주지에서 한반도의 민족독립과 한민족의 해방을 위하여 싸웠으나 결국 실패하였다. 그들은 중국의 한족 및 기타 민족과 함께 제국주의, 봉건주의, 관료자본주의를 뒤엎는 투쟁에서 중국공산당을 따르게 되었고 중국의 여러 민족과 형제가 되었다. 그러한 과정에서 한반도로 되돌아간 일부 이외의 대부분은 정치・경제・문화면에서 중국의 다른 민족과 동등한 대우를 받았고 나중에는 중국 공민의 지위를 얻게 되었다.

한민족 이민들이 중국 공민화하는 과정은 바로 조선족 사회가 형성된 역사였으며 동시에 조선족 문화가 형성된 역사였다. 한반도의 한민족 문화를 기반으로 중국 문화를 수용하고 융합하여 형성된 조선족 문화는 중국의 소수민족 문화로서 전체 중국 문화를 이루는 일부분으로 정립되었다.

현재 조선족 문화는 중국적 색채를 지닌 사회주의 문화의 일부분으로 민족성과 시대성이 통일을 이루고 있다. 중국 속에서 소수민족의 의지와 이익을 대표하며 중국 전체가 추진하는 사회주의 시장경제발전의 한 몫을 담당하기 위해 노력하고 있다. 이러한 현대화건설의 노력은 국제화시대에 필요한 문화 사업 발전의 기본적인 출발점이고 귀착점이라 할 것이다.

Ⅱ. 이중적 특별 성격의 문화

1. 조선족 문화의 이중성

중국 내 소수민족인 조선족의 문화는 한민족 문화와 중국 문화의 이중성격을 동시에 소유한 문화다. 중화민족의 문화는 한족의 문화를 기반으로 하여 형성된 56개 민족문화의 집합체라 할 수 있다. 중화민족의 일부분에 속하는 중국의 각 민족은 모두 자기들만의 독특한 민족문화를 보유하고 있다. 오랜 역사의 반제반봉건투쟁 속에서 여러 민족들은 조상들로부터 물려받은 문화를 지키면서도 한족 및 기타 민족들과 밀접한 관계를 맺으며 서로 배우고 융합하여 자신들만의 문화를 형성하였다.

이주민족으로서의 조선족은 1850년대 이후 한반도에서 동북에 이주해 올 때 한민족의 문화를 그대로 가져왔다. 그들은 동북에서도 한반도에 있을 때처럼 집단거주 형태의 공동체관계를 유지할 수 있었다. 게다가 농업생산을 중심으로 하는 농경사회이기 때문에 마을공동체와 친족공동체를 구심점으로 한민족이 소유한 전통문화를 오랫동안 보존할 수 있었다. 청(淸) 정부의 치발역복 동화정책의 압력 속에서도, 봉건군벌의 구축정책 앞에서도 대부분의 한민족 이민들은 자기 민족의 전통문화를 고수하였다. 한민족 이민들은 한반도의 한민족과 똑같이 일본의 식민통치를 받으면서도 계속하여 한민족의 전통문화를 이어 나갔다. 특히 그들은 자기민족의 사립학교를 설립하여 한민족 언어와 문자를 가르쳤으며 반일민족인재를 배양하였다.

그러나 중국은 한반도가 아니었다. 한반도 민족독립과 해방을 쟁취하기 위한 반일민족투쟁은 실패하였고 9.18 만주 사변의 발발로 한민족 이민들도 중화민족과 함께 일제의 식민지생활을 하게 되였다. 중화민족과 함께 반일투쟁에 참가하여 동북에서 자신들의 생존권을 쟁취하는 투쟁만이 한반도의 독립과 민족해방을 쟁취하는 길이라 여기게 되었다. 한민족 이민들은 투쟁의 역사 속에서 자신들의 이중적 사명을 인식하였으며 1930년 5월부터 중국의 여러 한족 및 기타민족들과 같이 중국혁명의 격류 속에 뛰어 들었던 것이다.

한민족 이민들은 동북에서 그 어느 소수민족보다 더욱 적극적으로 반제반봉건투쟁에 참가하였다. 1932년부터 동북 각지에서 중국공산당이 지도하는 항일유격대가 조직되었는데 동만의 항일유격대는 그 창시자와 대오가 한민족 이민출신으로 이루어졌고 남만항일유격대의 창시자와 대오도 대부분 한민족 이민출신이었으며, 북만 항일유격대의 창시자와 대오도 한민족 이민출신이 많았다. 1945년 항일 전쟁이 끝날 때까지 한민족 이민들은 중국인민들과 어깨를 같이하여 끝까지 투쟁을 견지하였다. 당시 3,000여만을 헤아리는 동북인구 가운데서 7%도 안 되는 한민족 이민은 어느 민족보다 더 앞장서서 일본 침략자들과 싸웠고 그 어느 소수민족보다도 희생이 많았다.

한민족 이민들의 투쟁은 한족, 만족 및 기타 민족들과의 단결, 우애와 함께 결속되어 있었다. 동북에 한민족 이민 마을이 아무리 많다 하여도 한족 마을이 더 많았고 한족과 기타 민족 인구가 더 많았다. 한민족 이민들은 공동의 적을 반대하여 진행하는 투쟁 속에서 한족 및 기타 민족과 긴밀히 단결하여 함께 싸웠으며 그 과정을 통하여 점차 중화민족의 문화를 배우게 되였다. 서로 같은 투쟁목표는 한민족 이민과 한족 및 기타 민족을 하나의 정체성으로 묶어 놓았으며 한민족 이민으로 하여금 점차 전통문화를 기반으로 하고 중화민족 문화를 수용하여 이중성을 띤 문화를 형성하도록 만들었다.

항일 전쟁의 승리는 중국, 한반도의 독립과 한민족의 해방을 선포하였다. 그러나 동북에 있는 한민족 이민의 투쟁은 끝나지 않았다. 그들은 혁명의 승리를 획득하고 중국에서의 철저한 해방을 쟁취하기 위하여 다른 민족보다 더욱 열렬히 참군하였다. 4년 동안의 해방전쟁기간에 참군한 한민족 이민들은 동북의 각 개 전장에서 한족 및 기타 민족들과 함께 싸웠으며 랴오선전역(遼沈戰役), 핑진전역(平津戰役), 창장도강작전(長江渡江戰役)과 하이난도우(海南島) 해방전역, 쓰촨성(四川省)과 이창(宜昌) 해방전투 등 수많은 전투를 진행하는 가운데서 한족 및 기타 민족들과 더욱 깊은 감정을 나누었다. 그들은 드넓은 중국의 방방곡곡을 해방하는 가운데서 중화민족의 역사와 문물을 더욱 많이 접촉하고 학습함으로써 문화적인 안목을 넓힐 수 있게 되었다. 후방의 조선족 군중들도 한족 및 기타 민족과 어깨를 나란히 하여 참전하고 전선을 지원하는 가운데서 민족단결을 강화하였으며 중화민족의 문화를 대폭 수용하게 되었다.

한민족의 전통문화를 기반으로 하고 중화민족의 주체문화를 융합하여 형성된 조선족의 문화는 한반도 문화와 중국 문화라는 이중성의 특색을 띤 문화를 형성하게 되었다. 이러한 이중성격의 복합문화는 한민족 문화의 찬란한 전통을 이었을 뿐만 아니라 중화민족 문화의 우수한 점들을 수용하였다. 때문에 조선족 문화는 중국의 문화에 쉽게 적응하는 것은 물론 한반도 한민족의 문화에도 쉽게 적응하는 특징을 지니고 있다.

중국의 한족을 중심으로 여러 민족과 장기간 같이 생활하는 과정에서 한민족 이민들은 어릴 적부터 이중 언어 감각이 발달하여 언어를 매개로 하는 이질문화 적응능력이 남다르게 우세해졌다. 한족 또는 단일어 사용권에서 온 학생들과 비교해 봤을 때 한국에 유학 온 중국 조선족 학생들이 영어와 같은 타국 언어 학습능력 면에서 탁월하게 앞서는 것은 바로 이와 같은 다중언어문화권의 지각능력 차이라고 판단된다.

중국 조선족은 중국 공민이지만 문화의 뿌리는 한반도에 있다.[23] 그러나 중국 조선족 사회는 중국의 한족을 비롯한 기타 55개 민족과 정치·경제·문화적으로 긴밀한 연계를 맺고 발전해 왔으며, 그로부터 한반도와 구별되는 언어·예술·문학·음식·복식 등의 중국특색이 있는 조선족 문화체계를 이루었다. 그것은 한반도에서 뿌리를 내리고 꽃을 피

23) (한) 최우길, 「중국 조선족 연구」, 선문대학교 중한번역문헌연구소, 2005년, 231쪽.

운 한민족 문화의 외연으로서 한민족 문화에 대한 계승이고 보충이며 발전이기도 하다. 그런 점에서 한민족 문화는 크게 서울을 중심으로 하는 남한문화와 평양을 중심으로 하는 북한문화, 그리고 옌지(延吉)시를 중심으로 하는 중국특색의 조선족 문화를 포함한다고 할 수 있다.[24)]

한·중 수교 후 조선족 사회가 급격히 변모해가고 있는 주된 이유는 한국과 중국 간의 교류가 조선족 사회의 문화적인 이중성격을 크게 자극한 데 있다. 조선족 사회가 이중적인 문화성격을 지니지 않았다면 한국진출은 물론 한국기업의 중국진출로 인한 조선족의 대규모 중국내륙 이동은 쉽게 이루어지지 않았을 것이다. 이러한 이동과정에서 조선족은 빠른 속도로 선진적인 문화에 접근하고 있으며 향후 발전에 필수적인 문화자원을 형성해 나가고 있는 것이다.

2. 민족문화와 현대문화의 융합

조선족의 문화구조는 개혁개방 이후 거대한 발전과 변화를 가져왔으며 종전에 없었던 합리적인 성격을 지니게 되었다.[25)] 예전의 폐쇄상황에서 벗어나 더욱 적극적인 자세로 중국 문화와 한반도 문화를 수용하고 복합적인 성격을 강하게 띤 변연복합문화로 변신하였다. 한국과의 지속적인 교류로 한반도 문화뿐만 아니라 해외 문물도 쉽게 접할 수 있게 되어 전 방위적으로 다양한 문화교류가 이어지고 있다.

이를 계기로 조선족들은 한국과 중국 내지로 빠르게 진출하면서 외국과 중국 경내의 선진적인 문화를 습득하고, 조선족 문화와 현대문화를 융합시키고 있다. 이는 조선족 사회의 비약적인 발전의 밑거름이 될 소중한 문화자원을 형성하고 있는 과정인 것이다. 조선족 사회는 이러한

24) (중) 반룡해·황유복 주필, 「21세기로 들어선 중국조선족」, 연변대학출판사, 2001년, 77쪽.

25) (중) 김강일, "조선족 사회 문화성격과 민족정체성(1)," 「문학과 예술」, 2004년 6기, 20-23쪽.

과정을 통해 중국 문화와 한반도 문화와의 실질적인 융합상태를 이룩하고 있으며 그렇게 이루어진 조선족 문화는 향후 중국과 한반도 간의 관계에서 막강한 매체적 영향력을 행사하게 될 것이다.

사회발전은 경제발전이 기초적인 과업이라고 한다. 그러나 민족문화의 도약과 발전 역시 한 민족의 지위를 결정해 주는 중요한 요소이다. 민족문화와 현대문화의 융합은 조선족 문화의 이중적 장점을 더욱 발전시킬 수 있을 뿐만 아니라 조선족 문화로 하여금 현대사회에 더욱 빨리 적응할 수 있도록 도와 줄 수 있다. 현대문화와의 융합, 한반도 문화와 중국 문화의 이상적인 융합이 조선족 문화를 제고시킬 것이며 조선족 사회에 충분한 자신감을 안겨 줄 것이다.

Ⅲ. 변연복합문화의 특징

변연문화(邊緣文化)란 개념적으로 두 개 이상의 문화가 교차되는 지점에서 형성되는 특수한 문화계통을 가리킨다. 다시 말하면 원 문화의 성격과 의존문화의 성격을 동시에 지니고 있는 문화로서 두 개 이상 문화체계의 융합으로 인하여 형성된 새로운 문화체계를 일컫는 말이다.[26)]

조선족 사회는 중국과 한반도의 변경지대에 놓여 있다. 지정학적으로 한반도와 국경을 맞대고 있는 변연구역에 위치해 있으며 한반도 문화와 중국 문화라는 문화체계의 교차점에 놓여 있다는 것이다. 이러한 변연위치에서 형성된 조선족 문화는 변연문화의 특징을 강하게 나타내고 있다.

그 밖에도 조선족 문화는 한민족 문화와 중국 문화라는 두 개의 문화가 융합되어 형성된 복합문화다. 조선족 문화는 한민족 이민들이 중국

26) (중) 김강일, "변연문화의 문화적 기능과 중국 조선족 사회의 문화적 우세," 「중국 조선족 사회의 문화우세와 발전전략」, 연변인민출판사, 2001년, 168-169쪽.

의 동북에서 한민족의 전통문화를 중국의 문화권에 정착시킨 문화이다. 조선족은 한반도에서 중국으로 이주하여 정착하였으나 한민족의 전통문화를 가장 잘 보유해 왔다. 때문에 그들은 한민족 문화를 기반으로 하고 중국 문화를 수용하여 조선족 문화를 형성할 수 있었다. 그 주요한 원인을 살펴보면 다음과 같다.

우선 그들은 동북에 건너온 후 중국 문화와의 충돌을 심하게 겪지 않았다. 한민족 이민들이 동북으로 이주해 올 때 동북지구, 특히 동만 지구는 청(淸) 정부의 봉쇄정책으로 황무지나 다름 없었다. 한민족 이민들은 동만에 건너와 땅을 개간하였으며 대부분 한족지주의 소작농으로 들어갔다 . 그러나 일정한 규모의 집거지구를 형성하며 모여 살았기 때문에 중국의 한족이나 타민족과의 문화적 충돌을 피할 수 있었다. 동북에서의 적응은 새로운 자연지리환경에 적응하여 생존을 유지하는 것이 더욱 절박한 급선무였기 때문에 문화적인 충돌은 크게 문제시되지 않았다.

한반도 이민들이 동북에서 접촉한 문화는 중국의 주체문화가 아닌 중국이민들의 지방문화였다. 그들이 동북으로 유입될 때 산하이관(山海關) 이남의 산둥(山東), 허베이성(河北省) 등지의 이민들이 동북으로 이주하면서 자신들의 문화를 그대로 가져왔다. 한민족 이민과 중국 관내의 이민들 그리고 원래부터 동북에 있던 지방인들은 각기 자기 민족과 지방인의 집거지구를 형성하여 생활공간과 문화공간을 차지하고 자기의 문화를 계승하고 보호하였기 때문에 상이한 문화 간의 충돌은 그다지 심하지 않았다. 게다가 한민족 이민의 생활공간과 문화공간은 중국문화의 중심지와 멀리 떨어져 있었다. 때문에 그들은 중국주체문화의 영향을 피해 자신들만의 전통문화를 수호할 수 있었던 것이다.

그 다음으로 한민족 이민들은 한반도와 혈연관계가 있는 민족 집단으로서 한반도와 끊임없는 왕래를 지속하면서 끊임없이 본토문화의 영향을 받아 왔다. 당시 한민족 이민들의 대부분은 이재민이거나 항일독립운동의 목적으로 중국에 건너 왔기 때문에 중국에서 영주할 목적이 없었다. 이 때문에 한반도의 한민족과 동북의 한민족 이민 간에는 끊임없는 인구이동이 있었으며 그에 따라 한민족의 문화가 끊임없이 동북으로 유입되어 들어왔다. 따라서 한반도와의 빈번한 왕래는 한민족 이민으로 하여금 한반도의 전통문화를 고수하게 하였으며 지속적으로 성숙되고 발전하게 하였다.

마지막으로 한민족 이민의 절대다수가 농민이었고 그들의 생활공간 대부분이 비교적 편벽한 산간지대었으며 농경문화가 주류였기 때문에 한민족이 소유한 전통문화는 강한 폐쇄성을 띠었을 뿐만 아니라 배타적이기까지 하였다. 이런 연고로 한반도의 여러 지방에서 이주해 온 한민족 이민들은 동북으로 건너와 이민생활 하는 과정에서도 지방특색의 언어, 풍습 등 문화를 계속 견지할 수 있었다. 이러한 이유들이 한민족 이민으로 하여금 한민족 전통문화를 고수할 수 있도록 하는 중요한 여건으로 작용하였다.

한민족 이민들은 자기들의 전통문화를 고수하였으나 다민족 국가인 중국은 단일민족인 한반도와는 달랐다. 한족은 동북에서 절대 다수를 차지하는 민족이었고 한민족 이민들은 소수에 지나지 않았다. 한민족 이민들도 여느 민족과 마찬가지로 고립적으로 생존하고 발전할 수 없었다. 장기적인 역사과정에서 그들은 다수민족의 정치적인 영향과 문화적인 영향을 동시에 받아야 했다. 이런 경향에 따라 청나라 말기 만족들의 동화정책에 부응한 일부 한민족 이민들은 치발역복을 하고 만족이 됨으로써 토지소유권을 얻는 경우도 있었다. 또 봉건군벌통치시기의 한민족 이민들은 일본 침략자들의 사주를 받아 실행된 한족관리들의 강압정책에 반항하여 거꾸로 입적운동을 일으키기도 했다. 그리하여 일부 한민족 이민들은 중국인으로 국적을 바꾸는 경우도 있었다.

그 후 일본 침략세력을 몰아내고 봉건주의를 타도하는 중국혁명투쟁 속에서 한민족 이민들은 한족 및 기타 민족과 어깨를 나란히 하여 싸웠다. 이러한 과정에서 한민족 이민들은 자연스럽게 중국에 정착하게 되었으며 한민족의 전통문화에 중국의 문화를 수용하여 복합적인 구조를 가진 조선족 문화를 형성하였다. 한민족 이민들이 중국의 소수민족이 되면서 한민족 문화가 중국 문화권에 정착하여 형성된 조선족 문화도 중화민족 문화의 일부분으로 되었다.

그 뿌리는 한민족 문화이지만 중국 문화의 일부분에 소속된 조선족 문화는 성격상에서는 한민족 문화와 공동성을 가지고 있으면서도 서로 구별되는 특질이 있으며, 중국 문화와 공동성을 가지고 있으면서도 서로 다른 특질이 있다. 이러한 조선족의 문화는 한반도는 물론이고 중국도 모방할 수 없으며 전 세계의 유일한 문화현상으로 존재하고 있다.[27]

이에 저자는 장기간의 연구과정에서 조선족 문화가 변연문화 성격 이외에도 복합구조적인 성격을 띠고 있다고 확인하여 조선족 문화를 '변연복합문화'라고 규정하고자 한다. 연변조선족 자치주를 중심으로 하는 조선족 문화는 지정학적으로도 중국과 한반도 사이에 끼어 있어서 언제나 중국 문화와 한반도 문화의 이중적인 영향을 받는 복합형태의 특징을 나타낸다.

부단한 교류를 전제로 하는 서로 다른 문화체계의 융합 형태가 바로 변연문화이다.[28] 냉전시기, 한반도의 분열과 중국의 사회주의체제의 제한으로 인하여 조선족 문화는 한국 문화와 교류를 진행할 엄두를 내지 못하고 북한과 전략적으로 교류를 하게 되었다. 1949년 9월, 연변대학 상무부교장 임민호는 북한 김일성종합대학을 둘러보고 조선족 어문 등 여러 학과에서 그 대학의 교과서를 가져다 사용하였다. 1956년 북한 국립고전예술단이 연변에 와서 방문공연을 한 후 북한은 함경북도, 양강도 예술단, 양강도 학생소년예술단 등 9개 예술단이 연변과 통화(通化)지구에 와서 방문공연을 하였다. 1956년에는 북한 함경북도신문 대표단이 처

27) (중) 김강일, "한민족공동체 형성을 위한 중국 조선족의 역할," 「지방행정연구」(제15권 제 1 호), 18-23쪽.

28) (중) 김강일, "변연문화의 문화적 기능과 중국 조선족 사회의 문화적 우세," 「중국 조선족 사회의 문화우세와 발전전략」, 연변인민출판사, 2001년, 171쪽.

음으로 연변일보사 등의 신문사와 경험교류회를 가졌고, 1960년에는 조선족으로 구성된 지린(吉林)성 축구팀이 북한을 방문하였으며, 1973년에는 북한 인민군 '2·8축구단'이 연변을 방문하기도 하였다. 그러나 북한과의 문화교류도 '문화대혁명'이란 반혁명운동으로 인하여 1966년 이후 몇 년간 단절되었다.

조선족 문화와 북한 문화의 교류는 시기적으로도 짧았으며 그 심도도 깊지 못했다. 그러나 조선족 문화는 이와 같은 교류를 통하여 민족문화의 정체성을 수호할 수 있었으며 한반도와 중국 문화의 복합적인 성격을 계속 유지할 수 있었다. 중국이 개혁개방정책을 실행한 후 중국의 조선족 문화는 한국을 포함한 해외 교류를 활발히 진행하였다. 그 결과 조선족 문화의 복합적인 성격은 크게 강화되었고 중국 문화와 한국 문화 사이에서 매체적인 특징 또한 두드러지게 되었다.

제 3 절 조선족 교육의 전개와 발전

Ⅰ. 한민족 사립교육의 부흥

조선족이 고유의 문화전통을 이어가면서 발전시킬 수 있었던 원인에는 민족교육의 작용이 매우 컸다. 역사적으로 보면 청나라 시기와 봉건군벌통치 시기에 한민족 이민들은 민족교육을 발전시켜 자기의 민족문화 전통을 이어 왔으며 다른 민족에게 동화되지 않았다. 일제 강점기 동안 수많은 한민족 이민들은 일제의 '황민화'교육에 반대하여 싸웠으며 자신들의 언어와 문자를 계승하고 발전시켰다. 중국의 해방전쟁 시기에 한민족이민들은 중국공산당의 민족평등 정책의 영향으로 중국의 소수민족으로 승격되었다. 이를 계기로 조선족은 자신들 특유의 교육체제를 체계적으로 정리, 발전시켜 나갔다.

1. 한민족 사립학교의 건립과 발전

1906년 반일애국지사 이상설은 당시 동북에서 제일 큰 한민족 이민집거지인 룽징(龍井)에 서전의숙(瑞甸義塾)을 세웠다. 1908년 4월 27일, 반일지사 김약연이 허룽현 달라즈(和龍縣達砬子)[29] 명동(明东)촌에 명동서숙(明東書塾)을 세우고 이듬해에 사립명동학교로 고쳤는데 1910년에는 중학부를 세웠고 그 다음해 2월에는 여자학부까지 세워 1925년 일제에 의

29) 저자 주: 지금의 용정시 지신향을 말한다.

해 강압적으로 휴교할 때까지 약 1,000여명 한민족 청년들을 배출하였다. 이처럼 1911년 동북한민족이민 집거지구에는 약 18개소의 사립학교가 있었고 1913년에는 약 78개소의 사립학교가 있었으며 연변에만 하여도 46개소가 있었다.

일부 학교는 여자부를 세웠고 일부 지역들은 여자학교까지 세웠다. 그 결과 1910년부터 1920년까지 동북 각지에는 10개의 여자학교와 여자부가 생겨났다.[30] 1910년 이동춘, 이봉남 등 진보인사들은 쥐즈제(局子街, 현재의 옌지 시)에다 간민교육회(墾民教育會)를 세우고 「월보(月報)」를 창간하였다. 그들은 일본통감부에서 편찬한 교과서에 맞서 한민족의 교과서를 편찬하고 출판하여 각 사립학교에서 사용하였다.

1916년까지 연변에는 158개소의 사립학교가 있었고 학생만 해도 3,897명이나 되었다.[31] 연변을 제외한 지린(吉林), 퉁화(通化) 등 남만지구와 닝안(寧安), 둥징청(東京城), 하이린(海林) 등 북만의 한민족 이민 집거지구에도 많은 사립학교가 설립되었다. 그 중 연변 더신(德新)향의 더싱(德興)학교, 하이룽(海龍)현의 신싱학교(新星學校), 이퉁(伊通)현의 창신(長信)학교, 타이라이(泰來)현의 융싱(永興)학교, 하이린(海林)현의 신창(新長)학교 등이 대표적이었다.

특히 기독교를 위주로 하여 천주교, 천도교, 대종교 등 각 종교단체들이 사립학교 설립의 주축이 되었는데, 1911년에는 11개소, 1913년에는 도합 42개소로 늘어났다.[32] 한민족 이민 종교단체가 세운 학교들은 동쪽에 있는 고향을 그리워하는 마음과 민족독립을 쟁취하려는 일념을 반영하여 동진학교, 창동학교 등 대부분의 학교 이름에 동(東)자를 많이 사용하였다. 1917년 연변에는 종교단체가 세운 50여 개의 사립학교가 있었으며 이는 동북에 성립된 사립학교 총수의 60.4%를 차지하였다. 그 중 룽징(龍井)의 동흥중학교, 대성중학교 등이 대표적이었다. 종교단체들은 종

30) (중) 최후택, 「영명한 정책 휘황한 여정」, 흑룡강조선민족출판사, 1997년, 34쪽.
31) (중) 조선족간사 편찬조, 「조선족간사」, 연변인민출판사, 1986년, 280쪽.
32) (중) 김동화, 「연변청년운동사」, 연변인민출판사, 1986년, 23쪽.

교의 합법적인 신분을 이용하여 학교에서 반일민족독립교육을 활발하게 진행하였다.

1928년까지 동북에는 한민족 이민들이 세운 학교가 도합 470개가 있었다. 그 중 한민족 반일민족단체가 세운 학교는 34개, 한민족 종교단체가 세운 학교가 108개, 한민족 이민 민중단체가 세운 학교가 328개 있었다. 이와 같이 한민족 이민들은 후대들에게 자기의 언어와 문자를 가르치는 것을 몹시 중시하였다. 특히 일본에 강점된 나라를 되찾으려는 일념에서 그들은 학교의 교육을 항일운동의 기지로 만들려고 하였다.

[표 4-1] 1928년 동북한민족 사립학교 상황표(단위: 개, 명,%)[33)]

설립주체	학교 수	교원 수	학생 수	비 율
반일민족주의단체	34	57	1,218	6.7
종교단체	108	259	6,430	35.4
한민족 이민 민중단체	328	580	10,499	57.9
합 계	470	896	18,147	100

그 당시 동북에는 중국 당국에서 세운 학교가 있었는데 1928년의 통계에 의하면 연변의 옌지(延吉), 허룽(和龍), 왕칭(汪清), 훈춘(琿春) 4개 현과 창바이(長白)현에만 해도 174개 학교가 있었으며 7,810명의 한민족 이민 자녀들이 그 곳에서 공부하였다.

동북에는 또 일제가 세운 공립보통학교도 있었다. 1908년 일제는 룽징(龍井)에다 간도중앙학교를 세우고 연이어 옌지(延吉), 바이초거우(百草溝), 터우다오거우(頭道溝), 훈춘(琿春) 등 자기들의 영사분관이 있는 곳에 공립보통학교를 세웠다. 반일민족 지사들은 반일민족학교를 세우는 운동을 전개하여 일제의 노예교육을 반대하였으며 한민족 이민들은 자녀들을 자기 민족의 사립학교에 보내는 행동으로 일제의 노화교육을 반대하였다.[34)]

33) (중) 박규찬 주필, 「중국 조선족 교육사」, 동북조선민족교육출판사, 1991년, 48쪽.
34) (중) 박규찬 주필, 「중국 조선족 교육사」, 동북조선민족교육출판사, 1991년, 14쪽.

그 외 동북에는 또 조선총독부에서 세운 한민족 공립보통학교, 만철 회사에서 설립한 한민족 학교가 있었다. 9.18 만주 사변 전까지 동북의 한민족학교는 도합 710개로 증가되었다.

그 당시 룽징(龍井)은 한민족 이민들의 제일 큰 집거지일 뿐만 아니라 한민족 이민들의 문화교육 중심지였다. 룽징(龍井)에는 대성중학교, 은진중학교 등 중학교가 있었으며 룽징(龍井)주변에도 광명중학교 등 여러 개의 한민족이민중학교가 있었다. 이들 학교에서는 수많은 한민족 인재들을 양성하였다. 광명중학교에서는 정일권 전 한국총리가 배출되었으며 대성중학교에서는 한국의 이주일 대장, 최수종 소장, 윤동주 시인이 배출되었고 은진중학교에서는 김재준, 강원용, 문익환 등 유명한 목사들이 배출되었다.

2. 사립학교 교육의 주요 내용

한민족의 교육은 시작한 그 날부터 반일을 교육의 취지로 삼고 학생들에게 민족해방 사상을 고취하였다. 일제는 한민족의 민족정신을 말살하기 위하여 1911년 8월 '조선교육령'을 제정하여 한민족언어, 문자, 역사, 지리, 문학 풍습에 대한 교육을 금지시켰다. 일제는 한민족 이민들에게 식민지 노화교육을 실시하여 그들을 자기들에게 순종하는 노예로 키우려 시도하였다. 이러한 상황에서 수많은 반일지사들이 사립학교에서 교편을 잡고 교단을 이용하여 일본의 한반도침략죄행을 규탄하며 학생들에게 반일정서를 부여하고자 노력하였다. 그들은 또 자산계급의 개명사상을 선전하고 과학을 제창하였으며 봉건적 예법에 반대하고 남녀평등을 제창하였다. 한민족 이민의 사립학교가 반일민족해방운동의 터전으로 된 것이 바로 이시기 교육의 가장 뚜렷한 특징이다.

룽징시 즈신향 밍둥(龍井市智新鄉明東)촌은 연변지구 한민족이민 근대 문명의 발상지인 동시에 반일민족운동의 시발점이자 중심지였다.[35] 1909

년 명동서숙이 근대화한 명동학교로 바뀐 후 이 학교를 중심으로 부근의 10여개 마을이 연합하여 한민족이민공동체를 형성하였다. 명동학교는 1915년 한반도에서 편찬한 금서(禁書) 「유년필독」, 「대한사략(大韓史略)」과 연변에서 계봉우가 편찬한 「최신 동국사서」를 사용하여 학생들에게 애국애민의 가치관을 부여하였으며 일제침략자에 대한 반항정신을 고취시켰다. 작문에서는 반일과 민족독립이란 말이 없으면 점수를 주지 않았는데 이는 교장 김약연이 주도해서 만든, 보이지 않는 학교의 전통이 되었다.[36]

그 당시 명동학교는 노래를 몹시 중시하였다. 노래는 학생들 뿐 아니라 한민족 이민들의 민족존엄성과 적에 대한 저항정신을 제고하는 작용을 하였으며 그 시기의 문화를 집중적으로 반영하였다. 1913년 3월, 우시욱(禹時旭)교원이 당시의 민족의식과 반일투쟁 의지를 키우는 노래를 모아 「신편 창가집」을 출판하였는데 이 책에 수록된 노래들은 명동마을, 전(全) 동북지구 학교와 마을, 심지어는 한반도에까지 비밀리에 파급되었다. 그해 10월, 일본 침략자들은 이 책을 금서로 선포하고 사용금지를 시켰으나 사람들은 일제의 눈을 피해가면서 책에 수록된 노래를 불렀다. 그 시기 한민족 이민이 세운 학교마다 교원과 학생들이 교가, 응원가, 학도가 등의 노래를 즐겨 불러 반일민족사상을 고취시켰다.[37]

명동학교에서는 일제에 대한 증오를 여러 가지로 표현하였다. 예를 들면 일본을 왈본(日本) 혹은 왜국(倭國)이라 불렀다. 명동학교의 명희선 교원은 가끔 옷을 거꾸로 입고 다녔는데 그것은 일본이 한반도를 침략하였기에 세상이 거꾸로 되었다는 것을 학생들에게 인식시키기 위한 표현이었다.[38] 명동학교와 명동마을에서는 일본상품을 배척하는 운동도 전개

35) (중) 박창욱, "용정의 명동-중국 조선족 근대문화의 발상지," 「일송정」(제 5 기), 연변교육출판사, 2002년, 232쪽.

36) (중) 박창욱, "용정의 명동-중국 조선족 근대문화의 발상지," 「일송정」(제 5 기), 연변교육출판사, 2002년, 267쪽.

37) (중) 박창욱, "용정의 명동-중국 조선족 근대문화의 발상지," 「일송정」(제 5 기), 연변교육출판사, 2002년, 267-268쪽.

38) (중) 박창욱, "용정의 명동-중국 조선족 근대문화의 발상지," 「일송정」(제 5 기), 연변교육출판사, 2002년, 269쪽.

하였으며 아편 밀매를 반대하고 흡연, 음주, 도박, 매음을 반대하는 운동도 벌였다. 풍속습관에서도 미신을 반대하는 운동을 벌여 무당을 청하여 굿을 벌이거나 점을 보는 일들도 없앴으며 결혼식과 제사도 간소하게 치르도록 지도하였다.

1920년대에 들어서면서 한민족 교육은 무장군사교육의 실시라는 새로운 특징을 나타내게 되었다. 1919년 기미독립운동이 실패로 돌아가고 수많은 유혈 피해자들이 생기게 되자 반일민족단체는 무장투쟁의 중요성을 깊이 깨닫게 되었다. 그리하여 연변을 중심으로 동북 각지에서 반일무장조직이 건립되었고 그에 따라 많은 학교들도 군사교육을 진행하였다. 반일단체들은 많은 한민족 청년들을 중국의 군사학교에 보내어 군사교육을 받도록 하였다. 무력투쟁을 위한 준비 역시 사립학교 교육 내용의 일부가 되었다.

사립학교의 교육 가운데에는 사회주의사상을 전파하는 내용도 포함되어 있었다. 1922년부터 한민족 내의 조기 공산주의자들은 대성중학교 등 일부 중학교에 공산주의 조직을 설립하고 확대하였다. 많은 사립학교도 그들의 영향을 받아 조기공산주의 조직을 건립하여 반일투쟁을 전개하였다. 종교 단체에서 세운 학교의 숫자는 적지 않았지만 한민족 이민들 속에 사회주의 혁명사조가 파급되면서 종교를 반대하는 투쟁이 일어났고 그에 따라 학교는 차츰 종교의 예속에서 벗어나기 시작하였다.

Ⅱ. 일제 통치 시기의 한민족 교육

1. 한민족 사립학교의 감소와 교육의 위축

'9 · 18 만주사변' 이후 일제는 동북을 강점하고 식민통치를 실시하였다. 일제는 한민족 이민 사립학교를 강제로 합병, 개편하였으며 심지어 폐쇄시키기도 했다. 그리하여 1932년 한민족 이민학교는 '9 · 18 사변' 이전의 710개에서 377개로 감소되었는데 이는 원래 학교 수의 47%나 줄어든 것이었다. 1935년 길림성의 한민족 사립학교는 231개로 '9 · 18 사변' 전인 308개보다 77개가 줄어 43.6 %가 감소하였다. 종교 재단에서 세운 한민족 사립학교도 108개에서 63개나 감소되어 총 58 % 줄어 들었다.39) 반일애국 사상이 있는 한민족 교원과 직원들은 면직, 체포, 감금되었으며 비참하게 학살되기도 하였다. 일제의 이러한 탄압으로 이 시기 한민족 이민들의 민족교육은 전에 없이 위축되었다.

1932년 일제는 동북의 한민족 학교에 태극기를 걸지 못하게 했으며 한반도 역사과목을 폐강하고 애국가를 부르지 못하도록 명령하였다. 일제는 한민족 이민들의 반항정신을 마비시키기 위하여 봉건적인 유교교육을 강요하면서 각 급 학교에서 '사서오경'을 가르치게 하였다. 1935년 일제는 '만주국 교육방안'을 선포하고 한민족 이민의 교육에 대해서는 동화방침을 실시해야 한다고 결정하였다. 일제는 한민족 이민들을 "우환거리"로 간주하였고 그들이 세운 학교를 한민족 이민들의 투쟁수단으로 여겼다. 때문에 일제는 한민족 이민의 사립학교를 합병하거나 철폐할 대상으로 보았다.

당시 한민족 이민 자녀들이 다닌 학교는 일제가 세운 학교와 만주국에서 세운 학교, 한민족 이민들이 세운 사립학교, 한민족 종교단체가 세운 사립학교 등 8가지 종류의 학교가 있었다. 나중에 일제는 한민족 이민 종교단체에서 설립한 학교를 모두 없애버리고 외국종교인만이 학교를 세울 수 있도록 하였다. 때문에 한민족 촌민들이 세운 사립학교는 일제 탄압의 주 대상이 되었다. 이를 위해 1933년 일제는 '사립학교잠행규정'을 반포하고 실행하였다.

만주국은 조선총독부의 식민지 노예교육 방침과 정책을 그대로 동북에 옮겨와 실행하였다. 일제는 각 급 학교에서 한반도의 역사와 지리

39) (중) 박규찬 주필, 「중국 조선족 교육사」, 동북조선민족교육출판사, 1991년, 111쪽.

과목을 완전히 배제하였으며 일제의 한반도에 대한 침략을 정당화하려고 시도하였다. 한민족 학생들에게 '황국신민,' '무사도' 등 천황제 교육과 일본 도덕교육을 주입시켜 한민족의 문화와 도덕을 말살하려 하였으며 한민족의 청소년을 망국의 노예로 만들기 위한 시도를 계속하였다.

2. 일제의 노예화교육 반대 투쟁

1937년 3월, 만주국 정부는 '학교교육에서 철저하게 일본어를 보급하는 데 관한 지령'을 공포하였다. 그로부터 한민족의 언어와 문자는 철저히 금지되었다. 1939년부터 일제는 이른바 '창씨개명'을 강요하였으며 이에 응하지 않는 한민족 자녀에 대해서는 입학, 진학과 취업을 취소하였다. 초등교육으로부터 고등교육에 이르기까지 동북의 한민족이민들에게 황민화교육을 강요하였으며 군국주의의식과 식민주의의식을 결합하여 실시하였다.

'신학제'를 실시한 후 일제는 동북의 모든 중등학교에서 조선총독부 혹은 일본 문부성이 편찬한 교과서를 사용하도록 강요하였다. 각 지의 중등학교에서는 일본어를 국어로 취급하면서 수업시간을 대폭 늘렸다. 일제는 한민족 이민들에게 황국신민의 지조를 가지도록 강요하였으며 일본 천황과 일본제국에 충성할 것을 요구하였다. 일제는 중등학교에서 '실업교육'이라는 미명하에 학생들에게 노동을 시켰다. 일제는 또 강압적인 교수방식을 취하여 한민족 이민들이 자신들에게 절대적으로 복종하도록 강요하였다.

일제의 식민지 노예교육은 한민족 이민과 학교 선생들 그리고 학생들의 큰 반항을 불러 일으켰다. 이를 계기로 한민족 이민들은 일제의 노화교육을 반대하여 일제의 탄압에 맞서 싸우며 투쟁의 의지를 새롭게 다졌다. 대성중학교의 선생과 학생들은 일본어과를 제외한 다른 모든 과목을 한민족어로 수업하였고 학교의 모든 활동에서도 한민족언어와 문자를 사용하였다. 1941년 훈춘(琿椿)국민고등학교 일부 학생들은 비밀리에 '조선문예보급회'를 조직하고 자기민족 언어와 문자를 보급하기 위한 투쟁을 전개하였다. 많은 학교의 교원들이 일제의 눈을 피해가며 자기 민족의 언어와 문자로 강의를 하였다.

한민족 이민들은 일제가 한민족 이민의 학교를 일본학교 또는 소위 '신학제'에 따라 개편하려는 음모에 반대하였다. 일제가 펑텐(奉天) 동광중학교를 일본인 제 1, 제 2 중학교처럼 만들려 하자 전교의 한민족 이민 선생과 학생들은 투쟁을 전개하다가 나중에는 동맹휴학을 단행하여 일제의 음모를 규탄하였다.

동북지구의 항일유격근거지에서는 일제의 노화교육에 반대하여 어려운 환경 속에서도 신민주주의 교육을 실시하였다. 1932년부터 1936년 사이에 동만, 북만에서는 항일유격근거지가 건립되었고 소비에트정부가 건립되었다가 후에 인민혁명정부로 개명하였다. 각 근거지에서는 학령아동들에게 학비를 면제하는 의무교육을 실시하였으며 연령이 초과되어도 학교에 입학시켰다. 학교에서는 한민족언어와 문자로 수업을 하였으며 항일가곡을 가르쳤다. 항일교육을 주요한 내용으로 삼고 한반도 역사, 지리도 가르쳤으며 일본제국주의자, 소련의 10월 혁명 등 임시 학과들도 설치하였다. 정기적으로 구국군부대에 가서 위문공연을 하였으며 근거지의 학교에서는 야학을 세워 문맹퇴치를 하였고 성인들을 조직하여 정치교육과 문화교육을 받게 하였다.

Ⅲ. 해방 후 한민족 교육의 발전

1. 민족교육의 신속한 발전

1945년 8월, 일제가 무조건 항복을 선포한 이후 한민족 이민들은 중국에서 민족평등의 권리를 누리게 되었다. 그로부터 한민족 교육, 특히 초등교육과 중등교육은 전에 없던 신속한 발전을 가져 왔다. 동북 각지에서는 국민당의 손에서 해방되자마자 일제의 노예교육제도를 철폐하고 민족의 진보와 발전에 유리한 형식으로 교육체계를 확립하였다. 1946년 8월부터 연변의 초등학교와 중학교들이 통합되었다. 룽징(龍井)에서는 6개의 중학교를 통합하여 룽징(龍井)중학교를 설립하였고 몇 개의 초등학교를 통합하여 완전초등학교를 만들었다.

헤이룽장(黑龍江)성의 민족교육도 크게 발전하였다. 1946년 하얼빈(哈爾濱)시에 동명전문학교가 설립되었고 상즈(尚志)현에 하동동북학원이 설립되었으며, 무단장(牡丹江)에 고려중학교, 고려여자중학교가 설립되었다. 닝안(寧安)현에 닝안조선족중학교가 설립되었고 쑤이화(綏化), 미산(密山), 치치하얼(齊齊哈爾), 우창(五常) 등 9개현과 시에 9개의 중학교가 설립되었다. 초등학교는 그 수가 더욱 많아서 한민족 이민 집거지마다 거의 대부분 설립되었다.

랴오닝(遼寧)성의 민족교육도 빠르게 발전하였다. 1945년 퉁화조광(通化朝光)중학교가 설립되었는데 국민당 군대가 퉁화를 진공하였기 때문에 이 학교의 선생과 학생들은 이홍광 지대와 함께 전략적 이동을 하였다. 1946년부터 한민족 집거구가 해방되는 순서대로 초등학교를 설립하였고 신빈(新賓), 안둥(安東 현재 단둥), 콴뎬(寬甸), 카이위안(開原), 칭위안(慶源) 등의 현에 한민족중학교가 설립되었다.

1949년 3월까지 동북 3성에는 민족 단일중학교가 70개소 생겼는데 이는 해방 전보다 4배 이상 불어난 숫자이며 학생은 모두 16,700에 달했다. 초등학교는 1,500개소나 되었는데 학생은 180,000여 명이었다. 동북 한민족 인구 가운데 학생의 비율을 보면 해방 전에는 434명당 중학생 한 명, 12명당 초등생 한 명이였으나 1949년 초에는 68.9명당 중학생 한 명, 7명당 한 명의 초등생이 있게 되었다. 한민족 이민 교육에서 연변 집거구는 제 1위를 차지하였다. 이 시기 연변을 중심으로 하는 지린(吉林)성

내에는 민족단일초등학교가 660개소, 중학교가 40개소였다.[40)]

건국 전 한민족 이민 교육의 특징은 통일적인 정규화교육제도를 수립한 것이다. 1949년 4월 1일에는 연변대학이 설립되었다. 연변대학의 설립은 조선족 교육이 초등학교로부터 대학교에 이르기까지 완벽한 교육체계를 이루게 되었음을 뜻한다. 이후 연변대학은 조선족교육과 문화 발전을 위한 인재 양성의 전초기지 역할을 하였다.

해방 후 조선족 민족교육은 비약적인 발전을 이룩하여 전국 순위에서도 우위를 차지하게 되었다. 1951년 9월 중앙정부교육부에서는 제 1 차 전국민족교육회의를 열었다. 이 회의에는 위글족, 몽골족, 조선족 등 12개 소수민족대표가 참가하였다. 회의 결과 민족교육은 민족적이고 과학적이어야 하며 민족의 실정에 알맞은 형식을 취하여 소수민족의 진보와 발전을 도모해야 한다고 지적하였다. 이 결의는 정무원을 통하여 공포되었는데 소수민족 간부 양성을 우선순위에 놓고 소학교 교육과 성인 과외교육을 강화해야 한다고 강조하였다.

회의는 특히 "무릇 현행통용문자가 있는 민족, 예를 들면 몽골족, 조선족, 장족, 위글족, 카작족 등은 초등학교와 중학교의 각 학과목과정을 반드시 본 민족 어문으로 교수해야 한다"고 규정하고 수요에 따라 한어과목을 설치할 수 있다고 하였다. 그리고 소수민족지구의 교육경비는 표준에 따라 지불하는 외 마땅히 전문항목경비를 따로 더 지불하여 소수민족 학교의 설비, 교원대우, 학생생활보조 등 특수 곤란을 해결하여야 한다고 결정하였다. 이 결정은 소수민족의 교육열을 크게 불러 일으켰다.

건국 후 17년 동안의 조선족 교육은 초등학교와 중학교 기초교육을 보급시키는 데 중점을 두었다. 1950년 동북과 내몽골에는 4개의 조선족 고급 중학교가 있었고 4개의 사범학교와 70여개의 초급 중학교에 21,000여명 조선족 중학생이 있었으며 1,763개의 초등학교에 201,550여명 조선

40) (중) 박규찬 주필, 「중국 조선족 교육사」, 동북조선민족교육출판사, 1991년, 229-231쪽.

족 초등학생이 있었다. 1952년 조선족 적령아동의 취학율은 92%로, 이는 중국의 어느 민족도 도달할 수 없는 숫자였다.

이 시기의 대학교육 역시 빠른 발전을 하였다. 1949년 조선족은 하나의 대학이 있었으나 1965년에 총 6개로 증가하였다. 조선족 대학생은 1949년에 490명, 1965년에는 1,759명 있었다. 중등사범교육은 조선족 후대들에게 민족 언어와 문자 교육을 진행하기 위한 교육으로 조선족 초등기초교육을 보급하고 발전시키는 면에서 극히 중요한 역할을 하였다. 건국 후 중국 조선족은 연변 사범학교, 랴오닝(遼寧)성 칭위안(慶源)조선족 사범학교, 쑹장(松江)성 조선족 사범학교[후에 무단장(牡丹江)사범학교로 개칭], 연변한어사범학교가 있었다. 중등 전업학교도 비교적 온전하였는데 연변재정간부학교, 연변위생학교, 연변예술학교가 있었다. 중등전문학교는 1949년의 1개로부터 1965년에는 13개로 증가되었고 조선족 학생은 1949년의 736명으로부터 1965년 1,245명으로 증가되었다.

2. '문화대혁명' 시기 민족교육의 시련

'문화대혁명' 시기의 조선족 교육은 극심한 피해를 입었다. 조선족의 민족교육은 사회주의를 반대하는 북한 교육의 온상이라는 이유로 탄압을 받았으며 '4인방'은 '조선어 무용론'을 고취하여 조선어의 지위를 저하시키고 연변조선족 자치주에서도 조선어를 통용어로 쓰지 못하게 하였다.[41] 조선족 교육체계도 크게 파괴되었다. 연변대학은 "민족 분열주의를 실시하는 검은 거점"으로 의심되었으며 교원과 학생의 민족비례를 한족이 70% 차지하도록 고쳤다. 조선족 역사, 조선고대사 등의 학과들은 취소당하였고 심지어 1970년부터 시범적으로 학생을 모집할 때 조선어문학부에도 20여명의 한족학생을 받아서 한어로 수강할 수밖에 없었다.

연변의학원, 연변농학원은 대학으로부터 중등전업학교로 전락했다.

41) (중) 박규찬 주필, 「중국 조선족 교육사」, 동북조선민족교육출판사, 1991년, 402쪽.

'4인방'은 대학을 농촌에 세워야 한다면서 도시에서 강압적으로 추방하였다. 연변대학은 둔화(敦化)현 홍석향 산골에 가서 농장을 경영하면서 강의를 하였다. 시설 부족으로 인하여 강의는 형식적이었으며 학교는 농장이나 다름이 없었다. 연변의학원은 연변의과 중등전업학교로 된 후 농촌에 가서 일부 청년농민들을 모집하여 일반적인 구급상식을 배워주는 정도로 명맥만 유지했다. 연변농학원도 연변농과중등전업학교로 바뀐 후 농촌에 가서 학교를 운영하였는데 농사일을 하는 것으로 수업을 대체하였다. 대학교의 교실은 비판을 전개하는 장소로만 되었고 학생들은 주로 농촌에 가서 일하는 것으로 강의를 대신하였다.

단일 민족초등학교와 중학교는 '지방 민족주의'를 조장시키는 장소로 부정당하면서 수많은 조선족 초등학교와 중학교가 한족학교와 합병되었다. 한편 도시의 많은 학교를 농촌에 내려 보내어 학교의 질을 하락시켰다. 대학으로부터 초등학교에 이르기까지 수많은 간부와 교원이 억울하게 '자본주의 길로 가는 집권자,' '민족 분열주의자,' '특무,' '반역자' 등의 죄명으로 농촌에 가서 노동개조를 받았다.

교육계통의 조선족 교원 직원들은 극히 어려운 정치 환경 속에서 '4인방'과 투쟁하였다. 1972년부터 연변의 초등학교와 중등학교를 합병한 민족연합학교를 단일한 조선족 학교로 고치기 시작하였다. 이후 조선어로 강의를 하였고 조선족 교과서 편찬도 시작하였으며 초등학교로부터 대학에 이르기까지 점차 교실에서 정상적인 강의를 회복하기 시작하였다.

제 5 장

개혁개방 후의 조선족 사회

개혁개방시대의 주인공들

제 1 절　중국과 조선족 사회의 변혁
제 2 절　조선족 사회의 새로운 변화
제 3 절　조선족 사회가 봉착한 문제

1978년 12월, 중국공산당은 제11기 중앙위원회 제3차 전체회의를 열고 "계급투쟁을 고리로 하는" 착오적인 방침을 포기하고 경제건설을 당과 국가의 중점사업으로 결정하였다. 그로부터 중국은 개혁개방 정책을 실시하여 자기 특색이 있는 사회주의를 건설하기 시작하였다. 개혁개방이래 중국의 경제는 전례 없는 발전을 하였고 중화민족은 새로운 진흥을 이루었다. 개혁개방 10년만인 1990년에 중국의 국민수입은 개혁개방전인 1978년의 23.2배에 도달하였다. 2005년 중국의 대외무역 총액은 1조 4200억 위안으로 1978년에 비해 68.8배 성장하였고 외화보유액은 8,189억 달러로 1978년보다 490.4배 증가하였다. 농촌주민의 일인당 순소득은 3,255위안으로 1978년에 비해 24.3배나 성장하였다. 이에 따라 중국의 국제적 위상은 갈수록 높아지고 있다.

조선족 사회도 개혁개방의 바람을 타고 정치, 경제, 문화 등 각 방면에서 커다란 성과를 이루었다. 1997년 조선족의 주요 집거지구인 연변의 국내생산총액은 120억 위안으로 1978년보다 3.5배, 도시주민의 연평균 순 수입은 1,878위안으로 1978년보다 7.2배 증가하였다. 2005년 연변의 국내생산총액은 215억 위안으로 1997년에 비해 1.8배 성장하였다. 헤이룽장(黑龍江)성, 랴오닝(遼寧)성과 내몽골자치구의 조선족 집거지구에서도 커다란 경제성장을 이룩하였다.

시장경제체제로 진입하는 과정에서 조선족은 새로운 가치 관념과 여건이 형성되면서 인구의 대 유동이 생겼다. 이로 인하여 조선족은 경제적으로 많은 수입을 올리고 있는 반면 인구 문제, 교육 문제, 민족문화보존문제 등 여타의 방면에 있어서는 많은 어려움을 겪고 있다. 1996년부터 전국적으로 조선족인구는 급속한 감소를 보이고 있는데 연변만 하여도 해마다 4,000여 명씩 감소되고 있다. 출국과 대도시로의 진출에 의한 대량의 인구유동 때문에 조선족 교육이 크게 위축되고 있으며 새로운 사회문제들이 속출하고 있는 것이다.

제 1 절 중국과 조선족 사회의 변혁

Ⅰ. 중국이 이룬 거대한 성과

1. 개혁개방 20년의 성과

1978년 이후부터 중국은 개혁개방정책을 실시하여 비약적인 발전을 가져왔다. 1990년 중국의 국내생산총액은 17,686억 위안이었고 국민수입은 14,429억 위안에 달했는데 물가의 상승요소를 제하면 국민수입은 1949년의 20.2배에 달한다. 1991년 강철 생산량은 6,635만 톤으로 1949년의 419.9배, 석탄생산량은 10.8억 톤으로 1949년의 33.8배, 원유(原油)는 13,831만 톤으로 1949년의 115.6배, 발전량은 6,212억 킬로와트시로서 1949년의 144.5배에 도달하였다. 농업생산에서는 1990년 양곡(糧食)생산량이 44,624만 톤으로 1949년의 3.9배, 면화산량이 451만 톤으로 1949년의 10.2배, 유료(油料)생산량이 1,613만 톤으로 1949년의 6.3배, 돼지고기 생산량이 2,514만 톤으로 1949년의 11.4배, 수산품(水産品)은 1,237만 톤으로 1949년의 27.5배나 늘어났다. 세계 7%의 토지를 소유한 중국은 현재 세계 22%의 인구를 먹여 살리고 있는 형편이다.[1)]

문화 분야에서도 비약적인 발전을 이루었다. 1997년의 통계에 따르면 전국 전업예술단체의 관중은 4.6억 명에 달했고, 연간 출판발행도서는 11.28만종, 71.6억 권에 달했으며, 잡지는 7,916종, 23.1억 권, 신문은 1,083종, 179.5억 부에 도달하였다. 텔레비전 보급률(覆蓋率)은 49.5%로서 개혁

1) (중) 후성(胡繩) 주필, 「중국공산당의 70년」, 중공당사출판사, 1991년, 567쪽.

개방 전보다 87.4% 신장하였다. 중국 예술절, 문화상 등 활동을 통하여 대량의 우수한 문학, 영화, TV드라마, 희극작품들도 탄생하였다.

20년 이래 개혁개방정책은 중국의 교육을 크게 제고시켰다. 기초교육, 직업교육, 성인교육, 대학교육 등이 합리적으로 발전하여 사회주의 건설인재를 배양하였다. 1990년 전국 소학 학령아동의 입학률은 97.9%나 되었고, 1949년과 비교하여 소학생 수는 5.02배, 중학생 수는 36.17배, 보통대학의 학생 수는 각각 17.63배나 증가하였다. 전국 65% 이상의 인구 분포지구에서는 9년제 의무교육을 실시하여 청장년 문맹률을 6%나 낮출 수 있었다. 80% 이상의 향진과 40% 이상의 촌에서는 성인문화기술학교를 설립하여 5년 내에 2.1억 명의 간부, 종업원과 3억 명에 달하는 농민들이 각종 형식의 배양과 문화기술교육을 받았다.

1997년, 전국의 대학생은 608만 명이었는데 그 중 대학원생이 18만 명으로 1979년보다 대학생은 2.2배, 대학원생은 9.4배 증가하였다. 20년 이래 중국은 1,800만 명의 대학원생, 본과 및 전문대학생을 배출하였으며 대학에서 100개의 국가중점실험실, 27개 국가 공정기술연구중심을 건립하였다. 교육경비도 크게 증가하여 1978년의 81.24억 위안으로부터 1997년에는 2,500여 억 위안으로 30배 이상이나 증가하였고, 600여 억 위안의 자금을 투자하여 교원 아파트를 건설하기도 하였다. 국가는 또 매년 9월 10일을 교사절(스승의 날)로 정하고 교원을 존중하는 활동을 전개하였다. 중국은 30여만 명의 유학생을 세계 각 국에 파견하였으며, 이미 9.6 여만 명이 귀국하여 나라의 과학기술과 교육수준 제고에 기여하고 있다.[2)]1990년에는 전국에서 자연과학기술에 종사하는 인원만 해도 1,080.8만 명으로 늘었는데 이는 1952년의 25.4배에 달하는 숫자이다.

원자력기술, 생명과학, 전산기, 위성통신, 로켓 운송기술 등 여러 분야의 과학기술 수준 역시 세계 선진수준에 접근하였다. 1990년에는 전국의 위생기술인원이 389.8만 명으로 1949년보다 7.7배, 병상(病床)은 2,624

2) (중) 신화출판사편집위원회, 「세기풍비」, 신화출판사, 1998년, 105-150쪽.

만 베드로 1949년보다 30.9배 늘었다. 문화 체육방면에서도 모두 비약적인 발전을 이룩하였다.3)

국민들의 생활수준도 크게 개선되었다. 1990년 국민들의 소비는 평균 714원으로 물가상승의 요소를 제하면 1952년의 76원보다 연평균 3.5% 가량 증가하였다. 1990년 중국은 처음으로 의·식문제를 해결하여 풍족한(溫飽) 생활을 누리게 되었다. 1990년 중국의 사망률은 6.7%로 줄었으며 평균 수명은 70세로 연장되었다. 중국의 연평균 성장율은 1949년부터 1978년까지 7.4%였는데 1980년 개혁개방을 실시하면서 큰 폭으로 상승하였다. 1985년부터는 식량, 식용유, 부식품, 천 등 모든 방면의 제한공급제도를 없애고 상품화하였으며 개혁개방 20년 이래 국민경제성장률은 해마다 10%에 접근하였고 공업과 농업 생산품의 양이 전례 없이 증가되었다. 농촌에서의 개혁은 도급제의 보급으로부터 시작하였는데 생산력을 크게 신장시키고 농민들의 생산열기를 일으켰다. 그로부터 곡물, 면화, 육류(肉類), 석탄, 화학섬유, 천, 복장, 시멘트, 텔레비전 수상기, 강철생산량이 세계의 1위를 차지하였다. 개혁개방 전인 1978년에 비하면 국내생산총액은 74,772억 위안으로 5.9배나 늘어나 세계에서 제 7 위, 발전 도상국가의 제 1 위로 상승하였다.

20년 이래, 중국은 1,906개의 공업건설항목을 완성하여 생산에 투입하였으며, 새로 증가한 공업고정자산이 32,877억 위안에 달했다. 징지우(京九)철도, 난쿤(南昆)철도, 타이산(泰山)과 다야완(大亞灣)핵 발전공장 등 대형항목은 국민경제 발전의 밑거름으로 되었다. 세계무역에서 수출한 총 금액의 비중은 1978년의 0.8%로부터 3.3%로, 외화보유액은 1978년의 1.67억 달러로부터 1998년의 1,400억 달러에 달해 세계 제 2 위를 차지하였다.4)

과거의 중국은 상품공급이 수요를 따라가지 못하는 경제체제였으나

3) (중) 후성(胡繩) 주필, 「중국공산당의 70년」, 중공당사출판사, 1991년, 567쪽.
4) (중) 신화출판사편집위원회, 「세기풍비」, 신화출판사, 1998년, 86쪽.

개혁개방 20년 만에 공급이 수요를 초과하는 상품이 74.2%를 차지하였다. 농민가정의 개인 수입은 2,090 위안으로 1978년에 비해 3.4배나 증가하였고 성인 주민가정의 개인의 생활비수입은 5,160 위안에 도달하여 1978년보다 2.1배 증가하였다. 주민 저축액은 6조 4,000억 위안에 도달하여 20년 전보다 200배 증가하였으며 국민들의 구매력이 증가되어 집, 자가용 등이 인기상품이 되었다.

1997년 중국의 대외무역총액은 3,251억 달러에 도달하여 1978년의 206.1억 달러보다 10.4배 이상 성장, 세계 제27위로부터 제10위로 뛰어 올랐다. 개혁개방 이래 20년간 중국은 5,605억 달러의 외자유치계약을 체결하였으며 실제로 이용한 자금은 2,577억 달러에 달했다. 1993년부터 중국은 연속 5년간 외자를 유입하는 측면에서 발전 국가 중 첫 순위, 그리고 세계에서는 제 2 위를 차지하여 미국에 버금가는 수준이 되었다.

20년간의 개혁개방은 중국의 국제경제지위를 크게 제고시켰을 뿐만 아니라 정치적 지위도 크게 제고시켰다. 중국은 독립자주 외교정책을 견지하여 전방위외교를 진행함으로써 주변국가와 발전도상 국가와의 관계를 강화하였다. 동시에 미・일・러・한・유럽 국가들과의 관계를 개선하고 발전시켰다. 개혁개방 후 중국은 이미 한국 등 여러 나라들과 외교관계를 수립하였고 많은 선진 국가, 발전도상 국가들과 신형의 동반자 관계를 수립하였다. 중국은 '일국양제(一國兩制)'의 정책을 실시하여 홍콩과 마카오를 되찾아 100여년의 치욕을 씻어 버렸으며 대만(臺灣)과의 교류를 증가시켜 평화통일의 조건을 마련하고 있다.

현재 중국은 UN상임이사국의 일원으로서 세계평화와 안전을 유지하는 견실한 역량을 보이고 있다. 중국은 평화적인 방식으로 국제 분규와 지구(地區)의 문제를 해결할 것을 주장하였다. 1990년부터 중국은 UN의 평화유지행동에 참가하였는데 매년마다 UN에 군사 관찰원을 파견하였다. 1992년 4월부터 1993년 9월까지 이미 800여명의 UN군공정부대를 파견하였다.

중국은 개방의 수위를 차츰 높여 왔다. 1979년 광둥(廣東), 푸젠(福建)성의 대외경제활동에 특수정책과 우대정책을 실행하였고, 1980년에는 선전(深圳)·주하이(珠海)·산터우(汕頭)·샤먼(廈門)에 경제 특별구역을 설치하였으며, 연이어 다롄(大連)·친황다오(秦皇島) 등 14개 연해부두 도시를 개방하였고 주장 3각주(珠江三角洲) 등 연해경제개발구를 건립하였을 뿐만 아니라 하이난성(海南省)에 제일 큰 경제특구를 건설하였다. 90년대 이래 상하이의 푸둥(浦東)을 개방하였으며 1998년까지 1,194개 현과 시를 개방하였고 일류개방 통상구만 해도 222개가 된다. 개혁개방 20년간 중국에서는 군용비행장 101개, 군용부두 29개, 군용전문철도선 300갈래, 군용통신선로 90여 갈래를 개방하였으며 민항선로 460개, 변경 통상항구 29개를 개방하여 경제건설에 커다란 기여를 하고 있다.[5)]

2. 신세기에 취득한 성과

신세기에 접어든 후 중국경제와 중국사회는 원래의 발전을 기반으로 하여 더욱 큰 성과를 취득하였다. 2000년부터 2005년까지 중국의 경제는 안정적으로 발전하였는데, 2005년 국내총생산액은 18조 2,300억 위안에 달해 개혁개방전인 1978년보다 50.3배, 1997년보다는 2.4배, 2004년보다는 9.9% 증가하였다. 국가의 재정수입은 3조 위안 선을 넘어 2004년보다 5,232억 위안 늘어났다. 주민소비물가의 총 수준은 2004년보다 1.8% 올랐는데 국민경제는 성장속도가 빠르고 효과성이 좋으며 물가가 비교적 안정된 양호한 상태에 놓여 있다.[6)]

신세기에 들어선 후 중국은 개혁개방에서 중대한 진보를 이루었다. 2005년 수출입무역총액은 1조 4200억 달러에 도달하여 2004년보다 23.2% 증가하였는데 이는 개혁개방 전인 1978년 206.4억 달러에 비해 68.8배나

---

5) (중) 신화출판사편집위원회, 「세기풍비」, 신화출판사, 1998년, 101-107쪽.
6) (중) 원자보우(溫家寶), 「2005년 정부사업보고」, 연변일보, 2006년 3월 18일.

증가된 것이고, 개혁개방 20년만인 1997년의 3251억 달러보다 4.4배 증가된 것이다. 외국인의 직접투자는 603억 달러로서 전해보다 많은 증가를 나타냈다. 2005년 말 국가외환보유액은 8,189억 달러로서 개혁개방 전인 1978년의 1.67억 달러보다 490.4배, 개혁개방 20년만인 1997년의 1,399억 달러보다 5.9배 증가하였다.

과학기술, 교육, 문화, 보건위생, 체육 등의 분야에서 전면적인 발전을 이루었는데, 특히 2005년 '선저우 6호(神舟六號)' 유인우주비행선이 성공적인 비행을 마쳤다. 이는 중국의 과학기술수준이 이제 세계수준에 도달하였음을 증명하는 결과라 하겠다.[7)]

국민들의 물질 문화생활도 한층 향상되었다. 2005년, 도시취업자 수는 970여만 명에 달했고 도시주민의 일인당 연 평균소득은 10,493 위안에 달하였으며 1990년의 1,510위안보다 6.9배나 향상되었다.

농촌주민의 일인당 연 평균소득은 3,255 위안으로 개혁개방 전인 1978년의 134 위안에 비하면 24.3배, 1990년의 686 위안에 비하면 4.7배 증가되었고 전년도 2004년에 비하여 11 % 이상 늘어났다.[8)]

[표 5-1] 중국 도시와 농촌 1인당 연 평균 소득 변화(단위: 위안)[9)]

년 도	1985	1990	2000	2004	2005
도 시	780	1,510	6,280	9,422	10,493
농 촌	398	686	2,253	2,936	3,255

중국은 샤오캉(小康)사회를 건설하는 과정에서 경제구조 조정과 경제성장방식의 전환을 적극 추진하여 효과를 보았다. 2005년 28개 성, 자치구, 직할시에서 농업세금과 축산업세금을 전부 면제하였는데 이는 한 해 전국 경제 성장률의 1%가 넘는 수치이다. 3농(농업, 농촌, 농민)문제를 해결하기 위하여 중국 정부에서 투자한 자금은 2004년보다 349억 위안을

7) (중) 원자보우(溫家寶), 「2005년 정부사업보고」, 연변일보, 2006년 3월 18일.
8) (중) 원자보우(溫家寶), 「2005년 정부사업보고」, 연변일보, 2006년 3월 18일.
9) (중) 중국통계연감 2005년, 원자보우(溫家寶), 「2006년 10기 4차 전국인민대표대회 정부사업보고」, 연변일보, 2006년, 3월 18일.

늘인 2,975억 위안이었다. 2005년의 양곡 총 생산량은 4억 8,401톤으로 2004년보다 1,454만 톤 늘어났고 개혁개방 전인 1978년의 3억 톤보다 1.6배나 늘어났다. 농업의 종합생산능력이 강화되고 양곡생산량이 안정적으로 증가되었으며 농민들의 소득이 지속적으로 늘어나 사회 안정의 기반을 마련해 주었다.

중국에서는 에너지 절약과 환경보호를 적극 추진하여 자원절약형 사회를 건설하기에 힘썼으며 순환경제를 발전시키는 조치를 세웠다. 중국은 에너지 절약, 용수(用水)절약 및 자원의 종합이용 등 178개 중대한 항목을 가동하였다. 중국은 2005년에 152억 위안의 국채자금을 투입하여 화이허(淮河), 타이후(太湖) 등 중점유역의 오염 예방퇴치와 천연림 보호, 밭을 없애고 나무나 풀을 심는 일, 사막화 예방퇴치 등 중점적인 생태보전프로젝트 등을 진행하였다.

중국은 또한 체제개혁을 심화하였다. 국유기업의 현대기업제도 수립속도를 촉진하였는바, 2005년에 219억 위안을 배정하여 116개 국유기업의 정책적인 폐쇄와 파산을 지원하였으며 기업과 정부를 분리시키는 일을 계속 진행하였다. 그 외 재정, 조세, 투자, 물가, 우정체제, 철도, 민항체제개혁을 강화하였으며, 사유제경제의 발전을 유도하고 지원하였다. 그 결과 현재의 중국은 일부 중점분야와 관건적인 분야의 개혁에서 획기적인 진전을 이룩하였다. 중국은 대외개방을 추진하여 수출 세금환급, 관세 및 가공무역에 관한 정책을 조정하고 대외무역구조면에서도 최적화를 이루었다.

문화, 교육, 과학기술면에서도 현저한 발전을 가져왔다. 2005년 중국의 중앙재정은 1,168억 위안을 투자하여 과학기술, 교육, 보건위생, 문화 등 영역을 발전시켰는데 이는 2004년보다 18.3% 늘어난 것이다. 그 결과 과학기술면에서는 집적회로 칩의 설계 및 개발, 제3세대 이동통신, 고성능 복합재료, 고급디지털 제어공작기계의 연구제조 등 중대한 과학기술연구제조 특별프로젝트의 큰 진전을 가져왔다. 2005년 중앙재정과 지방재정은 공동으로 전문자금 70억 위안을 배정하여 592개 중점 빈곤 현(縣)의 1,700여만 명에 달하는 빈곤가정 학생들에게 학비와 잡비를 면제해 주고 교과서를 무료로 제공하였으며 기숙생들의 생활비를 보조해 주었다. 2004년부터 2005년까지 2,400여개의 농촌 기숙제 학교를 신축 혹은 개축하였으며 16만개에 달하는 농촌 중학교와 초등학교에 원격교육시설을 갖추어 주었다.

위생방면에서도 중앙정부는 국채자금 30억 위안을 배정하여 중부지구와 서부지구 향, 진의 위생원(衛生院) 건설을 지원하고 농촌 의료위생 조건을 개선하였다. 현재는 농촌합작의료시험지역이 671개의 현으로 확대되어 1억 7,700만 명의 농민들이 혜택을 받고 있다. 2003년부터 2005년까지 3년 동안 중앙과 지방은 105억 위안을 투입하여 성, 시, 현 3급 질병예방 통제체계를 구축하였으며, 164억 위안을 투입하여 의료사건 구조체계의 구축을 진행하였다. 그 외 문화방면에서는 공공문화기반시설건설을 한층 더 강화하였으며 대외문화교류를 크게 확장하였다.

중국은 취업을 강화하는 동시에 사회보장지원을 적극 수행하였다. 2005년 중앙재정은 209억 위안을 배정하여 국유기업정리 및 실직종업원의 기본생계보장 전용보장금으로 지급하였는데 이는 2004년보다 29억 위안이 늘어난 규모다. 2005년 중국은 이미 17개 성, 자치구, 직할시(直轄市)에서 국유기업 정리실직종업원의 기본 생활보장을 실업보험으로 전환시켰다. 2005년 중국의 중앙재정은 74억 6천만 위안의 무휼금(抚恤金)을 배정하여 공적인 일로 순직한 사람, 부상당하였거나 불구가 된 사람들의 가족을 물질적으로 도와주었는데 이는 2004년보다 90%나 늘어난 것이다.

중국의 국민경제는 신세기에 들어 와서도 해마다 8% 이상의 높은 성장률을 보이고 있으며 국제무대에서의 위신도 날로 높아지고 있다. 중국은 21세기중엽의 국가목표를 3단계로 나누어 도달하는 분삼보도(分三步走) 전략을 제기하였다.

21세기 중엽 중국의 전략목표는 기본적인 현대화를 실현하여 중국을 부강하고 민주적이며 문명한 사회주의 현대화 국가로 건설하는 것이다. 중국에서는 2010년까지 국민생산 총 생산치를 2000년의 2배로 높여 인구 당 평균 4,000 달러에 이르는 전략을 제시하였다. 중국은 또 서부지역을 개발하고 동북의 노후 공업기지를 진흥시키는 정책을 제정하여 국민경제 전반과 문화발전을 촉진시키고 있다. 특히 3농(농업, 농촌, 농민) 문제를 해결하기 위해 노력하고 있으며 안정적이고도 빠른 발전을 추진하고 있다.

2006년 3월 중국은 전국인민대표대회 제11기 4차 전체회의에서 국민경제와 사회발전 제11차 5개년 계획을 통과시켰다. 이 계획은 2006년부터 2010년까지를 전면적인 샤오캉(小康)사회 건설의 시기로 인정하면서 과학적 발전을 전면적으로 관철하고 사회주의 신 농촌을 건설하는 것을 목표로 하고 있다. 이를 위해 산업구조의 우수화와 승급을 추진하고 구역의 협조발전을 촉진하며 자원절약형과 환경우호형 사회를 건설하려는 계획이다. 그 결과 체제개혁을 심화시키며 대외개방수준을 제고하고 과학교육흥국(科教興國)의 전략과 인재강국의 전략을 심도 있게 실시하며 사회주의화해(和諧)사회건설을 추진할 것을 국민들에게 호소하였다.[10)]

이 대회는 제11차 5개년계획의 주요한 목표를 다음과 같이 규정하였다. 우선 산업구조를 우수하게 만들고 효과성을 제고하며 소모를 낮추는 기반에서 2010년의 일인당 평균 국내생산총량을 2000년에 비해 배로 늘인다. 그리고 자원 이용 효과가 뚜렷하게 하고 단위국내생산총액의 에너지 소모를 제10차 5개년계획기간보다 20% 낮춘다. 생태악화를 막고 경작지 감소를 효과 있게 제어하며 자체의 지식산업을 갖추도록 하고 유명상품을 생산할 수 있게 하여 국제경쟁력이 강한 우량기업을 비교적 많이 형성토록 한다. 제11차 5개년계획은 이 외에도 시장경제체제, 개방형 경제, 교육문제, 취업문제, 사회보장문제, 민주와 법제, 사회치안과 안전생산 등 여러 방면의 개선안을 제시하였다.

10) (중) 흑룡강신문, 2006년 3월 18일.

개혁개방과 함께 중국은 외교정책을 조정하여 전방위적 무적국(無敵國)외교정책을 실행하였다. 중국은 지금 세계의 중요한 정치세력으로 부상하였으며 세계평화와 지구(地區)의 안정을 수호하는 주요한 역량으로 되었다. 중국은 발전도상의 국가들 중 유일한 UN안전보장이사회의 상임이사국으로서 국제사무에서 중대한 작용을 발휘하고 있다.

세계 최다 외자유치국, 성장실적 8% 이상의 초고속 성장률, 세계 최대 생산 공장, 세계 최대인구, 세계 최대 비즈니스 네트워크 보유, 세계 최대 규모의 서부개발사업 및 동북지구개발계획 추진 등은 이제 중국 내에서 너무도 자주 듣는 이야기이다. 바야흐로 21세기는 중국 중심의 시대를 달려가고 있는 것처럼 보인다. 대부분의 경제학자들은 중국이 2020년에 이르면 GDP 구매력 기준으로 미국과 대등한 경제력을 갖추게 될 것이라고 전망하고 있다. 1840년대 이후 수렁에 빠져 있던 중국이 드디어 200년 만에 세계 역사 전면에 최강자로 재등장하는 거대한 변화의 시대에 들어선 것이다.[11)]

Ⅱ. 조선족 사회의 경제발전

20여년의 개혁개방에 걸쳐 연변과 다른 조선족 집거지구에서도 과거의 폐쇄, 반폐쇄 상태로부터 벗어나 점차 대외개방 정책을 추구하였고 계획경제체제로부터 시장경제체제로의 전환을 이루기 시작하였다. 전국의 경제발전과 함께 조선족 사회의 경제도 엄청난 발전을 가져왔다. 원래 동북 3성에 집거해 있던 조선족의 거주판도가 크게 변하면서 조선족에 대한 표현은 조선족 사회라는 명칭 이외에는 적합한 단어가 없게 되었다.

11) (한) 이승률, 「윈-윈 패러다임」, 영진닷컴, 2004년, 255-256쪽.

1. 연변조선족자치주의 경제발전 성과

연변조선족자치주(이하 연변이라 함)는 중국에서 제일 큰 조선족 집거지구다. 개혁개방 20년만인 1997년, 연변의 국내생산총액(GDP)은 119.98억 위안으로 개혁개방 전인 1978년에 비해 3.5배나 증가하였다. 당해 농공업 생산총액은 110억 위안, 재정수입은 13.18억 위안으로 1978년보다 각각 3.8배, 12.5배 증가하였다. 연평균 성장률은 8.3 %에서 14.7 %까지 도달하였으며 1997년 도시 주민의 평균 순 수입은 1,878 위안에 달하였다. 이는 1978년보다 7.2배 성장한 수치다.

산업구조도 큰 변화를 일으켰다. 개혁개방 이후 연변의 제 2 차, 제 3 차 산업의 발전 속도는 매우 빨랐다. 제 1 차 산업은 연평균 3.4%의 성장률을 보였으나 제 2 차, 제 3 차 산업은 연평균 8.6 %와 11 %의 성장률을 보였다. 1979년 1, 2, 3차 산업의 부가가치가 GDP에서 점하는 비중은 각기 28.3 %, 47.8 %, 23.9 %였으나 1997년에는 16.7 %, 41.6 %, 41.8 %로 변하였다. 연변의 제3차 산업 가운데서 비교적 빨리 발전한 업종은 교통운수, 우전통신, 상품유통, 관광업과 요식업 등이다. 1997년 연변의 제 3 차 산업이 GDP에서 차지하는 비중은 전국의 평균 수준보다 9.7 %나 높다.

소유제 구조가 변하면서 비공동소유제 경제가 증가한 것도 큰 변화의 하나라 할 수 있다. 1978년까지 연변에는 오직 공동소유제만 있었다. 개혁개방 후 20여년의 발전과정을 걸쳐 1998년 연변 도시의 개체상업은 70,009개소, 등록자금은 8억 527만 위안, 총 종업원 수는 11만 2,649명으로 발전하였으며, 농촌의 개체기업소는 1,426개소, 등록자금은 6억 1,683만 위안, 고용노동자수는 19,060명에 달하였다. 연변의 경제는 과거 국가와 집체경제인 이족정립(二足鼎立)의 형태로부터 삼족정립의 새로운 국면을 형성하게 되었다. 1997년 공업총생산액 가운데서 국가소유제경제는 53.6 %, 집단소유제경제는 12.8 %, 비공동소유제경제가 33.6 %를 점하였다. 도매, 소매 무역업소 가운데 개체, 개인기업소가 많은 비중을 차지하였다. 전 주(全州) 42,633개 도매 소매업소 가운데 개체, 개인 소매업소는 30,878개로서 91%를 차지하였고 개체, 개인기업소의 종업원 수는 59,058명으로 연변 전체 도매, 소매업소 종업원 108,228명의 54.6%를 차지하였다. 1997년 연변의 6,635개 음식업소에는 종업원이 17,290명이 있었는데 개체나 개인 음식업소는 6,361개로 자치주 내 음식업소의 95.9%를 차지하였고 종업원 수는 13,539명으로서 자치주 내 음식업소 종업원의 78.3%를 차지하였다.

도시화가 가속화되면서 연변의 농촌 인구는 크게 감소하였다. 개혁개방 전인 1978년 연변의 진(鎭)을 포함한 도시와 농촌의 인구비례는 47.9%와 52.1%였으나 1997년에는 95.2%와 4.8%로 변화되었다. 도시화 진전이 빨라지면서 1997년 비농업인구와 농업인구의 비례도 1978년의 41.7%대 58.3%로부터 61.3% 대 38.7%로 변화되었다. 대량의 농민들이 작은 도시나 진(鎭)에 들어와 농산물의 가공, 무역과 노무에 종사하여 농촌의 산업구조가 조정되기 시작하였다. 전통적인 농업체제가 붕괴되면서 많은 농민들이 토지를 버리고 도시로 떠났다.

개혁개방의 심도가 깊어지면서 연변에서는 교통, 통신, 에너지 등 기초시설에 60여억 위안을 투자하였다. 연변에서는 훈춘(琿春)-자루비노(러시아)-속초(한국)해상운송노선을 개통시킨 후 또 연변(중국)-라진(북한)-부산(한국), 훈춘(琿春)-포시에트(러시아)-야키다(일본)해상운수 노선을 개통하였으며, 훈춘(琿春)-카메쏘바야(러시아)철도개통시험운행을 하였다. 옌지(延吉)의 차오양촨(朝陽川)비행장을 확대·건축하여 연간 운수능력이 연인원 120만 명에 달하였으며, 베이징(北京)·상하이(上海)·웨이하이(威海)·칭다오(青島)·옌타이(煙台)·선양(沈陽)·창춘(長春) 등 10여 개의 국내항선과 한국의 인천에 이르는 국외항선이 개통되었다. 우전통신 네트워크의 발전 또한 급속도로 이루어져 전 주(全州) 제어교환기 용량은 이미 32만 개에 달하였다.

대외개방 분위기에 따라 투먼(圖們), 싼허(三合), 낭핑(南坪), 카이산툰(開山屯), 사퉈즈(沙坨子) 등 통상구 외에 훈춘(琿春)도로통상구역, 훈춘(琿春)철도통상구, 취안허(圈河)통상구가 속속 개방되었다. 비준받은 외국인 독자기업, 중국과 외국의 합자기업 및 중국과 외국의 합작기업 등 3자 기업은 650여 개소, 실제 이용한 외자는 4.6억 달러이며 훈춘(琿春)변경 경제 합작구 내에는 이미 251개소의 각종 유형의 기업들이 등록하였고 건설중에 있는 공업항목만 해도 32개에 실제 이용한 외자는 8,392만 달러에 달한다.

연변은 러시아, 한국, 북한, 일본 등 22개 나라 및 지구(地區)와 대외무역을 진행하였는데 개혁개방 초기 1982년 연변의 수출입 총액은 54만 달러밖에 되지 않았다. 그러나 이듬해에는 495만 달러로 증가하였고 1984년에 1,672만 달러로 증가하였다. 1989년은 9,400만 달러, 1993년에는 46,770만 달러, 1997년에는 22,757만 달러에 달하는 등 개혁개방 초기의 421배 이상 증가되었다.

백두산 관광과 조선민속풍경 관광자원이 개발되면서 연변의 관광업은 크게 발전하였다. 1990년부터 1997년 8년간은 연변의 관광업이 흥성하기 시작한 해로 해외관광객만도 37.5만 명에 이르렀다. 1997년 한 해에 연변에 온 관광객은 11.6만 명이었고 그 해의 관광수입은 3.3억 위안으로 국내생산총액의 4.5%나 차지하였다. 노무수출도 새로운 발전을 이룩하였는데 개혁개방 후 20년간 연변에서는 도합 4만 1천여 명의 노무인력을 해외로 송출하였고 이들이 벌어들인 외화저금 총액은 1995년에 8,600만 달러에 달했다.[12)]

이처럼 개혁개방 이후의 연변 경제는 비약적인 발전을 가져왔으나 기본적인 의식주 해결이 개선된 것 이외에는 별다른 변화를 가져오지 못했다. 1995년 연변의 개인생산수준은 전국의 수준보다 399위안 낮은 정도였으나 1999년에는 그 차이가 952 위안에 달하여 아직 국내 발달지역

12) (중) 박승헌, 「개혁개방과 연변경제. 중국조선족공동체 연구」, 연변교육출판사, 2000년, 65-72쪽.

의 1/5밖에 되지 않았다. 연변의 경제성장속도는 전국의 수준보다 3.6% 나 낮았고 발달지역의 수준보다는 8.6%나 낮았다. 농촌주민의 순수입은 전국수준보다 212위안 낮았고 경제효과지수도 전국수준보다 30% 낮았다.

그러나 1998년부터 2005년까지 8년의 기간 동안 연변의 경제는 새롭게 발전하였다. 2005년도 연변의 국내총생산액은 215억 위안으로 1997년보다 1.79배 향상되었는데 이는 연평균 9.6% 성장한 것이다. 재정수입은 32.3억 위안으로서 1997년에 비하여 2.45배나 늘었으며 연 평균 16.8%의 성장을 이룩하였다. 농촌경제의 총수입은 54억 위안, 제 2 차 산업의 증가가치는 97억 위안, 제 3 차 산업의 증가가치는 88.4억 위안으로 각각 년 평균 8.5%, 10.7%와 9.3%씩 성장하였다. 1, 2, 3차 산업의 구성은 1997년 16.7%: 41.6%: 41.7%로부터 14.6%: 44.3%: 41.1%로 조정되었다.[13]

연변의 대외무역도 커다란 성과를 거두었다. 1998년 연변의 수출입 총액은 22,975만 달러였으나 2000년에는 30,720만 달러로 증가하였다. 21세기로 들어서면서 연변의 대외무역은 더욱 빠른 발전을 이루었다. 2003년에는 40,848만 달러, 2004년에는 57,249만 달러, 2005년에는 72,014만 달러에 도달했다.

연변의 해외 관광객도 계속 증가세를 보여 2001년에는 17만 명을 초

[표 5-2] 2001-2005년 연변지구 대외수출입상황(단위: 만달러)[14]

년 도	수출입금액	증감(%)	수출금액	비중(%)	수입금액	비중(%)
2001	30,723	0	18,898	61.5	11,825	38.5
2002	33,912	10.4	21,852	64.4	12,060	35.6
2003	40,848	20.5	28,152	68.9	12,696	31.1
2004	57,249	40.2	36,699	64.1	20,550	35.9
2005	72,014	25.8	50,654	70.4	21,360	29.6
合计	375,546	+19.5	235,152	62.7	140,394	37.3

13) (중) 김진길, "연변조선족자치주 국민경제발전 및 제11차5개년기획 요강에 관한 보고," 연변일보, 2006년 2월 7일.

14) (중)2005년 연변통계연감에 근거하여 정리하였음.

과하였다. 그러다가 2002년부터 2003년까지 감소세를 보이더니 2004년부터는 다시 증가세를 나타내기 시작하였다. 관광수입도 큰 폭으로 올랐는데 2001년에는 28,799만 위안으로 비교적 높았고, 2003년에는 19,292만 위안으로 다소 하락하였으나 2005년에는 34,370만 위안으로 크게 상승하였다.

[표 5-3] 2001-2005년 연변 해외관광객 접대상황(단위: 인, 만 위안)15)

년 도	인 수	증감(%)	수 입	증감(%)
2001	170,552	13.0	28,799	10.8
2002	158,745	-7.0	26,588	-7.7
2003	121,044	-24.0	19,292	-27.0
2004	167,542	38.5	29,129	51.0
2005	186,000	11.1	34,370	18.0

21세기에 진입한 후 연변의 외자유치는 다시 상승하기 시작하였으며 외국자본은 해마다 큰 폭으로 상승하였다. 연변상무국 집계에 따르면 2005년까지 외국인 실제투자총액은 73,874만 달러이고 2005년 유치한 외국자금은 13,046만 달러로 연변고정재산 투자에서 차지하는 비중은 1.1%였다.

[표 5-4] 2001-2004년 연변지구 외자유치 상황(단위: 만 달러)16)

년 도	항목(개)	계약금액	실제 이용 자금	전해보다 증감(%)
2001	114	11,107	3,211	11.7
2002	122	10,194	4,027	25.4
2003	124	10,029	271	6.1
2004	99	11,684	5,029	17.7
합 계	459	43,014	16,538	

2005년 연변지구의 도시 인구 당 순수입은 1만 6,500위안으로 개혁개방 전인 1978년보다 88.2배, 개혁개방 20년 후인 1997년의 8.8배에 달하였다.

15) (중)2001년부터 2005년 연변통계연감을 참조하여 제작.
16) (중)2005년 연변 통계연감에 근거하여 정리.

2006년 상반기, 연변의 생산총액은 84.2억 위안으로 전 해의 11.8% 증가되었다. 고정자산 투자는 51.5억 위안으로 동시기에 비해 94.6% 증가하였고 재정수입은 17.89억 위안으로 14.3%증가되었으며, 사회소비품 소매총액은 52.8억 위안으로 13.8% 증가되었다. 대외무역 수입수출총액은 3.67억 위안으로 21.5%, 외국자본은 1,304만 불로 9배나 증가되었다.

2005년 연변의 중요한 외화 수입창구인 해외 노무수출수입은 8.76억 달러로 17.2% 증가되었고 국내외 관광객은 80만 여명으로 2004년보다 15.94% 증가되었다. 2006년 상반기 전 주에서는 도합 33,662개의 도시와 진(鎮)의 취업을 개발하였는데 새로 취업한 인원이 2,406명이 되었으며 지금까지 신고된 실업비율은 4.17%나 된다.[17]

연변조선족 자치주는 제11차 5개년계획인 2006년부터 2010년 기간에 GDP를 연평균 12%, 재정수입을 연평균 10%, 고정자산투자를 연평균 18%, 사회소비품소매총액은 연평균 10% 성장시킬 계획을 갖고 있다. 1, 2, 3차 산업구조는 10.5%:48.2%:41.3%에 도달시키고 단위지구 생산총액대비 에너지 소모를 제10차 5개년 계획 시기보다 20% 이상 낮추며 과학기술, 교육문화, 보건위생 등 제반 사회사업을 전면적으로 발전시키는 동시에 도시와 농촌 주민들의 수입수준과 생활의 질을 보편적으로 향상시킬 계획이다.[18]

2. 산재지구 조선족 사회의 성과

개혁개방 후 지린성(吉林省) 산재지구(散在地區) 조선족경제도 큰 발전을 이루었다. 1998년 지린성(吉林省) 조선족 산재지구 향진 농업총생산액은 4.62억 위안으로 1985년의 0.906억 위안보다 3.714억 위안이 증가하

---

17) (중) 덩카이(鄧凱), 연변조선족자치주 제8기 13차 전체회의에서의 연설, 연변일보 2006년 7월 28일.

18) (중) 김진길, "연변조선족자치주 국민경제 및 사회발전 제11차 5개년기획요강에 관한 보고," 연변일보, 2006년 2월 7일.

여 4.1배나 성장하였다. 식량총생산량은 1985년 12.74만 톤, 1998년에는 22.65만 톤으로 9.91만 톤이 증가되었는데 이는 1985년보다 78%나 증가한 수치다.

헤이룽장(黑龍江)성의 조선족들도 여느 지방과 마찬가지로 큰 발전을 이루었다. 과거 벼농사를 주로 하던 농업은 다품종 경영으로 발전하였고, 특히 제3차 산업에서 큰 발전을 이루었다. 1995년 헤이룽장(黑龍江)성 491개 조선족 마을의 산업정황을 보면 제1차 산업이 57%, 제2차 산업이 14.7%, 제3차 산업이 28.8%였으나 3년 후인 1998년에는 각각 52.48%, 9.27%, 38.3%였다. 헤이룽장(黑龍江)성에 있는 18개 조선민족향의 산업구조도 이와 같은 양상을 나타내고 있다.[19]

집거구의 조선족인구가 급속히 줄어드는 분위기 속에서 헤이룽장(黑龍江)성의 조선족들은 새로운 코리아 타운을 형성하고 있다. 무단장(牡丹江)시 서안구에는 지금 12,000여명의 조선족이 살고 있는데 그곳에는 조선족 중학교, 조선족 초등학교, 조선민족예술관, 조선족 도서관, 사무 처리 기관인 조선족 가두 판사처(辦事處)까지 있는데다가 상가, 음식점 및 기타 서비스업체의 80% 이상이 조선족 업체들이여서 새로운 코리아 타운이 성립된 셈이라 할 것이다.

하이린(海林)시 하이린진(海林鎮) 신허촌(新合村)의 조선족 집중촌은 조선족들의 해외진출, 도시진출에 따라 생겨진 것이다. 조선족 중학교와, 초등학교가 있다는 장점을 이용하여 이미 제3기의 아파트로 백두산주택단지를 조성하였는데 제1기 총 입주호 450가구에서 조선족이 90%를 차지하였다. 제2기, 제3기 아파트에 입주한 조선족도 80%가 넘어서 조선족 인구는 2,000명에서 9,000명으로 급증했다. 신허촌(新合村)에서는 앞으로 4만 평방미터의 아파트 5채와 15층 아파트 2채를 더 지어 그곳에 고려원을 건설할 예정이다. 농사가 주업인 헤이룽장(黑龍江)성의 농민들이

19) (중) 반룡해·황유복 주필, 「21세기로 들어선 중국조선족」, 연변대학출판사, 2001년, 504쪽.

온돌 농가를 떠나 아파트에 입주한다는 사실은 그들의 생활이 어떻게 변화하고 있는지 알려 주고 있다.

1990년대 말까지 랴오닝(遼寧)성에는 23만 여명의 조선족이 살고 있었다. 조선족 인구의 40%가 도시에 거주하고 나머지는 14개 대중도시와 100여개의 현과 시에 거주하고 있었다. 2000년, 전 성에 있는 12개의 조선족 향과 진의 농업생산액은 5,000만 위안, 공업총생산액은 5억여 위안, 재정수입은 400여만 위안이었다. 조선족이 운영하는 각종 가공업체는 1,000여 개, 음식 등 서비스 업체는 약 7,000여 개가 있었다. 조선족의 산업구조도 큰 변화를 가져왔는데, 제 1 차 산업을 위주로 하였으나 현재는 제2차 산업이 주도적 지위를 차지하였으며, 제 3 차 산업도 상승추세를 나타내고 있다.

개혁개방 초기인 1980년대에 랴오닝(遼寧)성에는 2,000여 개의 향·진기업소(鄕鎭企業所)가 생겼다. 랴오닝(遼寧)성의 조선족들은 혈연관계를 이용하여 한국과의 협력을 적극적으로 진행하고 있다. 농촌마을의 경우 한국의 자금 1,000만여 달러를 유치하여 100여 개의 합자기업과 독자기업을 세웠다.

창바이(長白) 조선족 자치현에는 8.7만 명의 인구가 있었는데 그 중 조선족은 모두 14,000여명으로 전체의 17.3%를 차지한다. 개혁개방 후 창바이(長白) 조선족 자치현의 경제는 신속한 발전을 가져왔다. 1998년 국내총생산액은 5.2억 위안에 이르러 개혁개방 전인 1980년보다 10.6배나 증가되었다. 농공업 총생산액은 5.7억 위안으로 1980년보다 9.7배 증가되었고, 대외무역수출수입총액은 1.04억 위안으로 1980년보다 52배 증가되었다. 1998년 도시주민의 일인당 평균 수입은 2,750 위안, 농촌인구의 일인당 평균수입은 2,603 위안으로 1980년에 비해 각각 7.4배와 3배 증가되었다. 1998년의 제 1, 2, 3차 산업 구성비를 살펴보면 30 : 44 : 26으로 나타났다.[20]

---

20) (중) 반룡해·황유복 주필, 「21세기로 들어선 중국조선족」, 연변대학출판사,

1998년 창바이(長白)현의 조선족 농민들은 6만 평방킬로미터의 토지에 서양삼(西洋參)을 재배하여 수삼(水參) 92.8만 킬로그램을 생산함으로써 5,386.8만 위안의 수입을 올렸다. 조선족들은 1,116호의 향・진기업(鄉鎮企業)을 발전시켜 12,320만 위안의 총생산액에 740여만 위안의 수입을 올렸다. 조선족 목축업에 종사하는 가정은 182호, 정원경제(庭院經濟)[21]에 종사하는 가정은 916호로 발전하였다. 같은 해 공업과 상업에 종사하는 조선족 가정은 1,596호로 증가하였고 총 2,153명의 인원이 취업하였다.[22]

1990년 내몽골(內蒙古)에는 2만 2,173명의 조선족이 살고 있었다. 현재 싱안멍(興安盟)에는 조선족이 6,600여명, 그 중 우란하오터(烏蘭浩特)에 3,100여명 살고 있는데, 그 외는 자치구 소재지인 후허하오터(呼和浩特)와 싼허촌(三合村)등 몇 개의 마을에 나누어 살고 있다. 개혁개방 후 내몽골의 조선족들도 경제문화면에서 엄청난 변화를 일으켰다. 현재 우란하오터의 조선족들은 조선족 학교주변에 모여들어 조선족 상업망을 형성하고 있다. 후허하오터(呼和浩特)시 교외에는 조선족이 운영하는 대목장이 있는데 그 규모는 양떼만 하여도 1,400여 마리나 될 만큼 대규모라고 한다.[23]

Ⅲ. 조선족 문화와 교육의 발전

1. 연변조선족 문화의 신속한 발전

1978년 12월, 중국이 11기 3차 전체회의에서 '문화대혁명'을 철저히

2001년, 472-473쪽.

21) 저자 주: 정원경제란 자기 집 근처에서 비닐박막 온상을 이용하여 채소를 가꾸거나 혹은 과일나무를 가꾸는 등 형식의 경제를 이른다.

22) (중) 반룡해・황유복 주필, 「21세기로 들어선 중국조선족」, 연변대학출판사, 2001년, 473쪽.

23) (중) "초원서 우리 마을과 학교를 지키는 겨레들," 흑룡강신문, 2006년 6월 21-27일.

부정하고 개혁개방의 방침을 채택한 후 수많은 사람들이 억울한 누명을 벗고 원래의 일자리로 돌아왔다. 11기 3차 전체회의를 계기로 하여 조선족 문화는 빠른 속도로 회복되었으며 개혁과 개방의 열풍을 맞이하게 되었다.

개혁개방 후 연변에서는 헌법과 민족구역자치법에 근거하여 '연변조선족자치주 자치조례,' '조선어어문사용조례' 등 일련의 민족사업 조례들을 제정하였고 자치주 정부에 조선민족 언어문자 사업위원회와 번역국을 설립하여 조선 언어 문자 사용사업을 책임지게 하였다.

조선족의 문화발전을 위하여 연변에서만 하여도 연변예술단, 조선족 구연단 등 10개소의 예술단체를 설립하였고 박물관 2개소를 건립하였는데 연변박물관만 해도 약 5,400점의 고대문화재와 3,000점의 반일무장투쟁 문화재를 소장하고 있다. 연변에는 연변 라디오 텔레비전 방송국 외에 8개 시, 현마다 모두 라디오 텔레비전 방송국이 있으며 2000년 연변의 라디오방송 청취율은 연변인구의 99.73%, 텔레비전 시청률은 97.10%에 달한다. 그 밖에도 연변에는 7개의 예술단체, 9개의 공공도서관이 있으며 11종의 조선어로 된 신문과 32종의 잡지, 4개의 조선어로 출판하는 출판사가 있다.

연변에는 조선족의 역사, 언어, 문자, 예술, 교육, 고적을 연구하는 기구들이 있어 수많은 연구 성과를 쌓았다. 연변대학 외에도 북경대학, 중앙민족대학에 조선어문학부가 있으며 조선족문화연구소 혹은 한국문화연구소가 있어 지속적인 연구와 국내외 학술교류를 진행하고 있다. 개혁개방 후 여러 연구기구에서는 수 백 종의 연구 성과를 정리해 단행본과 논문으로 펴냈다. 그 중 예술계통의 저서만 보더라도 「중국조선민족예술사」, 「중국조선족 예술사료 전집」 등 수 십 권의 도서가 출판되었다.

조선족 학자들의 유형문화재 발굴도 커다란 성과를 거두었는데 조선족의 역사와 관련된 유적들이 수없이 발굴되었다. 둔화시 리우딩산(敦花市六頂山) 발해국 정혜공주묘와 그곳에서 발굴된 돌사자, 허룽시 빠쟈

즈베이다촌(和龍市八家子北大村) 발해 옛무덤군(群)에서 발굴된 보상무늬(寶相紋)가 돋친 구리거울, 허룽시 룽수이진(和龍市龍水鎮)에서 발견된 발해국 정효공주묘와 함께 발견된 발해벽화는 모두 중국 국가 1급 문화재로 지정되어 있다.

연변조선족자치주 정부에서는 '조선족문화수집사무실'을 두어 민간가요, 민간무용 등 전통문화를 수집・정리하고 있다. 연변민속학회, 민속연구소, 문학예술연합회 등 문화기구들에서도 조선족 전통문화, 민간문학, 그림, 이야기, 민간 극 등을 수집・정리하여 보급하고 있다. 2,000편의 전설 신화, 민담, 수수께끼, 4,000여 편의 속담이 조선족 문예연구인에 의해 정리되었고 800여 수의 민요, 판소리 다섯 마당이 정리되었으며 30여 편의 민속춤이 수집・정리되었다. 안투현 창싱향(安圖縣長興鄕)은 전통춤과 유희 등 민간농악활동을 견지하여 자치주문화국으로부터 '민속활동향'이라는 칭호를 수여받았다. 옌지(延吉)시에는 국제무역청사에서 세운 연변민속촌이 있으며, 각 시・현마다 민속놀이 활동이 활발하게 전개되고 있다.

개혁개방 이후 수많은 조선족 문예작품들이 중국 내에서 유명한 상들을 수상하였다. 1980년대 교향악 '북방의 삼림'은 제 1 기 전국 교향악작품경연에서 1등상을 받았고, 가극 '아리랑'은 중국문화대상을 수상했다. 그림 '할머니'는 전국 소수민족 미술작품전시회에서 1등상을 받았으며, 무극 '춘향전'은 1990년에 중국문화(文華)대상을, 화극(话剧, 말과 행동으로 표현하는 극) '털 없는 개'는 1992년 문화부의 '문화극목상(文華劇目獎)'을, 무용시 '장백정'은 2000년에 중국 예술절 1등상과 '매화상'을 받았다. 연변텔레비전방송국에서는 2부 40집에 달하는 텔레비전 드라마, 2부 27집에 달하는 전문보도특집과 3부 6집에 달하는 영화를 번역 제작하였다.

대중문화도 신속한 발전을 가져왔다. 지금 연변에는 1만여 명의 비전문 문예인들이 대중문화 활동에 참가하고 있으며, 106개의 시・현・촌 군중예술관 등 대중문화 활동기구가 있다. 그들은 조선족 대중을 이끌어

조선족 문화를 보급하며 문화생활을 장려하고 있다

조선족은 명절을 계기로 군중 문화 활동을 광범위하게 전개하고 있다. 1990년대 초반까지 해마다 6월 1일 아동절에는 대형 소년아동집단무용발표회가 있고, 단오나 추석이 오면 민속춤 발표회, 그네, 조선족 씨름 등 운동대회가 열린다. 8월 15일은 연변에만 있는 노인절로 각 현·시와 향에서는 해마다 경로원의 노인들에게 환갑잔치를 차려 주는 등 다양한 행사를 하고 있다. 9월 3일은 조선족 자치주 성립 기념일로, 연변에서는 10년에 한 번씩 민속활동을 중심으로 하여 대형 경축활동을 펼친다.

1992년 8월, 연변조선족 자치주에서는 처음으로 '중국 조선족 민속절'을 개최하였다. 이 자리에서 조선족 가수들은 한민족의 전통민가 '아리랑'과 '도라지'를 불러 한국, 북한과 세계 각 국에서 온 한민족대표들을 놀라게 하였으며, 2000년 8월 '중국조선족박람회'에서 대형민속집단무용을 발표하여 세계 70여개 나라에 있는 한민족들을 감동시켰다. 그날 저녁 문예연출에서 조선족 예술인들과 한국의 유명가수들은 함께 무대에 올라 다채로운 공연을 하여 깊은 인상을 심어 주었다. 2000년 베이징(北京)에서 열린 아시안 게임 기간 동안 연변가무단은 한국과 북한선수들에게 무극 '춘향전'을 공연하여 열렬한 환영을 받았다. 연변대학 예술학원 4명의 학생은 전국 청년 문예콩쿠르에서 '아리랑'을 불러 은상을 획득하였으며 2002년 연변조선족 자치주 성립 50돌을 맞으면서 진행한 경축대회는 주제곡인 '아리랑'이 세계에 울려 퍼졌다. 그날 중앙 텔레비전방송국 '마음을 잇는'예술단이 다채로운 공연을 하여 조선족 문화의 발전을 축하하였다.

조선족 문화예술은 국내와 국외에서 일정한 영향력을 가지고 있다. 연변가무단만 하더라도 16차례 베이징(北京)에서 문예연출을 하고 관람학습을 하였으며 당과 국가의 영수 및 외국정상과 사절을 위하여 여러 차례 전문 공연을 하였다. 그 밖에도 중국 내 20여 개 성과 시를 돌며 순회공연을 펼치기도 하였다. 조선족 문화예술인들은 한국은 물론 북한,

일본, 소련, 동유럽, 미국, 프랑스, 스웨덴 등 여러 나라를 방문하였으며 그들과 교류를 진행하였다.[24)]

2. 산재지구 조선족 문화의 발전

산재지구의 조선족 문화도 빠르게 발전하였다. 연변을 제외한 지린(吉林)성에도 성급의 「길림조선문보」 등 조선족의 문자로 된 간행물이 발행되었다. 개혁개방과 함께 탄생한 대형 문학잡지 「장백산」은 연변조선족 자치주 성립과 더불어 출간한 「연변문학」지와 함께 쌍벽을 이루어, 조선족 독자들 뿐만 아니라 한국, 북한, 일본, 미국 ,캐나다, 러시아 등 12개 나라 한민족 동포들의 환영을 받고 있다. 문학창작이 활발하게 진행되어 「빼꾸기」, 「남영전 시선집」 등 수십 권의 시집이 출판되었고, 「밀림의 딸」, 「구비쳐 흐르는 압록강」 등 수십 종의 단편, 중편, 장편소설이 출판되었다. 문예창작과 출판과정에서 수많은 조선족 문예인재들이 성장하였다. 문예연구 분야에서도 커다란 성과를 취득하였는바 「조선 문학예술 대사전」 등 우수한 서적들이 출판되었다.

지린(吉林)성 조선족 산재지구에는 5개의 조선족 현 급 문화관, 9개의 향 급 대중문화 활동기구가 있다. 지린(吉林)시 조선족 군중예술관에서는 조선족 문화관협회, 문학예술연구회, 미술, 촬영, 서법협회 등의 기구가 설립되었고 9개의 농촌 문화 활동실을 세워 정기적인 활동을 진행하고 있다. 그들은 해마다 12차례의 대형문예활동을 발표하고 있다.

창춘(長春)시 조선족 군중예술관만 하더라도 1999년 한해에 51차례의 군중 문예연출과 체육활동을 조직하였고 참가한 사람만도 1만 명이 넘었다. 각 급 문화관에서는 조선족의 전통명절에 맞추어 뜻깊은 문예활동들을 펼치고 있다.

---

24) (중) 반룡해 · 황유복 주필, 「21세기로 들어선 중국조선족」, 연변대학출판사, 2001년, 113쪽.

헤이룽장(黑龍江)성의 조선족 역시 조선족문화 기구를 보유하고 있다. '흑룡강 신문사'와 헤이룽장(黑龍江) 조선어방송국이 있으며 헤이룽장(黑龍江) 조선민족 출판사와 함께 「진달래」, 「송화강」, 「은하수」, 「꽃 천지」 등의 기간물이 발행된다. 하얼빈(哈爾濱), 무단장(牡丹江), 지시(雞西) 등 3개 도시에는 시 급 조선족 문화관이나 예술관이 있으며 하얼빈(哈爾濱)에는 조선족 예술단, 조선민족 문화궁이 있고 무단장(牡丹江)에 조선민족 가무단과 조선족 도서관이 있다. 그리고 7개의 현급 문화관과 19개의 향급 조선족 문화 활동기구가 있다. 또 헤이룽장(黑龍江)성 조선어학회에서는 100여 명의 회원들이 활약하고 있다. 현재 헤이룽장(黑龍江)성에서는 수많은 조선족 문화인들이 문예창작을 하여 조선족 문화를 꽃피우고 있다. 1990년대 후반부터 그들이 창작한 작품들 중 80여 편이 우수창작상을 수상하였으며 70여명이 표현상을 수상하였다.

랴오닝(遼寧)성의 조선족 문화도 큰 발전을 가져왔다. 현재 그곳에는 '요녕 조선문보'가 있으며 랴오닝(遼寧)민족출판사에는 조선어편집부가 있다. 선양(沈陽), 다롄(大連), 안산(鞍山), 푸순(撫順), 단둥(丹東), 잉커우(營口), 톄링(鐵嶺) 등의 도시에 조선족 문화예술관이 있고 번시(本溪)시와 판진(盤錦)시에도 조선족 문화관이 있다. 그들은 조선민족의 민속절이거나 전통명절을 맞이하여 여러 가지 다채로운 활동들을 보이고 있다. 1997년 잉커우(營口)시 조선족 문화관에서는 랴오닝(遼寧)성, 시 급 조선족문화관 업무인원들이 전문적인 공연경쟁을 벌여 성내 조선족 문화 인력들의 업무수준을 제고시켰다.

문예창작이 활발하게 진행되는 가운데서 수많은 우수한 작품들이 탄생하였다. 랴오닝(遼寧)민족출판사에서 출판한 조선문 작품만 하여도 「개척자의 예찬」 등 여러 가지가 있고 「한중 중한경제무역사전」 등의 서적이 있다. 문예창작의 성과도 컸다. 수많은 조선족 무용이 창작되었으며 대중성격의 문예공연이 정기적으로 전개되었다. 조선족 어린이들을 대상으로 하는 문예창작도 활발하게 진행되었다. 1997년 8월 제4차 조선족아동 예술절 경연에서 랴오닝(遼寧)성은 특별상 1개, 1등상 6개, 2등상 6개, 3등상 1개를 획득하였다.

랴오닝(遼寧)성 조선족문화발전의 주요한 특징은 각 종 학회와 협회의 회원들의 활동이 활발하다는 점이다. 현재 랴오닝(遼寧)성에는 조선족학회, 조선족경제문화교류협회, 민족과학가협회, 민족과학보급협회 등의 조직이 있다. 선양(沈陽), 다롄(大連), 푸순(撫順), 단둥(丹東) 등지에 조선족 포럼, 조선족대외경제연구회, 조선족교육연구회 등 기구가 있으며 그 외 조선족이 집거한 향에 조선족음악무도협회 등이 있다. 랴오닝(遼寧)성의 조선족문화인들은 지연우세를 이용하여 문화와 경제의 상호작용을 확대시키고 있다. 한국인의 진출과 함께 선양(沈陽)시 서탑거리는 새로운 코리아타운으로 부상하였다.

창바이(長白) 조선족 자치현의 조선족 문화도 빠르게 발전하였다. 1996년부터 1998년까지 국가에서 75만 위안, 창바이(長白)현 및 각 향과 진에서 200여만 위안을 투자하여 10개 향과 진의 민족문화활동센터를 재건하였거나 확대건설되었다. 현재 창바이(長白)현에는 총 9개의 문화 체육 직속 기구가 있는데 기층지도간부의 50%가 조선족이고 유일한 민족가무단의 성원 가운데서 80%가 조선족이다. 다양하고 다채로운 민족문화활동을 전개하는 가운데서 비교적 많은 민간문예 선진인재들이 양성되었고 문예창작도 현저한 성과를 거두었다. 그들이 창작한 작품들은 조선족 특색이 짙은 '농악무,' '손수건 무' 등으로 모두 지린(吉林)성 문예연출 경연에서 수상하였다. 1998년 창바이(長白) 조선족 자치현은 중국 국가문화부로부터 '사회문화선진단위'의 칭호를 받았다.

내몽골자치구의 조선족과 칭다오(青島), 옌타이(煙臺), 웨이하이(威海) 등 새로 조성된 조선족 집거지구에도 조선족 예술단, 조선족 축구단, 조선족 노인협회 등 활동기구가 설립되어 대중 문화 활동을 광범위하게 전개하고 있다. 상하이(上海), 베이징(北京), 톈진(天津) 등 대도시에 진출한 조선족과 한국, 일본, 미국 등 국외에 진출한 조선족들도 노인협회,

유학생협회 등 문화 활동기구를 설립하여 정기적인 교류와 문화 활동을 벌이고 있다.

3. 조선족 교육의 비약적인 발전

개혁개방정책이 실시된 후 조선족 교육은 정점을 이루었다. 일반적인 교육정황을 살펴보면 1988년 연변에는 단일 조선족 초등학교가 255개, 조선족 학생이 57,717명, 조선족 학급을 부설한 한족초등학교가 180개소, 조선족 초등학생이 15,535명으로 집계되었다. 이는 개혁개방시작인 1981년에 비하면 조선족 초등학교가 14개, 조선족학생이 6,331명이 늘어난 것이다. 그러나 조선족 학급을 부설한 한족학교에 다니는 조선족 학생은 15,790명 감소되었다.[25)]

같은 해에 연변을 제외한 지린(吉林)성의 조선족 초등학교는 542개소, 학생이 85,612명이 있었고 조선족 학급을 부설한 한족초등학교의 조선족초등학생은 17,002명 있었다. 이는 개혁개방을 시작한 1980년에 비해 단일민족학교는 37개, 학생은 7,184명 늘어난 것이다.

1988년 헤이룽장(黑龍江)성 조선족 집거지구에는 조선족 단일초등학교가 405개소로 대폭 늘어났고 , 조선족 초등학생이 36,440명으로 늘어났으며 랴오닝(遼寧)성에는 조선족 단일초등학교가 163개소로 개혁개방전인 1977년보다 51개소가 늘어났다. 조선족초등학생 역시 18,209명으로 1977년보다 1,153명 늘어났다. 창바이(長白) 조선족 자치현에는 제 2 실험초등학교가 있는데 이는 단일한 조선족 초등학교로 1998년의 학생 수는 707명이었다. 1987년 내몽골에는 22개소의 초등학교에 2,192명의 초등학생이 있었다. 민족정책이 시달되면서 한족학교에 다니는 조선족 학생수는 점차 감소되었다. 1976년 연변에서 한족학교에 다니는 조선족학생은 10,685명이었는데 1987년에는 2,622명으로 4배 가까이 감소되었다.[26)]

---

25) (중) 박규찬 주필, 「중국조선족교육사」, 동북조선민족교육출판사, 1991년, 473쪽.

중학교 교육도 크게 발전하였다. 1988년 연변에는 단일 조선족 중학교가 61개소로 1981년에 비해 6개소가 증가하였고 학생이 37,114명으로 1981년보다 14,272명 감소하였다. 조선족 학급을 부설한 한족중학교가 51개소에 조선족 학생이 10,065명 있었는데 학교는 1981년보다 5개소가 감소되고 조선족 학생도 5,290명 감소되었다. 연변에서 한족학교로 다니는 중학생수가 많이 감소되었는데 1978년에는 3,508명으로 1976년보다 6배 이상 감소되었다. 연변 제1 고급 중학교는 해마다 몇 십 명의 학생들을 베이징(北京)대학, 칭화(清華)대학 등 전국 유명대학에 진학시켜 조선족의 교육의 질적 우수성을 뽐내고 있다.

같은 해 연변을 제외한 지린(吉林)성 조선족 집거지구에는 단일한 조선족 중학교가 98개소, 학생이 52,590명 있었으며 조선족 학급을 부설한 중학교에 다니는 조선족학생이 10,524명 있었다. 헤이룽장(黑龍江)성 조선족 집거지구에는 65개소의 중학교에 20,748명의 조선 중학생이 있었으며, 랴오닝(遼寧)성 조선족 집거지구에는 32개소의 중학교와 11,018명의 조선족 학생이 있어 98%의 입학비율을 보장하였다. 창바이(長白) 조선족 자치현에는 1946년에 건립한 장백 2중이 있는데 이 역시 단일한 조선족 완전중학교이다. 1998년 이 학교에는 초중 9개 반급에 350명 학생이 있었고 고중 6개 반급의 학생이 180명 있었다.[27] 내몽골에는 2개소의 조선족 중학교가 있었는데 조선족 초급중학교 학생만 500여 명 있었다.

중등전문교육도 큰 발전을 이루었다. '문화대혁명' 전인 1965년에는 연변에만 13개소가 있어 새 중국이 창건된 1949년의 1개소보다 13배나 늘었고 조선족 학생총수는 1,766명에 이르러 1949년보다 3.5배 이상 늘어났다. 1992년 조선족집거지구인 연변만 해도 조선족전문학교 9개소, 직업중학교는 64개소가 있었다.

---

26) (중) 박규찬 주필, 「중국조선족교육사」, 동북조선민족교육출판사, 1991년, 470-473, 498쪽.

27) (중) 반룡해 · 황유복 주필, 「21세기로 들어선 중국조선족」, 연변대학출판사, 2001년, 484-485쪽.

1976년 '문화대혁명'이 끝나기 직전에 연변의학원과 연변농학원이 대학교의 체제를 회복하였다. 이를 시작으로 연변의 대학들은 '문화대혁명'으로 받은 충격에서 벗어나 빠른 발전을 이루어 나갔다. 조선족 사회에는 연변대학교, 연변의학원, 연변농학원 등의 대학교가 있었는데, 1992년 중국 최초의 중외합작대학이며 한중문화협력의 꽃으로 핀 연변과학기술대학이 개교되면서 4개의 본과대학이 있게 되었다. 조선족 사회에는 또 지린(吉林)예술학원 분원, 연변한어사범전문대학과 새벽농업대학, 연변종업원대학이 있었다. 1995년부터 중국정부는 대학교의 규모를 확대하고 특징과 장점을 더욱 두드러지게 하며 국가와 지방의 경제 문화건설을 더욱 힘 있게 추진하기 위하여 지역별로 대학교를 통합시키기로 결정하였다. 이는 100개의 대학을 중점대학으로 선정하여 집중적으로 투자함으로써 더욱 선진적인 대학으로 발전시키는 211공정[28]방침이었다. 그 결과 1996년 연변대학교, 연변의학원, 연변농학원, 연변과학기술대학, 지린(吉林)예술학원 연변분원, 연변한어사범전과대학은 한 개의 연변대학교로 합병하여 211공정에 들어감으로써 전 중국 1000여 개 대학교 중 100개 중점대학의 하나가 되어 조선족대학 교육의 자랑이 되었다.

28) 저자 주: 중국정부에서 21세기 100개 중점대학을 주요하게 발전시키기 위한 교육정책이다.

제 2 절 조선족 사회의 새로운 변화

Ⅰ. 조선족 사회의 산업 발전과 생활수준의 향상

1. 공업, 상업사회로 전환

조선족들은 기업이 살아야 조선족이 산다는 원칙에 통감하며 산업 발전에 힘쓰고 있다. 과거 신민주주의 혁명시기[29] 중국의 조선족 지휘원과 전투원들은 눈보라 휘몰아치는 중국의 헤이룽장(黑龍江)성으로부터 무더위가 찌는 하이난도(海南島)로, 쓰촨성 어메이산록(四川省的蛾尾山簏)까지 발자취를 남겼었다. 현재 그들의 후예들은 중국의 북방-동북으로부터 수도권, 연해지구의 대도시와 하이난다오(海南島), 쓰촨성(四川)과 윈난(雲南)성 등 방방곡곡에서 기업을 경영하면서 재산과 부를 창조하고 있다. 그들은 제조업, 무역업, 서비스업, 하이테크 산업 등 모든 영역에서 기업체를 발전시키고 있으며 대부분이 독특한 경영노하우로 성공을 이룩하고 있다. 농경산업 위주의 조선족 문화에도 새바람이 불고 있는 것이다.

황유복 교수에 따르면 중국의 조선족은 이미 세계 20 개국 이상의 선진국에 기업을 설립하여 해당지역에 밀착한 경영활동을 하고 있다. 현재 중국 내에는 8,000 명에 달하는 조선족 고급지식인, 100명 이상의 박사, 7만 명이 넘는 과학기술 전문 인력이 있다. 전국적으로는 2만여 개로 집계된 조선족 법인기업이 있는데 그들은 상당한 자본을 축적하여 새로운 산업화 단계에 진입하고 있으며 점차 자생력을 갖추고 있다.

29) 저자 주: 1919년부터 1949년 신 중국 창건 전의 시기를 가리킨다.

조선족이 제일 많이 집거해 있는 연변조선족 자치주에는 특산물 산업 외에 건설업체, 제조업체, 의류업체, 서비스업체 등이 산재해 있다. 현재 연변에서 활약하고 있는 크고 작은 조선족 업체는 대략 1천여 개로 추정된다. 대표적인 우수 조선족 기업으로, 길림천우집단(건설업, 대표자: 전규상), 연변천지공업무역유한회사(철광석가공업·무역, 대표자: 조창수), 연변신광경제무역유한회사(무역서비스업, 대표자: 김남수), 연변국제무역청사유한회사(유통업, 대표자: 최정금), 중국백두산실업유한회사(의약품제조·노무송출, 대표사: 김길춘), 연변대학초선약업유한회사(약품제조, 대표자: 리영희), 연변삼한물산유한회사(농산품가공, 대표자: 리상근), 연변금룡아마방직유한회사(아마방직품 제조, 대표자: 정남길), 연변특산실업유한회사(인삼가공, 대표자: 박성걸), 연변해외관광유한회사(관광서비스업, 대표자: 임금화), 연변취성물류유한회사(물류서비스업, 대표자: 한송) 등이 있다.[30] 이 외에도 500여명의 직원에 2,000만 위안의 고정자산을 가진 옌지(延吉)장흥복장회사(長興服裝公司), 한향(韓香)누룽지회사, 진달래식당, 연변야생동물연구소 등의 중견기업들도 포함되어 있다. 옌지(延吉)시 서시장 남쪽에 있는 경희궁은 전형적인 조선족 식당이다. 5년 전에 300만 위안을 투자하여 세운 이 식당은 조선족 전통음식으로 국내외 고객들에게 인기를 모으고 있다. 김은자 사장은 음식문화도 우리 민족의 고귀한 문화유산이라고 홍보하면서 경희궁에다 옌지(延吉)시 민속문화교류협회, 옌지(延吉)시 경희궁요리원과 옌지(延吉)시 예절양성원을 개설하여 이방면의 인재를 양성하고 있다.

지린(吉林)성에 있는 비교적 큰 조선족 기업은 대략 800여개에 달한다. 그 중 자산이 1억 위안에 달하는 기업은 2개, 5천만 위안에 달하는 기업은 15개, 1천만 위안에 달하는 기업은 30여 개에 이르고 있다. 부동산 개발, 자동차 부품, 광전자산업, 주방가구, 서비스업체가 주류를 이루

30) 저자 주: 연변 조선족기업만을 따로 통계하는 기관이 없기에 연변자치주 정부 경제위원회와 시장유통업체 관리기관을 통해 알아본 자료이다.

고 있으며 이규광 사장이 운영하는 창춘다화(長春大華)그룹 등은 대표적인 업체이다.[31]

헤이룽장(黑龍江) 조선족 신문사에 따르면 현재 헤이룽장(黑龍江)성에는 2,000여 개의 조선족 업체가 있다. 기계, 급수설비, 보일러, 펌프 등을 생산하는 제조업체가 200여 개이고 대한, 대러, 대일 등 국제무역에 종사하는 업체가 있으며 나머지 대부분은 서비스업체이다.[32] 특별한 성공사례로는 개혁개방 초기 하얼빈 공대출신 조선족 기업인 석산린이 세운 하얼빈 창녕급수설비공장(후에 「창녕집단」으로 발전)이 있다. 개혁개방 후 날로 높이 올라가고 있는 도시 신형 건축물의 수요에 따라 이 공장은 고층건물용 급수설비와 보일러를 생산하였는데 경제적 수익이 뛰어나 일약 중국 10대 기업으로까지 발전하였다. 당시 석산린 총재는 기업의 생산을 기업문화와 홍보에 결합시키는 사업전략을 구사하여 수백만 위안의 자금을 투자, 창녕급수설비공장예술단을 세우기도 했으며, 또한 기업의 수입으로 조선족 문화교육에 많은 경제적 지원을 제공하였다. 1988년 연변대학에도 상당한 금액의 장학기금을 지원하였다. 또 헤이룽장(黑龍江)성에는 최수진이 세운 헤이룽장(黑龍江)성 민족무역회사가 있었는데, 이 회사 역시 북한을 포함한 국제무역에서 상당한 성과를 거두었다. 그리고 500만 위안을 투자하여 보리(勃力)현에 세운 김씨미업(金氏米業)유한회사, 3,000만 위안의 고정재산을 가지고 있는 허강(鶴崗)시 합발석탄유한회사 등도 성공한 기업의 전형이다.[33]

현재 랴오닝(遼寧)성에는 크고 작은 조선족 업체 약 3천여 개가 성업 중에 있다. 자본이 1천만 위안에 달하는 업체가 50여 개, 억대에 달하는 업체가 10여 개에 달한다.[34] 이러한 업체들은 주로 선양(沈陽), 다롄

31) (중) 이진산 주필, 「중국 한겨레사회 어디까지 왔나?」, 흑룡강조선민족출판사, 2006년, 240쪽.

32) (중) 이진산 주필, 「중국 한겨레사회 어디까지 왔나?」, 흑룡강조선민족출판사, 2006년, 254쪽.

33) (중) 중국 “한겨레의 새로운 판도,” 흑룡강신문사, 2006년 2월 23일.

34) (중) 이진산 주필, 「중국 한겨레사회 어디까지 왔나?」, 흑룡강조선민족출판사,

(大連) 등 대도시에 집중해 있다. 그 중 규모가 큰 회사로는 선양(沈陽) 홍여청산 디지털과학기술유한회사가 있다. 지리정보시스템(GIS), 핸드폰 부가서비스(LBS), 전력자동화제품, 저전압 통신기술(PRC) 등의 하이테크(高科技)기술제품을 생산하고 있다. 선양(沈陽) 정창그룹공사는 부동산개발, 상업무역, 식품가공, 환경보호기술, 제조공업, 호텔, 종합슈퍼마켓 등 10여 개의 계열사를 거느리고 있다. 선양(沈陽)조화그룹에서는 베이징(北京), 상하이(上海), 광저우(廣州), 샤먼(廈門), 시안(西安), 청두(成都) 등 10여개 도시에 자회사가 있는데 주로 30여 가지 계열 음료를 생산・판매한다. 이 회사는 또 미국, 한국, 일본, 오스트리아, 러시아, 캐나다, 홍콩 등 여러 지역에 생산품을 수출하고 있다. 이러한 회사들의 고정자산은 모두 몇 십억 위안이며 유동자금만 해도 몇 억 위안이다.

선양(沈陽)시의 서탑 지구는 상업단지의 형성과 함께 서탑 코리아타운이 형성되면서 현재 만 여명을 헤아리는 한국인이 상주하고 있으며 이에 따라 제3차 산업을 중심으로 하는 조선족 기업도 늘어났다. 한국주재 선양(沈陽)영사관, 미국영사관, 일본영사관 등의 기구들의 자리잡고 있으며 출국수속을 위해 방문하는 유동인구가 늘어나면서 거기에 따르는 조선족 민박집, 식당 등 업소들도 점차 늘어나고 있는 실정이다.

베이징(北京), 톈진(天津) 등 수도권지역에도 조선족기업이 많이 있는데 대부분은 서비스업체이다. 그 중 비교적 성공한 기업들로는 베이징 톈룬화룽(北京天潤華龍)회사, 백마강(白馬江)음식점, 베이징(北京)평양옥류관, 베이징일우(北京日宇)장식회사 등 기업들이 있다. 베이징 왕징(北京望京)지역에만 조선족이 경영하는 각종 서비스업체가 500여개 있고 베이징(北京) 대학가에도 200여개의 조선족 서비스업체가 있다. 톈진 난카이구(天津南開區) 주변 역시 중국어학원 등 조선족 업체 100여 개가 있다. 난카이(南開)대학, 톈진(天津)대학 등이 들어선 웨이진루(衛津路) 온천호텔 주변에도 각종 서비스업체가 40여 개 있다. 둥리구(東里區)에는 80여 개

2006년, 168쪽.

의 서비스업체가 있고 진탕루(津塘路), 웨이진루(衛津路)부근에도 80여개 서비스 업체가 있으며 허시구(河西區)에도 30여 개의 조선족 업체가 있다.[35]

산둥성(山東省)의 조선족 기업들은 칭다오(青島), 웨이하이(威海), 옌타이(煙臺)에 집중되어 있는데 그 수는 대략 4,000여개 정도로 추정된다. 칭다오(青島)에 2천여 개, 웨이하이(威海)에 1천개, 옌타이(煙臺)지역에 500개, 르자오(日照), 지난(濟南), 웨이팡(濰坊), 허저(菏澤)등의 지역에 500여개 등이다.[36] 현재 칭다오(青島)조선족 기업협회 명부(名錄)에 등기된 기업전화번호만 해도 1,170여개가 된다. 주요 경영항목은 제조업체, 수출입무역, 수출입대리, 화물운송대리, 수산품가공, 서비스업체들이다. 그 면면을 살펴보면 칭다오쌍룡석유(青島雙龍制油)유한회사, 칭다오(青島)하이테크 회사, 칭다오(青島)지역 100여 곳과 중국 기타지역 300여 곳에 납품하고 있는 옌타이청양(煙臺青洋)무역회사, 칭다오해신물류(青島海信物流)복무유한회사, KOT 총대리점 등이 비교적 큰 회사들이다.

상하이(上海)에도 2,000여개가 넘는 조선족기업들이 있다. 상하이(上海)에 있는 조선족 업체는 대부분 무역, 서비스업체들이고 우시(無錫) 등의 도시에는 신발, 의류, 전자 등 제조업체가 모여 있으며 이우(義烏) 등의 도시에는 소상품무역, 서비스업이 주류를 이루고 있다.[37] 그 중에서 비교적 운영이 잘 되는 기업들은 상하이연진공업무역회사(上海榮進工貿), 상하이동마국제(上海東瑪國際)유한회사, 상하이하이라트(上海海赫)일용품회사, 총자산이 3.5억에 달하는 상하이동진그룹(上海東進集團)[38] 등이며, 그 밖에도 비교적 큰 조선족 기업이 100여개 이상 있는 것으로 나타났다.

---

35) (중) 이진산 주필, 「중국 한겨레사회 어디까지 왔나?」, 흑룡강조선민족출판사, 2006년, 118-119쪽.

36) (중) 이진산 주필, 「중국 한겨레사회 어디까지 왔나?」, 흑룡강조선민족출판사, 2006년, 86쪽.

37) (중) 이진산 주필, 「중국 한겨레사회 어디까지 왔나?」, 흑룡강조선민족출판사, 2006년, 49쪽.

38) (중) 박영만 · 박진협, 「중국조선족 우수기업 성공스토리」, 민족출판사, 2005년, 92- 113쪽.

조선족은 초기 광둥(廣東)지역 일본기업진출을 발단으로 중한수교 후 한국업체의 진출과 함께 기업 운영이 붐을 이루면서 점차적으로 광둥(廣東)지역에서 방대한 업체그룹을 형성하였다. 현재 광둥(廣東)성에는 광저우(廣州), 둥관(東莞), 선전(深圳), 후이저우(惠州) 등의 도시를 중심으로 첨단기술, 제조업, 서비스업을 포함하는 조선족 업체가 2,000여 개 가량 있는 것으로 집계되고 있다. 첨단기술 분야의 업체는 전체 조선족 기업의 10%를 차지하고 있으며, 특히 휴대폰, 배터리, 광전자, 가정용전기 등 신소재 분야가 빠른 발전을 보이고 있다. 자본금이 340만 달러, 자산이 1,100만 달러에 달하는 선전할루야전자(深圳和路兒電子)유한회사는 핸드폰 부품, 통신기기소자판매[39]개발을 선도하고 있는데 현재 연간 판매량이 1억 달러를 넘고 있다.

하이난(海南)성에도 조선족 기업이 진출하였다. 현재 하이커우(海口), 싼야(三亞) 등의 도시에 있는 조선족 여행사는 약 30여 개이며 한식점은 10여개로 추정된다. 그들은 여행사, 식당 등 서비스업을 주로 운영하고 있는데 하이난(海南)성에 있는 한국인과 한국 관광객을 대상으로 하고 있다.[40]

조선족들은 중국의 서부지구에 진출하여 100여 개의 업체를 꾸리고 있다. 란저우(蘭州)시에 있는 500여명의 조선족들 중 대부분은 동북에서 진출한 사람들로 그들 중 일부는 그 곳에서 식당 등 서비스업을 하고 있으며 일부는 여행사를 운영하고 있다. 시안(西安)에는 호적이 있는 조선족이 2,000여명 정도 되는데 동북에서 간 조선족까지 합하면 3,000여명이 넘을 것으로 추정된다. 시안(西安)에는 현재 조선족 업체가 약 100여개 있으며, 그 중에는 2억 위안을 투자한 화천통신회사, 산시(陝西)신세계항공여행사, 조선족음식점 신라방 등이 있다. 시안(西安)의 번화가에 자

39) (중) 이진산 주필, 「중국 한겨레사회 어디까지 왔나?」, 흑룡강조선민족출판사, 2006년, 9쪽.

40) (중) 이진산 주필, 「중국 한겨레사회 어디까지 왔나?」, 흑룡강조선민족출판사, 2006년, 32쪽.

리 잡은 신라방음식점은 400평방미터의 면적을 가지고 있는 관광객 대상의 대규모 식당이다.[41]

대한항공회사의 진출과 함께 쿤밍(昆明)에 한국방문객과 업체가 들어서면서 조선족들이 쿤밍(昆明)을 중심으로 윈난(雲南)성에 들어가서 기업을 운영하기 시작했다. 현재 윈난(雲南)성에 진출한 조선족 800여명은 대부분 여행사 등의 서비스업체를 경영하고 있다. 쓰촨(四川)성 청두(成都), 충칭(重慶) 등지에는 1,000여명의 조선족들이 살고 있으며, 그들은 30여개의 업체를 경영하고 있다. 2005년 2월 한국총영사관이 들어서면서 주자이거우(九寨溝), 어메이산(峨眉山) 러산다푸(樂山大佛)를 보러오는 한국관광객이 점차 늘어나고 있다. 이와 함께 조선족 여행사, 민박, 식당 등 새로운 업체가 늘어나고 있다.[42] 아래의 표는 조선족 기업 수에 대한 자료들을 종합하여 만든 통계표이다. 초보적인 집계에 따르면 중국 내 조선족 기업 총 수는 약 16,010여 개로 추정되며, 산둥(山東)성에 4,000여 개로 제일 많고, 다음으로 랴오닝(遼寧)성에 3,000여 개, 그 다음으로는 헤이룽장(黑龍江)성, 상하이(上海), 광둥(廣東)성에 약 2,000여 개가 있다.

[표 5-5] 2006년까지 조선족 기업 중국 내 분포상황

지 역	기업 수	지 역	기업 수
연변지구	1,000	상하이지역	2,000
지린성(연변제외)	800	광둥성	2,000
헤이룽장성	2,000	하이난성	40
랴오닝성	3,000	쓰촨성	30
베이징시	700	충칭광역시	10
톈진광역시	330	산시(陝西)성	100
산둥성	4,000	총 합 계	16,010

41) (중) "'장안'에서 풍겨오는 토장국 냄새," 흑룡강신문, 2006년 4월 16-22일.
42) (중) "'촉 나라도 이제는 겨레의 삶터," 흑룡강신문, 2006년 3월 19-25일.

2. 조선족 생활수준의 향상

개혁개방은 조선족으로 하여금 물질, 문화, 생활 등 여러 분야에서 변화를 가져왔다. 그 성과를 살펴보면 다음과 같다.

(1) 경제수입의 제고

1990년부터 2001년까지 중국 농민의 수입은 일인당 62%로 늘어났다. 이와 함께 조선족 농민의 일인당 수입도 증가하였으며 13년 동안 7차례나 월급이 올라가면서 도시주민들의 수입도 눈에 띄게 상승하였다. 2005년 연변 도시주민의 평균 수입은 8,150 위안이고 농민의 평균 순수입은 3,526 위안으로 해마다 큰 폭으로 증가하였다. 게다가 조선족 농촌의 30% 이상과 도시주민의 20% 전후에 해당하는 사람들이 해외의 일자리를 얻어 출국하면서 실제 수입은 더욱 높아졌다. 연변의 경우 국외에서 부쳐오는 외화가 최근 들어 한 해에 10억 달러를 넘어섰다는 사실과 조선족의 1인당 외화 저축액이 전국 제일을 차지한다는 것도 그 실례라 할 것이다.

(2) 엥겔 계수의 하락

음식물 구매 일인당 평균지출은 소비 총지출에서 차지하는 비중이 내려갔다. 이는 조선족의 생활이 갈수록 풍족해지고 다채로워지고 있음을 의미한다. 1990년 조선족의 엥겔 계수는 중국의 다른 민족과 같이 농촌주민이 58.8%, 도시주민이 54.2%였다. 그러나 2001년 조선족 농촌과 도시 주민의 엥겔 계수는 전국과 같이 47.7%와 37.9%로 내려갔다.

(3) 주거 환경의 개선

개혁개방 전 농촌 조선족의 주택은 대부분이 초가집이었다. 현재는 대부분이 벽돌과 기와로 지은 집이다. 과거에는 도시주민들이라고 해도 대부분 장작을 때는 집에서 생활하였고 텔레비전이 있는 집도 거의 없었다. 도시주민의 거주면적은 일인당 1평 좌우였고 농촌은 1.5평 좌우였다. 그러나 현재 도시주민은 아파트에서 생활하는 사람이 많아졌으며 차츰 엘리베이터가 있는 주택으로 이사하는 추세이다. 2005년 연변의 도시주민인구 당 평균 거주면적은 23 평방미터로 2000년보다 4.8평방미터 증가되었다. 이러한 변화에 따라 연변에서는 4.7억 위안을 투자하여 24,000호의 농촌 새집을 건축하였다.

(4) 식생활 환경의 개선

부식소비량이 늘어나고 주식소비량이 줄어들었다. 1980년대 초반까지 조선족은 식량난으로 고생하였다. 당시 도시주민 일인당 식량소비량은 한 해에 145킬로그램, 농민은 250킬로그램이었다. 현재 도시주민의 식량소비량은 평균 80여 킬로그램이며 농민은 200여 킬로그램 밑으로 줄었고 대신 우유, 계란, 육류, 수산물 등 영양식품소비량이 현저히 늘어나고 있는 추세이다.

(5) 문화 수준의 향상

중국은 전국적으로 9년제 의무교육이 보편적이며 조선족은 기본적으로 고등학교 교육이 보편화되어 있다. 조선족은 전국적으로 민족인구 당 대학생, 유학생 ,석사대학원생, 박사대학원생이 제일 많고 교수, 부교수가 제일 많으며 평균 문화 수준이 제일 높은 소수민족이다.

(6) 통신 수단의 발달

개혁개방 이전의 조선족은 편지가 주요한 교류방식이었으나 차츰 공공전화나 팩스로 대체하게 되었다. 생활이 나아지면서 집집마다 전화를 설치하였고 한국나들이가 시작되면서 농촌에도 전화가 보급되었다. 현재는 이미 핸드폰이 주요한 통신 용구로 사용되고 있으며 조선족 초등학교 학생들이 핸드폰을 소지하는 것도 보통 일로 되었고 인터넷도 보편적으로 사용되고 있다.

(7) 관광 여행의 붐

주 5일 근무제로 매주 이틀씩 쉬는 데다가 5월과 10월초, 춘절에 8일씩 쉬기 때문에 수많은 조선족이 중국 내 해변도시나 북한의 금강산, 묘향산 혹은 한국으로 여행한다. 쓰촨(四川)으로부터 시짱(西藏)에 이르는 세계 최고 높이의 칭짱(青藏)철도가 부설된 후 조선족들도 시짱(西藏)으로 여행을 가고 싶어 하는데 다음해 기차표까지 모두 예약이 되는 등 그 인기가 대단하다고 한다.

(8) 건강 상태의 개선

조선족은 술을 많이 마시고 매운 것과 찬 음식을 좋아하기 때문에 다른 민족보다 소화계통과 뇌혈관 질병이 많다. 그러나 평균수명은 계속 늘어나고 있는데 2000년도의 수명은 1990년에 비해 2.9세 늘어나 71.4세에 이르렀고 현재에는 73세 이상으로 연장되었다.

(9) 자가용의 보급

2000년 즈음에는 조선족 가운데에서 사업을 하는 사람들이 주로 자가용을 이용하였는데 2004년부터는 기관 공무원, 대학교 교원, 의사, 변호사 등 많은 전문 인력들이 자가용을 구입하여 이용하고 있다. 집계에 따르면 2005년 한 해 동안 연변에는 18,000대의 자가용이 늘어났다고 한다. 그들은 자가용이 자기의 신분을 나타낸다고 여기는데 자가용을 산 사람의 대다수가 조선족이라는 통계를 보면 중국 내 조선족의 생활 여건이 많이 개선되었음을 알 수 있다.

(10) 의류 문화의 고급화

1990년대 중반부터 조선족들은 한국의 의류를 사 입기 시작하였다. 한국 복장이 자기의 신분을 나타낸다고 생각하였고 한국에 다녀오는 것이 자기 신분을 높이는 것으로 생각하였다. 요즈음 중년과 노인들은 고급 복장을, 젊은 사람들은 캐주얼 유행복을 입고 있으며 어떤 여성들의 복장은 한 벌에 1만여 위안을 호가하는 것도 있다고 한다. 세계 각국에 진출하고 있는 조선족인 만큼 그들의 의복 문화가 다양해지는 것은 당연한 추세라 할 수 있으나 환율 면에서 비교적 고가에 속하는 한국산 의복과 한국산 화장품을 구입해 사용하는 유행은 다소 무리가 있어 보인다. 한국 의류 문화의 유행은 한류 문화의 열풍이 끼친 문화적 현상과도 연관이 있다.

Ⅱ. 새로운 거주판도의 형성

1. 조선족 인구의 국내 이동

조선족 인구의 이동은 크게 세 갈래로 나뉜다. 하나는 농촌인구의 구역 내 도시 진출이고 다른 하나는 조선족 집거지구 도시와 농촌인구의 국내 연해도시의 진출이며 마지막 하나는 노무송출을 중심으로 하는 국외 진출이다.

우선 농촌인구의 도시진출을 살펴보면 중국정부의 도시화 건설은 농촌인구의 인근 도시 진출을 촉진시켰다. 중국 조선족 사회에서의 제일 큰 집거구인 연변지역은 1984년까지 농업인구가 비농업인구를 초과하였다. 그러나 1985년부터 비농업인구가 농업인구를 초과하기 시작하더니 2003년 연변의 비농업인구는 1,391,417명으로 연변조선족 자치주 총인구의 63.66%,

농업인구는 794,243명으로 36.34%를 차지하게 되었다.

조선족 농민들의 일부는 구역 내 인근 도시에서 가게를 운영하거나 상업에 종사하고 있으며 일부는 자녀들의 교육을 위해 농촌을 떠나 인근 도시로 이주, 자유직업에 종사하고 있다. 어떤 농민들은 자녀를 따라 인근도시나 연해도시로 이주하여 한국 기업이나 조선족 기업에서 일하거나 잡역에 종사하고 있다. 집계에 의하면 현재 전국 조선족의 도시 거주인구수는 882,308명으로 전체 인구의 45.8%를 점하고 있어 중국 전체의 39%보다 6.8% 가량 높은 것으로 조사되었다. 향, 진 인구수는 1,041,534명으로서 전체 인구의 54.2%를 차지하고 있어 아직도 농촌 인구가 절반을 웃돌고 있다. 그러나 농촌인구의 감소와 도시인구의 증가는 앞으로도 계속될 것이다.

다음 조선족 집거지구 도시와 농촌인구의 연해도시 진출이다. 개혁개방 후 특히 한국기업이 중국으로 대거 진출하면서 조선족 대학졸업생들은 연해도시로 진출하였다. 한국어로 의사소통이 가능한 조선족 대학졸업생들에게 한국 기업은 아주 좋은 일자리였다. 일부 조선족기업이 연해도시에 진출하면서 도시와 농촌의 조선족 청년들은 그들을 따라 연해도시로 가게 되었다. 10여 년간 연변대학과 전국의 조선족 대학졸업생들 대부분이 중국의 연해도시로 진출하였다. 한국 기업과 조선족 기업의 연해도시 진출은 그곳의 제3차 산업을 촉진시켰다. 그 결과 대량의 조선족 농민들이 연해도시에 진출하여 한국기업 주변에서 제3차 산업에 종사하게 되었다.

조선족 인구가 집거지역에서 집거지역으로 계속해서 이동하고 있다. 그것은 농촌인구의 도시진출이 계속되고 있는 것으로 풀이된다. 조선족 인구가 가장 집중되었던 지린(吉林)성, 헤이룽장(黑龍江)성, 내몽골의 조선족인구는 계속 감소되고 있다. 2000년 내몽골의 조선족은 21,859명으로서 1990년의 22,173명보다 314명 줄었다. 1990년 후허하오터(呼和浩特)시교의 싼허촌(三合村)에는 235호에 982명의 조선족이 있었으나 2000년에는

170여명이 국내 연해도시에 진출하였다. 후룬베이얼멍 아룽치(呼倫貝爾盟阿榮旗)조선족 자치향에는 도합 1,200여명의 조선족이 있었으나 2005년에 530명이 국내 연해도시로 갔다. 그리고 대학에 입학한 조선족 학생들이 졸업한 후 고향에 돌아오지 않음으로 인하여 조선족 인구의 감소를 촉진하였다.

랴오닝(遼寧)성의 경우는 지린(吉林)성, 헤이룽장(黑龍江)성, 내몽골과는 약간 다른 양상이다. 기록에 따르면 2000년 랴오닝(遼寧)성의 조선족인구는 241,052명으로 1990년보다 약 2만 명이나 증가하였다. 과거 랴오닝(遼寧)성 조선족의 80% 이상이 농민이었고 나머지 인구의 45%가 노동자, 30%가 의사, 기술자, 연구원으로 있었고 20%가 정부나 출판사, 신문사 등 부문에 있었으며 자유직이 5% 가량 있었다. 인구 당 비례로 따지면 랴오닝(遼寧)성 조선족의 출국인 수가 가장 많고 국내 연해대도시에 진출한 인구 수도 제일 많다. 그러나 한국기업과 일본기업의 진출에 따라 적지 않는 대학졸업생과 유학생들이 다롄(大連)과 선양(沈陽)에 들어오고 수많은 농민들이 다롄(大連), 선양(沈陽) 등지에 옮겨와 한국기업에 취업하거나 조선족 기업을 운영하고 있다. 랴오닝(遼寧)성을 떠난 사람보다 헤이룽장(黑龍江)성과 지린(吉林)성에서 랴오닝(遼寧)성에 들어오는 조선족이 많기에 오히려 조선족 인구 증가의 양상을 보이고 있는 것이다. 지금 랴오닝(遼寧)성의 조선족 인구는 약 23만 명으로 추정하고 있는데 타지 유입인구는 5만여 명 된다.[43] 그들은 선양(沈陽), 다롄(大連)에 가장 많이 집중되어 있으며, 그 중 농촌의 조선족 수는 약 8만여 명으로 추정하고 있다.[44]

43) (중) 이진산 주필, 「중국 한겨레 사회 어디까지 왔나?」, 흑룡강조선민족출판사, 2006년, 159쪽.

44) 저자주: 저자는 중국의 한 조선족 교수에게 부탁하여 직접 요녕성에 가서 이 방면의 조사를 하였다.

2. 조선족 거주판도의 변화

조선족의 가치 관념이 점차 변화하면서 그들은 수입이 높고 살기가 좋은 고장으로 이동하기 시작하였다. 한중 문화에 익숙한 조선족청년과 중년들은 한국의 기업의 이동에 따라 단체로 이동하여 집중되는 양상을 보이고 있다.

개혁개방 후 조선족이 적었던 관내 일부 성과 시에는 조선족 인구가 큰 폭으로 늘어났다. 1990년과 2000년의 조선족 인구 변화를 살펴보면 베이징(北京)은 7,710명에서 20,369명, 톈진(天津)은 1,820명에서 11,041명, 허베이(河北)성은 6,713명에서 11,783명, 상하이(上海)시는 742명에서 5,120명, 장쑤(江蘇)성은 963명에서 5,048명, 저장(浙江)성은 254명에서 1,767명, 안후이(安徽)성은 667명에서 2,660명, 푸젠(福建)성은 137명에서 1,785명, 장시(江西)성은 170명에서 1,703명, 산둥(山東)성은 3,362명에서 27,795명으로 늘어났다.45)

21세기 이후 조선족의 연해도시 진출은 놀라울 정도로 증폭되었다. 산둥(山東)성의 상황을 보면 조선족은 칭다오(青島), 옌타이(煙臺), 웨이하이(威海)를 중심으로 산둥(山東)성의 도시에 18만 명, 지난(濟南), 허저(菏澤) 등 지역에 도합 1만여 명이 거주하고 있다.46)

베이징(北京), 톈진(天津)을 중심으로 한 수도권지역에는 약 17만 명의 조선족이 있다. 그들의 분포상황을 보면 베이징(北京)에 12만 명, 톈진(天津)에 4만 명, 허베이(河北)성과 기타 지역에 1만여 명으로 나타나고 있다.

상하이(上海), 난징(南京), 항저우(杭州)를 중심으로 한 화둥(華東)지역에는 약 8만 5천여 명의 조선족이 있는데 그 중 상하이(上海) 6만, 이우(義烏) 1만, 쑤저우(蘇州) 8천, 항저우(杭州) 2천, 우시(無錫) 2천, 닝보

45) (중) "조선족 농민 도시화 행보는 …," 흑룡강신문, 2005년 12월 15일.

46) (중) 이진산 주필, 「중국 한겨레 사회 어디까지 왔나?」, 흑룡강조선민족출판사, 2006년, 77쪽.

(寧波) 1천 명이 거주하고 있는 것으로 알려졌다.[47] 화난(華南)지역의 조선족은 대략 6만여 명 가량으로 선전(深圳) 3만, 광저우(廣州) 1만, 둥관(東莞) 8천 명 등이 확인되었다.[48]

서부대개발의 시행과 함께 중국 서부지구의 조선족 인구 수도 차츰 늘어나고 있는 추세이다. 2000년 제5차 인구통계에 따르면 산시(陜西)성에 있는 조선족은 1,813명이었으며, 그 후 2005년 말까지 시안(西安)시에 호적을 가진 조선족은 2,000여명이나 되었으며, 그 외에 호적이 없는 조선족은 1,000명을 넘어서고 있다고 한다. 시안(西安)시에는 대학을 졸업하고 현지에서 일자리를 찾은 지식인들이 1980년대에 건립한 '시안(西安)시 조선족연의회'가 있는데 해마다 몇 차례의 모임과 들놀이, 조선족 체육운동대회 등을 함께 하며 친목을 도모한다고 한다.[49]

간쑤(甘肅)성 란저우(蘭州)시에서도 조선족 인구는 늘어나고 있다. 1950~60년대 서부건설에 파견되었던 조선족 철도병, 과학기술일꾼들이 란저우(蘭州)를 중심으로 하는 간쑤(甘肅)성에 거주하였는데 현재는 약 380 여명의 조선족이 란저우(蘭州)에 호적을 가지고 있다고 한다. 그들은 란저우(蘭州)시 조선족 동포연의회를 설립하고 해마다 오월 단오면 친목행사를 갖고 있다. 그 곳에는 한국인도 80여명이 거주하고 있다.[50]

2000년 쓰촨(四川)성에는 조선족 인구가 몇 명 없는 것으로 알려졌다. 그러나 현재 쓰촨(四川)성의 조선족 인구는 약 1,400여명으로 집계되고 있으며 그 중 청두(成都)시에 1,000여명이 살고 있다. 조선족은 청두(成都)에서 30여개의 무역, 여행사, 유흥업소를 운영하고 있다.[51] 3천 90만 명의 인구를 가진 충칭(重慶)은 세계 최대 인구도시이다. 충칭(重慶)

47) (중) 이진산 주필, 「중국 한겨레 사회 어디까지 왔나?」, 흑룡강조선민족출판사, 2006년, 45쪽, 117쪽.
48) (중) 이진산 주필, 「중국 한겨레 사회 어디까지 왔나?」, 흑룡강조선민족출판사, 2006년, 5쪽.
49) (중) "'장안'에서 풍겨오는 토장국 냄새," 흑룡강신문, 2006년 4월 16-24일.
50) (중) "황하 물 마시는 란주의 겨레들," 흑룡강신문, 2006년 4월 9일-15일.
51) (중) "'촉'나라도 이제는 겨레의 삶터," 흑룡강신문, 2006년 3월 19-25일.

에도 400여명의 조선족이 살고 있으며 한국인의 진출에 따라 조선족 인구는 해마다 조금씩 늘어나고 있다. 그들은 주로 여행사, 식당, 물류, 제조업에 종사하고 있다.52)

4계절이 모두 봄인 윈난(雲南)에는 조선족 인구가 약 800명 가량으로 조사되었는데 대부분이 최근에 이주한 사람들이라고 한다. 윈난(雲南)을 찾는 한국여행객이 늘어나면서 이들은 여행사, 음식업체를 꾸리며 경제활동을 하고 있다.53)

이처럼 중국의 조선족들은 과거 동북 3성에만 집중해서 거주하던 것에서 변화하여 현재는 중국의 연해도시를 중심으로 서부지구와 기타 지구에까지 분산 거주하고 있다. 조선족은 지금 동북을 포함하여 산둥(山東), 수도권(首都圈), 화둥(華東), 화난(華南) 등의 지역에 5대 집거지구를 형성하였는데 동북을 제외한 지역의 대도시에 거주하는 총 인구수는 50여 만 명에 이른다.54)

다음의 표는 여러 도서와 신문의 자료를 정리하여 만든 조선족 인구의 대도시 진입상황표이다. 표를 보면 현재 조선족은 산둥(山東)성에 가장 많이 집거하여 있는데, 이는 산둥성에 조선족 기업이 제일 많이 있는 것과 부합된다. 그 다음으로는 베이징(北京), 상하이(上海) 등 지역에 집중되었다.

조선족의 대도시 이주는 그들의 생활수준을 크게 향상시키고 그들로 하여금 새로운 거주지를 형성하게 하였다. 연변을 중심으로 하는 집거지구는 이제 해체의 위기를 맞고 있다. 칭다오(青島), 베이징(北京), 상하이(上海) 등 대도시에서는 조선족이 구역별로 집거지구를 형성한다 하여도 소수에 불과할 뿐이다. 그러나 연변 조선족 집거지구 해체는 한정된 조선족 인구 상황으로 비추어 볼 때 엄청난 사회변동의 요인이 되고 있다.

52) (중) "중경성문을 여는 한겨레," 흑룡강신문, 2006년 5월 21-27일.
53) (중) "아름다운 진달래 운남에도 핀다," 흑룡강신문, 2006년 3월 26-4월 1일.
54) (중) "중국 조선족 거주판도 지각변동," 흑룡강신문, 2006년 1월 1일.

[표 5-6] 대도시로 진입한 조선족 인구의 변화 상황[55)]

목 차	지 역	년 도	조선족 인구	년 도	조선족 인구
1	베이징시	1982	3,905	2006	120,000
2	톈진광역시	1982	816	2006	40,000
3	허베이성	1982	1,737	2006	10,000
4	산 둥 성	1982	939	2006	180,000
5	상하이시	1982	462	2006	85,000
6	광 둥 성	1982	154	2006	60,000
7	윈 난 성	1982	96	2006	800
8	쓰 촨 성	1982	418	2006	1,000
9	충칭광역시	1982	(과거)쓰촨성[56)]	2006	400
10	산시(陝西)성	1982	643	2006	3,000
11	간 쑤 성	1982	415	2006	500
합 계		1982	9,039	2006	500,700

3. 조선족 인구의 대량 출국

조선족 인구 이동의 또 하나의 큰 특징은 출국이라 할 수 있다. 한중수교를 계기로 하여 대량의 조선족들은 취업을 이유로 한국에 진출하였다. 2006년 6월 7일 한국 행정자치부의 집계에 따르면 한국 내에 90일 이상 거주하는 외국인은 53만여 명이며 그 중 조선족은 17만 명으로서 전체의 31.7%를 차지한다고 밝혔다. 한국에 거주하는 외국인 중 근로자는 255,314명으로 47.6%, 국제결혼 이주자는 65,243명으로 12.2%, 유학생, 외교관 등은 190,824명으로 35.6%를 차지하였다.[57)]

55) (중) 1982년의 인구는 심혜숙 「중국조선족 취락 지명과 인구분포」, 연변대학출판사 · 서울대학교출판부, 1994년, 60쪽. 2006년의 인구는 흑룡강 신문사의 보도에 의해 정리. 이진산 주필, 「중국 한겨레사회 어디까지 왔나?」, 흑룡강조선민족출판사, 2006년 참조.

56) 저자 주: 과거 충칭시는 쓰촨성에 소속되어 있었다. 21세기에 들어와 중국에서는 충칭시를 쓰촨성으로부터 독립시켜 광역시로 만들기로 결정하였다.

57) (중) "한국 내 거주 외국인 53만 여명," 흑룡강신문, 2006년 6월 11-17일.

이중언어문화기능을 소유한 조선족은 한국기업을 따라 세계 여러 나라에 진출하였다. 현재 국외로 진출한 중국의 조선족 인구는 대략 25만 명으로 추산된다.[58] 연수생과 유학생을 중심으로 하는 조선족들은 일본에 5만 3천여 명이 거주하고 있으며 러시아에 3만여 명, 미국에 4만여 명, 캐나다, 오스트리아 등 기타 국가에 2만여 명 있는 것으로 알려지고 있다.

2005년 1월 김진길 주장은 연변 조선족 자치주 제12기 인민대표대회 제3차 회의에서 다음과 같은 사항을 보고하였다. "2004년 연변에서는 12만 5천여 명이 국외로 나가 노무송출에 종사하였으며, 한 해 동안 연변은행으로 입금된 외화는 7.4억 달러에 달한다.[59] 이는 점차 증가하는 추세로 2005년에는 8.76억 달러, 2006년에는 10.5억 달러에 달했다. 그들이 귀국할 때 몸에 지니고 온 외화도 몇 억 달러는 될 것이다. 노무송출인력의 대부분이 조선족이라는 점에서 지금 한국을 중심으로 해서 국외에 나가 있는 연변의 조선족이 12만 명을 초과하는 것은 틀림 없다."

연변에는 232.7킬로미터에 달하는 중국 러시아 변경선과 522.5킬로미터에 달하는 중국과 북한의 변경선이 있다. 조사에 따르면 중러 변경 지역에 거주하는 조선족 인구는 상대적으로 안정된 상황에 처해 있으나 중북 변경 농민들의 출국 열기와 대도시 진출 욕구는 더욱더 달아오르고 있다. 2004년 조선족이 대부분인 투먼(圖們)시 량수이진 량수이촌(涼水鎮涼水村)의 호적등기 인구는 1,580여 명이었으나 실제로 남아 있는 인구는 372명에 불과하여 호적등기인원의 23.5%에 불과했다. 수많은 조선족이 한국이나 다른 나라에 노무를 나갔기 때문에 생긴 현상이었다. 같은 해 말 량수이진 허시촌(涼水鎮河西村)에는 실제인구가 475명이였는데 그 중 146명이 한국에 갔고 2005년 4월까지 비자를 신청한 사람도 60여 명 가량이었다.

헤이룽장(黑龍江)성의 경우도 연변과 마찬가지이다. 많은 조선족들

58) (중) "조선족농민도시화 행보는…," 흑룡강신문, 2005년 12월 15일.
59) (중) "김진길 주장의 보고," 연변일보, 2005년 2월 18일.

이 한국으로 나갔고 일부는 미국, 싱가포르, 중동, 아프리카 등지에 나가 노무에 종사하면서 외화를 벌어들이고 있다. 1982년부터 현재까지 약 20여만 명의 조선족이 대도시로 나갔거나 출국하였다. 그리하여 현재 실제 거주인구는 25만 명에 불과한 것으로 추정되고 있다.60) 그 중에서 도시에 있는 사람을 빼고 나면 농사짓는 농민은 10만 여명에 불과할 뿐이다. 집계에 의하면 1995년 노무송출 나간 농민들의 수입은 조선족 농민 총 수입의 17.3%, 1998년에는 17.4%나 된다고 한다. 당해 하이린(海林)시 노무수출을 간 조선족 농민의 수입은 1억 위안, 우창(五常)현 조선족 농민의 수입은 2억 993만 위안이었다.

조선족 사회에서는 랴오닝(遼寧)성 조선족 인구의 출국비율이 가장 높다. 개혁개방이 시작되고 한중 수교가 이루어지자 그들은 한국방문 붐을 일으켰다. 그들은 한국의 친척들을 방문하였고 후에는 일자리를 찾아 노무송출을 나갔으며 나중에는 많은 한국기업을 유치한 다롄(大連), 선양(沈陽), 랴오닝(遼寧)성 일부지역에 정착하였다. 랴오닝(遼寧)성의 조선족들은 일본, 미국 등 국외의 진출에도 앞장섰다. 많은 조선족이 한국기업을 따라 국외에 나가 일을 하고 있다.

조선족 인구의 이동은 창바이(長白)현에서도 마찬가지로 심하였다. 현재 창바이(長白)현에는 1/3 이상의 조선족 노동력이 국외와 국내의 연해도시로 진출한 것으로 집계된다. 내몽골자치구에는 유일하게 후룬베이얼멍 아룽치 신파(呼論貝爾盟啊榮旗新發)조선족 향(鄕)이 있다. 1만 2천여 명의 인구 중 조선족은 1,200여명에 불과하다. 그런데 2005년까지 이미 100명의 조선족이 한국, 일본으로 출국하였다. 거기에 대도시로 진출한 530명까지 합치면 내몽골의 유일한 조선족 자치향도 실제적으로는 자치향의 성격을 잃어버린 것과 마찬가지다.61)

급물살을 탄 조선족의 인구이동은 이처럼 매우 심각한 상태이다. 이

60) (중) "흑토벌에도 진달래는 피어난다," 흑룡강신문, 2006년 2월 23일.

61) (중) "대초원서 우리 마을과 학교를 지키는 겨레들," 흑룡강신문, 2006년 5월 21-27일.

러한 세대를 반영하여, 조선족 사회에서는 한때 "산다는 게 뭐 길래"라는 노래가 널리 전파되었다. 이 노래는 조선족들이 세계 여러 나라로 진출한 상황과 그리움에 지친 모습을 여실히 표현한 것으로 많은 조선족들은 이 노래를 부르며 눈물을 흘렸다고 한다. 노래의 가사는 다음과 같다.

"아내도 갔다, 남편도 갔다, 삼촌도 갔다, 모두 다 갔다.
한국에 갔다, 일본에 갔다, 미국에 갔다, 러시아로 갔다.
잘 살아 보겠다고 모두 다 갔다, 눈물로 헤어져서 모두 다 갔다.
산다는 게 뭐 길래 산산이 부서져, 그리움에 지쳐가며 살아야 하나.
오붓하게 모여 살 날 언제면 올까? 손꼽아 기다려 본다네."[62)]

조선족 인구의 이동상황을 보면 몇 가지 특징이 있다. 우선 젊은이들이 국내 대도시와 국외로 많이 진출하였고, 그 다음으로는 출국한 조선족의 대부분이 여성이라는 것이다. 또한 이동의 범위가 크고 이민의 주체가 국가공무원, 교원, 정리실업자, 농민 등 여러 성격이 겹쳐 있으며 성분도 다양하였다. 여기에서 주의할 점은 젊은 지식인층의 대거 남하(南下)는 한족문화권을 향한 산발적인 이동이기에 집거지 해체를 부추기는 성격이 크고, 부녀자들의 이동은 외국으로의 이동, 심지어는 국적이동이기에 조선족 인구의 성장을 기계적으로 차단한다는 것이다.

또한 조선족 인구의 대량 출국은 이혼율을 증가시키고 있다. 연변 조선족의 이혼율은 전국의 평균 비례보다 훨씬 높은 수치이다. 조사에 의하면 2000년에 전 주(全州) 총 인구의 38%를 차지하는 조선족 인구 중 이혼인구는 22,617명이며 이는 전 주(全州) 이혼율의 46.9%를 차지한다. 2001년부터 2005년까지 이혼율은 2000년도보다 더 많은 것으로 나타났다. 이혼인구의 대부분은 국외나 국내 대도시에 진출한 사람들이며 재혼한 사람들과 중·노년의 이혼율도 과거보다 많이 증가되었다. 헤이룽장(黑龍江)성과 랴오닝(遼寧)성 조선족 인구의 이혼율은 연변보다는 낮지만 다른 민족보다는 높은 것으로 나타났다. 이는 그들의 출국과 대도시 진출

62) (중) 원호연 사, 황상룡 곡, "산다는 게 뭐길래."

이 다른 민족보다 더 많은 데서 생긴 문제라 할 것이다.

이처럼 개혁과 개방은 조선족 사회에 전에 없는 부를 창조해 준 반면에 일련의 심각한 지각변동을 동반하였다. 이러한 변화에서도 특히 주목해야 할 것은, 1990년대 초반까지만 해도 조선족의 인구이동은 어디까지나 경제적인 차원에서의 이동이었으나 근래 몇 년간의 조선족 이동 및 조선족 사회의 변화는 단지 경제적인 차원에서의 지각변동이 아니라 중국 내에서의 조선족의 위치와 뿌리를 흔들 만큼 민족의식의 갈등, 가치관의 변화, 정체성의 혼동 등 근본적인 변화를 동반하고 있다는 점이다.

Ⅲ. 조선족의 의식 변화

1. 민족 정체성에 대한 제고

조선족은 '문화대혁명' 기간 중에 있었던 일그러진 문화질서를 정리하기 전에 중국의 사회변혁과 한국과의 교류에서 온 두 방면의 충격을 받게 되었다.[63] 개혁개방 이후 조선족은 중국으로 이주한 100여 년의 역사 가운데 가장 규모가 크고 범위가 넓은 인구유동을 나타내면서 삶과 문화의 요람이었던 농촌사회와 문화에 파괴적인 충격을 갖다 주었다. 이 영향으로 조선족 사회구조와 문화양식은 조금씩 붕괴되기 시작하였다.

그러나 조선족의 해외 진출은 그들이 자아정체성을 확인하는 계기로 작용하였다. 중국의 개혁개방과 한중 수교는 조선족에게 있어서 새로운 도전과 기회임이 틀림 없었다. 조선족은 개혁개방 이전까지는 폐쇄된 문화 환경 속에서 정체성에 대한 별다른 고민 없이 생활할 수 있었다. 한국과의 거래 초기에 많은 조선족들은 한국의 구성원이 된 듯 착각하였

63) (중) 김경일, "조선반도 남북관계와 중국 조선족 사회," 「중국조선족사회의 문화우세와 발전」, 연변인민출판사, 2001년, 580쪽.

고 한국에 대한 기대감에 부풀었다. 그러나 차츰 자본주의의 사고방식과 생활방식을 접하게 되면서 자신들은 한국의 구성원이 될 수 없다는 사실을 인식하기 시작하였고 이것을 통해 자아정체성을 확인하였다.64) 또한 그로부터 파생된 문제들과 부딪치면서 자신들의 정체성에 대한 자각을 갖게 되었다.

해외 문화와 한국 땅에서의 문화적 이질성을 체험한 조선족들은 과거의 이민시기에 차곡차곡 쌓아 두었던 망향의식을 떨쳐버리고 자신들은 어쩔 수 없이 중국 조선족이라는 공민의식을 굳히게 되었다.65) 그들은 자기들이 정치적으로 한반도의 어느 일방에 귀속되는 관계가 아니며 중국의 국민임을 더욱 깨닫게 되었다. 문화적으로도 한반도의 어느 일방과 구별되는 자기 특성을 가진 문화집단이라는 자각을 하게 된 것이다. 동시에 자신들의 정체성은 중국인이라는 국적과 더불어 조선족이라는 민족성을 동시에 포괄하고 있다는 것을 깊이 느끼게 되었다.

결과적으로 조선족은 혈통적으로는 한반도와 이어져 있으면서도 중국의 공민임을 자각하고 중국에서 우수한 공민, 한반도에는 우수한 해외동포로 살아야 함을 다짐하게 된 것이다. 조선족은 유능한 중국국민으로 성장해 우선 국적상의 고향인 중국에 기여하는 국민이 되어야 한다. 그래야 자신들이 중국과 한국 간의 윈-윈 구도 속에서 꼭 필요한 윤활제 역할을 할 수 있다는 깨달음을 얻게 된 것이다.

조선족들은 중국 연해도시에 진출하여 한국기업에서 일하는 가운데서도 분명한 국민 의식적 정체성을 깨닫게 되었다. 자신들이 중국의 다른 민족들과 함께 중국의 강토를 개척하고 민족의 적들을 물리치고 중화인민공화국을 건립하였으며, 나아가 경제를 발전시키고 나라를 건설하는 과정에서 중국의 소수민족으로 승격되었을 뿐만 아니라 중국이란 큰 나라의 주인의 일원이 되었다는 사실을 새삼 확인하게 되었다. 그러면서

64) (한) 황승연, "중국동포들의 한국사회적응실태," 「대한민국 국회 21세기 동북아연구회 재외동포정책의 방향과 과제」, 1996년.

65) (중) 김경일, 「중국조선족문화론」, 요녕민족출판사, 1994, 371쪽.

그들 조선족은 한반도에 있는 한민족과는 다른 이중문화를 지닌 중국 내의 소수민족이지만, 이중 언어를 구사하는 문화적 능력과 작용이 한국인과의 관계뿐만 아니라 중국 내에서도 한국과 중국을 연결하는 매개적인 역할을 하는 데 있어서 매우 독특하고 유능한 기능을 발휘한다는 점을 크게 깨닫기 시작했다.

자신의 정체성에 대하여 비교적 이성적인 인식을 가지게 되면서부터 조선족의 한국관은 많이 변하였다. 한중 수교 초기의 직관적이고 긍정적인 태도에서 제도, 사고방식, 가치관 등 다방면에 걸쳐 객관적이고 비판적인 인식으로 전환하는 경향을 뚜렷이 나타내고 있다. 한국과의 교류 초기에는 한국인들의 사유방식, 가치관, 생활방식에 대한 객관적이고 냉정한 분석이 결핍되어 있었고 자기 자신에 대한 주체적인 의식도 결핍되어 있었다. 그러나 맹목적인 호감에서 벗어나 점점 객관적인 시각으로 전환하고 있으며 여행의 목적도 총체적으로 건전해지고 있다.[66] 조선족 1세들은 고향에 대한 그리움과 한국을 향한 일치감을 갖고 있었고 2세들은 민족감정과 현실장벽의 갈등, 그로 인한 고통을 체험하고 있었으며 3세들은 당당한 중국국민으로 한중 양국의 상호이해와 공동번영을 바라고 있다.[67] 이 모든 것이 결합되어 한국을 바라보는 조선족의 복합적인 관점을 드러내게 되는 것이다.

중국 조선족이 자아정체성을 확인한 것은 그들이 중국의 소수민족정책의 우수성을 재확인한 결과이기도 하다. 중국 민족정책의 가장 근본적인 기조이자 민족문제를 해결하는 방침은 민족평등단결정책이다. 중국에서는 민족의 대소와 경제문화발전의 차이 등을 떠나서 중국 내 소수민족의 합법적인 지위와 권리를 인정하였으며 민족정책의 제정에서도 민족평등의 원칙을 고수하였다.

물론 각 민족의 사회발전정도의 차이에 따라 여전히 사실상의 불평

66) (중) 김강일, 「연변조선족의 대 남북한관에 관한 실증조사」, 2005년, 208-211쪽.
67) (한) 최우길, 「중국조선족연구」, 선문대학교 중한번역문헌연구소, 2005년, 233-234쪽.

등이 존재하고 있는 실정이지만 여느 나라에 비하여 중국은 각 민족의 평등한 권리에 각별한 관심과 주의를 돌렸다는 점에서는 의심할 바 없다. 이미 반세기 동안의 실천이 증명하다시피 민족구역자치제도는 중국 내 각 민족의 평등, 자치, 자주권을 충분히 인정하였으며 민족 간의 단결을 도모하고 소수민족의 경제, 문화, 사회발전을 추진하는 데 중요한 역할을 하였다.

개혁개방과 한중 관계의 발전은 조선족 문화의 정체성을 강화시켰다. 개혁개방으로 인해 조선족 문화가 지켜 왔던 폐쇄적 성향은 전례 없는 충격을 받게 되었다. 세계화를 향한 시대의 조류에 따라 조선족 사회는 더 이상 농촌을 집거지로 한 폐쇄적인 상태를 고집할 수 없게 됨으로써 중국 내륙문화뿐만 아니라 해외문물을 대폭 수용하게 되었다. 중국문화에 대한 수용은 조선족 문화의 이중성격을 더욱 강화하는 효과를 나타냈다. 또한 한중 수교 후 중국의 조선족 문화는 한국과의 교류를 통하여 그 모체문화를 대폭 수용하는 것으로 민족문화의 특질을 확장하고 민족성을 강화하는 방향으로 나아갔다. 이와 같이 조선족 문화는 한반도 문화와 중국문화의 새로운 융합으로 특질을 이루고 조선족 문화의 정체성을 더욱 선명하게 확립하게 되었다.

저자는 21세기의 조류와 함께 조선족 사회에 새로운 민족 정체성의 정립과 민족 문화의 재창출을 위한 노력이 필요하다고 생각한다. 감성적인 사고에서 벗어나 이성적으로 새로운 민족 정체성을 정립해야 하며, 민족과 민족주의에 대한 이해가 부단히 변화하고 있는 국제 현실 속에서 조선족 사회도 자신의 민족 정체성에 대한 새로운 판단과 기준을 가져야 한다고 믿는다. 그러자면 유태사회처럼 괄목할만한 사회적 부를 창조하지는 못하더라도 굴종적인 태도가 아닌 당당함으로 중국사회나 한국사회에 진출할 수 있도록 조선족 사회 안에서 경제, 기술, 교육, 문화적인 발전이 이루어져야 할 것이다. 예컨대 조선족이 지식경영으로 무장하고 최선의 노력을 다한다면 수년 내로 조선족 사회에 새로운 개혁의 바람이 일어날 것이다. 이를 근거로 세계를 새롭게 바라보는 안목이 생길 것이며, 자신들의 자본을 토대로 조선족 사회는 수직적인 신분 상승을 이룰 수 있으리라고 확신한다.[68)]

현재 정세는 중국의 지속적인 경제발전으로 주류문화의 충격이 커지고 있으며 이것이 역사 발전의 필연적 추세로 평가되고 있다. 그러므로 조선족 문화는 민족문화의 자주성에 바탕을 두고 중국주류문화 일방에로의 접근이나 동화가 아닌 동참과 협력의 토대를 구축해야 할 것이다. 중국의 주류문화와 한반도 문화, 그리고 세계문화를 적극적으로 받아들일 뿐만 아니라 이에 우선하여 특색 있는 자체문화의 정체성을 확립하고 주체의식이 확고한 시대정신을 계발하여 중국뿐만 아니라 세계적인 보편성을 확보하는 데 노력을 경주하는 조선족 사회가 되어야 할 것이다.

2. 조선족의 개방화 · 현대화 추세

공동체사회를 형성하고 민족정체성을 지켜 왔던 이주 전반기 조선족사회의 가치지향을 살펴보면, 조선족 구성원들은 개인적으로나 민족적으로 생존에 대한 욕구가 최고의 가치를 지니고 있었다. 이러한 가치지향성은 초기 조선족 사회의 구성원들이 살아갈 수 있는 정신적인 힘이 되었다. 개혁개방 전 30여 년간의 중국은 봉쇄적인 계획경제체제를 실시하였다. 농업인구를 절대다수로 하는 조선족 사회는 자급자족의 자연경제상태에서는 벗어났지만 여전히 집단적인 생산과 봉쇄적인 생활을 하였었다. 물질생활이 부족했고 문화생활이 부족하였으며 친족관계를 제외한 다른 교제는 적었다. 즉 생활방식이 극히 단조로웠다.

그러나 개혁개방 후 조선족의 가치는 시장경제의 흐름에 눈을 맞추게 되었다. 게다가 개혁개방의 급물살은 조선족으로 하여금 전통문화와 현대 문화, 동방문화와 서방문화, 농경문화와 도시문화의 화합과 갈등 속

68) (한) 김남수, "지식경영을 통한 조선족의 신분 상승," 중국조선족연우포럼사이트.

에서 큰 혼란과 갈등을 경험하게 하였다. 그 결과 조선족의 생활방식은 일대 변화를 일으키게 되었다.

조선민족은 상향성을 최고지향으로 하는 의식구조를 갖고 있다. 이러한 의식구조로 인하여 남에게 지지 않으려는 승부욕으로 무슨 일에서나 앞장서는 행동을 보여준다. 중국이 개혁개방정책을 실시한 이후 조선족 사회는 다른 민족들보다 먼저 시장경제의 길에서 맹렬히 앞장서 달려왔다. 자연경제에서 공업화사회로 전환하는 과정의 사람들이 가장 왕성한 소유욕을 가지고 있다고 한다. 조선족 사회는 비교적 최근에 바로 이 단계를 겪었다. 농촌이며 도시며 학교며 할 것 없이 어디 가나 돈을 벌어야 한다는 말이 화제가 되었다.69)

개혁개방 후 특히는 한국과의 거래에서 조선족이 받은 가장 큰 정신적인 충격은, 그때까지 너무 가난하게 산 것에 대한 자각이었다. 가난에서 벗어나려면 우선 빠른 시일 내에 돈을 벌어야 했다. 괴나리봇짐을 메고 두만강, 압록강을 건넌 것도 잘 살기 위한 것이었고, 수십 년간 국내외 적들과 피를 흘리며 싸운 것도 잘 살기 위한 일이었다. 그러나 여러 가지 역사적·사회적 원인으로 잘 살지 못하였고, 한국이나 세계 각지에서 사는 같은 민족들과 비교해 보아도 스스로가 가장 못사는 축에 속한다는 사실을 뒤늦게 발견하게 된 것이다.

1992년 한중관계가 정상화되고 한국나들이를 하게 되면서 일부 사람들은 마치 한국행만이 가난을 벗어날 수 있는 유일한 길인 것처럼 착각하게 되었다. 한국, 일본, 미국 등 국외에 간 사람들은 돈을 벌었고 국내 대도시로 진출한 사람들도 고향에 있는 사람보다 돈을 더 벌고 있다. 집집마다 한 사람 이상이 국외에 갔거나 국내 대도시에 진출하는 상황 속에서 조선족의 호주머니는 많이 불룩해졌다. 이러한 현상은 조선족 고유의 생활방식에도 큰 변화를 주고 있다.

공산사회주의체제가 시장경제체제로 전환하는 가운데 상품경제의

---

69) (중) 정판룡, 「중국조선족과 21세기」, 흑룡강조선민족출판사, 1999년, 54쪽.

형태에서 사람들의 의뢰관계는 상호 독립적이고 단순한 개인으로부터 시장을 매체로 하는 전면적인 의뢰관계로 변화하여 다양한 사회관계와 보편적인 물질교환관계를 형성하게 된다. 조선족들도 다른 민족과 마찬가지로 물질생활은 상품소비를 위주로 하였고 풍부하고 다채로운 문화생활을 요구하였으며 교제방식은 친구를 많이 사귀고 경쟁을 하는 것으로 변하였다. 생활태도 면에서는 고속도 성장리듬과 높은 효율을 요구하였다.

특히 같은 민족속성을 가지고 있고 같은 언어와 문자를 가지고 있는 조선족은 한국으로 갈 수 있는 우월한 조건을 이용하여 한국의 개방형생활방식과 먼저 접촉하게 되었다. 초보적인 집계에 따르면 중국의 조선족 가운데서 한국나들이를 한 사람이 50만 명은 되고 있다. 때문에 중국의 조선족 사회는 다른 민족보다 더 빨리 폐쇄적인 생활방식에서 뛰쳐나와 개방형생활방식으로 나아갈 수 있었다.

경제개혁과 발맞춰 발전하는 현대적인 생활방식이 조선족 사회에 자리잡기 시작하였다. 현대화생활방식은 외래의 정보와 자극을 수용하고 그에 대해 민첩한 반응을 보인다. 생활내용이 다원적이고 물질생활은 풍요로우며 다양한 정신생활의 변화를 체험하게 된다. 이처럼 현대생활방식은 물질과 정신, 전통과 현실, 민족과 외부세계로부터 오는 다양한 요인과의 화합적인 통일로서 생활기본이 앙양되고 생활 여건 패턴이 바뀌는 사회수요와 개인 의지의 통일인 것이다.

원보우형(溫飽型)[70] 생활에서 일찌기 샤오캉형(小康型)[71] 생활에 들어선 사람들은 다양한 패턴의 생활방식을 추구하기 시작하였다. 일부 기업가들의 성공과 한국나들이는 그들이 추구하는 다양한 생활방식의 목표가 되었다. 조선족 가운데 해외로 출국한 사람들과 내지의 선도발전지역인 연해지구로 몰려간 사람들의 대부분은 비교적 높은 수준의 교육과 문

70) 저자 주: 중국정부는 1990년까지 국민들이 배불리 먹고 따뜻이 사는 문제를 해결한다고 제기하였다. 이 표준을 원보우형(溫飽型) 사회라 한다.

71) 저자 주: 중국 정부는 2000년도까지 중국 국민의 평균 수입을 1000달러에 도달시키려는 계획을 세웠는데 이것을 샤오캉형(小康型)이라 한다.

화기능을 갖추고 있었다. 거기서 그들은 현대생활방식을 접촉하게 되었다. 특히 한중 수교 후 수많은 조선족 청년과 중년들이 한국, 일본, 미국, 캐나다에 진출하였다. 그들은 해외에서 현대적인 생활방식을 접촉하였으나 쉽게 받아들일 수 없었다. 왜냐하면 그만한 소비에 지불할 금전적인 여력이 없었기 때문이다. 때문에 그들은 국외에서 자신의 신분을 감추고 억척스럽게 일해서 일정한 돈을 모아가지고 고향에 돌아와서는 과소비바람을 일으켰다. 그들이 국외에서 벌어 온 돈이면 고향에서 상당한 수준으로 고급스러운 생활을 할 수 있기 때문이었다. 그리하여 조선족 사회는 남보다 더 큰 집을 사고 남보다 더 번듯하게 장식하고 남보다 더 좋은 가전제품을 들여놓고 남보다 더 좋은 식당에 다니는 풍조를 일으켰다.

조선족의 개방형생활방식은 조선족 사회의 발전을 추진시켰으나 동시에 과소비 행태 등 일련의 사회문제를 일으켰다. 조선족 사회에서는 과거에 없었던 3차식 소비바람이 불기 시작하였다. 저소비 층은 식당, 사우나, 양고기 꼠 혹은 식당, 노래방, 발 안마까지 3차를 다녔고 과소비 층은 식당, 나이트클럽, 고급안마방으로 4차까지 유흥을 즐겼다. 최근에는 절차가 늘어나 5차, 6차, 심지어 밤을 지새우는 사람들이 늘어났다고 하니 조선족들이 많이 집거한 곳이면 식당, 노래방, 다방, 사우나 등이 즐비하게 들어서는 것도 당연한 일이었다. 옌지(延吉)시 같은 경우는 노래방, 다방, 사우나, 전신 맛사지(按摩院), 발 맛사지(足療院) 등 소비 업소와 택시의 인구 당 평균수가 제일 많다고 해도 과언이 아닐 것이다. 또한 최근 1, 2년 동안 조선족들은 자가용을 구입하는 바람을 일으켰다. 일터가 멀던 가깝던 관계없이 자가용을 사들이고 심지어 별장까지 사들였다.

고소비(高消費) 혹은 소비조숙(消費早熟)이 모두 나쁜 것은 아니다. 중국공산당 제12기 제 3 차 전체회의는 생산발전의 가능을 도외시하고 너무 높은 수준의 소비요구를 지향하는 것은 옳지 않으며, 또한 생산의 발전이 허용하는 한계 내에서 소비를 증가하지 않고 제한하는 것도 옳지 않다고 지적하였다. 그러나 문제는 자기의 현실을 벗어난 과소비를 하는 것이다. 조선족이 제일 많이 집거한 옌지(延吉)시의 소비수준은 지린(吉林)성 8개 도시에서 맨 앞자리에 있으며 전체 지린(吉林)성 소비지출의 23%를 차지한다. 조사에 따르면 헤이룽장성 쑤이화(黑龍江綏化)시 조선족들이 몇 년 동안 한국 등 국외에 가서 벌어 온 돈이 무려 몇 억 위안에 달하지만 변변한 생산업체는 하나도 없다고 한다. 그래도 그들은 그 어떤 위기의식을 느끼지 않고 태연히 살고 있다.72)

조선족의 생활방식에서 생긴 큰 문제는 자기의 실제 수준을 초과하는 과소비에 있다. 직장동료, 동창, 친구들의 결혼식과 생일에 빠지지 않고 가야 하며, 그들 부모의 회갑과 친척의 장례에 꼭 가야 한다. 또한 그들 자녀의 첫돌 생일에 가야 하며 자녀들이 중상위 중학교나 대학에 입학하면 축하연회라도 벌여야 하고 동창회에도 빠짐없이 가야 하며 한국이나 일본 등 외국에 가기 전에 베푸는 송별연회, 국외에서 돌아와서 베푸는 환영연회에도 꼭 참석해야만 했다. 토요일과 일요일은 물론이고 심지어는 월요일부터 금요일까지의 출근 날에도 한 두 번은 이런 일로 모임에 가야 했다. 한번 갈 때마다 100 위안을 내놓기가 거북할 정도이니 관계가 조금 더 좋다면 체면상 200 위안 이상은 부조해야 한다. 거기다가 원단, 춘절, 보름, 3·8절, 5·1절, 6·1절, 7·1절, 8·15 노인절, 9·10 교사절, 10·1국경절, 아버지날, 어머니날, 연인절……등 이런 세속적인 명절까지 다 지내려 하면 어느 며칠 편안할 사이가 있겠는가? 뿐만 아니라 받은 월급이 부조로 다 나가게 되고 그것도 모자라서 생활마저 어렵게 됨에도 불구하고 이런 체면문화 현상은 계속되고 있는 것이다.

전국적으로 인구비례 당 택시가 제일 많은 연변의 상황을 보면 택시기사의 95%가 한족이지만 택시를 타는 승객의 95%는 조선족이라 한다. 조선족들의 집 면적은 한족이나 기타 민족의 집보다 더 넓으며 장식도 한족보다 더 호화롭다. 조선족 인구는 연길시의 40% 정도도 안 되지

72) (중) 유연산, "타향의식 버리고 본토의식 세워야," 흑룡강신문, 2006년 7월 9일-15일.

만 노래방, 사우나, 다방, 안마원 등 유흥업소에 드나드는 고객의 대부분은 조선족이다. 아파트를 구매할 때 대부분 한족들은 선 자리에서 현금을 몽땅 내지만 조선족은 대부분이 대부금으로 구입하며 현금을 내는 사람들 중 많은 사람들이 빌린 돈을 내고 있다.

조선족의 과소비문제는 사회의 여론을 불러 일으켰고 조선족 학계의 고민과 반성을 야기시켰으나 해결되기는커녕 점점 더 심해지고 있다. 과소비란 소비수준이 자기의 재산과 수입을 초과하여 지불할 능력을 상실한 상황을 가리키거나 또는 비생산적인 요소가 생산적 소비를 훨씬 초월하는 향락소비행태를 일컬음이다. 2005년 연변의 개인당 평균 저축액은 15,000여 위안으로써 전국의 평균 저축액인 11,600위안을 훨씬 초과하였다. 그러나 문제는 조선족의 소비가 생산적 소비가 아닌 비 생산적 소비라는 점이며, 동시에 과소비가 점차 보편화되고 있다는 점이다. 국외에서 벌어 온 돈을 비생산적 소비로 탕진하고 나면 또다시 국외로 나갈 것이고, 출국을 못한 사람들은 출국하여 부자될 꿈을 꾸면서 과소비를 희망하게 된다. 조선족의 과소비는 빈곤층의 심리적 불안을 가중시키고 있다. 학계에서는 일찍부터 조선족의 소비문화를 바꾸어야 한다고 강력히 지적하였다.

연령에 따라 조선족의 생활방식은 매우 다른 양상을 나타내 보이고 있다. 노인들은 더 이상 자기의 능력으로 생활수준을 높이고 현대화된 생활방식을 추구할 여력이 없기 때문에 현재의 생활수준에 가급적 만족을 느끼면서 건강관리에 힘쓰고 있다. 그들은 원래의 집거지구에 있거나 아니면 자식을 따라 대도시에 들어간 후에도 노인협회활동에 참가하면서 자식들의 뒷바라지를 돕고 있다. 중년들은 생활방식의 변화에 몹시 신경을 쓰고 있다. 그들 가운데서 일부는 기업을 가진 부자거나 일부는 월급에 매달려 사는 직원들이고 일부는 정년으로 퇴직하여 할 일이 없는 사람들이다. 그들 중 (농업에 종사하고 있다가 기회가 생기면) 대부분이 한국이나 기타 나라에 가서 노무에 종사하였거나 중국 내지 도시에 가서 막벌이를 하여 자식을 공부시키고 있다. 청년들의 대부분은 대학을 다니고 중국 연해도시에 가서 취직하고 있고 일부는 국내외 대학원에 다니거나 국외에 가서 일하고 있다. 나머지 적은 사람들이 연고지에서 일하고 있으나 언제든지 기회를 틈타서 한국으로 가거나 대도시에 진출할 꿈을 꾸고 있다.

조선족의 생활방식의 변화는 소비성향에서부터 나타나고 있는데 직업에 따라 그 증상이 사뭇 다르다. 그러나 유독 술 문화만은 비슷하여, 기업에 종사하는 사람들은 그 기업의 크고 작음에 관계없이 밤이면 술집을 전전하며 관계자와 시간을 보낸다. 술상이 끝나면 또 딴 곳으로 자리를 옮기며 행사가 끝나면 자정도 지난 지 오래이다. 공무원들도 이러저러한 초대가 많아서 금요일 오후부터는 아예 사무를 볼 수가 없을 지경이다. 적지 않은 지도급간부들은 들이닥치는 술잔에 아예 위를 맡겨버리고 만다. 기관들에서는 월요일 아침이 되면 어느 누구의 폭탄주에 녹아났다는 소리들뿐이다. 평상시에도 계속되는 연락은 술 한잔 하자는 예약전화뿐이다.

정년실업 한 노동자들과 농민들은 앞으로 생활수준을 향상시키겠다는 희망을 한국에 가서 노무에 종사하는 것에 걸고 있다. 잠시 농촌에 남아서 농사를 짓고 있는 사람들도 어느 때건 조건만 맞아 떨어진다면 한국에 나가 목돈을 벌어 올 것이라 생각한다. 때문에 그들도 과소비하기는 마찬가지이다. 그리하여 연변은 한때 소주, 맥주소비량이 전국 평균의 17배로서 전국 제1순위로 소문이 났었다.[73] 조선족의 과소비는 도시뿐만 아니라 농촌에서도 마찬가지이다. 개혁개방 초기인 1984년부터 1986년까지 훈춘시의 통계에 따르면 농촌에서 먹고 마신 돈만 하여도 52만 4287위안이라 한다.[74]

---

73) (중) 최삼룡, "조선민족의 전통문화와 중국조선족의 삶의 현상," 「중국조선족 우월성 연구」, 연변인민출판사, 1994년, 62쪽.

74) (중) 연변일보, 1991년 3월 1일.

3. 직업 관념과 생활 관념의 변화

개혁개방의 촉진과 시대의 발전에 따라 조선족의 시간관념, 직업관념, 향토관념, 금전관념, 생활관념, 가치관념, 사유방식, 풍속, 행위방식, 전통습관, 종교 신앙 등 일상생활 관념들도 모두 큰 변화를 가져왔다.

우선 조선족의 직업 관념을 살펴보면 과거에는 국가기관, 국유회사나 개인회사에서 근무하느냐에 따라 사람의 등급을 판단했다. 국가기관 공무원이 최고로 손꼽혔으며 그 다음에는 국유기업소, 마지막이 개인기업소였다. 상업부문에서 근무하는 사람은 비교적 낮은 레벨로 취급되었다. '문화대혁명' 기간에는 군에 근무하는 것이 제일 좋다고 보았고 그다음은 노동자였다. 왜냐하면 군사관제시대에 그들의 권력이 제일 컸고 노동자와 농민들은 수시로 실력행사를 할 수 있었기 때문이었다. 지식인들은 늘 개조대상으로 주목되었는데 이들은 지주, 부농, 반혁명분자, 우파분자와 버금가는 대상으로 취급되었다. 개혁개방과 함께 시장경제가 도입되면서 사람들의 가치관이 변화되었다. 사람들은 명예보다는 경제수입을 추구하기 시작하였다. 그리하여 한때는 은행, 세무국, 공상국, 대외무역국과 같이 실물을 많이 취급하는 부서에 들어가는 것을 선호하였다. 그러나 현재는 신분상승과 보수를 함께 추구하는 경향에 따라 조선족들도 지식의 중요성을 인식하고 높은 학력을 따지기 시작하였다.

조선족의 직업관은 집거지구, 중국 내 대 성시(省市)에서와 국외에서 서로 다른 양상을 보이고 있다. 자기 집거지구에 살고 있는 조선족들은 힘들고 어려운 일을 꺼리며 돈을 내서라도 남을 시킨다. 연탄을 사와도 돈을 주며 남을 시켜 퍼들이고 조금 무거운 짐이 있으면 돈을 내서 남을 시킨다. 정년실업을 당하여 집에서 밥을 축내는 남성중년들도 가사를 맡아 하기는 싫어하고, 언젠가는 한국이나 다른 나라에 가서 목돈을 벌 궁리만 하며 조금씩이라도 돈을 벌 생각은 전혀 하지 않는다. 전에 택시를 몰던 조선족들은 매달 2,000여 위안의 수입도 성에 차지 않아 출국하였고, 거리에서 일하는 청소노동자는 조선족이 한명도 없다. 고층건물의 외벽을 칠하는 노동자들 가운데도 조선족은 없고 집안을 회칠하는 노동자들 가운데도 조선족이 없다. 거리에서 삼륜차를 모는 사람들 중 조선족이 간혹 있기는 하지만 그들 대부분은 농사를 짓던 농민들이다.

그러나 출국한 조선족에게는 일의 귀천이 따로 없다. 삽자루 한번 쥐어보지 못했던 국가기관 공무원이 지하철 공사장에 가서 일해야 하며 보일러도 때야 했다. 집에서 식칼 한번 쥐어보지 않았던 남성이 식당에서 채소를 썰고 요리를 만들고 있으며 남편의 발 한번 씻어주지 않았던 젊은 부인이 남의 발가락을 손질해야 했다. 사우나에 가서 서비스만 받던 조선족 대학원 석사, 박사들이 국외의 사우나에 가서 때밀이를 해야 하고, 심지어 그보다 더 험악한 일도 벌이가 없어서 기다리는 사람들이 많다. 그들은 돈만 벌 수 있으면 노동의 귀천을 가리지 않았고 근무시간이 길어도 불평이 없었다.

이러한 직업 관념의 변화는 가치 관념의 변화에서 온 것이다. 조선족들의 가치 관념도 국내와 국외에서 다른 양상을 보이고 있다. 같은 시간에 같은 노동을 하여도 중국 내의 조선족 집거지구에서 그들이 받는 일당은 국외에서 받는 일당의 10분의 1도 안 된다. 때문에 국외에 나가 노무에 종사하고 있는 사람들은 중국에서 자기의 노동가치가 없다고 여기면서 아직까지 국내에서 월급에 매달려 사는 사람들을 이해하기 힘들어 한다. 그리고 또한 그들은 국외에서도 자기의 가치가 완전히 체현된다고는 보지 않는다. 때문에 월급이 더 높은 일자리를 계속 찾아 떠난다. 총체적으로 그들의 가치척도는 자기가 받는 돈의 액수에 비례한다.

출국한 사람과 중국 내 연해도시로 진출한 사람들의 증가에 따라 집거지구 조선족들의 가치 관념도 크게 변화되고 있다. 본 지방에서 제3차 산업에 근무하고 있는 청년 남녀들은 자기의 노동 가치를 제대로 받지 못하고 있다고 생각하지만 아직까지는 관계망이 없어 대기상태로 일하면서 기다리는 형국이다. 그들은 어느 때건 기회만 생기면 연해도시나 국외로 진출할 준비를 갖추고 있다. 상대적으로 농촌의 처녀들은 자기의 가치를 높이 보고 있다. 그들은 집거지구도시의 제3차 산업에 종사하면서 자기의 가치를 가늠하고 있다가 일단 기회가 주어지면 중국 내 대도시나 국외로 미련 없이 떠나갈 것이다. 중고등학교에 다니는 학생들은 좋은 대학을 가기 위해 열심히 공부를 하지만, 좋은 대학이던 일반대학이던 졸업한 후 일부는 대학원에 다니고 나머지는 물불을 가리지 않고 국외와 연해도시로 나간다. 그들은 자기의 전도가 조선족 집거지구와는 인연이 없다고 생각한다. 왜냐면 그들은 다시 부모들과 같은 생활을 반복하기 싫어하기 때문이다.

일부 조선족들은 전통적 가치관과 도덕관념의 혼란을 초래하고 있다. 현재 해외로의 진출과 중국 내지로의 진출로 인하여 많은 가족이 해체에 직면하고 있으며 따라서 전통적인 가족관, 풍속미덕, 가치관이 파괴되고 있다. 적지 않은 조선족은 일확천금의 한탕주의 사상에 빠져 한국행에 지나치게 의지하고 있다. 온당한 경제적 기반 확보보다는 불법도 마다하지 않고 출국의 길에 나선다. 또한 귀국 후에는 벌어들인 외화를 재생산에 투자하는 것이 아니라 화려한 집 장식, 사채업, 과소비로 탕진한다.[75] 힘들여 벌어온 돈으로 내실을 탄탄히 굳히는 대신 국외에서 보냈던 힘든 세월을 보상이라도 받으려는 듯 노래방, 사우나, 안마원을 전전한다. 벌어 온 돈을 탕진한 후에는 또 다시 한국행에 나서는 악순환이 계속되는 것이다.

조선족 사회는 과학기술에 의한 창업의 의욕이 부족하다. 중국과학원의 한 조선족 교수는 "내가 만났던 각급 정부의 조선족 간부들은 북경에 찾아와서 투자와 경비를 달라고 조르지만 과학기술을 달라고 조르지는 않았다"고 꼬집었다.[76] 현재 많은 조선족 대학생들도 학업보다 돈을 버는 데 신경을 더 쓰고 과학기술에 의해 창업해 보려는 의지가 박약하

75) (중) 박금해, 「중국의 민족정책과 조선족사회현황」, 차이나 코리안 닷컴.

76) (중) 이수봉, 김춘희, 「조선족 엘리트들이 보는 조선족 사회」, 중국조선족연우포럼 사이트.

다. 국내 중점대학에 입학한 조선족 대학생 가운데서 돈벌이를 하다가 학업을 그만둔 학생이 적지 않다고 한다.

지금 일부 조선족들은 조선족 공동체의 운명에 대해서도 뒷전이다. 흔히 현대 시대를 세계화시대라고 말하지만 중국 조선족만큼 세계화 정도가 높은 집단도 드물 것이다. 거주지와 경제적 활동무대의 확장은 결과적으로 중국 조선족을 단일한 집단으로부터 다양한 성격의 공동체로 나뉘게 하였다. 이러한 형세에 직면하여 조선족의 미래에 관계되는 사안에 대한 인식도 갈리기 시작하였다. 특히 조선족 공동체에 대한 인식에서 일부 지식층들은 민족허무주의 혹은 극단적인 민족주의 경향을 나타내기 시작하였다.

민족허무주의는 조선족 사회와 중국 주류사회와의 괴리현상을 지적하면서 과거의 폐쇄적인 민족공동체의 성찰로부터 중국 주류사회에 대한 적극적인 접근을 권장하며 심지어는 민족 언어와 문자의 중요성까지 일축하여 조선어 무용론을 거론하기에까지 이르렀다.

극단적인 민족주의는 재래의 중국국민으로서의 입지에 회의를 느끼며 한국과의 관계설정에서 조선족들이 중국에서 쌓은 정치, 경제 및 문화적 입지를 서슴없이 팽개치고 민족정체성을 무시하고 심지어는 한국을 구세주로 보며 국적회복까지 운운하고 있다. 굳이 양극에 속하지 않지만 조선족으로서의 과거의 긍지와 자부심은 사라지고 새삼스레 나는 누구이며 어디로 나가야 하는가에 대한 문제를 가지고 고민하고 있는 층도 적지 않다.[77)]

조선족 젊은 세대들의 관심은 민족의 앞길과는 관계가 멀다. 그들의 관심은 대도시에서 좋은 직업을 얻고 높은 수입을 받으며 빠른 시일 내에 아파트를 사고 자가용을 사는 것이다. 때문에 그들은 연애나 결혼, 자녀양육에 대해서도 뒤로 밀어 놓고 있다. 조선족 30대들 중 국외에 나가 번 돈 혹은 대부금을 내고 베이징(北京), 상하이(上海), 광저우(廣州), 다

77) (중) 박금해, 「중국의 민족정책과 조선족 사회현황」, 차이나 코리안 닷컴.

렌(大連) 등 대도시에 집을 산 사람이 비교적 많다. 어떤 청년들은 부모들이 준 돈으로 집을 사기도 한다. 그들이 결혼할 때는 벌써 30대 중반이 다 되는데 아이가 있어도 돌볼 겨를이 없고 보모비도 비싸서 고향의 부모들을 모셔다 어린애를 보게 한다. 집집마다 귀한 손자나 손녀가 하나밖에 없다 보니 부모들은 중국 내지 도시의 생활습성과 기후에 맞지 않더라도 울며 겨자 먹기로 도시에 들어갈 수밖에 없다. 제 자식 키우기에 신물이 날대로 난 그들이 만년에 편안하게 살려고 해도 방법이 없어 손자손녀 기르기에 노년을 바쳐야 한다.

대도시에 진출한 청년세대들은 민족전통과 습관에 대해서도 별로 큰 관심이 없다. 발 빠른 시장경제체제에 훈련이 된 그들은 낡은 전통습관과 새로운 관습의 충돌에서 낡은 민족전통이 새로운 환경에 어울리지 않는다고 보고 있다. 특히 한족이 대부분인 연해지구에서 굳이 민족전통을 견지하려 하지 않는다. 음식습관도 많은 변화를 가져왔다. 오랜 도시생활에서 김치와 된장과도 점점 멀어져 가면서 간편하고 빨리 되는 패스트푸드에 익숙해지기 시작하였으며 햄버거, 치킨 등 간편한 서양식의 음식을 좋아하기 시작하였다. 부모들이 정성스레 준비하여 멀리서 부쳐 보내 준 말린 가지, 말린 풋고추, 된장 등의 전통음식재료는 냉장고에 처박아 두었다가 시간이 오래되면 버리고 만다. 그들은 벌써 생활습성 면에서 부모들과 거리를 두기 시작하였다.

중국 내지 연해지구나 국외에 가 있는 청장년들의 사유방식도 많은 변화를 가져왔다. 이들은 특히 시장경제 체제에 많이 적응하는 경향을 보인다. 그들은 자기밖에 모르는 이기적인 개인주의의 길로 나가고 있다고 해도 과언이 아니다. 부모들의 눈에는 과거 자기들처럼 부모님과 어른들을 공경하는 조선족의 미덕이 사라져 가는 것으로 보인다. 자기 자식을 부모님한테 맡겨 놓은 중・청년들도 전화로 자식과는 오래 동안 이야기를 나누면서도 부모들과는 몇 마디 인사뿐이다. 자기는 데려다가 키우지도 못하면서 늘 자기 부모가 제 자식을 제대로 키우지 못 할까봐 근심한다. 부모들이 자기 자식을 키워 주는 것은 응당한 일이라고 보면서 자기 자식을 아까워하는 것만큼 부모를 섬기지 않고 있다.

개혁개방 후 종교정책이 실시되면서 교회에 다니는 사람이 많이 늘어났다. 1980년대 중반에 이르러 연변 조선족 자치주에는 10여 개의 교회에 800여명의 교인이 있었다. 그러나 현재 연변에만 하여도 100여개의 크고 작은 교회가 생겼으며 교인이 수만 명으로 늘어났다. 그들은 퇴폐적인 물질주의를 벗어나 신앙의 힘으로 정신적인 안정감을 얻고 자아를 바로 세우고 이웃사랑을 실천하기 위해 노력하고 있으나 사회주의 체제의 유물론적 한계 안에서 많은 갈등을 겪고 있는 실정이다.

한편, 세간에는 또한 미신 활동이 과거보다 많이 늘어났는데 잔치날을 받거나 이사 날을 받으며 심지어 관상이나 사주를 보는 사람도 생겨났다. 어떤 사람들은 방토를 한다고 한밤중에 네거리에 나와서 종이와 물건을 태우기도 한다.

이러한 현상들은 조선족들이 아직도 체계적이고 보편적인 신앙적 가치관을 정립하지 못하고 있음을 나타낸다. 또한 국가사회적인 이념으로 볼 때도 조선족들은 오랜 기간동안 폐쇄적 사회주의체제 하에서 소련을 사회주의의 본보기로 알고 있었으나 같은 사회주의국가인 중국과 분규가 생겼으며, 마침내 소련을 위주로 하였던 사회주의 이념국가들이 하나씩 붕괴되어가는 것을 보면서 심각한 이념적 공황상태에 이르고 있다. 어릴 때부터 자본주의는 썩어빠진 제도라고 배웠지만 결국은 많은 사람들이 자본주의 국가에 가서 노무에 종사하면서 집을 마련하였고 재산을 일구는 일에 인생의 목표를 두게 되었다. 적지 않은 조선족 지식인 부모들도 이러한 이념적 혼돈과 함께 자식들이 공부하거나 일하고 있는 미국, 캐나다, 일본 혹은 한국에 다녀와서는 자식들이 고향으로 돌아오는 것을 스스로 만류할 지경에 이르렀다.

대도시와 국외에 나가 일하는 청년들의 수입은 연변에서 일하는 청년의 5배 내지 10배 이상에 달한다. 수 십 년 동안 학생들을 가르쳐 온 조선족 집거구 대학교수의 월급은 금방 대학문을 나서서 내지의 외국회사에서 근무하는 자녀들의 월급보다 더 적다. 사태가 이렇고 보니 어느 누군들 고향에 남아 있으려 하겠는가? 세속적인 실용주의가 조선족 지식인들과 청년들 속에 유행되는 원인은 바로 그들 가치관의 변화에서 오는 것이다.

제 3 절 조선족 사회가 봉착한 문제

개혁개방은 조선족 사회를 크게 발전시켰으며 동시에 조선족 사회로 하여금 새로운 현실문제에 직면하게 하였다. 급속한 인구이동에 따라 조선족 집거지역 농촌인구의 격감, 수많은 부녀자들의 유출, 한족 및 기타 민족에게 경작지의 양도, 전통집거지의 축소, 민족기초교육의 약화, 농촌총각들의 결혼 문제, 장기출국에 따른 가정파탄의 위기, 섭외혼인으로 조선족 인구의 자연감소 등 많은 문제들이 발생하였다. 바로 이러한 문제점들 때문에 조선족 학계에서는 조선족이 해체의 위기에 처하여 있다[78]고 하는 우려의 목소리가 높다. 그 중 조선족 인구의 급속한 감소, 조선족 집거지구의 해체, 조선족 교육의 위축 등은 조선족 존폐와도 관련된 심각한 문제로 지적되고 있다.

Ⅰ. 조선족 인구의 감소

중국의 개혁개방정책 및 시장경제체제의 도입은 중국의 사회주의체제에서 하나의 획기적인 혁명이었다. 획일적인 사회주의 계획경제체제에 얽매여 있던 침체된 조선족 사회에도 중국의 급격한 변화와 더불어 일대 변혁이 일어나기 시작한 것이다. 개혁개방 이후 조선족 사회는 중국 내의 다른 민족사회와 달리 빠른 개방의 자세를 취하였다. 어느 사회의 산

78) (한) 최우길, 「중국조선족연구」, 선문대학교 중한번역문헌연구소, 2005년, 139쪽.

업화과정과 마찬가지로 개혁개방은 조선족 사회의 구조적인 변화를 일으켰다. 동북 삼성의 농경민족으로 폐쇄된 울타리에서의 삶을 영위하여 오던 조선족들의 활동반경이 일약 전국적 범위 심지어는 국외로 넓혀지는 한편, 그동안 폐쇄된 지역에 한정되어 있던 조선족 공동체의 구도가 완전히 파괴되기 시작하였다. 조선족 인구의 대폭적인 감소는 그 중 하나의 표현이다.

1. 조선족 인구의 급격한 감소 추세

1945년 일제가 투항할 때 동북에는 약 216만 명의 한민족 이민이 있었다.[79] 항일전쟁 승리 후의 몇 년 사이에 거의 절반에 가까운 한민족 이민들이 자의에 의해 광복된 조국으로 돌아갔다.[80] 중국에 있는 한민족의 일부는 교민이 되었고 대부분은 조선족이 되었다. 전국이 해방되기까지 일부의 조선족은 한반도 북측으로 건너갔고 1957년에는 북한의 건설을 지원하기 위하여 중국과 북한 정부의 협상으로 일부의 조선족이 북한으로 건너갔다. 1959년부터 1961년 사이에 중국은 심한 자연재해를 입게 되었는데 이 때에도 일부의 조선족이 북한에 건너갔다. 그리하여 중국의 조선족은 몇 차례의 인구 대변동을 거쳤다.

1949년 연변의 조선족 인구는 529,258명으로서 연변 조선족 자치주 854,431명의 63.36％를 차지하였다. 연변 조선족 자치구(후에 자치주로 고침)가 설립되던 1952년 조선족 인구는 529,802명으로 62％를 차지하였으며 1962년대 초에는 60만 명을 돌파하였다. 1970년부터 국가차원에서 계획생육정책을 실시하였으며 조선족과 기타 소수민족은 어린애를 둘까지 낳도록 통제하였다. 그러나 조선족인구는 계속 늘어났다. 1975년에 70만 명을 돌파하였으며 1987년에 80만 명을 돌파하였다. 1995년은 연변에서 조

79) (중) 연변역사연구소, 「중국조선족역사연구」, 연변인민출판사, 1993년, 30쪽.
80) (중) 황유복, 「중국조선족사회와 문화의 재조명」, 요녕민족출판사, 2002년, 96쪽.

선족 인구가 제일 많았던 해로서 도합 859,956명이 있었는데 연변인구의 38.55%를 차지하였다.

그러나 1996년부터 많은 조선족이 해외와 국내 대도시로 진출하면서 연변조선족 인구도 해마다 감소되었다. 2004년 연변의 조선족 인구는 820,481명으로 1995년보다 39,475명 감소되었다. 아래의 표는 연변조선족자치주가 성립될 때부터 매 10년을 단위로 하여 집계한 인구상황이다. 이 표를 보면 연변의 조선족 인구는 1980년대 중반까지 매 10년에 10만명 정도씩 증가되다가 한중 수교 이후인 1990년대 중반부터 감소하기 시작한 것을 알 수 있다.

[표 5-7] 연변 조선족인구 변화표(단위: 명, %)81)

년 도	1952	1962	1975	1987	1995	2004
인 구	529,802	611,402	710,901	807,305	859,956	820,481
비 율	62%	42.24%	40.81%	39.52%	38.55%	37.68%

1990년 중국 제4차 인구조사 통계표에 따르면 그 해 중국의 조선족 인구는 2,097.902명이었다. 그 중 지린(吉林)성에 1,181,964명, 헤이룽장(黑龍江)성에 452,398명, 랴오닝(遼寧)성에 230,378명, 기타 지구에 산재한 조선족이 233,162명이었다. 이와 같이 동북3성에 집거한 조선족은 전국 조선족의 97.1%를 차지하였고 연변에 집거한 조선족은 821,479명으로서 지린(吉林)성 조선족의 69.5%를 차지하였으며, 전국 조선족의 39.2%를 차지하였다.82)

1996년부터 중국의 조선족 인구는 감소하기 시작하였다. 현재 인구유동이 몹시 심해지고 있고, 특히 연변 외의 조선족 인구유동이 더 많은 상황에서 호적을 중심으로 진행된 연변 조선족 인구의 변화상황은 전국의 조선족 인구변화상황을 보여 준다. 1996년부터 2004년까지 연변의 조

81) (중) 연변통계국, 2005년 연변 조선족 자치주 통계연감에 근거하여 정리
82) (중) 심혜숙, 「중국 조선족 취락지평과 인구분포」, 연변대학 출판사 · 서울대학교 출판사, 1994년, 59쪽.

선족 인구는 도합 39,475명이 감소되었는데 이는 해마다 평균 4,386명씩 감소된 것이다. 그 중 2002년은 연변 조선족 인구가 제일 많이 감소한 해로서 한해에 6,230명이 감소되었다. 이상에서 말하는 조선족 인구의 감소는 자연감소로서 인구유동으로 인한 감소가 아니다.

2. 조선족 인구 감소의 주요 원인

조선족 인구가 감소하고 있는 것은 조선족 사회의 경제발전이 늦고 경제수입이 보편적으로 낮은 것을 그 첫 번째 요인으로 들 수 있다. 개혁개방 이래 연변지역의 경제는 큰 발전을 이루었고 사람들의 생활수준도 높아졌다. 그러나 모든 사람들의 수입이 제고된 것은 아니었다. 조선족 사회도 시장경제로 이행하는 과도기적 단계에 처해 있기 때문에 전에 없던 몸살을 겪고 있다. 중국의 변경 오지에 위치하고 있는 조선족 사회는 원래부터 산업화건설의 여건이 매우 부족했다. 그리하여 수많은 인재를 보유하고 있는 상황임에도 불구하고 신흥 산업의 발전 속도는 매우 더딘 편이다. 제 1 차 산업과 제 2 차 산업이 점점 더 내리막길을 향하는 대신 관광업, 노무송출, 서비스업 등 제 3 차 산업이 빠른 템포로 발전하고 있다. 또한 당지에서 할 일이 적기 때문에 국외의 진출과 국내 연해도시의 진출을 주요 목표로 하는 인구의 대 유동이 생기면서 많은 새로운 문제들을 야기하고 있다.

조선족 주요 집거지인 연변에 살고 있는 조선족들은 경제발전 수준이 낮고 생활고에 처한 사람들이 많다. 중국정부는 전국적으로 가장 빈곤한 현과 현급시 500여 개를 국가급 빈곤 현, 시로 지정하고 해마다 수천만 위안의 자금을 배당해 주고 있다. 그런데 연변 6개시와 2개 현 가운데서 안투(安圖)현, 왕칭(汪淸)현 2개 현과 룽징(龍井)시, 허룽(和龍)시 등 2개 시가 국가급 빈곤 현과 시로 지정되었다. 지린성의 경제는 전국적으로 중하위에 속한다. 그런데 연변의 GNP는 지린(吉林)성의 8개 지구

(地區)에서 제 3 위에 머물러 있는 실정이다. 한국에 나간 12여만 명의 노무송출 근로자들과 기타 국가에 나간 노무송출 근로자들로부터 해마다 수억 달러의 외화를 송금해 오는 실정이니 그들의 출국이 없었더라면 연변의 상황은 더욱 어려웠을 것이다.

중국 국제상회 연변상회 이명숙 부회장의 관계보고서에 따르면 2006년 5월까지 연변의 빈곤인구문제는 각별히 심각하다. 자치주 당위원회와 정부에서도 각별한 주의를 주고 갖은 대책을 세우고 있는 상황에서 월평균 경제소득이 130 위안에 이르지 못하는 조선족 빈곤호가 142,682명, 연변 총 빈곤인구 24만 6천여 명의 58%를 차지하고 있다.[83] 즉 연변 인구의 37.68% 되는 조선족 빈곤호가 연변 총 빈곤인구의 절반을 훨씬 웃도는 비중을 차지하였다는 것이다. 이는 또 조선족 전체인구의 17.39%가 빈곤인구라는 것이다. 경제수입상황은 인구의 증감에서 가장 중요한 요인인 바, 빈곤 가정의 증대는 인구의 감소를 초래할 수밖에 없다.

연변에서 조선족 인구가 가장 많이 감소된 현과 시는 국가급 빈곤시인 룽징(龍井)시와 허룽(和龍)시다. 연변의 4개 빈곤 현, 시에는 월 평균 소득이 130 위안인 빈곤인구가 도합 18만 9천여 명이 있다. 그 중 5만 7천여 명이 농촌인구다.[84] 이것은 연변의 4개 빈곤 현, 시의 빈곤인구가 연변 전체 빈곤인구의 77%를 차지한다는 뜻이다. 그리고 이 두 개 시에는 조선족이 제일 많이 집거하고 있다. 결과적으로 인구감소는 막을 수 없는 현실로 이어지는 것이다.

현재 조선족 인구의 자연증가율도 마이너스이다. 다음의 표를 보면 1990년 연변 조선족의 출생인구는 11,600여 명으로 출생률은 13.83%, 자연증가율은 7.09%였고 1995년에는 출생인구가 5,000여 명에 출생률은 5.84%, 자연증가율은 0.03%였다. 1996년부터 연변 조선족의 인구 자연증가율은 마이너스 행진을 시작하였다. 그 해 연변 조선족의 출생인구는 4,200명,

83) (중)연변주 경제상무단 총결보고서 내부재료, 2005년 8월.
84) (중)연변주 경제상무단 총결보고서 내부재료, 2005년 8월.

[표 5-8] 1990년 이후 연변조선족 인구 자연증가율 변화표[85)]

년 도	1990	1995	1996	1998	2000	2003
총인구(만명)	83.9	86	85.92	85.05	84.2	83.46
출생인구(만명)	1.16	0.5	0.42	0.37	0.41	0.29
출 생 률(%0)	13.83	5.84	5.06	4.42	4.31	3.53
사 망 률(%0)	6.74	5.81	6.13	5.74	5.93	4.99
자연증가율(%0)	7.09	0.03	−1.07	−1.32	−1.62	−1.46

출생률은 5.06%, 인구 자연증가율은 -1.07%이었다. 1998년에는 -1.32%, 2000년에는 -1.62%, 2003년에는 -1.46%가 되었다.[86)]

「길림(吉林)조선문보」, 「흑룡강(黑龍江)신문」, 「요녕(遼寧)신문」의 기록에 의하면 1996년부터 지린(吉林)성, 헤이룽장(黑龍江)성, 랴오닝(遼寧)성과 기타 지구에 산재해 있는 조선족 인구의 자연증가율은 연변보다 적다. 1998년 하이린(海林)시 39개 조선족촌의 집계에 따르면 당해에 출생한 신생아 수는 62명, 사망인수는 156명이다.[87)]

조선족 인구의 마이너스 증가는 결혼 연령이 점차 높아지고 있으며, 결혼한 부부가 아이를 적게 낳거나 낳지 않는 데서 생기는 문제들이다. 그 외에도 이혼율이 높아지고 사망비율이 증가하는 것도 하나의 요인이 되고 있다. 조선족의 사망비율은 한족이나 기타 민족보다 비교적 높다. 연변 조선족의 경우 45세부터 59세의 조선족의 사망비율은 한족보다 5.84% 높고 60-74세의 조선족은 당지의 한족보다 5.77% 높은데 이는 과다한 음주로 생기는 심장혈관 계통, 소화계통 등의 질병에서 초래된 것이다.

한국 국적을 취득하는 조선족이 늘어나는 것도 조선족 인구의 감소 원인이다. 한국 법무부의 집계에 따르면 최근 몇 년 동안 연간 1만 여명

85) (중) 연변 조선족 자치주 통계국, 「연변조선족자치주통계연감」, 2005년.

86) (중)양옥금 외, "연변인구문제와 변경인구안전문제연구," 「길림성인구발전전략연구보고」, 길림인민출판사, 2005년, 193쪽.

87) (중) 반룡해·황유복 주필, 「21세기로 들어선 중국 조선족」, 연변대학출판사, 2001년. 508쪽.

조선족이 한국 국적을 취득하였다. 2004년에 7,443명, 2005년에는 14,881명의 중국인이 한국 국적을 취득하였는데 이 가운데 95%인 2만 1천 여 명이 조선족이라고 밝혀졌다.88)

생육시기에 있는 조선족 여성의 섭외혼인도 조선족 인구가 대폭 감소되는 중요한 원인의 하나다. 1992년 한중 수교 후 조선족 여성은 상당수가 국외로 시집가고 있다. 1997년까지 한국에 시집온 조선족 여성의 수는 5만 명 선을 돌파하였다. 1996년 현재 20세에서 30세 되는 조선족 여성들이 19만 7천명이 있었다. 그 가운데서 5만 명이 한국으로 시집왔다는 말은 4분의 1 이상의 여성이 한국으로 시집왔다는 말이다. 한국 자체가 매년 1만 명 정도의 여성들이 외국으로 시집가기 때문에 조선족 여성들 가운데서 계속 한국으로 시집오는 경우는 점점 더 많아질 것이다. 그러다보면 언젠가는 조선족 처녀들이 한명도 안 남는 시기가 올 거라는 판단도 기우는 아닐 것이다.89)

선양(沈陽)주재 한국영사관의 통계에 의하면 한국 남성에게 시집가려는 조선족 여성은 해마다 큰 폭으로 늘고 있다. 현재 조선족을 제외한 한족(漢族)도 한국에 시집가려고 신청하고 있는 상황이다. [표 5-9]에서

[표 5-9] 1990-2002년 한국에 시집가려고 신청한 중국 여성 수90)

목 차	년 도	신청 인수	목 차	년 도	신청 인수
1	1990	88	8	1997	7,362
2	1991	106	9	1998	4,688
3	1992	429	10	1999	2,883
4	1993	1,851	11	2000	3,586
5	1994	2,043	12	2001	7,001
6	1995	8,450	13	2002	7,041
7	1996	9,271	14	합 계	54,799

88) (중) 흑룡강신문, 2006년 7월 16일.

89) (중) 황유복, 「중국 조선족 사회와 문화의 재조명」, 요녕민족출판사, 2002년, 31쪽.

90) (중) 전신자, "중국 조선족 여성 섭외혼인 연구," 중앙민족대학 2006년 박사학위논문, 160쪽.

보는 바와 같이 1992년 한중 수교의 해까지 신청한 여성은 500명 선에 그쳤으나, 그 이듬해부터 1,800명선을 넘었고 1995년에는 8,000명선을 돌파하였다. 1997년이후 동남아와 한국에 밀어닥친 금융위기의 영향으로 신청인 수가 급격히 줄어 들었으나 2001년부터 재차 큰 폭으로 증가되기 시작하였다.

중국의 관계부서의 통계에 따르면 2005년 한 해 동안 한국남성과 결혼한 중국인 여성은 20,635명으로 전체 한국남성과 결혼한 외국인 여성의 66%를 차지하였다.[91] 그 중에서도 조선족 여성이 절대다수를 차지하고 있음은 분명하다. 2003년 하반기 한국으로 시집간 여성은 1만여 명, 2004년에는 1만 6천여 명, 2005년 상반기에는 대략 8천여 명이 된다. 1990년부터 2005년 4월까지 한국으로 시집간 조선족 여성은 무려 7만 명이 넘는다.[92] 그들의 대부분은 생육연령의 여성이다. 그 외에 일본 등 국외로 시집간 여성과 국내 대도시 한족이거나 다른 민족에게 시집간 조선족 여성은 수천여 명이 된다고 한다. 이렇게 섭외혼인의 증가에 따라 섭외혼인가정 분쟁 사건이 늘어나고 있다. 연변 조선족 자치주 중급인민법원은 2003년 하반기에 96건, 2004년에 280건, 2005년에 420건의 섭외혼인사건을 처리하였다고 밝혔다.

조선족은 원래부터 중국에서 계획생육의 모범으로 정평이 나 있었다. 경제적인 여건의 한계, 삶의 질에 대한 추구 등등의 원인으로 조선족 가정은 오래 전부터 거의 아이 하나만을 고집하여 왔다. 이렇게 인구 자연성장률이 저조한데다가 설상가상으로 섭외혼의 증가로 조선족 인구성장에는 제동이 걸렸다. 심지어 결혼적령기 여성의 4분의 1은 한국에 시집갔고 다른 4분의 1은 도시의 유흥업소에 몰려 있으며 나머지 4분의 1도 도시에 거주한다고 짐작되고 있다.[93]

---

91) (중) "한국 중국인과의 국제결혼 급증," 흑룡강신문, 2006년 6월 11-17일.

92) (중) 전신자, "중국 조선족 여성 섭외혼인연구," 중앙민족대학 2006년 박사학위 논문, 155쪽. 160쪽.

93) (중) 황유복, "21세기 중국조선족의 발전방향과 그 대안 모색," 제9회 조선족

국내에서 이동되는 여성들은 그래도 조선족 남성과의 결합 및 2세의 생산까지 기대할 수 있지만 생육적령기의 여성 20만 명 중 몇 만 명에 달하는 조선족 여성들의 섭외혼인은 결국 조선족 인구성장을 기계적으로 차단한 것이나 다름없다. 그로 인해 조선족의 신생아 수는 사망자 수보다 적어졌다. 집계에 따르면 1999년 말 연변 조선족 자치주의 조선족 신생아 출산 수는 1989년의 1/4 밖에 안 되는 3,800 명이었다. 참고로 2003년의 신생아 수는 900여 명, 사망자 수는 4,165명이다.94)

앞으로 조선족 인구의 감소추세는 더욱 심해질 것이다. 이는 현재 연변에 있는 조선족 초등학교 학생 수와 0세로부터 7세 사이의 아동 숫자만 보아도 명백하다. 1995년 연변의 조선족 초등학생 총수는 (일부 한족학교에 다니는 초등학생은 제외 함) 83,857명이었으나 2000년에는 52,164명으로 감소하였으며, 2003년에는 30,583명으로 감소되었다. 2003년 연변의 조선족 초등학교 학생총 수는 1990년의 약 62.13%에 불과하였다. 2006년 연변의 조선족 초등학교들은 입학생이 적어서 곤혹을 치렀다. 1990년부터 2000년 사이 연변의 0-7세 학령 전 아동은 약 52.5%-77.82%로 감소하였는데 0-1세의 아동은 6-7세의 아동보다 40% 이상 작은 형편이다.95)

3. 조선족 사회의 노령화 문제

조선족 인구의 감소는 조선족 사회의 경제 문화발전에 대해 막대한 영향을 끼치고 있다. 그 밖에도 조선족 사회의 노령화 역시 심각한 사안 중에 하나이다. 특히 농촌의 노령화 현상은 점점 더 심각해지고 있다. 전국 조선족 인구의 25% 가량 되는 40여 만 인구가 국외거나 대 도시에

발전 학술 심포지움과 워크숍 논문집, 2002년, 16쪽.

94) (중) 양옥금 등, 「길림성 인구 발전 전략 연구보고」, 길림인민출판사, 2005년, 193쪽.

95) (중) 양옥금 등, 「길림성 인구 발전 전략 연구보고」, 길림인민출판사, 2005년, 208-209쪽.

진출하였는데 이들 대부분이 청장년층이었다. 때문에 원래의 조선족 집거지구에는 노인들만 남게 되었다. 현재 조선족 사회는 20세에서 59세까지 노동에 참가할 수 있는 연령층의 46%가 도시에 집중되어 있는 반면 60세 이상 연령층의 74.8%는 농촌에 거주하고 있는 것으로 나타나 조선족 농촌도 점차 노인들이 지키는 농촌으로 변하고 있음을 실감케 한다.

노령화 문제는 변경지구와 편벽한 지역일수록 더 심각하다. 연변의 경우 변경의 조선족 인구는 일찌감치 국제 노령화 표준선을 초과하였다. 2004년 호적에 의한 연변 변경 향(鄕)과 진(鎭)의 인구통계를 보면 17세 이하의 인구는 17,591명으로서 14.7%, 18-34세의 인구는 31,109명으로 25.9%, 35-59세 인구는 54,620명으로 45.5%, 60세 인구는 16,868명으로 14.1%를 차지한다.[96] 여기에서 국외와 다른 성·시(省市)에 나가 있는 청년과 중년의 숫자를 빼면 60세 이상 인구가 실제상으로는 20%도 훨씬 넘을 것이다.

Ⅱ. 집거지구의 해체위기

1. 연변조선족자치주 집거지구의 해체위기

2004년 연변공안국의 집계에 의하면 빈 호구가족(空挂户)[97]이 209,381개나 있었는데 이는 연변인구 전체 가족의 29.34%나 되었다. 현재 연변 1가족을 3.05인의 비례로 계산하면 연변에서 한족, 조선족 등 여러 민족들 가운데 호적은 고향에 두고 실제로는 외지에 가 있는 사람의 수가 무려 638,939명이나 되었다. 2004년 연변의 변경 향, 진(鄕,鎭)의 총인구는

96) (중) 양옥금 등, 「길림성 인구 발전 전략 연구보고」, 길림인민출판사, 2005년, 200쪽.
97) 저자 주: 호적은 당지에 있으나 사람이 있지 않은 현상을 중국에서는 空挂户라 하고 있다. 시장경제체제에서 지금은 호적이 없이도 국내 어느 곳에서나 생활할 수 있기에 나타나는 문제이다.

약 8만 800명으로 추산되는데 그 중 조선족 인구는 61.7%였다. 그런데 그 중 빈 호구가족(空掛戶)을 제외하고 나면 변경 조선족 인구는 40,000여 명으로서 전체 변경인구의 50% 미만으로 추산된다.[98] 변경지구의 농민가족 가운데서 3분의 1정도가 연변 내에서 이동하였다 하더라도 40만 명은 연변도 아니고 동북도 아닌 내지에 가 있다는 것이다.

조선족의 경우를 보면 2004년 연변의 호적에 의한 조선족 인구는 820,481명으로 연변 총인구 2,177,126명의 37.68%밖에 되지 않는다. 그 중 호구를 남겨 두고 국외에 가서 노무에 종사하는 인구 12만여 명, 국외에 가서 연수하거나 석사, 박사 공부를 하는 3,000여 명의 청년, 대도시에 진출한 약 4만여 명의 청장년, 한국이나 외국으로 결혼을 해 나간 여성이 약 7만여 명 이상, 자녀를 따라 국내 대도시로 진출한 노년 약 3만 여명을 제하고 거기서 또 노령화와 생활 빈곤으로 인한 인구자연감소와 마이너스의 인구 자연증가율을 제하면 실제로 연변에 남아 있는 조선족은 60만 명도 안 된다는 결론이 나온다.[99]

2. 산재지구 집거구의 해체위기

2000년, 호적조사에 의한 지린(吉林)성 조선족 인구는 1,145,688명으로서 1990년의 1,183,567명보다 37,879명이 줄었다. 이는 적지 않은 사람들이 집거지구를 완전히 떠났다는 것이다.

1982년 헤이룽장(黑龍江)성에는 조선족이 431,644명, 1990년에는 454,091

98) (중) 양옥금 등, 「길림성 인구 발전 전략 연구보고」, 길림인민출판사, 2005년, 200쪽.
99) 저자 주: 지린(吉林)성은 토지면적에 비하여 인구가 적은 성이다. 중국은 지역별 자치조례에 근거하여 법조례를 발표해 법적 효력을 갖는 정책을 마련할 수 있으므로, 조선족이 집중된 지린성에서는 줄어드는 인구에 대비하여 농어촌을 중심으로 1.5자녀 정책을 실시하고 있다. 첫 아이가 여자 아이일 때 두 번째 생육허가를 주는 것이다. 연변자치주에서는 연변자치주 조례를 발표하여 조선족의 경우 아이를 세 명까지도 낳을 수 있는 정책을 실시하고 있다. 즉 두 자녀 모두 여자아이일 때는 세 번째 생육허가를 주는 것이다(참고 2002년 9월에 통과된 길림성 제 9 차 인민표대표 상무회의 32차 회의 결의안 제4장 32조 1항. 연변조선족자치주 인구와 계획생육조례 참고).

명에 달했으나 1990년대 중반부터 감소세를 보였다. 1995년 후부터 헤이룽장(黑龍江)성의 조선족 인구, 특히 농촌 조선족 인구의 대량 이동으로 인하여 조선족 향·진(鄕鎭) 집거구는 해체의 위기에 직면하게 되었다. 2000년 헤이룽장(黑龍江)성의 조선족은 388,458명으로 1990년보다 65,533명 줄었으며 지금은 25만 명에 불과한 것으로 추정되고 있다.100)

2000년 랴오닝(遼寧)성의 조선족은 241,052명으로 1990년의 230,719명보다 10,333명이 늘었다. 그러나 17개 현 농촌의 인구는 국내 대도시와 국외 진출로 인하여 대폭 감소되었다. 창바이(長白) 조선족 자치현의 조선족인구도 국내와 국외 진출로 1/3 가량 줄어들었다. 1990년 내몽골자치구에 있던 22,641명의 조선족은 내지, 대도시와 국외로 진출하여 현재는 원래의 절반밖에 안 되는 상황이다.

3. 조선족 집거지구 해체가 조선족 사회에 미치는 영향

조선족 집거구의 해체는 조선족 자치권의 동요를 불러일으키고 있다. 조선족 농촌인구의 이동은 대(大)분산, 소(小)집거의 상황을 더욱 가중시켰다. 현재 연변의 조선족 인구 분포추세를 보면 불과 몇 년 사이에 조선족 인구가 연변 전체인구의 30% 밑으로 내려갈 전망이다. 창바이(長白) 조선족 자치현, 동북 각지 31개 조선족 자치향과 28개 조선족 연합자치향, 진의 조선족 인구도 이미 대량 감소되었고 계속 유실될 전망이다. 이는 앞으로 자치 권리를 가질 조건이 없어진다는 뜻으로도 풀이되는 것이다.

조선족의 인구이동과 인구감소는 조선족 공동체의 붕괴를 초래하고 있다. 조선족 공동체는 주로 농경생활을 매개로 이루어진 지역공동체였다. 많은 농민들이 소를 팔고 땅을 팔며 집을 팔아 한국이나 국내의 대도시에 나가고 귀국 후에는 또 농촌을 떠나 도시로 흘러들지만 마땅한

100) (중)흑룡강신문, 2006년 2월 23일.

생활수단을 찾기는 쉽지 않다. 전통적인 조선족 촌락공동체는 별다른 대책도 없이 붕괴 위기에 직면하고 있는 것이다.

또 하나 도시 출국인원들이 생산수단을 차단하는 것도 큰 원인의 하나이다. 출국노무의 길에 오른 절대다수 도시의 조선족들은 직장을 버리고 남의 돈을 빌어서 외국행 수속비와 여비를 만든다. 그들은 삶의 희망 모두를 외국 노무에 건 사람들이다. 그들은 무한정 한국에 머물러 있기를 원하며 불가피하게 귀국한 후에는 그간 번 돈으로 새로운 투자를 하거나 새로운 삶의 터전을 개척하는 것이 아니라 집을 사는 데 투자하고 다른 경제활동에 종사하려 하지 않는다. 전혀 해 보지 않았던 힘든 일로 손에 목돈을 잡은 그들은 다시는 힘든 일, 자질구레한 일을 생계의 수단으로 하려하지 않는다. 결국 마땅한 생계수단과 능력, 기술이 없기에 일자리가 없이 허송세월만 보내는 유민 층에 머물고 만다. 벌어온 돈을 탕진한 후면 이들은 또다시 엄청난 희생을 대가로 한국행에 나선다. 이런 악순환으로 조선족은 중국 내에서나 국외에서나 할 것 없이 뿌리 없는 부평초, 즉 떠돌이 민족으로 전락하고 있는 셈이다.

조선족 농민들의 토지는 조선족 선조들이 피와 땀으로 일구어 온 것이었다. 일부 조선족 농민들은 자기가 경영하던 토지를 한족농민에게 임대하고 출국하였다. 이러한 현상은 헤이룽장(黑龍江)성, 랴오닝(遼寧)성이 심각하고 연변에서는 변경지구가 더 심하다. 지난 1980년대로부터 1990년대까지 첫 '텔레비전 마을'이라고 자랑했던 투먼시 웨칭향 달라즈(圖們市月晴鄉大砬子)촌은 조선족 마을로서 개혁개방 후 누구보다 먼저 부유해진 마을로서 지린(吉林)성의 모범촌이었다. 그러나 원래 이 마을에 등록된 인구는 170여명인데 지금은 겨우 35명이 남아서 농사를 짓고 있다. 2006년 그들의 평균 연령은 45세 이상이었으며, 그 중에서 또 11명이 한국이나 도시로 가버렸다. 이 마을에는 20여 정보의 옥토가 있으나 원래의 농민들이 농사짓는 밭은 한 이랑도 없고 12정보의 옥토는 1정보 당 2,000 위안씩 받으면서 헤이룽장(黑龍江)성에서 온 수박농민에게 임대를

해 주었다.[101]

더욱 심각한 것은 적지 않은 조선족 농민들이 자기가 경영하던 토지를 완전히 팔아치워 버린 것이다. 그들은 출국을 위하여 땅과 출국경비를 바꾸었다. 이농현상으로 조선족 조상들이 피땀으로 개간한 토지가 다른 민족에게로 서서히 넘어가고 있다. 「흑룡강신문」의 보도에 의하면 헤이룽장(黑龍江)성의 많은 조선족 촌들은 15-20%, 심지어는 40%의 조선족이 농토를 팔아버리고 출국했다가 도시로 이주했는데 그런 자리에는 한족들이 이주하여 들어가고 있다. 이처럼 계속하면 조선족 농민은 땅이 없는 민족으로 전락될 것이다.

또한 섭외혼인과 혼인적령기 여성들의 대거 이동으로 집거지구가 해체되면서 농촌총각들이 장가들지 못하고 있으며 아이들을 보기가 힘들고 젊은 여성들을 보기가 힘들며 여성청년과 장년을 보기가 힘든 현상이 심각해졌다.[102] 룽징시 싼허(龍井市三合)진의 한 조선족 마을의 촌장은 지금 마을에는 늙은이들만 남아서 농사를 짓고 있다고 말하면서 해마다 장사술(葬禮酒)은 한 두 번씩 마시지만 결혼잔치 술이거나 어린애 첫돌 생일 축하 술을 마셔본지가 7년이 넘는다고 말하였다.

현재 조선족 농촌마을에는 총각과 처녀의 비례가 균형을 잃고 있다. 농촌마을에서는 처녀를 찾아볼 수가 없다. 몇 년 전 연변의 일부 변경지구 어떤 향에는 100여명의 총각이 있으나 단 한명의 처녀도 없는 경우가 발생하기도 하였다. 헤이룽장(黑龍江)성, 랴오닝(遼寧)성의 조선족 농촌마을도 같은 상황이다. 「길림조선문보」 기자가 수란(舒蘭)시 일부 조선족 마을에서 조사한 것에 따르면, 2005년 9월 환청가 쩐지아오(環城街鎮郊)촌에는 40대 총각 4명, 30대 총각 8명, 20대 총각 3명, 치리향 쑤광(七裏鄉曙光)촌에는 40대 총각 3명, 30대 총각 6명, 20대 총각 2명이 있었다. 쇼청진 둥광(小城鎮東光)촌에는 30대 총각이 32명, 핑안진 진청(平安鎮金

101) (중) "첫 텔레비전 마을 회멸위기에," 길림조선문보, 2006년 4월 4일.
102) (중) 박금해, 「중국의 민족정책과 조선족사회현황」, 차이나 코리안 닷컴.

城)촌에는 30대 총각이 30명, 테둥가 잉춘(鐵東街迎春)촌에는 30대 총각이 2명, 20대 총각이 3명, 진마진 요우이(金馬鎮友誼)촌에는 40대 총각이 1명, 30대 총각이 2명, 신안향 신시엔(新安鄕新鮮)촌에는 30대 총각이 5명 있는 등 혼기의 처녀를 만나는 일이 하늘의 별을 따는 일 만큼이나 어려워졌다. 농촌에서 농사를 짓는 총각들도 일부분에 불과할 뿐 대부분은 국외나 연해지구로 나가려 하지만 경제조건이 되지 않아서 나가지 못하는 형편이다.103)

중국의 개혁개방 이후 농경민족으로서의 중국 조선족 농민들이 도시로, 국외로, 외지로 진출하게 된 것은 역사적인 진보라고 할 수 있다. 얻으면 잃는 법이요, 잃으면 얻는 법이다. 한반도에서 국경을 넘은 이민집단 신분에서 중국의 소수민족 자리를 확보하게 된 조선족 사회는 이제까지 늘 중국사회에서 변두리에 위치하고 있었다. 그러나 그러한 위치적인 한계가 조선족 특유의 문화를 보존하게 했고 그 덕분에 현재의 이중적인 문화를 유지할 수 있었다.

1990년대 초반까지만 해도 중국의 조선족 사회는 비록 가난하지만 사회주의 체제 내에서 평등한 대우를 받으며 지역, 출신, 신분 등에 인한 불신과 갈등 같은 것 없이 하나의 공동체로 뭉쳐 있었으며 중국에서의 자신의 입지에 대하여 그 어떤 의구심이나 회의, 동요 없이 중국 소수민족으로서의 당당한 위치를 고수해 왔다. 중국을 삶의 마지막 종착역으로 생각하고 자신을 중국의 국민으로 간주하였다. 그러나 새로운 세기에 들어서면서 이 같은 인식은 점차 흔들리기 시작하였으며 그것은 조선족 사회의 지각변동뿐만 아니라 그 뿌리까지 흔들고 있는 형편이다.

현재 조선족 공동체는 농경사회를 기반으로 하는 단일한 집단으로부터 다양한 공동체로 분화하기 시작하였다. 거주지와 경제적 활동무대의 확장은 중국 조선족이 다양한 지역에서 다양한 직업에 종사하며 다양한 문화배경에서 다양한 가치를 수용하고 있음을 의미하며, 이와 같은

103) (중) "조선족 농촌 총각들 지금 뭘하고 있나?," 길림조선문보, 2005년 9월 21일.

생활공간의 확장과 다원화는 결과적으로 중국 조선족을 단일한 집단으로부터 다양한 공동체로 나뉘게 하였다.

사회개방이란, 하나의 사회계통이 다른 하나의 사회계통과 물질, 에너지, 정보 방면의 쌍방향 교류를 진행하는 과정을 가리킨다.[104] 사회개방은 사회발전의 필연적인 결과이고 사회발전의 지표이며 사회발전의 조건이다. 따라서 조선족의 인구이동은 부정적인 측면만 있는 것이 아니다. 비록 조선족의 원래의 집거지구는 해체되고 있으나 중국 내에서의 새로운 집거지의 형성도 상당히 빠른 속도로 진행되고 있다.

조선족들은 산업화와 도시화의 물결 속에서 재빠르게 대응하고 있으며 젊은 조선족 사업가들이 대도시에 진출하여 하이테크 분야, 교육사업, 요식업 등 분야에서 빠르게 성장하고 있다. 이러한 사회개방의 변화과정에 따른 과도기 현상은 유기체계가 존재하고 운행하며 발전하는 과정의 자연스러운 전제이고 조건이라고 할 수 있다.

조선족 사회의 집중거주로부터 분산거주, 다른 민족과의 혼합거주는 그 속도가 빠를 뿐 자연스러운 산업화과정으로서 중국 국내의 발달한 도시로, 한국과 미국 등 세계 각지로의 상향이동을 하고 있는 것이다. 따라서 산업화과정에서의 조선족의 이동은 시장경제원칙에 의한 것으로서 부분적, 특수한 현상으로부터 전면적이고 일반적인 성격으로 변화되어 가고 있다.[105] 결국 조선족 사회의 농촌집거지 해체를 부정적인 측면으로만 볼 수는 없는 것이다.

Ⅲ. 보통교육의 급속한 위축

중국 조선족의 초기교육은 현대문명의 전수와 함께 반일민족교육을

104) (중) 오충민 · 유조운, 「발전사회학」, 고등교육출판사, 2003년, 188쪽.
105) (중) 오충민 · 유조운, 「발전사회학」, 고등교육출판사, 2003년, 137쪽.

주요내용으로 하였다.[106] 중국이라는 문화공간을 빌려 민족을 계몽하고 각성시켜 반일투지를 키워 주는 것을 주목적으로 하였다. 따라서 조선족 초기교육의 주된 특성은 교육의 민족적 특성이었다. 새 중국이 건립된 후 사회주의체제 속에서 조선족 교육은 민족평등 정책을 기반으로 제반 사회의 요구에 적응하는 기능을 강조하게 되었다. 조선어를 위주로 한 민족문화교육과 사회주의제도문화에 따른 교육 및 현대과학지식교육으로 삼위일체를 이루었다. 조선족 교육은 이민시기에 본토의 교육문화 영향을 많이 받아 오던 내용을 점차 떠나 중국 조선족 특유의 교육으로 발전되어 왔다.

개혁개방과 한국과의 교류확대로 조선족들은 새로운 발전을 도모하는 동시에 인구의 급격한 이동으로 인한 중국 조선족의 민족교육은 더욱 심각하게 위축되고 있다. 농촌의 조선족 학교들은 학생들이 부모를 따라 도시로 들어감으로써 문을 닫게 되었고, 도시에 들어온 조선족 학생들은 민족교육장의 부재로 어떤 지방은 80% 이상이 민족 언어를 상실하게 되었다. 한족문화권인 도시에 흩어져서 살게 됨으로써 민족 언어를 상실하고 가치관 등 민족정체성을 상실하게 되었다. 나라의 힘으로 유지되던 조선족 문화교육사업은 난관에 부딪치고 있으며, 국가의 재정에 의존하던 조선족 도서 및 신문 잡지의 출판은 재정지원이 줄어들면서 경영의 어려움에 처하게 되었다. 조선문 독서범위가 날로 축소되고 민족문자를 사용하는 매체들이 위기에 직면하고 있는 것이다.

1. 연변지역 조선족 보통교육의 위축

농촌지역에 상대적으로 집거해 있던 조선족 부락들이 없어지거나 조선족학생 수가 급격히 줄어들면서 조선족 학교들은 폐쇄되거나 통합되었다. 연변만 보더라도 조선족 초등학교는 1985년에 419개소, 1990년에는

106) (중)김경일, 「중국조선족문화론」, 요녕민족출판사, 1994년, 266-268쪽.

386개소, 1995년에 와서는 177개소로 축소되었고 2003년에는 123개로 줄었다. 향, 촌인구의 감소와 유동으로 인해 입학생이 줄면서 몇 개의 학교가 합병된 것이다.

현과 진, 향 소재지의 조선족 초등학교의 상황은 더욱 심각하다. 룽징(龍井)시의 베이신(北新)초등학교와 안민(安民)초등학교는 1990년대까지 1,500여명의 학생을 보유하였는데 학생들의 급격한 감소로 두 학교를 합병하는 수밖에 없었다. 합병한 후 베이안(北安)초등학교의 현재 학생 수는 1,000명도 되지 않는데 1학년부터 3학년에는 한 개 학급에 30명도 되지 않는다. 1990년 중반까지 룽징(龍井)시 퉁푸스(銅佛寺)향에는 7개소의 초등학교에 1,100여명의 조선족 학생이 있었다. 그러나 2000년에는 하나의 초등학교만 남았고 학생 수도 540명으로 줄었으며, 2004년에는 172명으로 줄었다. 1995년까지 안투(安圖)현 제1실험초등학교에는 총 인원이 2,200여명이었으나 1998년부터 700명 선으로 줄어들었다.

아래의 표는 1995년부터 2004년에 이르는 기간 중의 연변 변경 향(鄕), 진(鎭) 조선족 초등학교 변화상황을 종합한 것이다. 표를 보면 학교의 숫자는 큰 폭으로 내려가지 않았지만 재학생 수가 현격하게 줄어든 것을 알 수 있다. 1995년 연변의 조선족 인구가 가장 많았을 때 향, 진의 조선족 초등학교 재학생 수는 7,341명이었다. 그러나 2000년까지 불과 6년 사이에 재학생 수가 3,100명 가까이 감소되었고, 그해로부터 4년 사이에 또 2,900여명이 감소되었다. 졸업생 수의 감소는 물론 재학생 수의 현상과 정비례하였다.

[표 5-10] 연변 변경 향, 진 조선족 초등학교 변화상황[107]

년 도	학교 수	재학생 수	졸업생 수	입학생 수	현임교사 수
1995	24	7,341명	1,195명	1,148명	674명
2000	19	4,242명	946명	485명	559명
2004	20	1,330명	416명	132명	420명

107) (중) 연변 16개 변경 향,진 교육부문 제공, 2005년 3월.

초등학교 입학생 수도 심하게 줄어들고 있다. 1990년 연변의 조선족 초등학생은 80,762명이였으나 2003년에는 30,583명으로 62.13%나 줄었다. 이처럼 초등학교 입학생이 말라 들어간다고 표현할 정도로 줄어들고 있는데, 2000년에는 3,354명을 모집하여 1990년의 13,755명보다 7,600명 적게 모집하였고, 2003년에는 3,354명을 모집하여 2000년보다 1,801명 적게 모집하였다.[108] 2004년 옌지(延吉)시의 한족소학교들은 학생모집시 모두 정원초과였지만 7개소의 조선족 초등학교들은 모두 정원 미달이었으며 젠궁(建工)초등학교의 경우는 겨우 90여명으로 사상 최저치를 기록하였다.

2003년 연변통계연감에 의하면 2003년 연변의 조선족 초등학교 수량은 1990년보다 68.14%나 감소되었고, 재학생수는 62.13%감소되었으며 졸업생수는 16.31%감소되었고, 초등학생 수는 75.62%나 감소되었다. 1990년부터 2000년까지 11년 사이에 연변에서 0세부터 7세의 조선족 아동이 평균 68.1%로 속도로 감소된 정황을 보면 금후 조선족 초등학교와 중학교의 예비군들이 현재의 절반으로 감소될 것은 불을 보듯 확실한 일이다.

연변의 조선족 중학교를 보면 학교 수와 재학생 수가 함께 줄어들고 있다. 1985년 조선족 중학교는 118개소, 1990년 112개소, 재학생 수는 40,789명이었다. 2003년에는 81개소로 줄었으나 재학생 수는 42,754명으로 1990년에 비해 1,965명 늘어났다. 그러나 2003년부터 입학생이 과거보다 줄기 시작하여 2003년은 2000년보다 3,727명이 줄었다. 중학교 수가 줄어든 것은 향과 진의 중학교가 신입생이 없어서 문을 닫은 것을 의미한다.

아래의 표는 연변의 변경 향, 진의 조선족 중학교 변화상황이다. 이 표를 보면 연변의 변경에 있는 향과 진의 조선족 중학교 교육상황도 매우 어렵다는 것을 알 수 있다. 1995년 중학교는 17개소, 재학생 수는 2,712명이었으나 10년이 지난 2004년에는 학교 수가 13개소로 줄어들었고 재학생 수도 1,240명으로 절반 이상 감소되었다.

또한 조선족 학교에 다니는 학생들은 많은 면에서 불편을 겪고 있

108) (중) 양옥금 등, 「길림성 인구 발전 전략 연구보고」, 길림인민출판사, 2005년, 208쪽.

[표 5-11] 연변 변경 향, 진 조선족 중학교 변화상황[109)]

년 도	학교 수	재학생 수	졸업생 수	입학생 수	현임교사 수
1995	17	2,712명	801명	1,736명	311명
2000	14	2,257명	731명	629명	307명
2004	13	1,240명	473명	354명	232명

다. 우선 한족학교에 다니는 학생보다 1,000여 시간의 중국어 시간이 더 있으므로 학습 부담이 많다. 과외독서범위는 조선족 도서출판 난으로 인하여 한족 학교에 다니는 학생보다 매우 좁다. 2000년 초등학교 입학 전 예비반급에 다니는 조선족 어린이는 8종의 정기 간행물이 있었으나 한어문으로 출판된 정기 간행물은 142종이나 되었다.[110)] 게다가 농촌학교의 통합으로 농촌 학생들은 자전거가 아니면 버스로 통학해야 하는데 심하면 왕복 20여 킬로미터의 길을 달려야 한다. 공부하기 위하여 새벽 5시면 일어나야 하고 6시 전에 밥을 먹고 길에서 많은 시간을 허비한다. 이는 개별적인 학교만의 현실인 것이 아니라 조선족 농촌학교의 전반의 상황인 것이다.

2. 산재지구 조선족 보통교육의 위기

헤이룽장(黑龍江)성, 랴오닝(遼寧)성, 내몽골 등 조선족 산재지역의 교육 상황은 연변보다 더 심각하다. 현재 헤이룽장(黑龍江)성은 대·중도시에 조선족 초등학교가 계속 운영되고 있는 외에 향과 촌의 조선족 교육은 명맥만 유지하는 상태이거나 거의 폐교된 상황이다. 상즈(尙志)시의 상황만 보더라도 1985년에는 조선족 초등학교가 20여 개소였는데 현재는 4개가 겨우 남게 되었다.

1983년 랴오닝(遼寧)성에는 153개소의 조선족 초등학교에 18,193명의

109) (중) 연변 16개 변경 향, 진 교육부문 제공, 2005년 3월.

110) (중) 채영춘 주필, 「중국 조선족 언어문화 학술논문집」, 연변인민출판사, 2001년. 17쪽.

학생이 있었고 29개소의 중학교에 9,473명의 학생이 있었다. 1999년의 집계에 따르면 그 해에 랴오닝(遼寧)성의 조선족 초등학교는 136개, 학생은 16,879명이 있었다. 그리고 초급중학교 14개, 중학반급이 있는 완전학교 7개, 단일고등학교 3개, 초급중학교 학생과 고등학교 학생이 11,900명 있었다.[111] 현재 많은 조선족이 대도시와 국외로 진출하면서 농촌의 조선족 중학교와 초등학교는 차츰 소실되고 말았다.

창바이(長白) 조선족 자치현의 조선족 교육도 크게 위축되고 있다. 현재 현(縣) 내 유일한 조선족 단일초등학교인 제 2 실험초등학교는 707명의 학생밖에 없다. 창바이(長白)현 제 2 중학교는 현 내 유일한 단일 조선족 완전중학교다. 이 학교에는 현재 35명의 조선족 중학생과 180명의 조선족 고등학급 학생이 있다.[112]

1990년 내몽골자치구 후허하오터시 우란하다진 싼허촌(呼浩特市烏蘭哈達鎮三合村) 조선족 초등학교는 학생이 없어서 폐교되었다. 몇 명 안 되는 조선족 학생들은 우란하오터 조선족 소학교에 다니고 있다. 내몽골에서 유일하게 고등학생을 배양하는 조선족 중학교인 우란하오터(烏蘭浩特) 조선족 중학교는 1957년에 창립되어 50년간 많은 인재를 배양하였다. 1990년 이 학교에는 중학생과 고등학교 학생이 500여명 있었다. 그런데 2006년에는 287명밖에 남지 않았다.[113]

1951년에 건립된 내몽골의 아룽치(阿榮旗) 조선족 중학교도 1980년대 중기에는 170여명 조선족 학생을 보유했었지만 1990년대 중기부터는 학생 수의 부족으로 인하여 산하의 초등학교와 합병하였다. 2006년 이 학교 중학생은 23명인데 초중 1학년에는 학생이 없었다. 초등학교학생은 도합 30명이고 초등학교 입학 전에 다니는 예비반급 학생이 17명이며 그

111) (중) 반룡해 · 황유복, 「21세기로 들어선 중국 조선족」, 연변대학출판사, 2001년, 620-621쪽.

112) (중) 반룡해 · 황유복, 「21세기로 들어선 중국 조선족」, 연변대학출판사, 2001년, 484-485쪽.

113) (중) "대초원서 우리 마을과 학교를 지키는 겨레들," 흑룡강신문, 2006년 6월 21-27일.

중 기숙사에 거주하는 중학생과 초등학교 학생이 25명이었다.114)

조선족 인구의 출국과 도시진출로 인한 민족교육에서 생긴 또 하나의 문제는 편부모가정115) 자녀교육문제이다. 옌지(延吉)시 조선족 초등학교의 학부모 상황에 대한 조사에 의하면 2003년 부모의 출국이 45.3%, 이혼가정이 10.8%, 부모의 사망이 1.5%, 이상 3가지 사항으로 인한 결손가정이 55.7%이고 부모와 함께 있는 학생이 전체 학생 수의 41.1%에 불과하다.116) 지린성 융지(吉林省永吉)현 조선족 실험초등학교 등 지린시 7개 조선족 중학교, 초등학교를 조사한 바에 따르면 편부모거나 부모가 곁에 없는 학생 수는 총 학생 수의 60.65%에 달한다. 그 중 융지(永吉)현 조선족 실험초등학교의 경우는 79.7%로 가장 높았다. 구체적으로 보면 부모가 이혼했거나 사망한 학생의 비례 수는 12.3% ,국내외 노무 송출한 가정의 학생 비례 수는 67.4%이다.117)

조선족의 격세교육 현상도 더욱 뚜렷해졌다. 절반도 넘는 조선족 편부모가정 자녀들은 아버지, 어머니 중 한 사람과 생활하고 있거나 혹은 할아버지 할머니, 외할아버지 외할머니, 친척집이거나 친구 집 혹은 기숙사에서 생활하고 있다. 헤이룽장성 상즈(黑龍江省尚志)시 107명 피조사학생의 68%를 조부모가 키우는 것으로 나타났다. 아이를 키우는 사람들의 연령구조를 보면 50대가 27%, 60대가 46%, 70대가 25%, 80대가 2%였는데 조선족의 60대가 아이들을 양육하는 주력이 된 셈이다. 1명의 손자나 손녀를 키우는 노인이 35%, 2명의 손자나 손녀를 키우는 노인이 35%, 3명 이상 손자나 손녀를 키우는 노인이 30%나 되었다. 노인들의 학력구조는 초등학교 정도가 50%, 중졸 정도가 34%, 고졸 정도가 8%였고 초등학교 이하와 대학은 극히 적었다. 때문에 그들은 아이들의 학습을 지

114) (중) “역경을 딛고 민족교육에 최선,” 흑룡강신문, 2006년 5월 28일-6월 3일.

115) 저자 주: 부모 중의 한 사람이나 두 부모가 모두 집에 없는 학생가정이다. 어떤 사람들은 결손가정이라고 한다. 한어로는 單親或無親家庭이라고도 한다.

116) (중) 연변대학교 여성연구중심, 「연변조선족 중소학교 학생현황조사보고」, 2004년 1월.

117) (중) “당면 조선족 사회가 안고 있는 문제점,” 길림조선문보, 2005년, 12월 24일.

도하는 데 많은 어려움을 겪고 있다.[118] 특히 창조적인 사유습관, 독립적인 인격과 의지, 건강한 심리자질을 키워 주는 데는 문제가 있을 수밖에 없다. 어린이들은 부모들과 혈연의 정이 점점 멀어져가고 있다. 이런 집 아이들은 돈을 쓰는 씀씀이에서는 남의 집 아이들을 부러워하지 않지만 부모 사랑을 받고 사는 아이들을 몹시 부러워하며 질투하는 지경에까지 이르고 있는 게 사실이다. 그들은 특수한 집단으로서 학습 면에서는 누구도 단속하기 힘든 풀어 놓은 망아지 같으며, 품행 면에서도 가정교육이 온전하지 못함으로 인하여 생기는 불량함 때문에 스스로 자포자기하고 또래의 아이들로부터 소외되어가고 있다. 심리, 성격적인 면에서 크게 상처를 받음으로써 성격이 괴팍해지거나 자존심, 경계심이 강한 것도 이런 아이들의 특징 가운데 하나이다. 이들 소외집단의 교육문제는 향후 조선족 사회의 건전성과 지속적인 발전에 큰 영향을 줄 수 있다고 하겠다.

3. 조선족 보통교육 위축이 조선족 사회에 미치는 영향

조선족 보통교육의 위축이 가져온 가장 큰 문제는 조선족의 언어와 문자를 대대손손 물려 주던 전통이 깨져버린 것이다. 통계에 의하면 베이징(北京), 하얼빈(哈爾濱), 선양(沈陽), 창춘(長春) 같은 도시의 조선족 청소년들 가운데 민족 언어의 사용을 포기한 인구가 60%에 달한다고 한다.[119] 계속되는 조선족 인구의 이동은 그들과 자녀들이 대도시에 진출한 대가로 말과 글을 잃어버릴 위험을 감수하고 있는 것이다.

지역적 기원, 문화, 언어 등의 공통성을 배경으로 자연 발생한 집단으로서의 민족을 형성하는 5대 요소 가운데 가장 기본적인 것이 언어이다. 민족 언어는 그 민족 구성원들 간의 의사소통을 가능하게 하는 가장 중요한 수단일 뿐만 아니라 그러한 의사소통을 통해 유사한 사유체계가

118) (중) 채복숙, "우리애들 할머니 손에서 자란다," 흑룡강신문, 2006년 5월 13일.
119) (중) 정판룡, 「중국 조선족과 21세기」, 흑룡강조선민족출판사, 1999년, 314쪽.

형성되게 하고 나아가서 민족정체성을 구축하게 되는 중요한 요소로 작용한다.

민족정체성의 가장 중요한 요소 중의 하나는 공동언어의 사용이며 민족어의 사용은 가장 중요한 민족특성이라는 점에서 조선어 교육은 매우 중요한 민족교육이라고 보아야 한다. 민족교육의 위기는 조선족의 민족정체성을 위협하고 있다.

조선족 학생 수가 줄어들면서 조선족 학교의 교원들은 새로 일자리를 마련해야 했다. 중견교원들이 중국 내지로 또는 외국으로 떠나면서 조선족 학교의 질은 점차 낮아지고 있다. 또한 조선족 학교에서 가르치는 조선어문(한글)의 교육과 수업용어에도 변화가 생기고 있다. 고등학교에서부터 초등학교에 이르는 순서로 수업용어는 점차적으로 조선어에서 한어(漢語)로 변해 갈 것이며, 조선어를 기반으로 하는 교육에 한어과목이 설치되던 방식으로부터 한어를 기반으로 하는 교육에 조선어문과목이 설치되는 형태로 변화될 것이라 예견된다.

현재 조선족 집거구의 적지 않은 조선족 아동이 한족학교에 다니고 있다. 2005년 옌지(延吉)시 7개의 조선족 초등학교에서는 4개 학급의 신입생을 모집하였는데 한 학급당 40여명을 초과하지 않았다. 그러나 한족 초등학교에서는 신입생이 원 계획보다 많이 초과되었다. 허난(河南)초등학교에서는 10개 학급을 모집하였는데 매 학급마다 모두 50여 명 좌우였고 그 중 조선족이 10명 이상씩 있었다. 2005년 옌지(延吉)시의 통계에 따르면 한족 중학교와 초등학교에 다니는 조선족 학생이 3,000명 이상이었다.[120] 연변의 각 현, 시의 조선족 중학교와 초등학교도 마찬가지이다.

새로운 거주 형태로 인하여 현지 조선족 사회의 가장 큰 문제점으로 나타나고 있는 것은 교육, 문화의 인프라 구축이다. 칭다오(青島), 베이징(北京), 톈진(天津), 다롄(大連), 선양(沈陽), 하얼빈(哈爾濱) 등 일부 대도시에 조선족 학교가 있는 외에 기타 지역에는 조선족 초등학교도 없

120) (중) "조선족 학생이 한족학교에 다니는 현상 심각," 흑룡강신문, 2005년 8월 27일.

는 상황이다. 따라서 차선책으로 베이징(北京) 등지에서는 한족학교에 다니는 조선족 학생들을 상대로 주말 한글학교를 운영하고 있는데 의외로 학부모들의 호응도가 높다고 한다. 연변의 일부 한족 초등학교에서는 1학년부터 3학년까지 학급에 조선어과목을 설치하여 조선족 학생을 흡인하고 있다. 한 학부모의 말을 빈다면 민족의 말과 글 및 전통예의범절을 배울 수 있고 자녀의 현지적응에 지장이 없어 일석이조라는 것이다. 이런 형식으로라도 민족의 말과 글을 가르칠 수 있다면 우리 민족의 소중한 문화유산을 지킬 수 있어 다행이라 할 것이다.[121)]

121) (한) 한광천, “중국 조선족 도시이동 실태보고,” 2005년, 중국조선족연우포럼사이트.

제 6 장

한중 경제협력과 조선족 사회 및 문화

컴퓨터로 작업하는 조선족 여성들

한중수교 이후 두 나라는 다방면에서 경제 · 문화협력교류를 진행하여 큰 성과를 거두었다. 특히 한국 기업의 중국 진출로 인하여 한중 경제협력은 그 어느 때보다도 빠른 속도로 광범위하게 진행되고 있다. 이 가운데 조선족은 양국의 언어 사용이 가능하다는 호조건을 살려 한중 경제협력의 중개인으로 두각을 나타내고 있다.

현재 많은 조선족들은 한국에 진출하거나 재중 한국 기업에 취업하여 일하고 있다. 한국에 진출하여 일하는 조선족의 숫자는 2006년 8월 말 통계로 대략 25만여 명으로 집계되었다.[1] 일반적으로 그들은 평균 연령이 높으며 문화수준은 낮은 편이고 중년 이상이 대부분이다. 여성이 남성보다 월등히 많은 것도 한국 체류 조선인 분포의 특징 가운데 하나이다. 한국 국내의 기업은 조선족의 취업 문제를 어느 정도 해결해 주고 있으며 조선족에게 비교적 높은 수입을 안겨 주고 있다. 다른 한편으로 조선족의 한국 진출은 한국에서 인력난으로 고심하고 있는 중소기업들의 노무인력 수급에 상당한 기여를 하고 있다. 그러나 불법체류, 위장결혼 등 한국 사회에 새로운 문제를 안겨 주고 있는 것도 사실이다.

1) 저자 주: 최근 조선일보(2007년 8월 6일)의 보도에 의하면 이 수치는 불법체류자 3만 2천여 명을 포함한 것이다.

현재 중국에 진출한 한국 기업은 약 4만여 개로 집계되고 있으나 이는 중국이 개혁개방을 시작한 이후 들어온 한국 기업을 모두 합한 숫자다. 그 중 실제로 운영되고 있는 기업은 약 2만 여개로 추정된다. 재중 한국 기업에 취직한 조선족 대부분은 대학교 졸업 이상의 문화수준을 소유한 청년들이고 공장의 노동자로 일하는 조선족들의 경우에는 고졸 정도의 학력 수준을 가지고 있다. 여성들의 경우에는 주로 서비스업종에 종사하거나 한국 가정의 보모로 일하고 있다. 재중 한국 기업도 조선족 대학졸업생들과 기타 조선족들의 취업난 문제를 해결해 주고 있는 셈이다.

지각이 있는 많은 조선족들은 한국이나 재중 한국 기업에서 선진적인 기술과 경영관리를 배운 뒤 대도시로 진출하고 있다. 그곳에서 이제까지 축적한 자본과 노하우를 바탕으로 새로운 업체를 꾸려 경영하기 시작한다. 이러한 변화는 전통적으로 농업 중심이었던 조선족 사회를 차츰 시장경제사회로 전환시키고 있다. 조선족은 또한 이중문화의 장점을 이용하여 한중문화교류에도 큰 몫을 하고 있다. 현재 한국은 중국과의 문화교류를 광범위하게 진행하는 동시에 연변을 중심으로 한 조선족 사회와의 제반 협력을 강화하고 있다. 이러한 요구에 부응하여 조선족 사회는 자신들 고유의 중간자적인 입장의 장점을 십분 발휘하여 한국과의 문화교류 협력을 촉진시키는 동시에 한반도 남북 간의 접촉과 교류 지원에 앞장서고 있다.

제 1 절 한중 관계와 조선족 사회

Ⅰ. 한중 관계에서 조선족 사회의 위치

냉전시대의 조선족은 중국 사회의 소수민족으로서 모국과의 유대관계가 거의 없는 고립된 섬과 같은 존재였다. 이러한 여건 속에서 조선족이 한반도와 중국을 넘나들며 자신들의 발전을 도모할 수 있는 위치를 설정한다는 것은 불가능한 일이었다.

그러나 냉전 이후 한중수교가 개막됨에 따라 두 나라의 관계는 급속히 발전하기 시작하였다. 이는 조선족 사회로 하여금 변화하는 국제정세 속에서 자신들의 존속과 발전을 위해 무엇을 해야 하는지에 대한 자각을 일깨워 주었다.

1. 중국의 소수민족정책

민족이란 객관적으로 존재하는 사람들의 공동체로서 세대를 이어 친화감을 나누는 존재이며 동일민족 구성원들은 서로 강렬한 일체감을 갖고 있다.[2] 중국의 소수민족정책은 조선족 사회가 한중 관계 개선에 기여할 수 있도록 하는 중대한 기반이 되었다. 다민족국가인 중국에서는 여러 민족들 간의 상호 의존을 바탕으로 국민들 사이의 신뢰의 기반을

2) (중) 페이샤오퉁(費曉通), 「중화민족 다원일체의 형세」, 중앙민족대학출판사, 1999년, 3-4쪽.

마련하고 있다. 이는 중국 내에서 함께 살고 있는 여러 민족들이 서로 호흡을 같이 하고 운명을 같이 하며 한마음 한뜻으로 생사고락을 같이하는 형제의 우정으로 맺어져 있음을 확인하는 작업이다.

역사적으로 다민족통합국가였던 중국에 있어서 소수민족정책이란 곧 국가의 안정과 통합의 문제와 직결된다. 중국은 56개 민족으로 구성된 통일된 다민족 국가이며 이들의 화합은 곧바로 한 나라의 존망을 결정하는 중대한 문제이다. 여러 민족은 조국이라는 대규모의 가정을 이루는 구성체이며 어느 하나 없어서는 안 되는 존재이다. 한족은 소수민족을 떠나지 못하고 소수민족은 한족을 떠나지 못하며, 소수민족은 소수민족을 떠나지 못한다.[3] 조선족은 중화민족 대가정 속에 융합된 일부분으로 조선족의 민족이익은 중국 국가이익의 일부분이며 국가의 번영이 없이는 그 일부분인 소수민족의 발전도 기대할 수 없는 것이다.[4]

민족문제에 있어서 국가의 안정을 우선시하는 중국정부의 입장은 매우 확고한 편이다. 한족과 소수민족 간, 여러 소수민족 간에 벌어지는 문제의 해결에서는 평등, 단결, 상호 협조하는 사회주의 새로운 민족관계를 공고히 하고 발전시켜 중국의 통일을 수호하고 민족분열을 예방하는 튼튼한 장성을 쌓을 것을 주장한다. 국내와 국외 적대세력들이 민족 간의 결속을 이유로 국가의 안정을 위협하는 것, 지역 자치 등의 명분을 내걸어 국가의 통일을 파괴하려는 시도 등에 대해서는 단호한 입장을 취하며 고도로 경계하고 정치적 입장을 분명히 밝힌다. 민족구역자치제도를 견지하고 그 체계를 완벽히 함으로써 민족지구의 안정과 단결을 확고히 수호하고 이를 토대로 중국이라는 큰 나라 전체의 장기적인 안정과 평화를 확보해야 한다는 것이다.[5]

3) (중) 전학인, "3관교양으로 확고한 사상방선 구축해야," 연변일보, 2002년 7월 8일.
4) (중) 김진길, "정확한 민족관, 조국관 수립하고 각급 지도간부들의 정치사상 자질을 제고하자," 연변일보, 2002년 7월 13일.
5) (중) 이덕수, "확고부동하게 민족구역자치제도를 견지하고 더욱 완벽화해야 한다," 연변연우포럼사이트.

중국의 민족구역자치정책은 민족요소와 구역요소의 통일, 정치요소와 경제요소의 통일, 제도요소와 법률요소의 통일, 역사요소와 현실요소의 통일 등 다양한 과제를 실현하였다. 중국의 민족구역자치제도에는 뚜렷한 특징과 장점이 있다. 우선, 국가 행정력의 집중과 통일을 민족의 자주, 평등과 결부시키는 데 유리하며 민족평등의 원칙을 비교적 충분하고 철저하게 구현하였다. 또한 당과 국가의 총체적인 노선과 정책들을 민족구역자치가 실시되고 있는 지방자치정부의 구체적인 실정과 특수상황에 결부시키는 데 유리하다. 이를 바탕으로 여러 민족 인민들이 조국에 대한 애국심과 자기 민족을 사랑하는 감정을 같은 맥락에서 이해하고 실현시키고자 노력할 수 있게 되는 것이다.

소수민족에 대한 이해와 배려를 특징으로 하는 중국의 민족구역자치정책은 다른 나라에 비하여 합리적이고 인도적이다. 냉전이 끝난 후 전 세계적으로 수많은 민족분쟁이 발생하였으며 이 때문에 국가가 분열되고 인민들이 피폐해지는 등 부작용이 있었다. 그러나 중국의 56개 민족은 소수민족에 대한 효과적인 정부정책 덕분에 서로 단합하고 국가 통일과 민족단결, 사회 안정과 경제발전을 이루어 내는 긍정적인 결과를 가져왔다.

중국 내에서 각 민족은 언어, 문자를 평등하게 사용할 수 있다고 법적으로 규정하고 있으며 민족자치구역에서는 자치민족의 언어문자가 첫번째 관용어로 인정되고 있다. 연변의 경우 조선어와 문자가 관용어의 하나이며 그것을 감독 집행하는 기구까지 설치되었다. 민족 언어와 문자로 된 방송, 텔레비전, 신문들이 국가의 재정으로 운영되고 있으며 민족학교들은 민족의 언어와 문자를 우선적으로 배우고 있다. 조선족은 자율적으로 민족교육을 실시하고 민족의 풍속을 유지하면서 살고 있다. 현재 조선족 구성원의 대다수가 여전히 자기의 말과 문화를 고스란히 보존하고 있다.

중국 조선족 사회의 이러한 상황과 과거 소련의 한인(고려인) 사회는 너무나도 대조적이다. 같은 사회주의 국가였으나 소련에서는 한민족 이민에 대한 불신임으로 인하여 그들을 내지의 편벽한 곳에다 뿔뿔이 강제 추방하였다. 소련은 또 강제이민으로 한민족 이민들이 장기간 구축한 전통문화를 짓밟고 그들이 정성들여 가꾸어 왔던 연해주의 380여개 학교, 사범전문학교와 블라디보스토크에 있는 한민족 사범대학도 폐쇄시켰다. 그 밖에도 221개소의 도서관, 한글로 된 7종의 신문, 6종의 잡지도 폐간시켰다. 이처럼 소련 당국의 소수민족 분산정책에 따른 숙반(肅反)운동과 한민족 이민에 대한 불신임은 소련에 이주한 한민족(고려인)의 전통문화와 교육을 말소시켜 한민족 이민의 초등학교는 단 하나도 남기지 않고 폐쇄시켰다.

이와 달리 중국은 사회주의 초급단계 국가 내의 다양한 민족들이 서로의 풍부한 다양성을 바탕으로 하여 유기적으로 함께 발전하는 것이라는 인식을 가지고 있었다. 이를 전제로 국가통합을 저해하지 않는 범위에서 민족적 다양성과 민족의식, 민족문화의 발전을 허용하기 위해 다양한 제도적 장치를 마련하였다. 이 정책은 실효를 거두어서 중국내의 조선족 이민들이 정신적으로는 한반도 남북의 영향을 받으면서도 제도적 · 행정적인 면에서 중국 정부의 지배를 받는 것에 대한 거부감을 최소화하였다. 이는 다민족국가인 중국 정부의 입장에서도 효율적인 대안이라 할 수 있을 것이다.

조선족 사회가 한중 관계의 틀 속에서 자신의 위치를 고려하고 또 그 발전을 도모하기 시작한 것은 냉전구도가 와해된 시기부터였다. 한중 수교는 조선족 사회에 커다란 충격을 주었다. 이로 인해 조선족은 마음 속에 존재하던 모국의 현실을 알게 되었으며 자신들의 정체성 확인과 더불어 한중 관계 속에서 자기의 발전의 길을 모색하게 되었다. 더욱 중요한 것은 냉전의 와해로 한국과 중국 간의 이념적인 장벽이 무너짐에 따라 조선족은 한중 관계의 발전과 더불어 자신들의 발전을 이룩할 수 있었다는 점이다.

2. 한중 관계변화와 조선족 사회

조선족 사회와 문화는 혈연적이고 역사적인 면에서 한반도와 깊은 관계를 맺고 있다. 때문에 조선족 사회는 한중, 북중 관계의 변화에 큰 영향을 받는다. 국제적인 여건으로 인하여 중국과 한국의 관계가 정상화되면서 조선족 문화의 발전에 있어서 북한의 역할은 많이 감소되었다. 중국의 경제 발전에 따른 협력 관계의 우선순위 때문에, 조선족 사회의 발전은 앞으로 한중 관계의 영향을 더욱더 많이 받게 될 것이다. 조선족 문화의 특수성은 한반도와의 역동적인 교류 속에서 존재할 수 있으며 이는 한중 관계가 정상적으로 계속 발전한다는 전제 하에서 가능한 것이다. 다시 말해 한중 관계의 발전추세는 조선족 사회와 문화의 발전에 지극히 중요한 영향을 미치게 될 것이라는 전망이다.

조선족 사회가 한중 관계에서 어떠한 위치를 차지하는가 하는 문제는 순수한 민족주의적인 차원만으로 해석할 수 없는 문제이며, 한중 관계의 상황에 따라 자의적으로 해석할 문제도 아니다. 이에 대한 해석의 논리적인 기반은 조선족이 중국의 공민집단으로서 중국 내에서 어떠한 위치를 차지하고 있는가 하는 문제와 연결된다. 평등하고 우호적인 중국 소수민족정책이 조선족 사회가 존속하고 계속 발전할 수 있는 기반임에는 틀림 없다.

한중 관계에 있어서 조선족 사회의 위치는 객관적이고 개방적인 관점에서 파악되어야 하며 전략적인 사고로 판단되어야 한다. 한국은 객관적인 시각에서 조선족의 국민성을 이해하고 그들의 중국 공민으로서의 위치를 인정해야 한다. 불과 100여년 밖에 되지 않는 기간 동안 조선족은 중국의 새로운 역사 창조에 이바지한 공을 인정받아 중국 공민으로서의 당당한 자격을 갖추게 되었다. 앞에서 길게 논술한 바와 같이 역사는 한민족의 이민들이 중국에 입주한 후 중국의 다른 민족과 함께 피와 땀으로 침략자를 물리치고 중국의 공민의 자격을 얻었다는 사실을 증명해 주고 있다.

물론 현시대의 국가개념과 국민개념으로 조선족의 위치를 해석한다면 판단은 더욱 간단하다. 현시대의 국민개념은 역사, 역할, 혈통과 상관없이 국민이라면 모두 평등한 법적 지위를 기대할 수 있다. 다민족 민주국가의 경우, 국가의 응집력은 민족적인 정서와 감정 혹은 역사적인 당위성으로 형성되는 것이 아니라 국민으로서의 법적인 권리와 의무에 그 기반을 두고 있다. 조선족의 국민성은 그들의 민족성과 관련이 없다. 중국공민이면 반드시 중국의 법을 지켜야 하고 또 국민의 의무를 다 해야 하는 것이다.

이러한 시각에서 본다면 편협한 민족주의적 관점에서 조선족의 국민성을 해석하는 것은 재고의 여지가 있다. 국가와 민족은 서로 다른 개념이니만큼 동일 민족이면 모두 동일한 국민성을 지니고 있다고 보는 것은 시대착오적인 발상이라는 것이다. 당당한 중국 공민, 이것이 한 나라의 국민으로서의 조선족의 위치이다. 극단적인 민족주의적 시각으로 중국 조선족의 위치를 설정한다면 그들은 결국 그 어디에도 귀속될 수 없는, 버려진 경계인이 될 수밖에 없을 것이다.

이와 함께 한국은 또한 역사적, 혈연적, 민족적인 시각에서 그들의 민족정체성을 인정하고 건전한 민족적 유대관계를 기반으로 조선족의 위치를 파악해야 한다. 조선족은 중국 국민인 동시에 한민족의 동포이다. 이러한 복합적인 성격은 다민족국가에서 흔히 볼 수 있는 현상으로서 모순되는 것이 아니다. 민족주의적인 정서는 그 어느 민족에게도 존재하는 것인 만큼, 다민족민주국가 운영의 기본적인 원리는 그들의 민족성에 대한 긍정과 존중이다. 다시 말해 조선족은 한반도와 혈연적·문화적·민족적인 유대관계가 존재하는 중국 공민이라는 것이다.

조선족 사회는 혈연적이고 문화적인 유대관계의 한반도와 정치적이고 행정적인 통제를 받는 중국, 이 두 주권 국가와 관련을 가진 복잡한 관계 속에 처해 있다. 그러나 현재로서는 경제 발전을 염두에 둔 한중 관계가 무한한 발전가능성을 보이고 있으므로 이를 근거로 조선족 스스로가 자신들의 입지를 확고히 하기 위한 노력을 계속해 나가야 할 것이다.

조선족 사회는 비교적 완벽한 변연문화 체계를 지니고 있으므로 미래 한중 관계발전에 있어서 중요한 매체 역할을 수행할 수 있다. 또한 중국의 동북아 지역협력에서의 전략적인 중개구역을 형성할 수 있으므로 한중관계의 발전에서 더욱 중요한 지위를 차지하게 될 것이다. 이것이 바로 한중 관계발전에 있어서의 미래지향적인 조선족 사회의 위치이다.

조선족은 특유의 복잡한 경로를 통해서 세계화의 흐름에 동참하고 있다. 일례로 조선족 전체의 5분의 1이 넘는 인구가 현재 중국을 떠나 세계 여러 나라에서 국제화를 체험하고 있다. 조선족의 국외 이동은 그들의 시야를 넓히고 세계적인 감각을 키워 줄 뿐만 아니라 그들이 다민족, 다문화 환경 속에서 터득한 경험을 살려 세계 여러 나라에 있는 동포들과의 교류를 추진함으로써 민족적 네트워크 형성를 형성하는 데 영향을 미친다.

여기서 이진영 박사의 '한중 의정서'의 체결주장에 주목할 만하다. 그는 한중 의정서의 내용을 다음과 같이 열거하였다. ① 우선, 한중 간의 서로 다른 민족개념에 대한 상호 이해와 중국의 화교 우대에 준한 한국의 재중동포 우대에 관한 상호 양해 ② 외교적 측면에서 조선족 문제가 현안으로 대두하는 것을 예방하면서, 다민족 동아시아에 대한 상호 이해 ③ 한중 정부가 조선족에 대한 부정적 인식을 탈피하고, 양국의 가교로서의 조선족의 적극적 의미 양해 ④ 마지막으로, 조선족 분리주의 운동의 우려를 불식하고 한국의 정부나 민간은 그런 행동을 하지 않을 것을 천명하는 등의 내용을 제안하였다.[6]

이 문제의 쟁점은 한국이 중국정부의 양해를 구하고 조선족 사회에 대한 문화적이고 경제적인 교류를 확대해 나가야 한다는 점에 있다. 이

6) (한) 이진영, "재중동포 관련 쟁점에 대한 대중국 적극적 외교방안," 정인섭, 재외동포법, 「사람생각」, 2002년, 86-91쪽.

렇게 함으로써 중국과 한국은 정치적인 차원을 떠나 조선족 사회의 문화자원을 공동으로 활용할 수 있을 것이다.

3. 한반도와 중국의 공동구역으로서의 역할

조선족 사회는 한반도와 중국을 효과적으로 연결해 줄 수 있는 문화적이고 경제적인 공동구역으로 평가되고 있다. 중국의 입장에서 보면 조선족 사회는 매우 중요한 전략적 의미를 지닌 문화자원을 소유하고 있다. 조선족 사회의 이중 언어적 문화기능을 극대화시켜 한반도, 남북문제, 나아가 동북아지역 국제협력에 크게 이바지할 수 있는 전략적인 문화구역으로 건설하는 것은 상당히 의미가 있는 일이기 때문이다. 조선족은 이미 민간 차원으로 한중 관계, 북중 관계, 남북한 관계와 중일 관계 및 중러 관계에서 중간자적 역할을 하며 주목받고 있다. 중국이 만일 그들의 역할을 더욱 확대시킨다면 동북아의 평화발전적인 정치국면은 훨씬 더 빨리 이룩될 수 있을 것이다.

한반도와 조선족 간의 정치적·군사적 교류는 기대하기 어렵겠지만 문화적·경제적 교류의 경우에는 앞으로 수많은 가능성이 열려 있다. 조선족 사회가 지니고 있는 복합문화적인 자원이 한국과 중국과의 관계 발전, 중국과 북한의 관계발전, 남한과 북한과의 관계발전에 있어서 중요한 매체적 의미를 지니고 있다는 사실은 부인할 수 없는 것이다. 이를 위해 중국은 국가전략적인 차원에서, 또한 동북아 국제협력 관계발전의 차원에서 조선족 사회의 변연문화기능에 더 큰 관심을 기울일 필요가 있다고 하겠다.

이와 같이 조선족 사회를 매개로 하여 중국과 한반도 간에는 상당히 큰 규모의 이익구도가 존재하고 있으며, 이러한 이익구도는 앞으로 점점 뚜렷해질 것이다.[7] 이를 전제로 한중 관계에 있어서 조선족 사회의

---

7) (중) 김강일, "남북통일에 있어서 중국 조선족 사회의 역할," 「중국조선족사회

지정학적 · 지경학적 위치를 객관적으로 파악해야 한다. 이러한 위치설정은 조선족 사회의 발전에도 적극적인 영향을 끼쳐 그들 자신의 미래를 전망하고 그에 따른 발전을 촉진시킬 수 있을 것이다. 조선족 사회가 동북아 지역협력에서 중요한 위치를 차지하게 되면 그들이 지니고 있는 복합문화자원의 조정력과 창의력을 충분히 발휘함으로써 국제사회의 공동선을 위해 디욱더 기여할 수 있을 것이다.

Ⅱ. 한국 국내 기업에 진출한 조선족

1988년 9월에 개최된 서울올림픽은 완벽에 가까운 행사 진행과 함께 동서의 이념 분쟁을 화해의 장으로 이끌어 낸 개최국 한국의 노력이 돋보인 작품이었다. 이를 계기로 한국을 바라보는 세계의 시선이 달라졌으며 한국의 국제적 지위도 한층 높아졌다. 이러한 효과는 대 중국 관계에서도 긍정적인 요인으로 작용하였다. 사회체제와 이념의 갈등으로 한국을 멀리 하였던 조선족들은 이 행사를 계기로 한국에 관심을 가지기 시작하였다. '문화대혁명' 시기에는 한국에 친척이 있다는 이유만으로 박해와 의심을 받았던 조선족들이 이제는 발전하는 조국 한국의 모습을 부러워하며 선망의 대상으로 삼게 되었다.

냉전의 종식과 함께 한중 간의 경제 문화교류가 시작되면서 한국에 친척이 있는 사람들은 홍콩을 돌아 모국을 방문하는 것이 가능하게 되었다. 자신들의 눈으로 본 한국은 교류가 없던 세월 동안 놀랄만한 경제성장을 이루고 있었다. 이러한 와중에 조선족들은 미리 준비해 간 중국산 약재와 특산품들을 한국에 판매하여 목돈을 쥘 수 있게 되었다.

이후로 한국인들이 친척을 찾아 중국에 있는 조선족 집거지로 오게 되었다. 그들은 조선족 집거지구가 아직도 전근대적인 농경사회 수준임

의 문화우세와 발전전략」, 연변인민출판사, 2001년, 427쪽.

을 알고 매우 놀랐다. 한국인들은 언어가 통하는 조선족들에게 인력이 모자라서 고생하는 한국의 노동시장과 중국보다 높은 임금을 소개하였다. 한국을 방문한 이웃 사람들이 완전히 변한 모습으로 돌아오는 것을 본 조선족들은 앞 다투어 한국 방문길에 올랐다. 처음에는 한국에 친척이 있는 조선족에 국한되었던 것이 차츰 친척이 없는 조선족들까지도 방법을 찾아 한국을 방문하였다.

1992년 본격적으로 한중 수교가 이루어지자 한중 간의 경제교류는 급류를 타기 시작하였다. 서울-톈진공항이 열리고 한국 방문의 길이 가까워졌으며 얼마 후 인천-다롄간의 해상항로가 개통되면서 더 많은 조선족들이 한국 방문길에 나섰다. 그들은 몇 개씩 되는 무거운 짐을 꾸려가지고 한국에 와서 보따리 장사를 하였다. 많은 조선족들은 한국의 문화적 차이에 적응하느라 애를 먹었지만 언어의 장애가 적어 빠른 시일 내에 한국 문화에 적응해 나갔다. 많은 조선족들이 보따리 장사로 한국에 들어와 큰 돈을 벌었으며 공무로 한국을 방문한 사람들까지도 부업으로 큼직한 짐을 챙겨 들고 나가 장사를 하였다.

한국나들이를 통해 조선족들은 한국의 노임이 중국보다 10여배나 높다는 것과 노동인력이 몹시 부족하다는 것을 알게 되었다. 그들은 한국에 가까운 친척이 있어서 비자도 연장해 주고 일감도 찾아 주는 이웃들을 부러워하였다. 한국 방문 초기에는 비자에 규정된 친지 방문 유효기간 3개월을 지키려고 애썼으나 나중에는 아예 불법체류자가 되어서 한국에 남아 있게 되었다. 그 수는 점차 많아졌으며 한중 교류의 발전은 더 많은 조선족들을 한국으로 향하게 하였다.

대학은 자매결연을 통하여 학술교류를 활발히 하고, 기업은 경제협력과 교류를 위하여, 문화기관들과 정부관원들은 상호 고찰의 기회를 활용하여 한국에 갈 수가 있었다. 그리하여 조선족들은 전 분야에 걸쳐 한국을 방문할 수 있게 되었다.

부도가 난 공장의 정리실업 노동자, 농사의 수입에만 의존해서는 생활이 어려운 농민, 목돈을 쥐어 한 번 잘 살아보겠다고 결심한 교원과 국가공무원, 젊은 청춘 남녀 할 것 없이 모두 코리안 드림이라는 새로운 꿈을 안고 한국을 향해 떠났다.

한국과 중국에서 노무송출 회사들이 우후죽순처럼 생기면서 중국의 조선족들은 이제 대규모로 무리를 지어 한국에 나와 일하게 되었다. 한국이나 다른 국가로 가려는 사람들이 많아지면서 조선족 집거지구와 기타 산재지구에는 해외취업 중개기구, 관광 중개기구, 해외유학 중개기구 등의 회사들이 설립되어, 필요한 비용만 가지고 있다면 출국 수속은 더욱 빨리 처리되었다. 지린(吉林)성은 해외취업 중개기구가 36개에 500여 명의 직원이 있다. 이는 랴오닝(遼寧)성에 버금가는 수준이다. 2005년 지린(吉林)성 해외취업자 수는 153,700여 명에 달했으며, 그 중 8,000여 명의 해외취업자는 지린(吉林)성 해외취업 중개기구에서 조직하여 출국시킨 것이다.[8] 해외 취업자들의 대부분은 한국 노무에 나가는 조선족들이고 그 외는 일본, 러시아, 미국과 그 외 나라에 진출하는 일부 조선족과 기타 민족이다.

한국의 통계에 의하면 현재 한국에 있는 조선족은 25만여 명에 이르고 있다. 그 중 여성이 60% 이상을 차지하고 있다고 한다. 한국으로 간 조선족은 처음에 한국 업체에 일하는 것이 쉽지 않았다. 그들이 해야 할 일들은 중국에서도 제일하기 힘든 3D업종인데다가 노동시간이 길고 주일마다 쉬는 시간도 적었기 때문이다. 그러나 외국인인 그들의 처지로서는 그런 일을 하지 않을 수 없었으며, 중국의 열 배 이상이 되는 돈의 유혹은 조선족들에게 질 낮은 노동 작업에도 아랑곳하지 않고 일하도록 만들었다.

한국에 나가 일하는 조선족 중에 대형 산업체에서 근무하는 인력은 많지 않다. 이는 한국 대형 산업체의 기술수준이 높고 노동조직이 엄밀하기 때문이다. 한국에 나간 조선족 가운데는 그러한 높은 기술과 노동

8) (중) 길림 조선문보, 2006년 2월 6일.

능력을 가진 사람이 적을 뿐만 아니라 조선족 노동자에 대한 수요도 없었다. 그들 대부분은 개별적으로 중·소기업에 들어가서 일하는 게 훨씬 손쉬운데다 인건비도 상대적으로 한국인보다 낮아 주로 소규모 업체의 노동에 종사하게 되었다. 조선족 남성들은 상당수가 건축업체의 건설현장에서 자재운반 혹은 목수보조요원 등의 업종에 종사하고 있다. 어떤 남성들은 장식회사에서 노동자로 취업하고 있는데 일반적으로 잡부 일을 하고 있으며 어떤 남성들은 작은 기계제조업체에서 용접 등의 노동을 한다. 또 어떤 조선족은 지하철 현장, 구조물공사, 도로 수리공사 등 힘든 일터에서 육체노동을 하고 있다. 연령이 비교적 높은 조선족 남성들은 개인집 식당의 기름보일러관리를 맡거나 아파트 경비실에서 경비를 보고 있다. 일부 남성들은 품팔이 형태로 수요에 따라 하수도를 고쳐 주거나 정원을 다듬는 등의 일을 하고 있거나 농장에서 일을 하고 있다. 사우나에서 때밀이를 하기도 하고 주유소에서 일하거나 병원영안실에서 잡일을 하는 경우도 있다.

건축업체나 지하철, 도로건설업체에서 일하는 조선족 남성들의 월급은 일반적으로 한국 돈 200만 원 안팎이다. 이는 다른 조선족 평균 월급보다 상대적으로 높은 액수이다. 그러나 날씨와 계절에 따라 일이 불규칙한 관계로 일할 때는 돈을 벌지만 일이 없는 겨울이거나 장마철 등에는 어쩔 수 없이 일을 쉬어야 한다. 보일러 관리나 아파트 경비원으로 일하는 경우에는 월급이 낮은 편이지만 일이 규칙적이고 보수가 안정적이라는 장점이 있다.

한국 기업의 노동시간은 중국보다 길고 휴식일도 중국보다 적다. 그러나 열악한 근로조건 속에서 일하는 조선족들은 아무런 의견과 협상을 제기할 수 없다. 그들은 일자리 자체를 구하는 것이 쉽지 않으며 한 번 직장에서 잘리고 나면 언제 다시 일을 할 수 있을지 기약할 수 없기 때문이다. 시키는 대로 해야만 일을 계속할 수가 있고, 그래야 중국에서 벌던 돈의 5배 혹은 10배의 돈을 벌어들일 수 있다. 일반적인 공무원이나 중학교, 초등학교 교원인 경우 중국에서 한 달에 1,500 위안의 월급을 받지만 한국에서는 허드렛 일을 하고서도 한 달에 7,000-8,000 위안의 월급을 받을 수 있다.

조선족이 비교적 많이 있는 안산, 수원 등지의 조선족들은 돈을 모아 집을 세내어 냉면집을 차리거나 보신탕집, 호프집을 차리고 장사를 하고 있어서 작은 옌지(延吉)를 형성하고 있다. 그들 대부분은 한국에 체류한 시간이 비교적 긴데 연령상으로는 대부분이 40대 전후이다. 그들의 식당은 조선족들이 많이 모이는 곳으로 그들은 가끔씩 이곳에 모여 고향 소식을 전하고 서로의 형편에 대해 이야기를 나눈다. 조선족이 많이 모여 사는 지역의 시장에는 옌지(延吉)시의 서시장(西市場)이 부럽지 않을 정도로 중국 상품과 연변상품들이 구비되어 있다.

한국에서 일하는 여성들의 경우는 남성들과는 또 다른 환경 속에서 일하고 있다. 비교적 젊은 여성들의 경우 미용원, 호프집, 이발관 등에서 일하고 있으며 일부는 작은 회사에서 잡일을 하고 있다. 여성들의 대부분은 서비스 업체에서 일하는데 중년 이상의 여성들은 식당의 주방이거나 서비스업체 잡부로 일하고 있고, 일부 여성들은 가락동시장, 남대문시장 등 대형시장에서 점심밥 배달 등의 일을 하고 있다. 그들의 한 달 임금은 80만원에서 100만 원 정도로, 대부분 숙식을 해결하는 직장을 선호하는 편이다. 조선족들은 서로간의 정보를 교환하며 비교적 수입이 높고 노동 강도가 낮은 일자리를 찾아 옮겨 다니고 있다.

가정집의 보모로 일하고 있는 여성들 가운데 상대적으로 연령이 낮은 조선족 여성들은 어린애가 있는 집에 가서 어린애도 돌보고 청소, 빨래와 식사를 담당하고 있다. 그들의 한 달 임금은 약 140만 원 정도로 비교적 높은 수준이다. 연령이 좀 많은 여성들은 자식들이 없는 노부부, 또는 외딴 노인의 가사도우미 등으로 일한다. 이 일은 먹고 자는 문제가 해결된다는 장점이 있지만 노동시간이 비교적 길고 주인집을 떠나서 자기 일을 볼 시간이 없는 문제가 있다. 그들의 임금은 한국 돈으로 80만에서 120만 원 정도인데 중국 농촌 농민의 경우라면 고향에 있을 때보다 1년에 30-40배의 수입을 올리는 셈이 된다.

Ⅲ. 한중 관계가 조선족 사회에 미치는 영향

역사적으로 조선족은 한반도와 중국관계의 영향을 크게 받아 왔다. 냉전시대의 한중 관계는 적대적인 관계였기에 한국이 조선족 사회에 주는 영향은 부정적일 수밖에 없었다. 그 시기 중국의 조선족은 한국에게 "존재하지 않았던 동족"이었다. 종래의 한국의 재외동포정책은 남북 정치체제의 정통성을 확보하기 위한 수단으로 전략적으로 취급되어 왔다. 따라서 한국정부와 국민들은 오랫동안 재외동포를 "짐스러운 존재" 또는 "국가와 민족이 어려울 때 자기들만 잘 살겠다고 떠나버린 사람들"로 취급했으며, 그들을 직접 대하는 해외 영사관의 외교관들은 "불가원(不可遠), 불가근(不可近)"할 상대로 인식하였다.

중국은 해방 이후에도 오랫동안 폐쇄적인 정치체계를 지향하였고 평등한 민족정책을 폈기 때문에 조선족은 그나마 농경사회를 기반으로 한 자신들의 정체성을 유지할 수 있었다. 당시 그들에게 있어서 북한의 존재는 민족성을 유지하게끔 한 배경이 되었다. 그러나 중국과 북한의 관계도 언제나 우호적이었던 것은 아니었다. '문화대혁명'시기 중국과 북한의 관계 악화로, 북한에 친척이 있거나 북한에 다녀왔던 많은 조선족들은 '특무'로 몰리거나 감시대상으로 몰리면서 엄청난 정치적 탄압을 받았다.

그 후 냉전이 종식되면서 한중 두 나라의 관계는 과거의 상처를 잊은 채 급속도로 발전하게 되었다. 한반도의 분단과 체제의 갈등으로 끊어졌던 경제 문화 교류가 다시 시작되면서 두 나라 각계 인사들의 왕래가 빈번해졌다. 드디어 양국 간의 수교가 재개되었고 두 나라의 문호가 활짝 개방되었다. 수교를 계기로 양국의 교류와 협력은 점점 더 확대되어 갔다. 현재 한중 두 나라의 관계는 21세기를 향하는 전략적 동반자관계로 발전하고 있다. 과거 한반도에서 이주하여 중국 내의 소수민족으로 성장한 조선족은 한민족과 혈연의 관계도 있지만 주요하게는 한중 두 나라의 국익과 정세변화에 따라 윈-윈 구도를 형성하며 한중관계의 영향을 크게 받고 있다.

1. 조선족 사회 발전에 필요한 정치적인 환경

조선족은 중국의 공민인 동시에 과거 한반도의 이민으로서 한국과 북한이라는 모국이 있는 민족이다. 냉전시기 중국의 시대착오적 정치운동인 '문화대혁명' 때문에 조선족들은 한국에 친척이 있다는 이유만으로 중국의 신임을 잃었고 후에는 북한에 친척이 있다고 탄압을 받았다. 남북의 대립 역시 조선족에게는 악재에 속했다. 조선족 본인들 역시 한국의 남과 북에서 건너온 이민이기 때문에 남북분열에 대한 견해에도 저마다의 입장 차이를 갖고 있었다. 그 중 중국과 한국, 중국과 북한의 관계 문제는 직접적으로 조선족이 한국이나 북한으로 갈 수 있느냐 없느냐와 연결되는 중대한 문제였다. 때문에 조선족은 한중 관계와 북중관계에 대하여 언제나 민감한 반응을 드러내게 마련이다. 한중 관계의 긍정적인 발전은 조선족 사회와 한국의 교류에 중요한 정치적 조건을 마련해 주었다.

동북아지역에는 아직도 냉전 시대의 정치적 잔재가 많이 존재하고 있다. 또한 한국과 중국 간에 자본주의와 사회주의라는 체제적인 모순이 존재하고 있다는 사실도 역시 피할 수 없는 엄연한 현실이다. 이러한 문제 때문에 조선족 사회 발전의 필수적인 전제는 안정적인 정치 환경이라고 볼 수 있다. 동북아지역 냉전구도의 와해와 중국의 개혁개방은 한중관계의 획기적인 전환점을 형성하였다. 시대의 요구에 부응하여 두 나라 모두 이념의 갈등을 뒤로 한 채 경제적인 전략을 위한 우호적인 국가 관계 구축에 주력하게 되었다. 이러한 변화는 조선족 사회의 미래 발전에 있어서 지극히 중요한 배경을 마련해 주고 있는 것이다.

2. 한중 관계의 발전과 중국 조선족의 경제 성장

조선족이 한국으로 진출한 것에서 확인할 수 있듯이 조선족 사회의 경제적인 흐름도 한중 관계의 발전과 같은 맥락에서 이해할 수 있다. 조선족의 중국 내지에로의 진출 역시 한중 관계의 발전에 따른 한국 기업의 중국진출과 밀접한 관계를 맺고 있다. 현재 중국 내지로 진출한 조선족 중 많은 사람들이 한국 업체 혹은 한국 업체들과 관련이 있는 분야에 종사하고 있다. 이러한 의미에서 조선족의 한국진출은 물론 중국 내지에로의 진출 역시 한중 관계와 연관된다고 볼 수 있다.

한중 관계의 발전으로 조선족 사회가 얻게 된 경제적인 혜택은 엄청나다. 한국과 조선족 사회의 경제교류와 협력은 연변에 대한 투자, 연변과의 무역 및 연변의 노무수출을 접수하는 등 여러 방면에서 나타나고 있다. 한국의 조선족 사회에 대한 투자가 확대되고 있으며 이를 배경으로 개혁개방 이후 연변의 경제는 하루가 다르게 발전하고 있다. 한국의 투자는 연변 지역 외국투자 부문 1위를 차지하고 있는데 이는 단순히 연변경제상황의 개선에서 진일보하여 연변 지역의 우수 산업 발전을 촉진시키는 역할을 하고 있다.

실제로 1989년부터 시작된 외국 투자는 우여곡절 속에 부단히 증가세를 이루어 왔다. 2001년까지 23개 나라에서 연변에 투자 하였는데 그 중에 한국의 투자는 늘 주요한 위치를 차지하였다. 2001년까지 외국에서 연변에 세운 기업은 모두 580여개이며 그 중 한국이 세운 기업은 모두 414개로서 전체 외국 기업의 71.4%나 차지한다. 2001년까지 한국이 연변에 실제로 투자한 자금은 도합 23,935만 달러에 이른다. 이는 일본보다 371개나 더 많은 숫자이며 실제 투자자금은 19,838만 달러가 더 많은 것이다. 1997년 동남아 금융위기의 여파로 연변에 대한 외자투자도 영향을 받았다. 그러나 2001년부터 외국인의 투자는 점차 회복기로 진입하였다. 이 시기의 투자도 대부분 한국이 주도하였다.

[표 6-1] 1989-2001년 연변에 투자한 외국자금과 한국자금 비교(단위: 만 달러, %)[9]

국가 지구	계약 건수	계약 투자 자금	실제 투자자금	비 중
합 계	580	57,615	41,312	100 %
한 국	414	33,730	23,935	58 %
홍 콩	44	10,292	6,574	16 %
일 본	43	4,955	4,097	10 %
대 만	20	2,172	1,508	3.6 %
미 국	18	553	1,250	3.0 %
북 한	14	263	255	0.6 %

[표 6-2] 2001-2004년 연변에 투자한 외국자금(단위: 만 달러, %)[10]

년 도	외자 항목	계약 투자 자금	실제 투자 자금
2001	114	11,107	3,211
2002	122	10,194	4,027
2003	124	10,029	4,271
2004	99	11,684	5,029
합 계	459	43,014	16,538

한중 수교는 한국과 연변이 직접적으로 대외무역을 확대할 수 있는 조건을 만들어 주었다. 현재 한국은 연변 제2의 무역파트너로 등장하였다. 이를 계기로 1994년부터 1996년 사이에 한국과 연변의 무역은 신속하게 발전하였다. 1994년의 수출입총액은 3,736만 달러로 전해에 비해 7배 가량이나 증가하였다. 1997년부터 2001년까지는 계속 5천만 이상 9천여만 달러에서 오르내리다가 2002년에 10,329만 달러를 기록하였고 2005년에는 12,334만 달러를 기록하였다.

9) (중) 1989년-2005년 연변통계연감에 근거하여 제작.

10) (중) 심만근, 「도문강지구 개발 중 연변의 외자이용 연구」, 민족출판사, 2006년, 72쪽.

[표 6-3] 1991년-2005년 한국과 연변의 무역상황(단위: 만 달러)11)

년 도	연변의 대외무역총액	한국과의 무역액	한국의 비례
1991	14,548	408	2.8 %
1993	46,770	666	2.1 %
1995	15,453	5,909	38.3 %
1997	22,757	7,437	32.6 %
1999	27,875	7,404	37.3 %
2001	30,723	9,103	29.6 %
2002	33,912	10,329	30.6 %
2003	40,848	11,561	28.3 %
2004	57,249	11,459	20.1 %
2005	72,014	12, 334	17.2 %

연변지역의 노무인력들로부터 접수되는 해외송금 역시 해마다 증가되고 있다. 연변지구에서 해외에 파견한 노무인력 상황을 보면 한국으로 간 인원이 제일 많다. 2001년 한국에 파견된 인원은 4,729명으로 그해 파견된 전체 노무인력의 36.3%를 차지하였고 2003년에는 4,295명으로 31.6 %, 2005년에는 8,394명으로 51.1%를 차지하였다. 그 외에 사적으로 한국이나 일본, 러시아 등 여러 나라에 가서 노무에 종사하는 조선족의 수는 엄청난 규모여서 한국만 해도 25만여 명이 넘는다. 연변 해외 노동자들이 벌어들이는 외화 가운데 대부분은 한국으로부터 온다고 해도 과언이 아닌 것이다.

다음의 표에서 보는 숫자는 노무송출인원이다. 1998년부터 2005년까지 연변에서 공식적으로 한국으로 파견한 노무인력은 1만 6천여 명이었다. 해외에 진출한 조선족이 2005년 한 해에 은행을 통하여 송금한 외화는 8.76억 달러에 이르렀고 2006년에는 10억 달러를 초과하였다. 환전소를 통하거나 그들이 직접 호주머니에 넣고 온 외화가 얼마나 되는 지 정확히 파악할 수는 없다. 이러한 수익구조는 한중 관계가 조선족 사회에

11) (중) 심만근, 「도문강지구 개발중 연변의 외자이용 연구」, 민족출판사, 2006년, 187쪽.

[표 6-4] 1998-2005년 연변지구 대 한국 노무송출상황(단위: 명, 억 달러,%)12)

년 도	총인원수	한국행 인원 수	총 외화수입	한국행비중
1998	8,000	3,439	1	43.0%
1999	10,255	3,965	1	38.7%
2000	11,526	4,404	2.4	38.2%
2001	13,042	4,729	3	36.3%
2002	14,949	5,001	4.77	33.5%
2003	15,693	4,295	6.53	27.4%
2004	16,259	5,138	7.30	31.6%
2005	16,428	8,394	8.76	51.1%

끼친 영향으로서 조선족 사회에 대한 한국의 경제적 지지라 할 수 있다. 지린(吉林)성, 헤이룽장(黑龍江)성과 랴오닝(遼寧)성 및 창바이(長白)현과 내몽골의 조선족 집거구 상황도 연변과 마찬가지다. 실례로 헤이룽장(黑龍江)성 우창시(五常市) 조선족 해외 노무자들이 10여 년 전인 1995년 1년 동안 집으로 송금해 온 돈은 미화 1,080만 달러였는데 한국, 일본, 미국에서 일하고 있는 3,500명 우창(五常)시 출신 해외 노무자들이 일인당 평균 3만 달러의 돈을 집으로 송금한 셈이다. 이러한 사실은 조선족 사회가 한중 관계의 발전 속에서 경제적인 기반을 마련하고 있다는 것을 입증해 주고 있는 것이다.

한중 수교가 이루어진 후 연변의 관광업은 한국관광객들로 호황기를 이루게 되었다. 1991년 연변에 다녀간 외국관광객은 도합 12,930명이었고 그 가운데 한국의 관광객은 11,748명으로 해외관광객의 절대 다수를 차지하였다. 이때부터 한국관광객은 해마다 큰 폭으로 늘어나 1996년에 이르러서는 115,946명이 되었다. 2000년에 117,198명으로 최고 수준에 도달한 후 2003년에는 최저치인 27,730명을 기록하였다가 다시 상승하기 시작하였다.

연변의 관광수입은 급속히 증가하였다. 한국관광객이 제일 많았던

12) (중) 2001년-2005년 연변통계연감에 근거하여 제작.

1996년 연변의 관광객은 도합 121,583명, 그 중 국내관광객은 1,046명, 해외관광객은 120,537명이었으며 총수입은 2억 2,000만 위안에 도달하였다. 그해 한국관광객이 115,964명으로 전체 외국관광객의 96.2%를 차지한 만큼 절대 대부분의 수입은 한국인의 지출이라 해도 과언이 아닐 것이다.

[표 6-5] 1991-2004년 한국관광객 연변관광 상황(단위: 명, %)[13]

년 도	외국 관광객	한국 관광객	한국관광객 비중
1991	12,930	11,748	90.9
1992	22,839	17,061	74.7
1993	25,746	20,559	79.9
1994	54,893	47,103	85.8
1995	103,848	99,238	95.6
1996	120,537	115,964	96.2
1997	114,831	107,547	93.7
1998	47,881	33,012	69.0
1999	77,252	61,472	79.6
2000	148,178	117,198	79.1
2001	167,296	101,335	60.6
2002	154,970	105,396	68.0
2003	30,152	27,730	92.0
2004	49,065	36,248	73.9

3. 조선족 사회 이중문화적 성격의 강화

앞에서 이미 언급하였는바 조선족 사회 발전에 있어서 가장 중요한 문제는 그것의 문화적인 성격을 균형 잡힌 변연복합문화로 정립하는 것이다. 한중 관계의 발전은 그들에게 이러한 계기를 마련해 주고 있다. 한중수교 이전의 조선족 사회는 중국 소수민족 가운데 문화적인 수준이 가장 높다는 자부심을 지니고 있었다. 그러나 객관적으로 말하면 그 때의

13) (중) 심만근, 「도문강지구 개발중 연변의 외자이용 연구」, 민족출판사, 2006년, 227-231쪽.

문화수준은 폐쇄상황에서의 교육문화수준이기에 현대의 기술 산업문화와는 상당한 거리가 있었고 그 속에 내재되어 왔던 한반도 문화와 중국 문화는 대부분 전통적인 형태를 고스란히 보존한 상태였다고 할 수 있다.

그 당시 조선족 사회는 전통적인 한반도 문화를 지니고 있었으나 한반도와의 교류가 위축되어 있었기에 한국의 현대문화와는 커다란 차이가 있었다. 조선족 사회가 소유하고 있던 중국 문화 수준도 그다지 높았다고 평가할 수 없다. 왜냐하면 폐쇄된 농경지대에서의 집거지 생활은 실질적으로 중국 내륙문화와 교류를 거부하는 형태로 이루어졌기에 중국 문화에 대한 적응에는 많은 한계를 지니고 있었던 것이다. 연변을 방문해 보면 50-70대 조선족들의 중국어 수준은 그들이 중국에서 어떻게 생활을 해 왔을까 의심스러울 정도로 낮은 것을 발견할 수 있다. 이러한 현상은 농촌을 중심으로 한 과거 조선족 집거지구의 중국문화를 거부하는 폐쇄적 환경 속에서 나타난 것이라고 볼 수 있다.

총체적으로 개혁개방 이전의 조선족 문화는 한반도의 전통문화 쪽으로 기울어진 동시에 중국의 전통문화에도 제대로 적응하지 못한 상태였다는 것이다. 하지만 한중 관계의 심화에 따라 조선족은 한반도 진출과 중국 내지 진출에서 전방위적으로 한국과 중국의 선진적인 문화를 수용하게 되었으며, 그 과정에서 한반도 문화와 중국 문화의 이중적 성격을 더욱 확고히 하게 되었다. 지금 조선족 집거지의 상황을 살펴보면 대부분의 조선족들은 중국어와 한국어에 상당히 익숙하다는 것을 발견할 수 있는데 이러한 현상은 그들의 이중구조적인 문화성격이 한중 관계의 발전과 일정 교육을 통하여 대폭 강화되어가고 있음을 증명해 주고 있다.

앞으로 조선족 사회의 발전에 있어서 한중 관계는 더욱 큰 영향을 끼칠 것이다. 이러한 영향도 역시 정치환경, 경제발전, 문화구도 등 다각적인 측면에서 이루어질 것이다.

정치적인 측면에서 보면, 한중 관계는 지속적으로 발전할 수 있는 여건을 두루 갖추고 있다. 한국과 중국은 앞으로도 계속 전략적인 동반자로 협력해야 할 필요성을 느끼고 있다. 물론 냉전시대의 유산으로서의 한미동맹관계가 존재하는 실정에서 한국과 중국 간의 모순은 아직도 남아 있다. 하지만 한국이건 중국이건 모두 동북아지역에서의 국제협력을 최고의 국익으로 간주하고 있기에 갈등은 최소화하고 협력을 극대화하는 방향으로 이끌어 갈 전략적인 자세를 갖추고 있다고 볼 수 있다. 한중관계의 이러한 발전추세는 중국 조선족 사회 발전에 중요한 정치적인 환경을 마련해 줄 것이다.

경제발전의 측면에서 보면, 한중 관계의 발전은 중국 조선족 사회로 하여금 더욱 큰 발전의 무대로 등장하게 할 것이다. 이로써 조선족 사회가 동북아협력에서의 중요한 위치를 차지하도록 만드는 근거가 되는 것이다. 한국과 중국은 모두 동북아지역에서의 협력에 주력하고 있다.

한국의 참여정부는 3대 국정목표로 '국민과 함께 하는 민주주의, 더불어 사는 균형사회 발전, 평화와 번영의 동북아시대'를 선택하였다. 또한 12대 국정과제에서 경제 분야의 네 가지 과제 중 하나로 '동북아 경제중심국가 건설'을 꼽고 있다.

'동북아 경제중심'이란 동북아의 중심에 살고 있는 한국이 이웃나라들과 공동 번영하면서 이 지역 평화 유지에 주도적인 역할을 하겠다는 것이다.[14] 중국도 역시 동북아지역에서의 국제협력을 추구하고 있으며 두만강지구개발계획(TRADP)을 중심으로 하는 동북아지역의 경제협력을 구상하고 있다. 한국과 중국의 전략적인 구상이 현실화된다면 조선족 사회도 이러한 과정에 참여하는 것을 계기로 획기적인 발전을 이룩할 수 있을 것이다.

문화성격의 구축이라는 측면에서 보면, 한중 관계의 발전은 조선족 사회로 하여금 그 매개적인 역할로 한중교류에서 변연문화구역을 계속 형성할 수 있도록 만들어 주고 있다. 이를테면 조선족 사회의 변연문화 성격을 보존하고 확장하려면 한반도와 중국 내지와의 교류는 필수적이

14) (한) 최우길, 「중국 조선족 연구」, 선문대학교 중한번역문헌연구소, 2005년, 267쪽.

다. 한반도와 교류하면서 한반도 문화성격을 확보하는 동시에 문화의 질을 향상할 수 있고, 중국 내지와의 교류에서 또한 중국 문화성격을 확보하고 확장해 나갈 수 있는 것이다. 현재 수천 명에 달하는 조선족 지식인들이 한국과 일본 등지에서 박사과정을 밟고 있으며 중국 내지 대학에서도 상당수의 고학력 조선족 학자들이 배출되고 있다. 향후 10여년 사이에 조선족 사회가 수만 명에 달하는 고급인력들을 확보할 수만 있다면 이들을 중심으로 한 조선족 사회는 한국과 중국 간의 교류에서 영향력 있는 중심매체의 지위를 차지할 수 있을 것이다. 이렇게 된다면 조선족 사회의 이중적인 복합문화성격(Multicultural Identity)은 더욱 세련되고 활기를 띠게 될 것이다.

한중관계의 발전은 조선족 사회에 많은 이익을 가져다 주었다. 그러나 동시에 적지 않은 문제점들도 발생했다. 일부 조선족들은 한국에서의 노무에 모든 것을 걸고 중국 내의 경제 기반을 상실하였다. 적지 않은 조선족 농민들이 한국노무를 위하여 자기가 도맡아 경영하던 땅을 남에게 세를 주거나 팔아버리고 출국하였다. 적지 않은 중년들이 재빨리 부자 꿈을 이루려고 좋은 직업마저 버리고 출국하였다. 앞으로 그들이 살아야 할 길은 멀고도 멀지만 그들이 영원히 국외에 정착한다는 것은 불가능하다. 외국에서 벌어온 돈이 있어도 생산의 터전을 잃은 그들의 미래는 불확실하며 노후에 대한 대책 역시 불투명한 상태이다.

또한 조선족 청년남녀 인구의 불균형을 심화시켰다. 대부분의 대학생들, 특히 젊은 여성들이 중국 내 대도시에 진출한 데다가 몇 만 명에 달하는 조선족 처녀들과 중년여성들은 섭외혼인, 즉 중매결혼의 대열에 들어섰다. 조선족 여성의 섭외혼인은 조선족 사회의 청장년 남녀 비례를 크게 파괴하였다. 1990년부터 2005년 4월 사이 한국에 이주한 조선족 여성은 모두 7만여 명에 달하는데 그 중 대부분이 한국으로 시집간 조선족 여성이다. 현재 크고 작은 조선족 집거지구는 도시고 농촌이고 할 것 없이 한국으로 시집간 처녀들로 인하여 많은 사회 문제가 야기되고 있다.[15] 그들의 섭외혼인은 조선족 남성청년들이 장가를 가지 못하는 문제를 초래하였으며 조선족 인구의 감소를 촉진시키고 있다.

일부 불평등한 섭외혼인은 한국 남성뿐만 아니라 조선족 여성의 인권보호 문제도 발생시켰다. 혼인중개기구가 늘어나면서 섭외혼인은 점차 변화하였다. 조선족 여성의 섭외혼인은 처음부터 불평등한 관계로 시작된다. 일부 조선족 여성을 제외하고 대부분은 한국 남성의 경제자원과 조선족 여성 연령자원의 교환으로 이루어졌다. 사랑의 감정이 부족한 상황에서 이루어진 혼인이기 때문에 한국으로 시집간 많은 여성들이 끝내 집을 떠나는 현상이 많은 것도 사실이다. 어떤 조선족 여성은 처음부터 가짜결혼을 하였거나 위장결혼을 하기도 하였다. 이러한 불법결혼은 원래의 부부관계를 무산시키는 것을 전제로 하기 때문에 중국의 가정을 파괴할 뿐만 아니라 건전해야 할 부부관계를 부도덕하게 전락시켰다.

섭외혼인은 전 세계 어느 나라나 보편적으로 존재하는 사회현상이다. 섭외혼인문제를 분석함에 있어서 현실적으로 존재하는 문제점만 강조하는 것은 잘못된 견해라 할 수 있다. 조선족 여성들은 중매와 섭외혼인을 통하여 시야를 넓히고 새로운 생활방식을 체험하였다. 그들은 국제사회의 경쟁에 적극 참여하였으며 근면하게 치부하는 길을 알게 되었다. 수많은 조선족 여성들은 자신의 가치를 실현하는 과정에서 원래의 직장 수입에 만족할 수가 없었다. 때문에 과감하게 직장을 버리고 섭외혼인의 길에 들어섰다. 1994년부터 2000년 동안 연변의 14,204명 조선족 여성이 섭외혼인을 했는데 그 중 11,541명은 직업여성이었다. 한국에 시집간 여성은 13,011명으로 그 중 80% 이상이 직업여성이다.[16] 그들은 매달 고향에 돈을 부쳐 부모들의 생활을 돕고 있다.

15) (중) 전신자, "중국 조선족 여성 섭외혼인 연구," 중앙민족대학 박사학위 논문, 2006년, 155쪽.

16) (중) 전신자, "중국 조선족 여성 섭외혼인 연구," 중앙민족대학 박사학위 논문, 2006년, 114쪽.

제 2 절 조선족 사회가 한중 관계에 미치는 영향

I. 한중 협력과 조선족 사회의 역할

중국의 조선족 사회는 중국 내에서 일개 소수민족지구에 지나지 않는다. 그러나 그들이 원래 한민족과 혈통을 같이한 이민민족이었고 한중 문화를 융합한 변연복합문화를 소유하였다는 특징 때문에 한중 관계의 발전에 비교적 큰 영향을 주고 있다. 조선족은 한중 관계에서의 중개자 역할과 한반도 남북관계 및 중국과 북한 간의 중개자 역할을 담당하고 있다.

한중 관계의 발전에 따라 조선족의 한국 진출이 대규모로 이루어졌는데 이는 조선족 문화의 강점이 작용하였고 또한 조선족의 중개역할이 체현된 것이다. 동시에 조선족의 중개역할로 중국에 진출하는 한국 기업이 급속도로 늘고 있다. 한국과 중국은 서로 다른 체계의 문화를 소유한 국가이다. 상이한 문화체계 간의 교류는 그들의 문화적 장애로 인해 이해를 위한 상당한 시간이 소요된다. 그러나 조선족 사회의 역할로 한중 간의 교류는 문화적 장애를 뛰어 넘어 빠른 시간 내에 급속도로 발전할 수 있었다. 조선족 이중언어문화의 특징은 앞으로 한중 관계의 발전과 교류에서 계속 중개자의 역할을 담당하게 될 것이며 그로 인해 조선족 사회도 자체발전의 동력을 확보할 것이다.

1992년 한중 수교가 이루어진 후 현재까지 겨우 14년이라는 시간이 흘렀을 뿐이다. 이처럼 짧은 기간에도 불구하고 한국 기업들의 대(對) 중국 진출은 급속한 성장을 이룩하고 있다. 2005년 말 한국 수출입은행의 통계에 의하면 중국에 진출한 한국 기업은 중국 내에 있는 50만개 외자투자기업의 8% 가량을 차지하고 있다. 중국에 투자한 한국 기업의 총 건수는 15,510건이고 총 투자액은 누계로 135.5억 달러이다.[17] 이것은 중국의 조선족들이 직·간접적으로 한중 경제교류 중개에 참여한 성과물이라고 할 수 있다.

시기별, 지역별로 본 한국 기업의 중국진출상황은 다음과 같다. 제1단계는 1990년대 중반까지로, 주로 조선족이 모여 살고 있는 동북 3성 지역을 중심으로 하여 진출하였다. 이 시기는 주로 노동집약적인 한국 내의 사양 산업들이 진출하였다. 제2단계는 1990년 중반부터 2000년대 초반까지인데 중·고급 기술력과 제품을 소유한 한국 기업들의 진출이다. 그들은 경공업과 제조공업이 발전한 저장(浙江)성과 장쑤(江蘇)성 남방의 연해지구에 주로 진출하였다. 제3단계는 2000년대 초반부터 현재까지이다. 이 시기부터는 한국 기업들의 중국문화와 중국시장에 대한 이해가 깊어졌고 전 산업영역과 전 방위적인 진출이 이루어지고 있다. 산둥(山東)반도의 칭다오(青島), 웨이하이(威海), 옌타이(煙臺) 등지와 충칭(重慶), 윈난(雲南), 청두(成都) 등 대도시의 진출이 이루어지면서 한국 기업의 수는 대폭 증가되었다. 또한 현대, 삼성, LG, 대우 등 대그룹들의 중국진출도 활발히 이루어지고 있다.

한국 전경련의 조사보고에 따르면 중국에 진출한 기업 중 60%는 경영상태가 비교적 좋으며 향후에도 좋을 것으로 추정된다. 한국 기업 중의 64%는 제조업에 집중되어 있다.[18] 중소기업에 비해 한국의 대기업들의 경영실적이 더욱 좋은데 2004년 삼성은 중국 내에서 240억 달러 매출액을 기록하여 해외 총매출액의 22%를 차지하였다. 같은 해 LG도 100억 달러의 매출을 올렸다.

17) (한) 서창배, "대중진출 한국 기업의 현황과 유의상황," 「한중무역」, 2006년 5기, 39쪽.

18) (중) 길림조선문보, 2006년, 1월 29일.

중국에 진출한 한국 기업들은 진출 초기에는 단순 생산력과 중급기술수준을 보유하고 있으며 일반적인 생산기지의 역할만 하였다. 그러나 현재는 생산 중심에서 마케팅 중심으로 이전하고 있으며 중급기술에서 첨단기술을 접목시키는 단계에 접어들었을 뿐만 아니라 단순한 생산기지로부터 R&D 센터 및 판매 센터로 전환시키고 있다. 중국에서 한국 기업들의 서비스업종에 대한 투자도 증가되고 있다. 그러나 아직 중국 시장과 중국 문화에 대한 이해가 부족하고 현지 구매자들의 수요에 대한 정보력이 부족하여 한국 기업, 특히 소규모 중소기업들의 경우 운영을 중단하는 경우도 적지 않다.

2005년까지 한국 수출입은행에 신고한 재중 한국 기업은 도합 17,045개가 된다.[19] 그 중 90% 내외가 제조업이고 나머지는 건설업, 도매업, 소매업, 농림어업, 운수창고업, 숙박 음식업, 서비스업과 부동산업 등이다. 아쉬운 점은 재중 한국 기업 중 3,700여 개의 기업만이 재중 한국 상회에 가입해 있다는 점이다.

1. 동북지구에 진출한 한국 기업

지린(吉林)성에 진출한 한국 기업 중 1,100개 기업이 한국 수출입은행에 신고하였다. 조선족이 제일 많이 집거된 연변조선족자치주에 진출한 한국 기업을 보면 문화적이고 지정학적인 우세는 있으나 교통이 불편하고 투자환경과 마케팅 조건이 열악하여 한국 기업들의 수가 적고 규모가 작은 특징을 나타낸다. 1994년부터 2005년까지 연변에 등기된 한국 기업 총수는 1천여 개였으나 등기만 하고 회사를 세우지 않은 기업이 적지 않았다. 2005년까지 실제로 운영하고 있는 한국 기업은 414개에 불과하고 그 중 한국 상회에 등록된 기업은 41개이다. 비교적 큰 기업으로는 지린(吉林) 쌍방울방직유한회사인데 한국에서 5천 9백만 달러를 투자하

19) (한) 한국수출입은행, 「재중 한국 기업 현황」, 2005년.

였다. 갑을방직연길회사는 총 투자액 1,800만 달러 가운데서 66.7%를 투자하였다.[20] 이 회사는 한국의 선진설비와 관리방식을 도입하여 원래 적자였던 재정 상태를 돌려 1994년 1억 위안의 생산치를 실현하고 1천만 달러의 외화를 벌었다. 현재 이 회사는 대경연길방직유한회사로 상호를 변경하였다.

옌지시(延吉市)에서 제일 번화한 상업거리인 해방로 50번에 자리잡은 연변 성보국제비즈니스 대하유한회사는 한국독자기업으로 향후의 전망이 기대되는 기업이다. 1994년 9월 17일 창업 시 300만 달러를 투자하였다. 이 회사의 부지면적은 3,080평방미터이고 건축면적은 22,000평방미터이며 임직원은 1,500여명에 달한다. 지하 1층부터 지상 5층까지는 한국상품 백화점이고 6층과 7층은 혼례식장이며 8층부터 15층까지는 천연재료로 꾸민 5성급시설을 갖춘 3성급 호텔이다. 중국 지린(吉林)성 최고 훈장을 받은 정영채 회장은 "화합으로 부를 창출하며 나눔과 기쁨을 함께 하는 세상을 성보의 꿈"으로 정하고 이를 실현하기 위하여 분투해 왔다.

성보회사에서는 성보장학금재단을 설립하고 성보대학원생장학금, 성보대학생장학금 및 성보고등학교학생장학금을 지급하였다. 2001년에는 연변 제1고급 중학교에 "성보상인협회장학금"을 마련하였고 2002년에는 연변대학에 "성보대학원생장학금"을 마련하였다. 2003년 베이징(北京)대학과 칭화(清華)대학에서 공부하는 조선족 학생 두 명에게 성보장학금 4만 8천 위안을 주었으며, 해마다 9월이면 학업 성적이 우수하고 품행이 단정한 조선족 학생들을 선발하여 장학금을 지급하였다. 2007년부터 연변대학교 대학원생들에게는 7만 5천여 위안, 대학생들에게는 5만 5천여 위안, 연변 제1, 제2 고급 중학교 학생들에게 4만 5천 위안, 도합 17만 5천 위안의 장학금을 지원하기로 하였다.

성보회사에서는 국제적인 지원도 아끼지 않았다. 2004년에는 북한의 용천에 187,860 위안에 달하는 구호물자를 지원하였다. 그 외 연변불구자

20) (한) 중국한국상회 회원 명록, 195쪽.

협회에 2만 위안의 자금을 기증하였고 옌지(延吉)시 중심에 위치한 시대광장에 20만 위안 가치의 무대를 무상으로 건설해 주었으며 연변대학교 학생마라톤대회에 1만 3천 위안의 자금을 기증하였다. 현재 성보회사는 연변 외자 투자 10대기업, 지린성(吉林省) 우수 외자 투자기업 등 수많은 영예를 지니고 있다.

옌지(延吉)시에 있는 대주화미일화유한회사는 주로 남아메리카 브라질에서 나는 광물질 토르말린(TOURMALINE)[21]을 원료로 하여 21세기 첨단과학기술을 적용, 시리즈 형태로 보건제품과 화장품을 생산하여 판매하고 있다. 이 회사는 현재까지 이미 400여 만 위안을 투자하였다. 직원과 노동자가 도합 50여 명인데 모두 현지의 조선족을 채용하고 있다. 최현주 사장은 "오늘은 행복, 내일은 희망, 전 인류에게 건강을" 이라는 슬로건을 기업이념으로 정하고 연변인민들의 건강을 향상시키기 위하여 이 회사를 더 크게 늘릴 계획을 세우고 있다.

한국 기업의 증가와 함께 연변에서 생활하고 있는 한국인의 수도 많이 증가되었다. 현재 연변에 상주하는 한국인은 대략 1만여 명인 것으로 집계되고 있다. 그 중 사업이나 취업 목적이 아닌 생계형 이민자도 다수인 것으로 밝혀졌다.[22]

창춘(長春)구, 지린(吉林)지구, 통화(通化)지구 진출 상황을 보면 현재 재중 한국 상회에 수록된 한국 기업은 36개인데 그 중 지린(吉林)파파스(PaPaS')식품유한회사가 600만 달러를 투자하였고 창춘(長春)동방제의(制衣)유한회사 등 비교적 큰 업체들 외 대부분이 3차 산업인 요식업종들이다. 투자규모는 대부분 200만 달러 안팎이다.[23] 근간에 진출한 큰 기업으로는 한국 금호타이어가 있는데 2006년 5월 창춘(長春)에서 정초식을 올렸다. 이 회사는 공장 부지면적이 22만 6천 평방킬로미터, 건축면

21) 저자 주: 천연보석, 묘안석이라고도 함, 중국에서는 電氣石이라 함.

22) 이진산 주필, 「중국 한겨레사회 어디까지 왔나?」, 흑룡강조선민족출판사, 2006년, 192쪽.

23) (한) 2005년 중국한국상회 회원명록, 188-189쪽.

적이 8만 6천 평방킬로미터, 투자액은 1억 600만 달러이다.[24] 기업의 진출과 함께 한국인의 진출도 날마다 증가하고 있으며 연변지역을 제외한 통계로 현재 지린(吉林)성 내에 거주하고 있는 한국인은 도합 4,000여 명으로 추정되고 있다.[25]

1990년대 중기부터 한국 기업이 헤이룽장(黑龍江)성에 진출하였는데 2000년대 초반까지 비교적 많은 한국 기업이 들어 왔다. 최근에도 한국 기업들이 계속해서 들어오고 있는바 2003년 1월부터 8월만 하여도 33개 기업이 2,144만 달러를 계약했으나 실제로 투자한 자금은 1,384만 달러 정도이다. 집계에 따르면 2005년까지 헤이룽장(黑龍江)성에는 투자건수가 도합 1,128개, 실제 투자액은 62억 9천만 달러라고 한다.[26]

헤이룽장(黑龍江)성에 진출한 한국 기업은 하얼빈(哈爾濱), 무단장(牡丹江) 등 조선족이 비교적 집중된 지역에 진출하였으며 LG전자, 한일전기 등 전자 통신 분야가 특색을 이루었다. 한국만도(萬道)자동차샤시시스템유한회사, 한국대동(大同)등 28개 기업이 이미 하얼빈시 개발구에 정착하였는데, 하얼빈시의 자동차부품생산은 종합능력이 40억 달러에 달하는 산업구조를 이루고 있다.

헤이룽장(黑龍江)성에 진출한 한국 기업 중 한국 수출입은행에 신고한 기업은 모두 463개이다. 그 중에는 5,331.9만 달러를 투자한 태일정밀, 2천 7백만 달러를 투자한 세기가원방지산개발(世紀家園房地産開發)유한회사, 1,500만 달러를 투자한 하얼빈 신길가구성(哈爾濱新吉家俱城), 780만 달러를 투자한 뉴맥스, 680만 달러를 투자한 주식회사 만도 등 큰 기업들도 포함된다. 한국부산요리가 450만 달러를 투자하여 요식업으로는 비교적 큰 기업으로 평가되고 있으며 대부분 기업은 100만 달러 이하를 투자한 중소기업들이다.[27] 재중 한국상회에 수록된 한국 기업은 하얼빈(哈

24) (중) 흑룡강신문, 2006년 5월 28-6월 3일.
25) (중) 이진산 주필, 「중국 한겨레사회 어디까지 왔나?」, 흑룡강조선민족출판사, 2006년, 233쪽.
26) (한) 최웅용 등, 중국 조선족 사회의 경제환경, 집문당, 164쪽.
27) (한) 2005년 중국 한국 상회 회원명록, 170-172쪽.

爾濱)시에 49개, 무단장(牡丹江)에 6개다. 지금 헤이룽장(黑龍江)성 여러 곳에 상주하고 있는 한국인은 5,000명 가량이며 유학생이 대부분인 것으로 나타났다.[28)]

랴오닝(遼寧)성에 진출한 한국 기업 중 2,542개가 한국 수출입은행에 신고하였다. 재중 한국 상회에 가입한 기업들로는 선양(沈陽)에 87개가 있다. 그 중 2,325.4만 달러를 투자한 현대종합상사(주), 7천 3백여만 달러를 투자한 대우 중공업 등 몇 개의 대기업이 있으며 대한항공, 삼보컴퓨터, SR건설 등도 있다. 다롄(大連)에는 93개 기업이 재중 한국 상회에 등록되어 있는데 거기에는 연간 매출액이 5.2억 달러에 달하는 주식회사 대우국제다롄(大連)대표처, 투자액이 9천 8백만 달러에 이르는 다롄(大連) 희망빌딩(大廈)유한회사 등 큰 기업들이 있다. 재중 한국상회에 따르면 안산(鞍山)에 20개, 푸순(撫順)에 17개, 잉커우(營口)에 15개, 단둥(丹東)에 89개 기업이 등기되었다.[29)] 랴오닝(遼寧)성에 상주하고 있는 한국인은 4만 3천 명으로 보고 있다. 그 중 다롄(大連)에 2만 5천 명, 선양(沈陽)에 1만 5천여 명, 단둥(丹東)에 2천여 명, 푸순(撫順), 안산(鞍山), 잉커우(營口) 등 지역에 1천여 명이 있다.[30)]

2. 중국 수도권 진출상황

1988년 서울올림픽 이후 한국의 많은 기업들이 중국에 진출하고 싶어 했으나 양국 간에 수교가 이루어지지 않았고, 또한 사회주의국가라는 정치체제적 장벽이 있어 직접 중국에 들어갈 수가 없었다. 소수의 기업들이 홍콩과 일본을 경유하여 베이징, 톈진 등 수도권에 진출한 것이 고

28) (중) 이진산 주필, 「중국 한겨레사회 어디까지 왔나?」, 흑룡강조선민족출판사, 2006년, 245쪽

29) (한) 2005년 중국 한국 상회 회원 명록, 170-184쪽.

30) (중) 이진산 주필, 「중국 한겨레사회 어디까지 왔나?」, 흑룡강조선민족출판사, 2006년, 162쪽.

작이었다. 그러다가 1992년 한중 수교 후, 대량의 한국 기업들이 중국으로 진출하면서 중국의 수도권에는 상당한 규모의 한국 기업군체가 형성되었다. 현재 한국과 베이징(北京)을 연결하는 항공기 편은 1주일에 100회나 되고 인천과 톈진(天津)을 왕복하는 배도 매주 3차례나 된다. 한국의 큰 회사, 은행 등은 앞을 다투어 베이징(北京), 톈진(天津)에 부속회사, 대표처 또는 합작법인 사무소를 설립하였는데 중국 주재 한국 상회에 가입한 판사처(辦事處)만 해도 28개나 된다. 그 중에는 정부소속기관으로 KT, 한국대외경제연구원, 무역협회, 산업은행, 석유공사, 토지공사, 전력공사 등이 있으며, 대기업으로는 삼성전자, LG 상사, 포스코, SK 투자, 현대자동차 등 상당수의 현지법인이 있다.

베이징(北京), 톈진(天津) 등 수도권에 진출한 기업 가운데 한국수출입은행에 신고한 회사는 1,247개에 이른다. 여기에는 13,481만 달러를 투자한 (주)대우인터내셔널, 4,050.1만 달러를 투자한 창신 ING, 3,100만 달러를 투자한 삼성전자, LG 등의 대기업들이 있다. 한국 상회에 등기한 한국 기업들의 상황을 보면 베이징(北京)에 현대자동차 등 86개이고 사무소는 대한항공, 삼성전자 등 63개이다. 그리고 톈진(天津)에는 1,450만 달러를 투자한 부천신흥전기천진유한회사(富川新興電氣), 2,980만 달러를 투자한 톈진(天津)삼성전자현상기(顯示器)유한회사 등 420여개 기업들이 있다.[31] 한국의 정부기관이나 단체, 기업들의 대거 진출에 따라 중국의 수도권에 진출하는 한국인이 계속 늘어나고 있다. 2006년 중반까지 수도권에 거주하고 있는 한국인은 12만 5천 명에 달하고 있다.[32]

3. 화베이(華北)지구 진출상황

산둥(山東)성에 진출한 한국 기업 중 5,937개가 한국수출입은행에 신

31) (한) 2005년 중국 한국상회 회원명록, 205-283쪽.

32) (중) 이진산 주필, 「중국 한겨레사회 어디까지 왔나?」, 흑룡강조선민족출판사, 2006년, 116쪽.

고하였다. 이는 중국에 진출한 한국 기업의 34.83%를 차지한다. 한국과 산둥(山東)반도는 가장 가까이 위치해 있고 기후도 비슷하기 때문에 농수산물 거래도 많이 진행되었다. 21세기에 들어선 후 제조분야를 주력사업으로 하는 한국 기업의 진출이 폭넓게 진행되었다. 현재 한국상회에 가입한 한국 기업의 상황을 보면 칭다오(青島)에 1천 6백만 달러를 투자한 칭다오(青島)우선출예공구(優先出鋭工具)유한회사, 5,151만 달러를 투자하고 780여명 직원을 쓰고 있는 칭다오(青島)삼호제화(三湖制鞋)유한회사 및 분사(分公司)까지 685개의 기업이 있다. 칭다오(青島)삼영전자는 종업원이 2천 300여 명이고 투자액이 1억 달러인데 제품생산량이 세계 최대 규모에 이를 것으로 예상된다. 2005년 판매량만 해도 6,050만 달러, 수출액 4,900만 달러, 세계시장점유율이 9.4%, 한국 시장의 40%를 차지했다.[33] 2005년 5월 칭다오 한국중소기업 지원센터에 따르면 칭다오(青島)에 진출한 한국 2,944개 기업에 대한 조사에서 48.2%가 적자, 32.2%가 현상유지, 19.5%가 흑자를 기록하였다고 한다.[34]

웨이하이(威海)에는 1천 5백만 달러를 투자하고 직원 1,011명을 쓰는 웨이항군립복장(君立服裝)유한회사 등 397개 기업이 한국 상회에 가입하였다. 옌타이(煙臺)의 한국 기업이 한국 상회에 가입한 수는 98개인데 대우조선(大宇造船)등 대기업은 등록되지 않았다. 웨이팡(濰坊)에서 한국 상회에 등록한 기업은 대부분 투자규모가 100만 달러 미만인 36개 기업들이다.[35]

허베이(河北)성에 진출한 기업 중 한국수출입은행에 신고한 기업은 도합 363개, 한국 상회에 신고한 기업은 창저우(滄州)에 16개가 있다. 그 중에는 2,284만 달러를 투자한 (주)오리온, 1,023만 달러를 투자한 (주)세원정공 등 큰 기업이 있다. 허난(河南)성에 진출하여 한국수출입은행에 신고한 기업은 52개, 그 중 비교적 큰 기업은 1,687.3만 달러를 투자한 롯

33) (중) 흑룡강신문, 2006년 7월 16-22일.

34) (중) 길림조선문보, 2006년 2월 11일.

35) (한) 2005년 중국 한국 상회 회원 명록, 297-528쪽.

데칠성음료, 221.5만 달러를 투자한 성흥에프씨 등의 기업이다. 산시(山西)성에 진출하여 한국수출입은행에 신고한 기업은 도합 25개로 269.9만 달러를 투자한 HUATLAN TELECOM INC 등의 기업이 있다. 헤이룽장(黑龍江朝鮮文報)조선문보 기자의 조사에 따르면 산둥(山東)성에 진출한 한국인은 약 12만 명, 그 중 칭다오(青島)에 8만여 명, 웨이하이(威海)에 1만 5천 명, 옌타이(煙台)에 1만 2천 명, 그 외 르자오(日照), 웨이팡(濰坊), 지난(濟南), 허저(菏澤) 등지에 1만여 명이 있는 것으로 나타났다.[36)]

4. 화둥(華東)지구 진출상황

상하이(上海), 저장(浙江), 장쑤(江蘇) 등 화둥(華東)지구에도 7천여 개 한국 기업들이 진출하였는데 상하이(上海)에서만 한국수출입은행에 신고한 기업이 909개이다. 상하이(上海)시의 한국 기업 중에는 운수업과 화장품, 첨단기술기업이 많은데 한국 상회에 등록된 기업은 74개이다. 그 중에는 7,342.3만 달러를 투자한 한국유리 등 중견기업이 있다. 저장(浙江)성에 진출한 기업도 아주 많다. 그러나 한국수출입은행에 신고한 기업은 모두 52개에 불과하다. 지난해 말까지 한국에서 진출한 322개 기업만 해도 연 8억 970 달러를 투자했다. 그 중 삼성중공업 선박철구조물공장은 2007년에 23만 톤을 생산하기로 예정하고 있다.[37)]

장쑤(江蘇)성에도 수많은 한국 기업이 진출하였다. 2005년까지 이미 1,357개 기업이 한국 수출입은행에 신고하였다. 장쑤(江蘇)성에는 10,796.3만 달러를 투자한 한국타이어가 있고 8,969.2만 달러를 투자한 삼성전자, 6,974만 달러를 투자한 주식회사 포스코 등 큰 기업들이 있다. 장시(江西)성에 진출한 한국 기업 중에는 25개 기업이 한국 수출입은행에 신고하였다. 그 곳에는 총 투자액이 1,290만 달러인 신무림제지 등의 기업이 있

36) (중) 이진산 주필, 「중국 한겨레사회 어디까지 왔나?」, 흑룡강조선민족출판사, 2006년, 77쪽.

37) (중) 흑룡강신문, 2006년 7월 16일-22일.

다. 푸젠(福建)성에 진출한 한국 기업 중 116개 기업이 한국 수출입은행에 신고하였다. 이곳에는 총 투자액이 2,000만 달러에 달하는 LG 마이크론, 496.4만 달러를 투자한 우인코퍼레이션 등 비교적 대기업들이 진출하고 있다.

안후이(安徽)에 진출한 한국 기업 중에는 50개 기업이 한국수출입은행에 신고하였다. 그 중에는 1,020.1만 달러를 투자한 (주)녹십자회사 등의 기업들이 있다. 화둥(華東)지구에 상주하고 있는 한국인은 대략 6만 명 정도로 집계되고 있다. 그 중 상하이(上海)에 4만 명, 이우(義烏)에 5천여 명, 쑤저우(蘇州)에 4천여 명, 난징(南京)에 2천여 명, 우시(無錫)에 2천명, 항저우(杭州)에 1천여 명, 닝퍼(寧波)에 1천여 명 가량 되는 것으로 나타났다.[38)]

5. 화난(華南)지구 진출상황

광저우(廣州), 선전(深圳)을 중심으로 광둥(廣東)성에 진출한 한국 기업 중에는 521개 기업이 한국 수출입은행에 신고하였다. 광둥(廣東)성에는 9,500 만 달러를 투자한 LG Philips LCD(주), 총 투자액이 6,600만 달러인 포스코 등 큰 회사들이 있다. 한국 상회에 가입한 회사는 광저우에 93개 가량이 있는데 그 가운데 5,188만 달러를 투자한 광둥(廣東)순덕포항강판유한회사, LG 등 대기업이 있다. 선전(深圳)에는 97개 기업이 한국상회에 신고하였는데, 그 중 큰 기업으로는 직원과 노동자가 2,700명에 달하는 보양산업제품공장 등이 있다.[39)] 하이난(海南)성에 진출한 한국 기업 중 27개 기업이 한국수출입은행에 신고하였다. 이 곳에는 네트워크 장비 생산회사가 있고, 510만 달러를 투자한 남양알로에회사가 있다. 한국 삼성광케이블회사는 하이커우(海口)에 5억 위안을 투자하였다.[40)]

---

38) (중) 이진산 주필, 「중국 한겨레사회 어디까지 왔나?」, 흑룡강조선민족출판사, 2006년, 45쪽.

39) (한) 중국 한국상회 회원 명록, 601-646쪽.

40) (중) 이진산 주필, 「중국 한겨레사회 어디까지 왔나?」, 흑룡강조선민족출판사,

윈난(雲南)성에 진출한 한국 기업 가운데 16개 업체가 한국 상회에 신고하였다. 한국수출입은행에 신고한 기업 수는 명확치 않다. 2001년 대한항공이 윈난(雲南)성에 자리를 잡으면서 이 지역에 한국인 관광객이 늘어나고 있다. 현재 윈난(雲南)성에 거주하고 있는 한국인은 2천 500여 명으로 추정되고 있는데 그들은 대부분이 서비스업체이거나 목재가공업에 종사하고 있는 것으로 나타났다.[41] 지금까지 화난(華南)지구에 상주하고 있는 한국인은 약 4만 명으로 추정된다. 그 중 선전(深圳)에 2만 5천여 명, 광저우(廣州)에 1만여 명, 둥관(東莞)에 4천여 명, 윈난(雲南)성에 2,500여 명, 하이난(海南)성에 400여 명 있는 것으로 추정된다.[42]

6. 화중(華中)지구 진출상황

후베이(湖北)성에 진출한 한국 기업 중에는 40여 개가 한국수출입은행에 신고하였다. 비교적 큰 규모의 기업으로는 300만 달러를 투자한 삼양화학산업 등이 있다. 후난(湖南)성에 진출한 한국 기업 중에는 27개 기업이 한국수출입은행에 신고하였다. 후난(湖南)성에는 1,000만 달러를 투자한 한국전기초자(주) 등의 중견기업이 포함되어 있다. 간쑤(甘肅)성에 진출하여 한국수출입은행에 신고한 기업은 도합 7개다.

쓰촨(四川)성에 진출한 한국 기업 중 한국수출입은행에 신고한 기업은 모두 67개다. 그중 3천만 달러를 투자한 LG EIECTRONICS(CHINA) CO.LTD, 2,250만 달러를 투자한 HUVIS-SIGHINA. STAPLEIBER 등이 비교적 큰 기업에 속한다. 청두(成都)에는 10개의 한국 여행사가 있다. 현재 청두(成都)에 투자한 업체는 30여개로 전자, 가전제품, 화학섬유 등을 생산, 경영하며 1,000여명의 한국인이 생활하고 있다. 한국 기업의 서부

2006년, 29쪽.

41) (중) 흑룡강신문, "아름다운 진달래 운남(云南)에도 핀다," 2006년 3월 26일-4월 1일.

42) (중) 이진산 주필, 「중국 한겨레사회 어디까지 왔나?」, 흑룡강조선민족출판사, 2006년, 5쪽, 29쪽, 330쪽.

지구 진출은 대(對) 중국 투자총액의 1.8%, 투자건수의 1.2%, 총 교역액의 2.4%에 불과하지만 앞으로 '가지 뻗기'전략이 실시되면 20억 위안의 영상(影像)기지건설 등 수많은 기업체가 들어 올 것으로 전망된다.[43)]

7. 화시(華西)지구 진출상황

산시(陝西)성에 진출한 기업 중 19개 한국 기업이 한국수출입은행에 신고하였다. 931.9만 달러를 투자한 (주)녹십자회사는 산시성에 진출한 기업 중 비교적 큰 기업이다. 시안(西安)시에도 여러 개의 한국 업체가 있는데 반도체, 통신, 제약 등 첨단 기술 산업에 종사하고 있다. 현재까지 시안(西安)에 진출한 한국인은 약 1천여 명으로 집계되었는데 43개 대학교에 500~600명 전후의 한국 유학생이 공부하고 있다. 시안(西安)시의 한국 기업은 시안 한국인상회를 세우고 한중 교류에서 자발적으로 참여하고 있다.[44)] 란저우(蘭州)시는 편벽한 서북지구에 위치해 있다. 그러나 최근 몇 년 간 한국의 15개 기업이 진출하였고 이와 함께 들어 온 한국인이 80여 명 정도이다. 그들은 대부분 의료기계, 인테리어, 여행사와 무역업에 종사하고 있다.[45)]

중국에는 5개의 자치구가 있다. 현재까지 자치구에 진출한 한국 기업은 100여 개가 넘는 것으로 추정된다. 그 중 한국수출입은행에 신고한 한국 기업은 22개인데 구체적인 지점은 한국수출입은행에서 밝히지 않은 상황이다. 내몽골자치구에 진출한 한국 기업이 81개라고 밝혀졌는데 이는 아직도 많은 한국 기업이 중국에 진출한 후 한국수출입은행에 신고하지 않았다는 것을 설명한다. 내몽골에 진출한 한국 기업은 대부분 중소기업으로 방직업, 의류제조업, 양식업, 식료품가공업 등이다.[46)] 2005년까

43) (중) 흑룡강신문, "'촉'나라도 이제는 겨레의 삶터," 2006년 3월 19일-25일.
44) (중) 흑룡강신문, "장안에서 풍겨오는 토장국 냄새," 2006년 4월 16일-22일.
45) (중) 흑룡강신문, "황하물 마시는 란주(蘭州)의 겨레들," 2006년 4월 9일-15일.
46) (중) 이진산 주필, 「중국 한겨레사회 어디까지 왔나?」, 흑룡강조선민족출판사,

지 한국산업은행에 신고한 대(對) 중국 진출 한국 기업의 상황은 다음과 같다.

[표 6-6] 2005년 한국수출입은행에 신고한 재중 한국 기업[47)]

순 차	성, 시	기업 수	순 차	성, 시	기업 수
1	간쑤성	7	14	안후이성	50
2	장시성	26	15	랴오닝성	2,542
3	장쑤성	1,357	16	자치구	22
4	광둥성	521	17	저장성	520
5	구이저우성	7	18	톈진시	1,524
6	지린성	1,100	19	칭하이성	1
7	푸젠성	124	20	허난성	52
8	베이징시	1,247	21	허베이성	363
9	쓰촨성	67	22	하이난성	27
10	산둥성	5,937	23	후난성	27
11	산시(山西)성	25	24	후베이성	40
12	상하이시	909	25	헤이룽장성	463
13	산시(陝西)성	19	합계	17,045	

중국에는 현재 베이징 등 4개의 광역시, 지린성 등 23개 성, 내몽골 자치구 등 5개의 소수민족 자치구, 홍콩・마카오 등 2개의 특별행정구가 있다. 위의 표는 한국수출입은행에 신고한 재중 한국 기업의 총수로서 중국의 25개 성,시에 진출한 기업 수가 도합 17,045개에 달한다. 이 숫자는 한국수출입은행에 신고한 기업 수만 집계한 것이다. 따라서 신고하지 않은 기업도 상당수 존재할 것으로 보아 중국에 진출한 기업의 총수는 위의 집계보다 훨씬 더 많을 것이라 예상된다.

한국 기업의 대규모 중국 진출에 따라 한국에도 제조 산업 공동화 현상뿐만 아니라 심각한 인구유동이 생겼다. 통계에 의하면 현재 중국에

2006년, 394쪽.

47) (한) 2005년 한국산업은행의 통계에 근거하여 제작, 중국에는 5개 자치구가 있는데 여기서 자치구란 어느 자치구를 가리키는지 명확하지 않다.

서 생활하는 한국인은 40여만 명이 넘는 것으로 추정되고 있다. 한어(漢語) 수평고시(HSK)에 참가하는 한국인 직장인 및 학생들이 대거 중국에 체류하고 있으며, 이들의 수는 한어(漢語)공부를 하고 있는 전체 외국인의 60%를 넘고, 중국에서 유학하는 학생 수만 5만 명이 넘는다고 한다.[48] 지금의 추세로 나가면 오는 2008년에는 중국에 거류하는 한국인은 대략 100만 명이 넘을 것으로 예상되고 있다. 한국인의 증가에 따라 한국인 집거지구에 코리아타운이 형성되고 있고 여기에 조선족이 집중되고 있는바 베이징의 왕징(北京望京), 선양(沈陽)의 서탑 거리 등이 대표적이라 할 수 있다.

[표 6-7] 2006년까지 한국인 중국 진출 상황(단위: 명)[49]

지 역	한국인 수	지 역	한국인 수
연 변	10,000	광둥성	30,000
지린성	40,000	하이난성	400
헤이룽장	5,000	윈난성	2,500
랴오닝성	43,000	쓰촨성	1,000
수도권	125,000	충칭광역시	300
산둥성	120,000	간쑤성	80
상하이	60,000	산시(陝西)성	1,000
총 합 계	438,280		

Ⅱ. 재중 한국 기업 내의 조선족

중국이 개혁개방정책을 실시하면서부터 일부 한국 기업들이 중국에 진출하였으나 초기의 규모는 비교적 작은 편이었고 대부분은 중국에 있

48) (중) 흑룡강신문, 2005년 12월 18일-24일.

49) (중) 이진산 주필, 「중국 한겨레사회 어디까지 왔나?」(흑룡강조선민족출판사, 2006년) 및 2006년 흑룡강신문에서 자료를 뽑아 정리했으며 여기의 숫자는 대략적인 숫자임.

는 조선족 친척의 소개에 의하거나 혹은 친척의 부탁으로 동북조선족 집거지구에 진출하였다. 이를 계기로 한국 기업들의 중국 진출을 위한 탐색이 시작되었다. 당시 한국 기업들은 중국과의 문화적 차이를 염려한 나머지 중국에의 직접 투자를 꺼리고 있었다. 그러나 한중 관계가 개선되고 조선족이라는 효과적인 현지 중개인의 존재를 깨닫게 되면서 점차 중국 내지로 진출할 수 있게 되었다.

1. 연변 내 한국 기업의 조선족

외자기업의 연변진출은 1984년부터 시작되었으며 자금은 1989년부터 중국으로 유입되기 시작하였다. 현재 연변에는 한국 기업이 414개, 실제 투자액이 23,935만 달러로서 전체 외자기업 실제 투자총액의 58%를 차지한다.[50] 연변의 한국 회사 업종은 공업으로부터 농업, 식품 및 의료위생 등 다양한 분야에 걸쳐 있다. 2004년 연변관계부문의 통계에 따르면 연변에 투자한 비교적 대규모의 한국 기업 가운데 공업생산기업은 323개, 농업분야는 267개, 요식업분야는 43개, 부동산관련업종은 11개였으며 기타 업종은 137개였다.[51] 그들의 분포를 보면 옌지(延吉)시에 가장 많이 집중되었고 그 다음은 훈춘(琿春)시에 집중되었다. 투먼(圖們), 룽징(龍井), 허룽(和龍), 안투(安圖), 둔화(敦化) 등 현과 시에는 한국 기업이 많지 않다.

연변지구 한국 기업에 취업한 조선족들의 상황을 보면 고등교육을 받은 중년 인사들이 한국 기업의 부사장 등 고급관리 직무를 맡아보고 일부 청년들이 회사의 사무직에서 일하고 있다. 그 외에 기업의 크기에 따라 10~20여명의 조선족 노동자들이 고용되고 있다. 현재 연변 내의 한국 기업에서 일하고 있는 조선족 직원은 약 4,000여명 가량으로 추산된

50) (중) 신만근, 「도문지구개발 중 연변외자이용연구」, 민족출판사, 2006년, 84쪽.
51) (한) 최웅용 등, 「중국 조선족 사회의 경제 환경」, 집문당, 118쪽.

다. 연변성보국제비지니스대하유한회사에는 200여명의 조선족 직원이 있으며 연변대학복지병원은 중한 합작병원이고 원장과 임직원 및 60여명의 의사, 간호사들이 모두 조선족이다.

한국 기업에 취업한 조선족들의 상황을 보면 여성들이 남성보다 4배 정도 많다. 대학졸업생들은 의료위생기구에 있으나 그 수가 많지 않고 대부분은 중학교나 중등전업 졸업생으로서 공장의 노동자이거나 요식업체 등 제3차 서비스산업에서 종업원으로 일하고 있다. 한국 기업에 취업한 직원은 청년층이 대부분이고 일부 40~50대 여성들은 식당 주방에서 일을 보고 있다.

중국으로 진출하는 한국 기업의 증가와 함께 조선족들의 취업의 문은 점점 더 넓어지고 있다. 조선족 50대의 부녀자들 가운데 한국인의 집에 가서 보모 일을 하는 사람들이 늘어났고 아이들의 중국어 학습을 도와주는 가정교사도 늘어났다. 현재 연변지구에서 한국인의 집에 가서 일하는 조선족 부녀자 수는 대략 700여명으로 추정되고 있다.

2. 헤이룽장(黑龍江)성 한국 기업 내의 조선족

헤이룽장(黑龍江)성에 진출한 한국 기업 내의 조선족은 연변보다 훨씬 많다. 현재 헤이룽장(黑龍江)성에 있는 한국 기업에 취업하고 있는 조선족은 약 5,000여명으로 추정되고 있는데 일부는 사무직이거나 공장에서 주차 관리를 하고 있으며, 대부분은 고등학교 졸업생으로 문화수준이 높지 않은 청년들이다. LG전자는 처음에 수많은 조선족을 채용하였는데 현재는 한족을 더 많이 쓰고 있다. 헤이룽장(黑龍江)성에 진출한 한국인들이 늘어남에 따라 농촌의 중년부녀자들 상당수가 한국인의 집 보모로 일하고 있다. 현재까지 한국 기업에 진출한 조선족들 가운데에는 서비스업종에서 일하는 사람이 생산직에서 일하는 사람보다 많고, 중년 이상이 청년보다 많으며 여성이 남성보다 훨씬 많고 문화정도가 낮은 사람이 문화정도가 높은 사람보다 많은 것으로 나타나고 있다. 그러나 총체적으로 한국 기업에 취직한 민족별 비례를 보면 조선족이 한족이나 다른 민족보다 훨씬 더 많다. 이는 조선족의 문화가 언어와 함께 이중성의 성격을 띠고 있어 한중 간에 중개역할을 잘 할 수 있기 때문이다.

3. 랴오닝(遼寧)성 한국 기업의 조선족

선양(沈陽)은 조선족이 비교적 집중되어 있어 한국인들에게 언어소통문제가 별로 없고 한국과의 교통도 비교적 발달되어 초기부터 한국 기업인들의 주목을 받았다. 그리하여 한중 수교 전부터 몇 십 개의 한국 기업이 선양(沈陽)에 발을 들여 놓았으며 연이어 다롄(大連)에도 진출하기 시작하였다. 그 후 많은 한국 기업들이 다롄(大連), 선양(沈陽), 단둥(丹東), 잉커우(營口) 등지에 진출하기 시작하면서 많은 조선족들이 한국 기업에 취업하였다.

현재 랴오닝(遼寧)성, 선양(沈陽), 다롄(大連)의 한국 기업에 종사하는 조선족의 상황을 보면 사무직을 보는 사람이 노동자보다 많은 특징을 나타내고 있다. 즉 조선족 대학생들이 한국 기업에 많이 취직되었다는 것이다. 그 외에 서비스 업종에 종사하는 조선족 청년들은 대부분 고졸 이하의 수준이고 식당에서 근무하는 조선족들의 대부분은 여성이다.

선양(沈陽)의 한국 기업에서 일하는 조선족은 약 5천여 명으로 추정되는데 그 중 대학졸업 이상의 학력을 가진 1,000여명이 대한항공회사, 한국영사관 등의 기관에서 직원으로 일하고 있으며, 나머지 대부분은 일반 한국 기업의 노동자로 근무하고 있다. 그들 대부분은 청년들이고 여성이 남성보다 훨씬 많으며 일부 연령이 많은 여성들의 대부분은 한국식당 주방에서 일을 하거나 기업의 식당에서 일을 하고 있다. 다롄(大連)에 있는 한국 기업에서 근무하는 조선족 인원수는 약 1만여 명으로 추정되는데 학력이 대학교 이상인 청년들은 사무 업무에 종사하고 고졸인 청년들은 회사에서 비서, 타자원 등의 단순 업무나 서비스업체의 종업원으로 일하고 있다. 중년 이상의 여성들은 대부분이 한국 기업의 식당이나 한국식당업 주방에서 일하고 있다. 다롄에도 중년 이상의 조선족 부녀가 많이 있는데 한국 기업의 진출과 함께 한국인 집의 보모로 들어가 일할 기회가 많아진 이유 때문이다.

랴오닝(遼寧)성에 진출한 한국 기업도 대부분 조선족들의 중개 작용의 덕을 보고 있다. 조선족 회사원들은 대부분 자기들이 소유한 이중문화 특질에 따라 1~2개 이상의 외국어(한국어, 일어, 영어 등)까지 구사할 수가 있어서 한국 기업에게는 무엇보다 소중한 인적 자원이라 할 것이다.

4. 베이징(北京)의 한국 기업에 진출한 조선족

현재 베이징(北京)에는 한국인과 조선족이 우다오거우(五道溝), 왕징(望京), 아시아운동촌(亞運村) 등의 지역을 중심으로 코리아타운을 형성하고 있다. 총 인구가 1,430여 만에 달하고 유동인구가 매일 80여만 명에 달하는 베이징(北京)에서 조선족들은 기업, 여행사, 오락업, 요식업 등에 종사하고 있다. 현재 베이징(北京)의 한국 기업에 취직한 조선족은 약 2만여 명 정도이고, 젊은 대학졸업생들이 많다. 그들은 한국 회사에서 한중 간의 중개적 역할을 담당하고 있다. LG전자 베이징(北京)지사, 대우지사, 삼성지사 등 큰 기업에는 40대의 조선족이 법률 고문 등의 고위직으로 있는데 그들은 원래 연변조선족자치주 정부기관, 법원, 대외무역국 등의 기관에서 책임자로 있던 사람들이다. 베이징(北京)에 진출한 현대자동차 등의 대규모 공장들은 일부 조선족 관리인원 외 다수의 한족 노동자를 고용하고 있다.

톈진(天津)시, 허베이(河北)성 일대에도 수천여 개의 한국 기업이 있는데 대부분 방직회사 등의 경공업기업이다. 허베이(河北)성 창저우(滄州)에만 하여도 1996년에 진출한 진화(振華)방직유한회사 등의 규모가 큰 기업들이 있다. 2000년 전에는 톈진(天津)시와 허베이(河北)성 일대의 한국 기업들도 조선족 집거구나 해당 지역의 조선족 기업가, 기관 간부들과 연계해 진출하였으며, 진출 후에도 조선족을 회사에 등용시켜 중국과의 거래를 맡아보게 하고 있다. 현재 톈진(天津)시와 허베이(河北)성 일대의 한국 기업에서 취직하고 있는 조선족은 대략 2만여 명으로 추정되고 있다.

5. 산둥(山東)성 한국 기업의 조선족

산둥성은 한국과의 거리가 가깝고 항공운수, 항해운수 등이 편리하며 기후조건이 한국의 인천이나 서울지역과 거의 비슷하다. 산둥(山東)성은 도로 사정도 좋은 편이며 투자환경건설이 잘 되어 있어서 한국 기업이 가장 진출하기 좋은 곳으로 주목받아 왔다. 수많은 조선족이 산둥(山東)성의 한국 기업에 취직하고 있는데 총 인원 수는 약 3만 여명으로 추정하고 있다. 그들 중 일부인 5,000여 명의 대학졸업생들은 한국 기업에서 사무직을 보고 있으며 나머지 대부분은 웨이하이(威海)방직공장 등의 기업에서 노동자로 일하고 있다.

산둥(山東)성에 진출한 조선족들 중 적지 않은 인원이 한국 기업과 조선족이 운영하는 3차 서비스산업에서 일하고 있는데 여성이 남성보다 많고 청년들이 노년보다 많다. 50여세의 부녀들은 한국 기업이나 한국 식당의 주방에서 일을 하고 있다. 칭다오(靑島)에 진출한 조선족의 상황을 보면 동북지역에 두고 온 가족들을 데려가는 경우가 다른 지역보다 많다.

산둥(山東)성 한국 기업에서 일하고 있는 조선족들은 임금이 다른 지역보다 상대적으로 낮다는 이유를 들어 더 좋은 지역의 외국회사로 옮기려는 움직임을 보이기도 한다. 때문에 산둥(山東)성의 한국 기업들은 많은 경우에는 통역관이나 관리직에 몇 명의 조선족들을 고용하는 외에는 대부분 한족 근로자들을 채용하는 쪽으로 전환하고 있다.

6. 화동(華東) 및 화난(華南)지구 한국 기업의 조선족

세계금융도시로 부상하고 있는 상하이(上海)에도 한국 기업의 진출에 따라 조선족 기업이 늘어나고 있다. 현재 상하이(上海), 저장(浙江)성 등지의 한국 기업에서 일하고 있는 조선족은 약 2만 6천 명으로 추정되고 있다. 인구가 100만 명이 있는 저장(浙江)성 이우(義烏)에만 1만 명의 조선족이 한국 회사, 일본 회사 및 조선족이 경영하는 회사에서 근무하고 있다. 그들 중 대학졸업생들은 회사에서 사무직, 통역, 기술자로 일하고 있으며 일부 중고졸업생들이 한국 회사의 비서실에서 타자나 잡무에 종사하고 있다. 한국 공장에는 조선족들이 판매업에 종사하는 외에 개별적으로 일하는 조선족 노동자는 극히 적었다.

광저우(廣州), 선전(深圳) 등 화난(華南)지구의 상황도 상하이와 비슷하였는데 그곳의 한국 기업에 근무하는 조선족들은 대부분 청년대학졸업생으로서 그 인원 수가 약 8천여 명으로 조사되었다. 위와 같이 중국 대도시에 진출한 한국 기업에는 문화수준이 다른 곳보다 비교적 높은 조선족 청년들이 근무하고 있으며 대부분이 통역, 중국 측 부부장 등 중요한 직책을 맡고 있다. 그리고 상하이(上海), 광저우(廣州), 선전(深圳) 등의 한국 기업에서 근무하던 조선족들 중 직장생활을 그만두고 자기의 회사를 세운 조선족 청년들이 타 지역에 비해 상대적으로 많았다.

사실 한국 기업들이 처음 중국에 진출할 때는 중국 시장과 지역실정에 대해 무척 생소하였다. 이 때문에 조선족이 한국어나 중국어에 능통하고 중국의 사정에 밝기 때문에 한국 업체에 채용되어 초기정착단계의 어려움을 함께 나누며 한국 기업과 같이 성장해 왔다. 그 과정에서 조선족들은 기술을 배웠고 경영을 배웠으며 시장을 더 깊이 알게 되었다. 그리하여 한국 기업에서 일하고 난 후에 자체 역량으로 회사를 세우기 시작하였다.

조선족이 한국 기업의 중국 진출에서 매개적인 작용을 하였다면 다른 한편으로는 재중 한국 기업이 적지 않은 조선족 기업인재를 양성한 셈이다. 연해지구로 진출한 조선족들 가운데 상당수는 한국 기업과 그곳의 한국인들을 통하여 일을 배운 후 자기의 시장 아이템을 가늠해 보고 기업을 시작한 것이다. 식당, 사우나, 노래방, 안마원, 중국어학원, 마트, 민박 등 많은 조선족 서비스업체의 소비주류는 한국인이다. 후에 조선족 업체의 증가와 함께 조선족들도 소비주류로 상승하기 시작하였는데 이런 의미에서 볼 때 한국 업체의 중국 진출은 조선족들의 대도시 진출을 위한 길을 열어 주었다고 할 수 있다. 다시 말하면 이것은 한중 간, 한국인과 조선족 간의 윈-윈 구도의 형성과정이라 할 수 있다.

한국 기업의 진출은 조선족의 다양한 취업을 보장하여 그들의 직업 비율을 변화시켰다. 한국 기업이 진출하기 전 조선족의 직업을 보면 대부분이 농업에 종사하였고 상공업에 종사하는 사람이 약간 있었을 뿐이다. 그러나 한국 기업의 진출과 함께 한국 기업에 종사하는 사람들이 늘면서 조선족의 직업 구조는 큰 변화를 가져왔다.

2000년 전국 제5차인구조사의 통계에 의하면 조선족 인구는 1,788,773명이였는데 54.2만 여명이 1차 산업에 종사하여 30.3% 가량 되었다. 이는 1990년의 51.7%보다 21.4%나 감소된 것이다. 즉 1차 산업에 종사하던 많은 사람들이 농촌을 떠나 도시의 한국 기업, 조선족 기업에 들어가 취업했다는 것을 의미한다. 그 중 연변에서 1차 산업에 종사하는 조선족은 44%로 계속해서 1위를 차지하였는데, 이는 연변의 조선족 농민들보다 다른 지구의 조선족들이 중국 내 한국을 비롯한 외국인 기업에 더 많이 취직하였으며, 또한 연변에 들어온 한국 기업 수가 적었다는 것을 설명한다.

2000년 전국적으로 사무직에 종사하는 조선족 공무원은 124.980명으로 나타났다. 이는 전체 조선족 인구의 6.6%를 차지한다. 지역별 비율을 보면 연변이 38.79%, 헤이룽장(黑龍江)성이 27.2%, 지린(吉林)성이 15.83%, 랴오닝(遼寧)성이 14.4%이다. 이는 연변이거나 동북3성에 진출한 한국 기업에 조선족들이 적지 않게 사무직에 취업해 있다는 증거이다.

한국 기업의 중국진출은 지금도 계속되고 있으며 앞으로도 계속될 것이다. 한국 기업의 진출은 중국의 저렴한 인력을 활용하는 것이 중요한 원인이다. 그러나 현재 중국에 진출한 한국 기업들은 인력난으로 고생하고 있다. 서부지역의 대개발로 인한 청년지식인의 진출, 문화수준이 비교적 높고 자아가치를 추구하며 자아보호 능력이 높은 고소득 노임의 2세대 노동자들이 1대의 노동자들을 대체하면서 구직자가 채용자보다 더 많던 국면을 바꾸어 놓은 것이다. 그리하여 2004년 광둥(廣東), 저장(浙江), 푸젠(福建)성 등 연해지구의 한국 기업에서 발생한 인력난 현상이 현재 산둥(山東), 베이징(北京) 등 여러 곳의 한국 기업에서도 나타나고 있다. 인건비도 예전의 매달 4-5백 위안에서 보편적으로 1,000 위안 이상 올랐다. 이와 같은 문제들을 적절히 해결하지 않으면 한국 기업의 중국 진출은 향후에 큰 곤란을 받을 수도 있다.

Ⅲ. 한국과 중국에 미치는 조선족 사회의 영향

한중 관계는 조선족 사회에 큰 영향을 주고 있으며 조선족 사회도 한중 관계의 발전에 일정한 영향을 미치고 있다고 평가할 수 있다. 한중 수교 이후 한국 기업의 중국 진출이 대폭 증가하고 있는 원인은 물론 제조업 공장 이전과 값싼 노동력 등에 따른 경제적인 협력의 필요성에 있겠지만 그 진출이 폭발적으로 이루어진 것은 조선족 사회의 중개역할이 큰 몫을 차지하였기 때문이다. 상이한 문화체계 간의 교류는 언어 및 생활관습의 장애로 인해 초기 적응기에 상당한 시간을 필요로 한다. 그러나 중국 조선족 사회의 이중적인 복합문화의 역할로 인해 한중 간의 교류는 문화적 장애를 최소한으로 줄일 수 있었으며 남보다 빠르게 그 장애를 해소할 수 있었다.

조선족 사회는 앞으로도 상당 기간 동안 그 기능을 유지할 것이며 그들이 쌓아 온 노력에 상응하여 앞으로 한중 관계의 발전에서 더욱 비중 있는 중개역할을 감당하게 될 것이다. 이러한 매체적 역할로 인해 조선족 사회도 자신들의 경제, 사회 발전과 이를 위한 원동력을 확보할 수 있을 것이다.

1. 조선족 사회가 한국에 미치는 영향

조선족 사회가 한국 사회에 주는 영향은 주로 두 개 측면에서의 분석이 가능하다. 그 하나는 동포사회로서의 민족적 유대관계 역할이며, 다른 하나는 이중문화의 장점을 통한 한중 간의 경제, 문화교류에서 한국에 기여하는 매체적 영향이다. 세계각지에 산재하고 있는 화인사회(華人社會)가 중국에 주는 영향과 마찬가지로 조선족 사회도 세계 한인사회의 일부분으로서 그 민족적인 유대관계로 인해 한반도에 영향을 끼칠 것이다. 더욱이 중국의 조선족 사회는 세계에서 유일하게 오랜 세월동안 한반도 문화를 보존해 온 한민족 동포사회로서 한반도에 줄 수 있는 영향은 더욱 크다고 볼 수 있다. 물론 중국의 공민집단으로서 조선족은 한반도에 정치적인 영향력을 행사할 수는 없으나 경제적이고 문화적인 측면에서의 영향력은 충분하기 때문이다.

중국 조선족과 한국 간의 교류 초기, 일부 조선족들은 모국의 존재를 확인하며 자신도 금방 따라서 잘 살 수 있을 것으로 보고 모국의 일구성원이 된 듯 착각하였다. 일부 한국인 또한 조선족을 자기 나라의 당연한 구성원으로 착각하였었다. 이러한 민족감정에 치우친 인식으로 인해 조선족들의 모국에 대한 기대감은 차츰 실망감으로 바뀌었으며 한국인들의 조선족에 대한 자세도 그들을 부담거리로 간주하는 쪽으로 흘러갔다. 그리하여 그들은 상호간에 많은 진통을 겪어 왔으며 불신의 골은 점점 깊어졌다. 이러한 갈등을 거듭하면서 조선족은 점차 조선족으로서 중국의 국민이라는 정체성을 확인하게 되었으며 한국인들도 조선족 사회를 중국 국민집단으로서의 동포사회라는 시각으로 바라보게 되었다. 이러한 인식을 전제로 하여 조선족 사회는 점차 양국 간의 중개자 역할을 담당함으로써 한국과 중국 사회 발전에, 민족의 화합에, 나아가서는 세계 평화와 공존에 기여할 수 있을 것이다.[52]

조선족은 한중 교류에서 중개적인 작용도 할 뿐 아니라 양자관계를 조화롭게 만드는 조해(調解)자의 역할도 담당하고 있다. 한중수교 이선, 장기간의 냉전 영향으로 한국과 중국의 조선족 사회는 같은 혈연관계와 문화의 뿌리를 가졌음에도 불구하고 오해와 갈등으로 얼룩졌었다. 그러나 조선족의 한국 나들이와 한국 기업 근무를 통하여 한국인들이 조선족 사회를 알게 되었고 중국의 많은 부분을 이해하게 되었다. 특히 백두산, 두만강, 방천유람을 통하여 북한과 가까운 변경에 있는 연변지역사회의 특수성을 많이 이해하게 되었다.

한국인 관광과 한국 기업들의 중국 진출에서 가장 중요한 중개적 지역은 연변 조선족 사회이고 가장 중요한 매개자 또한 조선족이라 할 수 있다. 한국은 대(對) 중국 진출에서 많은 이익을 얻었으나 실패한 사례들도 많다. 한국인들의 실패한 사례들을 분석해 보면 중국문화에 대한 이해가 결핍되어 있고 중국문화에 적응하려는 시도가 적은 반면 문화적인 배타성을 강하게 나타내고 있는 것이 중요한 원인이라 할 것이다. 또한 중국사회의 문화적 특성을 활용하지 못한 것도 원인 가운데 하나이다.[53] 자신과 다른 문화, 생활습관, 사고방식을 알고 존중하는 것이 남의 땅에서 성공할 수 있는 관건인 것이다.[54]

한국 기업의 중국 진출에서 조선족들의 역할은 뚜렷하다. 특히 한국

---

52) (한) 정신철, 제 2 차 재일본 중국조선족 국제심포지엄 발언요지, 2005년 11월 13일, 중국조선족연우포럼 사이트.

53) (중) 김강일, "중국 조선족 사회 지위론," 「중국조선족사회의 문화우세와 발전전략」, 연변인민출판사, 2001년, 39쪽.

54) (중) "실패한 원인은 중국을 너무 모르는 데 있다," 요녕조선신문, 1996년 10월 19일.

중소기업이 중국 진출에서 성공할 수 있었던 중요한 원인은 조선족 사회를 적극적으로 활용하였기 때문이다. 한국 업체의 흥망성쇠가 한국인과 조선족 간의 화합 여하에 달렸다고 해도 과언이 아닐 정도이다. 초창기부터 조선족들을 신뢰하고 그들과 화합을 잘 이룬 한국 업체는 성공했고 반대로 조선족들의 작용을 무시한 업체는 일이 순조롭지 못했다.55) 일본인들은 칭다오(青島)에 진출한 한국 업체가 일본 업체의 15배나 달하는 사례를 들면서 한국의 대(對) 중국 진출에 조선족 사회가 엄청난 기여를 하고 있다고 말한다. 이는 한국인들 자신이 중국 조선족 사회의 역할을 제대로 평가하지 못하고 있다고 하더라도 객관적인 사실로 받아들여지고 있음을 말해 준다. 만일 한국인들이 보다 넓은 시각에서 조선족 사회의 지위와 역할을 인식하고 활용한다면 한중 관계에서 그 어느 민족보다도 훨씬 더 유리한 위치를 확보할 수 있을 것이며 훨씬 더 많은 것을 얻을 수 있을 것이다.

조선족은 한국을 돕고 있다. 현재 25만여 명이 넘은 조선족이 한국에서 일하고 있다. 이는 4천여 만 명이 넘는 한국으로 보면 아무것도 아니라 할 수 있을 것이다. 그러나 그들이 하는 일은 한국인이 하기 싫어하는 일이고, 같은 일이라 하여도 한국인의 인건비보다 훨씬 싼 값으로 일한다는 점에서 한국에 대한 기여도가 적지 않다고 보아야 한다. 한국의 적지 않은 중소기업들은 조선족의 귀국으로 인하여 생산이 정지될 정도로 인력난의 위기에 처하고 있는데 이것만 봐도 그들의 중요한 역할을 알 수 있다.

2. 조선족 사회가 한반도 남북관계 개선에 주는 역할

조선족 사회와 한반도 간에는 쌍방향적인 이익구도가 존재한다. 한반도의 중요한 동포사회로서 중국 조선족 사회의 건전한 발전은 한중 관

55) (중) 오정창, "정말 조선족동포가 필요 없을까," 흑룡강신문, 1996년 11월 30일.

계, 한국의 경제발전에 일정한 역할을 행사할 뿐만 아니라 한반도 남북의 접촉과 관계개선, 나아가서는 통일문제에까지도 중대한 영향을 끼칠 수 있다. 그 원인으로 중국 조선족 사회는 한반도와 중국 사이에서 문화전환기능을 할 수 있으며, 한반도의 남과 북 사이에서도 중요한 문화전환계통, 즉 문화를 중심으로 경제, 무역, 기술교류에 있어서 중립적 중개역할이 가능하기 때문이다.

남북은 반세기가 넘는 분단의 세월 속에서 서로 다른 이념에 기초한 상이한 문화체계를 이루었다고 할 수 있다. 민족의 분단은 문화적인 분리의 위기이며 민족의 통일이란 궁극적으로 문화의 융합을 뜻한다. 문화심층의 위기를 해소하고 분리된 문화체계를 정합체계(整合體系)[56]로 이끌어가는 작업이 바로 민족통일이다.[57] 상극으로 나타나는 남북의 문화체계가 빠른 시일 내에 문화적인 융합을 이룬다는 것은 결코 쉬운 일이 아니다. 한반도의 통일은 문화적인 모순과 경제적인 격차로 인하여 정치적인 통일보다도 경제문화적인 공존이 더욱 다급한 과제로 제기되고 있다.

한반도의 통일에 있어서 가장 긴요한 과제가 문화적인 내적 소통에 있다면 한반도의 남북은 모두 조선족 사회를 문화전환계통으로 간주하고 활용할 필요가 있다. 우선 조선족은 한반도의 양측과 혈연관계가 있는 민족이다. 또한 조선족 사회는 사회주의 문화와 자본주의 문화 양쪽에 모두 익숙하며 현실적으로 남과 북 간에 일정한 범위 내에서 자유롭게 내왕할 수 있는 교통 여건이 마련되어 있다. 조선족 사회는 이미 상당한

---

56) 저자 주: 일반적으로 계통론 이론에서 쓰이는 개념인데 한 계통의 구성요소(자계통)들이 계통 전체의 변화방향과 일치성을 보이므로 가장 큰 정합효과를 보이고 있는 계통을 가리킨다. 어떤 계통은 그 구성요소들이 변화의 방향상 계통 전체와 일치성을 보이지 않기에 계통의 문란으로 이어질 수 있다. 예를 들면 인체의 병든 장기가 바로 계통 전체의 변화방향과 일치성을 보이지 않기에 인체에 치명적인 해를 일으킨다. 즉 건강한 장기들은 모두 인체라는 계통 전체의 변화방향과 일치성을 보이고 있기에 인체는 비로소 가장 큰 기능을 지니게 된다. 정합체계란 바로 가장 큰 계통의 기능을 강조하기 위해 쓰이는 개념이다.

57) (중) 김강일, "평화적 통일의 철학적 원리," 한국철학회, 「철학연구」(제60집).

정도로 변연문화구역을 형성하였고 복합문화의 성격을 강하게 나타내고 있기에 한중 관계와 남북한 관계에서 문화전환기능을 손쉽게 발휘할 수 있는 것이다. 다시 말해 중국 조선족 사회 문화는 한반도 문화와 중국 문화, 그리고 사회주의적인 문화와 자본주의적인 문화가 복합적으로 결합된 다중구조의 문화라고 할 수 있다.

일반적으로 문화전환계통 혹은 문화중개계통의 기능은 상대방의 문화를 피접수자가 수용할 수 있는 문화신호로 전환하여 전달하는 것인데 두 개 문화체계가 서로 대립되어 있고 상대방의 문화를 이해할 수 있는 사유방식과 가치관이 결핍된 상황에서 문화전환계통의 역할은 대단히 중요하다. 특히 남북한과 같은 이념과 제도의 차이로 반세기 넘게 단절상태에 있는 문화계통 간의 교류에는 문화적인 이해의 결핍으로 많은 문제점들이 초래될 수 있다. 남북 상호간 경제, 무역, 기술교류 등에 있어서 이러한 문제점들을 해소하고 빠른 시일 내에 문화적인 소통과 융화를 이루어 사회기능을 원활하게 이끌어가려면 조선족 사회와 같은 문화중개계통이 적극 필요하다.

조선족의 역할은 각기 다른 소재를 섞어 음식물을 조리할 때 적은 양의 '소금'이 맛을 내고 간을 맞추는 기능을 하는 것과 같다. 조선족 사회는 두 개의 제도와 문화에 익숙해 있고 또 이미 그것들의 활용에 상당한 수준의 노하우를 갖고 있기 때문에 객관적인 입장에서 남과 북을 이어줄 수 있다. 특히 조선족 사회는 일본의 동포 사회와는 달리 남북한과의 교류에서 기본상 중립의 입장을 취하고 있으므로 남북 간의 문화충돌에서 우호적인 완충지대(Buffer Zone)로 부각되고 있다. 그리하여 조선족 사회는 한국과 북한의 사이에서 중개적인 매체 작용과 조해(調解)작용을 할 수 있는 것이다.

금강산 관광지구에서 일하고 있는 조선족들은 대표적인 사례가 될 만하다. 복무원의 70%(500명 규모)가 조선족인 이들은 (주)현대아산이 북한의 승인을 받아 중국 현지에서 모집・채용한 인력들이다. 대부분 식당·호텔의 종업원, 버스 기사 등으로 근무하고 있다.

북한 주민이 한국 관광객들과 직접 접촉하는 일을 통제하고 있는 북한 당국 입장에서는 관광 서비스 부문의 대체 인력으로 조선족을 기용해서 쓰는 일이 매우 효과적임을 알게 되었다. 그들의 인건비는 한국보다 훨씬 저렴했고 또한 계약기간 동안 현장에서 상주 근무할 수 있어서 관리상의 문제도 수월했다. (주)현대아산의 요청을 북한 측이 쉽게 받아들일 수 있었던 이유이다. 결과적으로 조선족들은 금강산 관광사업의 특수성을 고려할 때 남북한 교류에서 중립의 입장과 우호적인 완충 작용을 톡톡히 해 내는 매체인력이 되고 있는 것이다.

이와 같이 한반도 남북의 접촉에 있어서 조선족 사회는 더없이 중요한 역할을 할 수 있다. 1990년대 남북의 실질적인 접촉을 중개한 것은 중국의 조선족이었다. 그 시기 남북한 이산가족의 만남이 대부분 제3국인 중국에서 이루어졌고 그 만남을 연계한 사람은 조선족이었다. 남북한 학자들이 공동으로 참여하는 학술회의가 조선족을 중개로 옌지(延吉), 선양(沈陽), 베이징(北京)에서 이루어졌으며 남북 간의 경제협력의 주선 역시 상당수는 중국 땅에서 조선족에 의해 이루어지고 있다.[58] 조선족은 남북한의 화해와 협력에 상당한 역할을 했으며 지금도 하고 있다. 앞으로 중국 조선족은 남북한의 화해와 협력에, 나아가 한중 관계의 정상적인 발전과 동북아시아의 평화와 안정에서 중요한 역할을 할 것이다.

비록 제한적으로 진행되고 있기는 하지만 조선족의 남북한 방문은 남과 북의 직접적 접촉에서 오는 오해와 충돌을 막고 완만한 수준에서 서로의 정보를 공유할 수 있도록 도와주는 문화적 완충작용을 하고 있다. 북한주민들은 외부정보를 접수할 수 있는 통로가 극히 제한적인데 많은 부분은 조선족 사회를 통해 이루어지고 있다. 조선족 사회와의 교류에서 그들은 세계 각국의 발전실태와 한국사회발전의 현황 등을 보다 객관적으로 청취하고 있다. 물론 그러한 정보가 북한 사회에 얼마만한

58) (한) 최우길, 「남북관계와 중국 조선족 재외한인연구」, Vol.- No.11, 2001, 3쪽.

영향력을 행사하고 있는지는 알 수 없지만, 북한주민들이 한국사회의 문화를 이해하는 데 있어서 중개적인 역할을 하는 것만은 틀림 없다. 동시에 조선족 사회는 한국과의 교류에서 북한에 대한 한국 주민들의 이해를 더욱 깊게 해 주고 있다.

1990년대 후반 북한 주민들의 대량 탈북사태가 벌어졌을 때, 한국민간단체들은 인도주의적 차원에서 조선족 사회의 교류협력과 지원을 받아 북한에 대한 많은 구제를 실행할 수 있었다.

이와 같이 조선족 사회의 매개적인 역할은 남북 간의 이념적인 대결을 완충시키는 역할을 하고 있으며 통일문제, 경제협력 등 미래의 남북 간의 교류에서 더욱 큰 중개매체역할을 감당할 수 있을 것이다. 남북한의 현시점에서 보면 통일의 가장 큰 걸림돌은 북한의 체제유지에 기인한 제도적인 대립이며, 이 제도적인 대립을 완화시킬 수 있는 방법은 북한의 개혁개방이다. 북한이 점진적인 개혁과 개방을 실현하고 한반도 통일의 정치여건과 문화 환경을 조성하려면 중국의 경험을 참고할 필요가 있다. 지금까지 개혁개방을 실시한 사회주의 국가들 중에서 중국이 가장 성공한 나라에 속하기 때문이다.

3. 조선족 사회가 북한에 미치는 영향

중국의 경험은 북한의 미래 변화에 있어서 극히 중요한 성공사례가 될 것이다. 따라서 중국의 경험을 북한에 전달하여 점진적인 개방을 이룰 수 있도록 한다는 점에서 조선족 사회는 큰 기여를 할 수 있다. 사실상 중국의 개혁개방의 많은 경험들은 이미 조선족 사회를 통해 북한주민들에게 전달되었고 또 지금도 부단히 전달되고 있다. 이러한 문화전파는 의식변화를 일으킬 수 있는 문화기능의 역동성이란 면에서 매우 중요한 작업이라 할 수 있다.

북한의 경제회복에서도 조선족 사회는 무시할 수 없는 역할을 하고 있다.[59] 북한의 경제 상황은 단순히 한국의 대북지원에만 의존할 수 없는 형편이다. 조선족 사회는 비록 200만 명밖에 안 되지만 북한의 경제생활에 주는 영향력이 상당하다. 탈북자들의 증언에 의하면 현재 북한시장에서 유통되고 있는 상품의 대부분은 중국산이다. 중국산 상품의 수입은 주로 두 개 경로를 거치는데, 하나는 무역이고 다른 하나는 조선족들의 북한 방문과 북한 주민들의 중국 방문이다.

구 소련의 붕괴와 함께 냉전시대 때 거래했던 무역대상국을 거의 잃어버린 북한은 경제적인 측면에서 전적으로 중국에 의지하게 되었으며, 또한 이러한 과정에 실제적인 변방 무역의 민간경제교류를 현실화시켜주고 있는 조선족 사회의 역할 또한 매우 중요할 수밖에 없다. 그리고 1990년대 중반부터 북한은 심각한 식량난을 겪어왔는데 조선족 사회는 친지방문을 통한 무상지원을 많이 하였다. 1996년도의 통계에 따르면 투먼 세관(圖們海關)을 통한 조선족의 북한 방문은 47,545회나 되며, 그 중 상당 부분이 친척방문으로 방북한 사람들이다. 그들이 휴대한 식량은 일인당 150-200kg에 달한다. 북한에 대한 식량과 생활필수품 지원은 지금도 진행되고 있으며 조선족 사회가 북한의 경제난 해소에 상당한 기여를 한 것으로 평가된다.

4. 조선족 사회가 중국에 미치는 영향

중국 조선족 사회가 한국과의 교류를 통하여 중국 내륙지역에 끼치는 영향을 과대평가 할 필요는 없지만 그것에 대한 정확한 인식은 필요하다고 생각된다. 200만 명밖에 되지 않는 조선족 사회가 13억 중국인구에서 차지하는 비율은 몇 방울의 물로 묘사될 수도 있을 것이다. 하지만 그것이 중국제반사회에 끼치는 영향은 그 인구비례와는 달리 엄청나게

59) (중) 김강일, "남북통일에 있어서 중국조선족사회의 역할," 「중국조선족사회의 문화우세와 발전전략」, 연변인민출판사, 2001년, 446-448쪽.

크다고 평가할 수 있다. 조선족 사회가 중국내륙지역에 끼치는 영향은 적어도 세 개 측면에서 나타난다. 중국 내 모범적인 소수민족 사회로의 등장, 한중 관계발전의 매개구역의 형성, 중국의 동북아전략으로의 구축 등이 바로 그것이다.

우선, 중국 조선족 사회는 중국의 모범적인 소수민족지역으로 등장할 가능성을 지니고 있기에 기타 소수민족지역 건설의 모델이 될 수 있다. 중국 조선족은 백여 년동안 적극적으로 중국의 혁명과 건설에 힘을 바친 민족이며 중국의 각종 정책에 적극적으로 호응하고 그 실행에 앞장선 민족이다. 현재 조선족은 한국과의 혈연관계, 지정학적인 관계로 한국과 국내 대도시로의 진출을 이룩하였으며 중국 내에서 비교적 경제가 윤택한 소수민족으로 발전하고 있다.

현재 조선족의 직업구성도 다른 민족보다 합리화되어 있고 생활수준도 대부분이 해당 지역의 평균수준을 초과한다. 평균 문화수준이 중국에서 제일 앞자리를 차지하고 있으며 취업인구는 55%에 달하는데 이는 한족과 비슷하다. 중국 각 민족 인구의 생활수준 종합지수를 보면 조선족이 71.2로서 제일 높다.[60] 특히 조선족은 중국 각 민족 가운데 교육이 발전되고 국제화 수준이 제일 높은 민족이다. 그리고 조선족 사회와 기타 민족사회의 우호적인 관계도 주목할 만하다.

한중관계의 발전과 더불어 조선족들은 대량으로 한국의 기업에서 일하면서 선진기술을 학습하고 경영방법을 배워 왔다. 한국에 가서 노무에 종사하였던 조선족과 국내 한국 기업에서 일하던 일부 조선족은 벌어온 돈을 투자하고 배워온 기술을 발휘하여 자기의 고향에다 제조업체, 서비스업체 등 적지 않은 기업을 세웠다. 또 일부 사람들은 대도시에 가서 가공업체나 서비스업체를 운영하고 있다. 그들은 조선족 사회의 건설을 촉진함으로써 시장경제건설에 협력하고 있다. 조선족 사회가 건강하

---

60) (중) 김병호 · 오상순, "중국 내에서의 조선족 사회의 위치," 「중국조선족사회의 문화우세와 발전전략」, 연변인민출판사, 2001년, 53-56쪽.

고 성숙된 사회로 성장한다면 중국의 모범적인 소수민족지역으로 등장하게 될 것이며 중국제반사회에 성공적인 소수민족구역의 모델을 제공할 것이다.

또한 조선족 사회는 한중 관계의 발전을 위하여 중국에서 중개적인 역할을 한다. 앞에서도 자세히 살펴본 바와 같이 조선족 사회는 문화의 이중성격으로 인하여 한중 관계의 발전에서 중개적인 역할을 감당하였는데 그 비중은 앞으로 더욱 커질 것이다. 그로 인해 한중 관계는 더욱 빠른 움직임을 보일 수 있을 것이며 이러한 역할은 중국 내륙지역의 발전에 탄력을 부여할 수 있다. 현재 중국 내에는 다른 나라로부터 국경을 넘어 온 여러 개의 과경(跨境)민족이 있다. 조선족, 몽골족, 위구르족 등이 바로 전형적인 과경민족이다. 이러한 과경민족은 모두 변연문화의 성격을 지니고 있으며, 그들은 중국과 다른 국가들 사이의 관계발전에 중개적인 역할을 감당하고 있다. 이러한 과경민족지구가 중국의 전략적인 중개구역을 형성할 때 중국의 경계지역의 발전은 빠른 속도로 진행될 수 있을 것이며 문화적으로도 중국사회에 새로운 활력소를 주입해 줄 것이다.

또한 조선족 사회는 중국 동북아지역협력의 전략적인 구역으로 변신할 가능성을 지니고 있다. 중국의 동북아지역에서의 발전전략은 동북아지역의 국제적인 협력체를 이끌어 내려는 데 그 목표를 두고 있다. 중국은 1990년대 초반부터 두만강지구개발계획(TRADP)을 중심으로 하는 동북아지역협력에 주력하여 왔다. 그러나 이러한 노력은 국제적인 여건의 부족으로 아직까지 큰 진전을 보지 못하고 있다. 그 주된 원인은 한반도의 분단, 미국의 동북아지역에 대한 억제전략, 일본의 우경화 등에 있다. 하지만 핵심적인 문제는 한반도의 분단과 북한의 미 개방 상태에 있다고 볼 수 있다. 이러한 문제를 해결하려면 정부 차원의 노력이 필수적인 것은 당연하나 조선족 사회와 같은 민간문화 중개매체의 역할도 무시할 수 없다. 앞에서 언급한 바와 같이 조선족은 북한의 개혁개방과 한반도의 평화통일 과정에 상당한 역할을 할 것이다. 이러한 역할은 결과적으로 중국의 동북아지역발전전략의 기본 목표 달성에도 커다란 기여를 할 것이다.

조선족 사회는 일본 문화에도 상당히 익숙하다. 따라서 조선족 사회는 문화적으로 중국의 동북아발전전략의 중요한 전략적인 구역으로 성장할 가능성을 지니고 있다. 만일 조선족 사회가 동북아지역협력에서 그들의 문화적인 장점들을 충분히 발휘하기만 한다면 그것은 중국 동북지구의 '평화 발전'에 상당한 기여를 할 수 있게 될 것이다. 조선족 사회를 한반도와 중국과 일본을 이어주는 중개문화구역으로 건설하려는 의미가 바로 여기에 있다.

제 3 절 한중 문화교류와 조선족 문화

Ⅰ. 조선족 사회 변연복합문화의 기능

조선족 문화의 변연복합적인 성격은 과경(跨境)민족이라는 특수한 신분과 시대사적인 대외교류에서 형성된 것이다. 개혁개방 후 조선족 문화는 한국과의 광범한 교류를 통하여 민족성을 강화하였다. 동시에 중국의 내지에 폭넓게 진출하는 과정에서 중국의 중심문화를 더 깊게 습득하고 있다. 현대적인 한국문화와 현대적인 중국의 주류문화를 융화시키는 과정을 통하여 조선족 문화는 변연복합문화의 특징을 크게 강화하였다. 그리하여 어느 누구도 모방할 수 없는 자신만의 독특한 기능을 소유하게 되었다.

1. 조선족 문화의 문화전환기능

조선족 문화는 장기간의 시간을 거쳐 한중 두 나라 문화를 융합하여 이루어진 문화이다. 즉 한반도 문화체계가 다른 문화체계인 중국 문화체계를 수용하고 융합하면서 형성된 새로운 문화체계인 것이다. 모체문화인 한반도 문화와 중국 문화의 특징을 동시에 가지고 있으나 새로운 문화체계를 이루었으므로 한반도 문화와 구별되며 동시에 중국의 문화와도 구별되는 독특한 문화체계이다. 동시에 한반도이건 중국이건 다른 문화계통에 모두 쉽게 적응할 수 있는 문화자원을 형성하고 있다.

문화의 발전이란 결국은 문화의 변동, 즉 문화구조의 전환이다. 일반적으로 일정한 문화계통이 형성되면 새로운 문화구조와 외부정보에 대한 배타적인 성격을 띠게 된다. 하나의 문화가 새로운 정보에 대해 적극적인 반응을 일으키려면 일정한 범위 내에서 문화구조의 변동이 생겨야 한다. 흔히 볼 수 있는 문화구조의 변동은 두 가지 형태가 있다. 하나는 그 사회 자체의 정치·경제·의식형태 등의 변화로 문화의 자아변동을 이루는 것이고, 다른 하나는 타문화에 대한 문화이식(移植)과정을 통하여 새로운 문화체계를 형성하는 것이다. 문화이식을 통한 문화구조의 변동은 새로운 문화를 형성하는 보편적인 현상으로 새로운 문화의 생장점은 원래의 문화와 타문화의 접점에서 형성된다.[61)]

조선족 문화의 형성은 문화의 변동을 의미한다. 조선족 문화변동은 자아문화변동 혹은 외부문화의 충격으로 이루어지는 문화변동과는 달리 새로운 문화체계의 창출로서 부가적인 기능의 발전을 실현하고 있으며 나아가 문화전환의 기능으로 두 개 이상의 문화체계를 효과적으로 연결하고 있다는 데서 보다 적극적인 의미를 지니고 있다.

그러나 개혁개방 이전의 조선족 문화는 낙후한 문화의 결합으로 형성된 변연문화로서 미발달상태에 처해 있었다. 때문에 문화적인 기능을 크게 발휘하지 못하였다. 개혁개방 초기의 조선족 문화 역시 국내 중심문화와 대외교류의 결핍으로 변연복합문화의 성격을 강하게 나타내지 못하였다. 그러나 개혁개방이 심화되고 한중 관계가 발전함에 따라 조선족 문화는 대내외 교류를 광범위하게 진행하면서 선진적인 문화를 수용하였다. 현재 조선족의 문화체계는 이중문화 성격의 강화로 한반도의 문화와 중국내륙문화의 정신을 민감하게 포착할 수 있는 기능을 소유하고 있다. 이것은 새롭게 구성된 조선족 문화체계의 가장 뚜렷한 복합문화기능이다.

조선족 문화의 기능은 주요하게 다른 문화정신에 대한 정확한 해독

61) (중) 김강일, "변연문화의 문화적 기능과 중국 조선족 사회의 문화적 우세," 「중국 조선족 사회의 문화우세와 발전전략」. 연변인민출판사, 2001년, 187-192쪽.

능력, 문화발전 추세에 대한 민감한 포착과 선택 능력, 신속한 정보 전달에서 표현된다.

어떤 문화계통이든간에 자신의 특수한 사유방식, 가치관, 생활양식 등을 가지고 있기에 다른 문화체계의 문화신호를 접수하려면 이를 해독(解讀)하는 과정이 필요하다. 문화신호에 대한 해독과정이란 바로 다른 문화계통의 불가접수(不可接收)의 신호를 가접수(可接收)의 신호로 바꾸는 과정이다. 이렇게 문화신호에 대한 해독과정의 실질적인 의미는 곧바로 문화전환과정이라고 할 수 있다.

문화신호에 대한 오독은 결국 다른 문화신호를 접수할 수 있는 신호(可接收信號)로 전환하지 못하기 때문에 나타나는 현상이라고 볼 수 있다. 문화신호에 대한 오독 현상이 나타나게 되는 원인은 바로 문화계통 간에 자기 중심의 기득권적 분석의 틀로 다른 문화신호를 판독하기 때문이다. 다시 말하면 대부분의 문화계통은 모두 자기 중심의 사고방식, 가치취향, 생활방식, 교육정도, 도덕관념 등을 일방적으로 상대방 문화계통에 전파하고 있다. 그러나 이러한 문화신호를 전달받은 다른 문화계통도 자기 중심의 사고방식, 가치취향 등 이미 고착된 기존 관념의 분석의 틀로 그것을 판독하려 한다. 이것이 바로 다른 문화신호에 대한 오독인 것이다. 그러나 조선족 문화는 양방향 형태의 이중적 소통의 성격을 소유하였기에 중국 문화와 한국 문화를 정확하게 해독할 수 있다.

조선족 문화는 한중 두 개 이상의 문화체계의 발전추세를 민감하고 객관적으로 포착할 수 있다. 조선족에게는 한반도 문화와 중국 문화를 서로 비교할 수 있는 참고계(參考系)가 있다. 동시에 한반도와 중국 어느 쪽에도 너무 기울어지지 않고 그들과 객관적인 거리를 유지함으로써 자체의 우수한 문화체계를 유지할 수 있는 객관적 거리감이 존재한다. 다시 말해 조선족 문화는 가장 빠른 시간 내에 한중 두 개 이상 문화권의 정보를 상대방이 서로 접수할 수 있는 문화신호로 전환하여 양방향으로 정확히 전달할 수 있는 기능이 있다. 변연복합문화의 문화전환기능이란 하나의 문화계통 정보를 다른 문화계통에서 정확하고 다양하게 수용할 수 있도록 접수 가능한 문화신호로 전환하여 전달하는 기능을 말한다. 여기서 말하는 문화신호란 바로 문화계통의 사유방식, 가치취향, 생활방식, 교육정도, 도덕관념 등 각 분야의 상황을 반영하는 이중문화전파의 형식이다.

중국의 조선족 사회가 한반도와 중국 간의 교류에서 중개적인 역할을 감당할 수 있다는 이론적인 이유가 바로 이러한 조선족의 변연복합문화의 기능에 있다. 특히 한반도와 중국 간의 관계가 확장되고 있는 배경 속에서 양자를 연결하는 데 필요한 문화전환과 문화중개의 기능은 공동체사회 형성을 위해 상당한 현실적인 의미를 지니고 있다.62)

2. 조선족 문화의 경제력으로 전환

조선족 문화는 문화전환의 기능에 힘입어 경제력으로 전환할 수 있다. 문화의 기능은 결과적으로 그것이 경제력으로 거듭날 가능성이 있어야 현실적인 의의가 있다. 조선족 변연복합문화의 문화전환, 문화중개, 문화정보 확보 등의 기능이 중요한 이유가 여기에 있다. 조선족 문화의 이러한 기능 중 가장 핵심적인 것은 바로 문화전환기능이다. 바로 이러한 문화전환기능 덕분으로 조선족 문화는 다국적문화교류(跨文化交流)에서 중요한 매체역할을 감당할 수 있는 것이다.63)

일반적으로 하나의 문화집단은 자기의 고유문화영역을 형성하게 되는데 이러한 문화영역은 다른 문화집단에 대해 배타적인 경향을 지니게 된다. 이러한 문화영역의 배타성은 언어, 사고방식, 습관, 행위, 태도 등 다양한 부문에서 일관되게 자기 문화집단의 폐쇄성을 형성한다. 서로 다

62) (중) 김강일, "한민족공동체 형성을 위한 중국조선족의 역할," 「한국지방행정연구」(제15권 제 1 호), 18-23쪽.

63) (중) 김강일, "변연문화의 문화적 기능과 중국 조선족 사회의 문화적 우세," 「중국 조선족 사회의 문화우세와 발전전략」, 연변인민출판사, 2001년, 168-169쪽.

른 문화집단 간의 교류는 이러한 배타성으로 인해 시작부터 상호 배척하는 불신의 상태를 나타내기 십상이다. 이러한 배척이 의식적으로 진행된다고는 볼 수 없으나 그 문화집단의 심층에서 다른 문화신호에 대한 거부감 혹은 오독(誤讀)으로 표현된다.

다른 문화집단에 대한 한 문화집단의 거부적인 심리와 문화신호에 대한 오독은 그들 사이의 문화교류에 심각한 장애를 형성한다. 예를 들면 중국의 청나라 황제들은 서구분화를 음교지기(婬巧之技)로 인식하였기에 그 문화정신을 오독하여 거부감을 나타냈다. 실상 그 오독이 중국 근대사회에 끼친 영향은 엄청났던 것이다.

이중문화의 성격으로 조선족 문화는 한반도의 문화를 중국 문화가 접수할 수 있는 문화신호로 전환시킬 수 있는 동시에 중국 문화를 한반도 문화가 접수할 수 있도록 만드는 문화신호로 전환시키는 복합적인 양방향 기능을 가지고 있다.

문화신호에 대한 전환은 주로 직접적인 전환과 중개기능을 통한 전환 두 가지 방식이 있다. 직접적인 문화전환과정은 다른 문화체계에 대한 깊은 이해를 전제로 하기보다 자체 문화의 특수한 문화배경, 사유방식, 생활양식 등에 기초한 것이다. 때문에 다른 문화를 해독할 때 유색안경효과를 나타내는 단점을 지니고 있다.

그러나 중개기능을 통한 문화전환방식은 두 개 이상의 문화계통의 문화정신에 대해 상당한 이해가 있고 또 이러한 문화적인 이해를 기반으로 하여 진행된다. 다시 말해 서로 다른 문화 간의 중개 기능은, 두 개의 문화를 상호 연결하고 융합시키는 형태로서 빠른 시간 안에 효과적으로 문화전환을 이루어낸다. 예를 들면 통역기관, 비교연구기관, 외국문화와 언어학습기관 등은 흔히 보게 되는 문화중개계통이다. 이러한 문화중개계통의 형성은 상당한 노력이 필요하며 높은 수준의 인력과 투자가 필수적이다.

그런데 조선족 사회의 변연복합문화체계는 인위적인 노력을 거치지 않고도 장기간의 정치적·경제적·문화적인 흐름을 따라 자연스럽게 형성된 문화계통이다. 이러한 문화계통은 외압에 의한 문화전환이나 인위적으로 만들어진 문화중개기능의 한계에서 벗어나 자생적인 문화전환의 기능을 완벽하게 수행하는 문화체계라는 특징을 지니고 있다. 문화중개계통의 기능에서 본다면 변연복합문화는 특수한 문화중개계통에 해당되며 그것을 구성하고 있는 문화집단은 곧 전문적인 매개기능을 보유하고 있는 문화중개집단이라고 할 수 있다.[64] 즉 200여 만 인구를 가진 조선족사회의 복합문화적인 기능은 200여 만 명의 전문가들로 구성된 문화중개계통과 맞먹는 것이다.

문화의 전환은 사회계통 간에 진행되는 경제교류의 기반이 된다. '문화의 뿌리'가 없이 '경제의 열매'를 거두기는 어렵다. 사회계통 간에 문화적인 교류가 없다면 경제의 교류를 운운할 수 없을 것이다. 문화의 교류는 순수한 문화적인 측면에서만 이루지는 것이 아니며 경제의 교류와 함께 내적인 의사소통의 발전을 거듭하게 된다. 그리고 선진적인 문화의 전파는 많은 경우 선진적인 경제교류로 전환된다.

문화의 교류가 경제교류로 전환되는 예를 들면, 옌지(延吉), 선양(沈陽), 칭다오(靑島) 등지의 조선족 사회에 펴져 있는 제3차 산업은 10여 년간 한국 서비스업계의 영향을 많이 받고 급속한 발전을 이룩하였다. 현재 그곳의 식당은 한국과 별다른 차이가 없을 정도이다. 중국인이 경영하는 식당도 한국 식당이나 조선족 식당들을 본받아 서비스 면에서 질적인 제고를 이루고 있다. 이러한 변화과정은 곧바로 한국의 경제문화가 중국에서 손쉽게 수용할 수 있는 선진문화로 전환하여 중국 땅에 정착된 것이라고 볼 수 있다.

(*한국의 인기드라마 「대장금」이 중국에 유행하면서, 중국의 많은 도시에 「대장금」이라는 간판을 단 식당들이 우후죽순처럼 생겨난 것도, 이러한

64) (중) 김강일, "변연문화의 문화적 기능과 중국 조선족 사회의 문화적 우세," 「중국 조선족 사회의 문화우세와 발전전략」, 연변인민출판사, 2001년, 182쪽.

한국의 '한류' 문화기능이 경제력으로 전환된 좋은 사례라고 할 수 있다)

따라서 조선족 사회의 변연복합문화계통은 실제적인 문화전환 기능을 발휘하여 한중 쌍방 간의 경제방면에서 중요한 역할을 하고 있다. 한국 기업의 중국 진출은 일본 기업의 중국 진출보다도 훨씬 빠른 속도를 나타내고 있는데, 그 과정에서 조선족 사회와 문화기능이 상당한 기여를 하고 있음은 세상이 공인하는 사실이다. 즉 한국은 조선족 사회와 변연복합문화계통의 문화진환기능을 이용하여 중국과의 신속한 문화전환을 이루었으며 그것으로 인해 한국과 중국이 동시에 거대한 경제적 효과가 발생했다는 것이다. 이것이 바로 변연문화의 기능이 경제력으로 전환된 실례인 것이다.

이와 같이 조선족 사회의 변연복합문화체계는 문화중개의 기능과 문화전파의 기능을 통하여 경제력으로의 획기적인 전환을 이루고 있다. 현재 많은 서방국가들은 모두 거대한 자금을 투자하면서 중국 안에서 인위적으로 이러한 문화전환체계를 형성하려고 노력하고 있다. 바로 이러한 의미에서 조선족 사회의 변연문화체계는 오늘날과 같은 국제협력시대에 매우 유용한 매체작용, 즉 문화력을 경제력으로 전환하는 기능이 되는 것이다.

더불어 조선족 사회는 변연복합문화 성격으로 인해 경제교류에서의 참여도가 크게 제고되었으며 고향의 경제발전에 커다란 기여를 하고 있다. 만일 조선족이 이런 문화적 특질을 소유하지 않았더라면 중국뿐만 아니라 한국과 일본, 미국 등지의 대규모 해외진출도 이루어지지 못했을 것이다.

이를 바탕으로 조선족 사회는 더욱 폭넓은 한국의 중국진출과정에 참여할 수 있을 것이다. 이러한 참여과정에서 조선족 사회는 빠른 경제성장을 이룩하며 자신의 입지를 강화하게 될 뿐만 아니라, 중국 안에서 조선족 사회발전의 새로운 기회를 맞게 될 것이다.

조선족 문화는 조선족의 거주지역에 대해서도 엄청난 지각변동을 일으키게 하였다. 조선족은 전통적인 거주지이던 동북 3성과 내몽골 농촌지역에서 벗어나 점차 경제 발달지역인 연해도시로 이동하였다. 원래의 동북 3성 외 수도권지역, 산둥(山東)지역, 화난(華南)지역, 화둥(華東)지역 등 상대적인 5대 집거지구를 형성하였다. 그 외 서부 대개발의 진행과 한국 기업의 진출로 청두(成都), 시안(西案)을 중심으로 한 서부지역에서도 새로운 집거구의 모양새를 갖추어 가고 있다. 새로 형성되는 조선족의 거주판도는 세계화의 흐름에 부합되는 선진도시로서 이러한 이동은 그 어떤 다른 소수민족도 이루기 힘든 변혁이다. 조선족의 중점도시에로의 이동은 그 어떤 경제대가로도 바꿀 수 없는 성과인 것이다.

조선족 변연복합문화체계의 기능은 한반도와 중국에 있어서 매우 중요한 문화중개계통으로서 작용하고 있다. 아울러 중국의 대 동북아전략의 실시와 한반도의 대 중국진출 및 동북아경제중심 건설에서도 중요한 매체역할을 하고 있다. 따라서 중국, 한반도, 일본 등 나라들은 동북아지역에서 조선족 사회의 인맥과 문화중개를 통하여 중요한 인재집단을 형성할 가능성을 충분히 지니고 있다.

현재 중국 조선족 사회는 아직까지 주변 각국의 관심을 흡인할 수 있는 여건들을 충분히 갖추지 못했고 조선족 문화도 아직은 변연문화의 기능을 완벽하게 구비하지 못하고 있는 실정이다. 그러나 세계화의 경향으로 주변 각국의 경제적·문화적·정치적 교류가 확대되는 추세이기 때문에 이런 흐름을 따라 조선족 사회의 전략적인 지위는 신속히 부각될 것임에 틀림 없다. 그것은 2~3개 언어와 문자를 자유롭게 통용하고 양방향 의사소통에 민첩한 조선족 사회의 다양한 문화기능이 동북아지역의 경제발전에서 국가 상호간 윈-윈 구도를 이끌어 가는 데 훌륭한 매개역할을 감당할 수 있을 것이기 때문이다.

Ⅱ. 한국과 조선족 문화의 교류

한중 경제협력의 발전과 함께 문화교류도 매우 빈번하게 진행되고 있다. 한중의 문화교류는 크게 기업문화의 교류와 학술교류, 기타 문화교류의 세 가지로 나뉘어 진행되고 있는데 특히 학술교류 부문에서는 조선족 지식인들이 중심이 되어 한중과 남북한의 매체 역할과 화해작용을 겸하고 있다. 한중 문화교류는 범위가 크고 내용도 많아 여기서는 조선족과 관련되는 교류만 서술하고자 한다.

1. 한국 문화와 조선족 문화의 교류

조선족 사회와 한국의 문화교류는 교육계부터 시작되었다. 개혁개방이 시작되면서 조선족 교육계는 한국, 일본, 미국 등의 나라와 교류를 시작하였다. 특히 1992년 한중수교 후 한국과 중국은 대학은 대학끼리, 중학교는 중학교와, 초등학교는 초등학교와 자매 결연을 맺고 빈번한 왕래를 시작하였다. 또한 조선족 역사, 문학, 예술, 서법 등 여러 분야에서 정기적으로 국제학술회의를 열어 광범한 교류를 진행하였다.

대외교류와 합작에서 연변대학은 조선족 사회의 대표적인 사례를 보이고 있다. 개혁개방 후 연변대학은 중국 내의 큰 대학들은 물론이고 한국의 서울대학교, 북한의 김일성종합대학, 일본의 오사카 경제법과대학 등 50여개 대학교와 자매결연을 맺었다. 1996년부터 2003년까지 연변대학은 해마다 연평균 백여 개 이상 되는 국외 대학교의 단기 방문단을 접대하였는데 2000년에만 344개 방문단 1,650명을 접대하였다.[65] 1991년부터 1995년까지는 한국의 대학을 주로 하는 국외방문인 1,332여 명, 1996년부터 2000년까지 1,652여 명, 2001년부터 2005년까지 5,672여 명으로 그 숫

65) (중) 박문일 · 손동식 주필, 「연변대학교 역사」, 연변대학출판사 2004년, 438쪽.

자는 차츰 증가하였다.

연변대학에서 한국을 중심으로 국외에 파견한 인원 수는 1991년부터 1996년까지 700명, 1996년부터 2000년까지 879명, 2001년부터 2005년까지 1,578명이다. 한국을 주요 대상으로 국외에 나가 교류를 진행한 학생은 1991년부터 1995년까지 23명, 1996년부터 2000년까지 42명, 2001년부터 2005년까지 137명이다. 연변대학에 와 있는 유학생은 대부분이 한국 학생들인데 1995년에는 137명, 2005년에는 536명이다. 1995년부터 2005년까지 이미 졸업한 유학생은 도합 409명인데 1998년이 55명으로 제일 많았고 1995년에는 15명으로 제일 적었다.[66] 1996년부터 한국유학생들의 수는 점차 증가하기 시작하였으며, 2006년 현재 연변대학에서 공부하는 유학생은 약 400여명이다.[67]

[표 6-8] 연변대학 국제교류 통계상황(단위: 명)[68]

명 칭	1991–1995	1996–2000	2001–2005
국제학술회의	13	35	140
방문자 수	1,332	1,652	5,672
파견자 수	700	879	1,578
학생들의 교류	23	42	137

연변대학교 도서관도 한중 교류의 중요한 창구가 되었다. 연변대학교 도서관은 한국의 서울대학교, 연세대학교 등 20여 개의 대학교 도서관과 도서, 인원 및 자료교환을 하고 있다. 1996년 연변의 몇 개 대학이 연변대학교라는 이름으로 통합된 후 현재까지 한국의 대학도서관과 기타 도서관에서 연변대학에 와서 교류한 인원은 수백 명에 이르고 있다. 연변대학교 도서관에서는 한국 대학교 도서관 혹은 기타 도서관에 30여명의 인원을 파견하여 교류를 진행하였다. 연변대학교 도서관에서는 또 북한의 김일성종합대학 도서관, 사회과학 도서관, 인민대학습당 과학도서관

66) (중) 연변대학교 국제합작교류처 제공. 2006년 8월.
67) (중) 연변대학교 국제합작교류처 제공. 2006년 8월.
68) (중) 연변대학교 국제교류합작처 제공. 2006년 8월.

등 여러 도서관들과 정상적인 도서, 인원 등 여러 방면에서 교류하고 있다. 현재까지 한국, 북한 등에서 연변대학교도서관에 증정한 한국어 도서는 6만 여권에 달하고 각종 잡지, 신문은 천 여 종에 달한다. 일본의 오사카 경제법과대학교 도서관, 와세다(早稻田)대학교 도서관, 일본과학협회 도서관 등 여러 도서관들도 연변대학교 도서관과 5차례의 인원교류가 있었고 도서, 잡지 등을 정기적으로 교류하고 있다.69)

조선어 신문, 출판, 방송 등 문화기구들도 국제교류를 강화하였다. 1983년 연변일보사 대표단이 북한에 가서 교류를 하였고, 1988년 연변일보사와 연변인민방송국에서는 대표단을 파견하여 서울의 신문사와 방송국을 방문하였다. 1989년에는 연변인민방송국 대표단이 북한을 방문하였다. 1990년 지린(吉林)조선문보, 헤이룽장(黑龍江)신문사는 대표단을 평양, 미국의 로스안젤스 등지로 파견하여 방문하였다. 연변, 헤이룽장(黑龍江)성, 랴오닝(遼寧)성의 조선족 신문사, 잡지사들과 출판사들도 정기적으로 대표단을 한국 등 여러 나라에 보내어 교류를 진행하였다.

1992년 연변대학출판사에서는 대우그룹 김우중 회장의 「세계는 넓고 할 일은 많다」, 「박정희 경제논문집」 등 한국도서들을 중국어로 출판하여 중국에 소개하였다. 1993년 지린(吉林)성 신문출판국은 옌지(延吉)에서 국제도서전시회를 열었는데 한국 37개 출판사에서 전시회에 참가하였다. 서울대학출판부에서는 또 연변대학출판사에서 출판한 「중국 조선족 취락지명과 인구 분포」 등 몇 권의 도서를 재출판하였다. 1993년부터 한국과 중국에서는 해마다 국제도서출판전시회를 열어 한중 두 나라 간 수많은 도서의 판권무역을 하였다. 연변교육출판사, 연변인민출판사도 수많은 한국의 도서들을 재판하였는데, 특히 아동도서들은 한국의 문화를 조선족에게 소개하는 면에서 상당한 작용을 하고 있다.

조선족 문학방면에서도 대외 교류는 활발히 진행되고 있다. 연변대학의 정판룡 교수는 80년대 초반에 독일, 스웨덴, 일본, 한국 등 나라를

69) (중) 연변대학교도서관 2006년 8월 방문 기록.

방문하여 조선족 문학을 소개하는 등 교류를 진행하였고, 조선족 시인 김철 선생도 한국의 서울대학교, 건국대학교 등에서 30여 차례의 학술보고를 하였다.

예술분야의 국제교류도 활발하게 진행되고 있다. 1985년 가을, 연변예술학원 예술단은 미국 아시아문화센터의 초청으로 미국 샌프란시스코, 로스앤젤리스, 뉴욕 등지에서 연출하였는데 관중이 연인원 수로 2만여 명이 넘었다. 1991년 가을, 연변예술학원 예술단은 재차 미국에서 공연을 하여 열렬한 환영을 받았다. 연변가무단의 한국과의 교류는 1989년부터 시작하였으며 우선 일부 성원들이 한국을 방문하였다. 한중 수교 이후 연변예술분야에서 한국과의 교류는 매우 빈번하게 진행되었다. 한국의 가수 현철, 주현미 등도 여러 차례 연변에 와서 공연하였다. 조선족 소년아동예술단도 국제적인 문화교류에서 한몫을 하였다. 1990년 가을 옌지(延吉)시 소년궁전의 '진달래예술단'이 미국에 가서 19차례 방문연출을 한 이래, 러시아, 한국 등 나라에 가서 방문연출을 하였다.70)

체육부문에서도 국제적인 교류가 활발하였다. 1992년 연변조선족 민속절 기간에 한국, 일본, 미국 등지에서 온 한민족 인사들은 연변에 와서 조선족과 씨름, 그네, 윷놀이 등 민족체육종목의 친선경기를 하였다. 1997년 중국 갑급 축구팀에서 탈락의 처지에 놓였던 연변오동축구팀은 한국 한양대학 최은택 교수의 지도로 기량을 회복하면서 전국을 떠들썩하게 만들어 놓았고, 또한 연변축구대표팀은 운영난으로 한국의 도움을 받아 한국에 가서 친선경기를 하는 방식으로 훈련을 계속하였다.

한중 문화교류 중에서 한국은 조선족 사회에 부단한 지원을 하고 있다. 한국의 일부 재단과 기업체 그리고 일부 교수, 기업경영인들은 연변을 중심으로 조선족 집거지구 대학교, 중학교와 초등학교에 장학기금을 조성하고 정기적으로 학습 성적이 우수한 조선족 학생과 가정형편이

70) (중) 전우, "중국 조선족과 해외 조선민족의 내왕정황 및 그 발전추세," 「중국 조선족 우월성 연구」, 연변인민출판사, 1994년, 140-145쪽.

곤란한 조선족 학생들에게 장학금을 수여하고 있다. 연변대학만 하여도 한국 업체가 설치한 장학기구가 수십여 개 이상이 있다. 한국대학들은 한국에 와서 대학원과정 석, 박사 공부를 하는 조선족 학생들에게 많은 종류의 장학금을 수여하여 그들이 제대로 공부하도록 돕고 있다.

개혁개방 후 조선족 문화는 위와 같이 두개 이상 문화권과의 부단한 교류가 있었기 때문에 중국의 만족이나 러시아의 한인(고려인)사회와 같이 변연문화의 특징을 잃어버리는 운명을 피할 수 있었다. 뿐만 아니라 부단히 중국문화를 수용하고 한국문화를 접수하는 가운데서 오히려 변연문화의 특질과 기능을 더욱 더 과시하고 있다.

한중 문화교류는 또 한중 두 나라 유학생을 통해서도 진행되고 있다. 2006년 출입국관리통계연보에 의하면, D-2(유학비자)로 한국에 와 있는 중국 유학생 수는 모두 20,627명으로, 그 중 조선족 유학생 수는 3,408명, D-4-4(국어연수비자)생은 모두 6,798명인데 조선족 연수생은 375명으로 집계되었다. 한국 교육인적자원부와 중국 영사관의 통계수치를 참고하면 중국 조선족 유학생 수는 5천명이 넘으며, 어학연수생이 적고, 석·박사생이 대부분인 특징이 있다.[71] 한국 교육인적자원부에 따르면 현재

71) 저자주: 이러한 통계수치의 차이는 조선족 유학생들이 처음에는 관광 혹은 F-4(방문비자)로 와서 학교에 입학하지만 D-2(유학비자)로 늦게 신청하거나 아예 비자를 갱신하지 않고 그대로 있는 경우가 많아 출입국 관리통계에서 누락되었기 때문이다(2006년 출입국관리통계연보 참고). 참고로 한국에 와 있는 조선족 유학생들의 친목과 상호교류를 위해 조직한 대표적인 네트워크를 소개하고자 한다. 2003년 11월에 창립된 재한조선족유학생 네트워크는 초기 30여 명의 석·박사생으로 출범하여 현재 300여 명의 회원을 가진 단체로 발전하였다. 그들은 '3대 화합과 공존'의 가치를 실천하고 있다. 즉 내외동포의 화합공생, 지역주민과 동포들의 화합공생, 거주국과 모국의 화합공생을 지향하고 있다. 2004년에는 조선족 동포와 중국인들이 집중해 있는 가산동에서 '유학생 위문공연-추석대잔치'를 지역 상인들과 함께 치르면서 '아름다운 거리 10공약'을 선포하여 지역주민과 동포들의 찬사를 받았다. 그들은 조선족 동포들에게 실질적인 도움이 되기 위하여 '컴퓨터 자원봉사대'를 조직하여 간단한 화상채팅, 정보수집 등의 기술을 가르쳐 먼 거리에서도 가족 간의 화합이 이루어지도록 부단히 노력하고 있다. 모국에 봉사하고자 하는 마음으로 광진구 노인복지관에서 봉사활동을 함으로써 호평을 받기도 하였다. 또한 매년 학술세미나를 열어 모국과 거주국의 학술교류를 촉진하고 있으며, 조선족 동포들의 의견을 수렴하여 교포정책 제정 시 의견을 발표하는 등 동포들과 외국인 노동자들의 처우개선에도 관심을

중국 내 6개월 이상 체류하는 한국 유학생은 3만여 명으로 중국의 산시(山西)성을 제외한 30개성, 광역시, 자치구 모든 지역에서 재학하고 있다. 그들은 중국의 268개 대학에 분포되어 있는데 어학연수생이 14,491명으로 48.1%, 대학본과생이 12,662명으로 42.0%, 석, 박사 대학원생이 1,938명으로 6.4%, 기타 비학위생이 1,048명으로 3.5%를 차지하고 그 외 전문학교 학생이 약간 있다.

지역별로 보면 베이징(北京)에 9,520명, 상하이(上海)에 5,187명, 톈진(天津)에 2,558명, 랴오닝(遼寧)성에 1,983명, 산둥(山東)성에 2,107명, 지린(吉林)성에 1,983명, 장쑤(江蘇)성에 1,477명, 헤이룽장(黑龍江)성에 1,114명이 있다. 대학교별로는 상하이푸단(上海複旦大學)에 1,232명으로 제1위, 톈진난카이(天津南開大學)대학교에 1,179명, 베이징(北京)언어대학교에 1,066명 순위로 나타났다.[72] 한중 양국 교육부는 서로 학력과 학위를 인정하는데 관한 양해각서를 체결하였다. 그리하여 중국 교육부 학위와 대학원생 교육발전센터는 한국 각 대학교의 학위를 인정해 주기로 하였다.

한국인이 모여 사는 중국 대도시에는 한국인학교들이 건설되고 있다. 칭다오(青島), 웨이하이(威海) 등지에 한국학교들이 세워진 후 뒤를 이어 칭다오(青島)세종한국학교는 2006년 5월 30일 한국 교육인적자원부의 인가를 획득하였다. 2006년 6월 2일 옌타이(煙臺)한국학교가 착공식을 진행하였다. 1999년 9월에 개교한 상하이(上海)한국학교는 2006년 7월 3일 한국인이 지은 새 교사로 이사하였다. 이처럼 앞으로 한국인 집거지구에는 한국인학교가 더 많이 건설될 전망이다.

2. 한중 문화교육협력의 전형적 성과

연변자치주 옌지(延吉)시 북산가 언덕에 위치한 연변과학기술대학[73]

갖고 노력하며 동북아 조선족, 나아가 글로벌 조선족의 가치를 지향하면서 열심히 뛰고 있다.

72) (중) "중국 내 한국 유학생 3만여 명," 흑룡강신문, 2006년 6월 11일-17일.

은 한중 문화교육사업의 전형적인 성공사례이다. 한중 합작으로 설립된 이 대학은 한국에서 세운 중국 내 유일한 4년제 사립본과대학이다. 이 대학은 1992년에 2년제 대학으로 시작하여 이듬해인 1993년에 4년제 정규대학으로 개교했다. 그 후 1996년 연변대학에 합병하였고 중국의 211 공정[74]에 진입하여 중국 100대 중점대학의 하나로 승격되었을 뿐만 아니라, 3년 전부터 베이징(北京)대학교, 칭화(清華)대학교 등과 함께 신입생 1차 신발대학으로 지정되었다.

조선족 변연문화의 우세와 이중언어 문화구조의 기반 위에 건립된 이 대학은 지금까지 총 투자액 4.2억 위안이 소요되었다. 그 중 3.7억 위안은 한국 측에서 투자하였으며 학교건설과 운영자금의 대부분은 외부에서 부담해 오고 있다. 이 학교는 한중 간 문화교류와 과학기술발전을 선도해 갈 인재양성을 목표로 삼고 있다. 현재 중외합작 교육기관 중 가장 많은 외국적 교학인력을 확보하고 있는데, 12개 나라 222명의 외국적 교수와 직원이 있다. 그 중 교수는 183명으로 대부분 교수와 직원들이 석사 이상이며 57명의 박사 등 고학위 소유자들로 구성되어 있다. 한편 70여명의 조선족 직원과 교원들도 취업해 있다.

이 대학은 한국의 서울대학교, 연세대학교 등 54개 대학교, 미국 Biola University 등 3개 대학, 독일 Berlin University 등 5개 대학, 일본 오사카 경제법과대학 등 3개 대학, 스위스 ZHW 등 2개 대학 및 러시아, 몽골, 프랑스 등의 대학과 학사교류 및 협력관계를 맺고 정기적으로 왕래하고 있다. 중국에서는 중국과학기술대학 등 8개 대학과 협력관계가 있다. 동시에 한국의 30여개 대학과 교환학생제도를 실시하여 매 학기마다 80여명의 학생을 교환하고 있다. 일부 학과는 교환교수제도를 실시하고 있다. 이러한 세계적인 네트워크를 통하여 매년 국제학술회의 등 크

73) 저자 주: 대외적으로는 연변과학기술대학이라 함. 1996년 연변의 대학들이 통합하여 하나의 연변대학교로 될 때 연변대과학기술학원으로 명명했음.

74) 저자 주: 중국에서 1990년대 중반부터 실행한 21세기 100개 중점대학 건설공정이다.

고 작은 국제행사를 진행하고 있는데 이미 30여차의 국제행사를 개최하였다. 이 대학은 또 연변조선족 자치주 정부기관과 연계하여 외자기업 유치, 기술이전 등 국제협력의 창구 역할도 겸하고 있다.

또한 이 대학에서는 한국의 선진 경험과 중국의 실정을 결합하여 여러 방면의 산업 개혁을 추진하고 있다. 개교시부터 한국의 기아자동차[75]와 합작하여 기아자동차 기술훈련원을 설립하였다. 그들은 지금까지 자동차 수리, 운전 등 기술을 보급하고 있다. 또한 한국의 아시아나 항공회사와 합작, 캠퍼스 안에 금호연건개발유한회사를 설립하고 컴퓨터소프트웨어를 개발하여 중국 내 많은 기업에 보급함으로써 지역사회와 국가 산업발전에 기여하였다.

이 대학은 또 사회교육원을 설립하여 학기마다 600여 명의 지역주민들에게 평생교육의 기회를 제공해 주고 있으며, 지역의 기업과 정부관리 등을 대상으로 최고경영자과정(AMP)을 설치하여 최신기술과 경영정보를 학습할 기회를 마련해 주고 있다.

이 대학의 가장 큰 장점은, 실력과 인격을 겸비한 지도자 양성에 있다. 지식교육뿐만 아니라 인성교육에 치중하여, 열린 마음과 정직성 그리

[표 6-9] 연변과학기술대학 졸업생 중국 내 분포상황[76]

지 역	졸업생 수	지 역	졸업생 수	지 역	졸업생 수
지린성	196	장쑤성	163	쓰촨성	4
랴오닝성	76	저장성	44	후베이성	3
헤이룽장	6	안후이성	3	후난성	3
베이징	299	광둥성	159	칭하이성	3
산둥성	155	광시성	8	허난성	2
톈진시	107	푸젠성	4	구이저우성	2
허베이성	18	하이난성	4	시짱자치구	1
상하이	288	윈난성	6	합 계	1,548

75) 저자 주: 현재 현대-기아자동차회사로 합병하였음.

76) (중) 연변과학기술대학 제공. 개교로부터 2006년까지 졸업생 분포상황.

[표 6-10] 연변과학기술대학 졸업생 해외 분포 상황[77]

지 역	국 명	졸업생 수	지 역	국 명	졸업생 수
아시아	한 국	319	유럽	독 일	9
	일 본	116		아일랜드	2
	쿠웨이트	1		영 국	1
미주	미 국	41		스웨덴	1
	브라질	1		뉴질랜드	1
총 합 계		492			

고 봉사정신을 생활화하여 '섬김의 리더십'을 훈련하는 데 최우선 목표를 두고 있다. 그리고 또한 창의적인 학습방법과 실용적인 맞춤교육으로 기업과 사회수요에 적합한 인재를 육성함으로써 100% 취업률을 확보하고 있다. 학부형들이 "가장 보내고 싶어 하는 대학," 기업들이 "가장 뽑아가고 싶은 학생"으로 평가받고 있는 이 대학은 개교로부터 2005년까지 1,800여명의 학생을 배출하였는데 졸업생 공급이 수요를 충족시키지 못하고 있는 실정이다. 또한 졸업생 중 10%가 넘는 210여명이 한국, 일본, 미국 등의 나라에서 해외유학을 하고 있으며 이미 박사학위 취득자도 여러 명 배출되었다.

2006년 현재 이 대학에는 1,600여 명의 각 민족학생들이 있는데, 재학생 중 80%가 조선족 학생이고 그 외 대부분 한족 출신이며 만족, 회족, 장족 등 소수민족 출신들도 일부 포함되어 있다. 또 2000년부터 중앙아시아지역 우즈베키스탄, 카자흐스탄과 러시아 연해주 지역에서 고려인 학생들이 해마다 10여 명씩 유학 오고 있다. 이 대학 졸업생들의 분포상황을 보면 동북 3성에 278명, 베이징(北京)·산둥(山東)·톈진(天津)·허베이(河北)성 등 화베이(華北)지구에 579명, 상하이(上海)·장쑤(江蘇)·저장(浙江)·안후이(按徽) 등 화둥(華東)지구에 492명, 광둥(廣東)·광시(廣西)·푸젠(福建)·하이난(海南) 등 화난(華南)지구에 175명, 허난(河南), 후베이(湖北), 후난(湖南), 윈난(雲南), 쓰촨(四川), 칭하이(青海), 구이저우(貴

77) (중) 연변과학기술대학 제공. 개교로부터 2006년까지 졸업생 분포상황.

州), 시짱(西藏) 등 중서부지구에 24명 등이다.

이 대학의 졸업생들이 현재까지 국외에 취업한 총수는 492명으로 그 중 한국에 319명, 일본에 116명, 쿠웨이트에 1명이고 미국에 41명, 브라질에 1명, 독일에 9명, 아일랜드에 2명, 영국에 1명, 스웨덴에 1명, 뉴질랜드에 1명 등이다.

위에서 보는 바와 같이 연변과학기술대학은 중국 내 어느 대학보다도 특별한 성격을 지니고 있다. 참고로 이 대학은 이러한 국제대학으로서의 기능과 특장을 인정받아 2001년 3월 1일 북한 당국의 비준을 거쳐 평양에도 과학기술대학(박사원 과정: 석, 박사 양성 연구중심 대학원)을 건설하고 있다. 같은 해 6월 5일부로 한국 정부(통일부)로부터도 사업자승인 및 사업승인을 받은 이 프로젝트는 몇 년 간의 노력을 거쳐 이미 100만 평방미터의 부지에 기본적인 건축공사를 끝냈다. 평양시 대동강 이남의 낙랑구역 중심부에 세워지고 있는 이 대학은 북한을 동아시아의 일원으로 연결하기 위한 대단히 중요한 의미를 지니고 있다. 이는 지난 10년간 사회주의 국가인 중국에서 훌륭하게 국제적 인재를 양성하여 배출한 공로가 있기에 가능한 일이다. 북한당국은 오랜 동안 연변과학기술대학을 면밀히 관찰하여 왔으며 수시로 학자들을 보내어 함께 지내면서 교학활동과 대외협력 상황을 이해하여 왔다. 북한 내부에서도 새로운 변화에 대한 욕구가 나타났고 현실적으로 대외협상을 이끌만한 국제 감각을 지닌 인재가 절실히 필요하게 되자 연변과학기술대학 김진경 총장을 통해 먼저 대학설립을 요청하게 된 것이다. 북한사회의 폐쇄적인 환경으로 인해 국제적으로 격리되어 유학이 불가능한 현실적인 딜레마가 평양과학기술대학이라는 카드로 나타나게 된 것이라고도 볼 수 있다. 평양과학기술대학은 교착상태에 있는 북한의 국제화를 이끌어 내기 위한 가장 좋은 도구가 될 것이다.[78)]

78) (미) 김진경, "동북아시아 연합의 꿈과 주변국가의 역할," 연변대학 과학기술학원(연변과기대)국제학술회의 발표논문, 2006년, 21-22쪽.

3. 조선족 집거지구를 중심으로 발전하는 기업문화교류

신세기에 진입한 후, 근간의 한중문화교류는 조선족 집거지구를 중심으로 더욱 활발하게 진행되고 있다. 한국 기업의 중국 진출은 한국 기업문화와 중국 기업문화의 교류를 촉진시켰다. 해마다 한국 기업이 진출한 대도시에서는 한국 기업과 여러 가지 교류전이 성황리에 진행되고 있어 두 나라 기업문화의 발전을 촉진시키고 있다. 2004년 9월 지린(吉林)성 창춘(長春)시 조양(朝陽)구 구이린(桂林)로에 설립된 창춘(長春) 한국상업거리는 1년이라는 짧은 기간 동안 큰 발전을 가져왔다. 한국 가게가 70개로부터 120개로 늘어났고 고객유동량도 20여만 명으로 불어났다. 2005년 9월 28일 창춘에서는 '창춘 한국상업거리 개설 1주년기념행사'를 열고 한중 상업 발전과 향후의 전망을 축하하였다. 이 기념행사에서 창춘 한국상업거리 책임자는 앞으로 창춘에 코리아 타운을 세울 것이며 이 코리아 타운은 창춘시와 지린(吉林)성의 투자환경을 한국인에게 알리는 창구역할을 할 것이라고 말하였다.[79)]

2006년 3월 20일부터 23일까지 칭다오(青島)에서 열린 한중일 산업교류전시회는 동북아 국제협력의 또 다른 예이다. 한국 기업 약 160개, 중국기업 약 500개, 일본 기업 약 325개가 참가하였는데 제조, 가공, 무역, 구입 등 참가 분야도 다양하였다. 이 교류전시회는 한, 중, 일 세 나라가 동북아 경제통합의 중핵이 되는 분위기를 고조시키는 계기가 되었다. 개막일 특별 프로그램으로 한중 두 나라는 경제무역상담회를 열었다. 한국 기업 25개, 중국 기업 75개가 참석한 이 상담회의에서는 수산물, 포장, 경공업, 건축 등 여러 항목의 상담이 진행되어 한중 경제교류와 무역협력을 추진시켰다.[80)]

한중 문화교류는 축제의 형식으로 많이 진행되고 있다. 2006년 6월

---

79) (중) 길림조선문보, 2005년 9월 28일.
80) (중) 청도서 2006년 중,일,한 산업교류전 길림조선문보, 2006년 3월 25일.

16일부터 23일까지 8일간 칭다오(青島)에서 진행된 한국・칭다오(青島)영상문화 축제가 대표적이라 할 수 있다. 8월 24일부터 4일간 진행된 중한 웨이하이(威海)문화예술교류전에서는 1,000여점의 중국 예술인들의 작품과 300여 명의 한국 예술인들이 만든 1,600여 점의 작품을 전시했다. 이 전시회 기간 동안 서화경매, 서화가 포럼, 민간예술경기 등 10여 종의 이벤트도 조직되었다.[81]

한중 문화교류가 심화됨에 따라 최근 중국에서는 '한류'의 바람이 중국 대도시를 뜨겁게 달구고 있다. '대장금' 등 한국의 대형드라마가 중국 TV에 상영되면서 '한류'는 더 거센 바람으로 휘몰아치고 있다. 칭다오(青島)에서 진행된 한국영상문화축제에서는 춤, 노래, 영화, 드라마, 게임 등 한국의 다양한 프로그램들이 선을 보였다. 칭다오(青島)조선족 노인협회는 이번 축제에 참가하여 한국과 뜻 깊은 문화교류를 진행하였는데, 특히 칭다오(青島)시 조선족 '아리랑예술단'의 장고춤, 부채춤 등 한민족 전통무용은 한국과 중국 관중들의 절찬을 받았다. 이 축제에는 또 한국 음식 먹어보기, 한국문화예술전시회도 함께 진행하여 더욱 관심을 끌었다.

간쑤(甘肅)성, 쓰촨(四川)성, 윈난(雲南)성 등 중국의 대 도시들에서도 기업 상품 전시회 등 각종 문화축제를 하였는데 '대장금'의 열렬한 호응에 힘입어 한국의 아시아나 항공에서는 서울과 중경에 취항하는 한 대의 비행기를 '대장금호'로 명명하여 두 나라의 문화교류가 더욱 활발히 진행되기를 희망하였다.

랴오닝(遼寧)성에서의 한중기업교류와 문화교류는 매우 활발하게 진행되고 있다. 선양(沈陽)시 서탑 거리는 원래의 모습을 바꾸고 코리아타운으로 거듭남으로써 한중 교류의 중요한 창구로 활약하고 있다. 2006년 7월 16일부터 21일까지 선양(沈陽)에서는 다섯 번째인 '한국주간행사'를 개최하였다. 이는 선양(沈陽)의 큰 행사로서 문화행사를 기반으로 경제협력을 확대하기 위한 것이다. 2006년 7월 17일부터 20일까지 선양(沈陽)

81) (중) 흑룡강 신문, 2006년 9월 3-9일.

랴오닝(遼寧)공업전람관에서 한중 식품업체 윈-윈 합작시대를 열기 위한 선양(沈陽)한국전시회 및 투자무역상담회가 열렸다. 주간 활동에는 한국의 경기도, 경상남도, 전라북도, 전라남도, 충청북도와 제주도 및 서울, 중국의 다롄(大連), 광저우(廣州) 등 대도시의 80여개 식품업체들이 참가하였다. 이 전시회에서는 한민족의 고유한 민족특색을 살린 각종 식품들이 중국 관람객과 대면하여 한국식품 중국진출의 호황기를 이루었다. 전시회기간 한중 식품기업 기술합작과 교류 및 세미나도 함께 추진되어 기업투자 유치도 이루어졌다.

헤이룽장(黑龍江)성에서도 한국주간 활동이 정기적으로 진행되고 있다. 하얼빈(哈爾濱) 한국주간이 2006년 7월 7일 막을 내렸는데 그 이튿날인 7월 8일부터 23일까지 하얼빈(哈爾濱) 한국식품축제가 열렸으며, 한국농산물유통회사, 다롄대관무역회사(大連大觀貿易公司), 헤이룽장(黑龍江)신문사 등이 공동주최하였다. 이 축제에서는 한국의 명품 제품인 인삼차, 음료 등 50가지 품목이 전시되어 한중 식품문화의 교류를 크게 촉진하였다. '한류'식품문화도 중국인들 사이에 큰 인기를 끌었다.

2006년 8월 29일부터 한국 산업자원부와 한국전자부품연구원(KETI)의 공동 주최로 2006년 제1차 한중 산업기술협력사업 워크숍이 베이징(北京)에서 개최되었다. 양국의 관련 전문가들은 이 자리에서 향후 한중국제산업기술협력을 추진하기로 합의하였다. 이번 워크숍에서는 D-TV기술, USN[82] 네트워크영역기술, 무선통신에서의 Binary CDMA[83] 기술 등이 교류되었다.

2006년 9월 2일부터는 제2회 지린(吉林)성 국제박람회가 창춘(長春)에서 열렸는데 대부분 한국 기업에서 참가하였다. 이 국제박람회는 한중 두 나라가 지린(吉林)성과 연변에서 경제무역을 발전시킬 수 있도록 관

82) 저자 주: 온도, 습도, 진동의 감응을 통해 조기의 현상과 정보를 알아내고 그것으로 대형 사고를 미연에 방지할 수 있는 감응 장치.

83) 저자 주: 다른 신호의 간섭을 받지 않고 초고속으로 무선 데이터전송이 가능한 향후 기술 무선제품 생활-유비쿼터스시대의 핵심기술.

심을 모으는 역할을 하였다. 한국과 지린(吉林)성 간의 산업기술교류 및 이전사업은 현재까지도 활발하게 진행되고 있다.

Ⅲ. 한중 학술교류와 조선족 문화의 역할

한중 학술교류는 한중 관계의 부단한 발전 속에서 급속도로 진행되고 있다. 이러한 배경 속에서 한국과 조선족의 학술교류의 폭도 점차 넓어지고 있다. 특히 조선족은 북한에도 갈 수 있고 한국에도 갈 수 있으며 북한의 학자들도 모셔 올 수 있고 한국의 교수들도 모셔 올 수 있는 유리한 입장에 놓여 있다. 조선족은 남북의 관계에서 기본적으로 중립의 입장을 취하고 있으므로 남한과 북한의 문화충돌에서 완충지대로 부각되고 있다. 그리고 조선족 문화는 남북 문화에 익숙할 뿐만 아니라 객관적인 입장에서 장기간 분열로 형성된 남북 문화의 갭(Gap)을 문화전환계통의 중개역할로 이어 줄 수 있는 기능을 가지고 있다.

개혁개방 후 조선족 사회는 이러한 문화적 장점을 이용하여 한국과의 학술교류를 강화하였을 뿐만 아니라 북한과의 학술교류, 중국, 한국, 북한, 일본, 러시아가 참가한 학술회의를 정기적으로 개최할 수 있었다. 한중 수교 이후 연변대학, 베이징(北京)대학 조선어문 학부, 중앙민족대학 조선어문학부 및 동북아연구소, 천연물연구소 등의 조선족 학자들은 여러 방면의 국제학술회의와 동북아지역 국제 학술회의를 개최하여 남북한 학자들을 두루 만나게 했다. 이러한 학술회의는 남북화해와 조해(調解) 작용을 일으키는 데 크게 기여하고 있다.

1. 한국과 조선족 사회 간의 학술교류

1991년 중국 소수민족 문학가학회와 한국문인협회는 베이징(北京)에서 9개 나라 250여명이 참가한 가운데 민족문학 발전에 관한 국제학술연구토론회를 개최하였다. 조선족과 한국학자 등 여러 나라의 학자들은 한민족 문학 발전상황과 전망에 대하여 진지하게 교류하였다. 1991년 베이징(北京)에서 국제조선족 연출가학술토론회가 개최된 후 조선족 예술계통의 학술회의는 정기적으로 개최되었다. 중국의 조선족, 한국, 북한, 일본 등 여러 나라의 연출팀과 연구 인력들은 학술회의에서 조선족 무용의 특질과 발전추세를 언구하고 토론하였다.

조선족 사회의 학술, 출판, 잡지 등 여러 문화기구에서는 조선족 변연복합문화의 장점을 바탕으로 한 학술교류를 촉진하고 있다. 연변조선족자치주신문출판국, 연변대학교, 연변출판자협회, 연변조선족문화발전촉진회도 한국의 한양대학교, 경남대학교, 한림대학교, 이화대학교, 신구대학교 등 여러 대학교 학자들과 함께 옌지(延吉)에서 여러 차례의 학술회의를 열었다. 1999년 6월에는 제 1 차 중국조선족 언론학술회의를 열었고 그해 7월에는 네트워크언론의 문제 및 전망에 관한 학술대회를 열었다. 2000년 10월에는 중국조선족 출판문화학술회의를 열었다. 이러한 학술회의를 통하여 한중 두 나라 학자들은 경험을 나누고 함께 미래를 전망하였다.

2005년 10월 9일 한국 중앙연구원, 한국 문화교류센터와 중국 인민교육출판사는 "일본의 아시아 침략죄행을 어떻게 가르쳐야 할 것인가"라는 주제로 광복 60주년 기념세미나를 개최했다. 두 나라는 이 세미나를 통하여 일본의 역사왜곡에 대한 공동대처방안을 논의하는 한편 한국은 진행중인 역사교과서 개편에 중국의 협조를 요구했다.[84] 2006년 7월 7일 제 8 회 한중 출판학술회의가 서울의 세종문화회관에서 열렸다. 이 회의의 주제는 "세계와 미래를 향한 출판 산업의 전략과 비전"이었다.

1994년 12월부터 시작된 중국 조선족 발전을 위한 학술심포지엄은 이미 10여 차례나 진행된 상태이다. 중앙민족대학의 황유복 교수는 한국

84) (중) 길림조선문보, 중-한 교육세미나, 2005년 10월 15일.

문화연구소를 이끌고 12년 동안 국내외 학자들과 학술심포지엄을 기획하고 조직하였다. 조선족의 현재와 미래를 둘러싸고 국내외 최고 전문가들과 조선족 학자, 지도간부들이 한자리에 모이게 하였다. 그들은 장기간의 학술심포지엄을 통하여 조선족 사회가 직면한 문제를 진단하고 원인을 찾았으며 해결책을 마련하기 위해 고심하였다.

2006년 7월 5일, 한국문화연구소는 일본 아시아경제문화연구소와 공동으로 중앙민족대학에서 '제11회 조선족 발전을 위한 심포지엄과 워크숍 예비회의'를 열었다. 중국사회과학원, 중국 서부대개발위원회, 일본 조선족 연구회, 북경공업대학의 조선족 교수, 한국·호주·유럽 등지에서 온 학자들과, 언론계·재계의 핵심멤버들이 한자리에 모여 조선족 발전에 관해 의견을 나누었다. 그들은 조선족 사회의 문제를 해결하는 관건은 경제성장이라고 지적하면서 조선족의 더 빠른 발전을 위하여 '글로벌 조선족 공동체'의 구축과 이에 상응하는 시스템 도입이 시급하다고 지적하였다.[85)]

2006년 6월 27일부터 29일까지 베이징(北京)대학 영걸(英傑)교류센터에서는 동북아국제학술토론회가 열렸다. 한국, 중국, 몽골 등 국내외 교수와 전문가 30여명이 참석한 이 학술토론회에서는 20여 편의 중요한 논문이 발표되어 역사적인 항일투쟁, 현대의 경제, 문화교류 등의 실례를 들어 한중 두 나라의 상호 이해, 평등, 협력, 협조의 필요성에 대한 인식을 같이 하였다. 같은 해 8월말에는 한국 극동문제연구소, 베이징(北京)대학교 동북아연구소, 북한 사회과학자연구회의 공동주최로 '민족문화와 사회발전에 관한 국제학술회의'가 베이징(北京)대학교에서 개최되었다.

2. 한국과 조선족의 학술교류와 연변대학교의 역할

연변대학교는 한국과 조선족 학술교류에서 중요한 교두보의 역할을

85) (중) 흑룡강신문, 2006년 7월 16일-22일.

하고 있다. 동방문화연구원, 민족연구원, 동북아연구원, 조선 언어 문학연구소, 동북아 국제정치연구소, 여성연구 센터, 의학, 약학, 농학, 수의, 수학, 물리, 화학 등 수 십 개에 달하는 연구기구들과 각 학부들은 거의 해마다 국제학술회의를 소집한다. 한국, 북한, 일본, 미국, 러시아, 캐나다 등 여러 나라의 학자들과 국내의 조선족 학자들은 연변에 모여 학술교류를 진행한다. 연변대학교에서는 국제학술회의를 1991년부터 1995년까지 13회, 1996년부터 2000년까지 35회, 2001년부터 2005년까지 140회나 주최하였다.86)

또한 연변대학 각 연구원에서는 정기적으로 한국의 관계연구기구들과 협력하여 국제학술회의를 소집하고 있으며, 한국 측에서는 학술회의 비용면에서 후원을 아끼지 않고 있다. 2006년 9월 1일 한국 평화문제연구소와 연변대학 동북아연구원에서 주최한 국제학술회의가 중국 옌지(延吉)에서 열렸다. 이번 학술회의에서는 동북아 평화와 남・북・중의 협력 방안, 중국 기업의 대북투자와 향후 과제 등 여러 편의 논문이 교류되었다.

또한 연변과학기술대학은 한국, 미국, 독일 등 세계 100여개 대학, 연구소 및 기업과 자매결연을 맺고 활발한 교류협력을 하고 있다. 이 대학에서는 해마다 7월에 동북아 국제협력을 중심으로 국제심포지엄을 진행하였다. 2002년 7월 9일부터 11일까지 열린 '동북아협력 발전방향' 국제학술심포지엄에는 한국 과학기술부의 전임장관 서정욱, 중국정치협상회의위원 왕서박(王瑞璞), 대한항공사장 심이택, 한서대학교 안중기 교수 등 여러 방면의 책임자들과 학자들이 논문을 발표하고 교류하였다. 2004년 7월 11일부터 13일까지는 '세계화시대 동북아협력과 발전'이란 제목으로 국제심포지엄을 개최하였는데 한국, 중국, 러시아 등 여러 나라 교수, 학자 및 행정부서 책임자들이 참가하여 99편의 논문을 발표하고 교류하였다. 2006년 7월 3일부터 5일까지 열린 '동북아협력과 발전' 심포지움에

86) (중) 연변대학교 국제교류협력처 제공, 2006년 9월.

서도 국내외 전문 학자들이 도합 91편의 논문을 발표하고 교류하였다.

연변대학 민족연구원은 한국과 조선족, 조선족과 북한의 학술중개역할로 남북의 학술교류를 추진하는 모범을 보여주고 있다. 1999년부터 2006년 사이에 총 22회의 학술회의를 소집하였는데 그 중 20여회는 한국, 중국, 북한이 참가한 국제학술회의였다. 한국근현대사학회, 정신문화연구원, 교육개발원, 한국학중앙연구원, 서울대학교, 한양대학교, 서원대학교 등과 북한의 과학자협회가 학술회의에 참가하였으며 중국민족이론학회, 베이징(北京)대학교 동북아연구소, 동북사범대학의 관계자들이 학술회의에서 국제교류를 하였다. 그들은 조선족 이중문화 특징을 충분히 이용하여 조선족과 한국, 조선족과 북한의 문화교류를 추진하였고 또 남북의 만남과 문화교류를 촉진하는 중요한 매개적 역할을 하였다.

최근 몇 년간 진행한 이 모든 학술대회에서 가장 중요한 매개역할을 한 집단은 통역과 업무중재 및 행사진행을 통해 헌신적으로 학술대회를 기획한 조선족 지식인들이다. 이들의 존재와 수고가 없었다면, 그 모든 학술교류의 성과는 결코 나오지 못했을 것이다. 이처럼 우리는 조선족 사회와 조선족 문화가 한국과 조선족 사회 및 남북의 관계개선에서 얼마나 큰 중개자와 조해자(調解者)의 역할을 하는가에 대해 관심을 기울일 필요가 있다.

[표 6-11] 1999-2005년 연변대학 민족연구원 주최 국제학술회의

순차	국제학술회의 명칭	시 간	지 점	참가국
1	새천년을 맞이하는 조선족의 현상과 미래	1999 7.22-23	중국 옌지	중국, 한국, 북한
2	1910-1930년대 조선민족반일무장투쟁사 재조명	2000 9.20-21	중국 옌지	중국, 한국, 북한
3	21세기 조선민족 아동 교육 연구	2002 5.3-6.1	중국 옌지	중국, 한국, 북한
4	21세기 조선민족문헌의 발굴과 연구	2000 9.2-22	중국 옌지	중국, 한국, 북한

5	20세기 조선민족교육의 전개 및 평가	2002 7.23-24	중국 옌지	중국, 한국
6	민족문화의 인정과 발전 연구	2002 9.24-25	한국 청주	중국, 한국
7	동방 전통문화와 현대화	2002 10.17-8	중국 선양	중국, 한국
8	21세기 사회발전과 교육	2003 8.14-15	중국 옌지	중국, 한국, 북한
9	일제의 아시아침략과 조선민족의 반일투쟁 연구	2003 9.21-22	조선 평양	중국, 한국, 북한
10	일제의 침략전쟁과 중국경내 조선족 지사의 항일투쟁	2003 11.19-1	중국 베이징	중국, 한국, 북한
11	민족통일전선의 형성과 중한 항일투쟁	2004 4.19-20	중국 베이징	중국, 한국, 북한
12	근대 항일민족운동의 역사경험과 일본의 우경화	2004 6.2-3	한국 수원	중국, 한국, 북한
13	동방민족 전통 민요와 현대로의 전환	2004 7.19-20	중국 선양	중국, 한국, 북한
14	동북아지구 협력과 민족문화의 발전	2004 8.25-26	중국 옌지	중국, 한국, 북한
15	제국주의 침략과 민족반일투쟁 및 민족문화	2005 7.24-25	북한 평양	중국, 한국, 북한
16	동방민족음악의 역사와 전망	2005 8.5-6	중국 선양	중국, 한국, 북한
17	민족체육문화의 회고와 전망	2005 8.5-6	중국 옌지	중국, 한국, 북한
18	1930-40년대 동북지구 항일투쟁과 민족문화	2005 10.20-21	중국 선양	중국, 한국, 북한
19	1930-40년대 동북지구 항일투쟁과 역사경험	2005 10.23-24	중국 창춘	중국, 한국, 북한
20	동북지구 역사문화교류의 현상과 전망	2006 11.2-4	중국 옌지	중국, 한국, 북한

제 7 장

조선족의 주변국가 진출

하늘 높이 날아오르는 널뛰기

연변은 중국에서 제일 큰 조선족 집거지구이다. 연변은 원래 사과도 나지 않고 배도 나지 않는 고장이다. 그러나 지혜로운 조선족들은 연변 허룽(和龍)현(현재 허룽시) 시청(西城)진 밍옌촌(明岩村)에서 여러 차례의 실험을 거쳐 북한의 사과를 가져다 연변 산야에 있는 떫고 작은 돌배에 접목시켜 사과배를 육종해 냈다. 그로부터 연변은 춤과 노래의 고향에다 또 사과배의 고장으로 이름을 알리게 되었다. 사과배란 과일은 중국 전역 가운데 오직 연변에서만 생산되기 때문이다.

개혁개방 후 연변과 동북의 조선족들은 해외와 국내에 많이 진출하였다. 지금까지의 인구비례로 하면 전국 55개 소수민족 가운데서 조선족만큼 인구유동이 많고 대내외로 진출한 민족은 없을 것이다. 그만큼 조선족은 강한 적응력을 지닌 사람들이다. 어떤 이들은 조선족을 비유하여 앞에서 예를 든 '사과배'라고 부르기도 한다. 사과와 배의 접목처럼 한반도의 한민족이 중국에 이주하여 뿌리를 내렸다는 뜻도 있고 한반도 전통문화와 중국문화를 융합하여 새로운 조선족 문화를 형성하였다는 뜻도 있으며, 국내외 대도시에 가서 잘 적응한다는 뜻도 담겨 있는 것이다.

중국의 조선족은 한국에 진출하였을 뿐만 아니라 일본에도 진출하였고 러시아, 미국, 캐나다, 호주 등 세계 20여 개 나라에 진출하였다. 현재 조선족은 한국 기업이 있는 곳이면 어디든지 진출하고 있다. 이것은 그들이 한국인과 같은 혈통인 탓도 있지만 한국어와 한국문화에 익숙하고 무엇보다 오랜 기간 역사의 고난과 생존경쟁을 통해 단련된 이중구조의 변연복합문화를 소유한 민족이기 때문이다. 그들은 어디로 가든지 쉽게 안착할 수 있는 적응력을 갖고 있다.

1910년대 한반도가 일본의 식민지로 전락된 후 한민족 이민들은 중국, 일본, 러시아 등 여러 나라로 이주하였다. 그들은 새로운 고장에서 민족전통을 이어 오면서 적응력을 키워 왔다. 그 시기 한민족 이민들은 망국노예의 신세로 생존을 위하여 국적조차 없는 이민신분으로 딴 나라에 몸을 의지하여 살아 온 것이다.

그러나 현재의 조선족은, 그와 같은 역경과 시련을 통해 체득한 복합적인 문화역량과 강인한 정신력을 갖고 새로운 국제협력시대의 흐름에 발맞춰 당당한 중국 공민의 신분으로 더 큰 경제이익과 삶의 가치를 위하여 세계 각 국으로 진출하고 있다.

제 1 절 조선족의 일본 진출

Ⅰ. 재일 한민족 사회의 형성

재일본 조선족 사회는 중국 조선족과 마찬가지로 역사의 아픔을 지니고 살아 온 한민족 동포다. 일본의 한민족 사회는 한반도에 대한 일본의 식민지 지배에 의해 이루어졌다. 1909년 전(全) 일본에 거주하고 있던 한민족은 459명이었는데 대부분은 유학생이었다. 1910년 일본이 강제로 한반도를 합병하게 되자 토지를 잃은 수많은 농민들이 생계의 터전을 잃고 몰락하였다. 일제의 압박 속에서 수많은 한민족 이민들이 일본으로 이주하여 노동시장의 저변층을 형성하기 시작하였다. 그 후 10년 사이 재일 한민족의 인구는 30,175명으로 증가되었다.

1920년부터 1930년까지 대량의 한국 자작농들이 일본으로 이주하였는데 제일 많이 이주한 해는 1928년이다. 그 해 67,417명이 이주했고 제일 적게 이주한 해인 1921년에도 5,693명 가량의 한국인들이 일본으로 이주하였다. 1923년 9월 1일, 동경을 중심으로 하는 일본의 관동지방에 대지진이 발생하였다. 일본은 한민족 이민이 지진을 이용하여 방화, 테러 등 활동을 조직하였다는 구실로 대량 살상하였으며, 이 사건으로 2만여 명 가량의 한국인이 희생당하였다. 더 이상의 탄압을 견디지 못한 일부 한민족 이민들이 이 시기에 한국으로 돌아왔는데 1923년에만 88,745명이 귀국하였다.[1)]

---

1) (한) 이문웅, 「세계의 한민족」, 통일원, 1996년, 52-55쪽.

1929년부터 시작된 세계 경제공황은 그 여파가 일본에까지 파급되었다. 일본은 중국을 침략하는 것으로 그 탈출구를 찾으려 시도하였다. 동시에 일본은 한반도를 대륙 침략의 병참기지로 만들기 위하여 공업화 정책으로 한국의 파산농민을 흡수하였으며 그에 따라 일본으로 이주하는 한민족도 계속 증가되었다. 1931년 일본에 있는 한민족은 31만 여명, 1934년에는 537,576명, 1938년에는 799,865명으로 증가되었다.2)

1937년 7월 7일 일본은 중일전쟁을 일으켰고 1941년 12월에는 태평양전쟁을 개시하였다. 일본은 대량의 군인을 징병하여 전쟁터에 내 보냈다. 인력의 부족으로 인하여 본토의 전시(戰時)산업을 지탱할 수 없는 상황에서 일본은 강제적인 방법으로 한반도에 있는 한민족을 징집 연행해 갔다. 1939년부터 1945년 일본이 투항하기까지 일본에 강제 연행된 한민족의 총수는 724,787명이었다. 그리하여 1944년 일본에는 도합 1,936,861명의 한민족 이민이 있었는데 중국 동북지구로 이주한 한민족의 총인구 수와 비슷하였다.3)

1945년 8월 15일, 일본이 무조건 항복을 선포했을 때 재일 한민족 수는 230여만 명이었다. 해방이 되자 한민족 이민들은 서둘러 귀국하였다. 그러나 일본의 귀국지연, 작은 어선의 침몰 등의 사건으로 그들의 귀국은 온갖 난관에 부딪쳤다. 결국 1949년 5월말 한국 정부가 발표한 귀국자 수는 1,414,258명에 불과하였다. 그 시기 북한의 귀환자 수는 351명으로 알려졌다. 1995년 재일본 한민족의 인구는 659,323명으로 집계되고 있다. 거기에 체류자 37,488명을 합하면 도합 696,811명이다.4)

재일 한민족 이민들은 일본의 최북단인 홋카이도로부터 최남단인 오키나와까지 전 지역에서 거주하고 있는데 1만 명 이상이 거주하는 지역은 10개 도시에 달한다. 그들 중 철제공업 · 유리 · 비닐 · 화학공업과 건설업에 종사하는 사람이 제일 많고, 다음으로는 요식업체 · 소매점 · 행

2) (한) 이문웅, 「세계의 한민족」, 통일원, 1996년, 52-55쪽.
3) (한) 박경식, 「조선인 강제연행의 기록」, 동경미래사, 1981년, 64쪽.
4) (한) 박경식, 「조선인 강제연행의 기록」, 동경미래사, 1981년, 64쪽.

[표 7-1] 1992년 1만 명이상 한민족 일본거주 지역표(단위 :명)5)

지 역	인 수	지 역	인 수
도 쿄	91,931	오 사 카	187,389
지 바	12,469	교 토	46,836
사이타마	13,901	아 이 치	55,207
효 고	71,023	카나가와	32,430
야마구치	13,596	후쿠오카	24,974

상·노점상·고물상 등 판매업자가 많으며, 그 다음으로는 사무원·노동자·자동차기사 등 직업에 종사하는 사람들이다.

한민족 이민들은 일본에 가서도 여느 곳에 이주한 한민족과 마찬가지로 교육을 중시하는 전통을 발휘하여 학교를 세우고 자식들을 공부시켰다. 그러나 오늘날에는 일본의 환경에 적응하기 위하여 재일 한민족 이민자녀들 대부분이 일본 학교에 다니고 있다. 1988년의 통계에 의하면 민단(民團)과 조총련(朝總聯)이 운영하는 소학교, 중학교, 고등학교는 164개였으나 학생 수는 전체 재일 한민족의 13.5%에 불과했고 일본인이 설립한 학교에 다니는 학생이 85%를 차지했다. 1989년부터는 한민족학교에 다니는 학생들이 더 크게 감소하였다. 때문에 재일 한민족 동포들 중 40여세 이하의 교포들은 대부분 한국어를 잘 모르고 있는 실정이다.

재일 한민족의 인구는 계속 증가되지 못하였는데 그 원인은 여러 곳에서 찾을 수 있다. 첫째는 귀국자가 늘어난 것이다. 1959년부터 1967년까지, 1971년부터 1984년까지 북한에서는 두 차례에 걸쳐 도합 93,339명의 한민족을 귀국시켰다. 그 결과 일본에 거주하는 한국인의 숫자는 상당수 줄어들게 되었다. 두 번째 이유로는 일본으로 귀화하는 사람의 숫자가 늘고 있다는 것이다. 1992년에는 7,000여명의 한민족이 귀화했고 1994년에는 8,000여명이 귀화하는 등 외국인에게 불합리한 일본 정책에 견디지 못하고 현지의 땅에 적응하려는 이들의 귀화는 지금도 계속되고

5) (한) 외무부, 「해외동포현황」, 1993년.

있다. 세 번째 이유로는 세대교체가 진전되고 일본 태생의 제 3, 제 4 세가 증가되는 동시에 적지 않은 한민족 여성이 일본인과 결혼하였다.[6)]

현재 일본에 귀화한 한민족은 2만여 명이 훨씬 넘는 것으로 추정되고 있다.

Ⅱ. 일본 문화와 조선족

중국의 조선족은 일본 문화에 비교적 익숙하다. 그 이유로는 같은 동방문화권이며 지정학적으로 가까운 곳에 위치하고 있다는 것 이외에도 몇 가지 역사적・현실적 원인이 있다.

1. 일제 강점기의 문화침탈

일제 강점시기에 중국의 한민족 이민들은 일본 문화를 강요당했다. 중국의 동북지구는 1932년부터 1945년까지 14년 동안 일본의 노화교육을 받았다. 1932년 일본은 동북에다 '만주국'을 세우고 이 괴뢰정권을 통하여 '도의(道義)의 확립,' '일만일심일덕(日滿一心一德),' '실학기초(實學基礎),' '민족협화(民族協和)' 등 교육취지를 제정하는 등 한민족 교육을 말살하려 하였다. 일본은 한민족 이민들이 세운 반일민족사립학교를 강제로 합병・개편・폐교시켰으며, 반일애국사상이 있는 교원과 학생들을 무자비하게 면직・체포하였거나 감금・학살하였다.

일본의 식민통치가 강화되면서 일제는 한민족 이민들이 운영하던 민족학교를 강제로 폐교시키거나 일본인이 경영하는 학교에 합병시켰다. 1932년 연변의 한민족 이민 사립학교는 77개소가 폐교되었고 28개소만 남아 70% 줄어 들었다. 그러나 일본이 경영하는 보통학교는 계속 늘어

6) (한) 이문웅, 「세계의 한민족」, 통일원, 1995년, 183-184쪽.

나 지린(吉林)성만 해도 1935년에는 76개로서 9.18 만주사변전보다 31개가 늘어났다. 종교계통의 사립민족학교도 많이 폐쇄되었다. 1932년 5월 이전 연변에는 모두 108개의 학교가 있었는데 1932년에는 63개가 문을 닫게 되어 58%나 감소되었다.[7)]

1933년 일본은 민족사립학교를 완전히 없애버리고 자기들의 식민지 노예교육제도에 끌어 넣기 위하여 '사립학교잠행규정'을 반포하였다. 일본은 각급 학교에서 한반도 역사, 지리과목 교육을 금지시켰으며 그 대신 일본의 역사와 지리를 가르쳐 '황민화'의 목적을 달성하려 하였다. 동시에 반일사상을 가지고 있는 한민족 이민 교원과 학생에 대해서는 야만적인 탄압을 실시하였다.

1937년 3월 10일 만주국에서는 '학교교육에서 철저하게 일본어를 보급하는 데 관한 지령'을 공포하고 한민족 이민들의 언어, 문자와 찬란한 민족문화를 모두 없애버림으로써 한민족을 지구상에서 지워버리려고 시도하였다. 그로부터 시작하여 일본어가 한민족 이민의 국어로 강요되었고 한국어와 한글의 사용은 엄격히 금지되었다. 무릇 한국어로 말하거나 한글을 쓰는 학생은 구타와 징벌을 받았으며 심지어 강제노동이나 벌금을 내는 경우도 생겼다. 1941년 일본은 결국 동북에서 모든 사립학교를 폐교시켰다.

일본은 한반도와 중국의 동북지구를 일본지도와 같은 색깔로 그려 놓고 한반도는 원래부터 일본의 예속국이며 동북은 고대로부터 중국 본토와는 관계가 다른 독립된 국가라고 주장하였다. 그러면서 학생들에게 '황국국민서사'를 암송하도록 강요하였고 매일 조회 때마다 일본 국기와 만주국 국기를 올리고 그들의 국가를 부르게 하였다.

일본은 한민족 이민들의 민족감정과 의식을 철저히 없애버리기 위하여 '창씨개명'을 강요하였다. 그들에게 한민족 이민은 일본의 노역 하의

7) (중) 박규찬 주필, 「중국 조선족 교육사」, 동북조선족민족교육출판사, 1991년, 111쪽.

만주국 국민이므로 원래의 성씨와 이름을 버리고 모두 일본의 성과 이름으로 고치도록 강요하였다. 적지 않은 한민족 이민들이 이에 반항하였다가 유치장에 들어가거나 심지어 목숨을 잃기도 하였다. 일본은 또 한민족 이민들에게 '신사참배,' '황국신민의 서사,' '근로봉사,' '학도병,' '강제징병' 제도를 강요하였다.

그러나 한민족의 문화는 일제의 강압 속에도 소멸되지 않았다. 일본의 식민지노예교육은 한민족 이민들의 강한 반항을 불러 일으켰다. 그들은 사립민족학교의 폐교와 개편을 반대하기 위한 투쟁을 전개하였으며 한민족의 언어, 문자와 민족전통문화를 학습하고 전수하기 위한 투쟁을 계속하였다. 일본침략자들은 이들에 대한 탄압으로 숱한 한민족 이민들을 투옥시키고 학살하였으나 끝내 자기들의 목적을 달성하지 못하였다.

일제의 노화교육은 한민족 이민들에게 엄청난 시련을 안겨 주었다. 그러나 이러한 강요와 압제는 한민족 이민들로 하여금 자신들도 모르는 사이에 일본의 역사와 문화에 비교적 익숙하도록 만들어 주었다. 한민족 이민 자녀들은 자기 민족의 언어와 문자를 배우는 것으로 민족의 기개를 지키기도 하였지만, 학교에서 일제의 강요로 일어와 일문을 배우게 되었고, 일본의 지리와 왜곡된 역사를 배우면서 일본의 근대문명에 대해 알게 되었다. 바로 그런 연유 때문에 동북항일연군 내의 한민족은 유창한 일본어 실력을 무기로 일본군으로 가장하여 적진에 들어가 일본군을 소탕할 수 있기도 했다.

2. 일본어 학습의 유행

개혁개방 이후 조선족은 일본어를 주요한 외국어로 학습하였다. 1978년 말부터 새로운 역사발전시기에 들어선 중국은 세계진출에 대비하기 위한 대책으로 중학교부터 외국어과를 설치하였다. 조선족 역시 중학교부터 외국어학과를 설치하였는데 대부분의 학교에서 일어학과를 설치하였다. 그리하여 많은 조선족 학생들이 중학교부터 일어를 배웠다. 일본어는 원래 한글과 발음이 비슷한데다 문법마저 비슷하여 중학교로부터 고등학교까지 6년간 일어를 배우면 비교적 높은 수준에 이를 수 있었다.

조선족 전업학교, 중등직업기술학교의 외국어 과목도 대부분 일어과목이 개설되었으며 대학에서도 대부분 학과들이 일어를 외국어로 선정하였다. 게다가 1980년대 초반부터 전면적으로 직함평의를 실시할 때 외국어는 꼭 통과되어야 할 과목이여서 조선족 교사, 기술자, 간부들은 임시 일어강습반에서 일어를 배웠다. 개혁개방이 심화되면서 일본유학을 대비하는 일어학원도 우후죽순으로 설립되었다. 많은 조선족청년들이 일본에 갈 준비로 일어학원에서 공부하였다.

Ⅲ. 일본과 재중 일본 기업에 진출한 조선족

1. 일본에 진출한 조선족

세계 냉전체제의 빙하가 녹아내리자 1980년대 초반부터 일본인들은 동북지구를 방문하기 시작하였다. 처음 동북을 방문한 일본인의 대부분은 일본 국적을 가진 이민자들이어서 조선족은 일본어가 아니라도 조선어로 교류할 수 있었다. 그 후부터 많은 일본인들이 조선족 사회를 방문하였다. 당시 일제의 통치 하에서 학교를 다녔던 조선족들은 유창한 일어솜씨로 일본인들의 중개인이 되었다. 이처럼 동북의 조선족은 일본인의 동북진출에도 중요한 매개체 역할을 하였다.

조선족은 자신들의 변연복합문화 기능을 이용하여 한민족이 많이 살고 있는 일본 지역에서도 거주하였다. 재일본 한민족은 중국 조선족의 일본진출에 중개역할을 하였다. 개혁개방 초기 일본 진출의 주력군은 일본통치 시기에 학교를 다녔던 조선족 중 연령이 비교적 높은 사람들이었다. 그들 대부분은 일본에 있는 한민족과 상호방문 형식으로 일본에 다녀왔다. 일본어를 강의하는 조선족 교원들은 일본에 가서 일본어를 학습하였다. 1990년대 초반부터는 일본에 다녀왔던 조선족을 매체로 하여 일부 조선족 대학졸업생들이 일본으로 진출하였다. 외국어유학 중개업소의 증가와 함께 조선족의 일본 진출이 잦아지기 시작하였다. 동시에 일본유학매체들이 부쩍 늘어나면서 유학을 목적으로 하는 젊은 세대들의 진출이 이어졌다. 그들 대부분은 대학을 졸업한 조선족이거나 아니면 고등학교를 졸업한 청년들로 일본에 가서 유학을 하면서 다른 한 편으로는 노동을 하여 학비를 조달하였다.

처음 일본에 진출한 조선족들은 그곳에 있는 한민족(재일동포)의 도움과 안내로 일정 기간의 적응기를 거쳤다. 시간이 지나면서 그들은 일본어를 비교적 유창하게 사용할 수 있을 만큼 익숙해졌다. 그리하여 재일 한민족의 안내가 없이도 비교적 자유롭게 활동할 수 있었다. 조선족 이중문화의 특징이 그들로 하여금 일본문화에 쉽게 적응할 수 있도록 도와 준 것이었다.

대학교는 중일 문화교류에서 중요한 역할을 하였다. 연변대학교는 일본의 오사카 경제법과대학교 등 여러 대학교들과 자매관계를 맺고 정기적인 학술교류와 왕래를 하였다. 일본대학에서는 일본인 교수를 파견하여 연변대학교에서 일본어 강의를 하였고 연변대학교에서는 조선족 교수를 파견하여 일본대학교에서 중국어 강의를 하였다. 연변대학교에서는 각 학과의 청년교원을 일본의 대학에 파견하여 연수 또는 석·박사 공부를 시켰고 일본의 대학들에서도 청년교원들을 연변대학교에 파견하여 석·박사 공부를 하게 하였다. 일본에 파견된 연변대학교의 교원들은 한국문화, 중국문화에 익숙하고 일본문화에도 비교적 익숙하였기 때문에 모두 좋은 성적을 거두었다.

조선족이 쉽게 일본에 진출하게 된 원인은 재일 한민족 동포들이 중개자 역할을 해 주었기 때문이라고 볼 수 있으며, 이미 일본문화를 학습한 결과이기도 하다. 일본 진출 초기 출국한 사람들은 대부분 재일 한민족의 초청이나 소개로 나간 중년 이상 지식층과 일부 기업의 조선족이다. 그들 대부분은 과거에 일어를 배웠던 사람들이고 일부는 개혁개방 이후에도 일어를 배운 중년들이다. 그들의 뒤를 이어 일본에 나간 사람들 대부분은 청년학생들로 그들도 개혁개방 후 중학교부터 일어를 배웠던 학생들이다.

일본에 진출한 조선족과 한국에 진출한 조선족의 상황을 대비해 보면 비교적 뚜렷한 차이를 확인할 수 있다. 일본에는 청년들이 많이 갔으나 한국에는 중·노년층이 더 많이 진출하였다. 일본에는 남성 청년이 더 많이 갔으나 한국에는 일부 대학교에서 석·박사 공부를 하는 청년 외에는 대부분 중·노년의 여성들이 많이 진출하였다. 일본에 간 조선족들의 평균 문화수준은 대학졸업생으로서 비교적 높고 한국에 간 조선족의 문화수준은 고등학교 졸업정도로서 상대적으로 낮은 편이다. 일본에 간 조선족은 학교에서 공부를 하면서 아르바이트를 하는 청년이 많았고 한국에 진출한 조선족은 자신들이 직접 노무에 참가하고 있다.

2005년 말 현재 일본에 거류하고 있는 조선족은 5.3만 명 이상으로 추정되고 있는데 그들의 진출상황은 다음과 같다. 1980년대 중반부터 1990년대 초반까지는 중년 이하 지식인들의 취업, 연수가 주류를 이루었다. 1990년대 중반부터 젊은 조선족 대학졸업생들의 유학과 취학이 늘어났으며, 2000년도 이후에는 재일 조선족 기업이나 일본 기업의 IT기술자 모집에 응모한 고교졸업생 이상의 조선족 청년들이 대거 진출하고 있다.

일본 아시아 경제문화연구소 소장 유경재(柳京宰) 박사의 조사에 따르면 재일 조선족의 지역 분포상황은 다음과 같다. 일본의 수도 도쿄에 22,000여 명, 요코하마와 시즈오카 지역에 9,000여 명, 지바와 사이타마에 9,000여 명, 오사카와 고베에 8,000여 명, 나고야와 아이치, 미에, 기후 등지에 3,000여 명, 규슈와 시고쿠에 1,000여명 가량의 조선족이 진출해 있다고 알려지고 있다. 이와 같이 조선족의 분포상황을 보면 대도시와 대

학교들이 집중된 도시일수록 조선족이 더 많이 집거되어 있음을 알 수 있다.[8)]

조선족의 일부는 일본의 대기업이나 중소기업에서 통역 또는 관리직으로 취업해 있는데 이들의 수는 대략 1,000여 명으로 추정되고 있다. 일본에 시집간 조선족 여성은 약 300여 명 가량으로 추산되며 일부 조선족들은 조선족이 비교적 많이 집거해 있는 도시에서 식당을 운영하며 생활하고 있다. 일본에서 노무에 종사하고 있는 조선족 중에는 적지 않은 사람들이 재일동포의 기업에서 일하고 있는데 대부분은 서비스업종에 취직해 있다. 2001년 10월의 설문조사에서 나타난 숫자를 보면 5.3만여 명의 조선족 가운데서 언어학과 대학생 등이 약 16.7%, 석사·박사학위과정 대학원생 등 유학생이 약 38%, IT기업의 기술자, 회사원, 서비스업종의 노동자, 극히 개별적인 소형기업인, 학자와 교수 등 취직이 약 26.7%를 차지하는 것으로 나타났다.[9)]

일부분의 조선족은 일본에서 자기의 기업을 운영하기도 한다. 그들은 대부분 중국에 있을 때 조그마한 식당이나 미용실을 경영하던 조선족 중년여성들이다, 그들은 일본에 거주하고 있는 조선족들을 대상으로 조선족이 집거하고 있는 도쿄, 아히치, 기후 등의 도시에서 식당, 미용원, 마사지점 등을 경영하고 있다. 10여 년간 일본에서 식당을 경영해 온 연길시 이금화 여사의 소개에 따르면 그들이 경영하는 식당이나 서비스업체의 수입은 비교적 높은 편이라고 한다. 일본에 지출한 조선족들이 이러한 식당에 모이는 원인은 주로 고향친구를 만나는 장소로 활용되기 때문이다. 조선족의 음식문화가 일본 음식문화와는 차이가 있기 때문에 조선족들이 자주 찾아와서 고향의 맛을 본다고 하였다. 해마다 명절이 오면 귀국하지 못한 조선족들은 자기들끼리 조촐한 행사를 벌이기 위해 이

8) (중) 한광천·황유복·정신철, 「재일본 중국조선족의 현주소」, 중국조선족 연우포럼 사이트.

9) (중) 한광천·황유복·정신철, 「재일본 중국조선족의 현주소」, 중국조선족 연우포럼 사이트.

곳을 찾기도 한다고 한다.

2. 재중 일본 기업에 취직한 조선족

중일관계의 발전에 따라 1980년대 말부터 일본 기업이 중국 진출을 시작하였다. 처음 동북 조선족 집거지구를 찾아 온 사람들은 대부분이 일본 국적을 가진 한국인이거나 북한 출신의 사람들이었다. 그들은 동북지구의 많은 목재, 저렴한 땅값과 인건비, 그리고 광대한 중국 시장을 겨냥하였다. 1989년 일본의 와리바시(わりばし) 대리상이 연변에 와서 시장조사를 하고 옌지(延吉), 허룽(和龍), 왕칭(汪清) 등지에 합자회사를 꾸렸다. 같은 시기 무단장(牡丹江), 하얼빈(哈爾濱), 선양(沈陽) 등 조선족 집거지구에도 일부 일본 회사들이 들어와서 소규모의 제조업체를 세웠다. 일본회사가 조선족 집거지구로 들어 올 때 조선족들은 중개역할을 하였다.

그러나 연변, 하얼빈(哈爾濱), 무단장(牡丹江)등 지구는 교통이 연해지구보다 발달하지 못하였고 반일감정이 비교적 깊으며 온도와 습도도 일본인에게 맞지 않았다. 그 당시 조선족 집거지구의 투자환경도 그다지 좋지 못하여 일본에서 들어 온 중일합자회사들은 얼마가지 못하고 부도가 났다. 1994년 오사카의 일본 국적 한국인이 옌지(延吉)에 들어와 중일합자기업을 세웠는데 1년도 못가서 부도가 나서 해체되고 말았다. 현재 조선족 집거지구의 일본 기업은 많지 않다.

다롄(大連)에는 비교적 큰 제조업체들이 들어섰다. 베이징(北京), 톈진(天津), 상하이(上海), 광저우(廣州), 선전(深圳) 등 대도시에 일본 기업이 몰리기 시작하였다. 일본 기업의 중국 진출을 보면 마쯔시다, 소니 등 큰 전자제품 회사들 대부분이다. 그리고 일부 소형자동차 제조업체와 섬유제품 생산기업들이 진출하였는데 주로 베이징(北京), 상하이(上海), 톈진(天津) 등 연해도시에 집결되어 있다. 그리고 항저우(杭州), 쑤저우(蘇州) 등 경공업이 발달한 도시에 전자부품 기업들이 많이 세워졌다. 초보적인 집계에 의하면 중국에 있는 일본 기업 수는 대략 3,000여 개로 추정된다. 중국에 진출한 일본 기업과 한국 기업의 차이점은 일본 기업은 한국 기업보다 비교적 자본규모가 큰 회사들이 많고 수량이 한국 기업보다 적으며 기업 간의 연락이 한국기업보다 활발하지 못한 특징이 있다.

재중 일본 기업 내에도 조선족이 비교적 많은데 그 중 고위직에서 사무를 보는 청년들은 대부분 일본에 가서 유학을 하는 도중 일본 기업에서 아르바이트를 했던 경험이 있는 청년들이다. 일부는 최근 중국에서 대학을 졸업한 청년들인데 그들도 일어에 능숙한 장점을 가지고 있다. 조선족은 일본 기업의 중국 진출에서 매체역할을 하였으며 현재도 조선족은 중국과 일본 기업의 중개역할을 하고 있다. 때문에 조선족은 대부분 중국 진출 일본 기업의 대외 연락업무, 상품도매와 마케팅부문에서 일하고 있다.

현재 재중 일본 기업에 취직한 조선족의 총 인원 수는 대략 8,000여 명 정도로 추산된다. 그들의 대부분이 대학졸업생이거나 일본에서 석사학위를 마친 조선족 청년들이다. 그들은 일본 회사에서 사무를 보는 직원인데 중국 현지 관계기관과 일본 기업체의 관계 및 일본 기업과 한국, 북한 기업과의 관계를 처리하고 있다. 일부는 생산품의 도매, 소매 업무를 보고 있다. 그들이 사무를 보는 시간은 한국 기업보다 보편적으로 길고 업무량도 많으며 업무수행 속도도 더 빠르다. 때문에 그들의 월급도 한국 회사보다 두 배 정도 높은 편이다.

재일본 기업과 재중 일본 기업들은 중일관계에서 조선족의 중개역할을 높이 평가하고 있다. 2005년 11월 13일 재일본 중국 조선족 연구회 대표 이강철 박사의 주최로 도쿄에서 '제 2 회 재일본 중국조선족 국제심포지움 2005'가 열렸다. 이 회의에는 일본의 많은 학자들과 기업가들이 참석하였는데 그 중 일본 기업가들의 발언은 회의참가자들의 큰 관심을 불러 일으켰다. 그들은 일본이 국제무대에서 경제활동을 하려면 중, 한, 일, 3국 문화를 잘 알고 중국어를 능숙하게 구사할 수 있는 중국 조선족의 역할이 매우 필요하다고 하였다. 그들은 앞 다투어 중국 조선족 기업과 연대강화를 요청하였다. 그리고 이 대회에서 아시아 경제문화연구소 유경재 박사는 중국 조선족은 중국, 한반도, 일본 문화에 익숙하므로 지식인들이 주축이 되어 지(知)적 자원을 활용하여 세계적인 한민족네트워크 구축을 해야 하며 그 중에서 조선족이 중추역할을 해야 한다고 주장하였다.[10]

21세기로 들어선 후 일본의 대 중국투자는 빠른 속도로 증가하고 있다. 통계에 의하면 2004년 한해에 일본 기업들이 중국에 투자한 자금은 일본 돈 4,909억 엔으로 같은 해 일본이 미국에 대한 투자액 5,027억 엔에 근접한 숫자이다. 이는 2003년 대(對) 중국 투자에 비해 40%나 증가한 것이다. 현재 일본의 자동차기업들은 점차 중국을 교량으로 삼아 인도로 옮겨가고 있는 추세라고 한다.[11]

3. 일본과 조선족의 경제협력

일본과 조선족의 경제협력은 날로 발전하고 있다. 그러나 헤이룽장(黑龍江)성, 랴오닝(遼寧)성 조선족 사회와 일본의 경제협력에 대한 자료는 다소 미흡한 편이다. 여기서는 주로 연변과 일본의 경제협력을 토대로 조선족 사회와 일본의 경제협력 상황을 분석하고자 한다. 조선족의 주요 집거지구인 연변에 진출한 일본 기업의 상황을 보면 2001년 말까지 43개 기업이 있었다. 이는 연변에 진출한 20여개 국가 기업 총수의 7.4% 를 차지한다. 일본이 연변과 계약한 투자총액은 4,955만 달러, 실제로 투자한 자본은 4,097만 달러로 여러 나라가 연변에 실제로 투자한 총자본 41.312만 달러의 10%를 차지한다. 그리하여 일본은 연변에 투자한 외국 가운데서 한국, 홍콩 다음으로 3위를 차지하고 있다.

---

10) (중) 한광천 · 황유복 · 정신철, 「재일본 중국조선족의 현주소」, 중국조선족연우포럼 사이트.

11) (한) 월간 「해외동포」, 20005년 9기, 74쪽,

[표 7-2] 2001년까지 일본의 대 연변 투자 상황(단위: 만 달러)

항 목	기업 수	금 액	비 중
외국의 계약 투자		57,615	100 %
일본의 계약 투자		4,955	8.6 %
외국의 실제 투자	580	41,312	100 %
일본의 실제 투자	43	4,097	10 %

2001년부터 2005년까지 일본은 연변에 10개 기업을 설립하기로 하고 1,976만 달러의 투자 계약을 체결하였다. 2005년 말까지 일본은 실제로 624만 달러의 자금을 연변에 투자하였다.

일본과 연변의 대외무역을 보면 일본이 차지하는 비율은 적어졌지만 총액은 늘어나고 있다. 1996년 연변과 일본의 총 무역액은 2,835만 달

[표 7-3] 1996-2005년 연변의 대 일본 무역상황과 일본이 차지하는 비율 (단위: 만 달러, %)12)

년 도	수출입 총액	비 중	연변의 수출	비 중	연변의 수입	비 중
1996	2,835	13.4	1,987	19.1	848	8.0
1999	4,943	17.7	3,783	24.7	1,160	9.3
2002	4,455	13.1	3,240	14.8	1,215	10.0
2005	6,031	8.4	4,981	9.9	1,050	5.0

[표 7-4] 1998-2005년 연변의 대 일본 노무송출상황(단위: 명)13)

년 도	국외에 파견 총 수	일본에 파견한 총 수	일본의 비중
1998	8,000	184	2.3 %
1999	10,255	190	1.9 %
2000	11,526	170	1.5 %
2001	13,042	259	2.0 %
2002	14,949	268	1.8 %
2003	15,693	172	1.1 %
2004	16,259	196	1.2 %
2005	16,428	106	0.6 %

12) 저자 주: 연변 조선족 자치주 상무국에서 제공한 숫자를 정리한 것이다.
13) 저자 주: 연변 조선족 자치주 상무국에서 제공한 숫자를 정리한 것이다.

러로 연변 총 무역액의 13.4%에 달하였고, 1999년에는 4,943만 달러로 17.7%, 2002년에는 4,455만 달러로 13.1%, 2005년에는 6,031만 달러로 8.4%에 달하였다. 연변의 목재 특산품 등이 일본으로 수출되면서, 수출이 일본 전자제품, 자동차 등의 수입을 초과하는 양상을 보이고 있다.

현재 연변과 일본의 노무송출도 원활한 편이다. 1998년부터 2005년까지 연변에서 일본에 공식적으로 파견한 노무인원만 해도 이미 1,545명에 이른다.

제 2 절 조선족의 독립국가연합 진출

Ⅰ. 독립국가연합(CIS)의 한민족

1. 독립국가연합에서 고려인 사회의 형성

한민족 이민들이 동북으로 이주할 때 일부는 러시아의 연해주로 전입하였다. 1858년 5월 28일 러시아는 중국의 청나라 정부를 핍박하여 '아이훈조약'을 체결하였으며 이를 근거로 헤이룽장(黑龍江)성 북안 60여 평방킬로미터의 영토를 빼앗아 갔다. 1860년 11월 2일, 러시아는 또다시 청나라 정부를 협박하여 '베이징조약'을 체결, 연해주 지방을 강점함으로써 한반도는 러시아와 국경을 접하게 되었다.

1857년부터 한민족은 러시아 국경지대로 이주하기 시작하였는데 1864년 여름에는 30가구 140여명이 이주하여 토지를 경작하였다. 그 후 1882년부터 한민족 이민들이 러시아 연해주로 많이 진출하였으며 1907년에는 극동변경지구에 약 42,000여명이 있었다고 한다.14)

한민족 이민들이 대거 러시아 연해주로 이주한 이유는 바로 한일합병 때문이었다. 1910년 일본이 한반도를 병탄하자 러시아 연해주에 이주한 한민족은 57,289명으로 늘어났고 1914년에는 64,309명으로 늘어났다. 1919년 서울에서 일어난 기미독립운동이 진압된 후 수많은 한민족 이민들이 러시아 연해주로 건너갔다. 1917년 10월 혁명이 성공하고 공산당이 정권을 잡으면서 소련이 건립되었다. 그러나 한민족 이민의 이주는 계속

14) (한) 권희영, 「세계의 한민족(독립국가연합)」, 통일원, 1995년, 51쪽.

되었다. 1923년 소련의 연해주에 건너온 한민족 이민은 도합 106,817명이였는데 자기들이 개간한 토지를 확보하기 위하여 상당수가 소련 국적을 획득하였다. 그 결과 34,559명 한민족 이민이 입적하였다.[15]

1927년 1월 28일 소련연방 인민위원회는 토지를 확보하지 못한 한민족 이민들을 하바롭스크 구역과 블라고베쉔스크 시로 이주시킨다는 결정을 내리고 다시는 한민족 이민에게 토지를 임대해 주지 못하도록 규정하였다. 그리하여 1928년부터 1929년 사이에 1,297명의 한민족 이민들이 지정한 곳으로 이주하였다. 1930년에는 1,625명이 이주하였는데 그 중 1,455명은 하바롭스크로, 170명은 카자흐스탄으로 이주하였다. 1937년 소련인민위원회와 소련공산당은 '주도지방 국경부근 구역에서 한민족 거주민을 이주시키는 문제에 관한 결의문'을 채택하고 2차에 걸쳐 한민족 이민들을 재차 이주시켰다. 소련은 한민족 이민을 변경에서 내지로 추방하기 위하여 강제이민을 시킨 것이다. 두 차례의 이주를 통하여 도합 271,781명 한민족 이민이 이주하였는데 우즈베키스탄에는 176,525명, 카자흐스탄에는 95,256명이 이주하였다.

강제이주시기 한민족 이민들의 반발은 만만치 않았다. 소련당국에서는 그들의 모든 형식의 반항을 철저히 탄압하였는데 도처에서 반발하는 한민족 이민들에 대한 체포, 구금과 처형을 동시에 진행하였다. 강제이주시기 교통의 부실로 사람과 짐을 운송하던 차량이 전복되어 21명의 한민족 이민이 사망하였고 50명이 다쳤으며 58명이 재산 손실을 입는 등 사고가 계속 발생하였다. 1947년 3월 소련당국은 제36호지시를 내려 한민족 이민은 중앙아시아의 국가들 내 국경 근처가 아닌 지역에서만 거주하도록 규정하였다. 소련의 이 정책은 40여년 후인 1989년 소련이 해체되기에 이르러서야 정식으로 취소되었다.[16]

소련당국은 정치적으로 한민족을 불신하고 노동력으로 이용하려 하

15) (한) 현규환, 「한국이민사」(상권), 통일원, 1995년, 809-810쪽.
16) (한) 권희영, 「세계의 한민족(독립국가연합)」, 통일원, 1995년, 77-79쪽.

였다. 1937년 10월부터 소련당국은 일부 연해주에 있는 한민족 이민들을 사할린에 강제로 이주시켰다. 그 곳에 있는 한민족 이민들의 구체적인 숫자는 명확하지 않으나 1951년 8월 18일 통계에 의하면 42,916명 한민족이 거주하고 있었는데 남성이 22,427명, 여성이 20,779명이라 했다. 그들 중 어업에 5,410명, 임업에 1,650명, 탄광에 1,579명, 제지업에 1,096명이 종사하였다. 그 나머지는 농업, 철도, 상업, 수공업에 종사했다. 한민족 이민들 가운데서 일부는 소련국적을 취득하였는데 1959년 통계에 의하면 467명이 입적하였다고 한다.17)

2. 독립국가연합의 한민족 문화 상황

최근의 집계에 의하면 구소련에 있던 한민족(고려인)은 1955년 31만여 명, 1989년 44만여 명, 1992년에는 45만여 명 정도로 소련 총인구의 0.2%를 차지하였다. 1995년에는 46만여 명으로 증가하였고 현재는 감소세를 보이고 있는 것으로 나타났다. 1989년 한민족 분포상황을 보면 우즈베키스탄에 제일 많고 그 다음으로는 러시아, 카자흐스탄에 많으며 키르기즈스탄, 타지키스탄에도 소수가 거주하고 있었다.

지금 고려인이라고 부르고 있는 한민족 이민들은 소련에 가서도 민족 전통문화를 계승하고 발전시켰다. 특히 그들은 교육을 중시하는 한반도의 전통을 이어 자기말로 된 학교를 세우고 도서관을 설립하였으며 신문과 잡지를 만들었다. 1932년 연해주에는 380여 개 한민족 이민학교가 있었고 사범전문학교도 있었다. 블라디보스토크에는 한민족 사범대학도 설립되어 있었다. 그들의 도서관은 221개소, 한글로 된 신문이 7종, 잡지가 6종 출판되고 있었다.18)

그러나 당시 구소련 정부는 소수민족 분산정책을 실시하였다. 게다

17) (한) 권희영, 「세계의 한민족(독립국가연합)」, 통일원, 1995년, 87-88쪽.
18) (중) 흑룡강신문, 1991년 8월 23일.

가 숙반(肅反)운동을 전개하면서 한민족 이민에 대한 불신임으로 그들을 변경지구에서 축출하여 낙후한 내지로 강제 이주를 강요하였다. 강제이주와 함께 한민족 학교와 신문, 잡지, 도서관마저 깡그리 해산시켰다. 그로부터 한민족 이민들의 전통문화는 점차 소멸되었다. 그 때문에 지금 50세 안팎인 한민족 이민 2세와 3세들은 자기 말과 글을 모르는 이들이 대부분이다.

소련이 독립국가연합(CIS)으로 해체되면서 한민족 이민(고려인)들은 한국 및 중국의 조선족과 교류를 하게 되었다. 그들은 중국에 있는 한민족이 중국의 공민인 조선족으로 되었으나 자기민족의 문화와 교육을 간직하고 있는 것에 대해 몹시 부러워하고 있다. 그들은 한국과 중국 및 세계 여러 나라 한민족 사회의 지원과 협력을 받으며 민족문화의 전통을 살리기 위해 노력하고 있다. 현재 독립국가연합(CIS)의 한민족을 보면 음력설이 부활되었고 일부 대학에서 한국어 강좌가 열렸다. 민족음악가무단이 창단되었으며 1991년 원단부터 고려일보가 출판되어 고려인협회의 기관지가 되었다. 그리고 무엇보다도 한국과의 교류를 적극적으로 추진하고 있다.

또한 한국으로 유학의 길이 열려 일부 학생들이 한국문화원에서 한국어를 익힌 후 한국이나 중국의 조선족 대학으로 유학을 나가고 있다. 그리고 2000년 9월, 우즈베키스탄 타슈켄트의 고려인 집성촌인 뽈리따제 마을의 청년 10명이 연변과학기술대학에 유학한 이래 우즈베키스탄, 카자흐스탄, 러시아 연해주 등에서 매년 10여 명씩 유학을 하고 있다. 그들은 처음에 러시아 말밖엔 몰랐으나 대학 졸업 시에는 중국어, 한국어, 영어까지 할 줄 아는 4개국 언어 소통자가 되었다. 이는 한민족 네트워크를 위한 새로운 발전의 모델이라고 평가되고 있다.

Ⅱ. 러시아 문화와 조선족

일본이나 구 소련 지역에 이주한 한반도 이민들은 어찌 보면 같은 형편이었다. 그들은 중국에 이주한 한민족과는 상황이 완전히 달라졌다. 다만 공통점이라면 모두 일제를 반대하고 한반도의 독립을 위하여 투쟁했다는 점 뿐일 것이다. 그러나 중국에 이주한 한민족 이민들은 장기적으로 반제반봉건 투쟁에 참가했을 뿐만 아니라 새 중국이 건립된 후 조선족으로 공인되었으며 중국의 소수민족 자치구정책으로 다행스럽게도 한반도 전통문화를 계승하고 중화의 문화를 융합하여 자체의 고유문화를 형성할 수 있게 되었다. 이 점이 바로 중국 조선족 사회의 큰 특징이라고 할 수 있다.

1. 러시아와 중국의 한민족 이민의 역사적 관계

일본이 한반도를 병탄한 후 러시아 연해주 지역에 있는 한민족 이민은 한반도 및 중국의 한민족 이민들과 함께 반일 민족독립운동을 전개하였다. 그들은 한반도와 밀접한 연계를 가지고 있었으며 중국의 한민족 이민들과도 밀접하게 왕래하였다. 1917년 10월 혁명이 승리한 후 소련의 한민족 이민들 중 적지 않은 사람들이 소련 홍군에 참가하였으며 소련국내 전쟁 속에서 자신을 단련하였다. 동시에 그들은 중국에서 투쟁하고 있던 반일 독립군을 지원하였다. 1920년 10월 동북의 한민족 반일독립군이 허룽(和龍)현 칭산리(青山裏) 전투에서 일본 침략군을 대량적으로 소탕한 후 헤이룽장(黑龍江)성 지시(雞西)현에서 반일무장투쟁을 견지하였다. 식량, 무기 등 여러 방면에서 문제를 해결할 수 없게 된 그들은 러시아 연해주로 이동하였다. 이 당시 연해주의 한민족은 물심양면으로 힘껏 독립군을 지원하였다.

독립군은 소련에서 계속 반일 투쟁을 전개하였다. 홍범도 장군 등 독립군 장령들은 연해주에서 독립운동을 전개하였었다. 박영은 러시아 연해주에서 소련홍군에 가입하여 싸우다가 중국 광저우(廣州) 황푸(黃埔) 군관학교에 가서 교관이 되었다. 그 시기 한반도나 중국 동북에서 반일 독립투쟁을 하던 한민족 투사들이 망명하여 피신한 곳이 바로 연해주였다. 소련이 건립된 후 연해주의 한민족 이민들이 10월 혁명의 소식을 중국동북에 있는 한민족 이민들에게 전했고 동북에 있는 독립군과 공산주의자들은 모두 연해주의 한민족 이민들과 밀접한 연계를 가지고 있으면서 한반도의 독립을 도모하였다. 때문에 이처럼 긴 시간 내에 중소의 한민족 이민들은 상호간의 긴밀한 연계와 왕래를 통하여 서로 상대방 국가의 문화에 대하여 일정한 이해가 생기게 되었다.

1945년 8월 8일 소련이 정식으로 일본에 선전포고를 하고 한반도와 중국에 있는 일본군과 전투를 시작하였다. 8월 15일 소련홍군은 연변에 들어와 일제를 소탕하고 임시 군사정권을 세웠다. 그로부터 많은 한민족 이민들이 직접 소련홍군과 접촉하였다. 조선족들은 민주대동맹의 지도와 소련홍군의 지지를 받아 민주정권을 건립하고 자기의 군대를 세우는 활동을 전개하였다. 그 시기 중국의 한민족은 구 소련의 한민족과 계속 왕래를 하였다. 친척지간의 방문을 중심으로 하면서 그들은 서로 상품과 문화를 교류하였다.

1949년 중화인민공화국이 건립된 후 중국은 소련과 수교하였고 여러 방면에서 소련의 협조와 지지를 받았다. 중국은 모든 부문에서 소련의 경험을 따라 배웠다. 교육부문에서도 소련의 경험을 대폭적으로 학습하고 응용하였다. 그 당시 중국인들은 사회주의 소련을 중국의 우상으로 생각하였으며 소련과의 왕래와 교류를 촉진하였다. 소련에서는 중국을 지원하여 적지 않은 중점건설항목을 실시하였다. 연변의 경우도 소련의 경험을 많이 가져왔다. 정부로부터 민간에 이르기까지 관리방식도 소련의 본을 받았고 심지어 월급제도, 간부계급도 소련의 방식대로 하였다.

중소관계의 발전에 따라 조선족 사회는 소련과 인접해 있고 이민들 간에는 서로 한민족의 후예라는 인연으로 민간교류를 촉진하였다. 동시에 중소관계의 혜택도 받게 되었다. 농업합작화의 모범이었던 김시룡은 중국 농민대표의 일원으로 소련에 가서 집단농장을 참관하였으며 연변대학의 정판룡은 모스크바대학에 가서 준박사공부를 하고 돌아왔고 김장욱은 모스크바에 가서 세계청년연합활동에 참가하였다.

이처럼 중국의 조선족에게도 소련은 먼 곳이 아니었다. 그 당시 조선족 집거지구의 신문이나 잡지들도 전국지와 마찬가지로 소련의 문화와 건설에 대해 비교적 많은 소개를 하였다. 조선족들은 소련에 대하여 어느 정도의 지식을 갖게 되었다. 동북에서는 러시아어를 외국어로 정하였고 연변대학에서도 러시아인인 다이도브가 러시아어를 가르쳤다.

연변대학에는 또 러시아어학부가 있었다. 때문에 1960년대 초반까지 연변 조선족 가운데서 러시아어를 아는 사람이 적지 않았다. 조선족 고등학교에서도 외국어로 러시아어강좌가 있었는데 대학입시에 외국어 시험 과목으로 채택되어 교육을 받았다. 이와 같이 중국의 조선족들에게 소련의 문화는 생소한 문화가 아니었다.

2. 중소 관계의 변화에 따른 조선족과 고려인

1950년대 후기부터 중국과 소련이 국제공산주의 운동문제로 갈등이 생기면서 소련은 중국에서 과거의 위신을 잃게 되었다. 소련은 중국으로 보냈던 전문가들을 철수시켰고 동시에 중국을 지원하여 건설하던 항목을 취소하고 대부금마저 되찾아갔다. '문화대혁명' 초기부터 중국과 소련의 관계는 철저히 파괴되었고 1969년 겨울 중국과 소련은 중소변경 전보우도(珍寶島)라 하는 강 복판의 작은 섬을 서로 자기의 땅이라 우기면서 전쟁까지 하였다. 과거 소련에 다녀왔던 조선족과 연해주의 고려인과 친척관계가 있는 조선족들이 정치 변화에 따라 억울하게 '특무'로 몰리게 되었다. 그리하여 조선족은 소련 연해주와 연락이 끊어지게 되었고 그 후 소련의 문화는 조선족과 인연을 끊게 되었다.

Ⅲ. 러시아로 진출한 조선족

1. 조선족의 러시아에서의 상업활동

냉전체제의 해체와 개혁개방정책은 중국 조선족들에게 세계 각 국으로 진출할 수 있는 조건을 마련해 주었다. 러시아는 조선족들이 첫 출국 붐을 일으킨 국가이다. 러시아의 드넓은 땅, 저렴한 인건비도 조선족을 유혹하였지만 주요하게는 의류, 신발 및 일반 경공업품의 수요가 엄청났기 때문이었다. 경제 이익을 추구하는 동기가 부여되면서 조선족들은 처음에는 북한과 장사를 하였고 다음은 한국과도 장사를 하였으며 그 다음은 러시아 연해주와도 장사를 하였다. 러시아와의 무역은 조선족의 친척방문과 용감한 '탐험자'들에 의해 길이 열렸다. 처음 그들은 러시아에 있는 한민족(고려인)들을 통하여 교류를 시작하였으며 또 과거 역사적인 이유로 중국에 와 있던 러시아 사람들을 교량으로 삼았다.

2006년 말 헤이룽장(黑龍江) 신문사의 조사에 의하면 러시아에 체류하고 있는 중국인은 약 40여만 명으로 추산되었다. 거기에 25만여 명의 불법체류자까지 합치면 65만여 명이나 된다. 이는 연해주 인구의 10%에 달하는 숫자로 풀이된다. 조선족에 대해서는 누구도 구체적인 숫자를 말하지 못하고 있는 실정이지만, 몇 만 명이 넘는 것으로 추정하고 있다. 지금까지의 양상을 보면 헤이룽장(黑龍江)성의 조선족들이 러시아에 많이 진출한 것으로 추정되고 있다. 둥닝(東寧)현 한 곳만 해도 이미 1,200여명 조선족들이 러시아로 이주했다고 할 만큼 많은 조선족들이 러시아에 진출하였다. 1995년부터 줄곧 러시아에서 복장, 완구, 장신구 장사를 해 온 연변 룽징(龍井)시 출신 김성재는 이미 10만 달러의 거액을 주고 두 개의 매장을 구입한 상황이다.

구 소련이 해체된 후 중국 조선족의 러시아에서의 상업활동은 더욱 활발하게 진행되었다.

처음 러시아 장사 길에 오른 사람들은 대부분 공무원들이었는데 이는 그들의 문화수준이 비교적 높아서 언어가 통하지 않아도 장사를 할 수 있었기 때문이었다. 그러나 현재는 해체된 기업의 노동자로부터 농민 등 여러 계층의 조선족들이 러시아에서 장사를 하고 있다. 그들은 주로 가죽옷, 양말 등 의류와 일부 일용 경공업제품을 등에 지고 헤이룽장(黑龍江)성 쑤이펀허(綏芬河)를 통하여 월경한 후 연해주 일대 시장에서 장사를 한다. 그들이 러시아에서 가져오는 물건은 대부분이 인삼, 호골(虎骨), 사향 등의 특산품이다. 이러한 물건들은 중국에서 수지가 맞는 상품으로 뭉치 돈을 벌 수 있었다. 보따리 장사꾼들은 점차 담이 커져서 연해주로부터 서북쪽을 향해 진군하기 시작하였고 지닌 물건도 점차 더 커졌다. 그 후 그들은 차라리 시장에 가게를 차려 놓고 사람을 고용하여 중국으로부터 물건을 날라 오게 하였고 러시아의 물건을 중국으로 운송해 갔다. 비교적 수입이 좋다는 입소문 덕분에 더 많은 조선족 장사꾼들이 러시아를 찾아 왔다.

이렇게 러시아와의 민간무역이 발전하면서 중국 조선족들은 연해주 하바롭스크 등 일부 도시의 시장에 직접 상가를 구매하고 판매업을 하고 있다. 조선족은 그곳에서 여관에 자리를 잡거나 셋집을 얻고 시장에 나가 물건을 판매한다. 남성들은 쑤이펀허(綏芬河) 등 변경에 가서 그곳까지 들어온 물건들을 사가지고 돌아오고 여성들은 그 물건을 시장에 나가 팔면서 러시아 고객이 필요로 하는 물건의 예약을 받는다. 이러한 장사 수입은 노무수입보다 훨씬 높은 것으로 나타났다.

최근 경제이익의 수요로 인하여 연변과 동북 각지에 있는 조선족들이 계속 러시아로 진출하고 있다. 원래 러시아에 가 있던 조선족들이 이미 근거지를 만들어 놓았기 때문에 새로 진출하는 사람들은 큰 곤란을 겪지 않고도 장사를 할 수 있게 되었다. 연변 룽징(龍井)시 둥성(東盛)진은 촌마다 10여 명 가량이 러시아에 장사를 하러 간다. 그들은 음력설 같은 큰 명절이 되면 고향으로 돌아와 가족들을 만난다. 그들에 따르면 조선족은 러시아에 가서도 쉽게 적응할 수 있다고 하였다. 음식습관이 맞지 않는 등 문제가 있으나 자체로 끓여 먹으면 해결된다고 말하였다. 그들의 공동 견해는 언어 문자방면에서 잘 통하지 않으나 어쨌든 러시아 문화가 생소하지 않다는 것이다. 그들 중 적지 않은 사람들은 5-6년 동안 러시아에서 살면서 러시아어를 배워 무슨 말이나 다 잘 할 수 있었다. 그러니 이들이 또한 중국과 러시아의 민간인 중개인이 된 것이다.

현재 헤이룽장(黑龍江)성엔 러시아를 향한 1급 무역통상구가 24개, 가동중인 통상구가 20개가 있다. 그 중 후린(虎林), 미산(密衫) 등 통상구에는 원래부터 조선족이 집거한 곳이어서 그들의 대(對) 러시아 무역에 편리를 제공해 주었다. 그리하여 헤이룽장(黑龍江)성에서 러시아와의 무역에 오른 조선족이 다른 지역보다 비교적 많다. 둥닝(東寧)에 2,000여 명, 하이린(海林)에 100-200여 명, 루오베이(羅北)에 30여 명 등 도합 5,000여 명으로 집계되고 있다. 과거 그들은 보따리장사를 하였으나 지금은 컨테이너로 중국 상품을 수출하고 있다. 현재 우수리스크에 있는 조선족은 3,000여 명, 블라디보스토크에는 5,000여 명이 집거하고 있는 것으로 추정되고 있다. 그들 중에는 일인당 연평균 8-10만 위안, 심지어는 몇백만 위안의 수익을 올리고 있는 갑부들도 제법 있다고 한다.[19)]

러시아에서 장사를 하던 일부 조선족들은 이미 러시아에 정착하면서 농사를 짓거나 채소를 심기 시작하였다. 그들은 대부분이 100여 헥타르의 밭을 임대하여 콩 농사나 채소 농사를 지었다. 현재 러시아 보따리상 행렬은 계속되고 있으며 적지 않은 조선족들이 그곳에 장기적으로 체

19) (중) 이진산 주필, 「중국 한겨레사회 어디까지 왔나?」, 흑룡강조선민족출판사, 2006년, 185쪽.

류하면서 가게를 운영하거나 러시아 사람들을 고용하여 농사를 짓고 있다. 이처럼 중국의 조선족은 베틀의 실북마냥 한반도 외에도 일본, 러시아를 드나들면서 인적・물적 민간 교류를 촉진하고 있다. 이러한 사실은 중국의 조선족이 동북아 여러 국가들을 민간차원에서 연결하고 조화시키는 화해자라는 것을 증명하고 있다.

2. 조선족 사회와 러시아의 경제협력

일찍이 유엔에서 두만강지구개발계획(TRADP)을 제정하자 러시아는 연변을 중시하기 시작하였다. 그러다가 두만강 개발이 여러 가지 원인으로 아직 큰 진전을 보이지 못하고 있는 상황에서 러시아는 연변 조선족 사회와 경제협력을 진행하고 있다. 러시아의 연변진출기업이 비록 적고 투자총액이 많지 않으며 연변과의 수출입이 적으나 필경은 조선족 사회와의 경제협력이라는 데 그 의의가 있는 것이다.

우선 러시아와 연변의 대외무역상황을 보면 1991년부터 계속 상승곡선을 그려 왔다. 1991년 러시아와 연변의 무역총액은 3,739만 달러를

[표 7-5] 1991-2005년 홀수 년 연변의 대 러시아무역 상황(단위: 만 달러,%)[20]

년 도	무역 총액	대 러시아 수출	비 중	대 러시아 수입	비 중
1991	3,793	1,691	45.3	2,102	54.7
1993	13,527	6,225	46.1	7,302	53.9
1995	1,148	482	42.0	666	58.0
1997	603	276	45.8	327	54.2
1999	4,965	396	8.0	3,569	92.0
2001	4,485	362	8.1	4,123	91.9
2003	2,862	1,334	46.7	1,528	53.3
2005	10,619	8,870	83.6	1,749	16.4

20) (중) 연변 통계연감, 연변 조선족자치주 상무국에서 제공한 숫자를 정리한 것이다.

[표 7-6] 1998-2005년 연변의 대 러시아 노무송출 상황(단위: 명, %)[21]

년 도	노무송출 총 인수	러시아로 간 인수	비 중
1998	8,000	1,391	17.4
1999	10,255	1,285	12.5
2000	11,526	1,396	12.1
2001	13,042	947	7.3
2002	14,949	915	6.1
2003	15,693	1,054	6.7
2004	16,259	405	2.5
2005	16,428	218	1.3

기록하였다. 1993년에는 13,527만 달러에 도달하여 지금까지의 최고기록을 세웠다. 1995년부터 하강세를 보였는데 그 해의 무역총액은 1,148만 달러에 그쳤다. 동남아 금융위기의 영향을 받아 1997년에는 603만 달러로 급하강하였다. 그 이듬해부터 무역총액이 계속 상승하다가 2001년부터 또다시 하강세를 보여 2003년에는 2,862만 달러를 기록하였다. 2004년부터 다시 상승세를 보였으나 1993년의 수준에 이르지 못하고 있다.

연변은 러시아와 노무송출에서도 협력을 하고 있다. 1998년부터 2005년까지 연변에서 러시아로 노무송출 나간 사람은 도합 7,611명에 달

[표 7-7] 1998-2002년 연변을 다녀간 러시아 관광객(단위: 명, %)[22]

년 도	해외 관광객	러시아 관광객	러시아관광객 비중
1998	47,881	2,764	5.8
1999	77,252	4,529	5.9
2000	148,178	25,721	17.4
2001	176,296	59,166	35.7
2002	154,577	42,013	27.1
합 계	595,577	134,193	22.5

21) (중) 연변 조선족자치주 상무국에서 제공한 숫자를 정리한 것이다.

22) (중) 심만근, 「두만강지구개발중 연변의 외자이용연구」, 민족출판사, 2006년, 231-232쪽.

한다. 그 중 제일 많이 나간 해는 2000년인데 도합 1,396명이 나갔고 제일 적게 나간 해인 2005년에는 218명이 나갔다.

연변과 러시아의 경제협력과 함께 러시아 관광객이 연변에 다녀갔다. 1998년 이후 러시아 관광객은 해마나 증가되었는데 2000년 연변에 왔던 러시아 관광객은 25,721명이고 2001년에는 59,166명으로 크게 증가되었다.

제 3 절 조선족의 기타 국가 진출

Ⅰ. 조선족의 미국 진출

조선족은 한국 진출을 통하여 미국을 더 많이 알게 되었다. 그들의 초기 미국 진출은 한국인과 재미 한민족 사회를 통하여 이루어졌다. 1990년대 미국에 있는 한민족 인사들이 연변을 주요 목표로 하여 중국 조선족 집거지구를 방문하였다. 그 후 대학교부터 조선족의 미국 방문이 이루어졌고 그 다음 일부 공무원들의 방문이 이루어졌으며 개별적인 조선족 대학 교직원들의 미국유학이 이루어졌다. 그러다가 유학과 노무를 주요 내용으로 하는 중개기구들이 설립되면서 미국유학과 노무 진출이 점차 확대되기 시작되었다. 일부 미국에 가서 박사과정에서 수업하고 있는 조선족 대학원생도 있지만 한국의 대학교에서 석사과정을 마치고 미국에 간 사람들이 대부분이다. 그 중 일부 조선족은 미국에서 곧장 취업하면서 어린애도 낳고 고향에 계시는 부모까지 모셔갔다. 일부 조선족들은 한국으로부터 한국 기업을 따라 미국으로 진출하기도 하였다. 그 후 먼저 미국에 간 조선족의 소개로 미국 진출이 이루어졌고 이후로는 조선족 집거지구에 있는 중개기구를 통하여 진출이 이루어졌다. 그리하여 미국으로 간 조선족의 수는 계속 증가하고 있다.

미국에 진출한 조선족은 로스앤젤레스로부터 하와이군도 등 여러 곳에 분포해 있다. 그들 대부분은 미국 국적을 가진 한인 기업에서 일하고 있거나 또는 미국에 진출한 한국 기업에 취업해 있다. 지금까지 미국에 진출한 조선족의 상황을 보면 많은 사람들이 원래 공무원이거나 은행 직원 등 사무직에 있던 중년들이 대부분이고, 나이 든 조선족은 영어, 한어, 조선어와 일어를 비교적 능숙하게 할 수 있는 지식인들로서 미국 기업이나 한국 기업에서 통역으로 일하고 있다. 또 일부는 자식들을 따라가서 어린애를 봐 주는 노년층 부부들이다.

조사에 따르면 현재 미국에 가 있는 조선족은 약 3만 여명 이상이고 연령은 대부분이 30-40대이다. 남녀비례는 1:5로 여성이 남성의 5배나 된다. 그 중 약 1,200명의 조선족은 이미 미국 영주권을 획득하였다. 영주권이 있는 조선족은 매년 7,000 달러를 미국에 바쳐야 한다. 영주권을 가진 사람들은 자녀들이 중국에서 대학을 졸업한 후 미국으로 데려가는 것이 소망이며 다시 중국에 돌아올 생각이 없다고 했다. 그러나 미국에서의 유학은 성공률이 낮아서 대부분 조선족 유학생들이 졸업하지 못한 채 돈벌이에 나서고 있다.

조선족들은 미국에서 한국인이 경영하는 개인 기업에 취업하여 집장식, 식당요리사, 손톱 발톱 수정, 사우나 때밀이 등 중국에서 하기 싫어하던 일들을 하고 있다. 하루 노동시간은 보통 12시간이고 시간당 수입은 노동성격에 따라 틀리지만 보통 10달러 정도라 한다. 25평 내외의 집세는 매달 1,300달러 정도이다. 그들은 자기가 말할 줄 아는 기계나 마찬가지라고 하면서 미국으로 갈 때 진 빚 20-30만 위안을 먼저 벌어 갚은 다음부터 자기의 돈을 번다고 한다. 노래방, 사우나, 호프는 연변보다 적으며 조선족들은 그런 곳에 갈 엄두도 못 낸다. 돈 때문에 남성들은 담배와 술을 끊어야 했다. 각 지방마다 조선족협회가 있으나 매주 6일을 근무하는데다 낮과 밤의 노동 시간이 서로 틀려 한 집에 사는 부부 사이에도 만나기 힘든 형편이어서 모임에 다닐 시간이 없다고 한다. 그러나 다른 나라보다 수입이 비교적 안정되어 있다고 한다.

재중 미국 기업에도 조선족이 있다. 그들은 대부분이 일본에 진출했던 대학졸업생들이다. 재중 미국 기업은 조선족을 통하여 중국과의 업무를 진행하고 있다. 재중 미국 기업 수는 많지 않다. 조사에 의하면 그들은 중국에서 주로 제조업과 무역에 종사하는 것으로 나타났다.

조선족의 중개로 재미 한국인이 연변에 다녀간 후 연변과 미국의 경제협력이 이루어졌다. 특히 두만강지구개발계획(TRADP)이 논의되면서 미국 기업은 연변에 대한 투자를 시작하였다. 2001년까지 미국의 대 연변투자는 외국자본투자의 3.1 %를 차지하여 제 5위가 되었다.

[표 7-8] 2001년까지 미국의 대 연변 투자 상황(단위 :만 달러)[23]

항 목	기업 수	금 액	비 중
외국의 계약 투자		57,615	100%
미국의 계약 투자		553	1%
외국의 실제 투자	580	41,312	100%
미국의 실제 투자	18	1,250	3%

2001년부터 2005년 사이에 미국은 연변과 4개의 기업을 설립하는 계약을 체결했고 11,684만 달러를 투자하기로 하였다. 그러나 실제로 투자한 자금은 5,029만 달러로 예상 규모의 절반 수준에 그쳤다.

Ⅱ. 조선족의 세계 진출

한민족(한인)은 세계 어느 나라에나 다 진출하고 있다. 재외 한인들을 중개로 하여 그들의 기업이 있는 곳에는 중국 조선족이 있다. 조선족은 마치 바늘을 따르는 실처럼 한국 기업을 따라 세계의 많은 나라로 진출하였는데 그들 대부분이 재중 한국 기업에서 일해 왔던 사람들이다. 이처럼 조선족은 어디로 가나 쉽게 그곳에 적응하는 능력을 가지고 있다.

한국외교통상부 재외동포재단의 통계(표 7-9)에 의하면 2005년 재외동포 한민족의 총수는 660만여 명에 이르고 있다. 지역별로는 아주(亞洲)

23) (중) 연변 조선족자치주 상무국에서 제공한 숫자를 정리.

지역이 359만여 명으로 전체의 54.09 %를 차지하고 있으며, 그 다음으로 미주(美洲)지역이 239만여 명으로 36.05 %, 구주(歐洲)지역(독립국가연합 포함)이 64만여 명으로 9.65 %를 점하고 있다. 국가별로는 중국이 243만여 명으로 가장 많은데, 여기에는 중국 국적 조선족 192만여 명뿐만 아

[표 7-9] 한민족 재외동포 현황(단위: 명, %)24)

연도별 / 지역별	2001	2003	2005	백분율(%)	전년비 증감율(%)
아주(亞洲)지역	2,670,723	3,239,904	3,590,411	54.09	10.82
일 본	640,234	898,714 ①(260,168)	901,284 ②(284,840)	13.58	0.29
중 국	1,887,558 ③(1,923,800)	2,144,789 ③(1,923,800)	2,439,395 ③(1,923,800)	36.75	13.74
기 타	142,931	196,401	249,732	3.76	27.15
미주(美洲)지역	2,375,525	2,433,262	2,392,828	36.05	-1.66
미 국	2,123,167 ④(1,076,872)	2,157,498 ④(1,076,872)	2,087,496 ④(1,076,872)	31.45	-3.24
캐나다	140,896 ⑤(101,715)	170,121 ⑤(101,715)	198,170 ⑤(101,715)	2.99	16.49
중남미	111,462	105,643	107,162	1.61	1.44
구주(歐洲)지역	595,073	652,131	640,276	9.65	-1.82
독립국가연합	521,694	557,732	532,697	8.02	-4.49
유 럽	73,379	94,399	107,579	1.62	13.96
중동(中東)지역	7,208	6,559	6,923	0.10	5.55
아프리카 지역	5,280	5,095	7,900	0.12	55.05
총 계	5,653,800	6,336,951	6,638,338	100	4.76

① 1952-2002년간 재일동포 귀화자 총수(조선적 포함)

② 1952-2004년간 재일동포 귀화자 총수(조선적 포함)

③ 2000년도 중국 전국인구조사 상의 조선족(중국 국적) 총수

④ 2000년도 미국 통계청 인구센서스 상의 한인 총수

⑤ 2001년도 캐나다 통계청 인구센서스 상의 한인 총수

24) (한) 한국외교통상부 재외동포재단(www.okf.or.kr)자료실(2005년 외교통상부 조사 자료).

니라 한국 국적 한인들 51만여 명이 합해진 수치이다. 다음으로 미국에 208만여 명이 살고 있으며, 일본에 90만여 명, 독립국가연합(CIS)에 53만여 명, 유럽에 10만여 명이 살고 있다.

이와같이 많은 지역에 한민족 재외동포들이 살고 있으며, 국제교류의 증대와 함께 그 수는 날로 늘어나 이제 7백만 명 선에 이르고 있다. 재외동포재단에서 해마다 주최하고 있는 국제행사인 '한상대회'에 참가하는 재외동포 기업인들과 상담해 보면, 그들이 경영하고 있는 기업에 조선족들이 많이 취업해 있음을 듣는다. 재외동포 기업인들에게는 중국어와 한국어를 자유롭게 구사하며 한국의 전통문화까지 보유하고 있는 조선족들이 매우 유용한 인력으로 인식되고 있다.

오늘날 세계경제의 흐름과 국제협력 질서를 감안할 때, 중국과의 통상무역을 취하지 않고서는 제대로 기업을 운영해 나가기가 어려울 지경이다. 그만큼 중국을 잘 알고 또 중국어에도 능통한 조선족의 역할이 날이 갈수록 중하게 여겨지는 대목이다. 그뿐만 아니라 안건비가 한국인(한인)들의 보수에 비해 절반 수준밖에 안 되는 것도 조선족을 적극 고용하는 중요한 이유가 된다. 또한 조선족의 입장에서 보더라도 한국에 가서 불법 체류를 하며 속을 태우기보다 외국으로 나가서 일하는 것이 마음 편하고 취업 여건이 더욱 안정적이었다.

바로 이런 연유로 조선족들은 쉽게 해외진출을 결심하게 되는 것이다. 현재 이러한 나라에 나간 조선족 여성들은 직장이 안정되고 자녀가 대학을 졸업하면 자녀를 자기가 일하는 곳으로 데리고 와서 함께 산다. 그들은 또 남편이 퇴직하면 즉시 오게 해서 한국 기업에 취직시키기도 한다.

조선족은 먼저 몇 사람이 국외로 가서 자리를 잡은 후 가족, 친척 혹은 친구들을 외국 기업에 소개하는 방식을 이용한다. 현재 중국의 조선족은 미주의 미국·캐나다·남미, 호주, 유럽의 독일·영국·프랑스 등 여러 나라에 진출하였을 뿐만 아니라 중동국가 및 아프리카에도 진출하

[표 7-10] 2005년까지 한국 기업의 아시아 진출 상황(단위: 개)[25)]

1	중 국	17,405	14	싱가포르	276
2	네 팔	17	15	우즈베키스탄	188
3	대 만	169	16	인 도	343
4	라오스	22	17	인도네시아	1,050
5	마카오	6	18	일 본	1,146
6	말레이시아	441	19	카자흐스탄	73
7	몰디브	1	20	캄보디아	168
8	몽 골	121	21	키르기즈스탄	10
9	미얀마	68	22	타지키스탄	4
10	방글라데시	182	23	태 국	516
11	베트남	1,004	24	파키스탄	33
12	브루나이	6	25	필리핀	1,163
13	스리랑카	175	26	홍 콩	985
총 합 계		24,946			

였다. 일부 조선족 대학졸업생들은 국내의 외국 기업에서 근무하다가 캐나다 등 인구가 희소한 나라에 가서 이민신분으로 정착하였다. 그들은 가족까지 데리고 이주한다. 그들의 진출은 대부분 한국인들과의 연락에 의해 주선된 것이며 일부는 노무수출 중개기구를 통해 나간 것이다. 위의 표에서 보는 바와 같이 아시아에 진출한 한국 기업 중 한국은행에 신고한 한국 기업만 해도 몇 만개가 된다. 그만큼 조선족도 한국 기업을 따라 여러 나라에 진출하였다는 것이다. 한국, 일본, 러시아, 미국 등 다른 국가로 진출한 조선족의 총 인구 수는 대략 3만여 명 정도로 추정하고 있다. 이들 중 일부는 대학을 졸업한 청년 남성이고 대부분은 중년 여성이며 일부가 중년 이상의 남성이라고 한다. 그들은 국외에서 대부분 한국인이 영업하는 서비스 업종에 종사하고 있다.

1990년대 말기부터 연변에서는 많은 노동력을 세계 각지로 보내 노무에 종사하도록 하였다. 그들은 힘든 일을 해서 벌어들인 외화를 고향

25) (한) 한국수출입은행에 신고한 해외 기업 자료를 정리한 것이다.

으로 보내고 있다. 연변의 노무인력들이 많이 나간 나라와 지역은 아래와 같다.

[표 7-11] 1998-2005년 연변의 일부 국가 노무수출상황(단위 :명,%)[26]

년 도	총 인수	북 한	비 중	리비아	비 중	사이판	비 중
1998	8,000	497	6.2	310	3.9	776	9.7
1999	10,255	461	4.5	437	4.3	1,319	12.9
2000	11,526	876	7.6	257	2.2	1,987	17.2
2001	13,042	1,042	8.0	308	2.4	2,834	21.7
2002	14,949	1,320	8.8	393	2.6	4,329	29.0
2003	15,693	1,572	10.0	625	4.0	4,999	31.9
2004	16,259	1,396	8.6	432	2.7	6,297	38.6
2005	16,428	1,117	6.8	504	3.1	3,788	23.1

26) (중) 심만근, 「도문강지구 개발중 외자이용 연구」, 민족출판사, 2006년, 187쪽.

제 8 장

동북아 국제협력과 조선족 사회

도약하는 연지(延吉)시 전경

오늘날의 국제정세는 인류의 평화와 안정을 최고선으로 여기며 국가 경쟁력 제고를 위해 저마다 최선을 다하고 있다. 이를 위한 노력으로 각 대륙 간의 지역경제협력을 강화하고 있지만, 동북아에는 아직도 한반도 남북의 분단, 과거사 문제, 영토분쟁, 민족주의 문제, 각 국의 무역수지 불균형 등 많은 문제들이 산재해 있다. 이러한 상황에서 동북아가 서부 유럽이나 북미와 같은 통일된 지역경제협력공동체를 형성하려면 동북아 당사국 간의 많은 양보와 인내가 필요하다. 동북아 국제협력은 지난 세기말 동아시아에 파급된 금융위기를 극복하기 위한 대안으로 급격히 논의되기 시작했으며, 이는 각국의 경제발전전략의 수요에도 매우 부합되는 사안으로 받아들여졌다. 현재 동북아지역에서는 다자 간 또는 국지적인 협력이 빠르게 진행되고 있으며 이러한 현상은 동북아 국제협력의 전망이 비교적 밝다는 것을 의미한다. 각 국이 부단한 노력을 경주하고 상호 호혜주의에 입각한 경제협력을 공정하게 추진하기만 한다면 머지않아 동북아지역에도 FTA와 같은 다자간 경제협력체, 통합운수시스템, 기술표준화 체제, 한·중·일 산학협력체 등의 국제협력에 대한 기본 틀을 마련할 수 있을 것이다.

동북아 국제협력의 거버넌스 모형에서 한반도를 중심으로 하는 동북아 물류체계인 환동해경제협력구, 환황해·발해만 경제협력구의 건설 등은 모두 주요한 항목들이다. 이는 조선족의 원 집거지구나 최근 새롭게 생기고 있는 집거지구와도 밀접한 관계가 있다. 특히 중국 동북지구 노(老)공업기지의 진흥과 산둥(山東)반도 연안도시의 한중합작 활성화는 조선족 집거지의 발전과 분리될 수 없는 밀접한 연관관계를 갖고 있다. 중국 조선족 사회와 그들의 변연복합문화기능은 동북아 국제협력을 추진함에 있어서 중요한 매체역할을 할 수 있는 것이며 나아가 조화로운 동북아 건설에서 아름다운 화해자의 역할을 담당할 수 있을 것이다.

제 1 절 동북아 국제협력의 거버넌스 모형

Ⅰ. 동북아 자유무역협정(FTA)

세계 여러 지구의 구역협력은 일반적으로 세 개의 형식으로 진행되고 있다. 그 중 첫째는 역내 국가들 간의 비예속적인 연대방식에 의한 다자간 협력이다. 이러한 협력을 '무형적인 기능성 협력'이라 하는데 이는 시장을 기반으로 무역과 투자를 주요 형식으로 하며 상호간에 경제이익을 얻는 것을 목적으로 한다.

이러한 협력의 특징은 중앙정부가 개입하기도 하지만 주도적인 작용은 하지 않으며 주로 민간이나 지방정부차원에서 협력이 진행된다. 1990년대 중기 두만강지구개발계획(TRADP)에 관한 한·중·북·러·몽골 간의 협력이 이러한 예이다.

둘째는 제도적인 다자간 협력이다. 이러한 협력을 '유형적인 제도성 협력'이라 한다. 경제방면의 협력이 일반적이지만 경우에 따라서는 정치·사회·문화 심지어 안보방면의 영역에서도 이루어질 수 있다. 이 협력의 특징은 국제협상의 목표가 뚜렷이 존재한다는 것과 참가국의 중앙정부가 주도적으로 추진한다는 것이다. 유럽연합(EU)의 협력 등이 이에 포함된다.

세 번째로는 위의 두 가지 형태 간의 절충형식인 다자간 협력이다. 이러한 협력을 '준제도성 협력'이라 하는데 이런 협력은 국가 간의 협상목표도 있고 비예속적인 연대와 함께 그 목표를 실현하는 제도적 수단도

존재한다. 아태경제협력체(APEC)가 이에 해당된다.[1)]

동북아 경제협력은 전방위적이고 다층적 접근 방식(Multi-track Approach)이 필요한 협력이다. 현재의 추세로 보면 동북아지역에서는 세 번째 '준제도성 협력'을 기반으로 하면서 연이어 두 번째 형식의 국제협력을 형성하는 방향으로 나가는 것이 가장 현실적인 대안이다. 구역 내 각국 지도자들 간의 협의체 활동을 기초로 하여 경제공동체의 필요성을 깨닫고 여건을 성숙시켜 나가는 과정에서 동북아 자유무역협정을 체결하는 것이다.

이와 같은 경우 우선 한일, 한중, 중일 양자 간의 대화가 선행되어야 한다. 이를 통해 상대국에 대한 이해와 신뢰를 키우고, 한발 더 나아가 한・중・일 3국이 우선적으로 참여하며 이를 기초로 하여 동북아 국가들이 모두 연합하는 방식의 동북아경제공동체에 대한 입체적인 시스템을 건립하는 것이다. 지금 한국의 참여정부가 미국과의 관계개선과 무역불균형 해소를 위해 야심적으로 추진하고 있는 한미 FTA도 궁극적으로는 동북아 3국 간의 FTA를 완성시키는 기폭제가 될 수 있다.

이와 같이 동북아는 우선 기본적인 다자간 경제협력체를 건립하고 이를 통해 동북아 각 국이 경제적인 면에서 상호협력하고 상호의뢰하며 통합시장으로서의 경제일체화를 이룩하는 장치와 기반 조직을 갖추도록 해야 한다. FTA의 달성은 동북아경제공동체 건립에 제도적인 토대를 마련할 것이며 이를 전제로 한 동북아경제공동체의 건립은 동북아 정치, 군사, 안보의 공동체를 구성하는 기반이 될 것이다.[2)] 특히 한국・중국・일본이 진정한 세계주의와 선린우호에 입각한 공생과 상생의 이념을 공유・확산하고 구체적 이행프로그램을 추진한다면 동북아공동체 실현은 더욱 가까운 비전으로 우리 앞에 다가올 것이다.[3)]

1) (한) 이승률, 「공생시대」, 세계지식출판사, 2005년, 210-211쪽.
2) (한) 이승률, 「공생시대」, 세계지식출판사, 2005년, 211쪽.
3) (한) 안충영・이창재 엮음. 「동북아 경제협력: 통합의 첫걸음」, 박영사, 2003년 9쪽.

이처럼 동북아자유무역협정(FTA)의 달성은 동북아의 공존과 번영을 목표로, 같은 것을 먼저 구하고 다른 것은 일단 보류하는 구동존이(求同存異) 전략을 출발점으로 하여야 한다, 그리하여 한·중·일 세 나라의 공통점을 체현할 수 있도록 노력하고 각 국의 정치, 경제, 사회, 문화 등 특수사정을 상호 존중하는 기반에서 서로의 장점을 취하여 발전하며 함께 공존하고 번영해야 한다.

아시아지역의 자유무역협정을 체결하는 경쟁에서 일본과 중국은 줄곧 주도적인 위치를 차지하고 있었다. 싱가포르의 뒤를 이어 일본은 아태 경협조직 정상회의에서 동유럽과 자유무역협정을 건립할 것을 동의하였다. 중국은 2002년에 동유럽과 자유무역협정을 촉진하는 기본협의를 통과하고 아시아 각국을 중국교역시장에 흡수하고 있다. 이러한 전략은 중국이 다른 나라보다 먼저 아시아의 경제주도권을 장악하는 것처럼 느껴지게 하였다.[4)]

2001년 중국 상무부연구원에서는 '중·일·한 자유무역구 건립에 관한 가능성'이라는 연구보고서를 제출하였다. 이 보고서는 한·중·일 3국으로 건립될 이 자유무역구가 13억 인구의 소비자와 70조 달러의 GDP, 약 2조 달러의 무역총액을 가진, 세계에서 인구가 가장 많은 발전 도상국가와 선진국가 간에 연합하는 거대 자유무역구가 될 것이라고 지적하였다. 보고서는 또 이 자유무역구는 국제사회의 격렬한 경쟁 속에서 유리한 지위를 차지할 것이며 한·중·일 3국에 더욱 큰 이익을 가져다 줄 것이라고 지적하였다.

동북아자유무역구의 건설은 한중 관계를 밀접히 하는데 더욱 유리할 것이다. 한국대외경제정책연구원(KIEP)의 한중 FTA경제효과 분석에 근거하면 만약 한중 두 나라가 이 자유무역구 협정을 체결한다면 한국의 수입은 3.0% 내지 3.6% 증가할 것이고 수출은 0.7% 내지 2.1% 증가할 것이며, 복지수준은 2.42%, 실제수입은 1.76% 증가할 것이라고 단언하였

4) (한) 이승률, 「공생시대」, 세계지식출판사, 2005년, 167쪽.

다. 그리고 중국의 대외수출은 2.7% 내지 3.3%, 수입은 3.3% 내지 3.5% 증가될 것이라고 하였다. 이처럼 한중자유무역구의 건립은 한국에게도 유리하지만 중국 측에게도 매우 달콤한 제안인 것이다.

2000년 일본 통산성(通產省)에서는 최초로 FTA의 구상을 제기하였다. 그 해 발표된 '국제무역 백서'는 FTA를 충분히 긍정하였을 뿐만 아니라 처음으로 일본의 FTA 구상을 밝혔다. 2002년 10월 일본 외무성은 '일본의 FTA 전략'을 발표하여 구역자유무역협정에 대한 일본의 기본 입장과 FTA 서명에 대한 기본 원칙을 정식으로 천명하였다. 동시에 주요 대상을 선택하는 데 관한 기준과 구체적인 요구 및 FTA를 실시할 때 주의해야 할 점 등을 밝혔다. 이 전략보고서는 동북아지역이 일본 FTA전략의 최우선적인 고려 대상이며 일본은 적극적으로 동북아의 일체화 진행을 추진할 것이라고 지적하였다. 동시에 일본은 동북아국가들에 대하여 각 국가별로 대응전략을 세워 상대하는 책략을 채용할 것이라고 밝히면서 중국의 홍콩과 대만지구를 일본의 특수 FTA 대상지역으로 설정하였다.

동북아 경제협력의 전개는 근래 동북아정치와 안보형세의 중대한 변화가 가져온 필연적인 결과이다. 이는 또 동북아지역의 정치 발전과 안전상황에 대해 심각한 영향을 줄 것이다. 경제와 문화영역의 협력은 정치와 군사 및 국가형태의 한계를 초월하여 동북아 각 국으로 하여금 더 많은 분야의 이해와 협조를 요구하게 될 것이며, 이로써 더 큰 화해(和諧)와 융합의 상태를 필요로 할 것이다. 그러므로 한·중·일 3국이 우선적으로 먼저 화해하여야 한다. 그것은 역사의 필연적 요청이다. 왜냐하면 3국의 화합이 기초되어야만 미래 동북아 경제협력의 굳건한 기반을 닦을 수 있기 때문이다. 3국의 화해야말로 동북아로 하여금 "국가의 지위는 하강하나 지구의 지위는 상승"하는 동북아 공동시대, 즉 화해(和諧)동북아시대를 만들 수 있기 때문이다.[5]

5) (한) 이승률, "동북아 국제협력시대 조선족 사회 문화기능 연구," 중앙민족대

화해(和諧)로운 동북아는 우선적으로 동북아자유무역구의 건설 등 경제협력의 길을 통하여 추진하는 것이 가장 합당할 것이다. 동북아자유무역구가 건립되면 인구와 노동력의 다국가 간 유동이 증대될 것이고 그들의 합법적인 노무관리 기준은 각 국 정부의 노동력 출국관리정책에 따라 결정될 것이다. 모든 교류협력의 기초는 시장경제의 발전을 기준으로 한 냉정한 평가 속에서 이루어져야 하며 이는 동북아 역사인식의 변화를 가져올 것이다. 또한 시장경제의 발전은 시대 변화의 흐름에 따른 필연적인 것이므로 새로운 역사 발전의 동력이 될 것이며, 이와 같은 동북아 역사인식의 변화는 상호간의 불신과 갈등을 적극적으로 해결하는 방향으로 추진될 것이다. 인류사회는 모순과 충돌 속에서 발전하여 왔다. 사람들은 모순과 충돌을 객관적인 현상으로 인식하며 이것을 해결하기 위한 개혁조치는 곧 사회 발전의 과정으로 나타난다. 동북아지역의 단결과 화합도 궁극적으로는 역사 발전을 위한 과정의 일부이다.

동북아자유무역구협정을 조인하기에는 아직도 많은 난제들이 존재하고 있다. 동북아지역 내에서 막대한 영향력을 행사하고 있는 미국 정부의 세계군사전략차원(MD 등)에서 볼 때 동북아자유무역구 협의의 달성은 한반도의 핵문제해결과 밀접한 관련이 있다. 때문에 6자회담의 실질적인 진전이 없는 한 동북아자유무역구협정은 쉽게 진전되지 않을 것이다.

그렇지만 우리는 장애와 곤란만 볼 것이 아니라 여러 가지 창의적인 요인도 찾아 보아야 한다. 우선 세계구역집단화라는 세계적인 흐름 속에서 동북아국가들이 저마다 앞다투어 자유무역구의 협정을 추진하고 있다. 2001년 11월 6일, 브루나이 수도 반다르 세리 베가완(Bandar Seri Begawan)에서 열린 중국과 동유럽연맹(10+1)지도자 제 5 차 회의는 10년 이내에 중국-동유럽동맹자유무역구(CAFTA)를 건립하는 데 대해 인식을 같이 하였다.

학 2006년 박사학위논문.

중국의 이 같은 행동은 한국과 일본을 크게 자극했다. 일본은 신속히 태도를 바꾸고 2002년 1월 싱가포르와 자유무역협의를 달성하였으며 2003년에는 동유럽연맹과 2012년에 자유무역구를 건설하는 데 관한 협정을 달성하였다. 2003년 한국은 동유럽정상회의에서 동유럽동맹과 곧바로 자유무역협정을 체결할 수 있도록 하는 건의서를 제출했다. 그 후 한국은 싱가포르와 칠레를 상대로 쌍방 간 자유무역협정을 체결하기 위한 협의에 들어 갔으며 나중에 일정한 성과를 거두었다.6) 또한 한・중・일 3국은 아세안(동남아시아 국가연합)과 한・중・일 3국을 포괄하는 경제블록을 적극 추진하고 있으며, 동유럽연맹 및 유럽연합(EU)과의 자유무역협정도 추진하고 있다. 그 속에서 동북아 국가들은 저마다 자국에 유리한 입장과 조건을 확보하기 위한 물밑 작업들을 진행시키고 있다.

이런 과정 가운데 동아시아 경제통합을 위해 가장 중요한 국제협력 방안으로 주목받고 있는 것이 '아세안+3' 자유무역협정(EAFTA)이다. 1997년의 경제위기로부터 시작된 지 올해 들어 10년째 협의되고 있는 이 동아시아 경제통합 방안은, 중국, 한국, 일본이 아세안을 놓고 앞 다퉈 자유무역협정(FTA)을 맺으면서 한걸음씩 진전을 이루고 있다. 하지만 한・중・일 3개국의 '삼각 FTA'가 이뤄지지 않는 한 갈 길이 멀다는 분석이 지배적이다. 그런가 하면 현재 논의되고 있는 통합의 방향도 여러 갈래이다. '아세안+3' 형태 외에 일본 주도의 '아세안+6(한・중・일・인도・호주・뉴질랜드)', 미국 주도의 아・태 지역을 아우르는 FTA 등이 있다.

각 국의 전략 목표가 서로 달라 공통점을 찾아내기 쉽지 않은 상황이다. 이러한 갈등구조를 극복하고 동북아지역을 포함한 동아시아 경제통합에 결정적 기여를 할 수 있는 대안으로는 한・중・일 3국 간의 '삼각

6) 저자 주: 한국의 FTA 추진 현황 가운데 기 타결된 FTA는 한・칠레 FTA(2004. 4. 1 발효), 한・싱가포르 FTA(2006. 3. 2 발효), 한・EFTA FTA(2006. 9. 1 발효), 한・ASEAN FTA 상품부문(2007. 6. 1 발효), 한・미 FTA(2007. 4. 2 타결)이며, 현재 추진중에 있는 FTA 협상국가는 ASEAN(서비스, 투자부문), 캐나다, 인도, EU, 멕시코, 일본 등이다. 그리고 중국과는 FTA 협상 여건 조성중에 있다(자료출처: 한국 외교통상부).

FTA'가 필수적이다. 전문가들은 3개국 간의 분업구조가 날로 심화되고 있어 앞으로 경제협력체제가 더욱 긴밀해질 것으로 보고 있다. 반면에 중국과 일본의 패권다툼과 한・중・일 3국 간의 산업분야 경쟁 심화 등으로 '삼각 FTA' 체결이 쉽지 않을 것이라는 전망도 제기된다. 이러한 혼미스러운 난제를 풀어내는 마스터 키는 없을까, 있다면 그것은 무엇인가.

저자는 일전에 「동북아 연합의 꿈」이란 저서에서 동북아시대의 국제협력 모델 창출방안을 제시한 바 있다. 이것은 즉 한・중・일 3국을 '한 몸'으로 연결시키고 입체화시키는 상호주의 관계구조에 대한 주장이다.

이 시대 동북아인들에게 공통으로 주어진 사명과 의무는 세계화시대의 국제협력 흐름에 적합한 창의적이고 생산적인 경제 질서와 공동체 문화를 결성하는 일이다. 이 일을 위해 한・중・일 3국 간에 내적 소통이 원활히 이루어질 수 있도록 동북아의 '새로운 미래사회를 위한 대안(An Alternative Plan for New Dream Society)'으로 우선적으로 3국을 관통하는 대로를 열어 놓기를 희망한다. 예를 들면, 한일 해협의 바다 밑을 뚫고 한반도와 일본 열도를 연결하는 한일 간 해저터널의 건설을 손꼽을 수 있다. 이와 같은 통로를 근간으로 하여 동북아지역을 '한 몸'으로 연결・통합할 수 있도록 한・중・일 3국 간의 철도 및 도로망을 대폭 확충하고, 동시에 동북아 물류 및 정보화 시스템의 국제통합 모델을 창출하는 방식으로 '삼각 FTA'를 구성해 간다면 이것이 곧 동북아경제공동체 및 '아세안+3' FTA(EAFTA)를 성사시키는 동아시아 경제 통합의 첩경이 되지 않겠는가.

이와 같이 일본 열도와 한반도, 중국 대륙을 '한 몸'의 공동체로 융합하고 연결하는 일은 아시아적(的) 협조사회(Cooperative Society)를 완성시키는 일이 될 것이며 나아가 동양의 선진들이 오랫동안 꿈꾸어 왔던 '대동사회'로 진입하는 통로가 될 것이다. 이 일을 이루어 나가기 위해서는 무엇보다 먼저 동북아 전체를 관통하는 대로(大路)를 열어야 한다. 또한 그 길에 연접한 주변 국가들이 내부개혁과 함께 국제 컨소시엄을 형성하여 '창의적인 한마당(통합시장)'을 벌이며 시너지를 입체화할 수 있도록 공동노력해야 한다. 아시아태평양지역의 물류와 자금과 기술을 중앙아시아, 시베리아/러시아, 유럽(EU)까지 확장시켜 나갈 수 있다면 이것은 곧 유라시아 대륙 간의 경제협력체를 형성하는 '글로벌 로드맵' 전략이 될 수 있지 않겠는가 하는 것이 저자의 주장이었다. 이를 위해, 한일 간의 해저터널 건설과 한반도 남북한의 철도(TKR) 및 도로 연결 사업이 가장 중요한 관건이라 할 것이다. 이와 같은 일을 성취하기 위해서는 앞으로 많은 시간과 재정 및 국민적 합의가 선행되어야 하기 때문에 동북아 3국 간에 관련분야 인사들의 심도 있는 교제와 토론을 이끌어 내기 위한 정례적인 포럼이 필요할 것이다.

자국 중심의 냉전적 사고와 단절된 역사의식의 한계를 뛰어 넘어, '열린 마음'과 '함께하는 정신'으로 공동선(共同善)의 대로를 열어가기만 한다면 한·중·일 3국과 주변국 모두를 평화롭게 만들어 줄 뿐만 아니라 묵혀 있었던 각국의 현안문제들을 새롭게 풀어나가는 번영의 기회를 맞이하도록 해 줄 것이다. 이 길은 한국 속담에 있는 것처럼 "도랑 치고 가재 잡는 식"의 입체적인 역사발전의 시너지 효과를 창출하면서 동북아 지역에 희망의 새 시대를 연출하게 될 것이다. 또 일본의 속담에 "힘든 일이 당신을 보배로 만든다" 는 말처럼, 우리 모두를 21세기 국제사회의 정련된 보배로 거듭나게 해 줄 것이다.7)

한·중·일 3국은 자기의 장점을 발휘하고 단점을 극복하면서 서로의 협력을 강화해야 한다. 3국 간에 공동체적 의사소통의 길이 열리면, 이는 서로의 단점을 극복하고 장점을 장려하는 좋은 계기가 될 것이다. 과거사에 묶여 있는 폐쇄적인 애국주의와 패권의식의 한계를 벗어나 국민들의 마인드 세트(Mind Set)를 개방적인 선린공동체의식으로 전환시켜 나가야 한다. 이렇게 함으로써 이전에 서로 경험하거나 교류하지 못했던 잠재능력과 상상력과 창의성을 통합적으로 이끌어 낼 수 있다.

7) (한) 이승률, 「희망의 역사」, 연우포럼, 2006년.

그런 다음 융합된 지식과 힘을 정치, 경제, 사회, 산업, 기술, 과학, 교육, 문화 등 여러 부문에 적용하여 동북아 FTA와 같은 새로운 가치 개혁의 '국제 거버넌스 클러스터(International Governance Cluster)'를 구현할 수 있도록 해야 한다. 그제서야 비로소 우리가 주창하는 '동북아 연합의 꿈'이 이루어질 것이다.

이러한 비전이 우리를 '드림 소사이어티'(Dream Society)로 향하게 하는 국제협력의 시대정신이요, 푸른 물결이 넘실대는 블루 오션으로 나아가게 하는 '희망의 역사'인 것이다.

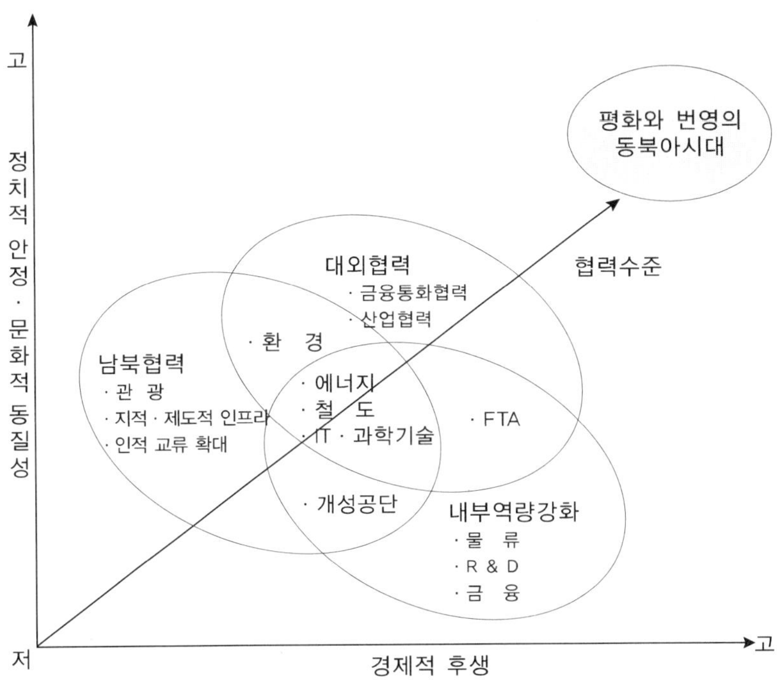

[그림 1] 동북아시아 구현을 위한 청사진8)

8) (한) 박번순 외, 「아시아 경제, 공존의 모색」, 삼성경제연구소, 2005년, 150쪽.

Ⅱ. 환동해 경제협력구

환동해 경제협력구(環東海經濟協作區)는 한국과 일본의 해안을 중심으로 연결된 각 국의 경제협력구역을 일컫는 말이다. 한국, 북한, 중국의 동북 3성, 몽골, 일본을 포함한 5개 나라로 형성되는 지역협력이다. 환동해 지역은 육지 면적이 아시아 전체 면적의 20%를 차지하고 있으며, 국민생산총액은 아시아 전체의 70%에 해당하는 3조 달러에 도달하고 있다고 한다. [그림 2]에서 보는 바와 같이 환동해 경제협력구의 중심에는 러시아, 북한, 한국, 일본의 수많은 항구도시들이 있어 여러 나라의 경제협력에 유리한 조건을 지어주고 있다. 이곳은 경제적인 면에서 상호보충성이 강한 지역이다. 러시아 극동지구는 석유, 천연가스 등 70여 종의 광물자원이 개발을 기다리고 있으며, 중국의 동북지구에도 석탄·목재 등의

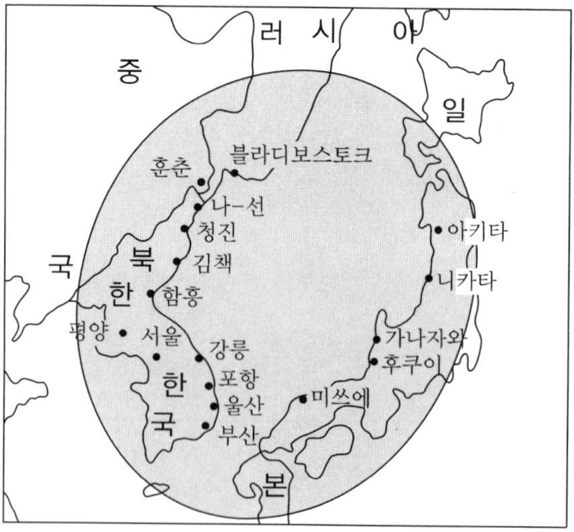

[그림 2] 환동해 경제협력구 중심구역 약도9)

천연자원이 풍부하다. 동북에는 수많은 노동력이 있으며 특히 동북 3성의 노후 공업기지 진흥정책은 세계 각국의 많은 자본을 필요로 하고 있다. 북한에도 많은 광물자원 등 천연자원이 있는데 아직까지 미개발상태이다. 그 외에도 북한에는 풍부한 노동력이 있다. 때문에 자본이 많고 기술수준이 높은 한국이나 일본은 러시아 극동지구, 중국의 동북지구와 북한의 개발에서 큰 경제이익을 볼 수 있을 것이고 그에 따라 러시아, 중국과 북한도 동일한 규모의 경제이익을 기대할 수 있다.

러시아와 중국의 경제협력도 쉽게 이루어질 것이다. 중국은 러시아의 산업기계, 발전설비, 기계전기제품을 필요로 하고 있으며 러시아는 중국의 경공업제품과 농산품의 대량 수입을 원한다. 이 두 나라로 하여금 환 동해경제협력구의 형성에서 앞장서서 협력을 강화하게 한 단초는 국제연합개발계획(UNDP)의 후원을 받아 두만강 하류지역을 중심으로 다자간 경제무역특구를 조성하는 일이다. 주지하는 바와 같이 두만강 3각주는 중국, 북한, 러시아 3국의 변계로서 위치상 동북아의 중앙에 있으며 동북아 국가들이 합동으로 경제협력을 진행하기에 적합한 지경학적 중심지역에 위치해 있다.

두만강 3각주는 두 개의 '황금 3각주'로 계획되어 있다. 하나는 '소 3각주'로 중국의 훈춘, 북한의 나진항구, 러시아의 포시에트항구로 연결된다. '소 3각주'의 면적은 약 1,000평방킬로미터에 달하며, 환동해권의 국제적인 물류기지로 건설하되 관리권은 각국 정부의 동의를 얻어 제3 기구가 관장하도록 하는 지역개발 구상을 담고 있다. '대 3각주'는 중국의 옌지(延吉), 북한의 청진, 러시아의 블라디보스토크로 연결된다. 면적이 약 10,000평방킬로미터에 달하는 '대 3각주'는 장기적으로 비관세 자유항과 가공기지로 개발될 예정이다.[10] '대 3각주'를 기본으로 '소 3각주'를 개발

9) 저자 주: 그림 2는 한국학자들의 환동해 경제협력구에 관한 자료를 정리하여 그린 것이다.

10) (한) 안충영 · 이창재, 「동북아 경제협력: 통합의 첫걸음」, 박영사, 2003년, 222-223쪽.

할 수 있으며 '소 3각주'는 '대 3각주' 발전의 동력이 될 수 있다. 두만강 3각주의 형성은 동북아 지역의 지리, 자원, 노무(勞務), 자금, 기술을 상호 보충할 수 있는 기회로 세계다국화경제의 한 극이 될 것이다.[11)]

현재 중국과 북한 두 나라 간에 진행되고 있는 중국의 훈춘(琿春)과 북한의 나진-선봉도로, 항구(港口), 배후공단 지구(地區) 공정 항목은 두만강 '금 3각주'를 건설하는 개발 프로젝트이다. 동시에 이는 환동해경제협력구 건설의 시범사업으로 볼 수 있다. 여기서 말하는 도로란 북한의 원정(元汀)통상항구로부터 나진에 이르는 48 킬로미터의 도로를 중국의 표준 2급 도로로 재 확장 건설하는 일이다. 항구란 북한의 나진 항구의 3번 부두를 개조하는 동시에 4번 부두를 신설하는 것이다. 지구란 북한 나진의 중국투자합작지구로서 나진-선봉 항만배후단지 약 5평방킬로미터의 지구를 수출상품가공지구로 건설하는 것이다.

이 공정은 중국의 훈춘과 북한의 나진-선봉에 소속되는 두 나라 변경구역 내의 도로, 항구 및 수출 가공구역, 상업무역서비스구역과 보세물류구역 등을 효과적으로 연결시키게 된다. 동시에 세관을 통하여 양국의 인원, 선박, 차량과 화물을 빠르고도 쉽게 통관시키고 제 3 국의 화물이 원활히 유통되게끔 만드는 자유무역특구형태의 구역개발 건설항목이다.

이 항목의 실시를 위하여 중국과 북한은 이미 '나-선 국제 물류 합영회사'를 세워 시행기업으로 만들었다. 현재 이 회사는 나-선 1.3 평방킬로미터의 수출가공구를 건설할 토지를 50년간 사용할 수 있는 권리를 획득하였다. 그리고 원정(元汀)으로부터 나진항에 이르는 도로의 수금권을 확보하였는데 2006년부터 2055년 7월 21일까지를 유효기간으로 규정하였다. 이 회사는 또 도로용 부지 66만 평방킬로미터의 토지사용권과 나진항 3번 부두 사용권 및 4번 부두건설 경영권도 획득하였다.

이 공정의 효율적인 진행을 위해서 '나-선 국제물류 합영회사'의 중국 측 회사인 훈춘(琿春)시 동림(東林)경제무역유한회사와 훈춘(琿春)변

---

11) (중) 궈리(郭力), 「러시아의 동북아 전략」, 사회과학문헌출판사, 2006년, 18쪽.

경경제합작구 세금보장(保稅)유한회사에서는 한국의 주식회사 대아(大亞)와 협정서를 체결하였고 북한정부와도 협상하여 나-선 국제물류합영회사 해상운수(海運)지사를 건립함으로써 나진항으로부터 한국 동해항의 여객 운수와 화물운수항선을 개통하려고 노력하고 있다.

상기의 항목은 이미 중국 길림성 대외개방항목건설의 중점항목으로 선정되어 추진중에 있다. 연변의 경제사업회의에서는 훈춘의 대(對) 러시아 '도로항구세관' 일체화, 대(對) 북한 '도로항구구(道路港口區)' 일체화를 추진하기 위하여 하루속히 가동할 것을 제기하였다. 그리하여 훈춘(琿春)-하싼의 중러합작구와 훈춘(琿春)-나진, 선봉의 중국과 북한의 합작구 건설이 시작될 것이다. 동시에 한국의 동춘항운(주)이 2000년부터 취항, 운행해 왔던 훈춘(琿春)-자루비노-속초 노선(일명 '백두산 항로')을 대폭 확장하여 한·중·일·러 간 신규 카 페리(CAR-FERRY) 항로를 개설코자 추진중에 있다. 이 신규항로의 운항구간은 속초(한국)-니가타(일본)-자루비노(러시아)-훈춘(중국)이며, 4개국 합작회사를 설립하여 공동 운영할 계획인데 국가별 참여 사업자는 다음 [표 8-1]과 같다.

[표 8-1] 환동해 카 페리 항로 국가별 참여 사업자[12)]

국가별	참여 사업자
한 국	범한상선(동춘항운), 강원도, 속초시
일 본	니가타현 경제인 단체 및 지방 정부
중 국	훈춘시 인민 정부
러시아	베르굿 주식회사, 연해주 정부

참고로 환동해권 지역의 물류비를 비교분석한 결과, 기존항로(훈춘-다렌-부산-니가타)에 비해 신규항로(훈춘-자루비노-니가타-속초)의 물류비가 현저히 저렴해질 뿐만 아니라, 물류소요일 수는 14일에서 1일로 단축되는 획기적인 유통효과를 가질 전망이다.

이와 같은 한·중·일·러 간의 신규 카 페리 항로 추진과 더불어

12) (한) 환동해 카 페리 항로 추진 현황 보고서, 동춘항운(주), 2007년.

[표 8-2] 환동해권 지역 물류비 비교 분석표[13)]

구 분	기존항로(컨테이너선)		신규항로(카-훼리선)	
운 송 로	훈춘-다롄-부산-니가타		훈춘-자루비노-니가타-속초	
경 유 항	다롄항, 부산항		자루비노항	
컨테이너 종류	20 피트	40피트	20피트	40피트
운 임	US $ 1,593	US $ 2,584	US $ 1,000	US $ 1,800
소요일 수	14일		1일	

남북한 동해선 연결, 나진-하싼 철도 운행 및 중국과 러시아 간 해상항로, 항구시설, 육로운송, 통관검사 일체화를 실현하는 작업을 추진하여 그동안 중-러 철도운수가 순통하지 못했던 문제를 해결할 것이다. 따라서 훈춘(琿春)으로부터 헤이룽장(黑龍江)성 둥닝(東寧)구 간의 철도를 '둥볜다오(東邊道)' 전망계획에 넣는 문제가 추진될 것이며 훈춘(琿春)시를 두만강지역 개발 개방의 '선두' 도시로 건설하는 계획도 추진될 것이다.

지린(吉林)성에서는 이미 훈춘(琿春)시를 대외대통로건설의 주요 도시로 삼고 있다. 2006년부터 2010년 기간 중에 훈춘(琿春)의 사퉈즈(砂坨子)통상구는 지방 2류 통상구로부터 국가 2류 통상구로 승격할 예정이다. 훈춘(琿春)시에서는 이 지역을 국제물류기지로 건설하기 위해 노력하고 있다. 1992년 중국 국무원에서는 훈춘(琿春)에 변경경제합작구, 수출가공구, 중-러 호시무역구를 세우는 것을 비준하였다. 그리하여 훈춘(琿春)시는 중국에서 유일하게 상기 '3구'가 일체화된 국가 급 규모의 개발에 착수하였다. 현재 훈춘(琿春)시에는 4개의 국가 급 육상통로가 있고 훈춘(琿春)-러시아, 북한, 한국, 일본 등 육해연합 운항선로가 개통되었다. 2007년이면 훈춘(琿春)-창춘(長春)의 고속도로와 훈춘(琿春)-둥닝(東寧)도로가 완공됨과 동시에 훈춘(琿春)-허룽(和龍)-얼다오바이허(二道白河)-퉁화(通化)의 철도도 완공된다.

일단 훈춘(琿春)과 나-선 '로, 항, 구' 공정이 시작되기만 하면 이 지

13) (한) 환동해 카 페리 항로 추진 현황 보고서, 동춘항운(주), 2007년.

역에 환동해경제협력구가 형성될 것이다. 그러면 동북아 각 국은 이 협력구를 통하여 자국의 발전을 더욱 적극 추진할 것이다. 이곳은 한국이 동해안을 개발하고 산업구조를 조정하는 가장 유리한 지구가 될 것이고 동시에 북한이 외국의 자본을 끌어들이고 시장경제의 시점을 실행하는 유리한 장소가 될 것이다. 이는 한반도의 통일에도 매우 유리한 조건과 기회를 제공하게 될 것이다.

이로써 중국, 일본, 러시아와 몽골은 많은 이익을 챙길 것이다. 중국 동북지구의 물류가 두만강을 통하여 직접 북한, 한국, 중국의 동남부(상해, 홍콩), 일본, 동남아, 호주, 북미, 남미, 북유럽 등으로 나갈 수 있게 될 것이다. 그러면 중국의 동북지구는 운수비용도 줄이고 경제도 번영시킬 수 있는 획기적인 기회를 얻게 된다. 특히 중국 입장에서는 동북아노후공업기지 진흥에 유리한 환경을 제공받을 것이다. 또한 일본은 서해연안지구를 발전시킬 수 있을 것이고 또 이 통로를 통하여 중국대륙과 시베리아를 연결함으로써 유럽시장으로 쉽게 진출할 수 있는 교두보를 마련하게 될 것이다. 러시아 또한 이 경제협력구를 통하여 더욱 많은 자본을 유입하여 극동과 시베리아지구의 자원을 개발할 조건을 구비할 것이다. 몽골은 동북아운수선로를 통하여 쉽게 바다에 들어설 수 있으므로 국가 경제를 발전시키는 큰 길을 얻을 수 있을 것이다. 이러한 과정에서 동북아 국가들은 동북아 국제협력의 새로운 기류를 형성하게 될 것이다.

환동해 경제협력구 건설의 동풍을 빌어 훈춘에서는 판스구(板石區)에 석탄생산기지를 세우고 있다. 이것도 동북아 국제협력의 시발점이 될 수 있는 좋은 항목이다. 그 곳에 있는 기존의 화력발전소를 증설하고 해당 지역의 석탄을 적극 활용하여 수십만 KW의 전력을 생산할 수 있다. 발전소는 중국과 북한의 합작경영으로 할 수 있다. 이렇게 되면 북한은 광석 혹은 수산물을 중국으로 수출하고 중국은 전력을 북한에 공급함으로써 북한의 전력난을 해결할 수 있다. 자금은 북한과 중국의 합작회사 중국 지사의 명의로 한 후 중국의 명의로 한국이나 일본의 자본을 유치하여 해결할 수 있다. 즉 중국 회사가 한국 혹은 일본과 합자회사를 만들어 한국과 일본은 자금과 기술을 대고 중국은 북한에 전기를 보내 주는 대가로 한국 혹은 일본이 요구하는 북한의 광물자원과 내륙교통망 연계, 자유무역지대 개방 등을 중재해 줄 수 있을 것이다. 이렇게 하여 시간이 지나면서 점차 한・중・북・일의 자연스러운 협력, 나아가 제도적 협력체 결성의 수준으로까지 발전시킬 수 있게 될 것이다.

상기의 항목은 '대(大)두만강' 개발 내용의 일부이다. '대(大)두만강'이란 일본을 제외한 한국, 중국, 북한, 몽골, 러시아 등 동북아 국가를 말한다. 1991년 두만강지역 개발과 협력을 제창한 국제연합개발계획(UNDP)서는 세계 각국의 주목을 받았다. 1995년부터 두만강지역의 해당 국가들은 연속 7차의 개발항목 조율회의를 소집하였다. 또한 2003년 중국정부는 동북 노(老)공업기지 진흥전략을 수립하여 두만강지역 개발과 협력에 대한 세계 각국의 주목과 적극적인 관심을 불러일으켰다. 그로부터 동북아 국가는 동북의 3개성(省)과의 무역을 추진하였는데 지린(吉林)성만 하더라도 2005년까지 동북아 국가들과의 무역액이 연평균 19.8% 성장했다. 그러나 중국주재 유엔개발사무소 씨먼 대표는 민간기업의 적극적인 참여를 희망하면서 과거 두만강개발의 대부분이 정부 주도였기 때문에 적극성이 발휘되지 못했다고 지적하였다. 최근에 북한의 항구개발, 러시아의 철도 및 부동산개발, 몽골의 광산업 등에 관한 민간투자유치 전략으로 동북아 국가들에 대한 관심은 날로 커가고 있다.

다만 국제연합개발계획(UNDP)지역은 각 국가 간의 이익구도가 민감한 지역이라서 아직도 북한 핵 문제, 국가 간 협상의 교착 등으로 큰 진전을 보이지 못하고 있다. 그러나 언젠가 당사국 간에 의사소통과 이해가 일치되면 급격한 변화의 물꼬를 트게 될 전망이다.

Ⅲ. 환황해 · 발해만 경제협력구

1. 환황해 경제협력구

환황해 · 발해만 경제협력구(環黃, 渤海經濟協作區)의 건설은 한국이나 중국의 입장에서 볼 때 동북아국제협력의 가장 중요한 내용이라고 해도 과언이 아닐 것이다. 이 협력구를 한국에서는 통칭하여 환황해경제권이라고 부르고 있지만, 중국에서는 최근 급속히 부상하고 있는 발해만 지역경제를 고려하여 환황해 · 발해만 경제협력구라 구분하여 부르고 있다. 따라서 본서에서는 환황해 경제협력구와 발해만 경제협력구를 나누어 서술코자 한다.

다만 지역적인 범주를 말할 때는 환황해경제권 지역 안에 한반도 남과 북의 서해안지구, 중국의 랴오닝(遼寧)성, 허베이(河北)성, 톈진(天津), 베이징(北京), 산둥(山東)성 및 일본의 규슈지구를 포함하는 황해권 일대를 포괄개념으로 서술하고, 발해만 경제협력구를 논할 때만 발해지역에 한정시켜 서술코자 한다.

[그림 3]에서 보는 것처럼 환황해 경제협력구는 해안선이 길고 항구도시가 많은데다가 자연지리 조건도 우세하다. 이 구역에는 한국, 북한, 중국의 수도권이 포함되어 있는 외에도 인천, 천진 등 광역시와 중대형 도시들이 운집해 있으며, 인구도 밀집되어 있다.

이 지역에는 중국의 다롄(大連), 롄윈강(連雲港) 등 유럽-아시아대륙교의 동쪽 끝까지 해당된다.

한국 정부는 최근 '경제자유구역'이라 하여 국내의 어타 지역과는 차별화되는 제도를 특정지역에 적용함으로써 동북아지역에서 경제 중심의 위치를 차지하기 위한 노력을 가일층 배가하고 있다. 현재까지 3개

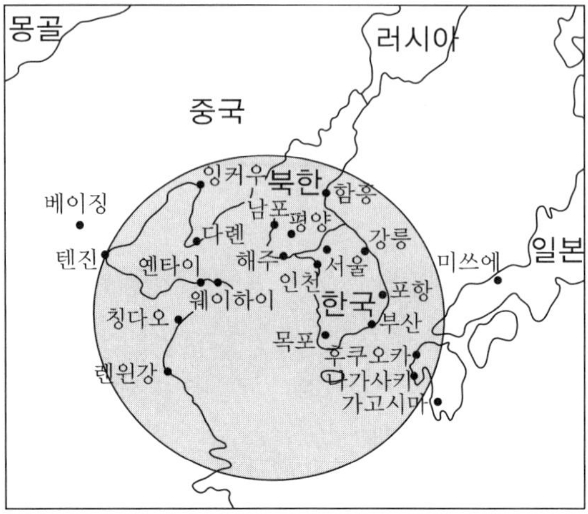

[그림 3] 환황해 경제협력구 중심구역 약도[14)]

구역(인천, 부산진해, 광양만권)이 지정되었는데, 그 중 수도권에 연결되는 인천지역은 특별히 환황해권을 기반으로 하는 동북아 비즈니스의 핵심도시로 육성할 계획으로 2003년 8월 국내 최초의 경제자유구역으로 지정했다.

인천경제자유구역(IFEZ)은 국제공항 및 항만, 국제물류센터, 국제업무단지, 교통기관 및 주거단지 등 다양한 기능을 수행하는 시설을 복합적으로 구비하여 명실공히 한국 경제의 새로운 성장동력을 창출하는 21세기형 글로벌시티로 거듭나고자 추진되고 있다.

주요 개발지구로 송도, 영종도, 청라의 3개 지구가 건설되고 있으며, 이들은 인천대교, 인천국제항공철도, 제 2 서울외곽순환도로, 제 3 경인고속도로 등 광역인프라 조성계획으로 수도권과 긴밀히 연계된다.

이 외에도, 경기도와 충청남도가 상생발전 차원에서 아산만 일대를 환황해권 경제자유구역으로 추진할 계획을 갖고 있다.

14) 저자 주: 그림 3은 한국학자들의 환황해 경제협력구에 관한 자료를 정리하여 그린 것이다.

[표 8-3] 인천경제자유구역 개발계획 비교표(2006년 8월)15)

	송도지구	영종도지구	청라지구
개발목표	국제교역의 거점도시	동북아의 허브공항	국제금융 및 관광중심도시
개발규모	53,25㎢	138.31㎢	17.78㎢
계획인구	252,500명	144,800명	90,000명
개발시기	2002-2020년	2002~2016년	2004~2008년
투자실적	14건 총 259억 달러	10건 총 13억 달러	1건 총 1억 47백만 달러

평택·당진 일대 2천여만평을 경제자유구역으로 지정, 물류 비즈니스 중심의 인천경제자유구역을 보완하게 되면 중국 상하이(上海)나 선전(深圳) 등과의 경쟁에서도 뒤지지 않는다는 판단이다. 일명 아산만 경제자유구역으로 불리고 있는 이 황해경제자유구역은 생산·교육 복합형에 R&D기반 산업 클러스터, 지식 네트워크 등 지식창조형 경제특구로 개발하여 대 중국 수출입 전진기지로 육성될 예정이다.

[표 8-4] 황해경제자유구역 추진 사업계획16)

지 구 별	개발면적	사업 내용
포승지구	620만평	자동차부품산업, R&D연구단지
향남지구	174만평	바이오산업단지
석문지구	766만평	R&D연구단지, 교육·주거단지
인주지구	394만평	전자정보산업단지

오는 2025년까지 황해경제자유구역 개발에는 5조 3천 437억 원이 투입되며, 경제적 파급효과는 무려 59조원에 달할 것으로 전망되고 있다. 신규 고용효과도 32만 명에 달할 것으로 예상된다. 환황해 경제권을 향한 한국의 서해안광역개발계획은 각 지역마다 뜨거운 열기를 올리고 있다. 상기(上記)한 아산만권 뿐만 아니라 새만금지구가 있는 군장(군산·

15) (한) 인천경제자유구역 홈페이지(www.ifez.go.kr).
16) (한) 해당 자치단체 발표자료 참고.

장항) 전주광역개발권과 목포광역개발권도 궁극적으로는 동북아시대의 중심축인 환황해 경제개발권에 편승, 동참하겠다는 의도가 분명하다.

이런 추세 가운데 최근에 한국의 민간기업 차원에서 환황해 경제협력구 형성의 한 축으로 평택(平澤)-산둥(山東)지구 자유무역경제협력구를 시범적으로 추진하기 위한 제안서를 중국에 제출해 놓고 있어서 그 귀추가 주목된다.

중소기업단으로 구성된 민간단체인 '평산포럼'[17]에서 건의한 이 제안서는 평택·당진지구(한국)와 산둥(山東)반도지구(중국) 간에 상호출자 방식으로 자유무역지대를 결성함으로써 자유무역협정(FTA)의 체결을 촉진하는 몇 가지 대안을 내용으로 담고 있다.

한국의 평택자유무역경제협력구의 투자내용에는 첨단농업, 제조업, 도시 관리, 교통물류, 관광 등 9개 영역의 89개 항목이 포함되는데 총 투자액은 18조 8016억 원 규모이다. 앞으로 개발될 항목들로는 도시 첨단산업단지, 평택호관광단지, 평택항구, 경제자유구, 국제물류단지, 포승산업단지 등이다.

이와 같은 평택지구개발계획을 기초로 하여 한국-중국 상호교차형 출자방식으로 기획된 평택-산둥(山東) 자유무역 경제협력구의 개발계획은 초기계획과 중장기계획으로 나뉜다. 초기계획은 평택-산둥(山東) 간의 물류연접방안과 인재교류방안 두 가지로 나뉘어져 있다. 물류연접방안은 제1항선(북방항선), 즉 평택-웨이하이(威海) 간 열차페리 항로를 개척하는 것이고 또 제 2 항선(남방 및 중부내선 항선), 즉 평택-르자오(日照) 간 열차 페리 노선을 개척하는 것이다. 중국에서는 북방항선을 옌타이(煙

17) 저자 주: '평산포럼'은 2006년 3월부터, 그동안 평택항 개발계획에 참여해 온 지역관계자들과 산둥성(山東省) 주요 도시에 진출해 있는 한국 기업인들, 그리고 한중 간 물류유통업 및 해운업(카 페리 포함)에 종사해 온 CEO들이 주축이 되어, 항만, 철도, 건설, 물류, 국제통상, 국제금융 분야의 전문인력(교수진, 전문기자, 연구원, 컨설턴트)들과 함께 환황해 경제협력에 대한 연구발표와 토론회를 수행해 온 민간단체이다. 이 포럼에는 산둥성(山東省) 출신 중국인 학자, 정부관계자, 기업인, 연구원들도 다수 참가하고 있으며, 포럼의 향후 발전계획으로 「동북아경제공동체연구원」을 설립중에 있다.

臺), 다롄(大連)까지 연결시켜 기차가 직접 동북지구로 통할 수 있도록 하고 동시에 남방 및 중부 내륙 항선을 롄윈강(連雲港)과 중국 대륙교(TCR)에 연결시켜 남방지구와 내륙지구의 물류 주요 간선으로 계획하고 있다.

인재교류방안은 일명 '에라스무스 프로젝트'라고도 부르는데 한국에서 제일 큰 평택청소년문화센터를 이용하여 한-중 중학생, 고등학생(高中)과 대학생들의 상호방문을 통하여 청소년들의 문화교류를 촉진하고 두 나라의 기업인재, 연구인재의 상호연수(研修)와 취업교류를 진행하며, 한·중·일 환황해지구 산학관 경제기술회의 및 대학교 총장논단 등 형식으로 산업, 학습, 연구 및 경제단체와 정부공무원들의 교류를 정기적으로 진행하는 것이다.

이 방안의 중 장기계획은 정치·군사적 색채를 배제한다는 전제 하에서 양국 지방자치단체 및 국제 민자유치단 투자형태(상호교차출자형)로 한다. 평택-르자오 자유무역경제협력구 또는 평택-웨이하이 자유무역경제협력구를 건립하고 양국 관할 도시에 각각 사무기구를 세우는 것이다. 세부계획으로, 평택항구에 중국 전용 부두를 만들고 그 배후단지에 중국 중·소기업 전용공업구를 조성한다. 동시에 르자오(日照)항구에도 한국 전용 부두를 만들어 그 배후기지에 한국 공업단지를 조성한다. 평택에 중국인 거주지를 만들어 중국인의 상업업무센터, 중국어 마을을 만들고 동시에 르자오(日照)에도 한국인 거주지를 만들어 한국인의 상업업무센터, 한국어 마을을 만든다.

그 외 평택-산둥(山東)의 르자오(日照), 웨이하이(威海) 간에 카 페리(CAR-FERRY), 쾌속선 유람 등 종합항구관리항목을 신설하고 한-중 유람선대학(크루즈 아카데미)을 세워 교육문화공동체를 건설한다는 내용이다.

만약 평택-산둥(山東)지구 자유무역경제협력구가 건설된다면 평택·당진 지구와 산둥(山東)반도지구의 칭다오(青島), 웨이하이(威海), 옌타이

(煙臺), 르자오(日照) 등 연해도시는 21세기 동북아 물류의 새로운 교두보가 될 것이며 국제 무역의 거점도시로 부상할 것이다. 그렇게 되면 한-중 교류는 더 큰 발전을 이룩할 것이며 주변국인 일본, 대만, 동남아, 몽골 등 국가들도 이 물류중심을 이용하여 자국의 발전을 촉진할 것이다. 현재 한국과 중국에서는 이 방안의 실현을 위하여 각 방면으로 노력하고 있다. 특히 조선족의 신 집거지구로 각광을 받고 있는 산둥(山東)성은 한국 기업의 진출과 투자로 신속한 발전을 일으키고 있다. 대우조선, 기아자동차 부품공장 등 대기업의 산둥(山東) 진출은 상기 자유무역경제협력구의 건설을 크게 촉진할 것이다. 창장(長江)3각주 경제권, 주장(珠江)경제권 규모에 버금갈만한 중국 수도권 입구의 발해만을 끼고 있으며, 또한 한국의 수도권과 국토의 중간 허리부분에 가장 근접한 거리에 위치해 있는 산둥(山東)성은 칭다오(青島), 웨이하이(威海), 옌타이(煙臺), 르자오(日照) 등의 건설과 개방도를 확대하여 산둥(山東)반도 전체를 환황해권 경제개발의 최대거점지역으로 육성할 계획을 갖고 있다. 이와 함께 한국의 민간단체인 '평산포럼'이 제안한 평택-산둥(山東)지구 자유무역경제협력구의 건설에도 비상한 관심을 보이고 있다.

2. 발해만 경제협력구

발해만 경제협력구란 중국에서 말하는 환보하이경제권(環渤海經濟圈)을 이르는 말이다. 랴오둥반도 · 산둥반도 · 베이징 · 톈진을 위수로 하는 수도권 지구로 중국의 동북지구, 서부지구와 화북지구의 연접지로 되어 있다. 발해만 경제협력구는 중국의 북방지구에서 경제활동이 가장 활발한 지구로서 여러 가지 장점을 갖추고 있다. 첫째는 교통이 발달되고 편리하다는 것이다. 발해만의 도시들은 모두 국내외로 통하는 항로 항선과 국내의 대도시로 통하는 철도가 있다. 둘째는 공업기반과 기술교육이 우수하다는 것이다. 베이징과 톈진은 중국에서 과학연구 실력이 가장 뛰어난 도시로서 베이징에만 중국 전체 중점대학교의 1/4이 분포해 있으며 톈진에는 30여개의 대학교와 국가급 연구센터가 있다. 셋째는 풍부한 자연자원으로, 개발중인 석유자원과 기타의 자원이 풍족하다. 넷째는 주요한 도시가 밀집하여 있다는 것이다. 이 지역에는 수도인 베이징이 있고 광역시인 톈진이 있으며 동북지구의 중요한 연해도시인 다롄이 있고 산둥성의 중요한 연해도시들인 옌타이와 웨이하이 등이 있다. 그 때문에 지역 면적이 크고 인구가 많다. 발해만 경제협력구의 면적은 중국국토 총면적의 12%를 차지하며 인구는 전국 인구의 20%를 차지한다. 경제활동능력도 뛰어난 편으로, 경제총량은 창장 3각주 경제권의 45.3%로서 오직 10%만 뒤떨어진 상황이다.[18)]

[그림 4]는 발해만 경제협력구 중심구역 약도이다. 그림에서 보면 발해만 경제협력구에는 중국의 많은 연해도시들이 있다.

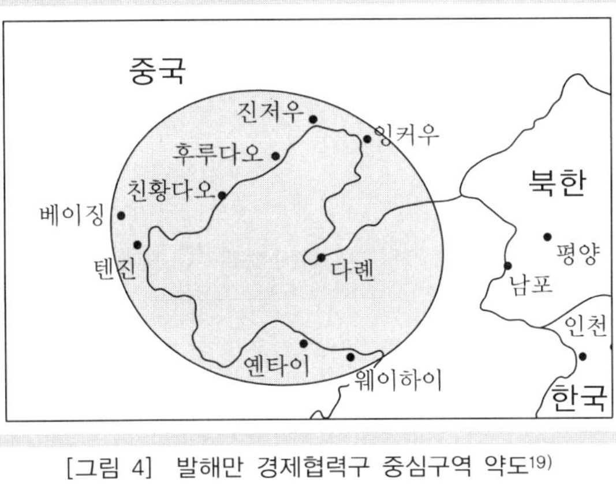

[그림 4] 발해만 경제협력구 중심구역 약도[19)]

발해만 경제협력구를 건설하기 위하여 이 지역에서는 이미 많은 부문의 노력을 하였다. 베이징(北京)에서는 동북아 국가의 기업신출을 대비하여 이미 70억 위안을 모아 새로운 토지 개발 및 부동산 개발을 시작하

18) http:/www.huanxia.com/zt/sw/07-051/20007/00638680.html

19) 저자 주: 그림 4는 중국 일부학자들의 논문자료를 정리하여 그린 것이다.

였다. 텐진에서는 IT 산업건설을 추진하여 해마다 100억 위안에 달하는 생산품을 팔 계획으로 텐진시를 발해만 경제권을 위한 과학기술무역중심 도시로 건설하고 있는중이다. 다롄(大連), 텐진(天津), 옌타이(煙臺), 웨이하이(威海) 등 도시들은 항구건설을 독려하여 랴오닝(遼寧)성, 수도권, 허베이(河北)성 및 산둥(山東)성과 하나의 벨트형 무역항으로 연계시킴으로써 동북아국가들과의 협력을 일층 강화하는 경제협력구로 건설하기 위해 노력하고 있다.

발해만 경제협력구에는 동북아 경제협력을 진행할 항목들이 많다. 그 중에서 가장 규모가 크고 할 일이 많은 것은 발해만 해양 석유기지 개발사업이다. 근 2년래 탐사결과에 의하면 발해만의 육지와 가까운 바다 밑에 8개의 큰 유전이 있는데 매장량이 모두 10억 톤 이상이 된다고 한다.[20] 2004년부터 미국 등 일부 나라의 큰 석유회사들이 이미 발해만 제1기 석유개발공정을 시작하였으며, 2006년부터 제2기 공정에 돌입하였다. 그러나 아직도 많은 공정들이 국제협력을 기다리고 있는 상황이며, 주변국인 일본, 한국, 북한 등 동북아 국가들도 많은 관심을 갖고 발해만 석유개발을 시도하고 있다.

발해만 석유개발과 환발해 경제건설을 위하여 발해만의 도시들도 기본건설을 추진하고 있다. 현재 베이징과 텐진에서는 베이징-텐진 간 제2고속도로를 건설하고 있다. 이 도로는 베이징, 텐진과 탕구(塘沽)항구를 연결시키는 도로인데 총 길이가 135킬로미터이고 자동차들이 시속 100킬로미터 이상 달릴 수 있게 된다. 텐진에서는 또 200억 위안을 투자하여 탕구(塘沽)에 100만 평방킬로미터의 신 항구도시를 건설하여 유람

20) 저자 주: 중국석유천연가스집단공사(CNPC)는 지난 2007년 5월 4일, 허베이(河北)성 탕산(唐山)시 차오페이뎬강(曹妃甸港)구에 자리잡은 지둥난푸(冀東南堡) 유전에 10억 2,000만 톤에 달하는 원유가 매장된 것을 확인했다고 밝혔다. 유전지대의 면적은 육상과 연해부분을 합쳐 1,570㎢에 달한다.

중국 언론은 "이번 유전이 최근 40년간 중국에서 발견된 유전 중 최대 규모"라며, "안정적인 석유공급과 텐진(天津) 등 환보하이(環渤海) 지역 경제 · 사회 발전에 촉진제가 될 것"이라고 보도했다.(자료출처: 조선일보 2007년 5월 5일)

선구락부, 호화주택, 쇼핑센터 등 시설을 건설할 계획이다.

랴오닝(遼寧)성에서도 발해만 경제협력구의 건설에 매우 큰 관심을 가지고 있다. 지금 랴오닝성에서는 중부지구 공업생산품의 바다 진출의 길을 확대하기 위하여 선양(沈陽) 서쪽의 공업개발지구의 큰 길을 기점으로 하여 선양(沈陽), 랴오양(遼陽), 안산(鞍山), 잉커우(營口)등 4개의 도시를 거쳐 최후 지점인 잉커우항구까지 도달하는 고속도로를 시공하고 있다. 이 도로의 건설은 랴오닝성 동부지구 공업경제 발전을 이끌 수 있고 또한 그 지역 도시들의 경제일체화를 조성할 수 있으며 연해 지구와 랴오닝성 내륙지구의 경제를 상호 보충하는 전략적 조치가 된다.[21]

랴오둥(遼東)반도 끝자락에 자리잡고 있는 다롄(大連)은 랴오닝(遼寧)성 경제발전 뿐만 아니라 동북지구 개발의 최첨단 관문도시로 거듭나고 있다. 개혁개방 과정에서 상하이(上海)와 선전(深圳)을 중심으로 하는 남방지역에 밀려 소외됐던 동북 노(老)공업기지를 진흥시키고 동북아 물류운송의 중심도시로 육성하기 위해 항구건설을 대폭 확장해 나가고 있다. 2002년부터 신항만건설계획을 실시하고 있는데 2004년까지 이미 22억 위안을 투자하였으며, 2005년에는 40억 위안을 투자하였다. 2010년 다롄항의 작업처리량(Throughput)을 2억 톤으로 제고시키고 컨테이너 처리량을 600만 TEU 이상으로 끌어 올릴 계획이며 이를 위해 총 투자액이 270억 위안 가량 필요할 것이다.[22] 이와 함께 다롄은 해외 조선(造船) 기업들의 투자유치와 기술합작을 적극 추진하고 있다. 한국의 선박 엔진 제조업체인 두산 엔진의 부품협업화 단지가 조성되어 있으며, 창싱다오(長興島) 공업구에는 STX 조선소 건설공사가 한창 진행중에 있다. 100만평 부지에 10억 달러 가까운 돈이 들어가는 대규모 사업이다.

그 외에도 다롄은 전통적인 중공업 위주의 산업구조에서 벗어나 정보기술(IT)과 생명공학(BT), 소프트웨어 같은 첨단 하이테크 산업에서 새

21) http://news.cctv.com/sprots/aoyun/other/20070803/11280.shtml

22) http://www.lnsgdb.com.cn/news.view.asp?id=7617

로운 성장동력을 찾기 위해 발전전략을 강화하고 있다. 개발구의 항구이름도 '쌍D항'이다. 여기서 D는 디지털과 DNA를 의미한다. 최근에 30년 가까운 중국의 개혁개방 역사에서 단일 외자 프로젝트로는 최대규모인 25억 달러 규모의 「인텔」 반도체공장 유치에 성공한 사례는 다롄의 새로운 미래를 보장하는 일이라고 해도 과언이 아닐 것이다. 또한 이와 연관된 투자계획으로 2006년 중국 교통부에서는 441번 문건을 발송하여 4,980만 위안을 진저우(錦州)항구에 투자하여 새로운 항도(航道)를 건설하기로 하였다.[23)]

산둥성에서도 연해도시의 우세를 발휘하고 환황해·발해만 경제협력구의 건설을 추진하기 위하여 항구건설을 서두르고 있다. 웨이하이(威海)시에서는 이미 제3기 공정건설을 시작하였는바, 2.8억 위안을 투자하여 5만 톤급 신 부두 두 개를 건설할 계획이다. 이 항목건설이 끝나면 웨이하이(威海)항구의 작업처리량은 크게 늘어나 2010년이면 1억 톤에 도달할 것이다.[24)]

또한 발해만 경제협력구 건설에 박차를 가하고 랴오둥반도(遼東半島)와 산둥반도(山東半島)의 운수거리를 줄이는 동시에 비용을 줄이기 위하여 중국의 중앙정부, 산둥(山東)성 정부 및 다롄(大連)시 정부는 해상으로 다롄과 옌타이(煙臺)를 운항하는 열차페리 프로젝트를 선정하였다. 2004년 10월부터 중국철도건설투자공사, 옌타이시 전력개발공사, 다롄시 건설투자공사에서 공동으로 투자하여 이 공정을 시작하였는데 초기투자액만 하여도 31억 위안이 들었다. 이 프로젝트가 실시되면 열차가 다롄시 뤼순(旅順) 서역(西驛)에서 출발하여 옌타이시 북역(北驛)으로 159.8킬로미터의 거리를 왕복운항할 것이다. 현재 다롄과 옌타이 간에는 연간 화물 이동량이 1,800만 톤, 이동인구가 700만 명에 이른다. 앞으로 열차페리가 운행되면 절약되는 거리는 800킬로미터가 될 것이고 많은 부문에서

23) http://news.cnf01.com/070730/101,1607,3201202,00.shtml
24) http://ks.cn.yahoo.com/question/1406092804024.html

비용을 절감할 수 있을 것이다.

앞으로 이 열차 운행회사인 중톄보하이(中鐵渤海) 철도페리유한공사는 2007년 8월경에 시운항을 할 것이며 처음에는 두 척이 하루에 한번 왕복운행, 2010년에는 4척, 2015년에는 6척의 열차페리가 하루 9차례씩 왕복운행을 할 것이라고 발표하였다. 이렇게 되면 중국 경제총량의 40%를 차지하는 동북지구와 발해만경제권, 창장(長江) 3각주가 연결되어 서로의 발전을 더욱 빠르게 촉진할 것이다.[25)]

또한 중국에서는 다롄·옌타이 열차페리를 기초로 하여 앞으로 한국의 인천항 또는 평택항, 옌타이·다롄항구의 연결을 촉진할 것으로 보이며 나아가 중국횡단철도(TCR)와 러시아 시베리아횡단철도(TSR)를 연결할 것으로 추정된다. 다롄·옌타이 열차페리의 실시는 한국과 중국 및 동북아국가 간의 새로운 교통운수시스템을 선보이며 물류유통 및 경제협력을 촉진하게 될 것이다. 한국의 인천항 또는 평택항에서 출발한 열차가 배(Ferry)를 타고 건너와 옌타이와 다롄항에 접속한 후 한국의 물류가 직접 중국 내륙뿐만 아니라 몽골, 러시아 시베리아를 거쳐 유럽까지 연결된다면 놀라운 물류유통의 혁신이 일어나게 될 것이다. 그렇게 되면 한국과 중국, 일본, 러시아의 거리는 더욱 가까워질 것이고 동북아와 유럽(EU) 간에 유라시아 경제공동체를 일으키는 초석이 될 수 있을 것이다.

이와 같이 발해만 경제협력구의 건설은 발해만 지역도시의 협력과 투자도 필요할 뿐만 아니라 동북아 국가들의 투자와 합작도 요구하고 있다. 특히 도로건설과 항구 건설 등 많은 부문의 SOC 건설사업에 동북아 국가들의 적극적인 경제협력을 기대하고 있다. 중국의 신 성장동력지로 떠오르고 있는 발해만 경제협력구의 건설은 동북아 여러 나라에 새로운 공동이익을 창출해 줄 것이며 동북아 국제협력을 활성화시키는 정치·경제·교육·문화·산업의 클러스터를 형성하는 가장 강력한 21세기형 경제협력구가 될 전망이다.

---

25) (한) 하종대, "中 산둥-랴오둥 반도 '열차 배' 달린다," 동아일보, 2006년 11월.

Ⅳ. 내륙자원 및 연해주 경제협력구

1. 내륙자원 경제협력구

동북아 국제협력의 형성을 위한 중국 측의 방안으로는 내륙자원경제협력구의 건설, 대초원경제협력구의 건설 등이 있다. 내륙자원경제협력구의 방안은 헤이룽장(黑龍江)대학교 궈리(郭力) 교수가 제출한 것으로 가능성이 많은 방안이다. 그에 따르면 내륙자원 경제협력구에는 러시아 우랄산맥 동쪽의 시베리아와 극동지구, 중국의 내몽골의 후룬베이얼멍(呼倫貝爾盟), 싱안멍(興安盟), 저리무멍(哲裏本盟)과 만저우리(滿州裏)가 포함된다. 다시 말하면 러시아 동부지구와 중국의 동북부의 경제협력구이다. 이는 중-러의 경제협력을 중심으로 하여 주변 국가들의 참여로 이루어지는 동북아 국제협력이다.

분석의 편리를 위하여 내륙자원 경제협력구의 위치를 [그림 5]로 그려 보면 다음과 같다.

이 협력구는 다른 지역보다 특별한 장점을 가지고 있다. 우선 천연자원 조건이 세계에서 손꼽힐 만큼 뛰어나다. 러시아의 시베리아는 자연자원이 극히 풍부하여 발전이 기대되고 있는 지역이다. 그곳에는 또한 경제발전에 필요한 각종 자연자원이 풍부할 뿐만 아니라 품종도 다양하다. 특히 에너지 자원이 아주 풍부하여 세계의 절반을 차지한다. 천연가스 매장량은 세계의 3분의 1을 차지하고 석유는 4분의 1-5분의 1을 차지한다. 게다가 천연가스와 석유층의 두께가 두껍고 땅으로부터의 거리가 비교적 짧으며 함량이 많고 질이 좋은 특성까지 갖추고 있다.[26] 이러한 자원 우세는 주변국들의 뜨거운 관심을 불러일으키고 있다. 현재 동북아 각 국은 이곳의 천연가스와 석유의 개발에 신경을 집중하고 있다.

26) (중) 궈리(郭力), 「러시아의 동북아전략」, 사회과학문헌출판사, 2006년, 20-21쪽.

[그림 5] 내륙자원 경제협력구 중심구역 약도[27)]

중국 내몽골자치구의 후룬베이얼멍(呼倫貝爾盟), 싱안멍(興安盟), 저리무멍(哲裏本盟)과 만저우리(滿州裏)는 러시아의 시베리아, 극동지구와 연접되었을 뿐만 아니라 몽골국과도 가까이 있다. 동북 노후 공업기지의 진흥정책과 함께 중국의 경제중심이 점차 북으로 전이되는 형세에서 미개발지역에 속하는 몇몇 곳은 자원도 풍부하지만 새로운 산업동맥을 건립하는 경제 전략기지로 부상할 수 있다. 특히 러시아 시베리아지구의 개발과정에서 만저우리(滿州裏)는 변경지구 개발의 선두기지가 될 가능성이 충분하다.

과거 만저우리(滿州裏)는 중국과 러시아를 잇는 철도를 기반으로 하는 경제적 거점지역이었다. 지금도 중국 최대의 변경육로통상구로서 러시아 우랄지구의 자원과 가장 가까이 있는 대도시이다. 이와 같은 지역적인 우세는 중국과 러시아의 경제협력에 유리한 조건을 제공해 주었다. 만저우리(滿州裏)로부터 이얼스(伊爾施), 퉁랴오(通遼)에 이르는 철로를

27) 저자 주: 그림 5는 중국 일부 학자들의 주장을 참고하여 그린것이다.

부설하면 서쪽으로는 후허하호터(呼和浩特), 바오터우(包頭), 란저우(蘭州)와 연결시켜 중국의 룽하이(隴海)철로와 평행되는 동서 대동맥을 만들 수 있다. 이렇게 되면 이 철도는 제4노선의 유럽-아시아 대륙교의 일부분이 될 것이다. 다른 한 방면으로는 남향으로 퉁랴오(通遼)를 경과하여 잉커우(營口)에 이르며 잉커우(營口)로부터 발해만(渤海灣)바다로 나갈 수 있다. 만약 이 철도가 부설되면 러시아 시베리아 등 지구의 내륙자원이 이상적인 출해구(出海口)를 찾음으로써 일본, 한국과 러시아 및 중국 간의 환황해권 경제협력에 극히 유리한 조건을 창조해 줄 것이다.[28)]

2. 연해주 경제협력구

중국과 러시아는 연해주 변경무역을 발전시키며 연해주 경제협력구를 건설할 만한 좋은 조건을 구비하였다. 2001년 두 나라는 중러 선린우호협력조약에 사인하였다. 중국 경제의 신속한 발전과 러시아 경제의 개선은 두 나라의 경제협력을 돈독히 할 기회를 마련해 주었다. 현재 러시아는 경제성장률이 해마다 5%대를 유지하고 있으며 소비가 다종다양하여 시장이 활성화되고 투자환경이 개선되고 있다.[29)]

러시아와 중국 헤이룽장성 간의 변계선은 3,045킬로미터, 지린성에는 241킬로미터의 변계선이 있다. 러시아 연해주에는 중국과 러시아의 많은 통상구들이 있다. 그 중 비교적 큰 통상구로는 헤이룽장성의 쑤이펀허(綏芬河), 둥닝(東寧)통상구와 그를 마주한 포그라니치니통상구, 라오허통상구와 그를 마주한 비킨통상구, 후린(虎林)통상구와 그를 마주한 달네레첸스크통상구, 푸위안(撫遠)통상구를 마주한 레닌스크통상구 등이 있다. 지린성에는 연변 훈춘(琿春)의 창링즈(長嶺子)통상항구와 근린의 러시아 블라디보스토크 통상항구가 있다. 대부분의 통상구는 철도나 도로로 중

28) (중) 궈리(郭力), 「러시아의 동북아전략」, 사회과학문헌출판사, 2006년, 21쪽.
29) (중) 궈리(郭力), 「러시아의 동북아전략」, 사회과학문헌출판사, 2006년 337쪽.

러 두 나라를 이어 놓았다. 그리고 일부 철도는 러시아에서 일본으로 통하는 항구와 연결되었고, 철도는 중국으로부터 러시아를 경유하여 유럽까지 연결시켰다. 그리하여 연해주 중러 변경에 있는 통상구와 수많은 도시들은 대외 교류의 역할을 할 뿐만 아니라 경제협력, 무역, 노무 수출 및 관광의 기능을 겸하고 있다.30)

연해주 경제협력구의 중심구역을 약도로 그려보면 [그림 6]의 상황이다. 이 중심구역의 특징은 중국과 러시아의 변경에 통상항구가 많은 것이다.

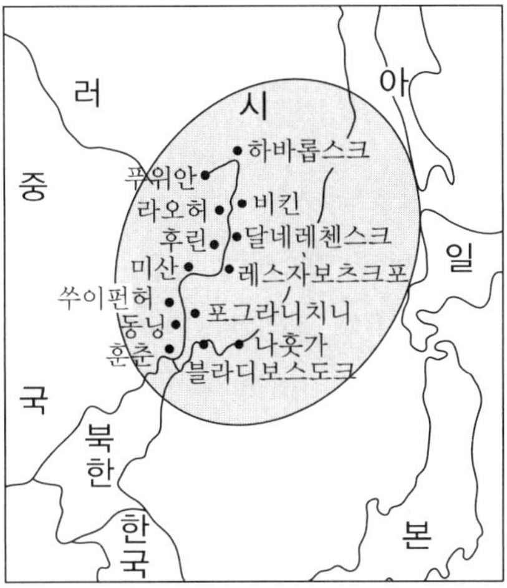

[그림 6] 연해주 경제협력구 중심구역 약도31)

중국과 러시아는 변경의 항구도시와 통상구의 우세를 충분히 이용하여 연해주 경제협력구를 건설할 수 있다. 쑤이펀허(綏芬河)와 러시아의 포그라니치니통상구는 철도와 도로가 직접 연결되었고 이를 이용하여 연해주의 주요한 도시인 블라디보스토크를 통하여 태평양에 진출할 수 있

30) (중) 자오촨쥔(趙傳君) 주필, 「동북 경제의 진흥과 동북아경제무역합작」, 사회과학문헌출판사, 2006년 286쪽.

31) 저자 주: 그림 6은 중국 일부학자들의 주장을 참고하여 그린 것이다.

다. 이는 중국의 동북지구에서 발해나 황해를 거치지 않고 직접 태평양으로 진출할 수 있는 가장 빠른 길이다. 중국이 개혁 개방정책을 실행한 후 쑤이펀허통상구는 이미 동북아구역으로 통하는 중요한 변경무역도시로 변하였으며 아세아주와 유럽을 이어주는 대륙교를 건설하기 위해 노력하고 있다.

쑤이펀허통상구는 물류량이 90만 톤에 달하며 앞으로의 전도가 밝기 때문에 이미 한국, 러시아, 일본 나아가 영국, 프랑스, 독일 등 유럽지역의 관심을 받고 있다. 쑤이펀허의 대 러시아 변경무역은 날마다 증가하는 추세로 2001년의 통계만 보더라도 무역액이 11.5억 달러를 넘어 전체 헤이룽장성 변경무역액의 73%를 차지하였다. 쑤이펀허는 헤이룽장(黑龍江)성의 주요한 농산품 가공기지와 에너지기지이다. 동시에 지방특색이 짙은 풍경자원 우세가 있어 중국의 우수한 관광도시로 평가되었다. 1991년부터 러시아 관광객을 주요한 관광대상으로 하는 쑤이펀허는 이미 185만 여명의 러시아 손님을 접대하여 높은 수입을 올렸다. 쑤이펀허는 러시아를 경유하여 태평양으로 직접 나갈 수 있는 우세를 이용하여 관광업을 발전시키고 있는데 이미 연해주 도시, 모스크바 등 대 도시, 일본의 도쿄, 오사카, 및 한국의 서울, 부산까지 관광노선을 개척하였다.32)

지린성 훈춘(琿春)과 러시아의 하산(哈桑)지구는 중국, 러시아, 북한의 3국 접경지대로서 자원, 기술, 노동력, 농산품 및 경공업 산품의 상호보충적 교류조건이 상당히 우월한 곳이다. 게다가 창링즈(長嶺子)통상구를 통하여 러시아로 나가는 철도와 도로가 있기 때문에 교통이 매우 편리하다. 그러므로 훈춘과 하산지구는 변경 경제 자유무역구로 건설할 여건이 매우 좋다. 우선 이 두 곳에 적은 범위 내에서 다국적 자유무역구나 경제협력구를 건설하고 이를 토대로 훈춘과 하산 일대의 몇 개 도시를 포함한 자유무역구로부터 경제협력구로 확대할 수 있을 것이다. 이렇

32) (중) 자오촨쥔(趙傳君) 주필, 「동북 경제의 진흥과 동북아경제무역합작」, 사회과학문헌출판사, 2006년 315-317쪽.

게 되면 중국과 러시아 변경무역을 촉진시킬 수 있을 뿐만 아니라 북한, 한국 심지어 일본의 협력까지 이끌어 낼 수 있으며, 나아가 두만강지구 개발을 둘러싼 동북아 국가들의 새로운 협력방안을 이끌어 낼 수 있을 것이다.[33)]

---

33) (중) 자오촨쥔(趙傳君) 주필, 「동북 경제의 진흥과 동북아경제무역합작」, 사회과학문헌출판사, 2006년 320-321쪽.

제 2 절 중국 동북지구의 진흥과 동북아 국제협력

Ⅰ. 동북진흥의 전략적 의의

동북 노(老)공업기지의 진흥이 중국의 국가발전전략과 동북아 국제협력에서 차지하는 의의는 매우 중요하다. 개혁개방 이전, 동북지구는 중국의 중요한 중공업기지로서 중국의 제반 경제체제에서 상당한 비중을 차지하였었다. 개혁개방정책을 실시한 이래 중국은 연해지역의 개방을 시작으로 거대한 발전을 이룩하였다. 하지만 개혁개방이 심화됨에 따라 동북공업기지는 점점 그 우위를 상실하게 되었으며 미발달지역으로 전락하게 되여 중국 제반사회의 불균형을 초래하게 되었다. 1999년과 2000년 전국 각 성의 시장화(市場化) 지표의 서열로 보면 동북 3성은 다른 지역보다 뒤떨어져 랴오닝(遼寧)성이 제10위, 지린(吉林)성이 제18위, 헤이룽장(黑龍江)성이 제21위였다.34)

1978년 랴오닝(遼寧)성의 공업생산 총액은 광둥(廣東)성의 두 배였는데 지금은 동북 세 개 성(省)의 공업생산치 총액이 광둥(廣東)성보다 낮다고 한다. 2002년 동북 3성에서 랴오닝(遼寧)성의 경제가 비교적 발전하였지만 GDP는 창장(長江) 3각주, 톈진(天津)지구보다 훨씬 뒤떨어졌다. 특히 지린(吉林)성은 동북 3성에서도 뒤떨어져 있었다. 2005년 중국 4대 경제구의 현황을 살펴보면 동북지구는 성도(成都, 중국에서 간단하게 成이

34) (중) 판스(潘石), "동북경제낙후원인설 평가분석," 동북아 논단, 2004년, 2기.

[표 8-5] 2002년 동북 3성 국민경제상황 대비표(인구: 만명 ; GDP: 억위안; 비중: %)35)

구 분	랴오닝	헤이룽장	지 린	동북 3성	국내비중
면 적	14만 ㎢	46만 ㎢	19만 ㎢	79만 ㎢	8.20 %
인 구	4,217	3,823	2,709	10,715	8.34 %
GDP	6,873	5,303	2,985	11,603.1	11.33 %
인구당 GDP	16,298	13,872	10,922		
경제성장률	12.8 %	11.7 %	12.2 %		
총 무역액	217.4	43.5	27.1	297.9	4.80 %

라고도 부름), 중경(重慶, 중국에서 간단하게 渝라고 부름)을 중심으로 하는 성(成)우(渝)지구보다 앞섰지만 창장(長江) 3각주, 베이징(北京, 중국에서 간략하여 京이라 부름), 텐진(天津, 중국에서 간략하여 津이라 부름), 허베이성(河北省, 중국에서 간략하여 冀라 부름)을 중심으로 하는 경(京), 진(津), 기(冀) 수도권지구보다 많이 떨어졌다.

중국에서 상대적으로 낙후한 동북지구는 동북아의 중요한 지역에 위치해 있다. 동북아 국제협력 형성에서 중요한 대목을 맡아야 할 동북지구가 경제수준의 상대적인 낙후로 인하여 큰 역할을 하지 못하고 있

[표 8-6] 2005년 중국 4 대 경제구 현황 대비표(금액: 위안)36)

구 분	창장3각주	수도권지구	동북지구	성,우지구
면적 비중	2.2 %	2.3 %	8.2 %	5.9 %
인구 비중	10.7 %	7.2 %	8.3 %	9.1 %
인구 밀도	659명/㎢	430명/㎢	137명/㎢	208명/㎢
국내 GDP 비중	24.9 %	11.7 %	11.1 %	6.7 %
인구당 GDP	40,647	31,101	14,060	8,294
소비 시장	19 %	10.7 %	10.1 %	6.2 %
노동 비용	24,918	13,633	13,402	14,212
수출입 비중	37.3 %	7.9 %	4.4 %	0.9 %
FDI 비중	34.6 %	8.2 %	9.8 %	1.0 %

35) (한) 아시아주 주간(亞洲周刊), 2005년 3월 13일.
36) (한) 한-중 무역, 2006년 5기, 18-21쪽.

는 실정이다. 그리하여 중국의 동북아전략뿐만 아니라 국내 지역균형 발전에도 많은 장애를 초래하고 있다. 이러한 상황에서 중국은 서부개발 정책의 뒤를 이어 동북 3성 노(老)공업기지 진흥전략을 제정하였다. 동북 3성 노(老)공업기지 진흥프로젝트의 실시는 동북에 대한 중국의 지원을 강화할 것이고 이러한 지원은 동북의 더 큰 개방과 발전을 추진하여 이 지역에 대한 동북아 각국의 협력을 촉진하게 될 것이다. 이러한 과정을 통하여 중국은 동북의 낙후한 문제를 해결할 뿐만 아니라 전국의 균형적인 발전을 이룩하는 동시에 동북아 국제협력의 형성에 기여할 것이다.

동북 노(老)공업기지를 진흥시키려면 동북 3성이 개혁개방 과정에서 뒤떨어진 원인부터 밝혀야 한다. 발달한 연해지구와의 비교가 필요하며 특히 동북아 역내 주변 국가들과의 비교가 필요하다. 이에 대하여 중국 내 많은 학자들이 나름대로의 관점을 제기하였는데 '결구설(結構說),' '체제설(體制說),' '국가기업비중과대설(國家企業比重過大說),' '항목괴권설(項目怪圈說),' '동북인관념낙후설(東北人觀念落後說)' 등이다.[37] 어떤 학자는 동북이 중국제반 경제발전에서 변연화(邊緣化)지역으로 전락한 것이 문제라고 비판하였고,[38] 어떤 학자는 계통이론의 모델로 동북지구의 대외개방도 부족이 주요 원인이라 지적하였다.[39] 이 가운데 저자는 동북지구 대외개방도의 부족을 중요한 원인으로 보고 있다.

특정 지역의 발전은 그의 개방도와 밀접한 관련이 있는데 지역발전의 핵심은 중심과 변계가 역동관계를 형성하느냐에 있다. 이러한 역동관계에서 변계는 활성화라는 목적을 달성하게 되고 변계의 활성화는 개방으로 이루어지게 되며 개방은 지역의 발전을 추진하게 된다. 개방된 사회는 이러한 중심과 변계의 역동관계로 경제발전의 주축을 이룬다. 예를

37) (중) 판스(潘石), "동북경제낙후원인설 평가분석," 동북아논단, 2004년, 2기.

38) (중) 왕성진(王胜金), "동북노(老)공업기지 진흥과 동북아구역합작," 동북아 논단, 2004년 2기.

39) (중) 김강일, "동북노(老)공업기지의 진흥과 대외개방도," 연변대학학보, 2005년 1기.

들면 한국의 부산, 중국의 상하이, 일본의 오사카 등은 모두 변계 부근에서 형성된 대외개방의 창구로 그들은 경제적인 중심지와 다른 나라들을 이어주고 있기에 그 역동관계로 경제의 활성화를 실현하였고 발전을 이룩하였다. 중국 연해지역의 발전도 이와 같은 현상의 결과물이라 할 것이다.

랴오닝(遼寧)성을 제외하고 연해지구와 동떨어져 있는 동북 3성의 제반 경제는 내순환(內循環)적 특징을 나타내고 있다. 그것은 대외개방도의 부족으로 나타난 필연적 결과다. 이러한 지역의 경제는 일반적으로 폐쇄적 상태의 경제운행방식으로 나타나 그 지역의 자원과 에너지를 사장시키거나 또는 고갈하는 수단으로 경제발전을 수행하게 된다. 하지만 지역의 자원과 발전의 동력은 한계가 있게 마련이다. 때문에 그것만으로 제반 지역의 발전을 이루자면 상당한 문제가 발생하게 된다. 개혁개방 이전 중국이 경제적으로 많은 어려움을 겪었던 이유가 그 예인 것이다. 이에 비해 개방된 사회의 지역은 다른 지역과의 교류를 통해 자체의 발전에 필수적인 정보, 에너지, 자원, 동력을 제공받게 된다. 이러한 원인 때문에 개방지역은 폐쇄지역보다 훨씬 더 빠른 발전을 이룩할 수 있을 뿐만 아니라 일정한 규모경제를 형성할 수 있다.

현재 동북 3성은 그 주변 국가들의 정치적인 상황과 여건으로 인해 폐쇄상태에 처해 있다. 헤이룽장(黑龍江)성의 경우, 러시아의 극동지역개발의 부진으로 인해 그 변계지역은 소위 죽은 변계(死邊界)를 형성하고 있다. 헤이룽장(黑龍江)성이 전국 경제 순위에서 21위에 그친 것과 경제개방의존도가 5% 밖에 안 되는 것은 바로 이러한 원인 때문이다.[40]

지린(吉林)성과 랴오닝(遼寧)성의 경우도 마찬가지이다. 지린(吉林)성은 북한과 인접해 있는데 북한의 미 개방상태로 인하여 대외개방도가 지극히 부족한 상황에 처해 있다. 지린(吉林)성의 경제개방의존도가 10%

40) (중) 서문길, "중국 동북 3성 공업기지 진흥과 조선반도문제," 연변대학 동북아국제정치연구소 주최 동북아협력시대 중국과 한반도 간 역동관계국제학술회의 논문집, 2006년.

내외로 한정되어 있는 원인이 바로 여기에 있다. 랴오닝(遼寧)성도 북한과 인접해 있다. 때문에 그의 개방도도 20% 내외이다. 물론 랴오닝(遼寧)성은 다롄(大連)과 잉커우(營口)항구로 인해 지린(吉林)성보다 대외개방의존도가 높지만 35%나 되는 전국의 평균적 경제개방의존도에 비하면 상당한 거리가 있다.

대외개방도의 부족은 그 변계 지역의 경제변연화(經濟邊緣化)를 초래하게 되는데 동북 3성 발전의 가장 큰 걸림돌은 바로 개방도의 부족이다. 대외개방도의 부족은 동북지구의 경제가 변계지역에서 내순환적인 경제체계를 이룬 원인인 동시에 경제 활성화를 이루지 못하고 있는 직접적인 원인이기도 하다. 때문에 동북 3성의 경제를 활성화시키기 위해서는 동북이 전방위(全方位)적인 개방상태로 진입해야 하는 것이다.

동북이 전방위적인 개방상태로 진입하려면 우선 대외개방의 통로를 열어야 한다. 동북지구로부터 러시아를 관통하여 유럽과 연결되는 국제통로를 구축해야 하며 한반도를 관통하여 동북아지역 각국과 연결되는 국제통로를 구축해야 한다. 러시아는 아직까지 그 발전의 중심을 유럽에 두고 있고 또 극동지역에 대한 개발의지가 명확치 못하므로 개방정책의 방향변화를 기다려야 할 것이다. 그러나 한반도의 경우는 이와 다르다. 현재 북한의 미 개방상태는 정책적인 면과 관련되므로 이러한 정책이 개선되지 않는다면 동북지구도 대외 개방도를 확보할 수 없게 된다.

특히 한반도의 분단 및 북한 핵 문제로 야기된 한반도의 긴장상태는 동북지구로 하여금 동북아 지역협력에서 일정한 역할을 할 수 없도록 만들 뿐만 아니라 동북지구의 경제적인 투자가치도 하락시키고 있다. 동북3성이 직면한 대외개방도 부족 문제는 근본적으로 국제적인 정치 환경과 관련된다고 볼 수 있다. 이 문제를 해결하려면 물론 국제 정치 환경의 개선에 주력해야 할 것이다. 우선 한반도문제, 특히 북한의 미 개방상태 해결에 주력해야 한다. 동북아에서 국제정치문제의 해결은 관계국 간의 협력과 합의를 통해서 풀어야 할 과제이기에 국가별로 상당히 민감한 사안이다. 그러나 세계정세의 발전추세를 정확히 인식하고 각 방면의 적극성을 충분히 동원한다면 해결 불가능한 문제도 아니다. 예를 들면 북한은 아직까지도 체제유지를 위해 대내외적인 폐쇄정책을 펴고 있는데 이러한 폐쇄정책은 주변 국가들의 국제정세에 비해 너무나도 뒤떨어진 상태이므로 그리 오래 가지는 못할 것이다. 특히 북한은 심각한 경제적인 위기로 인해 이제는 개방을 하지 않으면 안 되는 최악의 상태에 도달했다. 북한의 핵 문제도 6자회담을 통하여 해결할 날이 머지않아 올 것이다.

중국에게 있어서 북한의 개방은 동북지구 균형발전의 필연적인 전제이며 북한에게 있어서 중국도 역시 필수적인 개방의 유일한 대상이다. 적절한 시기가 되면 북한은 중국식 개혁개방의 선례를 뒤좇을 것이다. 즉 덩샤오핑(鄧小平)이론식 시장경제논리를 자국의 국가체제변화에 적용하지 않을 수 없게 될 것이다. 그렇게 된다면 중국과 북한은, 지금까지의 군사동맹관계를 경제동맹관계로 전환하는 새롭고도 포괄적인 윈-윈 구도의 국제협력시대를 맞이하게 될 것이다.

중국 동북 3성의 대외 개방도를 높이는 일은 동북아 주변국으로 볼 때 동북지구에 대한 투자를 증가하고 경제협력을 강화하는 절호의 기회이다. 동시에 동북 3성의 개방은 북한과 러시아 극동지구의 개방을 추진할 것이다. 동북의 수많은 자연자원과 인력자원은 한국과 일본의 자본과 기술을 흡인할 것이며 동북지구와 중국 주변 국가는 이렇게 동북지구에서의 경제협력을 통하여 동북아의 국제협력을 추진해 나갈 것이다.

Ⅱ. 동북의 노(老)공업기지 진흥정책과 동북아 국제협력

중국의 동북 노(老)공업기지 진흥정책은 동북아 국제협력을 한층 더 확장해 나갈 것이다. 동북은 동북아에서 면적이 가장 크고 인구가 비교적 많은 지구다. 개혁개방 후 동북은 중국의 여느 지역과 함께 커다란 경제건설성과를 올렸다. 그러나 아직도 개발할 경제요건이 아주 많다. 이는 동북아 주변국과의 협력을 위하여 새로운 기회와 여건을 마련하게 될 것이다. 환동해 경제협력구, 환황해·발해만경제협력구, 내륙자원 및 연해주경제협력구의 방안에는 모두 중국의 동북지구가 포함되어 있다. 동북 노(老)공업기지 진흥은 동북 주변 국가 간의 개방도를 높임으로써 국제협력의 진행을 촉진할 것이며 상기(上記) 방안들의 실행은 동북 노(老)공업기지 진흥을 크게 뒷받침해 줄 것이다.

교통운수의 인프라 건설은 동북 경제를 진흥시키는 중요한 수단이며 동시에 동북아 국제협력을 위해 필수불가결한 조건이다. 과거와 현재를 막론하고 동북은 중국에서 철로가 가장 밀집된 지구였다. 동북에는 70여 갈래의 철로 간선과 지선(支線)으로 형성된 철도망이 있다. 남북방향의 육로는 하얼빈(哈爾濱)과 베이징(北京)을 이은 102번, 허강(鶴崗)과 다롄(大連)을 이은 201번, 아이훈(愛琿)과 다롄(大連)을 이은 202번, 밍수(明水)와 선양(沈陽)을 이은 203번 국도가 있다. 동서방향으로는 쑤이펀허(綏芬河)와 만저우리(滿洲裏)를 이은 301번, 투먼(圖們)과 우란하오터(烏蘭浩特)를 이은 302번국도, 단둥(丹東)과 시린하오터(錫林浩特)를 이은 303번 국도가 있다.

수로운수는 다롄(大連), 잉커우(營口)를 중심으로 단둥(丹東), 진저우(錦州)를 양 날개로 하는 남부 연해항구군(港口群)을 이루었고 내하운수통로는 쑹화장(松花江), 랴오허(遼河), 헤이룽장(黑龍江), 우쑤리장(烏蘇裏江)과 압록강(鴨綠江)에 집중되어 있으며 항선의 총길이는 6,500킬로미터에 달한다. 그 외 다칭(大慶)-톄링(鐵嶺), 톄링(鐵嶺)-다롄(大連), 톄링(鐵嶺)-친황다오(秦皇島)에 이르는 세 갈래의 지하석유관도(管道)가 있는데 총길이가 2,000킬로미터에 달한다. 이 석유관도는 다칭(大慶), 랴오허(遼河), 푸위(扶餘)의 석유를 다롄(大連), 친황다오(秦皇島)와 잉커우(營口)의 부두까지 직접 운송하고 있다. 동북에는 선양(沈陽)을 중심으로 하여 하얼빈(哈爾濱), 다롄(大連), 옌지(延吉) 등 12개 이상의 국제공항과 국내공항이 운영되고 있다.

동북 노(老)공업기지 진흥정책의 목적은 우선 국내적으로 동북지구의 경제를 발전시키는 데 있다. 그러나 동북지구경제의 진흥은 결과적으로 동북아 각 국 상호간에 윈-윈 구도의 경제협력을 불러 올 것이다. 동북 노(老)공업기지 경제 진흥의 전략의도와 방안은 다양한 내용이 포함되어 있다. 미래 구역경제 경쟁은 우선 대 도시 간의 경쟁이라는 전제에 따라, 앞으로 20여년의 기간을 이용하여 다롄(大連), 선양(沈陽), 하얼빈(哈爾濱)등 대 도시를 천만 명 이상 인구를 가진 대 도시로 건설하며 도시화율을 현재의 52%에서 80% 이상으로 건설할 계획이다. 이 경우 도시화건설에서 국토면적을 많이 차지하지 않는 방법으로 절약형 현대화도시로 건설할 수 있어야 한다.

현대화장비제조 기지를 건설하는 것도 동북 노(老)공업기지를 진흥시키는 전략상의 일부분이다. 제1차 5개년계획의 156개 중점 항목 가운데서 56개 항목이 동북지구에 건설되었다. 반세기 이상의 노력에 힘입어 동북 노(老)공업기지의 장비제조업은 거대한 생산능력을 갖추게 되었다. 안산(鞍山)강철그룹, 창춘(長春)제1자동차그룹, 하얼빈(哈爾濱)의 발전(發電)설비그룹, 동북전력수송그룹, 선양선반(沈陽機床)그룹, 선양금배(沈陽金杯)그룹, 다롄빙산(大連冰山)그룹 등 특대형 그룹은 이미 동북지구의 경제발전에 튼튼한 기반을 마련하였다. 향후 15년 이내에 동북 노(老)공업기지는 중국뿐만 아니라 세계에서도 이름난 신형장비제조업기지로 건설될 것이다. 구체적으로 자동차 종합제조 및 부품제조 기지를 건설하고 디지털선반 등 기초산품영역을 중점적으로 발전시키며 광전자(光電子)및 첨단기술 산업기지를 건설하고 농업기계장비생산기지를 건설하며 한약제조 기지를 건립하도록 노력해야 한다.

또한 생태환경, 경제, 사회가 상호작용하는 법칙에 따라 현재의 생태환경 우세를 보존하며 유지, 발전시켜 녹색산업기지를 건설토록 한다.

이는 동북 노(老)공업기지를 진흥시키는 또 하나의 획기적인 방안이다. 그 주요 내용으로는 창바이산(長白山)과 다싱안링(大興安嶺)자원보호와 건강산업 생태경제구, 하얼빈(哈爾賓)-다롄(大連)철도를 중심으로 하는 중부 성시대(城市帶)를 건설하며 동시에 쑹료우(松遼)평원과 3강(三江)평원토지자원경제구와 서부초원생태보호와 녹색산업경제구를 건설하는 것이다. 생태와 조화되는 산업구조를 건설하여 환경 친화적인 신형 공업화를 이루는 것을 목표로 한다. 천연가스, 혼합동력자동차와 전동(電動)자동차를 개발생산하며 선진적인 공예를 이용하여 녹색화공산업을 건설하며 생태경제 효과가 현저한 첨단기술을 개발한다. 채광산업(采礦)과 삼림공업에서도 생태보호에 유념해야 하며 국가식량안전생산기지를 발전시켜 농업을 새로운 경제성장의 시점이 되게 해야 한다. 또한 창바이산(長白山), 다싱안링(大興安嶺), 샤오싱안링(小興安嶺)의 야생약재와 희귀동물을 이용하는 녹색 약업 기지를 건설토록 한다.[41]

이러한 건설항목의 실시과정은 동북의 개방도를 높여 줄 뿐만 아니라 동북아 주변국들의 참여와 협력을 필요로 한다. 주변국은 이 기회를 이용하여 동북지구에 투자할 것이며 무역을 확대할 것이고 경제협력을 강화할 것이며, 그 결과 상당한 경제이익을 얻게 될 것이다. 선진기술과 자금을 소유하고 있는 일본과 한국은 자금우세와 기술방면의 우세를 충분히 이용할 것이며 주변국은 동북에서 서로의 협력을 강화할 기회를 얻게 될 수 있다.

앞으로 진행할 동북 노(老)공업기지 교통운수 인프라는 동북과 동북아를 이어주는 대동맥이 될 것이다. 다롄(大連), 잉커우(營口)항구와 하얼빈(哈爾濱)-다롄(大連)철로선의 긴밀한 연결, 단둥(丹東)-동북 동부지구 운수통로의 연결, 진저우(錦州)항구-동북서부운수 통로의 연결, 빈저우(濱州)-빈수이선(濱綏線)과 러시아 극동지구 변경을 넘는 부두의 연결,

---

41) (중) 자오촨쥔(趙傳君) 주필, 「동북 경제의 진흥과 동북아경제무역합작」, 사회과학문헌출판사, 2006년, 91-124쪽.

동북지구 북쪽 철도와 러시아 시베리아 대철도와의 변경을 넘는 연결이 완성될 것이다.

창춘(長春)-투먼(圖們)철도가 러시아 극동지구 부두와 북한의 청진, 나진, 선봉항구를 시발점으로 하여 동북을 가로질러 몽골까지 연결될 것이며 지안(集安)-쓰핑(四平)-퉁랴오(通遼)-훠린허(霍林河)를 잇는 운수통로 건설이 완공될 것이다. 또한 중국 동남부 연해의 각 부두와 다롄(大連)-옌타이(煙臺)육로, 해상 종합운수통로의 건설이 완성될 것이다. 그 외 강과 바다의 연합운수(江海聯運)를 통해 바다로 나가는 방안이 실현될 수 있다. 이러한 계획의 실시와 완성은 동북아 국제협력의 형성에 유리한 조건을 마련할 것이다.

동북의 주요한 과제 가운데 하나는 해상 진출의 문제이다. 1992년 1월 16일 중국과 러시아는 '헤이룽장(黑龍江)과 쑹화장(松花江) 중러의 선박을 이용하여 대외무역화물운송을 조직하는 데 대한 협의'를 체결하여 중국 선박이 강을 통하여 바다로 나가지 못하던 130년 역사에 종지부를 찍었다. 이미 1.2억 위안을 투자한 결과 중국의 선박이 헤이룽장(黑龍江)의 하류를 통하여 바다에 나가게 되었고 한국, 일본, 북한, 싱가포르, 홍콩 등 국가와 지구촌의 화물이 이 항선을 통해 들어오기 시작하였다. 앞으로 동북아 국가들의 화물이 증가되면 이 통로가 동북아 국제협력에서 한몫을 담당할 것으로 예견된다.

동북지구에서 경제 진흥을 위해 이용할 수 있는 수송로들은 헤이룽장(黑龍江)성 미산(密山)의 당비진(檔壁鎮)에서 러시아 시베리아 철로를 빌어 블라디보스토크와 나홋카 항구로 바다에 나가는 길, 헤이룽장(黑龍江)성 쑤이펀허(綏芬河)로부터 러시아의 철로로 블라디보스토크와 나홋카 항구로 해서 바다에 나가는 길, 헤이룽장(黑龍江)성의 둥닝(東寧)으로부터 러시아의 블라디보스토크와 나홋카 항구를 통해서 바다에 나가는 길, 지린(吉林)성 훈춘(琿春)의 팡촨(防川)으로부터 러시아의 블라디보스토크와 나홋카 항구를 통하여 바다에 나가는 길 등이 있다.[42] 그 밖에도 동북 지역 경제발전을 위해 석유화학기지의 건설 등 다양한 대안들이 모색되고 있으며 이러한 방안은 중국과 러시아의 협력과정에서 차츰 해결될 것이다.

이와 같이 동북 노(老)공업기지의 진흥을 위한 일들은 수없이 많다. 동북 노(老)공업기지의 진흥은 중국의 노력을 필요로 할 뿐만 아니라 동북아 국가들의 협력이 요구되는 대규모 사업이다. 동북아 국가들에게 동북 투자의 기회임을 알리고 국가 차원의 홍보를 계속해 나가야 한다. 랴오닝(遼寧)성 동북진흥사무실 부실장인 천스난(陳世男)은 동북을 일깨우는 일은 우리에게 남은 '최후의 만찬'이라고 표현하였다.

동북 노(老)공업기지 진흥은 동북 3성의 개혁을 추진하고 있으며 이러한 개혁은 주변국의 참여를 유도하고 있다. 헤이룽장(黑龍江)성의 106개 개혁대상 국유기업 가운데서 47개, 지린(吉林)성의 816개 가운데서 696개, 랴오닝(遼寧)성의 2,551개에서 562개가 높은 강도의 구조조정작업을 벌이고 있다.[43] 헤이룽장(黑龍江)성에서는 한국투자자가 직접 국유기업의 개조에 참가할 수 있고 한국은행 및 투자회사, 기타 금융기구들이 헤이룽장(黑龍江)성에 지사를 세울 수 있도록 결정하였다. 그리하여 한국의 움직임이 빠르게 진행되고 있다. 한국의 집계에 따르면 지난해 한국기업의 대(對) 헤이룽장(黑龍江)성 투자액은 2억 달러를 약간 상회하는 수준이었으며, 금년에 들어서면서 투자가 더 늘어나는 추세이다.

동북 노(老)공업기지 진흥전략의 실시는 한국 등 주변국의 관심과 참여를 불러오고 있다. 랴오닝(遼寧)성 선양(沈陽)에서는 지금 부동산 '한류'바람이 일고 있다. 서탑 지역은 아파트와 오피스텔 및 서비스업체로 이루어진 한국신성(韓國新城)을 개발하였는데 이미 100% 분양에 성공하였다. 선양(沈陽)은 바야흐로 한국의 '해외가공기지'로 부상하고 있는바, 전해인 2005년 제1분기 선양(沈陽)과 한국 수입 무역액이 1억 3,000만

42) (중) 자오촨쥔(趙傳君) 주필, 「동북 경제의 진흥과 동북아경제무역합작」, 사회과학문헌출판사, 2006년, 128쪽-135쪽.

43) (중) 흑룡강신문, 2006년 7월 8일-15일.

달러가 되었다. 그 중 6,853만 달러가 당지의 기업가공무역에 사용되어 총 수입 무역액의 52.7%를 차지했다. 지린(吉林)성에 대한 한국의 투자도 이전보다 많이 늘어가고 있다. 이처럼 동북아의 국제협력은 동북 노(老)공업기지의 진흥을 크게 촉진하고 있다.

동북 3성의 랴오닝(遼寧)성, 지린(吉林)성은 북한과 압록강, 두만강을 사이에 두고 연접되어 있다. 그들은 이러한 우세를 이용하여 북한과의 무역을 강화하고 있다. 북한의 수출입 상황을 보면 주로 랴오닝(遼寧)성과 무역을 활발하게 진행하고 있음을 알 수 있다. 다만 헤이룽장(黑龍江)성과의 수출입은 아직 큰 성과를 거두지 못하고 있는 형편이다.

[표 8-7] 1998년-2004년 북한의 대 동북 3성 수출·수입비중(%)44)

항 목	지 역	1998	1999	2000	2001	2002	2003	2004
수 출	랴오닝	43.1	42.9	40.5	67.7	80.4	81.6	66.8
	지 린	41.2	47.6	48.6	15.0	12.5	12.4	18.0
	헤이룽장	3.9	0	0	0.6	0.7	0	0.5
	기 타	11.8	9.5	10.9	16.7	6.4	6.0	14.7
수 입	랴오닝	37.5	36.2	31.9	30.3	28.9	24.5	26.0
	지 린	19.5	17.0	20.8	24.2	23.8	25.5	25.7
	헤이룽장	12.9	15.2	16.0	16.1	17.6	15.6	11.9
	기 타	30.3	31.6	31.3	29.4	29.7	34.3	36.4

또한 동북 3성은 북한과의 협력을 강화하여 그들의 개방을 추진하고 있다. 이는 동북아 국제협력 형성에 보다 적극적인 요소가 될 것이다. 동북의 기업은 주로 북한에 대한 에너지 투자를 주도 하고 있다. 지린(吉林)성 통화(通化)철강그룹, 연변천지회사, 중강(中綱)그룹은 북한의 최대철광업체인 무산철광에 70여 억 위안의 인민폐를 투자하여 50년간의 철광채취권을 확보하였다. 동북은 북한에 전력을 공급하고 북한은 동북에 연간 채출량이 60만 톤인 동 광산 채광권을 주는 거래가 추진되고 있으며 회령금광(會寧金礦), 만포의 아연광산(滿鋪鋅鉛礦)의 채광권 거래문

44) (한) KOTRA(www.kita.net), 중국해관 통계, 2005년 6월.

제도 추진중이라 한다. 지린(吉林)성 창바이(長白)현과 산둥초금(山東招金)그룹은 양강도 혜산청년동광을 협력개발하기로 하였다.

중국의 대북투자는 어업방면의 협력도 중요한 위치를 차지하고 있다. 2003년 북한 삼명(三名)무역본회사는 베이징(北京)종합화학무역회사와 어업협정을 체결하여 2009년까지 16척의 150톤급 중국어선이 원산부근 바다에서 고기잡이를 하고 중국은 북한에 어획량의 25%에 해당되는 전자제품을 제공하기로 합의하였다.

기계, 건축 분야의 투자도 이루어졌는데, 2003년 11월 중국에서 가장 큰 제일트랙터제조그룹이 북한의 금성트랙터공장에 투자하고 북한에 부품을 제공하여 연간 트랙터 생산량을 3,000대로 늘리며 그 기반에서 생산 공정기계와 자동차를 생산하기로 협의하였다. 톈진(天津)디지털무역회사는 65만 달러의 자금을 투자하고 북한대외경제협력촉진회는 공장건물을 제공하여 평양에다 공동으로 평진(平津)자전거합영회사를 설립해서 20년간 계약으로 연간 생산량 30만대에 달하는 50여종의 자전거를 생산하고 있다.[45]

중국의 대북투자 상황을 좀 더 살펴보면 우선, 연변과 지린(吉林)성의 기업들이 북한에 투자하고 있다. 훈춘(琿春)시 동림(東林)무역회사, 훈춘(琿春)국경경제협력지구보세유한회사(經濟合作區保稅有限公司), 연변천지공업무역유한회사, 지린(吉林)성 방직품수출입회사, 퉁화(通花)철강그룹, 창춘(長春)리달(利達)공업무역유한회사, 창춘만달(萬達)제약회사, 창춘영초과학(英超科學)유한회사 등이 그 예이다.

다음으로 랴오닝(遼寧)성, 산둥(山東)성 기업들이 북한에 투자하였다. 예를 들면 선양화신그룹(沈陽華新集團), 다롄흥화(大連興華)그룹, 다롄화풍(大連華風)그룹, 산둥초금그룹(山東招金集團) 등이다. 저장(浙江)성의 기업들도 북한에 투자하고 있다. 항저우와하하그룹(杭州娃哈哈集團) 등의 기업들이다. 장쑤(江蘇)성, 광둥(廣東)성의 기업들도 북한에 투자하고 있다.

45) (중) 신화망(新華網), 2005년 10월 8일.

중국의 일부 기업들은 조선족 기업의 명의로 북한에 투자하고 있다. 예를 들면 연변천지공업무역유한회사의 명의로 투자한 기업은 실제로는 광동성 주해시의 민영기업이었다. 산둥초금그룹(山東招金集團)은 창바이(長白)현의 기업을 통하여 연합으로 북한에 투자하였다. 두 나라의 투자협력은 보상(補償)무역형식을 위주로 하여 중국은 설비를 제공하고 북한은 광물자원을 수출하거나 혹은 공장을 제공하기로 하였다.

이와 같은 경제교류는 궁극적으로 북한 인민들로 하여금 시장경제의 경험과 훈련을 쌓도록 만드는 기회가 되고 있으며, 나아가 북한의 국제화와 개방사회로의 진로를 열어 주고 있는 셈이다.

Ⅲ. 동북지구의 진흥과 조선족 사회

조선족 사회가 중국 동북 3성 노(老)공업기지의 진흥 프로젝트에서 가지는 지정학적인 위치와 지경학적인 역할은 중요하다. 특히 연변 조선족 자치주는 훈춘(琿春)변경국제경제 협력구를 건설함으로써 동북 3성 노(老)공업기지건설을 주도적으로 추진할 수 있다. 연길 시(市)에서 고속도로 상으로 30분 거리 안에 있는 훈춘(琿春)변경경제협력구는 훈춘(琿春)평원의 동남부에 위치해 있다. 그곳은 러시아, 북한과 인접해 있는데 중러 변경인 창링즈(長嶺子) 통상항구와 17킬로미터 떨어져 있고 중국과 북한 변경인 사퉈즈(沙坨子) 통상항구와 14킬로미터, 췐허(圈河) 통상구와 45킬로미터 떨어져 있다. 그리고 북한의 자유경제무역구인 나진-선봉과 48킬로미터, 북한의 청진부두와 126킬로미터 떨어져 있다. 동시에 러시아의 포시에트부두와 41킬로미터, 자루비노부두와 63킬로미터 떨어져 있으며 이곳은 또 중러 훈마(琿馬)철도가 지나는 곳이다.

훈춘(琿春)변경 경제협력구는 이미 2억 위안에 달하는 투자로 기초시설을 완성하였다. 이 경제협력구에는 한국, 미국, 일본 등 10여개 국가와 홍콩 등 지구의 외자가 들어와서 40여 개의 기업을 세웠다. 지난 세기말인 1999년 한해, 이 경제협력구에서 5.19억 위안의 공업 총 생산치를 올려 1,050만 위안의 세금을 납부했으며 2,689만 달러의 수출입무역을 진행하였다. 이 경제 협력구는 동북 3성 노(老)공업기지 진흥전략에 힘 입어 더 큰 발전을 향해 나아가고 있다. 2005년 연변통계연감에 의하면 2004년까지 훈춘(琿春)시는 국외와 3,555만 달러의 자금유치계약을 체결하였고 실제상에서 1,272만 달러의 외자를 유입하였는데 이는 연변에서 실제 유치한 외국자본의 25.3%를 차지한다.

동북 3성 노(老)공업기지 진흥의 실시는 훈춘(琿春)경제협력구로 하여금 국제경제협력지구로 발전하는 중요한 계기를 마련하였다. 현재 훈춘(琿春)에는 창링즈(長嶺子) 중러변경시장무역구(中俄邊境互市貿易區), 훈춘(琿春)수출가공구가 있다. 앞으로 훈춘(琿春)경제협력구는 훈춘-러시아 하싼의 다국적 경제협력구로 발전시킬 것이다. 그러면 중국, 러시아, 북한 등 3국의 인접지구에 위치한 장점을 살려 상호 보충성 경제협력구로 발전할 것이다. 훈춘(琿春)경제협력구는 또 훈춘(琿春)-나진 다국적 경제협력구로 발전할 가능성을 지니고 있다. 이는 중국과 북한의 공동 이익과 각 국의 이익에 부합된다. 특히 이 다국적 경제협력구의 건설은 북한의 정책조정방향과 부합되어 국제유통업무라는 새로운 기회를 창출하게 될 것이다. 내용적으로 이 협력구는 현대 물류업을 개발하여 동북아 물류 중심적인 중개역할을 하게 될 것이다. 수출가공업을 개발하여 목재, 건축재료, 수산물, 녹색농업, 방직품, 의류업 가공센터를 만들 수 있으며 환경보호, 인재자원, 통신과 정보산업 등을 발전시킬 수 있다.

연변과 북한의 협력으로 된 나-선국제물류합영회사(羅先國際物流合營公司)의 성립은 동북아국제협력에 좋은 조건을 제공하고 있다. 2006년 연변의 훈춘(琿春)동림무역회사, 훈춘(琿春)국경경제협력지구 본세유한회사와 북한의 나진시 경제합작회사는 각각 50%의 자본금을 출자하여 나-선국제물류합작경영회사를 성립하였다. 이 두 회사는 나진항에 6천만 위안을 투자하여 제3, 제4부두를 건설하고 향후 50년간 사용하기로 하였다.

동북 3성 노(老)공업기지 진흥 프로젝트의 가속화를 위해 반드시 풀어야 할 과제가 한반도문제라고 할 때, 조선족 사회는 이 문제의 해결에 있어서 적극적인 역할을 감당할 수 있다. 한반도 최고의 이익이 통일에 있음은 물론이다. 이를 위해 한반도의 통일과정에 있어서도 조선족 사회의 매체적인 역할로 중국과 한반도 간에 윈-윈 구도를 형성할 수 있을 것이다. 한반도의 통일을 지지하고 북한의 개혁개방을 유도하는 것은 조선족사회가 중국의 동북 3성 경제에 탄력을 줄 수 있는 기회인 동시에 동북아 국제협력을 형성하는 첩경이기도 하다.

중국 조선족 사회는 북한의 개혁개방과 중국 동북 3성 개방도의 증대에 주요한 매체 역할을 할 수 있다. 중국 동북 3성의 낮은 개방도는 논리적으로 북한의 미개방상태에서 비롯한다고 해석되어야 할 것이다. 북한은 아직까지 냉전시대의 이념적인 틀에서 벗어나지 못하였기에 폐쇄정책을 고집하고 있다. 하지만 최악의 경제난으로 인하여 부득이 개방할 수밖에 없는 처지에 놓여 있다. 2005년부터 김정일 국방위원장의 중국방문으로 북한의 개방도 서서히 이루어지고 있는 조짐을 보이고 있다.

북한의 이러한 변화과정을 추진시키는 데 있어서 중국 조선족 사회는 극히 중요한 역할을 하고 있다. 연변지역의 중국 측 대(對) 북한 무역은 대부분 조선족들이 감당하고 있는데 그들은 북한의 경제 환경과 정책환경에 상당히 익숙해 있으며 활발한 무역활동을 벌이고 있다. 2000년에 들어서서 연변의 대(對) 북한 무역액은 도합 2.15억 달러에 달하며 평균 85%의 연 증가율을 보이고 있다.[46] 물론 북한과 연변의 무역은 아직까지 큰 규모를 이루지는 못하고 있으나 신세기에 들어와 높은 증가세를 보이고 있다는 점에 주목하여야 할 것이다.

46) (중) "중조변경무역의 현황과 변경지역사회경제에 끼치는 영향," 연변대학 동북아국제정치연구소 주최 중국동북 3성 노(老)공업기지와 북조선경제발전의 역동관계학술회의 논문집, 2005년.

[표 8-8] 1991-2005년 홀수 년도 연변과 북한의 무역상황 및 비중(단위: 만 달러, %)47)

년 도	수출입 총액	비 중	연변의 수출	비 중	북한의 수출	비 중
1991	7,454	51.3	3,786	50.8	3,668	49.2
1993	30,732	63.3	14,468	47.1	16,224	52.9
1995	5,423	35.0	3,035	56.0	1,388	44.0
1997	3,535	15.5	2,434	68.9	1,101	31.1
1999	5,073	18.2	4,091	80.7	982	19.3
2001	6,833	22.3	5,022	73.5	1,811	26.5
2003	11,656	28.6	7,610	65.3	3,046	34.7
2005	26,204	36.4	13,291	50.8	13,003	49.2

조선족과 북한의 민간교류는 또한 북한의 사회의식에도 커다란 영향을 끼치고 있다. 북한은 '고난의 행군'으로 불리고 있는 최악의 경제위기를 맞게 되었는데 많은 조선족이 북한의 친지들에게 무상지원을 했다. 그들이 무상으로 지원한 식량, 돈, 의류 등은 정확한 통계가 불가능하나 매년 1만여 톤의 식량을 지원했다는 추측도 있는바 조선족의 지원이 북한의 경제에 많은 영향을 주었다고 짐작할 수 있다.

이러한 과정에서 조선족은 중국의 개혁개방과 시장경제체제의 성공경험을 북한에 전달해 줌으로써 북한의 의식변화에 많은 영향을 끼치고 있다. 조선족 사회와 북한 간의 교류확장은 중국 동북지구의 대외개방도 증대의 중요한 첩경임에 틀림없다. 즉 조선족 사회는 동북 3성의 경제진흥에서도 중요한 위치를 차지하고 있다는 것이다. 향후 북한의 개혁개방은 조선족 사회의 이러한 역할을 더욱 크게 증대시킬 것이다.

47) (중) 연변 조선족자치주 상무국에서 제공한 숫자를 정리한 것이다.

제3절 동북아 국제협력과 조선족 사회

Ⅰ. 조선족 사회 역할의 정책적 기반

조선족 사회는 중국의 사회집단으로서 중국의 정치, 정책 환경과 동북아지역 각 국의 전략적 목표의 제약을 받고 있다. 조선족이 미래 동북아지역에서 일정한 위치를 차지하고 또 일정한 영향력을 행사하며, 특히 변연복합문화의 기능을 발휘하여 중국의 발전과 동북아 국제협력을 위해 일정한 역할을 하려면 중국의 정책적인 환경과 한중 관계에서의 우호적인 여건들이 필수적이다. 현재 중국의 정책적인 환경은 조선족 사회가 동북아지역에서 유용한 활동을 할 수 있는 매우 좋은 전제를 형성해 주고 있다. 한중수교 이래 두 나라의 관계는 지속적으로 발전하고 있으며 앞으로도 진일보할 것이다. 이러한 한중 관계의 발전은 조선족 사회의 발전뿐만 아니라 한반도 남북교류협력 및 통일과정에도 더 큰 역할을 할 수 있는 조건을 만들어 주고 있다.

1. 중국 동북아전략의 중요 거점인 조선족 사회

중국 동북아전략의 기조는 안정된 국제환경의 조성과 동북아 지역 협력의 확대이다. 그리고 그 목표는 동북아지역의 안보체제 재편이라는 난제를 해결하는 것이다. 중국이 이러한 난제를 해결하려면 반드시 미국, 일본 등과의 갈등을 해소하여 유리한 국제정치 환경을 조성해야 한다.

이를 위하여 중국은 미국과 건전하고 평등한 국가관계를 견지하면서도 미국의 동북아 '마지노 방어선' 전략을 조정하여 미국으로 하여금 더 이상 동북아지역에서 배타적 전략을 구상하지 못하도록 협상해야 한다. 중국은 또 일본과의 우호적인 관계를 구축하는 동시에 일본이 추진하고 있는 '보통국가' 우경화전략도 견제해야 한다. 이렇게 하여 중국은 일본으로 하여금 주변 국가들과의 대립적인 상황으로부터 우호적인 협력관계로 전환하여 아시아적(的) 협조사회(Cooperative Society)에 참여하도록 만들어야 한다. 또한 중국은 한반도의 남북관계도 잘 처리하여 한국과는 경제협력을 발전시키고 북한과는 과거의 우의를 발전시키면서 개혁개방을 유도해 나가야 한다.

이러한 관점에서 볼 때 동북아지역의 연변을 중심으로 한 조선족 사회는 전략상 매우 중요한 지리적인 위치와 문화적인 여건을 구비하고 있다. 지역적으로 보면 조선족 사회는 중국 동북지구와 한반도, 러시아 연해주 및 일본을 연결하는 중심고리가 됨으로써 창의적인 중개지역을 형성할 수 있다. 다시 말해 이 지역은 한반도를 중심으로 환동해 경제협력구, 환황해·발해만 경제협력구, 중국 내륙자원 및 러시아 연해주 경제협력구가 겹치는 지정학적 요충지로서 국제협력의 복합적인 HUB 기능을 발휘할 수 있는 곳이다.

조선족 사회가 중국의 동북지구 진흥정책에서 핵심적인 위치를 확보하고 이를 기초로 하여 주변 국가들 간의 공동경제 문화구역으로 등장할 때, 조선족 사회의 발전은 물론 중국도 조선족 사회로 인하여 동북아지역에서 중요한 전략적인 전초기지를 형성할 수 있게 될 것이다. 즉 조선족 사회의 지정학적인 우세와 복합문화적인 기능을 극대화하는 방안은 중국의 동북아전략의 중요한 거점을 만드는 일이 될 것이다.

2. 남북 간 균형자 역할의 조선족 사회

한반도의 남북은 모두 중국과의 관계를 발전시키고 있으며 이러한 관계는 앞으로도 계속될 것이다. 중국과 한반도의 두 나라가 모두 상호 의존적인 우호관계 구축을 자신들의 국가전략적인 목표로 삼고 있기 때문에 조선족 사회는 남북 간의 협상과 조정에 참여할 수 있는 기회를 갖게 될 것이다. 한국과 북한은 아직까지도 이념과 체제 간의 갈등으로 인해 민간 차원의 직접적인 협력을 나누기 어려운 상태이다. 이런 연유로 남북 간 교류는 상당 부분이 중국의 조선족을 매체로 이루어지고 있다.

주지하는 바와 같이 조선족은 북한 사회주의 체제와 한국 자본주의 체제 양 쪽에 모두 익숙하므로 앞으로 북한과 한국 간의 교류협력에서 더욱 폭넓은 중개역할을 감당하게 될 것이다. 현재까지도 조선족 사회는 한반도의 평화공존에 많은 기여를 해 왔다. 매년 중국 내에서 개최되고 있는 한·중·북 학술회의는 대부분 중국의 조선족을 통해 진행되고 있다. 이러한 활동들이 남북 간의 이해를 증대시키고 갈등을 해소하는 데 커다란 성과를 나타내고 있음은 부인할 수 없는 사실이다.

북한에 대한 조선족들의 민간 경제적인 지원도 한반도의 안정과 북한의 발전에 상당한 도움을 주고 있다. 앞으로 조선족은 그 역할과 위치의 부각으로 한반도 평화통일을 준비하는 과정에서 더욱 중요한 균형자 역할을 감당하게 될 것이다. 이러한 과정 속에서 조선족 사회도 자체 역량의 강화와 함께 사회 전반에 걸쳐 발 빠른 발전을 이룩할 수 있게 될 것이다.

3. 한중 관계의 매개체로서의 조선족 사회

한중 관계의 발전은 정치 환경, 경제발전, 문화구도 등 세 개 측면에서 이루어질 것이다. 정치적인 측면에서 보면, 한중 관계는 지속적으로 발전할 수 있는 여건들이 갖추어져 있다. 한국과 중국은 정치측면에서의 갈등이 적고 전략적인 동반자로 협력해야 할 필요성이 많다. 물론 냉전 시대 유산으로 한미동맹관계가 존재하는 실정에서 한국과 중국 간의 모순은 계속 존재할 것이다. 하지만 한국과 중국 모두 동북아지역에서의 국제협력을 최고의 국익으로 간주하고 있다. 때문에 두 나라는 갈등은 최소화하고 협력을 극대화하는 방향으로 이끌어 갈 전략적인 자세를 갖추고 있다고 볼 수 있다. 한중 관계의 이러한 발전추세는 조선족 사회로 하여금 과거보다 더 큰 역할을 담당하도록 할 것이며 동시에 조선족 사회의 발전에 중요한 정치적 환경을 마련해 줄 것이다.

경제발전의 측면에서 보면, 한중 관계의 발전은 조선족 사회로 하여금 더욱 큰 발전의 무대로 등장하게 할 것이다. 이것은 조선족 사회가 동북아협력에서의 중요한 위치를 차지하도록 만드는 근거가 되는 것이다. 지금 한국은 동북아지역에서의 경제협력에 주력하고 있다. 예를 들면 한국의 참여정부는 3대 국정목표를 국민과 함께 하는 민주주의, 더불어 사는 균형사회의 발전, 평화와 번영의 동북아시대로 꼽고 있다. 또한 12대 국정과제 경제 분야의 네 가지 과제 중 하나로 '동북아 경제중심국가의 건설'을 꼽고 있다.

여기에서 말하는 '동북아경제중심'이란 동북아의 중심위치에 살고 있는 한국이 이웃나라들과 공동 번영하면서 이 지역에서의 평화유지에 주도적인 역할을 하겠다는 것이다.[48] 중국도 역시 동북아지역에서의 국제협력을 추구하고 있으며 두만강지구개발계획(TRADP)을 중심으로 동북지구의 경제협력체를 구상하고 있다. 만일 한국과 중국의 이러한 전략적인 구상이 현실화된다면 조선족 사회도 이러한 과정에 대한 참여로 획기적인 발전을 이룩할 수 있을 것이다.

문화성격의 구축이라는 측면에서 보면, 한중 관계의 발전은 조선족으로 하여금 그 매개적인 역할로 한중교류에서 변연문화구역을 형성할

48) (한) 최우길, 「중국조선족연구」, 선문대학교 중한번역문헌연구소, 2005년, 267쪽.

수 있도록 만들어 줄 것이다. 이를테면 조선족의 변연문화성격을 보존하고 확장하려면 한반도와 중국 내지와의 교류는 필수적인 것이다. 조선족 사회는 한반도와의 교류를 촉진하는 과정에서 한반도 문화성격을 확보하는 동시에 자기문화의 수준을 향상할 수 있고, 또한 중국 내지와의 교류에서 중국문화성격을 확보하고 확장해 나갈 수 있게 될 것이다. 현재 수천 명에 달하는 조선족 지식인들이 한국과 일본 등지에서 박사과정을 밟고 있으며 중국 내지 대학에서도 상당수의 고학력 조선족 학자들이 배출되고 있다. 향후 10여년 사이에 조선족 사회가 수만 명에 달하는 고급인력들을 확보할 수 있다면 조선족 사회는 중국 주류문화의 한 흐름을 구성하게 될 것이며 한국과 중국 간의 교류에서 중심매체적인 지위를 차지할 수 있을 것이다. 그 때가 되면 조선족 사회의 이중적인 복합문화성격(Multicultural Identity)은 더욱 세련되어질 것이고 더 큰 활력을 구비할 수 있게 될 것이다.

Ⅱ. 조선족 문화 기능의 증대

오늘날 동북아지역은 세계 최대시장으로 부각되고 있으며 지역 경제문화·블록화 추세로 나아가고 있다. 이러한 정세에서 여러 민족과 인종들이 어울려 살고 있는 동북아는 이미 일일 생활권으로 변화하고 있다. 그리하여 동북아 내에서 '동북아는 하나'라는 인식과 '동북아인으로서의 정체성'에 대한 관심이 새롭게 싹트고 있다. 시대적 조류에 부응하여 동북아지역 각 국가들이 동북아 지역협력을 전개해 나가려면 조선족을 비롯한 코리안들의 중요한 역할을 부인할 수 없다.

연변은 조선족 사회의 주요 집거지구로서 동북 노(老)공업기지 진흥에 주요 위치를 차지하고 있고 또한 환동해 경제협력구의 중심에 위치해 있다. 조선족 신 집거지인 산둥(山東)성의 웨이하이(威海), 옌타이(煙臺),

칭다오(青島) 등 지역은 환황해 경제협력구의 중심지에 위치해 있다. 조선족사회는 변연복합문화기능의 확장을 통하여 동북아 국제협력의 형성에서 중요한 작용을 일으키고 있다. 지금의 문제는 조선족 사회가 어떠한 노력으로 자체의 역할을 최대한 확대할 수 있는가 하는 것이다. 조선족 사회의 문화기능을 극대화하여 동북아지역에서의 중요한 작용을 더욱 크게 발휘시킬 수 있느냐의 문제인 것이다.

조선족의 역사적 성립배경과 과경(跨境)민족으로서의 객관적 조건, 국내 대 도시와 한국을 중심으로 하는 세계의 진출은 21세기 동북아의 평화와 공동번영을 위한 매개자와 촉진자로서의 지위와 역할을 부여 받고 있다. 조선족은 그 역사적 임무를 감당하기에 유리한 조건을 갖추고 있다. 독특한 역사적 배경을 바탕으로 남북한과 중국의 문화를 모두 이해하고 수용함으로써 남북한의 교류 및 통합과 동북아의 평화, 공동번영에 크게 기여할 수 있는 것이다. 이러한 조건을 바탕으로 글로벌 한민족경제권과 중화민족경제권이 교류 협력하는 데 있어 교량집단으로서의 역할도 담당해 낼 수 있으리라 판단된다.

한 민족의 문화체계란 가치관, 도덕관, 교육체계, 문화력, 민족응집력 등을 망라한 제반 문화의 시스템을 가리킨다. 개혁개방 이후 조선족 문화도 체제개혁과 개방정책에 따른 시장경제와 외래문화의 충격을 받게 되었다. 이러한 변혁기에서 조선족 문화는 새로운 선택을 하여야 했고 새로운 조합을 이루는 과정에서 진통을 겪고 있다.[49] 조선족 문화가 새로운 형세에서 자기의 기능을 확장하려면 아래와 같은 몇 가지 방면에 주목할 필요가 있다.

1. 창의적 문화력의 부족

조선족 문화의 가장 뚜렷한 문제점은 창의적 문화력의 부족이다.[50]

---

49) (중) 김경일, 「중국조선족문화론」, 요녕민족출판사, 1994년, 351쪽.

창의적 문화란 제반사회의 문화력이 새로운 가치창조를 위해 의의 있는 돌변(意義突變)을 가져온 결과를 말한다. 창의성이 없는 문화는 문화력이 약할 수밖에 없다. 문화력이란 물론 제반사회의 문화적 수준을 의미하지만 기술 및 행정 엘리트집단의 형성, 경제와 정치상황에 영향을 미칠 수 있는 문화체계의 특질도 포함하기 때문에 보다 넓은 의미에서 사용되는 사회학적 개념을 가리킨다. 만일 하나의 민족이 막강한 문화력을 소유하지 못했다면 그 민족은 사회적응력의 부족으로 결국 해체의 운명을 맞이하게 될 것이다. 조선족 문화는 지금 현 시대에 적합한 변연복합문화를 형성하는 발전 도상 단계에 처해 있으므로 미래지향적인 막강한 문화력을 형성했다고 말할 수는 없다. 조선족 사회는 아직도 문화혁신과 문화저변 확대를 위한 적극적인 개선 능력이 부족한 실정이다. 구체적인 예를 하나 들면, 개혁개방과 함께 연변자치지구에서는 연변에 있는 유일한 전자기업인 연길무선전총공장에 대해 상당한 투자를 하였었다. 그러나 이 공장은 얼마가지 못하고 파산되었는데 그 궁극적인 원인이 바로 연변 제반사회의 문화력이 강하지 못한 데 있었다. 문화력이 취약함으로써 결과적으로 혁신적인 기술인재가 부재하였으며 관리능력이 부족했던 것으로 드러났다.

창의적인 문화체계를 세우려면 인재의 중요성을 보다 깊이 인식해야 한다. 인재의 배양을 중시하고 그들의 가치를 극대화하는 것은 조선족 사회가 고차적인 문화집단을 양성하는 중요한 전제이며, 고차적 문화인집단의 양성은 곧 조선족 사회가 막강한 경쟁력을 형성할 수 있도록 만드는 전제인 것이다. 현재 조선족 사회에는 고학력 인력들이 적지 않다. 만 명당 대학수준에 도달한 인원 수가 227명에 달해 중국의 평균수준인 만 명당 78명을 크게 웃돌고 있다. 하지만 인성교육의 부재와 함께 인재배양에 대한 지속적인 관심과 배려가 부족하며 고급과학기술인력의

50) (중) 김강일, "중국조선족 사회의 문화자원과 문화전략," 「중국조선족 사회의 문화우세와 발전전략」, 연변인민출판사, 2001년, 213-220쪽.

결핍으로 인하여 경제방면에서 별로 괄목할만한 성과를 내지 못하고 있다. 설사 일정한 성과가 있어도 사회의식과 지식함량이 높지 못하고 시장경제를 위한 서비스정신과 가치관이 약하여 창의적인 생산성을 일으키지 못하고 있다. 무엇보다도 현대사회에서 가장 필수적인 대학-정부-기업의 유대관계가 형성되지 못하고 있으며, 그러한 협력관계에 대한 이해가 매우 부족한 실정이다.

인재들의 가치를 극대화할 수 있는 유일한 길은 인재들 지간의 부단한 교류와 협력이다. 인재들의 교류협력으로 이루어지는 지식의 시너지효과와 정합체계(整合體系)는 개개인 지식의 합보다 더욱 큰 기능을 나타낼 수 있으며 인재의 창의력을 극대화할 수 있다. 그러나 아직까지 조선족사회의 각 지식분야는 상대적으로 폐쇄적인 상태에 처해 있으며 상호간의 교류는 물론 협력이 지극히 부족한 상태이다.

예를 들면 정부와 대학 간의 협력에서는 경제발전목표의 달성을 경제담당관리자들의 단독적인 의무로 간주하는 경향이 농후하기에 기업 및 기타 전문인력들과의 교류와 산학연 합동 연구개발(R&D)은 거의 없는 상태이다. 조선족사회가 인재자원 위기를 극복하려면 인재네트워크의 형성을 통해 각 전문분야의 개방적인 성격을 강화함과 동시에 지식정보의 교환을 활성화해야 하며 지식네트워크의 문화배경을 형성해야 한다. 조선족인재들이 중국의 발달지역이나 외국에 산재되어 있는 상황에서 인재네트워크를 구축(Open Mind & Network)하고 조선족 사회의 인재교류를 대폭 강화하여 세계적으로 공인된 지식수준(Global Standard)을 공유할 수 있는 능력을 키워야 하며 정보교류의 활성화를 통해 창의력을 신장해가는 사회풍토를 이룩해야 한다.

2. 이중 문화성격의 특징 강화

한 국가 또는 한 지역의 문화체계 특징을 구축한다고 함은 바로 다른 국가 또는, 다른 지역 민족과의 경쟁에서 자신의 고유한 문화적인 우세를 형성하고 있음을 의미한다. 조선족 사회는 남이 모방할 수 없는 이중문화를 소유하고 있음으로서 매우 큰 문화적 우세를 보유하고 있다. 대부분의 조선족 지식인들이 2~3개의 언어를 동시에 구사할 수 있는 능력을 갖추고 있다는 점이 바로 실질적인 예가 된다. 개개인을 두고 말하더라도 두 개 이상의 문화를 익숙히 장악하면 이는 곧 두 개 이상의 문화공간의 확장이라고 하는 문화적 우세를 형성할 수 있다. 하물며 조선족사회는 200만 명이라는 전문적인 중개계통의 변연문화성격을 지닌 문화집단을 형성하였으니 이것이야말로 더없이 소중한 문화자원이라고 하지 않을 수 없다.

조선족의 이중문화는 탈냉전시대를 맞이하면서부터 한중 관계의 발전이라는 절호의 기회로 인해 문화적 기능을 폭발적으로 나타내기 시작하였다. 다른 소수민족의 해외진출이 적게 이루어지고 있는 데 비해 조선족의 해외진출은 광범위하게 진행되고 있는데 그 원인이 바로 조선족이 보유하고 있는 이중문화의 능력 때문이다.

한국인의 초기 중국진출 역시 중국의 조선족을 통해 이루어졌다. 그들의 중국진출이 10여 년이라는 짧은 기간 동안에 규모와 범위에서 다른 어느 나라도 따라오지 못할 만큼 대거 이루어진 것은 조선족 사회라는 동질사회문화집단과 중개문화계통이 존재하였기 때문이다.[51] 이러한 과정에서 조선족 사회도 복합문화성격의 강화로 문화기능의 확장단계에 들어섰다. 물론 조선족 사회가 이러한 과정에서 많은 문제점들을 나타내고 있지만 한국과 중국 내지로의 진출과 한중간 교류에서의 참여도의 확대로 그 문화적인 수준의 제고와 이중적인 문화성격의 강화가 대폭 이루어졌다는 사실을 간과할 수 없다.

조선족 문화는 한국과의 교류에서 한국의 현대문화를 접수하였을

51) (중) 김경일, "조선반도 남북관계와 중국 조선족 사회," 「중국 조선족 사회의 문화우세와 발전전략」, 연변인민출판사, 2001년, 582쪽.

뿐만 아니라 조선족 사회가 지니고 있었던 한반도 전통문화의 부족한 점을 대폭 보완하게 되었다. 그들은 또 개혁개방 후 중국 내륙과의 교류에서 중국원류의 문화를 상당히 많이 수용하여 과거 조그마한 문화의 섬에서 중국문화를 거부하면서 공동체를 유지했던 형성초기단계의 한계를 극복하게 되었다.

현재 조선족 사회의 이중문화성격은 교육, 문화, 경제, 정치적으로 한반도와 중국을 이어줄 수 있는 중개계통으로 되고 있으며, 조선족 사회는 초보적인 문화중개계통보다도 더욱 강한 문화전환의 기능을 보유한 문화중개집단이 되고 있다.

앞으로 한반도와 중국 간의 교류와 협력은 더욱 크게 늘어날 것이다. 이러한 발전은 조선족 사회에 더없이 소중한 역사적인 발전기회를 제공해 주고 있다. 조선족 사회는 이러한 기회를 충분히 활용하여 자기 발전의 틀을 형성해야 한다. 이러한 틀을 형성하는 기반은 실효성 있는 문화성격의 확보에 있다. 문화의 뿌리가 깊숙이 내려져 있어야 경제의 풍성한 열매를 거둘 수 있는 법이다. 조선족 문화의 발전방향은 한반도 문화와 중국 문화의 균형 잡힌 융합으로 이중문화 성격을 대폭 강화하고 문화전환의 기능을 극대화하는 것이다.

3. 정보화시대에 적합한 기술력의 부재

세계가 정보화시대, 지식산업시대에 들어서면서 IT기술의 발전으로 세계 각 국과 변연문화계통 간의 물리적인 공간은 줄어들었다. 그리하여 변연복합문화의 영향은 날마다 확대되고 있으며 그의 역할이 더욱 커지게 되었다. 게다가 조선족 사회의 변연복합문화는 문화전환, 문화중개, 새로운 문화 창조의 기능을 독특하게 보유하고 있기 때문에 조선족 사회의 가치를 크게 부각시킬 수 있는 기회를 갖게 되었다.

특히 타민족에 비해 월등히 높은 조선족 사회의 교육열은 이중문화집단을 키우고 인재를 양성함에 있어서 커다란 기여를 할 수 있을 것이다. 한반도 문화와 중국 문화의 장점을 최대한 수용하면서 제 3 의 새 길을 열어나가는 창의적 개척정신과 자기 확신(Self-confidence)에 바탕을 둔 진취적 기상만이 조선족 사회를 거듭나게 할 수 있는 길이다.

그러나 현재 조선족 사회의 문제는 그들 스스로가 이중문화성격의 우세를 명확히 인식하지 못하고 있으며 중국과 한반도, 일본, 러시아 등 국가들을 연계할 수 있게 하는 합리적인 문화구조와 생산문화계통을 형성시키지 못하고 있다.

연변을 중심으로 한 조선족 사회의 경제가 침체되고 소비 지향적인 문화로 전락하고 있는 주된 원인도 바로 여기에 있다.

조선족 사회는 교통, 자원, 산업기반 등 여러 면으로 볼 때 제조 산업형 공업생산문화를 형성할 가능성이 부족하다. 그렇다면 조선족 사회는 무엇을 어떻게 해야 할 것인가? 한마디로 이중문화의 성격을 충분히 이용하여 동북아지역 문화 컨텐츠와 IT기술 및 바이오 생명공학(특용 식물자원을 이용한 BT 산업) 등을 중심으로 하는 지식밀집형 교육문화기반을 조성하고, 이런 바탕 위에 중국 10위권에 들어가는 장백산국제관광산업, 동북지구물류중심기지 및 경제중개계통의 형성에 주력하는 것이 가장 바람직한 대안이 될 것이다.

특히 연변 조선족 사회는 경제 분야에서 변연지구에 위치한 지정학적 우세를 최대한 활용하는 방법으로 변경무역을 발전시키기에 노력해야 한다. 그동안 연변이 변경무역을 통해 일정한 범위의 중개계통을 형성해온 것은 사실이다. 그러나 연변지역 경제실력의 한계와 기술적인 여건 부족으로 아직은 전 사회적인 중개시스템을 형성하지 못하고 있는 것도 사실이다. 그러므로 앞으로 연변은 인터넷과 IT 신기술 및 첨단경영기법을 동원하여 정보화시대에 적합한 방법으로 중국 동북지구는 물론 한국, 북한, 러시아, 일본 등 주변국들과의 관계에서 변연문화적 우세를 충분히 이용할 수 있어야 한다.

만일 조선족 사회가 연변을 중심으로 첨단기술적인 문화집단과 지식산업 지역으로 부상하게 된다면 투자가치의 제고로 많은 국내외 자본을 유치하게 될 것이며, 또한 생활면에서도 질적인 개선과 부흥을 이룰 것이다. 이렇게 되면 조선족은 더 이상 해외 혹은 중국 내지에로 이동해야 할 이유가 없을 것이며, 인구유동의 일방적인 구조가 상호 유기적인 쌍방향적 구조로 바뀌질 것이다. 동시에 집거지의 해체, 인구의 감소 등 문제들도 해결될 것이다. 이처럼 조선족 사회의 위기를 해소하고 더 큰 발전을 도모할 수 있는 길은 이중문화 성격의 기능을 기술적으로 진일보 확장하는 데 있다.[52]

오늘날 조선족 사회가 변연복합문화의 기능을 확장하려면 국제사회에서 통용될 만큼의 문화력과 국제협력모델을 창출하는 일에 기여할 수 있어야 한다. 이렇게 하는 것만이 앞으로 조선족 사회가 한·중·일 3국뿐만 아니라 국제사회에서 존속, 발전해 나갈 수 있는 유일한 길이 될 것이다. 이런 관점에서 볼 때 최근 조선족 사회와 한반도 간에 가시적인 이익구도가 나타나고 있음이 명확한데 이 이익구도는 시간이 흐름에 따라 실체적인 현실성을 지니게 될 것이다. 즉 금후 한반도의 경제발전과 남북한 통일문제는 조선족 사회로 하여금 중개창구가 되게 할 것이며 중국 동북지구의 국제협력을 위한 전략적 위치를 더욱 두드러지게 할 것이고 나아가 동북아지역의 경제·문화중심지역으로 급부상하게 할 것이다.[53]

---

52) (중) 김강일, "조선족 사회 인구유동과 집거지공동화문제에 대한 대안연구," 연변대학학보, 2004년 제3기.

53) (중) 조성일, "중국과 한반도 관계 속에서의 조선족," 연변조선족문화발전추진회 사이트.

Ⅲ. 향후 조선족 사회 발전의 대책

1. 동북아 국제협력의 중추적인 변연문화구역

변연문화구역이란 지리적인 교차상태도 있고 동시에 문화적인 교차상태도 있는 상호개방적인 문화계통을 말한다. 이러한 변연문화구역은 지정학적인 의의를 강하게 지니고 있는 동시에 문화전환의 특징도 강하게 나타내는 특수한 문화형태인 것이다.[54]

한 지역이 변연문화구역을 형성할 때 그는 곧 그 주변 지역의 정치, 경제, 문화발전에 소중한 문화자원을 제공할 수 있다. 조선족 문화는 지정학적으로 한반도와 중국의 교차점에 위치한 지역의 문화로서 두 나라의 문화교류를 재빨리 연계하고 촉진시키는 특수한 기능을 가지고 있다. 이로써 조선족 사회는 중국과 한반도 사이에서 전형적인 중립적 완충지역이 되고 있을 뿐만 아니라 양측의 장점을 수용할 수 있는 포지티브 섬 게임(Positive Sum Game)의 현장도 되고 있다.

변연문화구역은 쌍방향적인 개방성격을 지니고 있다. 예를 들면 조선족 사회는 중국과 한반도 사이에서 상대적인 독립성을 확보하면서 원형문화의 기초 위에서 중국 대도시의 문화도 흡수하고 한반도 문화도 흡수하여 자체의 주체성을 확보하고 있다. 동시에 지리적인 특징으로 인하여 모체문화, 즉 한반도 문화와의 유대를 더욱 깊게 하고 있을 뿐더러 또한 한반도 문화와 중국 문화라는 두 개 이상의 문화계통의 교류를 복합적으로 더욱 강화하고 있다.

조선족 사회는 이러한 문화의 자아조직기능과 두 개 이상 문화계통의 교류를 촉진하는 기능으로 중국의 내륙과 한반도를 이어주는 거대한

54) (중) 김강일, "변연문화의 문화적 기능과 중국 조선족 사회의 문화적 우세," 「중국조선족 사회의 문화우세와 발전전략」, 연변인민출판사, 2001년, 168-176쪽.

공동문화구역을 형성하고 있다. 이러한 변연문화구역의 의의는 그것이 두 개 문화권의 경계에서 두 개 문화계통을 연결하는 고리를 형성함으로써 입체적으로 상호간의 교류를 촉진한다는 점이다. 아래에 그림을 통해 설명하도록 한다.

[그림 7]에서 보는 바와 같이 중국 지린(吉林)성 동부에 위치한 연변은 북한과 러시아를 경계로 하고 있으며 두만강 유역에서 일본과 마주보고 있다. 지정학적으로 보면 연변은 중국, 한반도, 러시아, 일본을 연계할 수 있는 가장 중요한 위치를 차지하고 있다. 동시에 조선족 사회는 중국 문화와 한반도 문화의 융합으로 이루어졌기 때문에 두 나라의 문화를 깊게 이해하고 있으며 역사적 원인 등 여러 가지 이유로 일본 문화에도 익숙한 특징을 지니고 있다. 이러한 복합문화적인 특징이 있기에 연변은 사실상 동북아지역을 통합적으로 연계할 수 있는 중심 고리에 처해

[그림 7] 연변 변연문화구역 약도

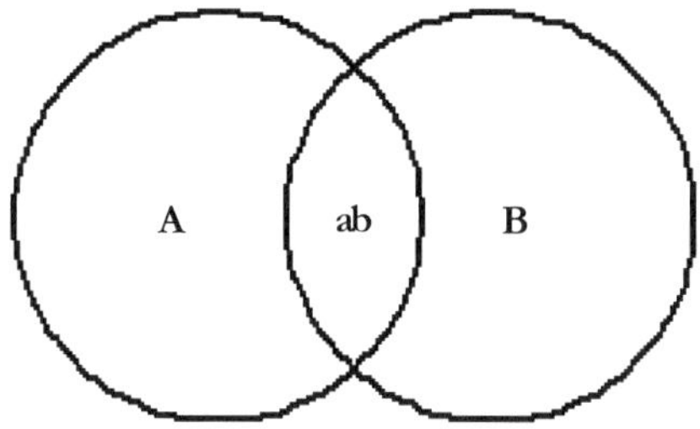

[그림 8] 변연문화구역 개념도

있다고 할 수 있다. 분석의 편리를 위해 [그림 7]을 [그림 8]과 같은 개념도로 설명해 보면 [그림 8]에서 A와 B는 두 개의 개방계통을 상징한다. 중국과 한반도라고 설정해도 무방하다.

A와 B가 개방상태에 들어가려면 그것들은 경계를 통해 물류(物流), 인류(人流) 및 지식과 정보를 교환해야 한다. 그런데 A와 B가 성격적으로 완전히 다른 문화계통이라고 할 때 그들의 이러한 교류에는 상당한 어려움이 있다. 만일 A와 B 사이에 A와 B의 성격을 동시에 수용하며 또 그것들의 정보를 전환할 수 있는 계통이 존재한다면 A와 B의 교류는 상당히 빠른 속도로 진행될 수 있을 것이며 그 효과가 좋을 것이다. 이런 계통을 ab라고 할 수 있다. ab는 곧 A와 B의 변연문화구역이다. ab는 문화적이고 지리적인 특질을 모두 지닌 변연문화계통이므로 A와 B를 연결할 수 있는 중요한 문화유통구역을 형성할 수 있다. 현재 연변 조선족 자치주의 위치는 곧바로 A와 B 사이에 있는 ab와 같다.

이처럼 연변 조선족 사회는 바로 중국과 한반도 사이에서 변연문화구역을 형성할 수 있는 조건을 구비하고 있다. 이로 인하여 조선족 사회의 구역가치가 특별히 두드러지고 있는 것이다. 여기에서 말하는 구역가치란 그 지역이 지니고 있는 흡인력, 경쟁력 등 장점을 가리키는 용어다.[55] 동북아지역에서 거대한 경제적인 블록이 형성된다고 할 때 조선족

55) 저자 주: 연변대학교 김강일 교수가 한국의 (사)동북아기반시설협회가 주최한

사회와 같은 변연문화의 구역가치는 엄청나게 증폭될 수 있다. 중국은 이 구역을 통해 동북아 지역협력에서의 유리한 여건을 만들 수 있을 것이며 한국, 북한, 일본, 나아가 몽골과 러시아 연해주지역까지도 이 문화구역을 통해 중국과의 협력을 강화하게 될 것이다.

조선족 사회는 주변 국가들을 연결하는 고리의 역할을 할 수 있을 뿐만 아니라 동북아 국제협력의 형성에서 일정한 화해자의 역할까지 감당할 수 있을 것이다. 저자가 주장하려는 중국에 있어서의 조선족 사회의 전략적 가치와 한반도에 있어서의 조선족 사회의 문화적·경제적 가치가 바로 여기에 있다. 이렇게 보면 조선족 문화기능을 확장하여 조선족 사회를 보다 건강하고 발달된 변연복합문화구역으로 육성하는 일은 21세기 동북아지역의 국제협력을 위해 매우 중요한 의미를 지닌다.

그러나 아직까지 한반도가 분단된 상황으로 있기 때문에 조선족변연문화구역의 형성에는 뚜렷한 한계가 있다. 북한이 개혁개방을 이룩하고 남북공존 및 통일이 성취되며 중국과 일본 및 한반도가 상호공생적인 관계로 정상화될 경우, 조선족 사회는 세계적인 변연문화구역으로 극대화될 것이다. 때문에 조선족 사회를 지금부터라도 모범적인 변연문화구역으로 건설해야 한다.[56] 만일 이러한 변연문화구역이 형성된다면 조선족 사회는 중국과 한반도 간에 윈-윈 구도를 형성하는 과정에서 더할 나위 없는 중요한 매체로서 적극적인 영향을 끼칠 것이 명확하다.

동북아지역 도로망 체계구축방향 국제토론회(2007년 2월 7일, 중국 단둥)에서 "중조경제 활성화에 대한 변계효용 이론분석"이란 논문 발표에서 제출한 것이다. 이는 최근 중국의 경제학계에서 사용하는 용어로 한국에는 아직 생소한 말이다.

56) (중) 김강일, "조선족 사회 인구유동과 집거지공동화(空洞化)문제의 대책연구," 동강학간, 2004년 3기, "중국 조선족 사회의 문화자원과 발전의 문화전략," 동강학간, 2004년 2기.

2. 독창적인 문화전략의 정립

조선족 사회가 세워야 할 문화전략은, 문화구조를 합리화하고 문화기능의 극대화를 실현함으로써 중국과 한반도관계에서의 중개능력을 대폭 증대시키는 일이다. 이렇게 함으로써 조선족 사회의 동북아 지역경제, 문화영역의 참여도를 확장하고, 나아가 동북아 지역의 문화중개지역으로부터 장차 경제적인 유통중심지역에로의 전환을 이룰 수 있게 되는 것이다. 이렇게 되면 조선족 사회는 구역가치를 크게 부각시킬 수 있고 긍정적인 투자환경을 조성할 수 있게 될 것이며 일방적으로 분산되는 인구유동구도를 상호 유기적인 쌍방향(雙方向) 인구유동구도로 전환시킬 수 있을 것이다, 동시에 투자, 기술, 인재 등 부족현상을 해결할 수 있을 것이며 해외 혹은 내지로 진출했던 많은 조선족들이 고향으로 되돌아 올 것이다.

조선족 사회의 문화전략을 실현하려면 두 가지 해법을 취할 수 있다. 첫째는 자신의 위치를 중국과 한반도 간의 경제적이고 문화적인 교류라는 틀 속에 자리매김하여 변연문화의 성격을 강화하는 것이고, 둘째는 북한의 개혁개방을 적극적으로 돕는 것으로 지역우세를 형성하는 것이다. 이 두 개의 해법은 상호 관련되는 문제로서 서로 보완적으로 추진될 것이다.

변연문화성격을 강화해야만 중국 내륙과 한반도의 교류에서 중추적인 위치를 차지하게 될 것이며, 북한이 개혁개방을 해야만 중국 내륙과 한반도 간의 교류가 원활하게 진행될 수 있다. 만일 북한이 개혁개방을 실시하고 조선족 사회 또한 중국 내륙과 한반도를 이어 줄 수 있는 공동문화적인 구도를 형성한다면 조선족 집거지의 구역우세(區域優勢)는 급격히 향상될 수 있으며 따라서 경제발전도 대폭 이룩하게 될 것이다.

200만 명밖에 안 되는 조선족이 동북아 지역에서 핵심적인 위치를 차지한다는 것은 물리적으로는 불가능한 일일 것이다. 하지만 조선족이 중국 내지와 해외로의 진출에서 상당히 풍부한 문화자원을 형성하여 신속히 현대 시장경제 생산문화에로 접근하고 있는 사실과 한국, 일본, 연해주, 미국, 유럽 등 세계 각국에 나가 활동하고 있는 조선족들의 활약상, 조선족 사회가 지니고 있는 문화적인 특성 및 지정학적인 위치를 감안할 때 조선족 사회가 장차 동북아 지역에서 또 하나의 새로운 중추핵심지(HUB)로 성장할 가능성을 엿보게 한다.

저자는 이런 관점에서 조선족 사회의 문화기능을 '소금의 능력'으로 비유하고 싶어진다. 즉 조선족 사회는 한중관계에서뿐만 아니라 중국과 북한의 관계, 나아가 중국과 일본 등 동북아지역 여러 나라의 관계에서 소금과 같은 역할을 하게 될 것이다.

단기적으로 보면 한・중・일 간의 역사 감정, 영토분쟁 그리고 미국의 견제와 일본의 패권주의에 대한 강한 집착 등은 동북아 지역 공동체 비전을 이루는 데 긴 세월이 걸릴 것으로 전망된다. 이는 조선족에게 있어서 기회이기도 하며 동시에 위기이기도 하다. 기회라고 한다면 조선족의 문화체계는 아직까지 완벽하지 못하므로 변연문화 성격을 대폭 강화하기 위해서는 상당한 시간이 수요 되는데 동북아의 현실은 그들에게 필요한 시간적인 기회를 준 셈이다. 위기라고 한다면 이 기간 내에 조선족 사회가 독창적인 문화전략을 정립하여 올바른 방향으로 지속발전하지 못한다면 결국 조선족 사회의 해체도 불가피하다는 것이다. 만일 조선족 사회가 해체의 위기를 맞는다면 동북아 지역은 귀한 문화자산을 상실하게 될 것이며, 또한 한반도의 입장에서는 5천년 역사 이래 가장 중요한 대륙진출의 교두보를 상실하게 될 것이다.

조선족 사회의 변연복합문화체계 기능의 극대화와 변연문화구역의 구축은 결국 한반도의 정세와 직결되는 문제이다. 만일 중국과 한반도 간의 교류가 원활하게 진행되고 또 한반도의 문제(남북공존 및 통일문제)가 해결된다면 조선족 사회 변연문화체계 가치는 상대적으로 크게 부각될 것이며 변연복합문화구역의 구축은 빨라질 것이다. 이렇게 되면 조선족 사회는 투자가치의 증대로 이어질 것이며 따라서 조선족 사회는 동북아경제공동체를 이끌어가는 선진적인 생산문화의 기반을 형성할 것이다.

그런데 이 문제는 조선족 사회가 원한다고 해서 쉽게 해결될 일이 아니다. 조선족 사회의 경제발전이 큰 탄력을 얻으려면 우선 한반도의 문제부터 해결해야 한다. 그러나 이러한 결론은 이론적으로는 가능하지만 실제로는 북한 내부의 정세와 중국, 한국의 정책과 직접적인 연관이 있기에 난해하고 복잡한 문제일 수밖에 없다.

여기에서 가장 중요한 것은 중국의 대 한반도정책이라 할 수 있다. 한반도 문제는 역사적으로 늘 중국에게 거대한 이익을 주거나 또는 손실을 가져다 주는 분기점이 되어 왔다. 그러므로 중국은 한반도 문제를 어떻게 해서든 평화적으로 해결하는 데 주력하게 될 것이다. 이와 같이 중국 정부는 조선족 사회의 발전이 결국 중국의 동북아지역 발전전략의 실시에 많은 기여를 할 수 있음을 전제로 하여 조선족 사회가 동북아 지역에서 전략적인 지위를 확보할 수 있도록 지원하는 것이 바람직하며 또한 이러한 시각에서 조선족은 한반도 문제의 평화적 해결에 더욱 적극적으로 참여할 필요가 있다.

문화전략의 실시란 많은 사회적인 여건들이 필수적으로 수용되므로 단순히 문화적인 측면에서만 이루어질 수는 없다. 그러므로 정부(政府)라는 극히 중요한 요소와 분리될 수 없다. 조선족 문화전략을 중국 정부 차원에서는 어떻게 인식하고 있으며 그들은 또한 이러한 문화전략을 주도해 나갈 의지가 있는가 하는 문제가 남게 될 것이다. 즉 조선족 사회의 선진적인 생산문화체계의 구축은 물론, 변연문화구역의 구축에도 정부의 참여가 필수적이라는 것이다. 그 이유는 아래의 세 가지 측면에서 나타난다.

첫째, 저자는 조선족 사회 변연복합문화체계가 중국의 동북지구 전략전초기지의 역할을 감당할 수 있는 극히 중요한 문화자원이라고 인정하기에 중국 정부가 이를 주도적으로 육성할 필요가 있다고 생각한다.

더욱이 중국은 다민족국가이므로 소수민족 문제가 빈번히 발생한다는 점에서 조선족 사회의 변연복합문화의 구축으로 다른 민족들에게 모범적인 실례를 보여 주는 것도 의미가 있는 일이라고 판단된다. 일개 소수민족의 문화자원을 국가사회적인 역량으로 전환하려면 민간의 역할도 필요하겠지만 정부의 노력이 더욱 필요한 것이다.

둘째, 조선족 사회의 선진적인 생산문화의 구축은 커다란 공정이 아닐 수 없다. 현재 연변을 중심으로 한 조선족 사회의 생산문화의 상황은 낙관할 수 없다. 창의적인 생산문화는 고사하고 모방적인 생산문화의 규모도 제대로 갖추고 있지 못한 형편이라고 할 것이다. 연변의 경제적인 특징은 3차 서비스산업 분야에 치중되어 있는 반면 제1차 산업과 제2차 산업은 크게 낙후된 상태인데, 안정되고 균형 잡힌 산업구조와 일정한 규모를 갖춘 생산적인 경제체계를 구축하려면 지역사회 내부의 노력뿐만 아니라 국가 기관의 상당한 지원과 대책이 있어야 할 것이다. 만일 조선족 사회가 선진적인 생산문화를 구축하지 못한다면 그들이 동북아지역에서의 중요한 전략적 지위를 차지한다는 것은 불가능한 일이라고 볼 수 있다. 때문에 조선족 사회의 생산문화체계는 중국 정부의 심도 있는 배려와 지원이 필요하다.

셋째, 조선족 사회 발전의 기본적인 방향과 목표는 국제관계의 정상화 성공 여부에 달려 있다고 볼 수 있다. 만일 조선족 사회가 국제관계의 제도적인 협력과 상호 호환성을 높이지 못한다면 한중 관계에서 자신의 독보적인 위치를 설정할 수 없을 것이며 또한 동북아 지역에서도 창의적인 역할을 수행할 수 없게 될 것이다.

조선족 문화전략의 실시를 위하여 한반도의 대(對)조선족 정책도 상당히 수정되어야 할 부분이 있다. 조선족 사회는 중국의 소수민족 사회이지만 동시에 한반도와 문화적 · 혈연적 · 경제적 유대관계가 있는 동포사회이다. 그러므로 한국이나 북한은 마땅히 조선족 사회의 발전에 저해되는 정책은 실시하지 말아야 한다. 특히 경제력이 큰 한국은 중국의 주권이 허락하는 범위 내에서 조선족 사회에 대한 우호적이고 지속적인 경제협력과 지원을 아끼지 말아야 할 것이며 따라서 조선족 사회를 건강하게 건설하는 데 더욱 많은 배려와 기여를 해야 할 것이다. 국제관계의 시스템화란 이를 두고 일컫는 말이다.

3. 조선족 사회 발전을 위한 현실적인 대안

조선족 사회의 해체를 막고 조선족 전체의 경제수입을 올리는 가장 빠른 길은 무엇보다 제조 산업을 발전시키는 일이다. 그러나 연변을 비롯한 대부분의 조선족 집거구는 기술역량 및 자본의 축적뿐만 아니라 교통과 물류유통 여건이 극히 불량한 변방지역에 위치해 있어서 제조산업의 기반을 조성하는 데 매우 불리한 입장에 놓여 있다. 이러한 현실 앞에서 조선족 사회는 제조산업 육성을 위한 장기발전계획을 수립해 나가는 한편, 당면하고 있는 지역상황과 국제정세의 조류를 감안하여 우선적으로 조선족의 신기술교육과 인력개발 및 문화력 창달에 주력해야 할 것이다. 이와 같은 노력을 통하여 사회기반을 선진적인 정보산업화 체제로 전환함으로써 급속히 발전하고 있는 현 시대의 국제사회발전상에 편승하도록 만드는 것이 조선족 사회를 발전시키는 현명한 전략방안이 될 수 있을 것이다. 이를 위한 세부적인 대안을 몇 가지로 설정해 보면 다음과 같다.

(1) IT 산업은 새로운 경제성장을 이룩하는 가장 중요한 기초산업으로서 전통적인 산업을 개혁하는 주요한 수단이다. 세계적으로 발달한 국가들은 모두 IT 산업이 발전하였다. IT 산업이 경제 전반에 미치는 영향은 미국을 100%로 볼 때, 유럽은 92.2%, 일본은 90.9%, 한국은 85.8%, 중국은 68.8%다. 이처럼 중국의 IT 기술발전수준은 비교적 낮은 수준에 머물러 있다. 또한 표준기술수준과의 거리를 살펴보면 미국은 0, 유럽은 0.9, 일본은 1.0, 한국은 1.6, 중국은 3.3으로 나타났다. 중국 내부적으로

보면 다롄(大連)과 같은 연해도시는 IT 산업이 비교적 발전하였다. 1998년부터 소프트웨어진흥원(軟件園)을 시작한 후 소프트웨어 기업 326개를 유치하였다. 그 중 41%가 외자기업체로서 세계 500대 기업만 해도 32개나 포함되어 있다. 거기에는 IBM, Genpact, HP, SAP, 소나타, 소니 등 대형 다국적기업도 있다.

2005년 다롄(大連) 소프트웨어진흥원에서 실현한 소매수입은 84억 위안이며, 수출은 2.7억 달러에 도달하여 국내 소프트웨어산업기지에서 첫 자리를 차지하였다.

아직 연변을 중심으로 하는 조선족 사회의 IT 산업은 많이 뒤떨어진 상태이다. 현재 연변에는 도합 16개의 전자생산품제조업이 있다. 그 중 규모가 가장 크고 이윤을 창출한 제조업체는 옌지(延吉)희래건의료기재회사(喜來健醫療器械公司)인데 2005년 1,160만 위안의 이윤을 창출하였다. 그 외의 기업들은 대부분 이윤을 창출하지 못하고 있는 상황이다.

훈춘치원공업원(琿春致遠工業園)에서는 2005년 5,000만 위안의 생산치를 실현하였으나 이윤은 −200만 위안이었다. 이처럼 연변의 IT 산업이 낮은 수준인 것은 이를 뒷받침하는 과학기술역량이 높지 못하기 때문이다.

그러나 연변에는 IT 산업을 발전시킬 수 있는 지연적·언어적 우세가 있다. 우선 연변은 한중관계의 발전에 따라 25만여 명에 달하는 조선족이 한국으로, 5만여 명에 달하는 조선족이 일본으로, 그리고 기타 수만 명이 세계 각 국에 진출하여 직접적으로 혹은 간접적으로 인터넷 및 정보기술 분야와 접촉하고 있다는 장점이 있다. 게다가 조선족의 신 세대들은 이미 이중언어문화의 기반에서 국제적인 복합 문화력을 습득하고 있다. 이러한 우세는 연변에서 IT 산업을 발전시키는 데 매우 유리한 조건이 될 것이다.[57)]

57) 저자 주: 이와 같은 조건을 구비하면서 최근 급신장세를 보이고 있는 신생 IT 기업(2004년 7월 창업)으로 '연변 통세달(通世達)전자과학개발 유한회사'가 있다. 이 회사는 자주지식소유권을 보유하고 소프트웨어 연구개발(R&D)을 중점분야로 하여 일본, 한국 ITO, BPO서비스, 대형 네트워크를 구축하며, 주문위탁 프로젝트개발 및 업계 정보화 해결방안을 제공하는 시스템 개발기업이다. 이 회사

연변은 조선족 기업들과 교육기관이 밀집되어 있는 주요한 집거지로서 한중 관계를 발전시키는 중심 매체지역으로 평가된다. 현재 중국에 진출해 있는 한국 기업은 도합 2만 여 개인데 연변은 우선 이들 한국 업체들을 상대로 하는 콜센터기지 및 인력양성센터를 건립하여 한국 업체에 필요한 통신서비스와 인력을 공급할 수 있다. 또한 인터넷 환경과 정부측 지원대책이 급속히 개선되고 있어서 동북지구 진출을 위한 한국 IT 기업들의 테스트 베드(Test Bed)로 활용하기에 매우 적합한 지역이 되고 있다. 이러한 사업 여건은 한국정보통신 부문의 기술이전과 합작을 유도할 만한 수준에 이르렀다고 본다. 이는 연변에도 유리하고 한국에도 유리한 바, IT 산업시장을 둘러싸고 새로운 한중 윈-윈 구도를 형성하는 일이 될 것이다.

또한 연변은 교육부문에서도 IT 산업을 발전시킬 수 있는 유리한 조건을 구비하였다. 연변대학교는 연변의학원 등 14개의 학원(한국에서는 대학이라 함)을 보유하고 있는데, 이미 IT 산업연구에 능한 인재들과 시설이 있다. 그 기반에서 연변대학교의 일부 학원, 특히 연변과학기술대학은 한국의 IT SOC 교육과정을 접목하여 중국과 한국에 필요한 IT 기술인력을 양성하고 있다.

이와 같이 IT 산업을 발전시키기 위하여 연변에서는, 인재배양을 최우선 과제로 삼아 유능하고 실력 있는 인재로 하여금 연구개발(R&D) 항목과 투자기업을 유치하고 정보산업 발전에 필요한 인력자원(Human Resource)의 기반을 구축하도록 이끌어 주어야 한다. 정부에서는 토지공급, 자금지원, 세무혜택, 기술교육, 투자유치 등 기업을 발전시킬 수 있는 환경조성을 위해 모든 분야에서 정보산업에 대한 지원정책을 진일보 구

의 설립자인 김성관 사장은 일본의 '山形大學'에서 석사를, '高知大學'에서 박사학위를 취득한 과학기술영재다. 그는 마쓰시다 연구원의 과학기술 프로젝트를 책임졌을 뿐만 아니라 귀국 후에 북경군구 군사 시뮬레이션시스템 도형처리부문과 한자 칩(chip) 압축기술의 총책임자로 있었다. 그는 중국어와 한국어 뿐만 아니라 일어도 능통하며, 첨단기술력과 국제경영감각을 두루 갖춘 지식경영인으로서, 조선족 IT산업발전을 위해 고향으로 돌아온 모범적인 기업인이다.

체화시키고, 모든 부문에 IT 기술 연계 및 파급효과가 신속하게 일어나도록 계도해 나가야 할 것이다. IT 산업을 발전시키는 데 필요한 하드웨어 기반 구축과 규제완화 및 시설관리를 잘 하여 IT 산업에 대한 외국기업들의 투자환경을 고양시켜 주어야 할 것이며, 또한 전문가 자문위원회를 세워 정부의 참모기능을 강화하고 기업, 교육기관 및 업종별의 수요에 따라 체계적인 정보봉사를 적극 진행토록 해야 한다.

이와 함께 정보교육기구의 기능을 충분히 발휘해야 할 것이다. 대학에서는 고급전문인력을 배양하기에 힘써야 할 것이며, 직업교육부문에서는 취업교육을 하며, 기업에서는 직원들에 대한 정보산업연수교육을 강화하여야 할 것이다. 각 업종에서는 기술 및 정책전문가그룹을 확보하여 기업의 수요에 따라 자문을 제공하며 창업에 관한 컨설팅 봉사를 제공해야 할 것이다. 동시에 선진기술의 이전, 투자기업 유치, 인재발굴 및 정보교류를 촉진시켜 나가야 할 것이며, 업종 내의 교류와 국가 간, 지역 간 대내외 업무의 교류를 조직하여야 할 것이다.

조선족 자치주 산하기관으로 2006년 4월에 창립된 연변정보산업협회는 IT 산업을 연변지역 산업의 주요 발전항목으로 채택했음을 증명하고 있다. 이 협회는 한국과의 IT 포럼을 강화하면서 IT 산업 저변확대 및 인력개발 양성에 주력하고 있다.

지난 2006년 9월 중순에 한국 IT 벤처기업협회와 중국 지린(吉林)성 소프트웨어산업협회가 공동주최한 '한중(연변)IT 포럼'이 바로 그 실례이다. '한중 IT 산업의 공동발전을 위한 협력방안 모색'을 주제로 내걸고 거행된 이 포럼에 양국의 정부관계자, 기업인, 대학교수 및 유관단체 임원들이 수백 명 참석하여 열띤 토론과 합작 상담을 시도한 일은 연변지역의 IT 산업발전을 위해 시사하는 바가 많은 행사였다고 평가된다.

중국의 동북지구진흥전략은 이를 뒷받침하기 위한 지원 대책으로 연변에 많은 정책적 우대를 제공하고 있다. 연변의 경제와 사회발전이 중국 발전의 평균수준에 도달하지 못한 점을 감안하여 중앙정부는 앞으

[표 8-9] 한중(연변)IT포럼 참가기관(2006년 9월 14-17일)[58]

구 분	주요 기관명
한국 측	정부기관(MIC, ETRI), 한국 IT 벤처기업협회(KOIVA), 한국소프트웨어산업협회(KOSA), 유관단체(S/W공제조합, 정보통신협회, 대구 IT 포럼) 등.
중국 측	지린성, 연변자치주 정보산업국, 지린성 소프트웨어 산업협회, 연변정보산업협회, 연변대학교(연변과학기술대학) 등.

로 연변에 상당한 수준의 투자 및 행정지원을 제공할 것으로 알려졌다. 특히 관광부문과 함께 IT 부문을 중점적으로 지원할 계획을 세우고 있다. 따라서 조선족 자치주에서는 연변지역을 한국, 중국, 일본의 정보산업을 연계시키는 교두보로 삼아 중국 시장에 진출하는 한국, 일본의 기업인재를 배양하는 전초기지로 건설하도록 노력해야 할 것이다.

(2) 현 단계에서 조선족 자치주는 노무송출업무를 체계화하여 조선족 개인의 수입뿐만 아니라 사회 전반의 자본축적과 운용방안을 개선하는 경제발전 전략이 시급하다. 물론 노무송출경제는 근본적인 경제발전 전략이 아니다. 그러나 연변과 같은 조선족 사회의 실정에서 이는 경제수입을 올리는 유력한 조치가 될 수 있다. 10여년 사이 조선족의 경제수입은 대부분 해외노무에서 제고된 것임을 누구도 부인할 수 없다. 헤이룽장(黑龍江)성, 랴오닝(遼寧)성, 및 기타 조선족 사회도 마찬가지이다. 1998년부터 2005년까지 8년간 연변의 해외 노무인력들이 은행을 통하여 보내온 외화만 33.66억 달러이니 이는 해마다 평균 약 32억 위안에 달한다. 이는 1997년 연변재정수입 13.18억 위안의 2.6배가 되며, 2005년 연변재정수입 32.3억 위안과 맞먹는다. 거기에다 노무인력들이 해외에서 직접 들고 온 외화를 합치면 해마다 노무수입이 재정수입을 초과한다는 것이다. 만약 그들의 해외송금이 없었더라면 연변의 처지는 더욱 어려웠을 것이다.

현재 연변의 노무송출부문은 중요한 발전전략이 될 수밖에 없다. 우

58) (한) 한중(연변)IT포럼 결과보고, KOIVA, 2006년.

선 연변에는 제조 산업을 발전시킬 만한 여건이 취약하다. 한반도와 인접된 연변의 지정학적 위치는 그 어느 지역도 비할 수 없을 만큼 유리한 요소지만 한반도의 분단으로 바다가 없는 연변의 물류는 유통의 조건을 기본상 상실하였다. 바로 이것이 연변에 제조 산업이 성장할 수 없게 된 근본 원인이다. 이로 인하여 연변은 산업전반의 연계성이 발달할 수 없게 되었다. 기업형 공장이 들어서지 못하므로 수많은 노동력이 당장 일자리가 없는 것이다.

또한 연변은 북한과 러시아에 접경하는 변경지역이므로 교통여건이 불리할 뿐만 아니라 변계사회로서의 여러 가지 정치·행정적인 제약을 받을 수밖에 없다. 이것도 산업발전과 물류의 흐름이 제한되는 원인의 하나인 것이다. 바로 이러한 이유로 연변은 노무송출경제를 발전시킬 수밖에 없게 되었다.

연변 조선족 사회는 노무송출 경제 전략을 제정하고 실시할 수 있는 조건이 구비되었다. 이제 국제화시대는 개인의 능력을 발휘하는 시대다. 조선족은 이중언어문화를 소유함으로써 어디에 가나 쉽게 적응하는 능력을 지니고 있다. 게다가 교육문화 수준이 비교적 높아서 해외의 노무에서 상당한 수준의 기술능력을 발휘할 수 있다. 이미 십여 만 명을 훨씬 넘는 노무인력들이 세계 20여개 국가에 진출하여 있으므로 그들을 기반으로 한 새로운 노무시장의 개척이 가능하게 되었다. 동시에 한국은 물론 일본, 미국, 캐나다 등 국가들이 모두 인력난 문제에 봉착해 있기 때문에 노무수요와 시장은 늘 열려 있는 셈이다.

과거부터 연변에서는 경제와 사회를 발전시키기 위한 노력을 아끼지 않았다. 개혁개방 후 첫 단계에는 외국자본 유치에 큰 힘을 기울였으나 그 효과가 신통치 못하였다. 그 후 관광, 약품제조 등 8가지 산업을 주력산업으로 정하고 노력하였지만 발전을 이루지 못했다. 지금까지 연길 담배공장을 제외한 연변의 모든 산업들은 경제적 실효성이 높지 않았다.[59] 그런 가운데 노무송출은 조직적이고 계통적으로 진행되지 못하고 대부분 개인적인 취업열기로 유지되어 왔다. 다시 말해 대부분이 노무를 나가려는 개인의 행위와 일부 중개자를 통하여 송출업무가 진행되었다. 예를 들면 2005년 연변에서 국외에 나간 노무인력이 12만 5천 명이지만 조직적으로 교육을 받고 나간 사람은 4,727명밖에 되지 않는다. 때문에 출국 전 필요한 준비교육도 모자랐지만 일부 사람들이 사기를 당하는 일이 끊임없이 발생해 왔다.

따라서 앞으로 연변에서는 노무송출 경제 전략을 제정하여 그에 따른 체계적인 조치를 강구하여야 할 것이다. 우선 한국, 일본 등 노무송출을 크게 요구하는 국가, 지역과 연계하여 노무송출업무를 합리적으로 조직관리해야 한다. 노무송출은 양국의 이익에도 부합되어야 하기 때문에 정부가 나서서 조직하고 비자문제와 불법체류문제도 해결해야 할 것이다. 비자는 우선 한국 정부와 적극 협상하여 H 비자가 되게끔 노력하는 것이 바람직하다. H 비자가 해결되면 노무자가 5년 동안 국외에서 안정하게 일할 수 있을 뿐만 아니라 귀국하였다가 또 5년 동안 국외에서 노무에 종사할 수 있기 때문에 불법체류문제도 해결할 수 있다.

장기적으로 거류할 수 있는 비자문제가 해결되면 노무송출을 보내는 국가나 접수하는 국가나 모두 취업이민 문제를 해결할 수 있을 것이다. 취업이민 문제는 세계적으로 존재하는 문제이다. 특히 경제가 발달한 선진 국가는 노무송출에서 생기는 불법체류 문제로 골머리를 앓고 있다. 해외언론에 의하면 미국 부시 대통령이 처리하여야 할 10가지 중대한 과제 중 9번째 문제가 취업이민 및 불법체류 문제라 하였다.

노무송출전략에서 반드시 대폭 강화해야 할 대책은 조직적이고도 계통적인 교육문제다. 이러한 교육은 소양교육, 기능교육, 사후관리교육

59) 저자 주: 연길 담배공장(길림 연초공업유한책임회사)의 매출액은 25억 위안에 달하며, 이는 연변자치주 세수총액의 약 30%를 차지하는 규모다. 「장백산」, 「인삼」이라는 제호의 명품 담배를 생산하며, 연간 생산량이 60만 상자(1상자: 5만 개피)에 이르는 이 회사의 기술총감인 이원실은 특이하게도 조선족 여성이다. 그는 연길 담배공장을 중국 전체 37개 연초제조법인 가운데 기술력 및 수익성 부문에서 최고위권에 들어가도록 만든 전문인력이다.

등 몇 가지가 필수적이라고 보아진다. 소양교육은 주로 출국상대국가의 법률상식, 간단한 필수언어, 역사상식, 예의범절, 제도, 노동규율을 포함한다. 기능교육은 노무인력들이 국외에 가서 종사할 업종에 따라 직업별로 맞춤기술교육을 진행하여 그들이 출국한 후에 노동에 쉽게 적응하도록 하는 것이다. 이러한 교육은 노무인력들이 앞으로 출국할 국가의 협력도 받을 수 있을 것이다. 예를 들면 일본에 14개 직업기능학교가 있는데 그들은 일본에 진출한 노무자들의 기술교육 및 인성교육을 책임지고 있다.

현재 연변과학기술대학에서는 이러한 기술교육 및 소양교육을 가르치는 기구로 '인력개발원'을 설립하여 운영 중에 있다. 사후관리는 두 가지 방면의 내용이 있는데 하나는 노무자들이 국외에 나가 있는 기간 동안의 행정관리를 위하여 구체적인 조치를 취하는 것이다. 다른 하나의 중요한 것으로는 노무인력이 귀국한 후 고향을 살리는 창업을 하도록 인도하고 정책적으로 조건을 조성해 주는 것이다.

조선족 집거구의 단위 행정기관에서는 지역별, 국가별, 연령별, 성별, 직업별 상황에 맞는 인력수급계획을 세워 3D업종 등의 단순노무취업으로부터 전문직·기술직 분야로 향상된 노무송출의 전환을 이룰 수 있도록 행정개선 조치를 취해야 한다. 이를 위하여 반드시 노무송출에 관한 상담기구가 있어야 하며 정상적인 소양교육도 이루어져야 한다. 특히 노무송출대상자에 대한 분야별 기술교육과 업무적응훈련 및 테스트 과정을 강화하여야 한다. 동시에 그들이 국외에 가서 안심하고 일할 수 있게끔 하기 위하여 정부 차원에서 노무송출인력 자녀들에 대한 양육문제, 보호문제, 교육문제를 해결해 줄 수 있도록 특단의 조치를 강구해야 할 것이다.

결과적으로 체계적인 노무송출전략은 조선족 문화기능을 충분히 발휘시키며 조선족 사회의 해체를 막을 수 있는 주요한 수단이 될 수 있다. 노무송출을 통하여 조선족은 취업문제, 수입문제를 해결할 수 있으며 고향의 경제발전을 지원할 수 있을 것이다. 동시에 조선족과 여러 나라 국민과의 교류를 확대하며 선진문화와 기술을 습득하여 귀국 후 지역사회의 산업건설에 기여할 수 있을 것이다. 또한 조선족이 중국과 여러 국가 간의 관계에서 민간차원의 중개자와 화해자가 되어 양국의 관계를 더욱 긴밀하게 연결시키는 역할까지도 담당할 수 있게 될 것이다. 이는 결과적으로 동북아 국제협력의 형성을 촉진할 것이다.

(3) 관광산업을 더욱 강화하여야 한다. 연변에는 부가가치가 높은 관광자원이 풍부하다. 특히 연변에는 세계 10대 명산인 백두산(중국에서는 長白山이라고 부름)이 있다. 최근 몇 년 사이 관광 수입은 주요한 수입원의 하나로 자리잡고 있다. 2001년부터 2005년까지 연변의 관광수입은 13억 8,178만 위안으로 연평균 2억 7,607만 위안이었다. 이는 연변으로 보면 상당한 수입인 것이다. 그러나 현재 연변관광산업이 당면하고 있는 문제는 관광코스가 단순하고 계절적 제한이 너무 크다는 점이다.

백두산은 중국과 북한의 경계로서 그 곳에는 인류활동의 발자취와 역사변혁의 흔적이 남아 있다. 백두산 천지는 길이 4.4킬로미터, 너비 3.37킬로미터이며 호수의 총 면적이 10평방킬로미터이고 평균 수심은 204미터, 제일 깊은 곳은 373미터이며 호수의 해발고도가 2,194미터이다. 천지의 주변에 16개의 봉우리가 있는데 원래 화산의 분출로 이루어진 부석으로 되어 있으며 일 년 중 9개월은 흰 눈에 덮여 있어 백두산이라 부른다. 백두산 장백폭포는 흘러 내리는 천지 물로 이루어진 폭포인데 그 높이가 68미터에 달해 장관을 이루고 있다. 백두산 부근의 온천은 수온이 섭씨 60도 이상이고 가장 높은 온도는 82도에 달하여 관절염, 피부병 치료에 그 효과가 아주 좋다. 예로부터 우리의 조상들은 백두산을 백의동포의 발원지로 여겨 왔었다. 그리하여 한국은 물론 세계 각지의 한민족이 백두산을 끊임없이 탐방하고 있다.

지린(吉林)성 정부에서는 그동안 연변조선족자치주 소관으로 있던 백두산, 즉 창바이산(長白山)관광 관리권을 직접 관할하게 됨으로써 여러 가지 행정적인 조정작업과 관광시설 정비작업을 진행하고 있다.[60] 특히 겨울철 스포츠시설 및 주거·관광시설을 국제수준에 맞게 대규모로 건설하여 동계올림픽을 유치하려는 계획을 갖고 있다. 현재 많은 자금을 들여 백두산 부근인 바이산(白山)시에다 공항을 세워 창바이산(長白山) 관광의 편리를 도모하려 한다. 현재 시공중에 있는 허룽(和龍)부터 얼다오바이허(二道白河)까지 통하는 철도가 부설되면 관광객들은 기차를 이용하여 얼다오바이허까지 직접 갈 수 있어 과거 자동차만 타야 했던 불편을 감소할 수 있게 된다.

연변에는 또 특이한 벼랑과 소나무들로 풍경이 아름다운 허룽시(和龍市) 선경대(仙景臺) 호수와 기이한 모양의 산들이 어울려 풍경이 그림 같은 왕칭(汪淸)현 만천성(滿天星)유람구가 있다. 그리고 중국, 북한과 러시아 3국의 국경이 맞닿아 있는 훈춘(琿春)시 방천관광구가 있는데 거기에 가면 3국의 풍경을 한눈에 볼 수 있다. 그 외에도 옌지시(延吉市) 마오얼산(帽兒山)에 연변조선족민속원이 있으며 조선족의 전통생활, 전통문화와 민족유산을 그대로 볼 수 있다. 그리고 룽징(龍井)시에는 한민족의 애환을 간직하고 있는 해란강(海蘭江)과 일송정(一松亭) 관광지가 유명하며, 2004년에 한국의 참빛그룹(중국투자법인명: 연길해란강리조트유한공사)에서 투자하여 개장한 해란강 골프장(36홀)이 지역관광산업에 새 바람을 불러일으키고 있다

연변의 관광업은 4계절 이용이 가능한 자연 및 문화관광 코스를 더 많이 개발해야 할 것이다. 특히 겨울철 백두산 관광을 적극 개발하여 겨울 관광객이 적은 문제를 해결해야 할 것이다. 그러기 위해서는 현재의 기반에서 도로, 교통, 숙박시설, 리조트시설, 통신, 행정부문 등 모든 부문의 인프라 구축과 서비스 향상에 가일층 노력해야 한다. 특히 문화방면의 특색을 살려 조선족 문화탐방과 민속특색이 있는 관광코스 개발에 힘써 지속가능한 장기적 관광자원이 되게끔 노력해야 한다.

60) 저자 주: 이러한 과정에 한국에서 투자했던 기존 관광시설의 철거문제로 정부기관과 투자기업 간에 상당한 마찰을 일으키고 있다.

(4) 상무고찰단(商務考察團)의 한국 파견을 확대하고 민간 차원에서의 한중 물류유통을 증대시키는 전략도 고려해 볼만한 일이다. 연변대양경제무역유한회사는 이 방면에서 훌륭한 본보기를 보여 주었다. 2005년 1월부터 2006년 6월까지 이 회사에서는 4,000여 명의 조선족 아줌마들을 한국에 파견하여 한국에서 부도가 난 회사의 물품이거나 약간 시기가 지난 의류 등 물품을 중국에 가져다 판매하였다. 그들이 한국에서 가져와 판매한 상품의 총 가치는 한화로 3,400억 원(27.2억 위안)에 달한다. 동시에 18억 위안(한화 2,250억원)에 달하는 연변의 특산물을 한국시장에 수출하였다. 이것이야 말로 연변 아줌마들을 중심으로 하는 한중 물류 실크로드(비단의 길)인 것이다. 연변 아줌마들은 한국의 상품을 연변시장뿐만 아니라 중국의 25개 성(省), 시(市)에 도매함으로써 500억 원(4억 위안)의 이윤을 창출하였다.[61]

조직적으로 진행된 상무고찰은 결과적으로 연변 조선족 아줌마들이 한 사람당 10만 위안의 이윤을 창출하게 하였다. 이러한 물류유통사업은 향후 지속적인 연변 경제발전의 중요한 전략으로 자리매김을 할 수 있음을 보여 준다. 이는 조선족 이중문화기능의 확장이며 조선족 사회의 지정학적・지경학적 우세의 발휘라고 볼 수 있다. 연변 아줌마들은 물류를 통하여 한국과 연변을 이었을 뿐만 아니라 한국과 중국의 25개 성(省), 시(市)를 이어 놓았다. 이것은 한국 기업의 중국 진출활동 가운데 조선족 중개역할의 연장으로 한중 경제상호주의를 이룩하였을 뿐만 아니라 문화상호주의도 이룩하였으며 동시에 연변 조선족 자치주의 구역가치도 이룩한 전형적인 성공사례인 것이다.

연변에서는 중국국제상회 연변상회의 경험을 토대로 삼아 연변 아줌마들의 국제물류유통사업을 더욱 대규모적으로 조직할 수 있다. 현재 한국에 신고한 재중 한국 기업만 해도 17,045여 개가 있는데, 연변 아줌마들의 상업 활동범위를 재중 한국 기업까지 연결, 확대하여 그들의 상

61) (중) 중국국제상회 내부자료, 2006년 5월 총결보고서.

품을 전국에 판매한다면 한중 경제협력은 물론 많은 조선족의 원천적인 수입문제가 해결될 것이다. 나아가 조선족 아줌마들의 사업수완과 신용도를 브랜드화 하여 일본, 미국, 러시아 시장뿐만 아니라 동남아 시장에까지 진출하여 새로운 유통망을 개척하는 일도 한번 시도해 볼 만한 일이다.

이와 같은 성공사례를 볼 때마다 깨닫는 것은, 무엇보다 교육의 중요성이다. 특기할 점이라면 상무고찰단(商務考察團)에 따라 나선 연변 아줌마들의 주력부대인 여성 CEO 들이 기본상 모두 연변과학기술대학 최고경영자과정(AMP)의 지도를 받았다는 사실이다. 교육은 언제 어디서나 매우 중요한 요인으로 작용하여 사람과 사업과 사회를 변화시키고 향상시키는 조건이 된다. 연변 조선족자치주에서는 앞으로 민간차원의 인력개발을 활성화하기 위해 기술교육, 인성교육 및 교양교육에 주력함으로써 보다 체계적이고 생산적인 노무송출업무와 경제 전략을 펴나갈 수 있어야 할 것이다.

제 9 장

조선족 사회의 진로

민족의 정기를 담고 있는 천지(天池)

제 9 장 조선족 사회의 진로

Ⅰ. 국제협력시대가 민족문화에 주는 영향

세계의 문화는 일체다원(一體多元)의 성격을 지니고 있다. 지구촌사회의 세계문화는 각 국, 각 민족의 여러 가지 색채를 띤 문화의 결합으로 이루어진 것이다. 세계 각 국과 각 민족의 문화는 세계문화의 일부분이며 단독으로 존재할 수 없다. 때문에 각 국과 각 민족의 문화는 세계정세의 영향을 받게 된다. 동시에 각 국과 각 민족의 문화는 서로 연계되고 서로 영향을 주며 서로 침투한다.

각 국가와 민족의 문화는 모두 자신만의 독특한 성격을 띠고 있기 때문에 그 어떤 종류의 문화도 강압적으로 다른 문화를 대체할 수 없다. 그러나 21세기에 들어와 FTA 등 통합시장 경향이 농후해지면서 경제가 낙후한 국가나 민족의 문화는 점차 자기의 특색을 잃어가고 있으며, 경제가 발달한 국가나 민족의 문화에 흡수되어가고 있는 실정이다. 전 세계가 영어를 배우고 중국의 적지 않은 소수민족이 자기의 언어문자를 포기하고 한어(漢語)를 배우는 것이 그 실례이다.

문화의 다원성이라 함은 문화의 다양한 가치적 정체성을 뜻하는 말로서 이는 문화의 본질적인 특질이다. 그러므로 문화의 다양성은 객관존재(客觀存在)로서 그 어떤 환경의 변화에 의해 강압적으로 갱신되는 것이 아니다. 일본이 36년 동안 한반도에 식민통치를 실시하면서 한민족 문화의 뿌리를 뽑아 버리려고 갖은 수단을 다 썼지만 그런 노예화교육도 한민족 문화를 말살하지 못하였다. 역사는 문화의 다양성이 세계를 풍부하게 하였고 사회발전에 여러 가지 귀중한 자원을 제공해 주었다는 사실을 알려 주고 있다. 때문에 모든 국가나 민족은 문화의 다양성을 존중하고 포용할 줄 알아야 하며 다른 문화의 장점을 흡수해야 한다. 만약 세계문화가 한 가지 양식, 한 가지 품격으로 제한된다면 세계는 생명력을 잃게 될 것이고 문화의 고갈을 초래할 것이다.

오늘날의 세계는 정치다극화, 경제일체화(全球化), 과학기술의 신속한 발전을 추세로 하고 있다. 이러한 국면은 세계문화의 발전, 특히 민족문화의 발전에 상당히 큰 영향을 미치고 있다. 서방문화, 특히 미국의 문화와 가치관이 각 국과 각 민족에게 침투되면서 자기 민족의 문화에 대해 모호한 인식들이 생기고 있다. 강세문화가 약세문화에 거대한 압력을 가하고 있고 외래문화와 본토문화가 부딪치고 있는 것이 국제협력시대가 민족문화에 주는 부정적인 영향이다. 그리하여 학술계에서는 문화충돌론, 문화공존론, 문화의 충돌과 공존이 동시에 진행된다는 등 여러 가지 논조가 생기게 되었다.

금후의 세계문화는 세계화와 지역화 문제가 충돌하면서 상호역동하는 국면으로 발전할 것이다. 통합시장으로 나아가는 경제일체화 정보시대는 다양한 문화가 존재할 수 있는 공간을 크게 축소시켰다. 서로 다른 문화 간의 '변계'(邊界)는 원래 국토상의 변계를 의미하는 것이 아니라 서로 다른 문화 간의 분리(分隔)와 관련(關聯)을 말하는 것이다.

그러나 세계는 이제 국제협력시대에 들어서면서 서로 다른 국가와 민족의 문화로 하여금 수시로 서로 만나거나 서로 부딪치게 되었다. 이러한 상황에서 약세문화는 강세문화의 침투와 압력 때문에 본 민족의 문화가치에 대한 계승을 등한시할 수 있거나 혹은 다른 민족의 강세문화를 의도적으로 배척할 수 있다. 이러한 행태와 반응은 모두 세계평화발전의 추세에 어긋나는 일이다.

이러한 국제형세에 직면하여 국제연합의 교육, 과학, 문화 관련기구에서는 2000년의 세계문화보고의 제목을 '문화의 다양성, 충돌과 다원공존(多元共存)'으로 제정하였다. 2005년에는 또 '문화내용과 예술표현형식의 다양화 보호공약'이라는 보고를 통해 문화의 다양성과 공존성을 요구하였다. 이는 각 국가와 민족문화의 화해(和諧)발전을 추구하고 문화의 다원화를 견지하며 상호보충하고 상호 평화공존하면서도 서로의 개성을 존중하는 화이부동(和而不同)한 세계문화를 건설하려는 방향을 제시한 것이다.

민족문화를 발전시키려면 우선 다국적 문화에 대한 식견이 있어야 한다. 자기 국가와 민족의 전통문화를 중시하고 발전시키는 동시에 다른 나라와 민족의 문화를 존중하고 열린 마음으로 받아들여 자기 민족 문화의 내면을 충실히 하여야 한다. 다른 나라와 민족의 문화를 일률적으로 배척하면 세계발전의 추세에 어긋날 뿐만 아니라 자기 나라와 민족의 문화로 하여금 역사발전의 꽁무니를 따르게 할 것이다. 반대로 선진문화를 접수한다 하여 자기의 민족문화를 홀대하면 세계문화 다양성의 객관존재를 부인하는 것으로서 민족문화의 고갈을 초래하는 것이다.

민족문화를 발전시키려면 개방적인 관념이 있어야 한다. 개혁개방이 주류를 이루고 있는 국제협력시대에서 외국의 문화침투는 그 어떤 힘으로도 막을 수 없다. 각 국가와 각 민족의 문화지간의 관계는 이질동체(異質同體)다. 서로 다른 문화 간의 부동(不同)한 성질 가운데 공통점이 있고 그 가운데 또 서로 부동한 개성이 있는 것이다. 그들은 서로 구별되면서도 서로 연계가 있으며 서로 경쟁도 하고 서로 생성(生成)도 한다. 이것이 인류의 문화가 부단히 발전하고 번영하는 원리이다. 때문에 외국문화에 대하여 배척하고 자기문화와의 차이를 도외시할 것이 아니라 우수한 것을 선택하고 그것을 소화시키며 자기의 문화를 지속적으로 연마하고 거듭나게 해야 한다.

21세기의 인류 경제와 사회문제는 점점 더 복잡해져가고 있다. 이러한 속에서 문화요소는 새로운 세기에 인류 화합을 위한 더욱 중요한 계기로 작용할 것이다. 민족의 언어는 서로 다르지만 심령과 감정은 서로 통하고 있다. 민족의 문화는 천 가지 자세에 백 가지 모양(千姿百態)이지만 그 합리적인 내부핵심가치는 늘 같아 언제나 인류에 의해 계승되고 전해진다.

이처럼 각 민족의 문명은 모두 인류지혜의 성과로서 인류의 진보를 위해 공헌을 하였기에 반드시 상호 존중되어야 한다. 인류가 무지 혹은 편견으로 일으킨 충돌은 어떤 때는 이익으로 인해 일으킨 충돌보다 더욱 무서운 결과를 가져온다. 우리는 평등과 포용의 정신으로 쌍방의 공통점을 힘써 찾고 광범한 문명의 대화와 깊이 있는 문화교류를 가져야만 한다.[1)]

각 국과 각 민족의 문화는 서로 간의 화해를 추구해야 하며 전제적인 동일성을 요구해서는 안 된다. 공동선(共同善)을 추구하되 천편일률적이 아니고 부동하면서도 서로 충돌하지 않고 서로 다른 개성과 인격으로 보충하고 생성(生成)하며 화해 속에서 공존하고 발전해야 한다. 변연복합문화의 성격을 지닌 중국 조선족 사회는 동북아 여러 나라에 진출하여 자기의 우세한 문화역량을 십분 발휘함으로써 부동한 문화 간의 소통(疏通)과 교류, 흡수와 융합에서 교량역할과 테라스 작용을 하여야 한다. 즉 동북아 화해(和諧)문화건설의 "대사(Ambassador)"가 되어야 한다.

Ⅱ. 조선족 문화기능을 고찰하는 두 가지 시각

현재까지의 조선족 사회에 대한 연구에서 나타난 뚜렷한 경향은 그것의 존속 여부에 대한 우려라고 볼 수 있다. 조선족 사회의 위기란 모두 조선족 사회의 존속과 직결된다. 현실적인 의미에서 조선족 사회와 같은 소수민족 사회의 소실은 중국이건 한반도건 모두 귀중한 문화자원의 소실

1) (중) 원자보우(溫家寶), 미국대학교를 방문하였을 때 한 연설, 2003년.

이라 할 수 있기에 그 사회의 존속에 대한 의논은 특별한 의의를 지닐 수 있다. 그러나 조선족 사회의 문제를 둘러싸고 두 가지 서로 다른 시각이 존재하고 있다.

1. 조선족 사회 해체설

조선족 사회가 얼마 못가서 해체되거나 또는 중국 사회에 동화될 것이라는 주장이 있다. 이들은 자신들이 조선족 사회의 해체를 바라는 것은 아니지만 현실을 근거로 판단하였을 때 어쩔 수 없이 도출되는 결론이라 주장한다. 그들의 근거는 아래의 논리에 근거한다.

첫째는 역사적 경험이다.

민족의 역사란 결국 다른 민족을 병합하고 또는 다른 민족에게 포섭되는 과정을 끊임없이 되풀이하는 역사라는 것이다. 다른 나라의 역사도 그러했지만 중국의 역사도 마찬가지였다. 중국에서 만족(滿族)은 인구가 많고 매우 융성했던 민족이었다. 1616년 후금(後金)이란 나라를 세우고 1636년 청나라로 고친 후 1911년 신해혁명까지 중국을 수 백 년 동안 통치해 왔었으나 1912년 멸망되면서부터 만족도 점차 민족주체성을 잃게 되었다. 현재는 랴오닝(遼寧)성과 허베이(河北)성에 제일 많이 집거하여 살고 있으며, 약 982.1만 명의 인구를 가지고 있는 중국의 큰 소수민족이다. 만족은 원래 자기의 언어와 문자를 가지고 있었다. 만족문자는 16세기 말 몽골문의 기초 상에서 창조한 문자였다. 청나라 때부터 만족은 한족과의 왕래를 강화하게 되었는데 점차 한어를 사용하면서 한어와 한문에 습관이 되었다. 현재 헤이룽장성 헤이허시(黑龍江省黑河市) 아이후이진 푸위현(愛辉鎮富裕縣) 등 극히 개별적 지방의 만족만 자기들의 민족어를 사용할 뿐 대부분의 만족은 자기의 언어와 문자를 전혀 모르고 있다.[2] 많은 사람들은 만족이 생활습성에서 한족과 약간 구별되는 점이 있

2) (중) 리진유(李晉有) 주필, 「민족지식 천 가지 문제」, 중앙민족대학출판사, 10-11쪽.

을 뿐 이미 한족과 동화된 것으로 보고 있다.

중국에서 회족(回族)도 인구가 많은 민족이다. 1990년의 통계에만 의해도 회족 인구는 866.3만 명이었다. 회족은 베이징(北京), 톈진(天津), 간쑤(甘肅), 칭하이(靑海), 산둥(山東), 허베이(河北), 윈난(雲南), 신장(新疆) 등 10여개 성, 시 자치구에 많이 집거해 있다. 회족도 원래 자기민족의 언어와 문자를 가지고 있었지만 장기간의 역사행정에서 한어와 한문 사용이 늘어나면서 현재는 일부 연구기관에서 연구하는 외에 회족들은 자기의 언어와 문자를 전혀 모르고 있다.[3] 회족은 생활습성 상의 특징 외에는 현재 많은 방면에서 한족과 구별하기 어렵게 되었다.

둘째는 조선족 사회가 처한 현실 환경이다. 조선족 사회는 그 형성 시기로부터 중국이라는 거대한 땅 위에서 12억 한족 인구와 중화문화체계를 그 배경으로 하였다. 또 중화문화체계의 뛰어난 융합력으로 인해 중국 문화에 흡수되고 동화될 가능성이 매우 크다는 것이다. 과거 한민족 이민들은 중국에 이주하여 집거지구를 근거지로 삼아 한반도 문화를 계승하고 견지하면서 중국의 문화를 수용하고 융합하여 자기의 독특한 문화를 형성하였다. 한반도와 장기적인 왕래와 교류가 있어서 폐쇄된 계획경제의 틀 속에서도 그들은 민족교육으로 자기의 문화를 지켰다.

그러나 개혁개방과 함께 신세대 조선족의 젊은 청년들과 주요 노동력, 지식인들이 모두 국내 대 도시에 진출하여 중국문화권의 울타리 속에서 살아가고 있다. 이들은 앞으로 점점 더 중국의 문물제도, 관습, 정치상황에 얽매여 자신의 정체성을 잃게 될 것이다. 또한 그들의 후예는 자기 민족의 언어와 문자를 배울 기회마저 없어지고 있다. 때문에 시간이 흐르면 그들이 중국 문화에 동화되지 않을 수 없다는 것이다.

셋째, 인구감소에 따른 필연적 현상이다.

현재 조선족 집거지구의 경제발전 수준이 전국의 평균 수준보다 낮고 취업이 곤란한 정황에서 조선족의 국외 진출은 더욱 많아질 것이며

---

3) (중) 리진유(李晉有) 주필, 「민족지식 천 가지 문제」, 중앙민족대학출판사, 4-5쪽.

조선족 인구가 계속 감소되는 상황에서 조선족 사회는 단지 민족적인 자존심으로만 존재할 것이라는 주장이다. 그렇게 되면 조선족 사회의 존속은 자연적으로 객관적인 근거를 상실하게 된다는 것이다.

2. 조선족 사회 존속설

다른 한 부류의 학자들은 조선족 사회의 해체는 막을 수 있다고 주장한다. 그 이유로는 조선족 문화가 중국 문화와 한반도 문화의 균형 잡힌 융합을 이루고 있다는 것이다. 그들은 조선족 사회가 커다란 가치와 의미를 지닐 때 사람들이 그것의 존속을 걱정하던 안 하던간에 끊임없는 역사의 맥을 이어나갈 것이라고 여긴다. 그들은 조선족의 문화적인 구도의 합리성과 그 문화기능의 가치를 조선족 사회가 존속할 수 있는 객관적인 근거로 주목하고 있으며 또 그것을 근거로 조선족 사회 발전의 방향을 논증해야 한다고 주장하고 있다.

가장 중요한 문제는 조선족 사회가 어떠한 문화구도를 지녀야 합리적이며 또 그의 존속에 가장 큰 영향력을 끼칠 것인가 하는 점이다. 조선족 사회 미래발전의 문화구도는 일반적으로 네 가지다. 첫째는 중국 문화가 주류를 이루는 경우이고, 둘째는 민족전통문화가 주류를 이루는 경우이며, 셋째는 중국 문화와 민족전통문화를 동시에 겸비하는 경우이며, 넷째는 조선족 사회의 해체로 문화가 상실되는 경우이다.[4] 첫 번째 경우와 두 번째 경우의 방향은 반대로 진행되지만 결과적으로는 네 번째 가설에 해당된다. 그 이유는 첫 번째 가설은 민족문화가 중국 주류문화로 동화된다는 것을 의미하는데 이러한 경우 민족주체성의 상실로 조선족 사회의 해체는 불가피할 것이며, 두 번째 가설은 민족정체성이 대폭 강화되는 것 같지만 결국은 문화기능의 약화로 조선족 사회 해체의 위기

4) (중) 김강일, "조선족 사회 문화성격과 민족정체성," 「문학과 예술」, 2004년 6기, 12-14쪽.

를 막을 수 없다는 것이다. 조선족 사회의 존속에 있어서 가장 합리적인 문화적 구도는 세 번째 가설 즉, 한반도 문화와 중국 문화의 균형을 이룬 융합이다. 이러한 문화구도는 막강한 문화기능을 소유할 수 있고 또 중국 내륙과 한반도와 끊임 없는 교류를 진행할 수 있기에 민족정체성의 보존에도 가장 유리하다.

3. 한중 간 공동자산으로서의 조선족 문화

조선족 사회의 해체로 조선족 문화가 소실되는 경우는 조선족 사회가 경제, 문화의 급격한 변화 및 인위적인 요소로 인하여 민족사회가 해체되고 문화의 응집력을 상실하는 경우이다. 중국의 소수민족정책이 존재하는 한 조선족 사회가 인위적으로 해체될 가능성은 매우 적다고 볼 수 있으나 경제적이고 문화적인 변화의 흐름으로 인한 조선족 사회의 해체 가능성은 상당히 크다고 인정할 수 있다. 중국의 그 어느 민족사회보다 빠른 조선족 사회의 인구유동이 억제되지 않는다면 조선족 사회는 구심력을 잃을 것이며 해체의 운명을 피하지 못할 것이다. 그러한 점에서 연변조선족자치주를 중심으로 하는 조선족 집거지의 재건은 중요한 상징적인 의미를 지닌다. 따라서 우리는 동북아시대를 살아가는 조선족 사회의 문화기능을 다시 한번 재정립할 필요가 있다. 이 경우에 예상되는 문화사회적 진로의 방향을 검토해 보면 다음과 같다.

(1) 중국 문화가 주류를 이루는 경우는 조선족 문화가 점차 민족문화의 특징을 상실하고 나아가 완전히 중국 문화를 지향하는 동화의 과정에 해당된다. 마치 시집간 딸처럼 처음에는 친정집에서 양성된 습관에서 벗어나지 못하다가 그 뒤 차차 적응되고 마지막에는 시집의 사람으로 되는 것과 마찬가지라는 중국 조선족 문화의 '며느리론'[5]은 사실상 이민

5) (중) 정판룡, "중국 조선족 문화의 성격문제," 「중국조선족문화연구」, 연변대학출판사, 1993년, 14쪽.

초기의 민족문화의 특성으로부터 점차로 중국 문화의 특성이 강화되고 나중에는 어차피 중국 문화를 지향하게 될 것이라는 논리에 기대고 있다. 실제로 이러한 결과가 나타날 가능성이 전혀 없는 것은 아니다. 단순한 민족주의적인 시각에서 바라보면 이러한 논의는 물론 부당하다는 결론을 면치 못할 것이다. 그러나 이와 다른 시각, 즉 열린 민족주의적인 시각과 현 시대 발전의 시각에서 이 문제를 관찰한다고 해도 중국에 있는 조선족 사회의 문화관습과 위세는 점차 약화될 수밖에 없을 것이다. 동북아지역에서 상당한 문화자원과 가치를 지닌 조선족 문화집단의 소실은 문화상호주의를 위해 결코 바람직한 일이 될 수 없는 것이다.

(2) 한민족 문화가 주류를 이루는 경우는 개혁개방 이전처럼 중국 문화의 영향을 극소화하면서 상대적으로 폐쇄된 문화의 섬을 형성하거나 혹은 장래에 경제적으로나 문화적으로 강대한 한반도가 나타나게 되어 조선족 사회의 문화성격이 한반도의 문화성격을 더욱 강하게 나타낼 때의 가능성을 지칭한다. 그러나 중국 내의 소수민족으로 개방되어 있는 조선족 사회가 자신들만의 민족문화의 순수성을 보존하고 폐쇄된 문화의 섬을 형성한다는 것은 불가능한 일이다. 또한 미래에 경제적으로나 문화적으로 강대한 한반도가 나타나더라도 조선족 사회의 문화는 한반도의 문화만을 답습하거나 지향하지는 못 할 것이다. 한반도의 문화 자체가 결단코 전통적인 민족문화로만 머물러 있지 않고 보다 세계화한 문화로 진화해 나갈 것이기 때문이다.

더욱 중요한 사실은 만일 조선족 사회의 문화구도가 한반도 문화에만 쏠린다면, 문화의 상호주의적인 기능을 형성할 수 있는 변연복합문화의 성격을 상실하게 되므로 결국 그 존재 가치도 상실하게 될 것이라는 점이다. 따라서 조선족 사회의 문화는 한반도 문화의 변계문화로 전락하고 말 것이다. 이러한 상태도 결코 바람직한 일이 아니다.

(3) 중국 문화와 한민족 문화를 동시에 겸비하는 경우란, 조선족 사회의 문화구조가 한반도 문화와 중국 문화의 융합으로 새로운 문화체계

를 형성하고 구조적으로 한반도 문화와 중국 문화의 비중이 비슷한 상황을 나타낼 때다. 냉전시대가 끝나고 한중 수교 등을 계기로 하여 중국과 한반도 간의 관계가 원활히 발전한다는 전제에서 조선족 사회가 중국 문화와 한반도 문화를 동시에 겸비한 문화체계를 형성하는 것은 가능한 일이며 현재에도 적지 않게 현실화되고 있다. 중국과 한반도 간의 경제, 정치, 교육, 문화, 과학기술 등 제 분야의 협력이 강화된다면 중국 조선족들은 체계적으로 중국과 한반도 간의 관계 속에서 자신들의 위치를 독창적으로 설정하게 될 것이며 그들의 문화도 중국과 한반도 사이에서 상호보완적인 쌍방향으로 발전하게 될 것이다.

중국과 한반도에서의 조선족 사회의 중요성은 그것이 조선족이라는 데 있는 것이 아니라 중국 문화와 한반도 문화를 융합한 소중한 문화자원을 형성한 창의적인 문화집단이라는 데 있는 것만큼 복합적인 문화성격을 상실한 그때가 바로 조선족 사회의 존재 가치를 상실하는 날이다. 즉 복합적인 상호호혜주의 문화성격의 상실은 조선족 사회의 가장 소중한 문화자원의 고갈을 의미하므로 그의 특수한 문화기능도 소실될 것이다. 반대로 만일 이러한 문화기능이 극대화상태에 도달한다면 민족정체성은 자연스레 존속 · 발전해 나갈 수 있을 것이다.[6]

결과적으로 조선족은 한중 두 나라 문화의 소중한 공동자산으로 한중 관계 발전에 중요한 역할을 하고 있다.[7] 조선족 사회의 역할은 진정한 동북아 국제협력시대가 열릴 때 극대화될 것이며 그때가 되면 조선족 변연문화체계는 발달된 국제문화체계로 발돋움하여 동북아지역에서 위대한 역할을 하게 될 것이다. 중국 문화를 습득하는 것은 조선족 사회가 중국 내에서 생존하는 전제이며, 한반도와의 원활한 교류에서 문화정보를 획득하는 것은 조선족의 민족정체성을 지켜나갈 수 있는 여건이다. 미래 조선족 사회는 한반도 문화와 중국 문화를 동시에 지향하는 성숙한

6) (중) 김강일, "조선족 사회 문화성격과 민족정체성 (1)," 「문학과 예술」, 2004년 6기, 16쪽.

7) (한) 권병현(權丙鉉), "동북아시대의 한중관계," 「아시아 문화연구」(제 5 집), 397쪽.

변연복합문화체계를 구축해야만 민족정체성을 확보할 수 있을 뿐만 아니라 조선족 사회의 발전에 필수적인 문화 동력 생산도 가능하다는 것이다.

많은 학자들이 조선족 사회의 문화적 위기에 대한 분석의 초점을 문화의 이질화에 두고 있는데 이는 현실적이고 적극적인 변화를 무시한 채 오직 위기현상만을 확대 해석한 결과라고 볼 수 있다. 문화이질화를 걱정하는 논점들은 중국 문화를 적극적으로 수용한 일면만 강조하고 있으며 한국과의 거래에서 중국 조선족의 한반도 문화로의 고차적인 접근을 외면하고 있는 것이다. 한국과의 15년간의 거래를 통해 한국인들과 조선족들 간의 의사소통이 원활해졌다는 점이 바로 이것을 증명한다. 이러한 측면에서 보면 조선족 사회의 진로와 그 문화성격은 차츰 균형이 잡힌 변연문화 사회에로 접근하고 있으며 또 중국 안에서 소중한 공동문화자산으로서의 구역가치를 형성하고 있다고 분석할 수 있다.

Ⅲ. 동북아 국제협력의 아름다운 화해자, 조선족

2002년 11월 중국공산당 제 16차 대표대회, 2004년 9월 제 16기 4차 전체회의에서 중국은 화해(和諧)사회건설을 제안하였다 2005년 성급, 장관급 지도간부회의에서 후진타오 국가주석은 재차 사회주의 화해사회 건설 방향에 대해 제시하였다. 중국이 건설하려는 사회주의 화해사회란 민주와 법제가 실행되고 공평하고 정의로우며 성실하고 신용이 있고 우애와 활력이 넘치며 안정과 질서가 있고 사람과 자연이 화목하게 지내는 것이다. 국내로 보면 전면적인 샤오캉(小康) 사회를 건설하려는 목표의 필연적인 요구이다. 국제적으로 이는 복잡하고 변화가 많은 국제정세에 적응하여 국제환경으로부터 오는 각종 도전과 위험에 유연하게 대응하기 위한 요구이기도 하다. 사회주의 화해사회를 건설하는 것은 물질문명, 정치문명, 정신문명 3위 일체를 실현한다는 것이다.

2005년 4월 아시아-아프리카회의에서 후진타오 국가주석이 화해세계(和諧世界)론을 처음 제출한 후 그는 같은 해 9월 국제연합(UN)연설에서도 화해세계의 의미를 상세하게 설명하였다.8) 2006년 8월 21일부터 23일까지 중국공산당 중앙위원원회는 중앙외사회의(中央外事會議)를 열었다. 이 회의에서 후진타오 국가주석은 중국 당대의 주제는 평화와 발전이라고 지적하면서 화해세계의 건설은 우리 시대의 요구이자 조건이라고 강조했다. 그는 중국 외교의 키워드를 '화해세계 건설,' '평화발전 견지,' '상호 이익을 위한 외교,' '국내 문제와의 유기적 결합,' '인본주의 추구' 등 5가지로 정리했다. 이는 중국의 외교정책과 국제관계 문제를 처리하는 새로운 방침이다. 이로써 중국은 몇 년 전에 제시하였던 화평굴기(和平崛起) 전략을 대폭 보완하였다.

화해세계이념이란 서로 다른 문명과 다양한 발전경로를 인정하면서 미국의 일방주의를 반대하고, 전쟁 등 경제성장을 가로막는 국제적인 환경을 반대하며, 서방국가와 일본 등 나라들의 '중국위협론'에 대응하고, 능동적으로 세계질서 구축에 나서서 경쟁과 공존이 함께하는 국제사회를 만들고자 하는 외교 전략이다.

역사상 국제정치질서와 경제 판도는 농후한 식민주의와 제국주의의 색채를 띠고 있었다. 제2차 세계대전이 끝난 후에도 국제질서는 불합리와 불공정으로 얼룩져 왔었다. 정치상에서 대국이 세계를 지배하고 세력

8) 저자 주: 화해세계의 이념이 내포하는 의미는 다음과 같다. 첫째, 이는 중국 외교유산의 계승으로서 1950년대 중국, 인도 등의 나라가 주창한 평화 5원칙의 새로운 발전이다. 둘째, 이것은 1990년대 이후 중국의 "신 안전관" 등 중대한 이념의 연장으로, 대화와 안전을 도모하고 협력으로 발전을 이룩하는 윈-윈 구도의 사유를 심화시킨 것이다. 셋째, 현 국제정세의 갈등구조를 뛰어 넘어 서로 다른 문화, 지역, 민족과 국가 간의 대화와 상호 이해를 통하여 세계 각국의 사회, 정치, 문명형태가 다양하게 발전해 나갈 것을 강조한다. 넷째, 세계 남북문제 즉, 발달한 나라와 발전중에 있는 나라 간의 경제와 문화 발전의 차이에서 오는 현저한 불균형 현상을 극복할 수 있도록 충분한 주의를 돌릴 것을 요구하면서 더욱 공정하고 합리적인 국제 경제 무역질서를 세울 것을 요구한다. 다섯째, 소수 국가들의 패권주의를 제어하고 국제관계의 민주화 행보를 추진시킬 것을 요구한다.

범위를 나누었으며, 국제관계에서 대국이 소국을 무시하고 강국이 약국을 능멸하며 부유한 나라가 빈곤한 나라를 억누르고 있었다. 경제상에서는 발달한 국가가 시장을 농단하고 발전도상국가의 경제명맥을 왜곡하며 불합리한 국제 분업과 불평등한 국제교류의 방식으로 불공정한 권리와 이익을 챙겼다.

냉전이 종식된 후에도 세계는 전쟁 위험과 평화 분쟁과 이해관계가 엇갈리는 국면에 처해 있다. 그러나 21세기는 분명히 국제협력의 시대이다. 새로운 국제협력의 시대는 새로운 국제질서를 요구하고 있다. 이는 역사발전의 추세이다. 새로운 국제질서란 중국이 제출한 화해세계의 내용과 크게 다르지 않다. 각국이 서로의 주권과 영토를 존중하고 자국의 의지를 타국에 강요하지 않으며 경제상에서는 상호 협력하며 함께 발전하자는 것이다.

문화상에서는 민족문화를 배척하지 않고 서로 배우고 거울로 삼아 공동 번영을 도모한다. 안보상에서는 다른 나라의 이익을 지켜주며 상호 신뢰와 상호 이익을 존중하고 평등하며 상호 협력하는 새로운 안보관을 수립한다. 대화와 협력으로 분쟁을 해결하여야 하며 무력을 반대하고 패권을 반대하며 일방적인 세력 확장을 반대해야 한다.

중국 조선족 사회는 변연복합문화의 기능을 보유하고 있다. 조선족은 그의 역사적 배경, 현실적 상황 및 중국의 소수민족정책, 중국과 다른 나라의 관계개선 등 국제적 원인으로 한국, 일본, 러시아, 미국, 유럽 등에 대량 진출하였으며, 북한과의 민간교류를 확장해 나가고 있다. 조선족과 동북아 국가와의 교류는 민간 차원의 교류이지만 중국과 주변국가 사이에서 매체 및 중개 작용을 충실히 하고 있으며 금후 더 큰 조해(調解)작용을 하게 될 것이다. 조선족은 또 시장경제의 힘과 이중문화의 힘을 얻어 국내 대도시에 진출하였으며 심지어 칭다오(青島), 웨이하이(威海), 옌타이(煙臺) 등 산둥(山東)성 연해도시에 새로운 집거지구를 형성하고 있다.

맹자(孟子)의 왕도론(王道論)에 보면, "天時不如地利 地利不如人和"

라는 글이 나온다. 하늘의 운은 땅의 이로움만 같지 못하고, 땅의 이로움은 사람들의 화합된 마음과 같지 못하다는 뜻이다. 곧 인화(人和)가 제일 중요한 요소라고 설파했다. 오늘날 중국의 조선족 사회는 때(天時)와 땅의 이로움(地利)과 사람의 마음(人和)을 모두 얻었다고 해도 과언이 아니다.

첫째, 과거 일제시대와 냉전시대의 고통과 시련을 통해 길러진 강인한 자질과 적응력은 이제 개혁개방의 새로운 국제협력시대의 흐름을 타고 세계화와 지역화 발전에 능동적으로 동참할 수 있는 때(天時)를 얻었다.

둘째, 지정학적으로 남북한 통합에 기여할 수 있는 위치에 있을 뿐만 아니라 동북아 경제공동체의 기반이 되는 환동해 경제협력구, 환황해·발해만 경제협력구, 중국 내륙자원 및 러시아 연해주 경제협력구가 겹치는 국제물류유통의 요충지에 자리하고 있어 그 구역가치는 날로 커지고 있다.

셋째, 인정이 있고 우애가 있으며 남의 어려운 사정을 보면 제 것도 나누어줄 줄 아는 감성이 풍부한 조선족들은 날 때부터 2개 이상의 언어를 습득하며 자란다. 이들은 마치 '사과배'와 같이 융합적이고 독창적인 문화력을 갖고 중국 내 다른 민족들과 화합하여 동지애를 나누는 한편, 해외 유학과 노무진출을 통해 뛰어난 감수성과 인지력을 발휘함으로써 새로운 문화가치와 경제력을 형성하고 있다. 적은 양의 '소금'이 음식의 맛을 조절하고 썩지 않도록 할 뿐만 아니라, 자신은 녹아서 보이지 않으나 각종 요리의 고유한 맛을 살려 내는 것과 같이 중국의 조선족 사회는 중국 안에서 뿐만 아니라 중국 밖에서도 아름다운 화해자로서의 매체기능을 나타내고 있다.

때(天時)를 얻었고 땅의 이로움(地利)마저 얻은 조선족 사회가 한·중·일 3개 국어를 유창히 말하면서 이제 동북아시대의 새로운 평화발전과 번영의 미래를 향해 진정으로 '소금'과 같은 직분을 다해 낸다면 이는 곧 인화(人和)의 꽃을 피우는 일과 같을 것이다. 그리고 그 열매는 자신의 큰 소득이 될 뿐만 아니라 이웃들과 함께 나눌 수 있는 큰 사랑의 자산이 될 것이다.

후진타오 국가 주석이 추진하는 화해세계(和諧世界)가 이와 다르지 않을 것이며, 또한 조선족 사회가 나아가야 할 진로도 이에서 벗어나지 않을 것이다.

저자 후기

유서 깊은 일송정

저자 후기

북한 핵실험 후 동북아 정세와 조선족 사회를 유념하면서

I

과거 나는 중국의 조선족에 대하여 잘 알지 못하였고 또 잘 알 수도 없었다. 1990년 10월 초 중국의 베이징에 출장갔다가 우연히 연변과학기술대학의 설립을 위해 동분서주하고 있던 김진경 박사를 만나게 되었다. 나는 조선족 사회에 대한 그의 거룩하고도 진지한 모습에 이끌려 들어갔고 결국은 연변과학기술대학 창립과 학사운영에 동참하게 되었다. 그로부터 나의 인생은 새로운 전환점을 맞이하게 되었다. 나는 비로소 인간이 인간을 위해, 민족이 민족을 위해 무엇을 해야 하며 어떻게 봉사해야 할 것인가 하는 것을 배우게 되었다. 그 후 나는 대학의 산학협력 업무를 담당하기 위하여 대외부총장직을 맡아 업무를 수행하는 한편, 면학에도 뜻을 두고 바쁜 시간을 쪼개 국제정치 석사학위 공부를 하였다. 이 과정을 통하여 나는 동북아정세에 관한 많은 지식을 습득하게 되었고 시야를 넓힐 수 있게 되었다. 중국의 소수민족정책에 대한 중요도를 인식하고 중국 내의 특수한 소수민족 지구인 연변지역의 가치를 새삼 깨닫게 되었으며 부족한 지식을 채우기 위해 또다시 민족학 연구를 시작하였다. 그리하여 중앙민족대학 민족학계 박사과정에 입학하여 어렵사리 학위를 취득하게 되었다.

박사학위를 하는 동안 나는 조선족의 역사에 대하여 더 많은 것을 알게 되었다. 19세기 중반부터 금세기까지 약 150여년 가까운 세월 동안 국내외적으로 불어 닥친 혼탁한 역사의 바람은 동북 땅에 살고 있던 한민족 이민들을 엄청난 고난과 시련의 회오리 속에 몰아 넣었다. 그들은 면면히 이어지는 한민족의 기상으로 민족 문화의 주체성을 지켜 왔다. 그리고 새 중국의 탄생과 함께 중국의 조선족으로 공인되었으며 비로소 다른 민족과 함께 평등한 권리를 누리게 되었다. 그들은 이제 21세기 역사의 대 변혁기에 들어서서 동북아시대의 전략적 요충지에서 자신의 운명을 새롭게 변화시킬 기회의 문 앞에 서 있는 것이다.[1)]

나는 16년이 넘는 기간 동안 연변과학기술대학의 대외업무를 맡아 오면서 연변에 자주 드나들게 되었다. 그런 과정에서 조선족 각계 인사들과 접촉하였고 조선족 교수, 지성인, 학생 및 기업인들과 자주 만나게 되었다. 또한 연변과 베이징(北京)을 오가면서 베이징(北京)대학교 동북아연구소 객원연구원, 한민족공동체 네트워크 연우(連友)포럼 회장, 중국 진출 한국 기업의 컨설턴트 등의 직분도 수행하였다. 그러면서 조선족에 대하여 일정한 상담과 연구도 하게 되었다. 그런 와중에 조선족 사회와 조선족 문화를 사랑하고 있는 자신을 새삼스레 깨닫게 되었다. 게다가 2001년 이후 남북한 교육 합작 사업으로 시작된 평양과학기술대학(설립총장 : 김진경 박사)의 설립기획단장직으로 북한을 자주 다녀오면서 나는 조선족 사회의 정체성과 이중성격에 대하여 새로운 인식이 생기게 되었다. 특히 한반도 통일과 북한의 개방에 조선족 사회가 미칠 영향력과 교량역할이 많다는 것을 깨닫게 되었다.

사람의 숫자가 많아서 민족의 힘이 큰 것이 아니며 땅이 작다고 민족을 지켜 주지 못하는 것이 아니다. 소금은 수량이 적어도 어느 때 어디서나 자기의 역할을 충분히 과시하는 물질이다. 조선족은 200만여 명밖에 안 되지만 한반도 문화와 중국 문화를 융합한 이중문화의 성격을 소유함으로써 이 두 사회를 조화롭게 만드는 소금과 같은 집단이라고 보았으며 한중관계의 발전과 남북한의 통일 및 동북아 국제협력에서 없어서는

1) (한) 이승률, 「윈-윈 패러다임」, 영진닷컴, 2004년, 134-135쪽.

안 될 중개자인 동시에 아름다운 조해자(調解者)임을 새삼 깨닫게 되었다.

평소 시간에 쫓기는 삶을 살아왔지만 나는 거기에서 또 틈을 내어 학위논문("동북아 국제협력시대 조선족 사회의 문화기능 연구")의 부족한 부분을 보강하여 동북아시대의 조선족 사회와 이중문화기능에 대하여 책을 한번 써 보고 싶은 의욕을 가지게 되었다. 주지하는 바와 같이 조선족 사회는 개혁개방 후 비약적인 발전을 이루었지만 동시에 인구의 감소, 원 집거지구의 해체, 특히 소중한 문화재산의 기반을 이루는 민족교육의 위축 등 많은 문제에 직면하여 있다. 그리하여 조선족 사회에는 지금 각종 문제의식과 해결방안 등에서 서로 엇갈리는 견해를 보이고 있다. 심지어 조선족 사회의 존속문제까지 논의되고 있는 실정이다. 이 점이 안타깝게 생각되어 나는 조선족 사회의 지정학적인 위치와 문화기능을 살려 이러한 문제점을 극복할 수 있는 대안을 찾아내려고 늘 고심해 왔다. 조선족 사회의 문제는 데카르트적인 이분법의 사고를 뛰어 넘어 통합적이고 미래지향적인 생각의 틀(나는 이것을 새 시대를 향한 사회심리학적 '프레임'이라고 부르고 싶다)[2]을 통하여 문제의 본질을 파악해야 된다고 본다.

Ⅱ

조선족의 대량 출국과 국내의 이동은 도시파, 해외파, 유학파를 출현시켰다. 한편으로 보면 이런 파들의 생성은 집거구의 해체를 조장하고 있다. 그러나 다른 한편으로 보면 그들이 조선족 사회의 진보를 촉진하고 있다는 사실을 부인할 수 없다. 도시파들은 조선족 사회의 영토적 협소성을 극복했고 획일적 농경사회의 분해와 외줄기 조선족 교육의 복선화를 지향하여 새롭고 현대적인 문화공간을 굴착하는 데 일조하였다.[3]

2) (한) 최인철, 「프레임(나를 바꾸는 심리학의 지혜)」, 21세기북스, 2007년.
3) (중) 장혜영, "가치전복의 시대 공간," 흑룡강신문, 2006년 4월 16-22일.

이는 막을 수 없는 사회적 진보의 한 방향인 것이다. 유학파들은 조선족 사회로 하여금 선진문화를 수용하여 세계화와 미래를 향해 전진하게끔 인도하고 있다. 그들은 지금 조선족의 이중문화 특성에 선진국의 문화를 융합시켜 조선족 문화의 우세를 더욱 증대시키고 있다. 때문에 그들은 조선족의 영광이고 미래라고 할 수 있다. 해외파는 도약하는 조선족 사회의 역참, 점조직이 되어 지역의 광역화, 정보수입의 안테나, 선진문화 수입의 송수관 역할을 하고 있다.4)

원래 한민족이었던 조선족은 한중관계에서 중개자의 역할을 크게 해 왔으며 남북한의 관계발전에서도 중요한 조해자(調解者)의 역할을 감당하고 있다. 어찌 보면 남북의 분립은 중국과 북한과의 관계에서 조선족 사회의 역할을 증대시키기도 했지만 다른 면으로 보면 조선족 사회의 발전을 크게 저해하고 있는 상황이다. 만일 남북의 분립이 일찌감치 해결되었더라면 연변을 중심으로 하는 조선족 사회는 그 지정학적 우세와 이중언어문화의 능력으로 오늘날 중국의 제 2 의 선전(深圳)과 같은 비약적인 발전의 현장이 되었을 것이다.

따라서 동북아 국제협력 시대를 맞이하고 있는 현시점에서 조선족 사회가 앞으로 나아가고 있는 과정에서 겪고 있는 진통을 분석하고, 또한 이를 통하여 조선족 사회의 미래지향적인 건설전략과 조선족 문화기능의 확장을 연구하는 일은 극히 중요한 과제라고 본다. 나는 비록 이 분야의 전문학자에 비해 깊은 연구가 부족하지만 조선족에 대한 관심과 애정만큼은 누구보다 뜨겁게 지니고 있다고 자부한다. 무엇보다 시급한 문제는 조선족 사회가 자체적으로 생산성을 유발하며 새로운 시대에 적합한 창의적인 인프라(Creative Infrastructure)를 구축하는 일이다. 인프라는 주로 교육, 기업경영, 행정관리, 제도, 국제협력 등에 관련된 기본구조를 내용으로 하고 있다. 이러한 발전방향에 합당한 지속 가능한 개발전략과 국제적인 표준(Global Standard) 및 가치기준에 도달하려면 조선족

4) (중) 장혜영, "가치전복의 시대 공간," 흑룡강신문, 2006년 4월 16-22일.

사회도 뼈를 깎는 개혁이 앞서야 할 것이다.

조선족 문화는 한민족 이민들이 150여년의 긴 시간을 통하여 피와 땀, 눈물과 목숨까지 바치는 험난한 역사를 거치면서 형성된 민족문화이며 그들이 중화민족의 일원이 되는 과정에서 한반도의 문화를 원천으로 중국의 문화를 수용하여 상생시킨 아주 귀한 복합문화다. 이러한 문화는 기본적으로 교육을 밑거름으로 육성되어 왔다. 따라서 앞으로도 계속 조선족의 정체성을 지키고 경제발전을 도모하려면 조선족 교육을 적극 권장해야 한다. 한족지구에 거주하거나 한족학교에 가게 되더라도 고유의 글과 문자만은 잊지 않도록 해야 한다. 이 방면에서 오히려 중국인들이 앞장서고 있다. 옌지(延吉)시 하남초등학교, 연하초등학교 등 한족학교에서 2학년부터 조선어 학과를 추가하여 한족과 조선족 학생들에게 조선어 공부를 시키고 있으며, 적지 않은 한족어린이가 조선족 학교에 다니고 있다. 한족마저 조선족 문화의 이중성을 이처럼 중히 여기는데 하물며 조선족들이 왜 스스로 그 귀중한 문화자산을 잃어야 하는가?

상업화는 금후 조선족 사회가 발전하는 하나의 첩경이기도 하다. 한국의 노무, 기타 국외의 노무, 국내 대도시의 진출 등 여러 가지 기회를 통하여 조선족은 고생을 많이 했지만 상대적으로 돈도 많이 벌었다. 그렇지만 조선족 사회에는 사회 발전의 기반을 이룰 그럴듯한 기업 하나 없다는 것도 사실이다. 그 대신 과소비는 계속 이어지고 있다. 조선족 사회가 그냥 이대로 가면 어찌되겠는가? 앞에서 말한 대로 새 시대, 새로운 사회건설을 위한 생산적인 인프라의 구축을 위해 조선족 사회도 스스로 절제하고 정화하고 반성하여 혁신적인 산업혁명을 일으켜야 하지 않겠는가?

조선족의 도시진출은 조선족 경제영역을 넓게 해 주었고 조선족 문화를 널리 전파하였으며 그들로 하여금 새롭고 선진적인 문화를 접수하게 하였다. 그들의 국외진출은 조선족의 시야를 넓혀 주었고 시대성을 인식하게 하였으며 세계의 한민족과의 교류를 촉진하게 하였다. 그리하여 조선족은 세계의 한민족을 유대로 전 세계에 진출하게 되었다. 이러한 일들은 과거에는 상상도 못했던 성과다. 이로써 조선족은 중국 국내의 폐쇄적인 농촌형 소수민족으로부터 지구촌 어디나 드나드는 유능하고 개방적인 유목형 민족으로 변신하였다. 이는 조선족 사회가 전 세계 한민족과 네트워크를 형성하면서 얻어낸 결과로서 미래의 발전을 위해 매우 유리한 조건을 마련해 주었다.

이와 같이 글로벌시대에서 있어서 민족적 네트워크 형성은 격렬한 국제경쟁 속에서 민족이 살아남는 중요한 방책의 하나라고도 볼 수 있다. 세계경제시대에서 정보화와 인력 교류가 날로 가속화되고 있는 국면에 비추어 조선족 사회는 네트워크를 꼭 형성해야 한다. 한민족 네트워크 형성은 민족의 화합과 공존, 동북아지역의 평화와 발전, 나아가서는 세계 역사의 진보에 중대한 기여를 할 수 있을 것이다.

우선 조선족 사회의 전방위적 네트워크를 구축하여 조선족 원 집거지구와 새로운 집거구 간의 정보를 교류해야 한다. 그 기반에서 한국과의 네트워크를 연결하고 다음은 세계 한민족 네트워크에 참가하여야 한다. 한민족 네트워크의 구축은 반드시 국내 다른 민족과의 우호관계를 전제로 해야 하며 닫힌 민족주의를 벗어나 상호학습과 보완의 관계에서 타민족과의 윈-윈 구도를 형성할 수 있어야 한다.[5] 특히 조선족은 한민족 네트워크의 구축에서 중국 국민으로서의 의식을 저버리지 말아야 할 것이며, 중국 내 다른 민족과의 결속을 무시하거나 혹은 그들과 상호관계를 형성하지 못한다면 바람직하지 않을 것이다.

중국의 경우, 세계 각지의 화인(華人)집단과 그들로 구성된 네트워크의 역할이 경제의 발전에서 굉장히 큰 작용을 한 것은 주지하는 사실이다. 마찬가지로 조선족도 그 민족성을 기반으로 하여 민족 네트워크에 참여하는 것은 당연한 일인 것이다. 그러나 이러한 네트워크는 성격적으로 중국의 정치적인 상황과 법률을 존중하는 기초 위에서 이루어져야 한

---

5) (한) 이승률, 「공생시대」, 세계지식출판사, 2005년, 71쪽.

다. 민족 네트워크의 형성은 조선족이 살아남고 더 큰 발전을 이룩하기 위한 수단에 불과한 것임을 분명히 해야 한다.

조선족 사회의 발전은 한중관계를 떠날 수 없고 동시에 한반도와도 갈라 놓을 수 없다. 동시에 조선족의 해외 진출이 조선족과 세계 도처에 있는 한민족(韓人)과의 관계를 발전시켜 서로 갈라 놓을 수 없는 관계를 수립하였다. 이러한 관계는 조선족으로 하여금 2백만 명이란 작은 틀에서 벗어나 한반도의 7천만, 세계 각지의 700만 명에 이르는 재외동포 사회와 네트워크를 형성하는 유리한 조건을 지어 주었다. 이처럼 한반도와 조선족 사회를 중심으로 하는 범민족 네트워크가 형성된다면 그 에너지는 더 없이 커질 것이며 이러한 민족적 에너지의 방출이야 말로 조선족 사회의 무궁한 경제력으로 전환할 것이다.

이런 관점에서 연변조선족자치주를 중심으로 조선족 변연문화구역을 건설하는 것은 조선족 사회의 발전을 위한 중요한 출로다. 연변은 지연적으로 이러한 조건을 구비하고 있다. 다만 남북관계가 더 나아지고 동북아국가들의 협력이 더 크게 이루어지는 일만이 남았다.

Ⅲ

남북관계와 동북아 국제정세에서 가장 중시되는 문제는 북핵문제다. 저자가 이 글의 초고를 완성하였을 때는 2006년 10월 초순이었다. 한창 원고의 정리에 몰두하고 있을 때 나는 뜻하지 않은 소식에 깜짝 놀랐다. 10월 9일, 북한중앙통신사는 그날 오전 11시에 북한이 성공적으로 핵실험을 하였다고 선포하였다. 사람들이 그처럼 근심해 왔던 일이 끝내 발생하고야 말았던 것이다. 14일, UN안전보장이사회는 북한의 핵실험을 견책하는 1718호 결의를 통과하였다. 한국은 물론이고 동북아 국가들도 모두 질책에 나섰다. 중국 정부도 분노하였다. 중국은 종래와 달리 파격적으로 '공공연히'란 단어를 사용하면서 엄중한 반대의사를 표시하였다. 그러면서 한편으로는 6자회담을 서둘렀다.

북핵 실험 소식을 듣고 나는 몇 년 전에 평양과학기술대학 일로 북한에 갔을 때 만났던 한 고위직과의 담화내용이 기억났다.

"도대체 언제까지 핵 카드를 사용하려고 하십니까?"하고 물으니까 그는,

"터질 때까지 가 봐야 될 것 아니요?"라고 답변하였다. 그래서 내가 또 물었다.

"그럼 김동지께서는 혹시 남측에서 플라토늄이나 농축우라늄보다 더 위력이 센 핵폭탄을 최근 비밀리에 개발했다는 소식, 못 들으셨습니까? 그 걸 아십니까?"

그 양반이 그만 어찌나 크게 놀라며 눈을 부릅뜨고 되묻는지 지금도 그 모습이 눈에 선하다.

"아니, 그런 것이 있소? 그게 정말이요? 그게 뭔데요?"

그래서 내가 조용히 그러나 낮은 목소리로 대답을 해 주었다.

"그건 사랑의 핵폭탄이라고 하는 겁니다. 사랑은 이 세상에 존재하는 그 어떤 물질보다 힘이 셉니다. 사랑은 융통하고 화합하는 힘이 있지요. 그걸 우리는 흔히 퓨전 파워(Fusion Power)라고 표현하는데, 이 사랑의 핵폭탄이 한번 터지면 수십만 명의 사람들이 되살아날 수 있지요. 생명을 갖고 있는 사람은 누구나 이 사랑의 힘에 의해서 다시 새롭게 거듭날 수 있습니다. 인류의 역사는 이 사랑의 힘에 의해서 진보되어 왔으며, 이 시대 정의의 키워드는 바로 사랑이라고 말할 수 있지요."

나는 계속하여 말하였다.

"그런데 그 사랑의 핵폭탄을 만들려면 특별한 제조기술이 필요한데 그걸 제가 알려드리지요, 이걸 흔히 3C전략이라고 합니다."

나는 그에게 차분하게 설명해 주었다. 우선 대화가 중요하다. 열린 마음으로 대화해 보면 상대방을 웬만큼 이해하게 된다. 그리고나서 상대방을 배려하며 조용히 돕는 것이다. 사람을 격려하고 칭찬하고 지원하며

육성하는 일이다. 그 다음에는 상대방이 창조적인 능력을 갖추도록 이끌어 주어야 한다. 흔히 말하는 생산성과 리더십은 바로 이 창조적인 능력에서 우러나오는 힘인데, 이 힘을 다른 말로 표현하면 '사랑의 나눔'이 된다. 이 '사랑의 나눔'이야말로 거듭나는 생명의 비결이 되는 것이다. 이와 같이 대화(Communication), 육성(Cultivation), 창조(Creation)의 정신을 바탕으로 하는 '사랑의 기술 3C전략,' 이것이야말로 우리가 살고 있는 남북분단의 현실을 통일과 번영의 시대로 전환시키는 최우선적인 대안이 되어야 하지 않겠는가![6]

북핵 실험은 누구나 원하지 않던 일이다. 그러나 이것은 주변국가의 의지에 의해 저지될 일도 아니다. 물론 북핵 실험 후 동북아 정세는 일정한 영향을 받고 있지만 평화와 발전이라는 국제정세, 동북아협력과 글로벌시대라는 발전추세를 막을 수는 없다. 북한 핵실험 이후 초긴장 상태였던 북미관계도 6자회담을 통하여 새로운 협상의 길목으로 접어들 것이라고 믿고 있다. 부시 정부가 그동안 완강히 거부해왔던 북미 간 직접 대화의 길도 멀지 않은 장래에 열릴 것으로 믿고 있다. 또한 핵실험 이후 북한에 대해 매우 불편한 심기를 보였던 중국이 다시 두 나라의 밀월관계를 회복해 갈 것이라고 믿는다. 그리고 지난 5월 17일, 남북철도 시험운행이 있었다. 앞으로 풀어야 할 과제가 많이 남아 있지만 언젠가는 정식으로 기차가 통행할 것이라고 확신하고 있다. 또한 북핵 실험이 실시된 후에도 저자는 평양과학기술대학 설립을 위한 건설지원업무로 북한을 여러 번 다녀왔다.

역사는 앞으로 계속 전진하고 있다는 점에서 북핵문제는 기필코 협상과 대화의 틀 속에서 해결될 것으로 보고 있다. 그에 따라 동북아 국제협력은 더욱 폭 넓게 이루어질 것이고 조선족 사회도 그 문화의 우세를 발휘하여 세계 한민족 네트워크에 참여하여 자기의 존속문제를 해결할 뿐만 아니라 남북한 문제와 한반도 통일을 위하여도 무엇인가 큰 역

6) (한) 이승률, 「윈-윈 패러다임」, 영진닷컴, 2004년, 24-27쪽.

할을 해 주리라 믿는다. 나아가 조선족의 주요 집거지구인 연변은 동북아 국제협력의 요충지로서 변연복합문화구역을 형성하여 한반도와 중국, 일본, 러시아 등 주변국의 경제협력과 물류의 흐름을 입체적으로 연계하는 중개중심지가 될 것이며, 또한 문화·기술·교육·인적 교류 등 상호관계를 회복하고 발전시키는 화해의 중심이 될 것이다. 이러한 기대와 함께 저자는 요즘 새로운 '희망의 역사'를 마음에 품고 들떠 있다.

Ⅳ

중국 정부가 2008년 북경올림픽을 성공적으로 치루기 위하여 많은 투자와 정책적 배려와 심혈을 기울이고 있는 것은 누구나 다 알고 있는 사실이다. 2008년 북경올림픽을 제대로 준비하면 지금까지 있었던 올림픽 역사상 가장 아름다운 국제평화무드의 축제가 이루어질 수 있지 않을까 하는 생각이 든다. 마치 1988년 서울올림픽이 미소 양대 진영의 화해를 이끌어 낸 탈냉전적 평화의 축제였다면, 2008년 북경올림픽은 동북아 국제협력시대를 이끌어 내는 기념비적인 축제가 될 수 있을 것이며, 세계 최대의 평화축제로 승화시킬 수 있을 것이라는 확신이 든다.

이를 위하여 상징적 대안으로 2000년도에 있었던 일본-네덜란드 간 400주년 교류기념 철도대장정 행사를 이번 북경올림픽에 한번 적용해 보면 어떨까? 당시 양국의 철도관계자들은 대륙 간 국제협력프로젝트로 네덜란드 헤이그로부터 출발하여 북경 역에 이르는 구간을, 총 24일간에 걸쳐 11개국의 철도망을 연결, 성공적으로 운행함으로써 국제사회에 동서 문화의 화합과 의사소통의 새 길을 열어 놓은 바가 있다. 이런 전례를 활용하여 2008년 북경올림픽을 유럽과 아시아를 연결하는 사상 최대의 평화축제로 만들어 볼 수는 없을까?

영국 런던에서 출발하는 떼제베 열차가 파리(프랑스), 브뤼셀(벨기에)을 거쳐 암스텔담 역(네덜란드)까지 오면 거기서 '오리엔트 익스프레스'차량을 이용하여 베를린(독일), 프라하(체코), 바르샤바(폴란드), 모스크바(러시아), 이르쿠츠크(러시아), 울란바토르(몽골)를 거쳐 중국 북경 역에 도착하는 A구간 노선을 정해 볼 수 있다. 다음으로 일본 도쿄에서 출발하는 신칸센 열차가 오사카를 거쳐 후쿠오카에 도착하면, 거기서 승객들이 후쿠오카-부산 간 쾌속선으로 갈아타고 부산항에 내린 후 부산역에서 *KTX* 고속열차를 타고 출발하여 서울역까지 와서 다시 일반 열차로 갈아탄 후 개성, 평양, 신의주를 지나 단동, 심양을 거쳐 북경 역에 이르는 B구간 노선을 정해 볼 수 있다. 이렇게 되면 북경올림픽 참관을 위해 영국 런던에서 출발한 유럽, 러시아 참관단과 일본 도쿄에서 출발한 일본, 남북한 참관단들이 북경 역에서 함께 상봉한다고 가정해 볼 수 있으리라. 그렇다면 이 만남은 얼마나 통쾌하고 아름다운 평화의 입맞춤이 되겠는가? 또한 이 북경올림픽 기간 동안 유럽인들은 B구간을 이용하여 한반도와 일본을 방문하고, 또한 동북아 인사들은 A구간을 활용하여 러시아와 유럽까지 방문단을 구성하여 상호 내왕한다면, 이것이야말로 문자 그대로 '도쿄에서 런던까지'이어지는 꿈의 철도여행을 기획하는 일이 되지 않겠는가? 한일 간 해저터널이 건설되지 못해 아직은 후쿠오카-부산 간에는 쾌속선을 이용할 수밖에 없겠지만, 언젠가는 그 길이 완성될 수 있다고 저자는 믿고 있다.

이 경우 가장 중요한 관건으로 등장하는 것이 결국 남북한 철도연결 사업인데, 아마도 북경올림픽을 위해서라면 북한도 선심을 쓸 것이고 또한 중국 정부도 국제사회에 주변국가와의 '평화발전'을 과시하기 위해서라도 반드시 북한에게 이의 성사를 종용할 것이라고 생각된다. 그렇게만 된다면 유럽의 끝(영국)에서 아시아 대륙의 끝(일본)으로 이어지는 이 세계 평화 철도 운행계획이 결코 헛된 꿈은 아닐 것이라는 확신이 든다.

2007년 가을, 제2차 남북한 정상회담이 예정되고 한반도에는 또다시 평화와 화해의 분위기가 조성되고 있다. 핵 폐기 문제, 군비통제 문제, 평화체제 문제, 경제협력 문제 등 북측과 해결해 나가야 할 사안들이

산적해 있지만 조급한 마음에 일을 그르치기보다는 장기적인 안목으로 남북관계 진전을 위한 최선책을 찾기 위해 모든 노력을 기울여야 할 것이다. 남북한 관계 개선이야 말로 새로운 동북아 시대를 여는 가장 중요한 열쇠이며 밑거름이기 때문이다.

2008년 북경올림픽을 맞이하면서 조선족 사회도 발전을 가져올 것은 물론이고, 올림픽의 힘을 덧입어 남북한 철도 개통과 함께 본격적으로 한중 및 남북 관계의 개선과 동북아 국제협력의 새로운 물꼬를 트는 일에 기꺼이 동참할 수 있게 되기를 바란다. 다행히 지난 '2・13합의'를 통하여 6자회담이 새로운 협상의 길목으로 들어섰고, 북한도 핵실험 이후 국내정치를 경제개선을 위한 일에 역량을 집중할 태세를 보이고 있다. 이런 급변하는 동북아 정세의 변화 가운데, 지연적으로 그 중심에 위치하고 있는 연변 조선족 자치주의 자화상과 미래상은 무엇인가? 무엇을 어떻게 준비하고 개선해 나가는 것이 이 시대를 향한 역사적 소명인가? 저자는 이제 감히 말하고 싶다. 조선족 사회가 보유하고 있는 변연복합문화 즉, 중국의 북방변경지역, 폐쇄적인 고난의 땅에서 길러졌던 이중언어 문화구조의 복합적인 문화기능은 이제 조선족들로 하여금 동북아 국제협력시대라는 새로운 시대조류를 맞아 통합적인 사고능력과 순발력을 발휘하면서 세계화의 질서에 적합한 실용성, 창의성, 그리고 국제성을 표출하도록 독려하고 있다고 평가하고 싶다. 그리고 이와 같은 조선족 사회의 장점을 계속 훈련하고 향상시켜나가는 데 필요한 원동력은 궁극적으로 인간 내면에 잠재되어 있는 무한한 열정 즉, 꿈과 희망을 창출하는 정신적 역량(Spiritual Ability)이라고 믿고 싶다.

조선족 사회가 중국, 한국, 북한, 나아가 동북아 지역의 주변국가 시민들과 함께 선린공동체의식을 갖고 번영의 한마당을 이루며 평화롭게 살아갈 수 있으면 얼마나 좋을까? 대화를 통하여 서로 간의 벽을 허물고 약점을 보완하고 강점을 시너지화하여 제 3 의 창조적인 길로 자신을 거듭나게 하는 사랑의 3C 전략, 이것이 '동북아시대의 조선족'을 통하여 훌륭하게 기획되고 실천되기를 소망한다.

"꿈과 희망과 사랑의 열정으로 융합된 힘"

이것이 동북아의 새로운 미래가치를 이끌어 내는 정신적 역량이 되었으면 좋겠다. 이와 같은 힘을 가진 신크래틱스 리더십(Syncretics Leadership : 갈등을 통합하는 리더십)들이 각국에서 왕성하게 일어났으면 하는 바람이다. 특별히 동북아의 지정학적 요충지에 살고 있는 조선족들이 자신의 한계를 뛰어 넘어 새로운 꿈과 희망과 사랑의 열정으로 이 시대의 변화를 촉진하고 거듭나게 하는 화해자의 역할을 감당해 주기를 바라마지 않는다. 오직 이 길만이 중국의 조선족 사회가 자신을 보호하고 한민족과 더불어 세계 역사발전에 기여할 수 있는 창의적 대안이 될 것이다.

참고문헌

1. 도　　서

국제 고려학회 아시아 분회 편: 「중국 조선족공동체 연구」, 연변교육출판사, 2000.

궈리(郭力): 「러시아 동북아 전략」, 사회과학문헌출판사, 2006.

김강일 주필: 「중국 조선족 사회의 문화우세와 발전전략」, 연변인민출판사, 2001.

김병호: 「중국의 민족문제와 조선족」, 도서출판 서울학고방, 1997.

김종국, 김원석: 「중국특색 조선족 문화 연구」, 요녕민족출판사, 2000.

김종국: 「세기교체의 시각에서 본 중국 조선족」, 연변인민출판사, 1999.

김창남 · 심의섭: 「동북아지역의 경제협력 구도와 전망」, 삶과 꿈, 1998.

김춘산: 「연변지구 조선족 사회 형성 연구」, 길림인민출판사, 2001.

김태홍 · 김시중: 「한중경제협력과 재중동포의 역할」, 대외경제연구원, 2000.

네츠카 나오키, 김학민: 「중국의 연변 조선족」, 학민사, 2000.

로주철: 「조선민족 문화연구」, 요녕민족출판사, 1997.

류지셩(刘基胜) 등: 「동북노후기지의 개조와 진흥」, 동북사범대학출판사, 2003.

박규찬: 「중국 조선족 교육사」, 동북조선민족교육출판사, 1991.

박민자 주필: 「중국 조선족 현 상태 분석 및 전망연구」, 연변대학출판사, 2000.

박번순 외: 「아시아 경제,공존의 모색」, 삼성경제연구소, 2005.

박창욱: 「중국 조선족 역사 연구」, 연변대학출판사, 1995.

박태규 외: 「동북아의 경제협력과 질서」, 도서출판 오름, 2004.

반룡해, 황유복 주필: 「21세기로 들어선 중국 조선족」, 연변대학출판사, 2001.

손춘일 주필: 「중국 조선족 사회문화 발전사」, 연변교육출판사, 2002.

심만근: 「도문강지구개발 중 연변의 외자이용연구」, 민족출판사, 2006.

심혜숙: 「중국 조선족 지명취락과 인구분포」, 서울대학교출판부 · 연변대학출

판사, 1995.
안충영 · 이창재: 「동북아경제협력:통합의첫걸음」, 박영사, 2003.
양옥금 등: 「길림성 인구발전전략 연구보고」, 길림인민출판사, 2005.
연변대학교 여성연구중심, 「연변조선족 중소학교 학생현황조사보고」, 2004년 1월.
연변대학 민족연구소 편: 「조선족 연구논총」(5), 연변대학출판사, 2001.
오충민(吴忠民) 등: 「발전사회학」, 고등교육출판사, 2003.
이길웅 · 현동일: 「연변경제발전론-세기교체시의 회고와 전망」, 연변대학출판사, 2003.
이승률: 「윈-윈 패러다임」, 영진닷컴, 2004.
이종민 · 강진아 · 서성 · 임대근 · 양일모 · 장수현: 「한국과 중국, 오해와 편견을 넘어」, 제이엔씨, 2006.
이진산 주필: 「중국 한겨레사회 어디까지 왔나?」, 흑룡강조선민족출판사, 2006.
임계순: 「우리에게 다가온 조선족은 누구인가?」, 현암사, 2003.
자오촨쥔(趙傳君) 주필: 「동북아 경제 진흥과 동북아 경제무역 합작」, 사회과학문헌출판사, 2006.
자오촨쥔(趙傳君) 주필: 「동북아 3대 관계 연구」, 사회과학문헌출판사, 2006.
정신철: 「중국조선족」, 한국신인간사, 2000.
정판룡: 「세계중의 우리 민족」, 요녕민족출판사, 1996. 3.
조선족간사편찬위원회: 「조선족간사」, 연변인민출판사, 1986.
중공연변길동길돈지위: 「연변전원공서 중요문건 회편(1945.11-1949.1)」, 연변당안국(관) 제 1 집, 1985.
천차이(陈财) 등: 「동북노후기지 신형공업화의 길」, 동북사범대학출판사, 2004.
최우길: 「중국조선족연구」, 선문대학교 중한번역문헌연구소, 2005.
최후택: 「영명한 정책 휘황한 여정」, 흑룡강조선민족출판사, 1997.
치원하이(戚文海)주필: 「동북아 경제합작 전방위 연구」, 사회과학문헌출판사, 2000.
페이샤오퉁(费晓通): 「중화민족 다원일체의 형세」, 중앙민족대학출판사, 1999.
鶴嶋雪嶺: 「중국조선족 연구」, 오사카 관서대학출판부, 1997.
한국비교경제학회 편: 「동북아 경제협력과 경제특구」, 박영사, 2005.

허룡석: 「창을 열면 진실이 보인다」, 중국조선족기자문선, 흑룡강조선민족출판사, 2003.
허명철 · 박금해 · 김향화 · 이정: 「연변조선족 교육의 실태조사와 대안연구」, 요녕민족출판사, 2003. 12.
허명철: 「당대 연변조선족 사회 발전대책 분석」, 요녕민족출판사, 2006.
허명철: 「전환기의 연변조선족」, 요녕민족출판사, 2003.
현동일 · 심의섭: 「중국의 개혁개방과 동북아경제연구」, 연변대학출판사, 2000.
황룡국: 「조선족 혁명투쟁사」, 요녕민족출판사, 1988.
황유복: 「중국 조선족 사회와 문화의 재조명」, 요녕민족출판사, 2002.

2. 정기간행물 등

강영덕: "연변조선족인구 마이너스성장과 교육문제," 「문화산맥」(4), 1999.
강준영: "한중관계의 현황과 전망," 「중국연구」 제28권, 2001.
국제고려학회 아시아분회: 「조선족공동체의 역사, 현황과 진로」, 1999.
권병현: "동아 신 시대의 한중관계," 아시아문화연구, 5집.
김강일: "남북통일에 있어서 중국 조선족의 역할," 전남대학교 사회과학연구소 연구총서-⑤ 「중앙아시아 한인연구」.
김강일: "미일 동북아 구역전략과 한반도문제," 「당대아태」, 2004. 9.
김강일: "연변조선족의 대 남북한관에 관한 실증적조사," 고려대학교 평화연구소, 「평화연구 제 8 호」, 1999.
김강일: "중국의 동북아전략을 논함," 「연변대학학보」, 제 2 기, 2004.
김강일: "중국의 한반도통일에 대한 정책과 남북한 통일외교," 한국민주평통, 「평화와 통일, 민족화해의 남북관계를 향하여」, 1998.
김강일: "중국 조선족 문화가치 의식을 논함," 「북방민족」, 제 4 기, 1994.
김강일: "중국 조선족 사회 인구유동과 집거지 해체문제 대책연구," 「연변대학동강학간」, 2004, 3.
김강일: "중국 조선족 사회 지위론," 전남대학교 개교48주년기념 국제학술회의-21세기, 「해외한민족공동체 발전전략」, 2000.
김강일: "중국조선족사회의 문화자원과 발전의 문화전략(1)," 「연변대학동강

학간」, 2004, 1.

김강일: “중국조선족사회의 문화자원과 발전의 문화전략(2),” 「연변대학동강학간」, 2004, 2.

김강일: “한민족공동체 형성을 위한 중국조선족의 역할,” 「지방행정연구」, 제15권 제1호, 2001.

김광세: “중국조선족 인구문화교육소질상황 및 특점(1),” 「연변대학학보」, 1997. 1.

김광세: “중국조선족 인구문화교육소질상황 및 특점(2),” 「연변대학학보」, 1997. 2.

김동훈: “조선민족 정체소질을 제고 및 우수화 하는데 대하여,” 「연변대학학보」, 1999. 2.

김성남 등: “도문강지역 주변국가 경제무역 관계변화의 새 특점,” 「연변대학학보」, 2001. 2.

김성남 · 심상덕: “연변 대외무역의 현황 및 발전전략,” 「연변대학학보」, 2003. 2.

김송림: “동북아 금삼각 두 개 경제증장극-연길과 훈춘의 쌍향효응,” 「연변대학학보」, 1998. 1.

김종국: “세기교체와 중국 조선족에 대한 사고,” 「연변대학학보」, 1998. 1.

김종국: “중국 조선족의 생존과 발전문제에 대한 세기사고,” 「연변대학학보」, 1999. 4.

김진검: “연변의 인재에 대한사고,” 「연변대학학보」, 2001. 1.

김학천: “중국 조선족 문화의 특점 및 건설,” 「연변대학학보」, 1997. 2.

박금해: “중국 조선족 백년교육에 대한 이성적 고찰,” 「연변대학학보」, 제4호, 2004년.

박태수: “조선족 교육발전의 역사특점과 경험,” 「연변대학학보」, 2003. 2.

방수옥: “중국의 소수민족정책과 연변조선족사회,” 재외한인학회, 「재외한인연구」 제8호.

신승철 · 이동근 · 김만권 · 이호영: “중국 길림성 조선족의 민족 정체감에 대한 연구,” 신경정신의학 31권, 제2호, 1992.

심수봉: “인구유동으로 흔들리는 조선족농촌,” 「문화산맥」(2), 1997.

양옥금 · 채주일: “연변조선족인구 부증장이 일으킨 주요문제 및 대책,” 「연변대학학보」, 2003. 2.
양학민: “연변조선족인구 마이너스성장 현상태와 그 원인 및 대책,” 「문화산맥」(4), 1999.
유명기: “한국 체류 조선족들의 정체성 인식에 관하여,” 한국문화인류학(2002) 35-1: 73~100.
이상설: “한중관계의 발전과 한계,” 「신아시아」Vol.2 No.4, 1995.
이완우: “한민족공동체의 이론정립,” 해외한민족연구소, 「한민족공영체」, 제7호, 1999.
이 철: “20만 이민대군-그 울고 있는 현장,” 「문화산맥」(2), 1997.
이혜선: “중국조선족의 생존위기와 대책,” 해외한민족연구소, 「한민족공영체」, 제 7 호, 1999.
인젠핑(殷劍平): “러시아 원동경제발전전,” 「동북아논단」, 1999. 1.
전윤길: “위기 맞는 21만 이민 대군의 본고장,” 「문화산맥」(2), 1997.
정신철: “조선족 도시 민족교육의 출로,” 「민족단결」 제 6 호, 1999.
정신철: “중국 조선족인구유동의 중대한 영향과 대책,” 「연변대학학보」 제 3 권, 1999.
정인갑: “한민족공동체와 재중동포,” 「한민족공영체」, 제 7 호, 1999.
조정남: “협애한 민족애에서 벗어나자,” 한국민족연구원, 「민족연구」, 2000. 4.
중국국가민족문제연구중심: “대외개방과 중국조선족,” 「민족연구」 제 7 호, 1997.
차철구: “중국조선족의 형성 및 변화,” 「연변대학학보」, 1998. 3.
차철구: “중국 특색 조선족문화 과세기 건설,” 「연변대학학보」, 1999. 3.
최우길: “남북관계와 중국 조선족,” 「재외한인연구」, Vol.- No.11, 2001.
허명철: “당대 연변조선족 문화발전 전략,” 「연변대학학보」, 2002., 1.
허명철: “조선족 문화모식 탐색,” 「연변대학학보」, 2003. 1.
현용남: “연변지구 인구구성을 논함,” 「연변대학학보」, 2001. 3.
황유복: “21세기의 조선족을 생각한다,” 「문화산맥」(2), 1997.

3. 논 문 집

김강일: "중국조선족사회의 특징과 발전방향," 「동서남북」-화광대학 종합문화연구소 연감, 2004.

남종호: "상호의존의 중한관계와 반도형세," 건국대학교 논문집, 1996.

박금해: "중국 조선족 교육 그 현황과 과제," 「아시아태평양지역연구」, 제 3 권 제 1 호, 전남대학교 아시아태평양지역연구소, 2000.

박승헌: 「조선족 공동체의 역사, 현황과 진로」(국제고려학회 아시아분회), 1999.

연변과학기술대학: "동북아 경제 기술협력," 「국제학술회의 논문집」, 2005.

연변과학기술대학: "동북아협력 발전방향," 「국제학술회의 논문집」, 2002.

연변과학기술대학: "세계화시대 동북아의 협력과 발전," 「국제학술회의 논문집」, 2004.

이승률: "동북아 국제협력 시대 조선족사회의 문화기능연구," 중앙민족대학 박사학위논문, 2006.

전신자: "중국 조선족 여성 섭외혼인 연구," 중앙민족대학 박사학위논문, 2006.

정판룡: "중국 조선족의 문화성격 문제," 연변대학 동북아국제정치연구소편, 「동북아조선민족문화의 계승과 발전」, 학술논문집, 1993.

한국평화문제연구소 · 연변대학 동북아연구원: "중국의 대 한반도정책과 주변국가의 협력," 한중국제학술회의, 2006.

홍면기: "중국의 대한반도 지연 전략과 동북아 신질서의 탐색," 북경대학 박사학위논문집, 2000.

황승연: "중국동포들의 한국사회 적응실태," 대한민국 국회 21세기 동북아연구회 「재외동포정책의 방향과 과제」, 1996.

황유복: "21세기 중국 조선족의 발전방향과 그 대안모색," 제 9 회 조선족 발전 학술심포지움과 워크숍 논문집, 2002.

찾아보기

ㄱ

ㄴ

ㄷ

ㄹ~ㅁ

ㅂ

ㅅ

ㅇ

ㅈ

ㅊ~ㅍ

ㅎ

著者略歷

慶北高等學校(1964～1967)
東國大學校 文科大學 哲學科(1975～1979)
東國大學校 大學院 哲學科 碩士(1979～1981)
(中國)延邊大學校 國際政治學科 碩士(2000～2002)
(中國)中央民族大學 民族學系 法學博士(2003～2006)

綜合環境計劃硏究所 代表(1978～1985)
半島環境開發(株) 會長(1986～현재)
東北亞敎育文化協力財團 理事(1991～現在)
(中國)延邊科學技術大學 兼任敎授(2000～現在)
平壤科學技術大學 設立 企劃團長(2001～現在)
連友Forum(韓民族共同體 Network) 會長(2003～2005)
(中國)北京大學 東北亞硏究所 客座硏究員(2004～現在)
(中國)延邊科學技術大學 (對外)副總長(2004～現在)
(中國)中央民族大學 民博同學會 會長(2006～現在)

主要著書

윈-윈 패러다임(2004, 영진닷컴)
共生時代(中文版, 2005, 世界知識出版社)
동북아 연합의 꿈(2006, Paros)

동북아시대와 조선족

2007年 9月 30日 初版發行
2008年 10月 15日 重版發行

著 者 이 승 률
發行人 安 鍾 萬
發行處 (株) 博 英 社
서울特別市 鍾路區 平洞 13-31番地
電話 (733)6771 FAX (736)4818
登錄 1959. 3. 11. 제300-1959-1호(倫)

www.pakyoungsa.co.kr e-mail: pys@pakyoungsa.co.kr

定 價 25,000원 ISBN 978-89-7189-557-3